S.F.
V.

Jared Diamond

Arm und Reich

Die Schicksale menschlicher Gesellschaften

Aus dem Amerikanischen von
Volker Englich

S. Fischer

3. Auflage: 6.-7. Tausend
Die Originalausgabe erschien 1997 unter dem Titel
Guns, Germs, and Steel. The Fates of Human Societies
bei W. W. Norton & Company, New York

Satz: Wagner GmbH, Nördlingen
Druck und Bindung: F. Spiegel Buch GmbH, Ulm
Printed in Germany 1998
ISBN 3-10-013903-8

Für Esa, Kariniga, Omwai, Paran, Sauakari, Wiwor und
all meine anderen Freunde und Lehrer in Neuguinea,
die einen schwierigen Lebensraum meistern.

Inhalt

VORWORT

Was die Weltgeschichte mit einer Zwiebel gemein hat

Dieses Buch unternimmt den Versuch, die Geschichte aller Völker in den letzten 13000 Jahren zu skizzieren. Die Frage, die es zu beantworten sucht, lautet: Warum nahm die Geschichte auf den verschiedenen Kontinenten einen so unterschiedlichen Verlauf? Wer nun zusammenzuckt, weil er meint, eine rassistische Abhandlung vor sich zu haben, sei gleich beruhigt: Wie Sie sehen werden, spielen Unterschiede zwischen menschlichen Rassen bei der Beantwortung der Frage nicht die geringste Rolle. Statt dessen geht es in diesem Buch darum, nach tieferen Ursachen für Geschichtsverläufe zu forschen und historische Kausalketten in möglichst ferne Vergangenheit zurückzuverfolgen.

Die meisten Werke, die »Weltgeschichte« oder »Universalgeschichte« im Titel führen, beschäftigen sich vornehmlich mit der Geschichte von Schriftkulturen in Eurasien und Nordafrika. Gesellschaften in anderen Teilen der Welt – Afrika südlich der Sahara, Nord- und Südamerika, südostasiatische Inselwelt, Australien, Neuguinea, Pazifikinseln – erhalten wenig Aufmerksamkeit, und in der Regel ist nur die Zeit nach ihrer Entdeckung und Unterwerfung durch Westeuropäer Gegenstand der Darstellung. Innerhalb Eurasiens erhält wiederum die Geschichte des westlichen Teils viel mehr Raum als die Geschichte Chinas, Indiens, Japans, Südostasiens und anderer östlicher Kulturen. Nur knapp wird auch das Geschehen vor dem Auftauchen der Schrift um 3000 v. Chr. abgehandelt, obwohl dieser Zeitraum 99,9 Prozent der fünf Millionen Jahre alten Geschichte unserer Spezies ausmacht.

Eine derart verengte Betrachtung der Weltgeschichte hat drei Nachteile. Der erste besteht darin, daß sich heute immer mehr Menschen auch für andere Gesellschaften als die des westlichen

Eurasien interessieren. Einleuchtenderweise, muß man hinzufügen, denn immerhin repräsentieren jene »anderen« Gesellschaften das Gros der Weltbevölkerung und die überwältigende Mehrzahl der ethnischen, kulturellen und sprachlichen Gruppierungen der Menschheit. Einige von ihnen gehören schon heute zu den bedeutendsten wirtschaftlichen und politischen Mächten der Welt, andere sind auf dem Weg dorthin.

Zweitens vermag eine Geschichtsschreibung, die sich auf das Geschehen seit dem Aufkommen der Schrift beschränkt, selbst demjenigen keine tieferen Einsichten zu vermitteln, der sich vor allem dafür interessiert, wie die moderne Welt geformt wurde. Schließlich war es nicht so, daß die Gesellschaften auf den verschiedenen Kontinenten bis 3000 v. Chr. auf gleichem Stand waren und westeurasische Gesellschaften dann aus heiterem Himmel die Schrift erfanden und auch in anderen Bereichen plötzlich davonpreschten. Vielmehr existierten in Eurasien und Nordafrika schon um 3000 v. Chr. Gesellschaften, die neben den Anfängen der Schrift auch zentralistische Staatswesen, Städte, Metallwerkzeuge und -waffen kannten, Haustiere als Transportmittel, Zugtiere und Lieferanten mechanischer Energie nutzten und sich von Erzeugnissen der Landwirtschaft ernährten. In den meisten oder sogar allen Regionen der übrigen Kontinente waren diese Errungenschaften zu jenem Zeitpunkt noch unbekannt; einige, aber nicht alle, kamen später in verschiedenen Teilen Nord- und Südamerikas und Afrikas südlich der Sahara auf, wenn auch erst im Laufe der nächsten 5000 Jahre; Australien blieb dagegen ein weißer Fleck. Dies allein weist schon deutlich darauf hin, daß die Wurzeln der eurasischen Vorherrschaft in der heutigen Welt in der schriftlosen Zeit vor 3000 v. Chr. zu suchen sind. (Mit eurasischer Vorherrschaft meine ich die dominierende Rolle der Gesellschaften des westlichen Eurasien sowie ihrer Ableger auf anderen Kontinenten.)

Drittens übergeht eine Geschichtsschreibung, die ihr Augenmerk nur auf das westliche Eurasien richtet, völlig die entscheidende Frage, warum ausgerechnet jene Gesellschaften so ungleich mächtiger und innovativer wurden. Für gewöhnlich werden in diesem Zusammenhang diverse unmittelbare Faktoren angeführt, etwa das Aufkommen von Merkantilismus, Kapitalismus, Wissenschaftsgeist, Technik und bösartigen Krankheitserregern, denen die Bewohner anderer Kontinente bei der Begegnung mit Westeurasiern erlagen. Doch warum bildeten sich all diese Ingredienzen der Eroberung im westlichen Eurasien heraus, in anderen Teilen der Welt aber gar nicht oder nur in geringerem Ausmaß?

Es handelt sich bei alldem um unmittelbare Faktoren, nicht um eigentliche Ursachen. Warum blühte nicht der Kapitalismus im Mexiko der Azteken, der Merkantilismus in Afrika südlich der Sahara, der Wissenschaftsgeist in China, die Technik im indianischen Nordamerika und bösartige Krankheitserreger im Australien der Aborigines? Wer zur Erwiderung auf spezifische kulturelle Verhältnisse verweist – etwa darauf, daß der Geist der Wissenschaft in China durch den Konfuzianismus erstickt wurde, im westlichen Eurasien dagegen in griechischen beziehungsweise jüdisch-christlichen Traditionen einen fruchtbaren Nährboden fand –, ignoriert nur einmal mehr die Notwendigkeit echter, tiefergehender Erklärungen: Warum entwickelte sich der Konfuzianismus nicht im westlichen Eurasien und die jüdisch-christliche Ethik in China? Er übersieht außerdem, daß das konfuzianistische China bis etwa 1400 n. Chr. in der technischen Entwicklung weiter war als die Gesellschaften des westlichen Eurasien.

Selbst wenn man sich damit begnügen will, die westeurasischen Gesellschaften zu verstehen, reicht es nicht aus, den Blick nur auf sie zu richten. Die interessanten Fragen sind nämlich die nach den Unterschieden zwischen ihnen und anderen Kulturen. Zu ihrer Beantwortung müssen wir auch alle anderen Gesellschaften verstehen, um die des westlichen Eurasien in einem weiteren Kontext sehen zu können.

Vielleicht haben einige Leser nun den Eindruck, ich würde, verglichen mit der herkömmlichen Geschichtsschreibung, ins entgegengesetzte Extrem verfallen, indem ich dem westlichen Eurasien zugunsten anderer Teile der Welt zuwenig Platz einräume. Darauf möchte ich entgegnen, daß einige dieser Regionen sehr aufschlußreich sind, weil sie auf kleinem Raum eine Vielzahl höchst unterschiedlicher Kulturen beherbergen. Andere Leser werden vielleicht die Ansicht teilen, die ein Rezensent der amerikanischen Ausgabe dieses Buches äußerte. Mit leicht kritischem Unterton bemerkte er, für mich sei die Weltgeschichte offenbar wie eine Zwiebel, deren äußerste Schale die moderne Welt verkörpere und deren innere Schichten es auf der Suche nach Antworten eine nach der anderen abzutragen gelte. Wie recht er hat! Die Weltgeschichte gleicht in der Tat einer Zwiebel. Sie Schicht um Schicht zu schälen ist nicht nur ungemein spannend, sondern obendrein von ungeheurer Bedeutung, wenn wir unsere Vergangenheit verstehen und daraus Lehren für die Zukunft ziehen wollen.

PROLOG

Yalis Frage

Der unterschiedliche Lauf der Geschichte in den verschiedenen Teilen der Welt

Jeder weiß, daß die Geschichte für verschiedene Völker in verschiedenen Teilen der Erde einen höchst unterschiedlichen Lauf nahm. In den 13000 Jahren, die seit dem Ende der letzten Eiszeit vergangen sind, entstanden in einigen Teilen der Welt Industriegesellschaften mit Metallwerkzeugen und Schrift, in anderen dagegen nur schriftlose bäuerliche Gesellschaften, während die Bewohner wieder anderer Regionen Jäger und Sammler blieben und mit Steinwerkzeugen vorliebnahmen. Diese historischen Ungleichheiten warfen lange Schatten auf die moderne Welt, da diejenigen Gesellschaften, die in den Besitz von Schrift und Metallwerkzeugen gelangt waren, jene anderen Gesellschaften unterwarfen oder gar auslöschten. Obwohl man diese Unterschiede als grundlegendste Tatsache der Weltgeschichte bezeichnen könnte, sind die Gründe, die für sie genannt werden, nach wie vor vage und umstritten. Vor 25 Jahren wurde ich in sehr persönlicher Form mit diesem Thema konfrontiert.

Im Juli 1972 unternahm ich eine Strandwanderung auf der Tropeninsel Neuguinea, wo ich als Biologe Untersuchungen zur Evolution der Vögel anstellte. Mir war bereits von einem charismatischen örtlichen Politiker namens Yali berichtet worden, der sich zur gleichen Zeit auf einer Rundreise durch das Gebiet befand. Zufällig hatte Yali an jenem Tag dasselbe Ziel wie ich und holte mich beim Wandern ein. Wir gingen eine Stunde nebeneinander am Strand entlang und unterhielten uns die ganze Zeit.

Yali war ein Mann mit Ausstrahlung, dessen Augen vor Energie blitzten. Er erzählte sehr selbstbewußt von sich, stellte aber auch viele bohrende Fragen und lauschte gespannt meinen Antworten. Unsere Unterhaltung begann mit einem Thema, das damals alle

Bewohner Neuguineas beschäftigte, nämlich dem raschen Tempo des politischen Wandels. Papua-Neuguinea, wie Yalis Heimatland inzwischen heißt, befand sich zu jener Zeit noch als UNO-Mandatsgebiet unter australischer Verwaltung, aber die Unabhängigkeit lag schon in der Luft. Yali erläuterte mir, welche Rolle er persönlich bei der Vorbereitung seines Volkes auf die Selbstverwaltung spielte.

Nach einiger Zeit drehte er den Spieß um und fing an, nun mich auszufragen. Er hatte Neuguinea noch nie verlassen und besaß keine höhere Bildung, doch seine Neugier war unersättlich. Zuerst mußte ich ihm über meine ornithologische Arbeit in Neuguinea berichten (und auch darüber, wieviel ich dafür bezahlt bekam). Ich erklärte ihm, wie verschiedene Vogelgattungen Neuguinea im Laufe der Jahrmillionen besiedelt hatten. Als nächstes wollte Yali wissen, wie die Ahnen seines eigenen Volkes innerhalb der letzten Jahrzehntausende nach Neuguinea gekommen waren und wie die weißen Europäer Neuguinea in den letzten 200 Jahren kolonisiert hatten.

Der Ton der Unterhaltung blieb freundlich, wenngleich die Spannungen zwischen den beiden Gesellschaften, die Yali und ich repräsentierten, ihm und mir wohlbekannt waren. Vor 200 Jahren lebten alle Bewohner Neuguineas noch »in der Steinzeit«, was heißen soll, daß sie noch ähnliche Steinwerkzeuge wie die verwendeten, die in Europa schon vor mehreren tausend Jahren durch Werkzeuge aus Metall ersetzt worden waren, und daß sie in Dörfern lebten, die nicht unter einer zentralen politischen Instanz vereint waren. Als die Weißen kamen, brachten sie die zentralistische Regierungsform mit sich. Weitere Mitbringsel waren diverse materielle Güter, deren Nutzen den Bewohnern Neuguineas sofort einleuchtete, wie Stahläxte, Streichhölzer und Medikamente bis hin zu Kleidung, Erfrischungsgetränken und Regenschirmen. In Neuguinea wurden all diese Güter zusammenfassend als »Cargo« (Fracht) bezeichnet.

Viele der weißen Kolonialisten verachteten die Neuguineer unverhohlen als »primitive Wilde«. Selbst der Geringste unter den weißen »Masters« der Insel, wie sie sich 1972 noch nannten, genoß einen weit höheren Lebensstandard als die Neuguineer, ja sogar als charismatische Politiker wie Yali. Der aber hatte schon viele Weiße ausführlich befragt, wie er es mit mir gerade tat, und ich hatte das gleiche mit zahlreichen Neuguineern getan. Wir wußten also beide ganz genau, daß Neuguineer im Durchschnitt mindestens ebenso intelligent sind wie Europäer. An all das muß Yali gedacht haben, als er mir aus seinen funkelnden Augen einen bohrenden Blick zuwarf und fragte: »Wie kommt es, daß ihr Weißen so viel Cargo geschaffen und nach Neuguinea mitgebracht habt, wir Schwarzen aber so wenig eigene Cargo hatten?«

Es war eine simple Frage, die aber den Kern dessen traf, was Yali bewegte. Ja, es gibt noch immer gewaltige Unterschiede zwischen der Lebensweise des durchschnittlichen Neuguineers und der des durchschnittlichen Europäers oder Amerikaners. Ebenso gewaltige Unterschiede klaffen zwischen anderen Völkern der Welt. Für diese enorme Ungleichheit muß es doch gewichtige und, so möchte man meinen, augenfällige Gründe geben.

Bei näherer Betrachtung erweist sich Yalis zunächst so einfache Frage als ausgesprochen schwer zu beantworten. Ich wußte damals keine Antwort. Unter Historikern herrscht auch heute noch keine Übereinstimmung, und die meisten haben es aufgegeben, diese Frage überhaupt zu stellen. In den Jahren, seit Yali und ich uns am Strand begegneten, habe ich über verschiedene Aspekte der menschlichen Evolution, Geschichte und Sprache geforscht und geschrieben. Dieses Buch stellt den Versuch dar, Yalis Frage mit 25 Jahren Verspätung zu beantworten.

Obgleich Yali seine Frage nur auf die unterschiedliche Lebensweise von Neuguineern und weißen Europäern gemünzt hatte, war mit ihr doch ein umfassenderes Phänomen der modernen Welt beispielhaft angesprochen. Völker eurasischen Ursprungs und insbesondere die heutigen Bewohner Europas und Ostasiens sowie die nach Nordamerika ausgewanderten Europäer spielen mit ihrem Reichtum und ihrer Macht eine beherrschende Rolle in der Gegenwart. Andere Völker, darunter die meisten Afrikaner, konnten zwar das Joch der europäischen Kolonialherrschaft abschütteln, aber in puncto Reichtum und Macht liegen sie noch weit zurück. Wieder andere Völker, wie die Ureinwohner Australiens, Nord-

und Südamerikas und des südlichen Afrika, sind nicht einmal mehr Herren im eigenen Land, sondern wurden von europäischen Kolonialisten dezimiert, unterjocht und in manchen Fällen sogar ausgerottet.

Fragen zur Ungleichheit in unserer heutigen Welt können deshalb auch so formuliert werden: Wie kam es dazu, daß Reichtum und Macht so verteilt sind, wie wir es in der Gegenwart erleben, und nicht anders? Warum führte die Geschichte nicht dazu, daß beispielsweise Indianer, Afrikaner und australische Aborigines Europäer und Asiaten dezimierten, unterwarfen oder ausrotteten?

Greifen wir noch etwas weiter zurück. Als die weltweite koloniale Expansion Europas um 1500 n. Chr. noch am Anfang stand, klafften zwischen den Bewohnern der verschiedenen Kontinente bereits gewaltige Unterschiede im Stand der Technik und der politischen Organisation. So bestanden Europa, Asien und Nordafrika zum großen Teil aus Staaten oder Reichen, deren Bewohner Metallwerkzeuge besaßen und von denen einige schon an der Schwelle zur Industrialisierung standen. Zwei indianische Völker, Azteken und Inkas, herrschten über Reiche mit Steinwerkzeugen. In Teilen Afrikas südlich der Sahara gab es kleinere Häuptlingsreiche mit Eisenverarbeitung. Die meisten anderen Völker – darunter auch sämtliche Bewohner Australiens und Neuguineas, zahlreicher Pazifikinseln, eines Großteils Nord- und Südamerikas sowie kleinerer Teile Afrikas südlich der Sahara – trieben in Stammesgemeinschaften Landwirtschaft oder durchstreiften gar ihre Heimat in kleinen Scharen als Jäger und Sammler und besaßen nur Steinwerkzeuge.

Diese technischen und politischen Unterschiede, die schon um 1500 n. Chr. existierten, waren gewiß der unmittelbare Grund für die Ungleichheiten in der heutigen Welt. Reiche, deren Armeen über Waffen aus Stahl verfügten, konnten über Stammesgesellschaften mit Waffen aus Stein und Holz herfallen und sie unterjochen oder auslöschen. Wie aber kam es, daß die Welt um 1500 n. Chr. so und nicht anders aussah?

Wiederum können wir leicht einen Schritt weiter zurückgehen, indem wir uns auf geschichtliche Aufzeichnungen und archäologische Funde stützen. Bis zum Ende der letzten Eiszeit um 11000

v. Chr. waren die Bewohner aller Kontinente noch Jäger und Sammler. Unterschiedliche Entwicklungsgeschwindigkeiten auf den verschiedenen Kontinenten zwischen 11 000 v. Chr. und 1500 n. Chr. führten zu den unübersehbaren technischen und politischen Ungleichheiten am Ende jenes Zeitraums. Während die australischen Aborigines und viele Indianerstämme weiter als Jäger und Sammler lebten, entwickelten sich in den meisten Gebieten Eurasiens und in großen Teilen Nord- und Südamerikas sowie Afrikas südlich der Sahara schrittweise Ackerbau, Viehzucht, Metallurgie und komplexe Formen politischer Organisation. In Teilen Eurasiens und in einer Region Amerikas wurde eigenständig die Schrift erfunden. Jede der genannten Neuerungen tauchte jedoch in Eurasien früher auf als anderswo. So war die Massenproduktion von Bronzewerkzeugen, die in den südamerikanischen Anden erst in den Jahrhunderten vor 1500 n. Chr. einsetzte, in Teilen Eurasiens schon über 4000 Jahre zuvor fester kultureller Bestandteil. Die Steintechnologie der Tasmanier war noch beim ersten Zusammentreffen mit europäischen Entdeckungsreisenden im Jahr 1642 n. Chr. primitiver als in Teilen Europas während der Jungsteinzeit, also zigtausend Jahre früher.

Somit können wir die Frage nach den Ungleichheiten der heutigen Welt letztendlich so formulieren: Warum verlief die Entwicklung auf den verschiedenen Kontinenten in so unterschiedlichem Tempo? Diese Unterschiede stellen das allgemeinste Verlaufsmuster der Geschichte dar und sind Thema dieses Buchs.

Während es hierin also letzten Endes um Geschichte und Vorgeschichte geht, ist der Gegenstand des Buchs doch keineswegs von rein akademischem Interesse, sondern von sehr großer praktischer und politischer Bedeutung. Es waren die Begegnungen zwischen ungleichen Völkern, oft mit der Folge von Eroberungen, eingeschleppten Seuchen und Genozid, die unsere Welt formten. Die Folgen der Kollisionen von einst sind noch heute, viele Jahrhunderte später, zu spüren und spielen besonders in einigen der schlimmsten Krisenregionen der Welt noch immer eine wichtige Rolle.

So macht das Erbe des Kolonialismus vielen Ländern Afrikas immer noch schwer zu schaffen. In anderen Regionen – beispielsweise in Mittelamerika, Mexiko, Peru, Neukaledonien, der ehemaligen Sowjetunion und Teilen Indonesiens – kommt es immer wieder zu Unruhen oder Rebellionen, bei denen sich Urbevölkerungen und Regierungen, die von Nachfahren fremder Eroberer dominiert werden, feindselig gegenüberstehen. Etliche andere Urbevölkerungen – zum Beispiel Hawaiianer, australische Aborigines, Sibirjaken und Indianer in den USA, Kanada, Brasilien, Argentinien und Chile – wurden durch Genozid und Krankheiten so stark dezimiert, daß sie den Nachfahren der fremden Eroberer heute zahlenmäßig stark unterlegen sind. Obgleich ein Bürgerkrieg deshalb nicht in Betracht kommt, pochen sie doch zunehmend auf ihre Rechte.

Neben diesen politischen und wirtschaftlichen Folgen der Kollisionen der Vergangenheit gibt es auch einen linguistischen Nachhall, insbesondere in Form des drohenden Aussterbens der meisten der 6000 heute noch existierenden Sprachen und ihrer allmählichen Ablösung durch Englisch, Chinesisch, Russisch und eine Handvoll anderer Sprachen, deren Sprecherzahlen in den letzten Jahrhunderten in die Höhe geschnellt sind. All diese Probleme der heutigen Zeit sind das Ergebnis der unterschiedlichen Geschichtsverläufe, die in Yalis Frage anklingen.

Bevor wir mit der Suche nach Antworten auf Yalis Frage beginnen, wollen wir uns möglichen Einwänden gegen die Behandlung dieses Themas zuwenden. Von mancher Seite wird nämlich, aus verschiedenen Gründen, ein Frevel darin gesehen, die Frage überhaupt zu stellen.

Der erste Einwand lautet so: Würde nicht jede einleuchtende Erklärung der Entwicklung, die zur Vorherrschaft einiger Völker über andere führte, wie eine Rechtfertigung derselben aussehen? Würde das Ergebnis nicht als unvermeidlich erscheinen und jeder Versuch, daran heute etwas zu ändern, als vergeblich?

Dieser Einwand beruht auf der verbreiteten Verwechslung von Ursachenerklärung und Rechtfertigung. Wozu eine historische Erklärung benutzt wird, hat letztlich nichts mit der Erklärung selbst zu tun. Wissen dient häufiger als Schlüssel zur Veränderung von Ergebnissen historischer Geschehnisse als dazu, sie zu wiederholen oder fortzuschreiben. Das ist ja auch der Grund, warum Psychologen versuchen, die Gedankenwelt von Mördern und Vergewaltigern zu verstehen, warum Sozialhistoriker nach den Gründen von Genozid und Ärzte nach den Ursachen von Krankheiten forschen. Ihnen allen liegt es fern, gute Gründe für Mord, Vergewaltigung, Genozid und Krankheiten zu finden. Vielmehr geht es darum, das Wissen um eine Kausalkette zu nutzen, um sie zu unterbrechen.

Zweitens ließe sich vielleicht einwenden, die Beschäftigung mit Yalis Frage werde automatisch in eine eurozentrische Geschichtsbetrachtung, eine Verherrlichung der Westeuropäer und eine obsessive Beschäftigung mit der überragenden Bedeutung Westeuropas und des europäisierten Amerika in der heutigen Welt münden. Handelt es sich aber bei jener Bedeutung nicht bloß um ein kurzlebiges Phänomen der letzten Jahrhunderte, das angesichts der Entwicklung Japans und Südostasiens schon wieder verblaßt? Wie Sie sehen werden, handelt dieses Buch zum größten Teil von nichteuropäischen Völkern. Statt die Betrachtung auf Interaktionen zwischen Europäern und Nichteuropäern zu verengen, werden wir auch den Kontakten verschiedener nichteuropäischer Völker untereinander nachgehen – insbesondere in Afrika südlich der Sahara, Südostasien, Indonesien und Neuguinea. Weit davon entfernt, die Völker westeuropäischen Ursprungs zu verherrlichen, werden wir sehen, daß die meisten Grundelemente der westeuropäischen Kultur und Zivilisation von anderen Völkern in anderen Teilen der Welt entwickelt und später nach Westeuropa »importiert« wurden.

Drittens könnte man fragen, ob nicht mit Ausdrücken wie »Zivilisation« und »Aufstieg der Zivilisation« stillschweigend unterstellt wird, Zivilisation sei etwas Positives, das Leben der Jäger und Sammler etwas Erbärmliches und die Geschichte der letzten 13 000 Jahre handle vom Fortschritt der Menschheit hin zu mehr Glück und Zufriedenheit. Um es ganz offen zu sagen: Ich unterstelle weder, daß Industrieländer »besser« sind als Stammesgemeinschaften von Jägern und Sammlern, noch daß die Aufgabe der Jagd- und Sammelwirtschaft zugunsten eisengewappneter Staatlichkeit einen »Fortschritt« darstellt oder damit in der Vergangenheit eine Zunahme von Glück und Zufriedenheit unter den Menschen einherging. Meine eigenen Erfahrungen aufgrund meines zwischen amerikanischen Städten und neuguineischen Dörfern aufgeteilten Lebens haben mir gezeigt, daß die sogenannten Segnungen der Zivilisation auch eine Kehrseite haben. So genießen die Bewohner der Industriestaaten zwar verglichen mit Jägern und Sammlern zweifellos eine bessere medizinische Versorgung, kommen nicht so häufig durch Totschlag ums Leben und haben eine höhere Lebenserwartung. Doch dafür können sie erheblich weniger auf die Hilfe von Freunden und Großfamilien zählen. Mein Motiv für die Untersuchung der geographischen Unterschiede zwischen menschlichen Gesellschaften hat rein gar nichts damit zu tun, einen Gesellschaftstypus als den anderen überlegen zu feiern – mir geht es ganz allein um ein Verständnis dessen, was in der Geschichte passierte.

Mußte wirklich noch ein weiteres Buch geschrieben werden, um Yalis Frage zu beantworten? Kennen wir die Antwort nicht schon längst? Und wenn ja, wie lautet sie?

Die am häufigsten vorgebrachte Erklärung geht mehr oder weniger explizit von biologischen Unterschieden zwischen den Völkern aus. In den Jahrhunderten nach 1500, als europäische Entdeckungsreisende Kenntnis von den großen Unterschieden zwischen den Völkern der Welt in puncto technischer und politischer Entwicklung erlangten, wurden diese als Ausdruck unterschiedlicher angeborener Fähigkeiten interpretiert. Mit dem Siegeszug der Darwinschen Lehre wurde die Erklärung dahingehend abgewandelt, daß nun natürliche Selektion und Evolution in den Vordergund gestellt wurden. Demnach wurden Völker, die auf technisch niedriger Stufe standen, als evolutionäre Überbleibsel der menschlichen Abstammung von affenähnlichen Vorfahren betrachtet. Die Verdrängung dieser Völker durch Kolonisten aus industrialisierten Gesellschaften wurde gar als Beispiel für das Überleben des Stärkeren angeführt. Mit dem späteren Aufkommen der Genetik wurde die Erklärung erneut revidiert. Fortan galten Europäer als genetisch intelligenter als Afrikaner und insbesondere australische Aborigines.

Heute wird Rassismus in der westlichen Gesellschaft von breiten Schichten der Bevölkerung nach außen hin abgelehnt. Insgeheim oder unbewußt hegen jedoch immer noch viele Menschen (vielleicht sogar die meisten!) rassistische Vorstellungen. In Japan und vielen anderen Ländern werden diese sogar öffentlich und ohne jeden Versuch der Rechtfertigung vorgebracht. Selbst gebildete weiße Amerikaner, Europäer und Australier erkennen, wenn die Sprache auf australische Aborigines kommt, etwas Primitives an diesen. Sehen sie nicht völlig anders aus als Weiße? Viele der heutigen Nachfahren der Aborigines, die die Ära der europäischen Kolonisation überlebten, tun sich zudem schwer damit, in der weißen australischen Gesellschaft wirtschaftlich Fuß zu fassen.

Ein scheinbar zwingendes Argument lautet so: Weiße Einwanderer errichteten in Australien einen Staat auf der Grundlage von Metallwerkzeugen und Landwirtschaft mit Attributen wie alphabetisiert, industrialisiert, politisch zentralisiert und demokratisch, und das alles binnen eines Jahrhunderts nach Besiedlung desselben Kontinents, auf dem die Aborigines seit mindestens 40000 Jahren als Jäger und Sammler in Stammesgemeinschaften ohne Metall gelebt hatten. Es handelt sich mithin um zwei geschichtliche Experimente mit identischer Umwelt, wobei die einzige Variable die Völker waren, die sich ihrer bemächtigten. Müssen die Unterschiede zwischen den Gesellschaften der australischen Aborigines und der Europäer da nicht zwangsläufig auf Unterschiede zwischen den Völkern selbst zurückgeführt werden?

Derart rassistische Erklärungen sind nicht nur widerwärtig, sondern auch falsch. Es gibt keinen stichhaltigen Beweis für eine Parallele zwischen Intelligenz und technischem Entwicklungsstand. Im Gegenteil, noch existierende »Steinzeitvölker« besitzen im Durchschnitt eher mehr und nicht weniger Intelligenz als die Bewohner der Industrieländer, wie ich gleich erläutern werde. Es mag paradox klingen, aber die weißen Neu-Australier können das Verdienst für den Aufbau einer Industriegesellschaft mit den genannten Errungenschaften nicht für sich in Anspruch nehmen, wie sie es gerne tun (siehe Kapitel 14). Auch ist regelmäßig zu beobachten, daß Angehörige von Völkern, die bis vor kurzem auf technisch primitiver Stufe standen, die Technik des Industriezeitalters bestens meistern, wenn sie nur die Chance erhalten.

Die kognitive Psychologie hat ausgiebig nach IQ-Unterschieden zwischen Angehörigen von Völkern unterschiedlicher geographischer Herkunft geforscht, die im gleichen Land zusammenleben. So sind insbesondere in den USA zahlreiche weiße Psychologen seit Jahrzehnten um den Nachweis bemüht, daß schwarze Amerikaner afrikanischer Abstammung von Natur aus weniger Intelligenz besitzen als weiße Amerikaner mit europäischen Vorfahren. Wie man sehr wohl weiß, gibt es zwischen beiden Gruppen aber erhebliche Unterschiede in bezug auf die soziale Umwelt und die Bildungschancen. Daraus resultieren gleich zwei Probleme für die Prüfung der Hypothese, daß Unterschiede der geistigen Fähigkeiten die Ursache für Unterschiede im technischen Entwicklungsstand seien. Erstens sind kognitive Fähigkeiten selbst bei Erwachsenen in hohem Maße durch die soziale Umwelt in der Kindheit geprägt, wodurch es besonders schwer ist, die Wirkung genetischer Unterschiede festzustellen. Zweitens neigen Tests kognitiver Fähigkeiten (beispielsweise Intelligenztests) dazu, kulturelles Lernen statt der reinen, angeborenen Intelligenz (was immer das sein mag) zu testen. Aufgrund der unstrittigen Auswirkungen von Kindheitserfahrungen und erlerntem Wissen auf die Ergebnisse von Intelligenztests ist es Psychologen bis heute nicht gelungen, die postulierten genetischen Defizite im IQ nichtweißer Völker überzeugend nachzuweisen.

Mein eigener Standpunkt in dieser Kontroverse hat viel mit den Erfahrungen zu tun, die ich im Laufe von 33 Jahren mit Neuguineern in ihrem eigenen intakten Lebensumfeld sammeln konnte. Von Anfang an beeindruckten mich diese Menschen als im Durchschnitt intelligenter, aufgeweckter, ausdrucksvoller und stärker an Dingen und Personen ihrer Umwelt interessiert als durchschnittliche Europäer oder Amerikaner. Bei manchen Aufgaben, bei denen ein enger Zusammenhang mit bestimmten Gehirnfunktionen vermutet werden muß, etwa bei der Fähigkeit, eine fremde Umgebung im Geist zu kartieren, wirken sie erheblich intelligenter als Menschen aus dem Westen. Natürlich schneiden Neuguineer in der Regel bei Aufgaben schlecht ab, die bei uns von Kindheit an geübt werden, in Neuguinea jedoch nicht. Wenn Neuguineer aus entlegenen Dörfern zu Besuch in die Stadt kommen, mögen sie deshalb in westlichen Augen töricht aussehen. Umgekehrt bin ich mir stets bewußt, welch schlechte Figur ich für Neuguineer abgeben muß, wenn ich mit ihnen in den Dschungel gehe und dort meine Unfähigkeit unter Beweis stelle bei so einfachen Aufgaben wie dem Wandern auf einem Dschungelpfad oder der Errichtung einer kleinen Schutzhütte, die für Neuguineer die einfachsten Dinge von der Welt sind, weil sie damit von Kindheit an vertraut sind.

Zwei leicht nachvollziehbare Gründe sprechen für die Richtigkeit meines Eindrucks, daß Neuguineer womöglich intelligenter sind als Menschen aus dem Westen. Erstens gibt es in Europa seit Jahrtausenden Gesellschaften mit zentraler Regierungsgewalt, Polizei und Justiz. Seither waren Krankheitsepidemien (z. B. Pocken) angesichts der Bevölkerungsdichte historisch die häufigste Todesursache, während Mord verhältnismäßig selten vorkam und Krieg eher die Ausnahme war als die Regel. Die meisten Europäer, die keiner ansteckenden Krankheit zum Opfer fielen, entgingen auch anderen möglichen Todesursachen, bevor sie ihr Erbgut an ihre Nachkommen weitergeben konnten. Heute sterben Neugeborene im Westen kaum noch an lebensbedrohlichen Infektionskrankheiten und pflanzen sich ungeachtet ihrer Intelligenz und der Qualität ihrer Erbanlagen fort. Im Gegensatz dazu leben Neuguineer in Gesellschaften, deren Bevölkerungsdichte zu gering war, als daß sich Krankheitsepidemien hätten ausbreiten können. Dafür kamen in Neuguinea früher viele Menschen durch Mord, häufige Stammeskriege, Unfälle und Hunger ums Leben.

Intelligente Menschen entgehen diesen Todesursachen in traditionellen neuguineischen Gesellschaften eher als weniger intelligente. Dagegen hatte die differentielle Sterblichkeit aufgrund von Krankheitsepidemien in traditionellen europäischen Gesellschaften kaum etwas mit Intelligenz zu tun. Vielmehr spielten dabei erblich bedingte, von biochemischen Körpereigenschaften gesteuerte Abwehrkräfte eine Rolle (ein typisches Beispiel ist die größere Pockenabwehrkraft von Menschen mit Blutgruppe B oder Null als von Menschen mit Blutgruppe A). Daraus ergibt sich, daß die natürliche Selektion nach Intelligenz auf Neuguinea wahrscheinlich sehr viel rigoroser erfolgte als in den dichter besiedelten Regionen mit komplexen politischen Organisationsformen, in denen biochemische Körpereigenschaften bei der natürlichen Selektion eine größere Rolle spielten.

Neben diesem genetischen Grund gibt es noch einen zweiten, der eine mögliche Erklärung dafür liefert, warum die Neuguineer der Gegenwart vielleicht intelligenter sind als die Menschen westlicher Prägung. Amerikanische und europäische Kinder verbringen heutzutage einen großen Teil ihrer Zeit mit passiver Unterhaltung wie Fernsehen, Radio oder Kino. In amerikanischen Durchschnittshaushalten läuft der Fernseher sieben Stunden am Tag. Demgegenüber haben Kinder in Neuguinea, die in traditionellen Verhältnissen aufwachsen, praktisch keine Gelegenheit zu passiver Unterhaltung. Sie beschäftigen sich statt dessen meist von früh bis spät auf die eine oder andere Weise aktiv, beispielsweise durch Gespräche oder Spiele mit anderen Kindern oder Erwachsenen. In fast allen Untersuchungen zur kindlichen Entwicklung wird die besondere Bedeutung von Stimulation und Aktivität als Voraussetzung der geistigen Entfaltung hervorgehoben, während zugleich auf die irreversible geistige Verkümmerung hingewiesen wird, die das Ergebnis ungenügender Stimulation sein kann. Wir haben es hier also mit einem nichtgenetischen Faktor zu tun, der mit zu der überlegenen Geisteskraft des durchschnittlichen Neuguineers beiträgt.

In ihren geistigen Fähigkeiten sind die Neuguineer den westlichen Menschen demnach genetisch wahrscheinlich überlegen und in dem Sinne, daß sie der verheerenden entwicklungspsychologischen Benachteiligung entgehen, der die meisten Kinder in den Industriegesellschaften heute ausgesetzt sind, ganz gewiß. Mit Sicherheit spricht jedenfalls nichts für eine intellektuelle *Unter*legenheit der Neuguineer, die Yalis Frage ja weitgehend beantwortet hätte. Die beiden genannten Faktoren, der genetische und der entwicklungspsychologische, dürften nicht nur speziell die Bewohner Neuguineas von denen der westlichen Industriegesellschaften unterscheiden, sondern ganz allgemein Jäger und Sammler sowie andere Mitglieder technisch primitiver von Angehörigen technisch fortgeschrittener Gesellschaften. Damit wäre die übliche rassistische These auf den Kopf gestellt. Wie kommt es, daß die Europäer trotz ihrer genetischen Unterlegenheit und ihrer (seit einiger

Zeit) unbestreitbaren entwicklungspsychologischen Benachteiligung so viel mehr materielle Güter besitzen? Warum blieben die Neuguineer trotz ihrer, wie ich glaube, überlegenen Intelligenz technisch auf primitivem Stand?

Mögliche Antworten auf Yalis Frage kommen nicht nur von der Genetik. Ein besonders bei den Bewohnern Nordeuropas beliebter Erklärungsansatz hebt die vermeintliche Stimulationswirkung des kühlen nordischen Klimas hervor, dem der angeblich negative Einfluß des feuchtheißen Tropenklimas auf Kreativität und Energie gegenübergestellt wird. Vielleicht stellen die jahreszeitlichen Klimaschwankungen in nördlichen Regionen ja vielfältigere Herausforderungen, die es zu bewältigen gilt, als das im Jahresverlauf schwankungsarme Tropenklima. Vielleicht ist auch mehr technischer Erfindungsreichtum gefragt, um in kalten Klimazonen zu bestehen, da man sich mit warmer Kleidung und Behausung gegen die Kälte wappnen muß, während in den Tropen einfachere Behausungen und das Adamskostüm genügen. Man kann das Argument auch umdrehen und zu dem gleichen Schluß gelangen: Die langen Winter im hohen Norden lassen den Menschen viel Zeit, um im Warmen zu sitzen und Erfindungen auszubrüten.

Dieses früher vielzitierte Erklärungsmuster hält einer genauen Prüfung ebenfalls nicht stand. Wie wir sehen werden, leisteten die Völker Nordeuropas in dem Zeitraum bis vor etwa tausend Jahren keinerlei fundamentale Beiträge zur eurasischen Zivilisation. Sie konnten sich glücklich wähnen, in einem geographischen Raum zu leben, wo ihnen Erfindungen (wie Landwirtschaft, Rad, Schrift, Metallurgie) aus wärmeren Teilen Eurasiens mehr oder weniger in den Schoß fielen. In der Neuen Welt waren die kalten Regionen im hohen Norden technisch und kulturell noch rückständiger. Die einzigen Indianerkulturen, in denen die Schrift erfunden wurde, lagen in Mexiko südlich vom Wendekreis des Krebses. Die älteste Keramik der Neuen Welt stammt aus einem Gebiet in Äquatornähe im tropischen Südamerika. Und die in Kunst, Astronomie und anderen Bereichen wohl fortgeschrittenste Zivilisation der Neuen Welt war die der Mayas im tropischen Yucatán und in Guatemala im 1. Jahrtausend n. Chr.

Ein dritter Antworttyp auf Yalis Frage bringt die Bedeutung von Flußtälern in Tieflandzonen mit Trockenklima ins Spiel, wo als Voraussetzung einer ertragreichen Landwirtschaft umfangreiche Bewässerungssysteme errichtet werden mußten, die wiederum einer zentralistischen Bürokratie bedurften. Diese Erklärung wurde aus der unumstrittenen Tatsache abgeleitet, daß die ältesten bekannten Reiche und Schriftsysteme im Zweistromland von Euphrat und Tigris sowie im ägyptischen Niltal entstanden. Bewässerungssysteme gingen offenbar auch in anderen Regionen der Welt mit zentralisierter politischer Macht Hand in Hand, so im Industal auf dem indischen Subkontinent und in den Tälern des Gelben Flusses und des Jangtse in China, im Maya-Tiefland in Mittelamerika und in den Wüstengebieten an der Küste von Peru.

Eingehende archäologische Studien ergaben jedoch, daß komplizierte Bewässerungssysteme nicht *parallel* zum Aufkommen zentralistischer Bürokratien entstanden, sondern diesen mit beträchtlicher Verzögerung *folgten*. Das bedeutet, daß zentralistische Staatswesen aus anderen Gründen entstanden, bevor sie dann die Errichtung komplizierter Bewässerungssysteme ermöglichten. Alle entscheidenden früheren Entwicklungen, die der Entstehung solcher Staatsgebilde in den besagten Regionen vorangingen, wiesen keinerlei Zusammenhang mit Flußtälern oder komplizierten Bewässerungssystemen auf. So lagen in dem Teil Vorderasiens, der aufgrund seiner geographischen Form als »Fruchtbarer Halbmond« bezeichnet wird, die Ursprünge von Landwirtschaft und Dorfgemeinschaften in Hügeln und Bergen, nicht aber in den Flußtälern des Tieflands. Das Niltal war noch 3000 Jahre nach dem Aufkeimen einer dörflichen Landwirtschaft in den Hügeln des Fruchtbaren Halbmonds kulturelle Provinz. In einigen Flußtälern im Südwesten der USA entwickelten sich zwar Bewässerungslandwirtschaft und komplexe Gesellschaften, aber erst nachdem viele der Errungenschaften, die dafür die Voraussetzung bildeten, aus Mexiko importiert worden waren. In den Flußtälern im Südosten Australiens lebten unterdessen Stammesgesellschaften, denen Landwirtschaft gänzlich fremd war.

Ein weiterer Erklärungstyp verweist auf die unmittelbaren Faktoren, die den Europäern die Ausrottung oder Unterwerfung anderer Völker ermöglichten, also insbesondere Gewehre und Kanonen, Epidemien europäischer Infektionskrankheiten, Stahlwerkzeuge und Industrieerzeugnisse. Diese Art der Erklärung führt auf die richtige Spur, da ja die aufgezählten Faktoren nachweislich in direktem Zusammenhang mit den Eroberungen der Europäer standen. Allerdings haben wir es noch mit einer unvollständigen Hypothese zu tun, da die Nennung unmittelbarer Ursachen lediglich die Vorstufe zu einer wirklichen Erklärung darstellen kann. Immerhin wird ein Anstoß für die Suche nach den eigentlichen Ursachen gegeben: Warum besaßen am Ende Europäer und nicht Afrikaner oder Indianer Gewehre und Kanonen, die bösartigsten Krankheitserreger und Werkzeuge aus Stahl?

Während bei dem Versuch, die eigentlichen Ursachen der Eroberung der Neuen Welt durch Europäer zu verstehen, gewisse Fortschritte erzielt wurden, gibt Afrika, über Jahrmillionen Stätte der menschlichen Evolution, an der auch der anatomisch moderne Mensch herangereift sein dürfte und wo Krankheiten wie Malaria und Gelbfieber europäische Entdecker dahinrafften, nach wie vor große Rätsel auf. Angesichts des gewaltigen zeitlichen Vorsprungs, den Afrika zweifelsohne besaß, stellt sich die Frage, warum Kanonen und Stahl nicht zuerst in Afrika auftauchten und den Afrikanern und ihren Krankheitserregern die Macht gaben, Europa zu erobern. Und wie erklärt es sich, daß die australischen Aborigines das Stadium von Jägern und Sammlern mit Steinwerkzeugen nie verließen?

Fragen, die sich aus dem Vergleich menschlicher Kulturen in verschiedenen Regionen der Welt ergeben, stießen bei Historikern und Geographen früher auf großes Interesse. Die wohl bekannteste Arbeit dieser Art aus neuerer Zeit ist das mehrbändige Werk von Arnold Toynbee mit dem Titel *Der Gang der Weltgeschichte**. Toynbees Interesse galt in erster Linie der inneren Dynamik von 23 Hochkulturen, von denen 22 im Besitz der Schrift und 19 in Eurasien beheimatet waren. Weniger stark interessierte er sich dagegen für Vorgeschichte und für einfachere, schriftlose Kulturen. Da-

* Die amerikanische Originalausgabe erschien in zwölf Bänden mit dem Titel »A Study of History«.

bei liegen die Wurzeln der heutigen Ungleichheit mit Sicherheit in vorgeschichtlichen Zeiten. Toynbee stellte sich jedoch weder Yalis Frage, noch fand er eine Erklärung für das nach meiner Auffassung allgemeinste Verlaufsmuster der Geschichte. Andere Bücher zur Universalgeschichte beschäftigen sich ebenfalls vorrangig mit den eurasischen Hochkulturen der letzten 5000 Jahre; präkolumbianische indianische Kulturen werden wesentlich knapper abgehandelt, und der Rest der Welt erscheint bestenfalls am Rande, abgesehen von seinen Berührungen mit eurasischen Zivilisationen in der jüngeren Geschichte. Nach Toynbee sind Versuche, globale Synthesen historischer Kausalzusammenhänge zu erarbeiten, bei den meisten Historikern in Ungnade gefallen, da sie Probleme aufwerfen, die sich einer Lösung offenbar hartnäckig entziehen.

Experten unterschiedlicher Disziplinen ist es inzwischen gelungen, in ihren jeweiligen Fachgebieten entsprechende Synthesen zu entwickeln. Besonders wertvolle Beiträge kommen von der Umweltgeographie, der Kulturanthropologie, der biologischen Forschung über Pflanzen- und Tierdomestikation sowie von einer Forschungsrichtung, die dem Einfluß von Infektionskrankheiten auf den Lauf der Geschichte nachgeht. Solche Untersuchungen haben zwar Licht auf einzelne Elemente des Rätsels geworfen, doch eine allgemeine Synthese fehlt nach wie vor.

Von einer weithin akzeptierten Antwort auf Yalis Frage kann mithin nicht die Rede sein. Einerseits sind die unmittelbaren Ursachen klar: Einige Völker brachten schneller als andere Kanonen, Krankheitserreger, Stahlwerkzeuge und andere Dinge hervor, die ihnen politische und wirtschaftliche Macht gaben, während manche Völker überhaupt keine Anzeichen für Fortschritte in dieser Richtung erkennen ließen. Andererseits bleiben die eigentlichen Ursachen – also beispielsweise, warum Bronzewerkzeuge in einigen Regionen Eurasiens sehr früh auftauchten, in der Neuen Welt erst spät und nur vereinzelt, in Australien dagegen nie – unklar.

Das gegenwärtige Fehlen grundlegender Erklärungen für diese ungleiche Entwicklung stellt eine schwere Wissenslücke dar, handelt es sich hier doch um das allgemeinste Verlaufsmuster der Geschichte. Noch schlimmer ist jedoch die moralische Lücke, die klafft, sprich das freie Feld, das rassistischen Interpretationen überlassen wird. Jeder, ob erklärter Rassist oder nicht, weiß um das höchst unterschiedliche Los der Völker in der Geschichte. So sind die USA eine Gesellschaft europäischer Prägung, errichtet auf Land, das den indianischen Ureinwohnern entrissen wurde, und mit einer Bevölkerung, zu der die Nachfahren von Millionen Schwarzafrikanern gehören, die als Sklaven nach Amerika geschafft wurden. Das moderne Europa ist keine Gesellschaft schwarzafrikanischer Prägung, in der die Nachfahren von Millionen von Indianern leben, die als Sklaven dorthin kamen.

Die Ergebnisse des Geschichtsverlaufs sind in ihrer Einseitigkeit kaum zu überbieten: Nein, es wurden nicht 51 Prozent der Fläche Amerikas, Australiens und Afrikas von Europäern erobert und dafür 49 Prozent der Fläche Europas von Amerikanern, australischen Aborigines oder Afrikanern. Die ganze moderne Welt wurde höchst einseitig geformt, und dafür muß es unwiderlegliche Erklärungen geben, grundlegendere als solche, die sich mit dem Ausgang der einen oder anderen Schlacht oder dem Ursprung dieser oder jener Erfindung vor einigen Jahrtausenden begnügen.

Es *scheint* plausibel anzunehmen, der Geschichtsverlauf sei Ausdruck angeborener Unterschiede zwischen den Völkern. Sicher, man hat uns gelehrt, daß es sich nicht ziemt, solche Gedanken in der Öffentlichkeit zu äußern. Aber immer wieder hört man von wissenschaftlichen Untersuchungen, in denen solche angeborenen Unterschiede angeblich nachgewiesen werden, und natürlich läßt eine Widerlegung wegen angeblicher methodischer Fehler nicht lange auf sich warten. Im Alltag erleben wir, daß die Nachfahren der einst unterjochten Völker noch heute eine Unterschicht bilden, Jahrhunderte nach der Eroberung beziehungsweise nach der Verschleppung als Sklaven. Auch dies, so sagt man uns, habe mit biologischen Faktoren nichts zu tun, sondern sei nur Ausdruck sozialer Benachteiligung und mangelnder Chancengleichheit.

Trotzdem kann man doch ins Grübeln kommen. Da sind all die eklatanten Unterschiede im Status der Völker, die hartnäckig fortbestehen. Man versichert uns, daß die scheinbar einleuchtende biologische Erklärung für die schon vor 500 Jahren unübersehbaren Ungleichheiten auf der Welt falsch sei, läßt aber offen, wie denn die richtige Erklärung lauten müßte. Bis uns eine überzeugende, detaillierte und weithin akzeptierte Erklärung des allgemeinsten Verlaufsmusters der Geschichte vorliegt, werden die meisten Menschen sicher weiter die Vermutung hegen, daß an der rassistischen biologischen Erklärung doch etwas dran sei. Und genau darin liegt für mich der Hauptgrund, dieses Buch zu schreiben.

Autoren werden von Journalisten regelmäßig gebeten, den Inhalt eines Buchs auf eine kurze Formel zu bringen. Sie könnte in diesem Fall so lauten: »Daß die Geschichte verschiedener Völker unterschiedlich verlief, beruht auf Verschiedenheiten der Umwelt und nicht auf biologischen Unterschieden zwischen den Völkern.«

Nun ist der Gedanke, daß Umwelt- und Biogeographie Einfluß auf die gesellschaftliche Entwicklung nehmen, keineswegs neu. Er ist aber in Historikerkreisen nicht sehr beliebt, da er angeblich falsch oder simplifizierend sei. Häufig wird er auch als Ökodeterminismus abgetan, oder die Suche nach einer schlüssigen Erklärung für die Unterschiede auf der Welt wird als zu schwieriges Unterfangen zurückgestellt. Daß die Geographie einen *gewissen* Einfluß auf den Verlauf der Geschichte hatte, ist indes unstrittig. Offen ist nur, wie stark dieser Einfluß war und ob die Geographie das allgemeine Verlaufsmuster der Geschichte zu erklären vermag.

Unterdessen geben neue Erkenntnisse aus wissenschaftlichen Disziplinen, die auf den ersten Blick wenig mit Geschichte zu tun haben, Anlaß zu einer erneuten Auseinandersetzung mit diesen Fragen. Von Bedeutung sind insbesondere: Genetik, Molekularbiologie und Biogeographie in bezug auf Kulturpflanzen und ihre wildwachsenden Vorgänger; die gleichen Disziplinen sowie die Verhaltensökologie in bezug auf domestizierte Tiere und ihre wilden Vorfahren; Molekularbiologie in bezug auf menschliche und verwandte tierische Krankheitserreger; Epidemiologie menschlicher Krankheiten; Humangenetik; Linguistik; archäologische Untersuchungen auf allen Kontinenten und großen Inseln; Untersuchungen zur Geschichte der Technik, der Schrift und der politischen Organisation.

Dieses breite Spektrum von Disziplinen wirft für ein Buch, das sich die Beantwortung von Yalis Frage zum Ziel setzt, erhebliche Probleme auf. So muß der Autor über Fachkenntnisse in allen obengenannten Disziplinen verfügen, um relevante neue Erkenntnisse in die von ihm vorzunehmende Synthese einbringen zu können. Geschichte und Vorgeschichte jedes Kontinents müssen ihm ebenso gründlich bekannt sein. Gegenstand des Buchs ist die Menschheitsgeschichte; es wird jedoch eine naturwissenschaftliche Betrachtungsweise zugrunde gelegt, bei der historische Naturwissenschaften wie Evolutionsbiologie und Geologie den Schwerpunkt bilden. Vom Autor muß überdies verlangt werden, daß er aus eigener Erfahrung eine Vielzahl menschlicher Kulturen kennt, von Jägern und Sammlern bis hin zu den modernen Zivilisationen des Weltraumzeitalters.

Diesen Anforderungen kann auf den ersten Blick nur ein Sammelband mit Beiträgen verschiedener Autoren gerecht werden. Ein solches Vorgehen wäre jedoch von Anfang an zum Scheitern verurteilt, da der Kern des Problems ja gerade die einheitliche Synthese ist. Deshalb führt trotz aller Schwierigkeiten kein Weg an einem Einzelautor vorbei. Dieser muß sich bis zum Hals in Arbeit stürzen und unermüdlich Material aus zahlreichen Disziplinen auswerten, wobei ihm der Rat ebenso zahlreicher Fachkollegen unverzichtbar ist.

Mein beruflicher Werdegang brachte mich mit mehreren der aufgeführten Disziplinen in Berührung, noch bevor mir Yali im Jahr 1972 seine Frage stellte. Meine Mutter ist Lehrerin und Linguistin, mein Vater Arzt und Spezialist für genetische Faktoren bei Kinderkrankheiten. Meinem Vater nacheifernd, wollte ich als Schuler ebenfalls Arzt werden. Mein brennendes Interesse galt aber daneben, seit ich sieben Jahre alt war, der Vogelkunde. Es war für mich deshalb ein leichter Entschluß, gegen Ende meines Grundstudiums vom Ziel des Medizinstudiums abzurücken und die biologische Forschung als neues Ziel zu wählen. Während meiner gesamten Schulzeit und in den ersten vier Jahren an der Universität waren jedoch Sprachen, Geschichte und Schreiben die Schwerpunkte meiner Ausbildung gewesen. Selbst nachdem ich beschlossen hatte, in Physiologie zu promovieren, hängte ich im ersten Jahr des Fachstudiums die Naturwissenschaften beinahe an den Nagel, um statt dessen Linguist zu werden.

Seit Beendigung meiner Doktorarbeit im Jahr 1961 habe ich meine wissenschaftliche Betätigung zwischen zwei Bereichen aufgeteilt: Molekularphysiologie einerseits, Evolutionsbiologie und Biogeographie andererseits. Als unvorhergesehener Pluspunkt für die Arbeit an diesem Buch sollte sich erweisen, daß die Evolutionsbiologie als historische Naturwissenschaft zu anderen Methoden gezwungen ist als jene Disziplinen, die neue Erkenntnisse hauptsächlich im Labor gewinnen. Aufgrund dieser Erfahrungen waren die Schwierigkeiten beim Erarbeiten einer naturwissenschaftlichen Betrachtungsweise historischer Zusammenhänge für mich nicht ganz neu. Und da ich von 1958 bis 1962 in Europa gelebt und dort Menschen kennengelernt habe, deren Leben durch die europäische Geschichte des 20. Jahrhunderts in brutalster Weise durcheinandergewirbelt worden war, hatte ich zudem schon früh angefangen, mir Gedanken über das Wirken und Ineinandergreifen historischer Kausalketten zu machen.

Die letzten 33 Jahre brachten mich im Rahmen evolutionsbiologischer Forschungen in engen Kontakt mit einer Vielzahl menschlicher Kulturen. Mein Spezialgebiet ist die Vogelevolution, über die ich in Südamerika, im südlichen Afrika, in Indonesien, Australien und vor allem Neuguinea geforscht habe. Durch das Zusammenleben mit den Einheimischen dieser Regionen hatte ich Gelegenheit zum besseren Kennenlernen etlicher technisch primitiver Gesellschaften, von Jäger- und Sammlervölkern bis hin zu einfachen bäuerlichen oder vom Fischfang lebenden Stammesgemeinschaften, die bis in die jüngste Vergangenheit noch Steinwerkzeuge verwendeten. Was die meisten gebildeten Menschen als exotische Lebensweise aus vorgeschichtlicher Zeit betrachten würden, ist deshalb für mich ein besonders lebendiger Teil meiner Erinnerung. Neuguinea, auf das zwar nur ein kleiner Teil der Landmasse der Erde entfällt, besitzt einen überproportional großen Anteil an der kulturellen Vielfalt unseres Planeten. Von den weltweit rund 6000 Sprachen der Gegenwart werden 1000 nur dort gesprochen. Während meiner Vogelforschungen auf Neuguinea entbrannte mein linguistisches Interesse neu, da es zu meinen Aufgaben gehörte, von den Einheimischen die örtlichen Vogelnamen in nahezu hundert neuguineischen Sprachen zu erfahren.

Diese verschiedenen Interessen bildeten die Grundlage für mein letztes Buch mit dem Titel *Der dritte Schimpanse*, in dem ich die Evolution des Menschen in allgemeinverständlicher Form darzustellen versuchte. Kapitel 14 handelte unter der Überschrift »Zufällige Eroberer« von dem Ergebnis des Zusammentreffens von Europäern und amerikanischen Indianern. Nach Erscheinen des Buchs wurde mir bewußt, daß andere neuzeitliche, aber auch prähistorische Begegnungen zwischen Völkern ähnliche Fragen aufwarfen. Ich erkannte, daß die Frage, mit der ich in Kapitel 14 gerungen hatte, im Grunde die gleiche war wie jene, mit der mich Yali 1972 konfrontiert hatte, nur eben bezogen auf einen anderen Teil der Welt. Und so will ich nun, unterstützt von zahlreichen Freunden und Kollegen, endlich den Versuch wagen, Yalis Neugier zu befriedigen – und meine eigene.

Das Buch ist in vier Teile gegliedert. Teil I, »Von Eden nach Cajamarca«, umfaßt zwei Kapitel. Das erste (Kapitel 1) nimmt den Leser mit auf eine Blitzreise durch die menschliche Evolution und Geschichte, angefangen bei unserer Abzweigung vom gemeinsamen Stammbaum mit den Affen vor rund sieben Millionen Jahren bis zum Ende der letzten Eiszeit vor rund 13 000 Jahren. Wir verfolgen die Ausbreitung unserer Urahnen von Afrika zu den anderen Kontinenten und gewinnen so eine Vorstellung vom Zustand der Welt, bevor jene Entwicklungen einsetzten, die oft unter dem Begriff »Aufstieg der Zivilisation« zusammengefaßt werden. Wie ich zeigen werde, hatten die Bewohner einiger Kontinente dabei einen zeitlichen Vorsprung vor denen anderer.

Das zweite Kapitel führt in das Thema der Kollisionen von Völkern verschiedener Kontinente ein. Gestützt auf Augenzeugenberichte, wird die dramatischste Begegnung dieser Art, die sich wohl je in der Geschichte abgespielt hat, nacherzählt: die Gefangennahme des letzten unabhängigen Inka-Herrschers, Atahualpa, im Beisein seiner gesamten Armee durch Francisco Pizarro und eine kleine Schar von Konquistadoren in der peruanischen Stadt Cajamarca. Wir erfassen die Kette unmittelbarer Faktoren, die Pizarro in die Lage versetzten, Atahualpa gefangenzunehmen, und die auch bei der Unterwerfung anderer indianischer Gesellschaften eine Rolle spielten. Dazu zählten die Krankheitserreger, Pferde, das Alphabet, die politische Organisation und Technik (insbesondere Schiffe und Waffen) der Spanier. Die Analyse der unmittelbaren Ursachen ist allerdings der leichte Teil dieses Buchs; der schwierige Teil ist die Aufdeckung der eigentlichen, sie bedingenden Ursachen, die dazu führten, daß die Geschichte diesen und nicht den umgekehrten Verlauf nahm, sprich, daß nicht Atahualpa nach Madrid zog und König Karl I. von Spanien gefangennahm.

Teil II, »Beginn und Ausbreitung der Landwirtschaft«, befaßt sich in den Kapiteln 3-9 mit der aus meiner Sicht wichtigsten Konstellation eigentlicher Ursachen. In Kapitel 3 werde ich kurz skizzieren, wie die Landwirtschaft – also die planmäßige Erzeugung von Nahrung durch Ackerbau und Viehzucht anstelle des Jagens von Wildtieren und des Sammelns von Früchten der Natur – im Endeffekt jene unmittelbaren Faktoren auf den Plan rief, die Pizarros Sieg ermöglichten. Der Aufstieg der Landwirtschaft verlief jedoch in den verschiedenen Regionen der Erde sehr unterschiedlich. Wie ich in Kapitel 4 zeigen werde, erfanden manche Völker in einigen Teilen der Welt die Landwirtschaft unabhängig von anderen. Andere übernahmen sie in prähistorischer Zeit von diesen unabhängigen Zentren, während wieder andere die Landwirtschaft weder in prähistorischer Zeit erfanden noch übernahmen, sondern bis in die jüngste Vergangenheit Jäger und Sammler blieben. Kapitel 5 geht den verschiedenen Faktoren nach, an denen es gelegen haben könnte, daß der Übergang von der Jagd- und Sammelwirtschaft zur Landwirtschaft in einigen Regionen stattfand, in anderen jedoch nicht.

In den Kapiteln 6, 7 und 8 erfährt der Leser, wie die ersten Bauern und Viehzüchter, ausgehend von Wildpflanzen und -tieren, in prähistorischer Zeit Kulturpflanzen und Vieh domestizierten – ganz ohne zu ahnen, was daraus folgen sollte. Geographische Unterschiede in der örtlichen Verbreitung von Wildpflanzen und -tieren, die geeignete Domestikationskandidaten darstellten, spielen eine wichtige Rolle bei der Frage, warum sich nur wenige Regionen zu unabhängigen Zentren der Landwirtschaft entwickelten und warum die Landwirtschaft in einigen Regionen früher auf den Plan trat als in anderen. Von diesen wenigen Ausgangszentren fand die Landwirtschaft den Weg in einige Regionen schneller, in andere langsamer. Als wichtiger Faktor, der die unterschiedliche Ausbreitungsgeschwindigkeit mit erklärt, erweist sich die Ausrichtung der Kontinentalachsen. Während in Eurasien die Ost-West-Achse dominiert, ist es in Amerika und Afrika die Nord-Süd-Achse (Kapitel 9).

Wir haben also in Kapitel 2 die unmittelbaren Faktoren skizziert, die zum Sieg der Europäer über die Indianer führten, und in Kapitel 3 die Herausbildung dieser Faktoren auf die Landwirtschaft als eigentliche Ursache zurückgeführt. In Teil III (»Von der Landwirtschaft zur Kleptokratie«, Kapitel 10-13) wird den Zusammenhängen zwischen unmittelbaren und eigentlichen Ursachen im Detail nachgegangen. Den Anfang macht die Evolution der für Gesellschaften mit hoher Bevölkerungsdichte charakteristischen Krankheitserreger (Kapitel 10). Weitaus mehr Indianer und andere nichteurasische Völker fielen eurasischen Krankheiten zum Opfer als den stählernen Waffen der Eindringlinge. Umgekehrt warteten auf die europäischen Eroberer in der Neuen Welt nur wenige tödliche Krankheiten. Was waren die Gründe für dieses ungleiche Verhältnis? Aufschluß geben die Ergebnisse neuerer molekularbiologischer Studien, die einen Zusammenhang, der in Europa wesentlich intensiver war als in Nord- und Südamerika, zwischen Krankheitserregern und der Entstehung der Landwirtschaft nachweisen.

Eine weitere Kausalkette führt von der Landwirtschaft zur Entstehung der Schrift, der vielleicht wichtigsten Erfindung der letzten Jahrtausende (Kapitel 11). In der Geschichte der Menschheit wurde die Schrift nur einige wenige Male neu erfunden, und zwar in Gebieten, in denen die Landwirtschaft innerhalb der jeweiligen Regionen am frühesten aufgekommen war. Alle anderen Schriftkulturen übernahmen ihr Alphabet oder jedenfalls die Idee der Schrift von einem jener wenigen Hauptzentren. Beim Studium der Weltgeschichte läßt sich deshalb anhand der Schrift eine weitere wichtige Ursachenkonstellation besonders gut erforschen: der Einfluß der Geographie auf die Schnelligkeit und Leichtigkeit der Ausbreitung von Ideen und Erfindungen.

Was für die Schrift gilt, gilt auch für die Technik (Kapitel 12). Eine wichtige Frage lautet, ob es bei technischen Innovationen so sehr auf das seltene Genie einzelner Erfinderpersönlichkeiten ankommt und ob eine solche Vielzahl schwer zu systematisierender kultureller Faktoren hineinspielt, daß allgemeine Gesetzmäßigkeiten nicht ermittelt werden können. Wie wir sehen werden, erleichtert die Vielfalt kultureller Faktoren paradoxerweise gerade die Aufdeckung solcher Gesetzmäßigkeiten des technischen Fortschritts. Indem die Landwirtschaft Bauern in die Lage versetzte, Überschüsse zu erzeugen, gestattete sie es bäuerlichen Gesellschaften, sich handwerkliche Spezialisten zu leisten, die selbst keine Nahrung produzierten und ihre Energie statt dessen der Entwicklung neuer Techniken widmen konnten.

Neben Schreibern und Erfindern ermöglichte die Landwirtschaft den Bauern überdies auch den Unterhalt von Politikern (Kapitel 13). Bei umherziehenden Scharen von Jägern und Sammlern herrschen vergleichsweise egalitäre Zustände, und die Politik beschränkt sich auf das Territorium der jeweiligen Gruppe sowie auf wechselnde Allianzen mit Nachbargruppen. Mit dem Aufkommen seßhafter, Nahrung produzierender, dichter Populationen ging der Aufstieg von Fürsten, Königen und Bürokraten einher. Bürokratische Apparate waren nicht nur die Voraussetzung für die Ausübung der Herrschaft über große, dicht besiedelte Gebiete, sondern auch für den Unterhalt stehender Heere, die Aussendung von Flotten zur Erkundung ferner Länder und zum Organisieren von Eroberungskriegen.

Teil IV (»Reise um die Erde in fünf Kapiteln«, Kapitel 14–18) wendet die in Teil II und III gewonnenen Erkenntnisse auf jeden der Kontinente sowie einige wichtige Inseln an. Gegenstand von Kapitel 14 ist die Geschichte Australiens und der großen Insel Neuguinea, die einst mit dem australischen Festland verbunden war. Als Heimat von Kulturen, die bis in die Neuzeit auf einfachstem technischem Stand verharrten, und als einziger Kontinent, der die Landwirtschaft nicht eigenständig hervorbrachte, ist Australien für Theorien über interkontinentale Unterschiede zwischen menschlichen Kulturen ein entscheidender Prüfstein. Wir werden sehen, warum australische Aborigines Jäger und Sammler blieben, während selbst im benachbarten Neuguinea die meisten Stämme zur Landwirtschaft übergingen.

In Kapitel 15 und 16 werden die Entwicklungen in Australien und Neuguinea in eine Betrachtung der Gesamtregion einschließlich des ostasiatischen Festlands und der Pazifikinseln einbezogen. Der Aufstieg der Landwirtschaft in China war Auslöser mehrerer umfassender prähistorischer Ausbreitungsbewegungen von menschlichen Populationen, kulturellen Merkmalen oder beidem zugleich. Eine fand in China selbst statt und brachte das politische und kulturelle Phänomen Chinas hervor, wie wir es heute kennen. Eine andere Bewegung hatte zur Folge, daß Jäger- und Sammlerpopulationen in nahezu dem gesamten südostasiatischen Raum verdrängt wurden; an ihre Stelle traten bäuerliche Einwanderer, deren ursprüngliche Heimat im Süden Chinas lag. Eine dritte Ausbreitungsbewegung, die austronesische Expansion, führte in ähnlicher Weise zur Verdrängung der Jäger- und Sammlerpopulationen auf den Philippinen und in Indonesien; während dabei selbst die entlegensten Inseln Polynesiens besiedelt wurden, gelang es nicht, Australien und den größten Teil Neuguineas zu kolonisieren. All diese Kollisionen von ostasiatischen und pazifischen Völkern sind für das Studium der Weltgeschichte von doppeltem Interesse: Zum einen führten sie zur Entstehung von Ländern, in denen heute ein Drittel der Weltbevölkerung lebt und die immer mehr wirtschaftliche Macht auf sich vereinen. Zum anderen eignen sie sich besonders gut als Beispiele, die das Verständnis der Geschichte von Völkern in anderen Regionen der Welt erleichtern.

Kapitel 17 wendet sich erneut dem Problem aus Kapitel 2 zu, der Kollision von Europäern und amerikanischen Indianern. Eine Zusammenfassung des Geschichtsverlaufs in der Neuen Welt und im westlichen Eurasien in den letzten 13000 Jahren verdeutlicht, warum die Eroberung Amerikas durch Europäer lediglich den Höhepunkt zweier langer, zumeist getrennter Entwicklungen bildete. Entscheidende Aspekte der unterschiedlichen Entwicklung waren insbesondere die auf jedem Kontinent vorkommenden Pflanzen und Tiere, Krankheitserreger, die Zeitpunkte der Besiedlung, die Ausrichtung der Kontinentalachsen und die ökologischen Barrieren.

Kapitel 18 handelt schließlich von der Geschichte Afrikas südlich der Sahara, die verblüffende Ähnlichkeiten, aber auch Unterschiede zur Geschichte der Neuen Welt aufweist. Die gleichen Faktoren, welche die Begegnungen zwischen Europäern und Afrikanern prägten, bestimmten auch das Zusammentreffen mit den indianischen Gesellschaften Nord- und Südamerikas. Bei jedem dieser Faktoren gab es jedoch auch Unterschiede zwischen Afrika und Amerika. Sie führten dazu, daß die europäischen Eroberungszüge, außer im äußersten Süden des Kontinents, keine umfassende beziehungsweise dauerhafte weiße Besiedlung Afrikas südlich der Sahara zur Folge hatten. Von nachhaltigerer Bedeutung war eine umfangreiche Bevölkerungsverschiebung, die sich innerhalb Afrikas abspielte: die Expansion der Bantu-Völker. Sie hatte, wie wir sehen werden, in vieler Hinsicht gleiche Ursachen wie die Ereignisse in Cajamarca, Ostasien, auf den Pazifikinseln, in Australien und Neuguinea.

Ich hege nicht die Illusion, daß es mir gelingen könnte, in wenigen Kapiteln die Geschichte der letzten 13 000 Jahre auf allen Kontinenten zu erklären. Das würde sicher den Rahmen eines einzelnen Buchs sprengen, selbst wenn alle Fragen geklärt wären, was nicht der Fall ist. Es kann hier deshalb allenfalls darum gehen, einige Konstellationen von Umweltfaktoren aufzuzeigen, die, wie ich meine, die Antwort auf Yalis Frage zum großen Teil beinhalten. Die Beantwortung noch offener Fragen bleibt Aufgabe für die Zukunft.

Im Epilog werden unter der Überschrift »Die Zukunft der Geschichte als Naturwissenschaft« einige dieser offenen Fragen umrissen, beispielsweise das Problem der Unterschiede zwischen verschiedenen Teilen Eurasiens, die Rolle kultureller Faktoren, die nicht mit der Umwelt zusammenhängen, sowie die Rolle von Individuen in der Geschichte. Die vielleicht größte ungelöste Aufgabe ist die Etablierung der Geschichtswissenschaft als historische Naturwissenschaft neben anerkannten Disziplinen wie Evolutionsbiologie, Geologie und Klimatologie. Die Erforschung der Menschheitsgeschichte wirft zweifellos große Schwierigkeiten auf, aber manche davon sind durchaus jenen vergleichbar, mit denen auch in den anerkannten historischen Naturwissenschaften gerungen werden muß. Deshalb könnten sich einige der in diesen Bereichen entwickelten Methoden auch in der Geschichtswissenschaft als nützlich erweisen.

Ich hoffe, daß ich Sie, liebe Leser, schon jetzt überzeugen konnte, daß Geschichte alles andere ist als eine langweilige Aneinanderreihung von Fakten, wie viele glauben. Daß es in der Geschichte allgemeine Verlaufsmuster gibt, steht außer Frage, und die Suche nach Erklärungen ist ebenso lohnend wie spannend.

TEIL I

Von Eden nach Cajamarca

KAPITEL 1

Vor dem Startschuß

Was geschah auf den Kontinenten bis 11 000 v. Chr.?

Ein geeigneter Ausgangspunkt für den Vergleich historischer Entwicklungen auf den verschiedenen Kontinenten liegt um 11 000 v. Chr.* In diese Zeit fallen die Entstehung der ersten Dörfer in einigen Teilen der Welt, die unbestrittene Erstbesiedlung Nord- und Südamerikas, das Ende der letzten Eiszeit sowie der Beginn der erdgeschichtlichen Neuzeit. Zumindest in einer Region begann die Domestikation von Pflanzen und Tieren binnen weniger Jahrtausende nach jenem Zeitpunkt. Hatten wohl schon damals die Bewohner einiger Kontinente einen klaren Vorsprung vor denen anderer?

Falls dies so war, würde ein solcher in den letzten 13 000 Jahren noch erweiterter Vorsprung Yalis Frage vielleicht beantworten. In diesem Kapitel möchte ich Sie deshalb auf eine Blitzreise durch die menschliche Geschichte auf allen Kontinenten entführen. Betrachtet werden soll der Zeitraum seit unserem Ursprung als Spezies bis vor rund 13 000 Jahren. Diese Jahrmillionen sollen nun auf weniger als 20 Seiten abgehandelt werden, was natürlich bedeutet, daß ich über Details hinweggehen und nur solche Entwicklungen

* Zeitangaben für die letzten ca. 15 000 Jahre sind in diesem Buch durchgehend als sogenannte kalibrierte statt der üblichen unkalibrierten Radiokarbon-Datierungen angegeben. Der Unterschied zwischen beiden Datierungsarten wird in Kapitel 4 erläutert. Kalibrierte Datierungen stimmen stärker mit den tatsächlichen Kalenderdaten überein. Leser, die an unkalibrierte Datierungen gewöhnt sind, sollten diesen Unterschied beachten, wenn sie in diesem Buch auf scheinbar falsche, nämlich ältere als die gewohnten Zeitangaben stoßen. Beispielsweise wird als Datum der ältesten Clovis-Funde in Nordamerika gewöhnlich der Zeitraum um 9000 v. Chr. (sprich vor 11 000 Jahren) angeführt, wohingegen ich von einem Zeitraum um 11 000 v. Chr. (also vor 13 000 Jahren) spreche, da es sich bei der üblichen Zeitangabe um eine unkalibrierte Datierung handelt.

thematisieren werde, die mir für den Gegenstand dieses Buches am bedeutsamsten erscheinen.

Unsere engsten lebenden Verwandten im Tierreich sind drei Arten von Menschenaffen: der Gorilla, der gewöhnliche Schimpanse und der Zwergschimpanse, auch Bonobo genannt. Die Tatsache, daß diese nur in Afrika vorkommen, läßt nebst einer Fülle fossiler Indizien darauf schließen, daß sich die Anfänge der menschlichen Evolution in Afrika abspielten. Dort begann die Geschichte des Menschen vor rund sieben Millionen Jahren (Schätzungen schwanken zwischen fünf und neun Millionen Jahren) als etwas Eigenständiges, von der Geschichte der Tiere Getrenntes. In jener Zeit spaltete sich eine Population afrikanischer Menschenaffen in mehrere Gruppen auf, von denen sich die eine im Laufe der Evolution zum heutigen Gorilla entwickelte, die zweite zu den beiden heutigen Schimpansenarten und die dritte zum Menschen. Offenbar erfolgte die Abspaltung der Ahnenlinie des Gorillas einige Zeit vor der Trennung der Menschen- von denen der Schimpansen-Ahnen.

Aus Fossilienfunden ergibt sich, daß die zum Menschen führende Abstammungslinie vor etwa vier Millionen Jahren weitgehend den aufrechten Gang erreicht hatte und vor rund zweieinhalb Millionen Jahren begann, an Körpergröße und relativem Hirnvolumen zuzunehmen. Diese Urmenschen werden als *Australopithecus africanus, Homo habilis und Homo erectus* klassifiziert, wobei die Evolution anscheinend in dieser Reihenfolge verlief. Während der *Homo erectus*, das vor rund 1700000 Jahren erreichte Stadium, dem heutigen Menschen in der Körpergröße ähnelte, war sein Gehirn noch nicht einmal halb so groß wie das unsere. Steinwerkzeuge erlangten vor rund zweieinhalb Millionen Jahren größere Verbreitung, waren aber noch äußerst primitiv und nur sehr grob aus Steinbrocken gehauen. Aus zoologischer Sicht war der *Homo erectus* eindeutig mehr als ein Affe, aber bis zum anatomisch modernen Menschen war es noch ein weiter Weg.

In den ersten fünf bis sechs Millionen Jahren, nachdem wir vor rund sieben Millionen Jahren auf den Plan traten, spielte sich unsere Geschichte ausschließlich auf dem afrikanischen Kontinent ab. Der erste unserer Urahnen, der auch außerhalb Afrikas Verbreitung fand, war der *Homo erectus*. Als Beleg hierfür dienen Fossi-

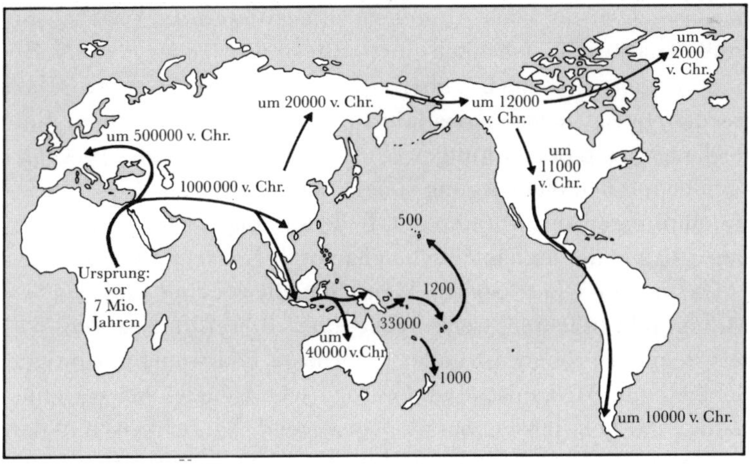

Abbildung 1.1 Die Eroberung der Erde durch den Menschen.

lienfunde auf der Insel Java in Südostasien, die zu der gebräuchlichen Bezeichnung Java-Mensch führten (Abbildung 1.1). Der älteste Java-Mensch wird üblicherweise auf die Zeit vor rund 1000000 Jahren datiert. Nach neuen Erkenntnissen könnte das Alter der Fossilien jedoch sogar 1800000 Jahre betragen. (Genaugenommen ist die Bezeichnung *Homo erectus* den auf Java gefundenen Fossilien vorbehalten, während die afrikanischen Funde, die ebenfalls als Überreste des *Homo erectus* klassifiziert wurden, womöglich eine andere Bezeichnung rechtfertigen.) Die frühesten unumstrittenen Indizien für das Auftreten von Menschen in Europa sind unterdessen ca. eine halbe Million Jahre alt, wobei von manchen Wissenschaftlern auch eine frühere Präsenz behauptet wird. Man sollte naturlich meinen, daß die Besiedlung Asiens mit der Europas einherging, wo doch Eurasien eine zusammenhängende Landmasse ohne größere natürliche Hindernisse bildet.

Hier stoßen wir auf ein Problem, das in diesem Buch wiederholt auftauchen wird. Immer wenn ein Wissenschaftler behauptet, »den, die oder das älteste/n X« entdeckt zu haben – wobei es sich um das älteste menschliche Fossil in Europa, die ersten Hinweise auf domestizierten Mais in Mexiko oder das älteste Irgendwas irgendwo auf der Welt handeln mag –, findet sich jemand, der alles daransetzt, etwas noch Älteres zu präsentieren. In Wirklichkeit muß es natürlich tatsächlich einen »ältesten X« geben, der alle Behauptungen eines noch früheren X Lügen straft. Wie wir sehen werden, bringt jedoch jedes Jahr für praktisch jeden X neue Entdeckungen und Behauptungen eines angeblich noch älteren X, verbunden mit der Widerlegung einiger oder sämtlicher »ältester-X«-Behauptungen des Vorjahres. Oft dauert die Suche Jahrzehnte, bevor sich in der archäologischen Fachwelt Konsens einstellt.

Die fossilen Überreste von Menschen, die vor rund einer halben Million Jahren lebten, weisen gegenüber älteren *Homo-erectus*-Skeletten einen größeren, runder geformten und weniger kantigen Schädel auf. Afrikanische und europäische Schädel von vor einer halben Million Jahren besaßen genügend Ähnlichkeit mit den Schädeln des heutigen Menschen, um sie bereits als Angehörige unserer Spezies, des *Homo sapiens*, und nicht mehr als *Homo erectus* einzustufen. Diese Unterscheidung entbehrt allerdings nicht der Willkür, da ja der *Homo sapiens* aus dem *Homo erectus* hervorging. Diese frühen *Homo sapiens* unterschieden sich von den heutigen Vertretern der Spezies Mensch jedoch immer noch in einzelnen anatomischen Merkmalen, besaßen ein deutlich kleineres Gehirn und waren auch in ihren Artefakten und ihrem Verhalten von den heutigen Menschen kraß verschieden. Neuzeitliche Steinzeitvölker, zu denen beispielsweise noch Yalis Urgroßeltern zählten, hätten für die Steinwerkzeuge aus der Zeit vor einer halben Million Jahren ob ihrer primitiven Machart nur Verachtung empfunden. Die einzige andere bedeutende Erweiterung des kulturellen Repertoires unserer Urahnen, die für jene Zeit zuverlässig belegt ist, war der Gebrauch des Feuers.

Es wurden vom frühen *Homo sapiens* weder Kunstgegenstände, Werkzeuge aus Knochen noch irgendwelche anderen Dinge gefunden – alles, was wir von ihnen haben, sind Skelettreste und jene primitiven Steinwerkzeuge. Es gab noch keine Menschen in Australien, wohl aus dem naheliegenden Grund, daß man Boote gebraucht hätte, um von Südostasien dorthin zu gelangen. Auch Nord- und Südamerika waren noch unbesiedelt, denn es hätte ja zuvor der nächstgelegene Teil des eurasischen Kontinents, nämlich Sibirien, in Besitz genommen werden müssen, und vielleicht wären auch Boote erforderlich gewesen. (Die heutige flache Beringstraße zwischen Sibirien und Alaska war aufgrund des Sinkens und Wiederansteigens des Meeresspiegels während der Eiszeiten manchmal eine Meerenge, dann wieder eine breite, trockene Landbrücke zwischen den Kontinenten.) Die Kunst des Bootsbaus und das Überleben im kalten Sibirien lagen jedoch noch weit außerhalb der Fähigkeiten des frühen *Homo sapiens*.

Ab der Zeit vor einer halben Million Jahren begannen die menschlichen Populationen Afrikas und des westlichen Eurasiens sich in ihrer Skelettanatomie voneinander und von ostasiatischen Populationen zu unterscheiden. Die menschlichen Geschöpfe, die im Zeitraum vor 130000 bis 40000 Jahren in Europa und Westasien lebten, sind durch besonders zahlreiche Skelettfunde vertreten und werden als Neandertaler bezeichnet – manche Wissenschaftler sprechen von einer eigenen Spezies, dem *Homo neanderthalensis*. Im Widerspruch zu der landläufigen Vorstellung, daß die Neandertaler wie Affen aussehende Rohlinge waren, die in Höhlen hausten, besaßen sie etwas größere Gehirne als wir. Sie waren außerdem die ersten Menschen, bei denen vieles dafür spricht, daß sie ihre Toten begruben und ihre Kranken pflegten. Verglichen mit den geschliffenen Steinäxten neuzeitlicher Neuguineer waren ihre Steinwerkzeuge jedoch noch immer primitiv und wurden in der Regel auch noch nicht in verschiedenen Standardformen mit klar erkennbaren Funktionen angefertigt.

Die wenigen in Afrika gefundenen Skelettreste aus dem gleichen Zeitraum haben mehr Ähnlichkeit mit unseren heutigen Skeletten als mit denen der Neandertaler. In Ostasien sind noch weniger Skelette aus jener Zeit erhalten, doch wie es aussieht, unterschieden sich die Ostasiaten sowohl von den Afrikanern als auch von den Neandertalern. Aufschluß über die damalige Lebensweise geben uns am ehesten Steinartefakte und die Knochen von Beutetieren aus Fundstätten im südlichen Afrika. Trotz modernerer Anatomie im Vergleich zu ihren Neandertaler-Zeitgenossen verwendeten jene Afrikaner vor 100000 Jahren im wesentlichen die gleichen primitiven Steinwerkzeuge wie sie und kannten ebenfalls noch keine Standardformen. Auch Kunstobjekte sind uns von ihnen nicht überliefert. Nach den Knochen der Tiere zu urteilen, die sie erlegten, war ihr Jagdgeschick nicht sehr beeindruckend – bei ihrer Beute handelte es sich hauptsächlich um leicht zu tötende, ausgesprochen harmlose Arten. Büffel, Wildschweine und andere gefährlichere Tiere standen noch nicht auf ihrem Speiseplan. Nicht einmal die Kunst des Fischfangs beherrschten sie: In Fundstätten direkt an der Küste kamen weder Fischknochen noch Angelhaken zum Vorschein. Von modernen Menschen konnte man bei diesen Geschöpfen noch genausowenig sprechen wie bei den Neandertalern, die zur gleichen Zeit lebten.

Vor rund 50000 Jahren fiel endlich der Startschuß für die Menschheitsgeschichte, und der »große Sprung nach vorn«, wie ich diese Phase nenne, begann. Die frühesten eindeutigen Belege für jene Entwicklung stammen aus Fundstätten in Ostafrika, in denen standardisierte Steinwerkzeuge und der erste erhaltene Schmuck (Perlenketten aus Schalen von Straußeneiern) zutage kamen. Ähnliche Entwicklungen folgten kurz darauf im Nahen Osten und in Südosteuropa, dann (vor rund 40000 Jahren) auch in Südwesteuropa, wo eine Fülle von Artefakten auftauchten, die mit Funden anatomisch völlig moderner Skelette von Menschen, die als Cromagnonrasse bezeichnet werden, im Zusammenhang standen. Von da an wird der an archäologischen Stätten gefundene Abfall rasch immer interessanter und läßt keinen Zweifel mehr daran, daß wir es mit nicht nur biologisch, sondern auch vom Verhalten her modernen Menschen zu tun haben.

Von Cromagnon-Menschen hinterlassene Abfallhaufen enthalten nicht nur Werkzeuge aus Stein, sondern auch aus Knochen, deren Eignung als Werkstoff (z.B. zur Herstellung von Angelhaken) früheren Menschen offenbar entgangen war. Werkzeuge wurden in vielfältigen, eindeutigen Formen angefertigt, die so modern waren, daß ihre Funktionen als Nadeln, Ahlen, Gravierwerkzeuge usw. für uns noch heute klar erkennbar sind. Neben einteiligen Werkzeugen, wie zum Beispiel Schabern, wurden nun erstmals auch mehrteilige Werkzeuge gefunden. Zu den mehrteiligen Waffen, die an Cro-Magnon-Fundstätten zum Vorschein kamen, zählten unter anderem Harpunen, Speerschleudern und schließlich auch Pfeil und Bogen, die Vorläufer von Flinten und anderen mehrteiligen Waffen der Neuzeit. Die so gewonnene

Fähigkeit, aus sicherer Entfernung zu töten, ermöglichte das Jagen so gefährlicher Tiere wie Nashörner und Elefanten, während die Erfindung des Seils, aus dem Netze, Angelschnüre und Schlingen hergestellt werden konnten, zur Erweiterung unseres Speiseplans um Fisch und Vögel führte. Überreste von Häusern und genähter Kleidung belegen die stark gewachsene Fähigkeit zum Überleben in kaltem Klima, während Schmuck und sorgfältig begrabene Skelette von revolutionären Veränderungen in ästhetischer und spiritueller Hinsicht zeugen.

Die bekannteste Hinterlassenschaft der Cromagnons sind die Zeugnisse ihres künstlerischen Schaffens in Form grandioser Höhlenmalereien, Statuen und Musikinstrumente, die heute noch als Kunst betrachtet werden. Jeder, der die überwältigende Kraft der lebensgroßen Pferde- und Stiergemälde in der Höhle von Lascaux in Südwestfrankreich auf sich wirken läßt, begreift sofort, daß die Urheber geistig ebenso modern gewesen sein müssen wie anatomisch.

Im Zeitraum vor 100000 bis 50000 Jahren vollzog sich offenbar ein folgenschwerer Wandel in den Fähigkeiten unserer Vorfahren. Der »große Sprung nach vorn« wirft zwei wichtige, bis heute ungeklärte Fragen auf: die nach der Ursache und die nach dem Ort des Geschehens. Zur Ursache habe ich in meinem Buch *Der Dritte Schimpanse* auf eine Vervollkommnung des Stimmapparats und somit die Entstehung der anatomischen Grundlage der Sprache, von der die menschliche Kreativität in so hohem Maße abhängt, als Möglichkeit hingewiesen. Andere Autoren gehen davon aus, daß in jener Zeit eine Veränderung in der Organisation des Gehirns eintrat, die bei unverändertem Hirnvolumen die Entstehung der Sprache ermöglichte.

Mit Blick auf die Geographie des »großen Sprungs« stellt sich die Frage, ob er weitgehend in einem einzigen geographischen Raum stattfand und die dort lebenden Menschen in die Lage versetzte, sich in andere Teile der Welt auszubreiten und die dortigen menschlichen Populationen zu verdrängen, oder ob er sich in verschiedenen Regionen parallel abspielte. Im zweiten Fall würde es sich bei jeder der heutigen Populationen in den betreffenden Gebieten um Nachfahren der vor dem »großen Sprung« dort lebenden

Populationen handeln. Die relativ modern wirkenden Schädel aus Afrika aus der Zeit vor ungefähr 100 000 Jahren wurden als Indiz für die erste Möglichkeit herangezogen – der Entwicklungssprung hätte demnach in Afrika stattgefunden. Auch die Ergebnisse molekularbiologischer Untersuchungen (anhand der sogenannten Mitochondrien-DNS) wurden zunächst dahingehend bewertet, daß der Ursprung des modernen Menschen in Afrika liegt, aber inzwischen sind Zweifel an der Gültigkeit dieser Interpretation aufgekommen. Auf der anderen Seite wurden von Vertretern der physischen Anthropologie an Schädeln von Menschen, die vor mehreren hunderttausend Jahren in China und Indonesien lebten, Merkmale entdeckt, die noch heute bei Chinesen beziehungsweise australischen Aborigines anzutreffen sind. Sollten sie recht haben, spräche das für eine parallele Evolution und die gleichzeitige Entstehung des modernen Menschen in verschiedenen Regionen statt in einem einzigen Garten Eden. Die Frage bleibt vorerst ungeklärt.

Die Indizien für eine regional beschränkte Geburt des modernen Menschen und sein anschließendes Vordringen in bis dahin von anderen Populationen besiedelte Regionen sind in Europa am stärksten. Vor rund 40 000 Jahren betraten die Cromagnons die europäische Bühne, mit moderner Skelettanatomie, überlegenen Waffen und anderen neuartigen kulturellen Merkmalen. Binnen weniger Jahrtausende waren die Neandertaler, die Hunderttausende von Jahren die alleinigen Bewohner Europas gewesen waren, wie vom Erdboden verschluckt. Diese Reihenfolge spricht sehr dafür, daß die modernen Cromagnons ihre weit überlegene Technik und ihre Sprachfähigkeit beziehungsweise ihre für Sprache ausgelegten Gehirne in irgendeiner Weise nutzten, um die Neandertaler mit Krankheiten anzustecken, sie zu töten oder zu vertreiben. Nennenswerte Hinweise darauf, daß auch eine Vermischung stattfand, wurden nicht gefunden.

Der »große Sprung nach vorn« fällt zeitlich mit der ersten nachgewiesenen Ausweitung der Grenzen des menschlichen Lebensraums in großem Stil seit der Besiedlung Eurasiens durch unsere Urahnen zusammen. Ich spreche von der Besiedlung Australiens und Neuguineas, zu jener Zeit noch ein zusammenhängender Kontinent. Eine Vielzahl von Fundstätten, die mit der Radiokarbon-Methode datiert wurden, bezeugen die Anwesenheit des Menschen in Australien/Neuguinea im Zeitraum zwischen 40000 und 30000 Jahren vor unserer Zeitrechnung (natürlich gibt es auch hier die üblichen, aber umstrittenen Behauptungen einer noch früheren Präsenz). Binnen kurzer Zeit nach jener ersten Besiedlung hatten die Neuankömmlinge den gesamten Kontinent in Besitz genommen und sich an seine vielfältigen Lebensräume angepaßt, von den tropischen Regenwäldern und Hochgebirgen Neuguineas über das trockene Landesinnere bis hin zum regenreichen Südostzipfel Australiens.

Während der Eiszeiten war ein so großer Teil der ozeanischen Wassermassen in Gletschern gebunden, daß der Meeresspiegel an die 150 Meter unter seinen gegenwärtigen Stand sank. Als Folge davon wurden die heutigen Flachmeere zwischen dem asiatischen Festland und den indonesischen Inseln Sumatra, Borneo, Java und Bali trockengelegt. (Das gleiche geschah auch in anderen Teilen der Welt mit flachen Meerengen wie der Beringstraße und dem englischen Kanal.) Das Festland Südostasiens reichte damals über 1000 Kilometer weiter nach Osten als heute. Das änderte aber nichts daran, daß die indonesischen Inseln zwischen Bali und Australien weiter von Tiefseerinnen umgeben waren. Um vom asiatischen Festland nach Australien/Neuguinea zu gelangen, mußten mindestens acht Tiefseerinnen überquert werden, von denen die breiteste wohl über 80 Kilometer maß. Während die meisten dieser Rinnen zwischen Inseln lagen, die sich in Sichtweite voneinander befanden, war Australien selbst von den nächstgelegenen indonesischen Inseln Timor und Tanimbar aus niemals sichtbar. Deshalb ist die Besiedlung von Australien/Neuguinea insofern besonders bedeutsam, als dafür Wasserfahrzeuge erforderlich waren und somit der älteste Beweis für den Gebrauch solcher Fahrzeuge durch den Menschen erbracht war. Erst rund 30000 Jahre später (vor 13000 Jahren) tauchten Boote in einem anderen Teil der Welt auf, und zwar im Mittelmeerraum.

Anfangs hielten es Archäologen für möglich, daß die Besiedlung von Australien/Neuguinea zufällig durch eine Handvoll Menschen erfolgte, die beim Fischen auf einem Floß nahe einer der indonesischen Inseln aufs Meer getrieben wurden. Im Extremfall hätte es sich bei den ersten Siedlern um eine einzige schwangere Frau mit einem männlichen Fötus im Leib handeln können. Die Verfechter dieser Zufallstheorie mußten sich jedoch von neueren Entdeckungen überraschen lassen, die ergaben, daß kurz nach der Besiedlung Neuguineas noch andere, weiter östlich gelegene Inseln vor ca. 36000 Jahren von Menschen in Besitz genommen wurden: Neubritannien und Neuirland im Bismarckarchipel und die Insel Buka im Salomonarchipel. Buka liegt außer Sichtweite seiner Nachbarinsel im Westen und konnte nur durch Überquerung von rund 150 Kilometer offenem Meer erreicht werden. Daraus folgt, daß die ersten Australier und Neuguineer wahrscheinlich in der Lage waren, gezielte Reisen über das Wasser zu unternehmen, um in Sichtweite gelegene Inseln zu erreichen. Außerdem dürften sie häufig genug mit Flößen oder einfachen Booten hinaus aufs Meer gefahren sein, um wiederholt auch außer Sichtweite liegende Inseln durch Zufall zu entdecken und zu besiedeln.

Womöglich war die Besiedlung von Australien/Neuguinea, neben den ersten Ausflügen über das Meer und der ersten Ausweitung unseres Lebensraums seit der Besiedlung Eurasiens, mit einer weiteren Premiere verbunden: der ersten Massenausrottung von Großtierarten durch den Menschen. Heute gilt Afrika als Kontinent der Großtiere schlechthin. In Eurasien gab es jedoch bis in die Neuzeit ebenfalls eine Vielzahl von Großtierarten, wenn auch nicht in solcher Fülle wie in der afrikanischen Serengeti. So wurden in Asien Nashörner, Elefanten und Tiger angetroffen, in Europa Elche, Bären und (bis in die Antike) Löwen. Australien und Neuguinea können heutzutage keine vergleichbar großen Säugetierarten vorweisen – die größte sind wohl rund 100 Pfund schwere Känguruhs. In früheren Zeiten hatte der Kontinent Australien/Neuguinea jedoch sein eigenes Ensemble von Großtieren, darunter Riesenkänguruhs, nashornähnliche Beuteltiere mit der Bezeichnung Diprotodonten, die so groß wie eine Kuh werden konnten, und sogar ein Beutel-»Leopard«. Außerdem lebten dort einst 400 Pfund schwere flugunfähige Vögel, die Straußen ähnelten, sowie Reptilien von imposanter Größe, beispielsweise eine Eidechse, die um eine Tonne wog, eine Riesenpython und Landkrokodile.

All diese australisch/neuguineischen Großtiere (die sogenannte Megafauna) verschwanden nach der Ankunft des Menschen. Während über den genauen Zeitpunkt ihres Aussterbens noch gestritten wird, sind inzwischen mehrere archäologische Fundstätten in Australien, die mehrere Jahrzehntausende abdecken, sorgfältig freigelegt worden. Unter den Bergen von Tierknochen, die dabei zum Vorschein kamen, fand sich für den Zeitraum der letzten 35000 Jahre keine Spur der ausgestorbenen Großtiere. Demnach dürfte die Megafauna bald nach dem Eintreffen des Menschen in Australien ausgestorben sein.

Das nahezu gleichzeitige Verschwinden so zahlreicher Großtierarten wirft natürlich die Frage nach der Ursache auf. Eine naheliegende Antwort wäre, daß sie von den ersten Menschen, die den Kontinent betraten, getötet oder auf indirekte Weise ausgerottet wurden. Man vergegenwärtige sich, daß die Evolution der Tierwelt von Australien/Neuguinea über Jahrmillionen in Abwesenheit menschlicher Jäger stattgefunden hatte. Wir wissen, daß die Vögel der Galapagosinseln ebenso wie die Vögel und Säugetiere der Antarktis, die erst in jüngerer Vergangenheit Bekanntschaft mit dem Menschen machten, noch heute unbeirrbar zahm sind. Hätten Naturschützer nicht durch rasches Handeln für ihren Schutz gesorgt, wären sie längst ausgestorben. Auf anderen erst in historischer Zeit entdeckten Inseln, wo solche Schutzmaßnahmen nicht ergriffen wurden, kam es denn auch wiederholt zu Ausrottungen. Unter den Opfern war zum Beispiel die Dronte auf Mauritius, die zu so etwas wie einem Symbol des Artensterbens geworden ist. Man weiß inzwischen auch, daß auf jeder näher untersuchten, in prähistorischer Zeit besiedelten Meeresinsel die Besitzergreifung durch den Menschen mit einem plötzlichen Artensterben einherging, und zwar ohne Ausnahme. Zu den Opfern zählten die Moas von Neuseeland, die Riesenlemuren von Madagaskar und die großen flugunfähigen Gänse von Hawaii, um nur einige Beispiele zu nennen. Ganz genauso, wie Menschen in jüngerer Vergangenheit seelenruhig auf zahme Dodos und Inselrobben zugehen und sie abschlachten konnten, taten es unsere prähistorischen Ahnen vermutlich mit Moas und Riesenlemuren.

Eine Hypothese zur Erklärung des Aussterbens der australischen und neuguineischen Großtiere lautet mithin, daß diese vor rund 40000 Jahren von dem gleichen Schicksal ereilt wurden. Die meisten Großtierarten Afrikas und Eurasiens konnten im Gegensatz dazu bis in die Neuzeit überleben, da sich ihre Evolution über Hunderttausende oder gar Millionen von Jahren parallel zur Evolution des Menschen vollzog. Dadurch hatten sie genügend Zeit, den Menschen fürchten zu lernen, während sich die anfangs sehr bescheidenen Jagdkünste unserer Vorfahren ganz allmählich verbesserten. Die Dodos, Moas und vielleicht auch die Großtierarten von Australien/Neuguinea hatten das Pech, aus heiterem Himmel und ohne behutsame Vorbereitung durch die Evolution mit menschlichen Eindringlingen konfrontiert zu werden, die bereits über ausgereifte Jagdfertigkeiten verfügten.

Die sogenannte »Overkill«-Hypothese ist für Australien/Neuguinea jedoch nicht unumstritten. Kritiker wenden ein, daß bisher noch keinerlei Knochen ausgestorbener australischer/neuguineischer Großtiere gefunden wurden, an denen sich nachweisen ließe, daß menschliche Jäger am Werk waren. Befürworter der »Overkill«-Hypothese halten dem entgegen, daß Funde solcher Spuren auch nicht zu erwarten seien, sofern die Ausrottung sehr schnell und vor sehr langer Zeit stattfand, beispielsweise innerhalb weniger Jahrtausende vor etwa 40000 Jahren. Die Kritiker parieren wiederum mit einer Gegentheorie: Vielleicht erlagen die Großtiere vielmehr einem Klimawechsel, beispielsweise einer schweren Dürre auf dem ohnehin sehr trockenen australischen Kontinent. Die Debatte dauert an.

Mir persönlich ist es rätselhaft, warum die australischen Großtiere über Zehnmillionen von Jahren zahllose Dürreperioden hätten überstehen sollen, um dann alle nahezu im gleichen Moment (jedenfalls auf einer Zeitskala, die in Jahrmillionen mißt) just dann tot umzufallen, als die ersten Menschen eintrafen. Zudem starben die Großtiere nicht nur im trockenen Landesinneren Australiens aus, sondern auch im feuchtheißen Neuguinea und im feuchtkühlen Südosten Australiens. Jeder Lebensraum ohne Ausnahme, von den Wüsten über die kalten bis hin zu den tropischen Regenwäldern, war davon betroffen. Deshalb halte ich es für am ehesten denkbar, daß die Großtierwelt von Australien/Neuguinea tatsächlich von Menschen ausgelöscht wurde, und zwar direkt (Erlegung als Jagdbeute) ebenso wie indirekt (als Folge von Bränden und Eingriffen des Menschen in die Umwelt). Unabhängig davon, ob sich am Ende die »Overkill«- oder die Klimahypothese als richtig erweist, werden wir sehen, daß das Verschwinden der gesamten Großtierwelt in Australien/Neuguinea schwerwiegende Folgen für den weiteren Geschichtsverlauf hatte. Durch die Ausrottungen jener Zeit verschwanden sämtliche großen Wildtiere, die später vielleicht hätten domestiziert werden können. Zurück blieben die Bewohner Australiens und Neuguineas ohne ein einziges heimisches Haustier.

Die Besiedlung von Australien/Neuguinea erfolgte also erst um die Zeit des »großen Sprungs nach vorn«. Eine weitere Ausdehnung des menschlichen Lebensraums, die kurz darauf begann, war auf die kältesten Regionen Eurasiens gerichtet. Obwohl die Neandertaler während der Eiszeit lebten und an die Kälte angepaßt waren, drangen sie nicht weiter nach Norden vor als bis nach Norddeutschland und Kiew in der Ukraine. Das überrascht insofern nicht, als es ihnen offenbar an Nadeln, genähter Kleidung, warmen Behausungen und anderen Voraussetzungen für das Überleben in wirklicher Kälte mangelte. Anatomisch moderne Völker, die über diese technische Ausstattung verfügten, wanderten vor etwa 20 000 Jahren nach Sibirien ein (und wieder gibt es die üblichen, umstrittenen Behauptungen einer viel früheren Besiedlung). Auf das Konto der damaligen Expansion könnte das Aussterben des Wollmammuts und des Wollnashorns in Eurasien gehen.

Mit der Besiedlung von Australien/Neuguinea hatte der Mensch drei der fünf bewohnbaren Kontinente in Besitz genommen. (Europa und Asien werden in diesem Buch als ein Kontinent behandelt. Die Antarktis zähle ich nicht mit, weil Menschen erst im 19. Jahrhundert dorthin vordrangen und diese Region bis heute noch nie eine menschliche Population ernährt hat.) Damit blieben nur noch zwei Kontinente übrig, Nord- und Südamerika. Daß ihre Besiedlung zuletzt stattfand, ist nicht verwunderlich, mußte man doch entweder Boote besitzen (deren Existenz selbst für Indonesien bis vor 40 000 Jahren nicht belegt ist und die in Europa erst viel später in Erscheinung traten), um von der Alten Welt auf dem Seeweg dorthin zu gelangen, oder zuvor Sibirien besiedeln (was erst vor rund 20000 Jahren geschah), um von dort aus die Bering-Landbrücke zu überqueren.

Wann genau im Zeitraum vor 14000 bis 35000 Jahren Nord- und Südamerika erstmals von Menschen besiedelt wurden, ist ungewiß. Die ältesten unumstrittenen Funde stammen aus Alaska und werden auf etwa 12000 v. Chr. datiert. Für den Zeitraum danach gibt es eine Fülle von Fundstätten in den USA südlich der kanadischen Grenze und in Mexiko aus den Jahrhunderten unmittelbar vor 11000 v. Chr. Die letzteren Fundstellen werden nach der Stadt Clovis in New Mexico, in deren Nähe die charakteristischen großen Speerspitzen aus Stein zum erstenmal identifiziert wurden, als Clovis-Stätten bezeichnet. Inzwischen kennt man Hunderte solcher Stätten in allen 48 Bundesstaaten der USA zwischen Kanada und Mexiko sowie in Mexiko selbst. Bald darauf tauchten auch im Amazonasgebiet und in Patagonien eindeutige Beweise menschlicher Präsenz auf. Diese Fakten lassen die Interpretation zu, daß die Clovis-Fundstätten die erste Besiedlung Nord- und Südamerikas durch den Menschen dokumentieren, der sich rasch vermehrte, ausbreitete und beide Kontinente in Besitz nahm.

Es mag zunächst verwunderlich klingen, daß die Clovis-Nachfahren innerhalb von weniger als tausend Jahren bis nach Patagonien an der Südspitze Südamerikas vordringen konnten, das immerhin rund 13000 Kilometer von der amerikanisch-kanadischen Grenze entfernt liegt. Auf das Jahr bezogen, ergibt sich jedoch eine durchschnittliche Ausbreitungsgeschwindigkeit von nur 13 Kilometern, eine für Jäger und Sammler unbeeindruckende Distanz, die sie nicht selten an einem einzigen Tag zurücklegen.

Erstaunt könnte man auf den ersten Blick auch darüber sein, daß sich Nord- und Südamerika offenbar in so kurzer Zeit mit Menschen füllte, daß diese einen Anreiz verspürten, weiter nach Süden in Richtung Patagonien vorzudringen. Aber auch diese Frage klärt sich rasch, betrachtet man die Zahlen etwas genauer. Angenommen, ganz Nord- und Südamerika waren am Ende von einer Jäger- und Sammlerpopulation mit einer durchschnittlichen Bevölkerungsdichte von etwa 2,5 Personen pro Quadratkilometer (ein hoher Wert, gemessen an den Verhältnissen bei neuzeitlichen Jägern und Sammlern) besiedelt, so bot der Doppelkontinent rund zehn Millionen Menschen Platz. Selbst wenn es sich bei den Erstbesiedlern um nicht mehr als 100 Personen gehandelt hätte und ihre Zahl um nur 1,1 Prozent im Jahr gewachsen wäre, hätten ihre Nachfahren die Zehn-Millionen-Marke innerhalb von tausend Jahren leicht erreicht. Dabei ist ein Bevölkerungswachstum von 1,1 Prozent im Jahr alles andere als viel: Bei der Besiedlung unberührter Gebiete wurden in der jüngeren Geschichte regelmäßig Wachstumsraten von bis zu 3,4 Prozent registriert, beispielsweise bei der Besiedlung der Pitcairninsel durch die Meuterer von der *Bounty* und ihre tahitianischen Frauen.

Zu der Fülle von Fundstätten aus den ersten Jahrhunderten nach Ankunft der Clovis-Jäger in Amerika gibt es eine Parallele in Form der ebenfalls großen Zahl von Ausgrabungsstätten, die an die Besiedlung Neuseelands durch die Vorfahren der Maori in späterer Zeit erinnern. Eine Vielzahl von Fundstellen ist auch für die Anfangsphase der sehr viel früheren Besiedlung Europas durch anatomisch moderne Menschen sowie die Besiedlung von Australien/Neuguinea dokumentiert. Das bedeutet, daß alles, was wir über das Clovis-Phänomen und seine Ausbreitung über ganz Nord- und Südamerika wissen, mit Erkenntnissen über andere unumstrittene Erstbesiedlungen unberührter Regionen übereinstimmt.

Was mag es bedeuten, daß sich die Clovis-Fundstätten aus den Jahrhunderten unmittelbar vor 11000 v. Chr. derart häufen und nicht etwa aus der Zeit um 16000 oder gar 21000 v. Chr.? Zwei Dinge spielen hierbei eine Rolle: Sibirien war immer eine kalte Region, und zudem bedeckte während eines großen Teils des Eiszeitalters eine geschlossene Eiskappe ganz Kanada von West nach Ost und bildete ein unüberwindliches Hindernis. Wir haben bereits gesehen, daß die zum Überleben in extremer Kälte erforderlichen Techniken erst nach der Invasion Europas durch anatomisch moderne Menschen vor etwa 40000 Jahren aufkamen und daß Sibirien erst rund 20000 Jahre später von Menschen besiedelt wurde. Irgendwann im Laufe der Jahrtausende gelangten jene frühen Sibirjaken nach Alaska. Das geschah entweder durch Überquerung der Beringstraße (die selbst heute nur 80 Kilometer breit ist) oder zu

Fuß während einer Eiszeit, als die Beringstraße wegen des gesunkenen Meeresspiegels gerade trocken lag. Während der Jahrtausende, in denen sie wiederholte Male aus dem Wasser ragte, war die Bering-Landbrücke wohl bis zu 1500 Kilometer breit und von offener Tundra bedeckt, so daß sie von Menschen, die an kaltes Klima angepaßt waren, mühelos überquert werden konnte. Das letzte Mal versank die Landbrücke um 14000 v. Chr. durch einen neuerlichen Anstieg des Meeresspiegels wieder in den Fluten. Ungeachtet dessen, ob jene frühen Sibirjaken nun per Pedes oder per Boot nach Alaska kamen, stammen die ältesten gesicherten Beweise für die Präsenz des Menschen in Alaska aus der Zeit um 12000 v. Chr.

Bald danach öffnete sich ein eisfreier Nord-Süd-Korridor durch die kanadische Eiskappe und erlaubte den ersten Bewohnern Alaskas die Durchreise bis in die Präriegebiete nahe der heutigen kanadischen Stadt Edmonton. Damit war das letzte ernsthafte Hindernis zwischen Alaska und Patagonien beseitigt. Die Pioniere von Edmonton müssen ein Land vorgefunden haben, in dem es Wild im Überfluß gab und das ihnen reiche Nahrung bot. So vermehrten sie sich und breiteten sich allmählich nach Süden aus, um am Ende die gesamte Hemisphäre zu besiedeln.

Und noch etwas an dem Clovis-Phänomen entspricht unseren Erwartungen hinsichtlich der ersten Präsenz des Menschen südlich der kanadischen Eiskappe. Wie Australien/Neuguinea, so waren auch Nord- und Südamerika einst von Großtieren im Überfluß bevölkert. Vor 15000 Jahren muß der amerikanische Westen ein ganz ähnliches Bild abgegeben haben wie die afrikanische Serengeti heute. Herden von Elefanten und Pferden durchstreiften, von Löwen und Geparden umpirscht, das Land. Dazu gesellten sich so exotische Arten wie Kamele und Riesenfaultiere. Wie in Australien/Neuguinea starben auch in Nord- und Südamerika die meisten großen Säugetierarten aus. Während die Woge des Aussterbens Australien wahrscheinlich vor über 30000 Jahren erfaßte, donnerte sie über Nord- und Südamerika in dem Zeitraum vor etwa 12000 bis 17000 Jahren hinweg. Bei jenen amerikanischen Säugetierarten, deren Knochen am häufigsten gefunden wurden und eine besonders genaue Datierung zuließen, kann der Zeitpunkt des Aussterbens genauer bestimmt werden: Er muß um das Jahr

11000 v. Chr. gelegen haben. Vielleicht am präzisesten gelang die Datierung beim Shasta-Faultier und der Harrington-Bergziege im Gebiet des Grand Canyon; beide Populationen verschwanden vor 11100 Jahren plus/minus ein bis zwei Jahrhunderte. Nach vorliegenden Erkenntnissen fällt dieses Datum, ob zufällig oder nicht, genau mit dem Eintreffen der ersten Clovis-Jäger in dem Gebiet zusammen.

Die Entdeckung einer Vielzahl von Mammutskeletten mit Clovis-Speerspitzen zwischen den Rippen läßt vermuten, daß dieses zeitliche Zusammentreffen kein Werk des Zufalls war, sondern auf Ursache und Wirkung beruhte. Auf dem Weg nach Süden durch den Kontinent begegneten die Jäger Großtieren, die noch nie einen Menschen erblickt hatten und mithin leichte Beute waren – bis hin zur Ausrottung. Eine Gegentheorie besagt, daß die großen amerikanischen Säugetiere nicht von Menschenhand ins Jenseits befördert wurden, sondern einem Klimawechsel am Ende der letzten Eiszeit zum Opfer fielen, der sich (als ob die Arbeit des Paläontologen nicht schon schwer genug wäre) ebenfalls in der Zeit um 11000 v. Chr. vollzog.

Ich persönlich habe mit der Klimatheorie des Aussterbens der amerikanischen Megafauna das gleiche Problem wie mit einer solchen Theorie für Australien/Neuguinea. Die Großtierarten des Doppelkontinents hatten bereits 22 Eiszeiten überlebt. Warum suchten sich die meisten von ihnen nun ausgerechnet die 23. aus, um sich in Anwesenheit all jener doch so harmlosen Menschen von dieser Welt zu verabschieden? Und warum starben sie in allen Lebensräumen gleichzeitig aus? Warum nicht bloß in denen, die am Ende der letzten Eiszeit schrumpften, sondern auch in jenen, die sich stark ausdehnten? Ich habe da schon eher die Clovis-Jäger im Verdacht, aber die Debatte geht weiter. Egal, welche Theorie sich am Ende als richtig erweist: Es verschwanden so die meisten Großtierarten, die später von den indianischen Bewohnern Amerikas hätten domestiziert werden können.

Ungeklärt ist auch die Frage, ob die Clovis-Jäger tatsächlich die ersten Amerikaner waren. Nach dem gewohnten Strickmuster werden in Nord- und Südamerika Jahr für Jahr neue Fundstätten präsentiert, die angeblich aus noch älterer Zeit stammen. Einige von ihnen erscheinen, wenn man zum erstenmal davon hört, überzeugend und hochinteressant, doch dann tauchen unweigerlich Interpretationsprobleme auf. Handelte es sich bei den angeblichen Steinwerkzeugen, die gefunden wurden, tatsächlich um von Menschenhand gefertigte oder nur um Zufallsprodukte der Natur? Sind die gemeldeten Datierungen mit Hilfe der Radiokarbon-Methode wirklich korrekt und nicht mit einem der vielfältigen Probleme behaftet, die bei dieser Methode auftreten können? Und falls die Datierungen zutreffen, existiert dann tatsächlich ein Zusammenhang mit menschlichen Artefakten oder lag vielleicht nur ein 15 000 Jahre alter Klumpen Holzkohle zufällig neben einem erst 9000 Jahre alten Steinwerkzeug?

Diese Probleme will ich anhand des folgenden vielzitierten Beispiels einer angeblichen Prä-Clovis-Fundstätte verdeutlichen. In einer brasilianischen Höhle, Pedro Furada genannt, entdeckten Archäologen Höhlenmalereien, die ohne Zweifel von Menschen stammten. Unter den Steinen am Fuße einer Felswand fanden sie außerdem einige Steine, die man nach ihrer Form für primitive Werkzeuge halten konnte. Weiter stieß man auf vermeintliche Feuerstellen, für die eine Datierung anhand der ebenfalls gefundenen Holzkohlereste ein Alter von rund 35 000 Jahren ergab. Die Berichte über Pedro Furada wurden in der Fachwelt so ernst genommen, daß sogar die renommierte internationale Wissenschaftszeitschrift *Nature* Artikel darüber brachte.

Aber: Kein einziger der Steine, die vor der Felswand gefunden wurden, weist eindeutige Spuren einer Bearbeitung durch Menschen auf, wie es bei den Clovis-Spitzen und Cromagnon-Werkzeugen der Fall ist. Wenn Hunderttausende von Steinen im Laufe von Jahrzehntausenden von einer hohen Felswand herabstürzen, zerspringen viele beim Aufschlag in Stücke, und einige ähneln dann unweigerlich primitiven Werkzeugen, die auch von Menschen stammen könnten. In Westeuropa sowie in anderen Teilen des Amazonasgebiets datierten Archäologen mit der Radiokarbon-Methode die für die Höhlengemälde verwendeten Pigmente, doch in Pedro Furada geschah dies nicht. In der Umgebung der Höhle kommt es oft zu Waldbränden, bei denen Holzkohle entsteht, die von Wind und Wasser immer wieder auch in Höhlen getragen wird.

Es fehlt der Beweis für einen Zusammenhang zwischen der 35000 Jahre alten Holzkohle und den Höhlenmalereien von Pedro Furada. Zwar halten die ursprünglichen Entdecker an ihrer Überzeugung fest, aber eine Gruppe von Archäologen, die an der Ausgrabung nicht beteiligt, für Prä-Clovis-Entdeckungen jedoch aufgeschlossen war, verließ die Fundstätte nach einem kürzlichen Besuch eher enttäuscht.

Die nordamerikanische Ausgrabungsstätte mit den größten Anerkennungschancen als Ort älterer Funde ist Meadowcroft Rock Shelter in Pennsylvania. Laut Radiokarbon-Datierung beträgt das Alter der dort gefundenen, mit Menschen in Verbindung gebrachten Gegenstände etwa 16000 Jahre. Es besteht kein Zweifel an der Echtheit der zahlreichen Artefakte, die in etlichen sorgfältig freigelegten archäologischen Schichten zum Vorschein kamen. Die ältesten Radiokarbon-Datierungen ergeben jedoch keinen Sinn, da es sich bei den Pflanzen- und Tierarten, die ihnen zufolge in dem Gebiet gelebt hatten, um solche handelt, die erst viel später, als das Klima milder geworden war, in Pennsylvania vorkamen, nicht aber um Arten, die man in dem eisigen Klima vor 16000 Jahren dort erwarten konnte. Deshalb drängt sich der Verdacht auf, daß die Holzkohlereste aus den ältesten Schichten mit menschlichen Artefakten aus jüngerer Zeit stammen und irgendwann nach unten sickerten, wo sie sich mit älterer Holzkohle vermischten. Der aussichtsreichste Prä-Clovis-Kandidat in Südamerika ist die Fundstätte bei Monte Verde in Südchile, die mindestens 15000 Jahre alt sein soll. Viele Archäologen nehmen diese Datierung inzwischen sehr ernst, doch die Ergebnisse wurden noch nicht detailliert veröffentlicht, und angesichts all der desillusionierenden Erfahrungen der Vergangenheit ist sicher Vorsicht geboten.

Falls es in Nord- und Südamerika tatsächlich Prä-Clovis-Menschen gab, stellt sich die Frage, warum der Nachweis ihrer Existenz immer noch so schwer zu erbringen ist. Hunderte amerikanischer Fundstätten wurden von Archäologen eindeutig auf ein Alter zwischen 2000 und 11000 v. Chr. datiert, darunter Dutzende von Clovis-Fundstätten im Westen Nordamerikas, Felshöhlen in den Appalachen und Fundstätten an den Küsten Kaliforniens. Unter all den archäologischen Schichten mit unzweifelhaften Zeugnissen menschlicher Präsenz finden sich an vielen dieser Orte weitere Schichten, aus denen zwar Überreste von Tieren zutage gefördert wurden, aber nichts, was auf Menschen schließen ließe. Die schwache Beweislage für die Existenz von Prä-Clovis-Menschen in Nord- und Südamerika steht im krassen Gegensatz zu der überwältigenden Fülle von Beweisen in Europa, wo Hunderte von Fundstätten Zeugnis von der Anwesenheit moderner Menschen lange vor dem Auftauchen der Clovis-Jäger in Amerika um 11 000 v. Chr. ablegen. Noch bemerkenswerter ist, daß in Australien/Neuguinea, wo nur knapp ein Zehntel so viele Archäologen tätig sind wie in den USA, über hundert eindeutige Prä-Clovis-Fundstätten über den ganzen Kontinent verstreut entdeckt wurden.

Gewiß flogen die ersten menschlichen Bewohner Amerikas nicht mit dem Hubschrauber von Alaska nach Meadowcroft und Monte Verde und ließen alle dazwischenliegenden Gebiete einfach aus. Verfechter einer Prä-Clovis-Besiedlung führen an, die Prä-Clovis-Menschen seien – aus unbekannten Gründen und ohne Parallele in anderen Teilen der Welt – über Tausende oder vielleicht gar Zehntausende von Jahren wegen ihrer geringen Bevölkerungsdichte archäologisch so gut wie unsichtbar geblieben. Mir erscheint diese Vermutung viel unplausibler als die, daß auch Monte Verde und Meadowcroft, wie schon so viele zunächst heiß gehandelte Prä-Clovis-Fundstätten, eines Tages in neuem Licht gesehen werden. Ich denke, wenn es tatsächlich Prä-Clovis-Siedlungen in Amerika gegeben hätte, dann hätte sich das inzwischen an vielen Orten deutlich gezeigt, und niemand würde mehr darüber streiten. In der Archäologie wird aber weiter emsig über diese Fragen debattiert.

Für unser Verständnis der späteren amerikanischen Vorgeschichte ist allerdings ohne Belang, welche Interpretation sich am Ende als richtig erweist. Entweder Nord- und Südamerika wurden um 11 000 v. Chr. erstmals besiedelt und füllten sich binnen relativ kurzer Zeit mit Menschen, oder die Erstbesiedlung erfolgte etwas früher (nach Meinung der meisten Verfechter der Prä-Clovis-Theorie vor 15 000 oder 20 000 Jahren, vielleicht auch vor 30 000 Jahren, aber kaum noch früher), wobei jene Prä-Clovis-Siedler bis ca. 11 000 v. Chr. gering an der Zahl blieben, unauffällig waren oder wenig Spuren hinterließen. In beiden Fällen waren Nord- und

Südamerika unter den fünf bewohnbaren Kontinenten die mit der kürzesten menschlichen Siedlungsgeschichte.

Mit der Besiedlung Nord- und Südamerikas war der größte Teil der bewohnbaren Gebiete der Kontinente und großen Inseln sowie der Inselwelt Indonesiens bis nach Neuguinea und weiter ostwärts von Menschen in Besitz genommen. Die Besiedlung der verbliebenen Inseln wurde erst in jüngerer Vergangenheit abgeschlossen: Mittelmeerinseln wie Kreta, Zypern, Korsika und Sardinien wurden zwischen 8500 und 4000 v. Chr. von Menschen bevölkert, die Inseln der Karibik ab ca. 4000 v. Chr., die polynesische und mikronesische Inselwelt zwischen 1200 v. Chr. und 1000 n. Chr., Madagaskar irgendwann zwischen 300 und 800 n. Chr. und Island im 9. Jahrhundert n. Chr. Amerikanische Indianer, möglicherweise Vorfahren der heutigen Inuit, drangen um 2000 v. Chr. in arktische Gefilde vor. Damit blieben nur die entlegensten Inseln des atlantischen und indischen Ozeans (wie die Azoren und die Seychellen) sowie die Antarktis als unbewohnte Gebiete übrig, die in den letzten 700 Jahren der Entdeckung durch europäische Forschungsreisende harrten.

Welche Bedeutung mögen die unterschiedlichen Besiedlungszeitpunkte der einzelnen Kontinente für den späteren Geschichtsverlauf gehabt haben, falls sie denn überhaupt eine Rolle spielten? Angenommen, ein Archäologe könnte mit einer Zeitmaschine eine Reise ins Jahr 11 000 v. Chr. unternehmen. Würde er wohl anhand dessen, was er sähe, die Reihenfolge, in welcher auf den verschiedenen Kontinenten technische Zivilisationen entstehen würden, vorhersagen können – und somit in groben Zügen den Zustand der heutigen Welt?

Vielleicht würde sich unser Archäologe fragen, ob ein Entwicklungsvorsprung eine entscheidende Rolle spielen könnte. Afrika wäre dem Rest der Welt dann einen Riesenschritt voraus: Mindestens fünf Millionen Jahre länger als auf jedem anderen Kontinent hatte der Mensch dort nach der Trennung von seinen engsten tierischen Verwandten gelebt. Und falls es stimmt, daß der anatomisch moderne Mensch vor rund 100 000 Jahren in Afrika geboren wurde und von dort zu anderen Kontinenten aufbrach, hätte dies zudem jegliche Entwicklungsvorsprünge wieder zunichte gemacht, zu denen es womöglich anderswo auf der Welt gekommen wäre, so daß die Afrikaner erneut die Nase vorn gehabt hätten. Hinzu kommt, daß die genetische Vielfalt des Menschen nirgendwo so groß ist wie in Afrika; vielleicht würde sich dies auch in besonders vielfältigen Erfindungen niederschlagen.

Doch dann würde der Archäologe vielleicht innehalten und fragen: Was bedeutet eigentlich ein »Vorsprung« im Hinblick auf unser Thema? Der Vergleich mit einem Wettrennen darf nicht wörtlich genommen werden. Wenn mit Vorsprung die Zeit gemeint ist, die vergeht, bis ein ganzer Kontinent nach der Ankunft der ersten Pioniere besiedelt ist, dann reden wir von einer relativ kurzen Spanne: So dauerte selbst die Besiedlung der gesamten Neuen Welt von Nord bis Süd weniger als tausend Jahre. Meint man aber die für die Anpassung an lokale Verhältnisse benötigte Zeit, so gebe ich zu, daß dieser Prozeß in einigen Regionen mit extremen Umweltbedingungen viel Zeit in Anspruch nahm: Beispielsweise dauerte es 9000 Jahre, bis nach der Besiedlung Nordamerikas auch die arktischen Gebiete des Kontinents in Besitz genommen waren. Nachdem erst der Erfindergeist des modernen Menschen erwacht war, ging es jedoch relativ schnell, bis die meisten übrigen Gebiete erforscht und die Anpassung an die dortigen Bedingungen vollzogen war. So benötigten die Vorfahren der Maori, nachdem sie Neuseeland erreicht hatten, offenbar nicht einmal hundert Jahre, bis sie alle für die Steingewinnung lohnenden Orte entdeckt hatten; nur einige Jahrhunderte mehr, bis auch der letzte Moa in einem Terrain, das zu den unwegsamsten der Welt zählt, niedergemetzelt war; und nur wenige Jahrhunderte bis zur Ausbildung vielfältiger Gesellschaftsformen, von Jäger- und Sammlerkulturen an den Küsten bis hin zu bäuerlichen Gesellschaften, die neue Methoden der Speicherung von Lebensmitteln erprobten.

Unser Archäologe würde deshalb vielleicht nach Nord- und Südamerika blicken und den Schluß ziehen, daß Afrikas scheinbar enormer Vorsprung von den ersten Amerikanern binnen höchstens tausend Jahren wettgemacht worden wäre. Danach hätten Amerikas größere Fläche (50 Prozent mehr als Afrikas) und die weitaus vielfältigeren Umweltbedingungen den amerikanischen Indianern einen Vorsprung vor den Afrikanern verschafft.

Als nächstes würde sich der Archäologe vielleicht Eurasien zuwenden und folgenden Gedankengang entwickeln: Eurasien ist von allen Kontinenten der größte. Er war länger besiedelt als jeder andere Kontinent mit Ausnahme Afrikas, wobei die lange Anwesenheit des Menschen in Afrika vor der Besiedlung Eurasiens vor einer Million Jahren womöglich ohnehin zu nichts geführt hätte, weil die Urmenschen damals noch auf sehr primitiver Entwicklungsstufe standen. Unser Archäologe würde dann vielleicht die jungsteinzeitliche Blütezeit im Südwesten Europas vor 12000 bis 20000 Jahren mit ihren berühmten Kunstwerken und raffinierten Werkzeugen zur Kenntnis nehmen und sich fragen, ob Eurasien nicht schon damals auf dem Wege war, zumindest in einzelnen Regionen einen Vorsprung zu erringen.

Zu guter Letzt würde der Archäologe den Blick nach Australien/Neuguinea wenden. Als erstes würde er die kleine Fläche von Australien/Neuguinea (es handelt sich um den kleinsten Kontinent), den großen Anteil von Wüsten, die nur wenige Menschen ernähren konnten, die abgeschiedene Lage des Kontinents und seine viel spätere Besiedlung im Vergleich zu Afrika und Eurasien bemerken. All das wären Gründe, um Australien/Neuguinea eine recht langsame Entwicklung menschlicher Zivilisationen vorherzusagen.

Doch es gilt zu bedenken, daß die Australier und Neuguineer mit Abstand die ersten waren, die Flöße oder einfache Boote besaßen. Mindestens so früh wie die Cromagnons in Europa schufen sie Höhlenmalereien. Wie Jonathan Kingdon und Tim Flannery feststellten, verlangte die Besiedlung von Australien/Neuguinea auf dem Weg über die Inseln des asiatischen Festlandsockels vom Menschen die fortwährende Anpassung an die neuen Umweltbedingungen, die er auf den Inseln Zentralindonesiens – einem wahren Labyrinth von Küsten mit der reichhaltigsten Meeresfauna, den vielfältigsten Korallenriffen und den größten Mangrovenwäldern der Welt – vorfand. Jedesmal, wenn die Kolonisten zur nächsten Insel übersetzten, mußten sie sich erneut anpassen, um den neugewonnenen Lebensraum in Besitz zu nehmen und zu bevölkern, bevor der Blick zur nächsten Insel schweifte und alles wieder von vorn begann. Es war ein bis dahin beispielloses goldenes Zeitalter sukzessiver Bevölkerungsexplosionen. Vielleicht waren es jene Zyklen von Kolonisation, Anpassung und explosionsartigem Bevölkerungswachstum, die der Evolution als Grundlage dienten, um die Voraussetzungen für den »großen Sprung nach vorn« zu schaffen, die dann womöglich westwärts auf Eurasien und Afrika zurückwirkten. Sollte dieses Szenario zutreffen, hätten Australien und Neuguinea einen gewaltigen Vorsprung errungen, der noch lange nach dem »großen Sprung« als Motor der menschlichen Entwicklung fortgewirkt haben könnte.

Wie Sie sehen, hätte es ein zeitreisender Beobachter im Jahr 11 000 v. Chr. schwer gehabt, sich für einen Kontinent als wahrscheinlichen Kandidaten für die schnellste Entwicklung menschlicher Gesellschaften zu entscheiden. Für jeden Kontinent ließen sich einige Argumente anführen. Im Rückblick wissen wir natürlich, daß die richtige Antwort Eurasien gelautet hätte. Doch wie sich zeigen wird, waren die Gründe für das raschere Tempo der Entwicklung in Eurasien ganz und gar nicht jene relativ simplen, die unser imaginärer Archäologe im Jahr 11 000 v. Chr. in Betracht zog. Um die Suche nach den wahren Ursachen geht es im restlichen Teil dieses Buches.

KAPITEL 2

Kollision in Cajamarca

Warum der Inka-Herrscher Atahualpa nicht auszog und König Karl I. gefangennahm

Die größte Bevölkerungsverschiebung der jüngeren Geschichte war die Kolonisierung der Neuen Welt durch Europäer, verbunden mit der Unterwerfung, Dezimierung oder gar völligen Ausrottung der meisten amerikanischen Indianerstämme. Wie in Kapitel 1 ausgeführt, erfolgte die Erstbesiedlung der Neuen Welt um das Jahr 11 000 v. Chr. oder schon früher auf dem Wege über Alaska, die Beringstraße und Sibirien. Im Laufe der Jahrtausende entwickelten sich weit südlich jener Einfallsroute komplexe Agrargesellschaften in völliger Isolation von den ebenfalls im Entstehen begriffenen komplexen Gesellschaften der Alten Welt. Nach der ursprünglichen Besiedlung Amerikas von Asien aus fanden glaubhaft belegte Kontakte zwischen Neuer und Alter Welt lediglich zwischen Jägern und Sammlern statt, die an beiden Ufern der Beringstraße lebten. Hinzu kam wahrscheinlich eine Reise über den Pazifik, bei der die Süßkartoffel von Südamerika nach Polynesien gelangte.

Die Kontakte zwischen Völkern der Neuen Welt und Europa beschränkten sich in präkolumbianischer Zeit auf einige Fahrten der Wikinger, die zwischen 986 und etwa 1500 n. Chr. in kleiner Zahl auf Grönland siedelten und von dort aus wiederholt den Atlantik überquerten. Doch jene Wikinger-Besuche blieben ohne erkennbaren Einfluß auf die indianischen Gesellschaften in Amerika. So gesehen begann die Kollision zwischen höher entwickelten Kulturen der Alten und der Neuen Welt abrupt im Jahr 1492 mit der »Entdeckung« dichtbesiedelter Karibikinseln durch Christoph Kolumbus.

Der wohl dramatischste Moment in den sich daraufhin entwickelnden europäisch-indianischen Beziehungen war die erste

Begegnung des Inka-Herrschers Atahualpa mit dem spanischen Konquistador Francisco Pizarro in der Stadt Cajamarca im Hochland von Peru am 16. November 1532. Atahualpa war absoluter Herrscher über das größte und fortschrittlichste Staatswesen der Neuen Welt, während Pizarro als Vertreter von Karl V., Kaiser des Heiligen Römischen Reiches (auch bekannt als Karl I., König von Spanien) und Herrscher über den damals mächtigsten Staat Europas, auftrat. Pizarro, der einen bunt zusammengewürfelten Haufen von 168 spanischen Soldaten befehligte, befand sich auf fremdem Terrain, wußte kaum etwas über die örtliche Bevölkerung, war ohne Verbindung zum nächstgelegenen spanischen Posten, der tausend Meilen weiter nördlich in Panama lag, und konnte deshalb auf keinen Fall mit rascher Verstärkung rechnen, falls er in Not geriet. Atahualpa befand sich dagegen in seinem eigenen Reich mit Millionen von Untertanen und war umgeben von seinem 80000 Mann starken Heer, das gerade siegreich einen Krieg gegen andere Indianer geführt hatte. Dennoch brachte Pizarro Atahualpa binnen weniger Minuten, nachdem beide sich zum erstenmal in die Augen geblickt hatten, in seine Gewalt. Er hielt ihn acht Monate lang als Geisel fest und erpreßte in dieser Zeit das größte Lösegeld der Geschichte gegen das Versprechen, ihn freizulassen. Als das geforderte Lösegeld – so viel Gold, daß es einen sechseinhalb Meter langen, fünf Meter breiten und zweieinhalb Meter hohen Raum füllte – beisammen war, brach Pizarro kurzerhand sein Versprechen und ließ Atahualpa hinrichten.

Atahualpas Gefangennahme war eine wichtige Voraussetzung für die Eroberung des Inka-Reichs durch die Europäer. Zwar hätten die Spanier aufgrund ihrer waffentechnischen Überlegenheit am Ende auf jeden Fall gesiegt, doch die Gefangennahme des Herrschers beschleunigte und erleichterte die Unterwerfung erheblich. Atahualpa wurde von den Inkas als Sonnengott und absoluter Gebieter, dessen Anordnungen sogar aus der Haft befolgt wurden, verehrt. In den Monaten vor seiner Ermordung hatte Pizarro Gelegenheit zur Aussendung von Erkundungstrupps, die unbehelligt andere Teile des Inka-Reichs erforschten. Außerdem konnte er nach Verstärkung aus Panama schicken. Als nach der Hinrichtung Atahualpas schließlich Kämpfe zwischen Spaniern und Inkas ausbrachen, waren die Eindringlinge zahlenmäßig nicht mehr ganz so unterlegen.

Die Gefangennahme Atahualpas interessiert uns somit als entscheidendes Moment der größten Kollision in der jüngeren Geschichte. Sie ist überdies von allgemeinerem Interesse, da die Faktoren, die dazu führten, daß Pizarro Atahualpa in seine Gewalt bringen konnte, im wesentlichen mit denen übereinstimmten, die das Ergebnis vieler ähnlicher Kollisionen zwischen fremden Eindringlingen und Urbevölkerungen an anderen Orten der Erde bestimmten. Insofern bietet Atahualpas Gefangennahme tiefe Einblicke in den Lauf der Geschichte.

Was sich an jenem Tag in Cajamarca abspielte, ist genau überliefert, da viele daran beteiligte Spanier das Geschehen schriftlich festhielten. Um einen lebendigen Eindruck der Ereignisse zu gewinnen, wollen wir uns mit Hilfe von Passagen aus Augenzeugenberichten von sechs Gefolgsleuten Pizarros, darunter seine Brüder Hernando und Pedro, in die Vergangenheit zurückversetzen lassen:

»Die Besonnenheit, innere Kraft, soldatische Disziplin, die endlosen Mühen, gefahrvollen Reisen und gefochtenen Schlachten der Spanier – Vasallen des ruhmreichen Kaisers des Heiligen Römischen Reiches, unseres Königs und Gebieters – werden die Gläubigen entzücken und die Ungläubigen in Schrecken versetzen. Aus diesem Grunde, zur Ehre Gottes des Allmächtigen und zum Wohle seiner Katholischen Majestät des Kaisers befand ich es für recht, diesen Bericht zu schreiben und Eurer Majestät zu übermitteln, damit jedermann erfahren könne, was darin zu lesen steht. Mein Bericht mehrt den Ruhm Gottes, weil es unter seiner Führung gelang, eine so unermeßliche Zahl von Heiden zu unterwerfen und zu unserem Heiligen Katholischen Glauben zu bekehren. Er mehrt auch den Ruhm unseres Kaisers, weil sich die Geschehnisse, von denen mein Bericht handelt, dank seiner überaus großen Macht und der Gunst der Vorsehung unter seiner Herrschaft zugetragen haben. Es wird den Gläubigen wohlklingen, daß so große Siege errungen, Länder entdeckt und erobert, Reichtümer zum Wohle des Königs und ihrer selbst heimgebracht wurden und daß unter den

Ungläubigen Schrecken und unter allen Menschen Bewunderung gesät wurde.

Denn wann in der Geschichte wurden jemals so heldenhafte Taten von so wenigen im Kampf gegen so viele, in so vielen Gefilden, über so viele Meere und so große Entfernungen zu Lande vollbracht, um das unbekannte Fremde zu bezähmen? Wessen Taten sind vergleichbar mit denen Spaniens? Unsere Spanier, wenige an der Zahl, niemals mehr als 200 oder 300 Mann und manchmal nur hundert oder gar noch weniger, haben in unseren Tagen mehr Länder erobert als je einer vor ihnen – auch mehr, als all jene gottesgläubigen und heidnischen Fürsten ihr eigen nennen. Ich will hier nur aufschreiben, was sich bei der Eroberung zutrug, und werde mich knapp fassen, um Weitschweifigkeit zu vermeiden.

Statthalter Pizarro wollte Informationen von einigen Indianern, die aus Cajamarca unseres Weges gekommen waren, und ließ sie foltern. Sie gaben preis, daß Atahualpa in Cajamarca auf unseren Führer wartete. Der Statthalter ordnete darauf an, den Vormarsch fortzusetzen. Als wir den Eingang zu der Stadt erreichten, erblickten wir das Lager von Atahualpa in drei Meilen Entfernung am Fuße der Berge. Das Lager der Indianer bot einen Anblick wie eine sehr schöne Stadt. Der Zelte waren so viele, daß uns alle eine große Besorgnis überfiel. Noch nie hatten wir in der Neuen Welt etwas Vergleichbares gesehen. Furcht und Verwirrung ergriff unsere Herzen. Doch wir durften uns nichts anmerken lassen, und auch ein Rückzug kam nicht in Betracht, denn hätten uns die Indianer auch nur die kleinste Schwäche angemerkt, so hätten uns selbst jene, die als Führer mit uns marschierten, den Garaus gemacht. Also gaben wir uns zuversichtlich und stiegen nach sorgfältiger Beobachtung der Stadt und der Zelte in das Tal hinab und betraten Cajamarca.

Wir redeten viel über das, was nun zu tun sei. Jeder von uns war voller Furcht, da wir so wenige waren und uns so tief in ein Gebiet vorgewagt hatten, wo jede Hoffnung auf Verstärkung vergebens war. Alle versammelten sich und debattierten mit Statthalter Pizarro, was am nächsten Tag geschehen sollte. Nur wenige legten sich zur Ruhe. Statt dessen hielten wir Wache auf dem Platz von Cajamarca. Die Lagerfeuer des Indianerheeres, die von dort zu sehen waren, boten einen furchterregenden Anblick. Die meisten befanden sich an einem Hang und waren so dicht beieinander, daß man an einen Himmel, übersät mit leuchtenden Sternen, denken mochte. In jener Nacht gab es keinen Unterschied zwischen Edelmännern und Gemeinen, Reitern und Fußvolk. Jeder verrichtete seinen Wachdienst in voller Bewaffnung. Auch der gute alte Statthalter wachte mit und ging von einem zum anderen, um den Männern Mut zu machen. Sein Bruder Hernando Pizarro verkündete, das Indianerheer sei 40000 Mann stark, was aber eine Lüge war, dazu gedacht, uns Mut einzuflößen, denn in Wahrheit waren es über 80000.

Am nächsten Morgen traf ein Bote von Atahualpa ein, und der Statthalter erklärte ihm: ›Sage deinem Herrn, daß er kommen solle, wann und wie er wünscht, und daß ich ihn als Freund und Bruder empfangen werde. Ich bete, daß er bald kommen möge, denn ich habe den großen Wunsch, ihm zu begegnen. Ihm soll kein Haar gekrümmt werden.‹

Der Statthalter versteckte seine Soldaten rund um den Platz von Cajamarca und teilte die Kavallerie in zwei Gruppen auf, von denen er eine seinem Bruder Hernando Pizarro, die andere Hernando de Soto unterstellte. Desgleichen teilte er die Infanterie auf und übernahm selbst die eine Hälfte, während er die andere unter den Befehl seines Bruders Juan Pizarro stellte. Zur gleichen Zeit schickte er Pedro de Candia und zwei oder drei Infanteristen mit Trompeten zu einer kleinen Befestigung auf dem Platz, wo sie sich mit einem Geschütz postieren sollten. Wenn alle Indianer, Atahualpa eingeschlossen, den Platz erreicht hatten, würde der Statthalter Candia und seinen Männern ein Signal geben, auf das sie mit dem Feuern der Kanone und dem Blasen der Trompeten beginnen sollten. Zum Klang der Trompeten sollten die Reiter aus dem Versteck, in dem sie lauerten, hervorpreschen.

Zur Mittagszeit begann Atahualpa, seine Männer aufzustellen und näher zu kommen. Binnen kurzer Zeit füllte sich die ganze Ebene mit Indianern, die in Abständen haltmachten, um auf die Nachrückenden zu warten, die in langer Reihe aus dem Lager strömten und getrennte Abteilungen bildeten. Das ging so bis in den Nachmittag. Die vorderen Abteilungen waren schon dicht bei unserem Lager, und immer noch strömten Soldaten aus dem Lager der Indianer. Zweitausend schritten vor Atahualpa her und fegten die Straße, über die er kommen würde. Dahinter marschierten die Krieger, je zur Hälfte links und rechts ihres Herrn neben dem Weg.

Als erstes kam eine Abteilung von Indianern, die nach Art eines Schachbrettmusters in verschiedenen Farben gekleidet waren. Während sie herannahten, entfernten sie alle Halme vom Boden und fegten die Straße. Als nächstes kamen drei Abteilungen von Indianern in unterschiedlicher Kleidung, die tanzten und sangen. Dann folgte eine Anzahl von Männern in Rüstungen mit großen Schilden aus Metall und Kronen aus Gold und Silber. Sie trugen so viel Gold und Silber am Leib, daß es einen wunderbaren Anblick bot, wie es in der Sonne funkelte. Zwischen ihnen thronte Atahualpa auf einer höchst vornehmen Sänfte, deren Traghölzer an den Enden mit Silber beschlagen waren. Achtzig Adlige in leuchtend blauen Gewändern trugen ihn auf ihren Schultern. Atahualpa selbst war sehr edel gekleidet, trug eine Krone auf dem Haupt und einen smaragdbesetzten Kragen um den Hals. Er saß auf einem kleinen Hocker mit dickem Polster, der auf seiner Sänfte stand. An den Seiten der mit Gold und Silber verzierten Sänfte prangten Papageienfedern in vielen verschiedenen Farben.

Hinter Atahualpa folgten zwei weitere Sänften und zwei Hängematten, in denen hohe Adlige getragen wurden, dann mehrere Abteilungen von Indianern mit Kronen aus Gold und Silber. Letztere betraten als erste mit lautem Gesang den Platz, den sie vollständig ausfüllten. Unterdessen lauerten wir Spanier allesamt mit furchterfülltem Herzen in unserem Versteck in einem Hof. Viele von uns urinierten aus schierem Entsetzen in die Hose, ohne es zu merken. In der Mitte des Platzes angekommen, verharrte Atahualpa in seiner Sänfte, während seine Soldaten von hinten weiter auf den Platz strömten.

Statthalter Pizarro schickte nun Bruder Vicente de Valverde hinaus, um mit Atahualpa zu reden und ihn im Namen Gottes und des Königs von Spanien aufzufordern, sich dem Gesetz unseres Herrn Jesus Christus zu unterwerfen und sich in den Dienst seiner Majestät des Königs von Spanien zu stellen. Ein Kreuz in der einen und die Bibel in der anderen Hand, bahnte sich Bruder Vicente den Weg durch die Indianer dorthin, wo sich Atahualpa befand, und sprach folgende Worte zu ihm: ›Ich bin ein Priester Gottes und unterweise die Christenmenschen in den Dingen des Herrn. In gleicher Manier komme ich nun, dich zu unterweisen. Gegenstand meiner Unterweisungen sind die Worte, die Gott in diesem Buch hier zu uns spricht. Deshalb fordere ich dich im Namen Gottes und der Christen auf, ihr Freund zu sein, denn so lautet Gottes Wille, und es wird auch zu deinem Wohle sein.‹

Atahualpa ließ sich die Bibel geben, damit er sie betrachten könne, und der Bruder überreichte sie ihm mit geschlossenem Deckel. Atahualpa wußte nicht, wie man sie öffnet, und so streckte der Bruder seinen Arm aus, um es für ihn zu tun, doch Atahualpa schlug den Arm mit zorniger Geste beiseite, daß die Bibel nicht geöffnet werde. Dann öffnete er sie selbst, zeigte nicht das geringste Erstaunen über die Schrift und das Papier und warf sie, purpurrot im Gesicht, in hohem Bogen fort.

Bruder Vicente wandte sich zu Pizarro um und schrie: ›Kommt heraus! Kommt heraus, Christenmenschen! Bekämpft diese feindseligen Hunde, die das Wort Gottes zurückweisen. Dieser Tyrann hat das Heilige Buch auf den Boden geworfen! Habt ihr nicht gesehen? Warum höflich und servil zu diesem aufgeblasenen Hund sein, wenn die Ebene von Indianern wimmelt? Marschiert gegen ihn, denn ich erteile euch Absolution!‹

Der Statthalter gab Candia das verabredete Signal, worauf dieser begann, die Kanonen abzufeuern. Dazu ertönten die Trompeten, und die spanischen Soldaten, Kavallerie und Infanterie, stoben aus ihren Verstecken hervor mitten hinein in die Menge der unbewaffneten Indianer, die den Platz ausfüllte, und stießen dazu den spanischen Schlachtruf ›Santiago!‹ aus. Wir hatten Rasseln an die Pferde gebunden, um den Indianern Furcht einzujagen. Das Donnern der Kanonen, der Klang der Trompeten und die Rasseln an den Pferden versetzten die Indianer in Schrecken und Verwirrung. Die Spanier fielen über sie her und fingen an, sie niederzumetzeln. So voller Furcht waren die Indianer, daß sie aufeinander kletterten und sich gegenseitig erstickten. Da sie keine Waffen trugen, war der Angriff für die Christen ohne Gefahr. Die Kavallerie ritt sie nieder, tötete, verwundete und verfolgte sie. Die Infanterie ging so erfolgreich gegen die verbliebenen Indianer vor, daß binnen kurzer Zeit die meisten von Schwertern niedergestreckt waren.

Der Statthalter selbst nahm sein Schwert und seinen Dolch, begab sich mit einigen Begleitern mitten hinein ins Getümmel der Indianer und erreichte mit großem Mut Atahualpas Sänfte. Furchtlos packte er Atahualpa am linken Arm und schrie dazu ›Santiago!‹, doch es gelang ihm nicht, Atahualpa aus seiner Sänfte zu zerren, da sie hochgehalten wurde. Obwohl wir die Sänftenträger einen nach dem anderen töteten, nahmen andere sofort ihren Platz ein und hielten die Sänfte hoch, so daß wir lange Zeit damit beschäftigt waren, Indianer zu überwältigen und zu töten. Schließlich gaben sieben oder acht Spanier ihren Pferden die Sporen, sprangen von einer Seite auf die Sänfte und warfen sie mit großer Anstrengung auf die Seite. Auf diese Weise wurde Atahualpa gefangengenommen, und der Statthalter brachte ihn zu seiner Unterkunft. Die Sänftenträger und jene Indianer, die Atahualpa eskortiert hatten, blieben bis zuletzt an seiner Seite und mußten alle sterben.

Erschreckt vom Donner der Kanonen und dem Anblick der Pferde – beides war ihnen völlig neu –, versuchten die Indianer, die noch auf dem Platz waren, in großer Panik zu entfliehen, indem sie die Mauer an einer Stelle einrissen und in die Ebene dahinter liefen. Unsere Kavallerie setzte ihnen nach und blies zum Angriff, wozu die Parole ausgegeben wurde: ›Jagt die mit den feinen Gewändern! Laßt keinen entkommen! Spießt alle auf!‹ Das Indianerheer, das Atahualpa mitgebracht hatte, wartete unterdessen eine Meile vor Cajamarca, bereit zur Schlacht, doch es regte sich nicht, und während des ganzen Geschehens erhob nicht ein einziger Indianer seine Waffe zum Kampf gegen die Spanier. Als diejenigen Abteilungen, die in der Ebene vor der Stadt stehengeblieben waren, sahen, wie die anderen Indianer schreiend flohen, gerieten die meisten ebenfalls in Panik und ergriffen die Flucht. Es war ein seltsamer Anblick, denn das ganze Tal war auf 15 oder 20 Meilen voller Indianer. Die Nacht war bereits angebrochen, und unsere Kavallerie war immer noch damit beschäftigt, Indianer zu verfolgen und in den Feldern niederzumachen, als eine Trompete ertönte und uns das Signal zur Rückkehr ins Lager gab.

Wäre es nicht Nacht geworden, hätten nur wenige der über 40 000 indianischen Krieger ihr Leben retten können. Sechs-, wenn nicht sogar siebentausend Indianer waren getötet, und viele weitere hatten einen Arm verloren und waren verwundet. Atahualpa gestand selbst ein, daß wir in der Schlacht 7000 seiner Männer getötet hatten. Der Mann in einer der Sänften, der ebenfalls den Tod gefunden hatte, war der Herrscher von Chincha, der hoch in Atahualpas Gunst stand. Die Sänftenträger waren offenbar alle hohe Würdenträger und Ratsmitglieder gewesen. Keiner von ihnen überlebte, und gleiches galt auch für die Träger der anderen Sänften und Hängematten. Der Fürst von Cajamarca fiel ebenso wie viele andere, doch waren ihrer so viele, daß man sie nicht zählen konnte, denn alle, die Atahualpa persönlich dienten, waren hohe Herren. Es war ungewöhnlich, Zeuge zu werden, wie ein so mächtiger Herrscher in so kurzer Zeit gefangengenommen werden konnte, war er doch in Begleitung eines so starken Heeres gekommen. Wahrlich, dieses Werk konnte von uns wenigen Mannen nicht aus eigener Kraft vollbracht werden. Das konnte nur durch Gottes Gnade geschehen, die groß ist.

Atahualpas Gewand war ihm vom Leibe gerissen worden, als ihn die Spanier aus seiner Sänfte gezerrt hatten. Der Statthalter ließ ihm Kleidung bringen, und als Atahualpa angezogen war, befahl er ihm, bei sich Platz zu nehmen, und beschwichtigte ihn in seiner Wut und Empörung über seinen plötzlichen Sturz aus so hoher Position. Der Statthalter sprach zu Atahualpa: ›Nimm es nicht als Schmach, daß du besiegt und gefangen bist, denn zusammen mit den Christen, die mich begleiten und derer nur wenige an der Zahl sind, habe ich schon größere Reiche als deines unterworfen und mächtigere Fürsten als dich besiegt und in ihren Ländern die Herrschaft des Kaisers errichtet, dessen Vasall ich bin und der König von Spanien und des ganzen Erdballs ist. Wir sind gekommen, dieses Land in seinem Namen in Besitz zu nehmen, auf daß seine Bewohner Gott kennenlernen und den Heiligen Katholischen Glauben annehmen mögen. Um unserer guten Mission willen läßt Gott, der Schöpfer des Himmels und der Erde und aller Dinge und Lebewesen darauf, zu, daß dies geschieht, damit du ihn annehmen mögest und aus dem Leben in Finsternis und Barbarei, das du führst, befreit werdest. Dies ist der Grund, warum wir, so wenige an der Zahl, dein riesiges Heer bezwingen. Wenn du die Irrtümer erkannt hast, in denen du lebst, wirst du begreifen, daß wir dir Gutes taten, als wir auf Geheiß seiner Majestät des Königs von Spanien in dein Land kamen. Unser Herr hat es so gewollt, daß dein Stolz gebrochen werde und daß kein Indianer die Macht haben solle, sich an einem Christenmenschen zu vergreifen.‹«

Wir wollen einmal die Kausalkette zurückverfolgen, die zu dieser außergewöhnlichen Konfrontation führte, angefangen mit dem unmittelbaren Geschehen. Wie kam es beim Zusammentreffen von Pizarro und Atahualpa in Cajamarca dazu, daß Pizarro den Inka-Herrscher in seine Gewalt brachte und so viele Männer in dessen Gefolge tötete, statt daß umgekehrt Atahualpas Streitkräfte, die doch eine enorme Übermacht besaßen, Pizarro und seine Männer besiegten? Immerhin bestand Pizarros Streitmacht nur aus 62 Reitern und 106 Fußsoldaten, während Atahualpa ein Heer von rund 80000 Mann befehligte. Und weiter: Wie kam es überhaupt, daß Pizarro in Amerika war? Warum war nicht Atahualpa nach Spanien gefahren, um König Karl I. gefangenzunehmen? Warum tappte Atahualpa in eine, wie man im Rückblick sagen muß, so durchsichtige Falle? Kamen die Faktoren, die bei der Begegnung Atahualpas und Pizarros eine Rolle spielten, auch bei anderen Begegnungen zwischen Völkern der Alten und der Neuen Welt zum Tragen?

Warum konnte Pizarro Atahualpa in seine Gewalt bringen? Pizarros militärische Überlegenheit bestand in den Schwertern und anderen Waffen und Rüstungen aus Stahl, in seinen Kanonen und Pferden. Dem hatten Atahualpas Soldaten nur Keulen und Äxte aus Stein, Bronze oder Holz, dazu Schleudern und leichte Rüstungen entgegenzusetzen; außerdem mangelte es ihnen an Tieren für den Ritt in die Schlacht. Dieser ungleiche Ausrüstungsstand spielte in zahllosen anderen Konfrontationen von Europäern mit Indianern und anderen Völkern eine entscheidende Rolle.

Die einzigen Indianerstämme, die sich der Unterwerfung durch Europäer viele Jahrhunderte lang erfolgreich widersetzten, waren jene, die in den Besitz von Pferden und Gewehren gelangt waren und das militärische Ungleichgewicht auf diese Weise gemindert hatten.

Erwähnt man gegenüber weißen Amerikanern das Wort »Indianer«, denken die meisten sofort an einen gewehrschwingenden Prärieindianer auf einem Pferd – ganz nach dem Bild jener Sioux-Krieger, die 1876 in der berühmten Schlacht am Little Big Horn das von General George Custer angeführte Bataillon der US-Streitkräfte vollständig aufrieben. Dabei wird oft vergessen, daß Pferde und Flinten den Indianern natürlich anfangs fremd waren. Es handelte sich um Mitbringsel der Europäer, die dann in den Stämmen, die in ihren Besitz gelangten, weitreichende Veränderungen auslösten. Dank der Beherrschung des Umgangs mit Pferden und Gewehren konnten die Prärieindianer in Nordamerika, die araukanischen Indianer in Südchile und die Pampasindianer in Argentinien die weißen Eindringlinge länger als alle anderen Indianerstämme erfolgreich abwehren. Erst in den siebziger und achtziger Jahren des letzten Jahrhunderts mußten sie ihren Widerstand nach massivem militärischem Vorgehen weißer Regierungen aufgeben.

Wir können uns heute nur schwer vorstellen, wie sich die Spanier, gestützt auf ihre bessere militärische Ausrüstung, gegen eine so ungeheure zahlenmäßige Überlegenheit durchsetzen konnten. In der Schlacht von Cajamarca siegten sie über ein Indianerheer, das 500mal mehr Soldaten zählte als Pizarros kleine Schar. Tausende von Indianern wurden getötet, ohne daß ein einziger Spanier sein Leben verlor. In Berichten über Pizarros spätere Kämpfe gegen die Inkas, über Cortés' Sieg über die Azteken und andere frühe Feldzüge von Europäern gegen indianische Reiche werden immer wieder Begegnungen geschildert, bei denen ein paar Dutzend europäische Reiter Tausende von Indianern niedermetzelten. Als Pizarro nach dem Tod Atahualpas von Cajamarca zur Inka-Hauptstadt Cuzco zog, kam es zu vier derartigen Schlachten: bei Jauja, Vilcashuaman, Vilcaconga und Cuzco. Auf spanischer Seite waren daran nur jeweils 80, 30, 110 und 40 Reiter beteiligt, denen Tausende oder sogar Zehntausende von Indianern gegenüberstanden.

Diese Siege der Spanier lassen sich nicht ohne weiteres auf die Unterstützung durch indianische Verbündete, das psychologische Überraschungsmoment der spanischen Waffen und Pferde oder, wie oft behauptet wird, die falsche Annahme der Inkas, es handle sich bei den Spaniern um ihre heimkehrende Gottheit Viracocha, zurückführen. Es stimmt zwar, daß Pizarro und Cortés nach ihren ersten Erfolgen Verbündete unter den Indianern fanden. Jedoch wären viele dieser Stämme wohl kaum mit den Spaniern marschiert, hätten sie nicht bereits überwältigende Erfolge von Spaniern, die allein kämpften, zu der Überzeugung gebracht, daß Widerstand zwecklos und man gut beraten sei, sich auf die Seite der voraussichtlichen Sieger zu stellen. In Cajamarca war es zweifellos die Neuartigkeit von Pferden, Gewehren und Kanonen, die die Inkas wie gelähmt innehalten ließ, doch die vier Schlachten auf dem Weg nach Cuzco wurden gegen den entschiedenen Widerstand von Inka-Heeren gewonnen, die schon Erfahrung mit spanischen Waffen und Pferden besaßen. Innerhalb von einem halben Dutzend Jahren nach der ursprünglichen Eroberung erhoben sich die Inkas zweimal in verzweifelten, großangelegten und gut vorbereiteten Rebellionen gegen die Spanier. Deren Bewaffnung, die ihnen eine haushohe Überlegenheit verschaffte, ließ die Inkas beide Male scheitern.

Im 18. Jahrhundert löste das Gewehr das Schwert als augenfälligstes Symbol waffentechnischer Überlegenheit der Europäer ab. Ein besonders schauriges Beispiel für das, was sich damit anrichten ließ, lieferte der britische Seemann Charlie Savage, der, mit einigen Musketen bewaffnet, im Jahr 1808 auf den Fidschiinseln landete. Savage, der seinem Namen, der soviel wie »Barbar« bedeutet, alle Ehre machte, brachte es im Alleingang fertig, das Machtgleichgewicht auf Fidschi aus den Angeln zu heben. Eine seiner vielen Untaten war eine Kanufahrt einen Fluß hinauf zu dem Dorf Kasavu, wo er weniger als einen Pistolenschuß vom Dorfzaun entfernt haltmachte und auf die wehrlosen Bewohner zu feuern begann. Seine Opfer waren so zahlreich, daß die überlebenden Dorfbewohner die Leichen auftürmten und dahinter Schutz suchten, während sich das Wasser des Bachs, an dem das Dorf lag, von ihrem Blut rot färbte. Die Reihe derartiger Beispiele für die Macht von Feuerwaffen über Völker, die keine besitzen, ließe sich endlos fortsetzen.

Bei der Eroberung des Inka-Reichs durch die Spanier waren Schußwaffen noch von untergeordneter Bedeutung. Die Gewehre jener Zeit, sogenannte Hakenbüchsen, waren umständlich zu bedienen, und Pizarro führte lediglich ein Dutzend davon mit. Wurden sie benutzt, verfehlten sie jedoch selten ihre psychologische Wirkung. Von weit größerer Bedeutung waren die stählernen Schwerter, Lanzen und Dolche der Spanier – solide, scharfe Waffen, denen Gegner in leichten Rüstungen schnell zum Opfer fielen. Im Gegensatz dazu konnten die Indianer mit ihren stumpfen Schlagwaffen zwar die Spanier und ihre Pferde übel zurichten, aber zum Töten reichte es nur selten. Während die Stahlrüstungen oder Kettenpanzer der Spanier und vor allem ihre Helme wirksamen Schutz gegen Keulenhiebe boten, stellten die leichten Rüstungen der Indianer für Stahlwaffen kein Hindernis dar.

Die gewaltige Überlegenheit, die die Spanier dem Besitz von Pferden verdankten, wird in den Schilderungen von Augenzeugen überdeutlich. Reiter konnten den Wachposten der Indianer davongaloppieren, bevor diese Zeit hatten, ihre Einheiten zu warnen. Sie konnten jeden, der sich ihnen in den Weg stellte, mühelos über den Haufen reiten und töten. Der Schrecken, den ein Angriff mit Pferden hervorrief, die große Wendigkeit der Tiere, das hohe Tempo des Angriffs und die geschützte, weil erhöhte Kampfposition der Reiter bewirkten, daß ihnen Fußsoldaten auf offenem Feld nahezu wehrlos ausgeliefert waren. Die große Wirkung der Pferde war dabei nicht allein auf den Schrecken zurückzuführen, den sie bei jenen auslösten, die ihnen zum erstenmal gegenüberstanden. Zur Zeit des großen Inka-Aufstands von 1536 wußten die Inkas schon sehr gut, wie man sich am besten gegen Kavallerie verteidigte, nämlich durch Hinterhalte und Angriffe in engen Pässen. Doch wie allen anderen, die es je versuchten, gelang es auch den Fußsoldaten der Inkas nie, berittene Streitkräfte in offener Schlacht zu besiegen. Als Quizo Yupanqui, der beste General des Inka-Herrschers Manco, der Atahualpa im Amt nachgefolgt war, die Spanier 1536 in Lima belagerte und versuchte, die Stadt zu erstürmen, griffen zwei Schwadronen der spanischen Kavallerie die zahlenmäßig weit überlegene indianische Streitmacht auf flachem Feld an, töteten Quizo und alle seine Kommandeure beim ersten Ansturm und rieben Quizos Heer vollständig auf. Durch einen ähnlichen Kavallerieangriff, ausgeführt von nur 26 Reitern, wurden wenig später die besten Einheiten des Herrschers selbst vernichtet, als er die Spanier in Cuzco belagerte.

Die Transformation der Kriegführung durch das Pferd begann mit seiner Domestikation um 4000 v. Chr. in den Steppen nördlich des Schwarzen Meeres. Pferde verschafften ihren Besitzern die Möglichkeit, weitaus größere Entfernungen zu überwinden als zu Fuß, Überraschungsangriffe zu unternehmen und schnell zu entkommen, bevor eine überlegene Streitmacht zusammengerufen war. Ihre Rolle in Cajamarca ist somit ein Beispiel für ein militärisches Machtinstrument, das seine Wirksamkeit 6000 Jahre lang bis ins frühe 20. Jahrhundert behielt und im Laufe der Zeit auf allen Kontinenten eingesetzt wurde. Erst im Ersten Weltkrieg ging die Ära der Kavallerie zu Ende. Führt man sich vor Augen, welche Überlegenheit die Spanier aufgrund ihrer Pferde und ihrer Waffen und Rüstungen aus Stahl besaßen, sollte es nicht länger überraschen, daß sie im Kampf gegen Fußsoldaten ohne stählerne Waffen und Rüstungen trotz gewaltiger zahlenmäßiger Unterlegenheit eine Schlacht nach der anderen gewannen.

Warum war Atahualpa in Cajamarca? Atahualpa und sein Heer befanden sich in Cajamarca, weil sie gerade entscheidende Schlachten in einem Bürgerkrieg gewonnen hatten, der die Inkas gespalten und ihr Staatswesen geschwächt hatte. Pizarro begriff die Situation rasch und wußte geschickt aus den inneren Problemen der Inkas Vorteile zu schlagen. Ursache des Bürgerkriegs war eine Pockenepidemie, die sich, nachdem sie von Spaniern nach Panama und Kolumbien eingeschleppt worden war, unter den südamerikanischen Indianern ausbreitete und gegen 1526 den Inka-Herrscher Huayna Capac und fast seinen gesamten Hofstaat dahinraffte; kurz darauf fiel auch der designierte Nachfolger des Herrschers, Ninan Cuyuchi, der Seuche zum Opfer. Daraufhin entspann sich ein Kampf um die Thronfolge zwischen Atahualpa und seinem Halbbruder Huascar. Ohne die Krankheitsepidemie hätten es die Spanier mit einem geeinten Gegner zu tun gehabt.

Atahualpas Anwesenheit in Cajamarca wirft somit ein Schlaglicht auf einen der wichtigsten Faktoren der Weltgeschichte: Krankheiten, mit denen Völker, die ein beträchtliches Maß an Immunität besaßen, andere Völker, denen es an solcher Immunität mangelte, ansteckten. Pocken, Masern, Grippe, Typhus, Beulenpest und andere Infektionskrankheiten europäischer Herkunft spielten eine entscheidende Rolle bei den Eroberungen der Europäer, indem sie zahlreiche Völker anderer Kontinente dezimierten. So wütete eine Pockenepidemie nach dem fehlgeschlagenen ersten Eroberungsversuch der Spanier im Jahr 1520 unter den Azteken. Sie tötete nicht nur einen großen Teil der Bevölkerung, sondern forderte auch das Leben von Cuitlahuac, der nur kurze Zeit Montezumas Nachfolger als Azteken-Herrscher war. In ganz Nord- und Südamerika eilten die mitgebrachten Krankheiten den vordringenden Europäern von Stamm zu Stamm voraus und griffen um sich, lange bevor sie selbst eintrafen. Nach Schätzungen kamen auf diese Weise 95 Prozent der präkolumbianischen Indianerbevölkerung ums Leben. Die bevölkerungsreichsten und am weitesten entwickelten Zivilisationen Nordamerikas, die Reiche am Mississippi, gingen auf diese Weise zwischen 1492 und dem späten 17. Jahrhundert unter, noch bevor die Europäer ihre erste Siedlung am Mississippi errichteten. Bei der Unterwerfung des südafrikanischen San-Volks durch europäische Siedler war eine Pockenepidemie im Jahr 1713 der wichtigste Faktor. In Australien breitete sich kurz nach der Errichtung einer britischen Siedlung am Ort des heutigen Sydney im Jahr 1788 die erste einer Reihe von Epidemien aus, denen im Laufe der Zeit ein Großteil der australischen Aborigines zum Opfer fallen sollte. Ein gut dokumentiertes Beispiel aus der pazifischen Inselwelt ist die Epidemie, die 1806 wie ein Sturm über die Fidschiinseln fegte, eingeschleppt von einigen europäischen Seeleuten, die sich vom Wrack ihres Schiffs, der *Argo*, an Land gerettet hatten. Ähnliche Epidemien prägten auch die Geschichte Tongas, Hawaiis und anderer Pazifikinseln.

Das soll natürlich nicht heißen, daß sich die Rolle von Krankheiten in der Geschichte darin erschöpfte, europäischen Eroberern den Weg zu ebnen. Im Gegenteil: Malaria, Gelbfieber und andere Tropenkrankheiten Afrikas, Indiens, Südostasiens und Neuguineas stellten bei der Kolonisierung dieser Gebiete durch Europäer das größte Hindernis dar.

Warum war Pizarro in Cajamarca? Warum war nicht Atahualpa in Spanien, um es zu erobern? Daß Pizarro nach Cajamarca gelangte, verdankte er dem Stand des europäischen Schiffbaus, der ihm erst die Reise von Spanien über den Atlantik nach Panama und dann die

Fahrt durch den Pazifik nach Peru ermöglichte. Atahualpa besaß keine großen Schiffe, und folglich waren seinem Expansionsstreben durch die Ozeane Grenzen gesetzt.

Eine weitere Voraussetzung der Anwesenheit Pizarros war die zentralistische politische Ordnung, die es Spanien ermöglichte, Schiffe zu finanzieren, zu bauen, mit Mannschaften zu besetzen und auszurüsten. Das Inka-Reich besaß ebenfalls eine zentralistische politische Ordnung, die jedoch im Endeffekt zum Nachteil für die Inkas wurde, da sich Pizarro durch die Gefangennahme Atahualpas mit einem Schlag der Befehlskette der Inkas bemächtigen konnte. Wegen der starken Ausrichtung der Inka-Bürokratie auf den als Gottkönig und absoluten Herrscher verehrten Atahualpa zerfiel sie nach dessen Tod. Auch auf anderen Kontinenten waren Schiffbau und Navigationskünste, gekoppelt mit bestimmten Formen politischer Organisation, Voraussetzung für Eroberungen nicht nur der Europäer, sondern auch vieler anderer Völker.

Ein weiterer Faktor, der beim Vordringen der Spanier nach Peru eine Rolle spielte, war die Schrift. Die Spanier besaßen sie, die Inkas nicht. Mit Hilfe der Schrift konnten Informationen weit schneller, präziser und detaillierter verbreitet werden als durch mündliche Weitergabe. Die Berichte über die Fahrten des Kolumbus und die Eroberung Mexikos durch Cortés, die nach Spanien zurückdrangen, setzten dort einen Strom von Menschen in Bewegung, der sich in die Neue Welt ergoß. Briefe und Schriften weckten zum einen das Interesse und lieferten zum anderen das für die Navigation erforderliche Wissen. Der erste veröffentlichte Bericht über Pizarros Heldentaten, verfaßt von einem seiner Kampfgefährten, Hauptmann Cristóbal de Mena, erschien im April 1534 in gedruckter Form in Sevilla, nur neun Monate nach der Hinrichtung Atahualpas. Er avancierte zum Bestseller, der rasch in andere europäische Sprachen übersetzt wurde und dafür sorgte, daß sich ein weiterer Strom spanischer Siedler in Bewegung setzte, um Pizarros Herrschaft über Peru zu festigen.

Warum ging Atahualpa in die Falle? Im Rückblick wundert man sich, daß Atahualpa so arglos in Pizarros offenkundige Falle in Cajamarca tappte. Die Spanier, die ihn gefangennahmen, waren von ihrem Erfolg selbst überrascht. Bei der Erklärung spielt letztlich die Schrift eine nicht unerhebliche Rolle.

Die unmittelbare Erklärung ist das äußerst spärliche Wissen Atahualpas über die Spanier, ihre militärische Stärke und ihre Absichten. Was er wußte, stammte aus mündlichen Quellen, wobei er sich hauptsächlich auf einen Gesandten stützte, der Pizarros Truppe zwei Tage auf dem Weg von der Küste ins Inland begleitet hatte. Dabei erlebte er die Spanier in ihrer chaotischsten Phase, so daß er Atahualpa berichtete, man habe es nicht mit Kriegern zu tun und 200 Indianer seien mehr als genug, um mit den Eindringlingen fertig zu werden. Verständlicherweise kam es Atahualpa nicht in den Sinn, daß ihn die Spanier ohne Provokation angreifen würden beziehungsweise überhaupt eine Gefahr für ihn darstellen könnten.

Die Kunst des Lesens und Schreibens beherrschten in der Neuen Welt nur kleine Eliten einiger Völker des damaligen Mexiko und benachbarter Gebiete weit nördlich des Inka-Reichs. Obwohl Spanien mit der Eroberung Panamas, das von der Nordgrenze der Inkas nur rund tausend Kilometer entfernt war, schon im Jahr 1510 begonnen hatte, war offenbar noch nicht einmal die Kunde von der Existenz der Spanier zu den Inkas gedrungen, als Pizarro 1527 erstmals an der peruanischen Küste landete. Atahualpa hatte mithin nicht die leiseste Ahnung von der Eroberung der mächtigsten und bevölkerungsreichsten indianischen Reiche Mittelamerikas durch die Spanier.

Ebenso überraschend wie das Verhalten Atahualpas, das zu seiner Gefangennahme führte, erscheint uns heute sein weiteres Gebaren. Das berühmte Lösegeld bot er in dem naiven Glauben an, die Spanier würden ihn nach dessen Zahlung freilassen und sich wieder aus dem Staub machen. Er konnte nicht ahnen, daß Pizarro und seine Männer nur der Auftakt zu einer Invasion waren, der es nicht um vereinzelte Beutezüge, sondern um dauerhafte Inbesitznahme ging.

Atahualpa stand mit seinen fatalen Irrtümern nicht allein. Selbst nach seiner Gefangennahme gelang es Francisco Pizarros Bruder Hernando Pizarro, den höchsten General Atahualpas, Chalcuchima, der ein großes Heer befehligte, mit Arglist zu überreden, sich in die Gewalt der Spanier zu begeben. Chalcuchimas Fehleinschätzung markierte einen Wendepunkt, da der Widerstand der Inkas danach schwächer wurde, und insofern kam ihr fast soviel Bedeutung zu wie der Gefangennahme Atahualpas selbst. Der Azteken-Herrscher Montezuma beging einen noch größeren Fehler, als er Cortés und seine winzige Armee für eine heimkehrende Gottheit hielt und Cortés Zutritt zu seiner Hauptstadt Tenochtitlan gewährte. Die Folge war, daß Cortés erst Montezuma gefangennahm, dann Tenochtitlan eroberte und als nächstes das gesamte Azteken-Reich unterwarf.

Bei oberflächlicher Betrachtung beruhten die Fehleinschätzungen Atahualpas, Chalcuchimas, Montezumas und zahlloser anderer indianischer Herrscher, die sich von Europäern überlisten ließen, darauf, daß keine lebenden Bewohner der Neuen Welt die Alte Welt besucht hatten und also auch keine genauen Informationen über die Spanier haben konnten. Trotzdem fällt es heute schwer, nicht nachträglich etwas mehr Mißtrauen von Atahualpa zu erwarten, allein aus der Kenntnis menschlichen Verhaltens heraus. Als Pizarro nach Cajamarca kam, besaß er ebenfalls kein genaues Wissen über die Inkas, abgesehen von dem, was er durch Verhöre von Inka-Untertanen, denen er 1527 und 1531 begegnet war, erfahren hatte. Als Spanier war Pizarro jedoch, obwohl selbst Analphabet, Erbe einer Schriftkultur. Aus Büchern waren den Spaniern etliche zeitgenössische Zivilisationen außerhalb Europas bekannt, und sie besaßen auch Kenntnisse über mehrere tausend Jahre europäischer Geschichte. Der Hinterhalt, in den Pizarro Atahualpa lockte, war denn auch eine klare Nachahmung des erfolgreichen Vorgehens von Cortés bei der Eroberung des Azteken-Reichs.

Kurzum, dank der Schrift waren die Spanier Erben eines gewaltigen Wissensfundus über menschliches Verhalten und menschliche Geschichte. Im Gegensatz dazu besaß Atahualpa nicht nur keine Vorstellung von den Spaniern noch irgendwelche persönlichen Erfahrungen mit anderen Eindringlingen aus Übersee, sondern er hatte nicht einmal von ähnlichen Bedrohungen anderer Reiche an irgendeinem Ort und zu irgendeinem Zeitpunkt der Geschichte gehört (oder gelesen). Durch diese Kluft wurde Pizarro ermutigt, die Falle zu stellen, während Atahualpa aus Mangel an Erfahrung blindlings hineinlief.

Die Gefangennahme Atahualpas durch Pizarro veranschaulicht somit die Konstellation unmittelbarer Faktoren, die dazu führten, daß die Neue Welt von Europäern kolonisiert wurde und nicht umgekehrt Europa von Eindringlingen aus Amerika. Zu den Gründen für Pizarros Erfolg zählten die Militärtechnik mit Kanonen, Waffen aus Stahl und Pferden, ansteckende Krankheiten eurasischer Herkunft, Schiffbau und Navigation, die zentralistische politische Ordnung europäischer Staaten und nicht zuletzt die Schrift. Es waren diese unmittelbaren Faktoren, die Europäer in die Lage versetzten, auszuziehen und andere Kontinente zu erobern. Lange bevor irgend jemand an Kanonen und Stahl dachte, schufen jedoch ähnliche Faktoren die Voraussetzungen für Expansionsbewegungen verschiedener nichteuropäischer Völker. Davon wird in späteren Kapiteln die Rede sein.

Nach wie vor unbeantwortet ist die grundlegende Frage, warum all diese unmittelbaren Vorteile in erster Linie den Europäern und nicht den Völkern der Neuen Welt zufielen. Warum waren es nicht die Inkas, die Kanonen und Stahlschwerter erfanden, auf furchterregenden Tieren in die Schlacht ritten, Krankheitserreger in sich trugen, gegen die Europäer keine Abwehrkräfte besaßen, ozeantüchtige Schiffe bauten, fortgeschrittene politische Organisationsformen entwickelten und auf den Erfahrungsschatz einer mehrtausendjährigen Geschichtsschreibung zurückgreifen konnten? Bei dieser Frage geht es nicht mehr um unmittelbare Gründe, wie sie in diesem Kapitel erörtert wurden, sondern um die eigentlichen Ursachen. Ihnen soll in den beiden nächsten Abschnitten nachgegangen werden.

TEIL II

Beginn und Ausbreitung der Landwirtschaft

KAPITEL 3

Bauern-Power

Die Wurzeln der Ungleichheit

Seit der Abzweigung unserer Urahnen vom gemeinsamen Stammbaum mit den Vorfahren der Menschenaffen vor rund sieben Millionen Jahren ernährte sich der Mensch die allermeiste Zeit ausschließlich von Wild, das er jagte, und wilden Pflanzen, die er sammelte. Erst innerhalb der letzten 11000 Jahre gingen einige Völker zu dem über, was wir als Nahrungsmittelerzeugung oder Landwirtschaft bezeichnen, also zur Domestikation von Wildtieren und -pflanzen zur Gewinnung von Nahrung in Form von Fleisch und pflanzlicher Kost. Heute leben die meisten Erdbewohner von Nahrungsmitteln, die entweder von ihnen selbst oder von anderen Menschen erzeugt wurden. Falls das gegenwärtige Tempo des Wandels anhält, werden die wenigen noch verbliebenen Scharen von Jägern und Sammlern ihre Lebensweise innerhalb der nächsten zehn Jahre aufgeben, sich auflösen oder aussterben. Damit würde eine Daseinsweise, auf die der Mensch seit Jahrmillionen festgelegt war, endgültig der Vergangenheit angehören.

Diverse Völker vollzogen den Übergang zur Landwirtschaft zu unterschiedlichen prähistorischen Zeitpunkten. Einige, wie zum Beispiel die australischen Aborigines, taten diesen Schritt nie. Von den Völkern, die ihn taten, entwickelten einige (z.B. die alten Chinesen) die Landwirtschaft von allein, während andere (z.B. die alten Ägypter) sie ihren Nachbarn abschauten. Wie wir sehen werden, war die Einführung der Landwirtschaft eine wichtige Etappe auf dem Weg, der zur militärischen und politischen Überlegenheit einiger Völker über andere führte. Deshalb liefern die geographischen Unterschiede im Ob und Wann des Übergangs zu Ackerbau und Viehzucht auf den verschiedenen Kontinenten einen wichtigen Beitrag zur Erklärung unterschiedlicher späterer Geschichtsverläufe. Bevor wir uns in den nächsten sechs Kapiteln damit auseinandersetzen, wie es zu den geographischen Unterschieden bei der Produktion von Nahrungsmitteln kam, wollen wir in diesem Kapitel die wesentlichen Zusammenhänge skizzieren, die bewirkten, daß die Landwirtschaft all die Vorteile bescheren konnte, die Pizarro die Gefangennahme Atahualpas ermöglichten (Abbildung 3.1).

Der erste Zusammenhang ist der nächstliegende und einleuchtendste: Mehr Kalorien bedeuten mehr Menschen. Von allen Wildpflanzen und -tieren, die in der Natur vorkommen, ist nur eine kleine Zahl für Menschen genießbar beziehungsweise lohnt die Mühe des Jagens oder Sammelns. Die meisten Arten taugen für uns nicht als Nahrung, weil sie einen oder gleich mehrere der folgenden Nachteile aufweisen: Sie sind unverdaulich (wie Baumrinde), giftig (wie Monarchfalter und Fliegenpilze), haben einen zu geringen Nährwert (wie Quallen), sind mühsam zuzubereiten (wie sehr kleine Nüsse), mühsam zu sammeln (wie die Larven der meisten Insekten) oder gefährlich zu jagen (wie Nashörner). Das Gros der Biomasse (Gesamtheit aller organischen Substanzen) auf den Kontinenten kommt in Form von Holz und Blättern vor, die für uns überwiegend nicht als Nahrung verwertbar sind.

Durch Auswahl und Anbau beziehungsweise Haltung der wenigen für Menschen genießbaren Pflanzen- und Tierarten mit der Folge, daß 90 Prozent statt 0,1 Prozent der Biomasse eines Hektars Land auf sie entfallen, erhalten wir erheblich mehr eßbare Kalorien pro Hektar. Folglich kann eine bestimmte Fläche eine weit

Abbildung 3.1. Schematische Darstellung der Kausalketten, die von eigentlichen Faktoren (wie der Ausrichtung der Kontinentalachsen) zu unmittelbaren Faktoren (wie Kanonen, Pferden und Krankheiten) hinführten, die einige Völker in die Lage versetzten, andere zu unterwerfen. Beispiel: Zahlreiche epidemische Krankheiten entwickelten sich in Regionen, die besonders gut mit domestikationsfähigen Pflanzen- und Tierarten ausgestattet waren. Das lag zum einen daran, daß dort im Laufe der Entwicklung Nutzpflanzen und Vieh einen größeren Beitrag zur Ernährung leisteten, so daß Gesellschaften mit hoher Bevölkerungsdichte entstehen konnten, die wiederum einen guten Nährboden für Epidemien abgaben; zum anderen stammten die Krankheiten von Erregern der domestizierten Tiere selbst ab. ▶

Kausalgefüge des allgemeinsten Verlaufsmusters der Geschichte

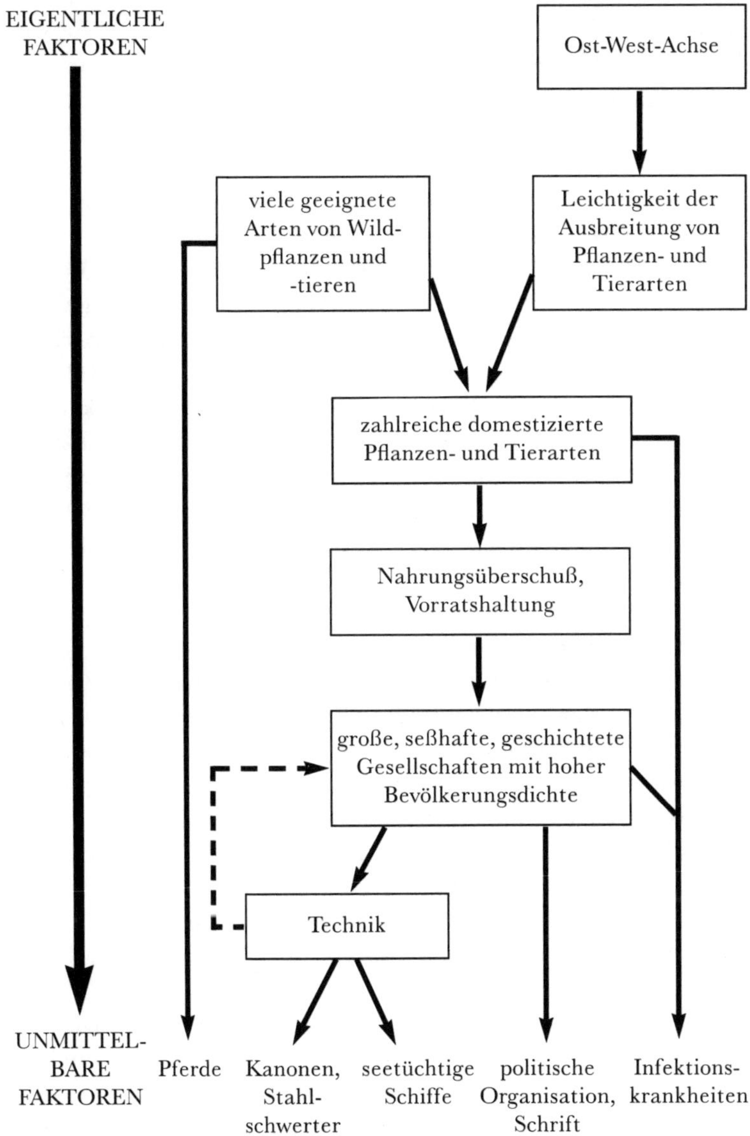

größere Zahl von Ackerbauern und Viehzüchtern – in der Regel zehn- bis hundertmal mehr – ernähren als Jäger und Sammler. Diese auf schieren Zahlen basierende Stärke war der erste von vielen militärischen Vorteilen, die Landwirtschaft betreibende Stämme gegenüber Stämmen von Jägern und Sammlern errangen.

In Gesellschaften mit Haustierhaltung trug das Vieh auf vier verschiedene Arten zur Ernährung einer größeren Zahl von Menschen bei: durch Lieferung von Fleisch, Milch und Dünger sowie als Zugtiere bei der Feldbestellung. An erster und wichtigster Stelle wurden Haustiere zum Hauptlieferanten von tierischem Eiweiß und traten damit die Nachfolge von Wildtieren an. Heute decken beispielsweise die meisten Amerikaner ihren Bedarf an tierischem Eiweiß durch Verzehr von Rind-, Schweine-, Schaf- und Hühnerfleisch, während Wild (z.B. Hirschfleisch) zur seltenen Delikatesse geworden ist. Daneben wurden einige domestizierte Säugetiere zu Lieferanten von Milch und Milchprodukten wie Butter, Käse und Joghurt. Neben Kühen dienen Schafe, Ziegen, Pferde, Rentiere, Wasserbüffel, Jaks, Dromedare und Kamele als Milchspender. Auf diese Weise liefern sie während ihrer Lebensspanne ein Mehrfaches der Kalorienzahl, die man erhielte, würde man sie nur schlachten und ihr Fleisch verzehren.

Außerdem trugen große domestizierte Säugetiere im Zusammenspiel mit domestizierten Pflanzen auf zweierlei Art zur Ausweitung der Nahrungsproduktion bei. Zum einen können Bodenerträge, wie jeder Bauer oder Gärtner weiß, mit Hilfe von Dung und Jauche erheblich gesteigert werden. Selbst nach Erfindung synthetischer Düngemittel, die in modernen Chemiefabriken hergestellt werden, ist in den meisten Ländern tierischer Dung – vor allem von Kühen, aber auch von Jaks und Schafen – nach wie vor das Düngemittel Nummer eins. In traditionellen Gesellschaften fand Dung auch als Brennstoff Verwendung.

Zum anderen steigerten die größten unter den domestizierten Säugetieren als Zugtiere die Erträge des Pflanzenanbaus, indem sie Pflüge zogen und so die Bestellung von Land ermöglichten, das sonst unbebaut geblieben wäre. Zu den am stärksten verbreiteten Zugtieren zählten Kühe, Pferde, Wasserbüffel, Bali-Rinder und Kreuzungen aus Jak und Kuh. Ein Beispiel für ihren hohen Nutzen lieferten die ersten prähistorischen Bauern in Mitteleuropa, die der sogenannten bandkeramischen Kultur zugeordnet werden, die um 5000 v. Chr. auftauchte. Ursprünglich waren sie auf leichte Böden angewiesen, die mit Grabstöcken bestellt werden konnten. Nur gut tausend Jahre später – inzwischen war der Ochsenpflug eingeführt – mußten diese Ackerbauern jedoch auch vor schweren Böden und harten Soden nicht mehr haltmachen. Ähnlich wurden in Nordamerika von einigen Indianerstämmen der großen Präriegebiete zwar Flußtäler bestellt, doch die festen Soden der ausgedehnten Hochlandflächen blieben bis zum 19. Jahrhundert, als Europäer mit ihren Haustieren und Pflügen Einzug hielten, landwirtschaftlich ungenutzt.

So führte die Domestikation von Pflanzen und Tieren auf direktem Wege zu höheren Bevölkerungsdichten, da mehr Nahrung erzeugt werden konnte als zuvor. Ein ähnlicher, wenn auch weniger direkter Effekt hängt mit den Folgen der Seßhaftigkeit zusammen, die eine Bedingung der Landwirtschaft war. Während die meisten Jäger und Sammler auf der Nahrungssuche häufig von einem Ort zum anderen ziehen, müssen Bauern stets in der Nähe ihrer Felder und Obstgärten bleiben. Die daraus resultierende Seßhaftigkeit trägt zu höheren Bevölkerungsdichten bei, da sie kürzere Abstände zwischen zwei Geburten erlaubt. Bei Jägern und Sammlern kann eine Mutter beim Umzug zu einem anderen Lagerplatz außer ihrer spärlichen Habe nicht mehr als ein Kind tragen. Den nächsten Sproß kann sie sich erst leisten, wenn der vorige schon schnell genug laufen kann, um mit den Erwachsenen Schritt zu halten. Nomadische Jäger- Sammler-Kulturen sorgen deshalb in der Regel dafür, daß zwischen zwei Geburten ein Abstand von etwa vier Jahren liegt. Die dazu praktizierten Methoden sind unter anderem langes Stillen, sexuelle Abstinenz, Kindestötung und Abtreibung. Im Gegensatz dazu können Angehörige seßhafter Völker, denen sich das Problem des Mitschleppens von Kleinkindern beim Weiterziehen nicht stellt, so viele Kinder zur Welt bringen und großziehen, wie Nahrung vorhanden ist. In vielen bäuerlichen Gesellschaften ist der durchschnittliche Geburtenabstand mit etwa zwei Jahren halb so lang wie bei Jägern und Sammlern. Die höhere Geburtenrate der Bauern führte in Kombination mit ihrer Fähigkeit, pro Hektar mehr Personen zu ernähren, zu weitaus höheren Bevölkerungsdichten.

Eine andere Folge der seßhaften Lebensweise ist die Möglichkeit, Nahrungsvorräte anzulegen, was ja nur Sinn ergibt, wenn man zur Bewachung in der Nähe bleibt. Zwar erbeuten auch nomadische Jäger und Sammler zuweilen mehr Nahrung, als sie in wenigen Tagen verzehren können, doch im Grunde nützt ihnen das wenig, da eine längere Bewachung nicht in Frage kommt. Nahrungsvorräte sind dagegen eine Voraussetzung zur Unterhaltung von Personen, die spezialisierten Tätigkeiten nachgehen und selbst keine Nahrung produzieren – ganz besonders, wenn ganze Städte miternährt werden sollen. Nomadische Jäger-Sammler-Kulturen verfügen deshalb über wenige oder gar keine derartigen »Vollzeit-Spezialisten«. Diese tauchten erstmals in seßhaften Gesellschaften auf.

Zu ihnen zählen zum Beispiel Könige und Bürokraten. Gesellschaften von Jägern und Sammlern sind in der Regel vergleichsweise egalitär. Selten findet man in ihnen Vollzeitbürokraten oder Häuptlinge mit erblichem Status. Typisch sind für sie eher schwach ausgeprägte Formen politischer Organisation auf der Ebene von Kleinverbänden oder Stämmen, was daran liegt, daß alle gesunden Jäger und Sammler genötigt sind, einen Großteil ihrer Zeit der Nahrungsbeschaffung zu widmen. Wo Nahrungsvorräte angelegt werden, kann es dagegen einer politischen Elite gelingen, die Kontrolle über die von anderen produzierten Nahrungsmittel an sich zu bringen, Abgaben zu erheben, sich selbst vom Zwang zur Nahrungserzeugung zu befreien und nur noch politischen Geschäften nachzugehen. Entsprechend werden kleinere Agrargesellschaften oft von Häuptlingen regiert, während größere auch Könige an der Spitze haben können. Diese komplizierteren politischen Gebilde sind viel eher zur Führung längerer Eroberungskriege imstande als egalitäre Scharen von Jägern und Sammlern. In einigen Regionen wie an der Nordwestküste Nordamerikas und der Küste Ecuadors, die von der Natur besonders reich gesegnet sind, wurden Jäger und Sammler ebenfalls seßhaft, legten Nahrungsmittelvorräte an und ließen sich von Häuptlingen regieren. Weitere Schritte auf dem Weg zur Monarchie taten sie jedoch nicht.

Mit den Nahrungsvorräten, durch Abgabenerhebung aufgebaut, können nicht nur Könige und Bürokraten, sondern noch weitere Spezialisten miternährt werden. Von größter unmittelbarer Bedeutung für die Führung von Eroberungskriegen sind natürlich Berufssoldaten. Der Erfolg der Engländer im Kampf gegen Neuseelands gut bewaffnete Maori-Bevölkerung war diesem entscheidenden Punkt zuzuschreiben. Die Maoris errangen zunächst beeindruckende Siege, waren jedoch nicht in der Lage, ein stehendes Heer zu unterhalten, so daß sie am Ende vor der britischen Streitmacht aus 18000 Berufssoldaten kapitulieren mußten. Nahrungsvorräte können auch dazu dienen, Priester mitzuernähren, die Eroberungskriege religiös legitimieren. Oder Handwerker wie zum Beispiel Schmiede, die Schwerter und Kanonen oder andere militärische Technologien erfinden. Sie können auch zur Unterhaltung von Schreibern verwendet werden, die mehr Informationen festhalten, als irgendein Mensch in seinem Gedächtnis speichern kann.

Bis jetzt ging es um den direkten und indirekten Wert von Nutzpflanzen und Vieh als Nahrungslieferanten. Darüber hinaus profitieren wir von ihnen jedoch noch auf andere Weise, beispielsweise als Spender von Schutz vor Kälte sowie von wertvollen Materialien. Aus Pflanzen und Vieh werden Naturfasern zur Herstellung von Kleidung, Decken, Netzen und Seilen gewonnen. In den meisten frühen Hauptzentren der Landwirtschaft wurden nicht nur Nahrungs-, sondern auch Faserpflanzen domestiziert – man denke vor allem an Baumwolle, Flachs (zur Herstellung von Leinen) und Hanf. Etliche domestizierte Tierarten dienten als Lieferanten tierischer Fasern – insbesondere Schafe, Ziegen, Lamas und Alpakas sowie Seidenraupen. Die Knochen domestizierter Tiere spielten eine wichtige Rolle als Rohstoff für die Artefakte jungsteinzeitlicher Völker vor dem Aufkommen der Metallverarbeitung. Kuhhäute dienten zur Lederherstellung. Eine der ältesten Kulturpflanzen in vielen Teilen Nord- und Südamerikas wurde ebenfalls nicht zur Nahrungsgewinnung angebaut: der als Behälter verwendete Flaschenkürbis.

Eine Revolution bewirkten domestizierte Säugetiere auch im Transportwesen, wo sie bis zur Erfindung des Automobils gegen Ende des 19. Jahrhunderts das Haupttransportmittel im Überlandverkehr darstellten. Vor der Domestikation geeigneter Tierarten war der Rücken des Menschen die einzige Möglichkeit, um Güter und Personen auf dem Landweg zu befördern. Dieser Zustand änderte sich dramatisch: Zum erstenmal in der Geschichte der Menschheit wurde es möglich, schwere Güter und Personen in großer Zahl und mit relativ hoher Geschwindigkeit über große Entfernungen zu bewegen. Als Reittiere dienten in verschiedenen Kulturen das Pferd, der Esel, der Jak, das Rentier sowie das Dromedar und das zweihöckerige Kamel. Als Lasttiere wurden die gleichen fünf Arten und zusätzlich das Lama genutzt. Kühe und Pferde wurden vor Wagen gespannt, Rentiere und Hunde in arktischen Regionen vor Schlitten. Zum Haupttransportmittel im Fernverkehr avancierte in den meisten Teilen Eurasiens das Pferd. Eine ähnliche Rolle spielten die drei Kamelarten (Dromedar, zweihöckeriges Kamel und Lama) in einigen Gebieten Nordafrikas und Arabiens, in Zentralasien und den Anden.

Der unmittelbarste Beitrag zu Eroberungskriegen war die Domestikation des Pferdes, das in seiner militärischen Funktion zum Jeep und Panzer der antiken Kriegführung in Eurasien aufstieg. Wie wir in Kapitel 2 sahen, waren Cortés und Pizarro mit Hilfe des Pferdes imstande, die Reiche der Inkas und Azteken mit nur jeweils einer kleinen Schar von Abenteurern zu erobern. Einige Jahrtausende zuvor (um 4000 v. Chr.), als Pferde noch ohne Sattel geritten wurden, waren sie womöglich der entscheidende militärische Faktor, der für die Ausbreitung von Sprechern indogermanischer Sprachen aus dem Gebiet der heutigen Ukraine nach Westen sorgte. Diese Sprachen verdrängten am Ende sämtliche älteren westeuropäischen Sprachen mit Ausnahme des Baskischen. Als Pferde später ins Joch gespannt und zum Ziehen von Wagen und anderen Gefährten eingesetzt wurden, revolutionierten pferdebespannte Kampfwagen (Erfindung um 1800 v. Chr.) die Kriegführung im Nahen Osten, im Mittelmeerraum und in China. Im Jahr 1675 v. Chr. ermöglichten es Pferde sogar einem fremden Volk, den Hyksos, das noch pferdelose Ägypten zu erobern und vorübergehend den Pharaonenthron zu besteigen.

Noch später, als Sattel und Steigbügel erfunden waren, konnten die Hunnen und andere Völker, die Woge um Woge aus den Steppen Asiens nach Westen vordrangen, mit ihren Pferden das Römische Reich und seine Nachfolger in Schrecken versetzen; Höhepunkt dieser Entwicklung war die Eroberung eines großen Teils Asiens und Rußlands durch die Mongolen im 13. und 14. Jahrhundert. Erst mit Einführung von Lastkraftwagen und Panzern im Ersten Weltkrieg wurde das Pferd als Angriffsvehikel und schnelles Transportmittel allmählich abgelöst. Dromedare und zweihöckerige Kamele spielten in ihren Verbreitungsgebieten eine ähnliche militärische Rolle. Bei allen diesen Beispielen besaßen Völker mit domestizierten Pferden (oder Kamelen) beziehungsweise verbesserten Techniken ihrer Nutzung gewaltige militärische Vorteile gegenüber Völkern, denen es an diesen mangelte.

Von ebenso großer Bedeutung für den Ausgang von Eroberungskriegen waren die Krankheitserreger, die sich in Kulturen mit domestizierten Tieren entwickelten. Infektionskrankheiten wie Pocken, Masern und Grippe entstanden als Krankheitserreger des Menschen durch Mutation sehr ähnlicher Erreger tierischer Krankheiten (Kapitel 10). Jene, die Tiere domestizierten, gehörten zu den ersten Opfern der neu entstandenen Erreger, entwickelten dann aber auch beachtliche Resistenzen gegen die neuen Krankheiten. Kamen solche teilresistenten Menschen in Kontakt mit Völkern, die mit den betreffenden Erregern noch keine Bekanntschaft gemacht hatten, brachen Epidemien aus, die bis zu 99 Prozent der noch nicht resistenten Bevölkerung dahinrafften. Krankheitserreger, die letztlich von domestizierten Tieren stammten, spielten eine entscheidende Rolle beim Sieg der Europäer über Indianer, Australier, Südafrikaner und Pazifikinsulaner.

Kurzum, die Domestikation von Pflanzen und Tieren führte zur Erzeugung von erheblich mehr Nahrung und somit zu viel höheren Bevölkerungsdichten. Nahrungsmittelüberschüsse und (in einigen Gebieten) die Möglichkeit zum Transport dieser Überschüsse mit Hilfe von Tieren schufen die Voraussetzung für die Entstehung seßhafter, politisch zentralisierter, sozial und ökonomisch differenzierter und technisch innovativer Gesellschaften. Die Verfügbarkeit domestizierter Pflanzen und Tiere liefert also die eigentliche Erklärung dafür, daß Schrift, Waffen aus Stahl und politische Reiche am frühesten in Eurasien aufkamen, auf anderen Kontinenten dagegen erst später oder gar nicht. Die militärische Nutzung von Pferden und Kamelen und die tödliche Wirkung von Krankheitserregern, die letztendlich tierischen Ursprungs waren, vervollständigen die Liste der wichtigsten Bindeglieder zwischen Landwirtschaft und Eroberung, denen wir im weiteren nachgehen wollen.

KAPITEL 4

Habende und Habenichtse der Geschichte

Unterschiedliche geographische Voraussetzungen für den Beginn der Landwirtschaft

Ein großer Teil der Menschheitsgeschichte bestand aus ungleichen Auseinandersetzungen zwischen den Habenden und den Habenichtsen: zwischen Völkern mit und ohne Landwirtschaft beziehungsweise zwischen solchen, die zu verschiedenen Zeitpunkten mit ihr begannen. Es überrascht nicht, daß der Übergang zur Landwirtschaft in weiten Teilen der Erde, in denen die Nahrungsgewinnung auch heute noch ein schwieriges oder gar unmögliches Unterfangen ist, aus ökologischen Gründen nie stattfand. So kam in der nordamerikanischen Arktis in vorgeschichtlicher Zeit weder Ackerbau noch Viehzucht auf, und auch in der eurasischen Arktis bestand das einzige landwirtschaftliche Element, das sich entwickelte, in der Haltung von Rentierherden. In Wüstengebieten ohne Möglichkeit zur Bewässerung war die spontane Entstehung einer Landwirtschaft ebenfalls ausgeschlossen, wofür das australische Landesinnere und einige Gebiete des amerikanischen Westens Beispiele darstellen.

Was nach einer Erklärung schreit, ist dagegen das Ausbleiben der Entstehung landwirtschaftlicher Produktionsformen in einigen Regionen der Welt, die sich von den Umweltbedingungen her ausgezeichnet geeignet hätten und die heute zu den fruchtbarsten Zentren der Landwirtschaft gehören. Derart rätselhafte Gebiete, deren Bewohner beim Eintreffen der Europäer noch als Jäger und Sammler lebten, waren insbesondere Kalifornien und die anderen Pazifikstaaten der USA, die argentinische Pampa, der Südwesten und Südosten Australiens sowie ein Großteil der südafrikanischen Kapregion. Hätten wir die Welt im Jahr 4000 v. Chr. inspiziert, also Tausende von Jahren nach dem Aufkommen der Landwirtschaft an ihren ältesten Stätten, würde uns noch mehr überraschen, daß einige Gebiete, die damals keine Landwirtschaft kannten, heute zu den größten Kornkammern der Erde zählen. In diese Kategorie fallen die übrigen Gebiete der USA, England und ein großer Teil Frankreichs, Indonesien und ganz Afrika südlich des Äquators. Verfolgt man die Landwirtschaft sodann zu ihren Anfängen zurück, sorgen die Entstehungsorte für noch mehr Verwunderung. Unter ihnen findet man nämlich Gebiete, die heutzutage alles andere als Kornkammern sind, sondern eher trockene ökologische Problemgebiete wie Irak und Iran, Mexiko, die Anden, Teile Chinas und die afrikanische Sahelzone. Warum entwickelte sich die Landwirtschaft zuerst dort und erst später oder gar nicht in den fruchtbarsten Anbau- und Weidegebieten der Gegenwart?

Rätsel geben auch die geographischen Unterschiede in der Art und Weise der Entstehung der Landwirtschaft auf. An nur wenigen Orten wurde sie eigenständig aus der Taufe gehoben, indem örtlich vorkommende Pflanzen und Tiere durch die Bewohner der jeweiligen Gebiete domestiziert wurden. An den meisten Orten wurde sie vielmehr in Form von Nutzpflanzen und Haustieren, die anderswo domestiziert worden waren, importiert. Da sich jene Gebiete, in denen die Landwirtschaft nicht von allein entstand, als für diese bestens geeignet erwiesen, sobald domestizierte Pflanzen und Tiere eintrafen, stellt sich die Frage, warum ihre Bewohner nicht ohne fremde Hilfe Pflanzen und Tiere ihrer Umgebung domestizierten und zu Ackerbauern und Viehzüchtern wurden.

Und wie ist zu erklären, daß die Landwirtschaft in jenen Regionen, in denen sie von alleine aufkam, zu so unterschiedlichen Zeitpunkten auf den Plan trat – etwa in Ostasien Tausende von Jahren früher als im Osten der USA? Warum galt das gleiche für Regionen, in denen die Landwirtschaft in prähistorischer Zeit importiert wurde – beispielsweise in Südwesteuropa Tausende von Jahren früher als im Südwesten der USA? Und warum wiederum übernahmen Jäger und Sammler in einigen Gebieten mit importierter Landwirtschaft (zum Beispiel im Südwesten der USA) Nutzpflanzen und Vieh von ihren Nachbarn, um dann selbst zur bäuerlichen Lebensweise überzugehen, während in anderen Gebieten (wie in Indonesien und einem großen Teil Afrikas südlich des Äquators) der Import der Landwirtschaft mit dramatischen Umwälzungen verbunden war, in deren Verlauf die ursprüngliche Jäger- und Sammlerbevölkerung durch gewaltsam vordringende Ackerbauern ersetzt wurde? All diese Gegensätze und Entwicklungen entschieden mit darüber, welche Völker zu den Habenichtsen und welche zu den Habenden der Geschichte wurden.

Bevor wir Antworten auf diese Fragen erhoffen können, muß zunächst ermittelt werden, in welchen Regionen die Landwirtschaft entstand, wann dies geschah und welches die Zeitpunkte der Domestikation der verschiedenen Kulturpflanzen und Haustiere waren. Die eindeutigsten Hinweise liefert die Analyse pflanzlicher und tierischer Überreste an archäologischen Fundstätten. Die meisten domestizierten Pflanzen- und Tierarten unterscheiden sich morphologisch von ihren wildlebenden Vorfahren. Beispiele sind die kleinere Gestalt domestizierter Rinder und Schafe, die größere Gestalt domestizierter Hühner und Äpfel, die dünneren und glatteren Samenhüllen domestizierter Erbsen und die korkenzieher- statt krummsäbelartig geformten Hörner domestizierter Ziegen. Überreste domestizierter Pflanzen und Tiere an datierten archäologischen Fundstätten sind somit als solche erkennbar und weisen darauf hin, daß am jeweiligen Ort und zum jeweiligen Zeitpunkt Landwirtschaft getrieben wurde. Werden dagegen ausschließlich Überreste von Pflanzen und Tieren wilder Arten gefunden, spricht das dafür, daß es sich um eine Lagerstätte von Jägern und Sammlern handelte. Natürlich hörten – insbesondere die frühesten – Ackerbauern nicht schlagartig auf, Wildpflanzen zu sammeln und auf die Jagd zu gehen, was erklärt, daß an ihren Wohnstätten häufig Nahrungsreste sowohl von wilden als auch von domestizierten Arten gefunden wurden.

Das Alter von Nahrungsresten kann mit Hilfe der Radiokarbon-Datierung bestimmt werden. Diese Methode beruht auf der langsamen Umwandlung des radioaktiven Kohlenstoffisotops C 14, das in sehr geringen Mengen im natürlichen Kohlenstoff, dem allgegenwärtigen Baustein des Lebens, vorkommt, in das nichtradioaktive Stickstoffisotop N 14. Kohlenstoff 14 wird in der Atmosphäre ständig durch kosmische Strahlung gebildet. Pflanzen nehmen aus der Luft den Kohlenstoff auf, in dem Kohlenstoff 14 in einem bekannten und in etwa konstanten Verhältnis zu dem vorherrschenden Kohlenstoffisotop C 12 (etwa eins zu einer Million) enthalten ist. Über die Nahrungskette dient der pflanzliche Kohlenstoff dem Aufbau der Körper pflanzenfressender Tiere und dann dem Aufbau der Körper von Fleischfressern, die sich von Pflanzenfressern ernähren. Stirbt die Pflanze beziehungsweise das Tier, zerfällt alle 5700 Jahre die Hälfte des enthaltenen Kohlenstoff 14, bis der C-14-Gehalt nach etwa 40000 Jahren extrem niedrig und nur noch schwer zu messen oder von Verunreinigungen mit kleineren Stoffmengen jüngeren Datums, die ebenfalls C 14 enthalten, zu unterscheiden ist. So läßt sich das Alter von Material aus einer archäologischen Fundstätte durch Berechnungen ermitteln, die auf dem Verhältnis von Kohlenstoff 14 zu Kohlenstoff 12 basieren.

Die Radiokarbon-Datierung ist mit diversen technischen Problemen behaftet. Eins besteht darin, daß bis in die achtziger Jahre hinein zur Durchführung der Analyse relativ große Mengen Kohlenstoff (mehrere Gramm) benötigt wurden, also viel mehr, als in kleinen Samenkörnern oder Knochen enthalten ist. Deshalb mußte oft behelfsweise Material datiert werden, das am gleichen Ort in unmittelbarer Nähe gefunden wurde und bei dem man einen »Zusammenhang« mit den Nahrungsresten vermutete – das heißt, daß es zur gleichen Zeit von den gleichen Menschen, von denen auch die Nahrung stammte, hinterlassen worden war. Ein typisches Beispiel für eine solche Hinterlassenschaft wäre Holzkohle von Feuern.

Nun gleichen archäologische Fundstätten aber nicht immer fein säuberlich verschlossenen Zeitkapseln, deren gesamter Inhalt jeweils an einem einzigen Tag deponiert wurde. Material aus verschiedenen Zeiträumen kann durch wühlende Würmer, Nagetiere und anderes Getier vermischt werden. Holzkohlereste von einem Feuer landen auf diese Weise nicht selten direkt neben den Überresten von Pflanzen und Tieren, die Tausende von Jahren früher oder später starben und verspeist wurden. In der Archäologie wird dieses Problem heute zunehmend mit Hilfe der sogenannten Akzelerator-Massenspektrometrie umgangen, die es erlaubt, auch winzige Stoffmengen mit der Radiokarbon-Methode zu datieren. Mit diesem Verfahren können auch einzelne Samenkörner, kleine Knochen oder andere Nahrungsreste direkt datiert werden. In einigen Fällen wurden große Unterschiede zwischen jüngeren Radiokarbon-Datierungen mit Hilfe der neuen direkten Methoden (die wiederum mit eigenen Problemen behaftet sind) und den älteren indirekten Methoden festgestellt. Die für uns vielleicht wichtigste der noch ungelösten Kontroversen betrifft die Anfänge der Landwirtschaft in Nord- und Südamerika. Während dafür mit den indirekten Methoden in den sechziger und siebziger Jahren Zeitpunkte bis 7000 v. Chr. ermittelt worden waren, kommen jüngere Datierungen auf höchstens 3500 v. Chr.

Ein anderes Problem der Radiokarbon-Datierung, das ich hier ansprechen möchte, hängt damit zusammen, daß das Verhältnis von Kohlenstoff 14 zu Kohlenstoff 12 in der Atmosphäre in Wirklichkeit nicht völlig konstant ist, sondern im Laufe der Zeit leichten Schwankungen unterliegt, so daß Radiokarbon-Datierungen, die von einer konstanten Relation ausgehen, mit kleinen systematischen Fehlern behaftet sind. Welche Größenordnung dieser Fehler hat, läßt sich prinzipiell für jeden Zeitpunkt der Vergangenheit anhand der Jahresringe sehr alter Bäume bestimmen, da jeder Ring einem absoluten Kalenderjahr zugeordnet werden kann, so daß dann eine Kohlenstoffprobe aus Holz, das auf diese Weise datiert wurde, auf das in ihr vorhandene Verhältnis von Kohlenstoff 14 zu Kohlenstoff 12 analysiert werden kann. Auf diese Weise können Radiokarbon-Datierungen unter Berücksichtigung von Schwankungen in der Zusammensetzung des atmosphärischen Kohlenstoffs »kalibriert« werden. Ein solches Verfahren ergibt für Material mit einem scheinbaren (unkalibrierten) Entstehungsdatum zwischen etwa 1000 und 6000 v. Chr. eine um einige Jahrhunderte bis tausend Jahre ältere tatsächliche (kalibrierte) Datierung. Ältere Proben werden seit kurzem mit Hilfe eines alternativen Verfahrens kalibriert, das auf einem anderen radioaktiven Zerfallsprozeß beruht und für Proben mit einer scheinbaren Datierung auf etwa 9000 v. Chr. eine tatsächliche Datierung auf etwa 11000 v. Chr. ergibt.

Archäologen unterscheiden in englischsprachigen Publikationen oft zwischen kalibrierten und unkalibrierten Daten, indem sie erstere durch Groß- und letztere durch Kleinschreibung markieren, also zum Beispiel 3000 B.C. oder 3000 b.c. (v. Chr.). Allerdings ist die Fachliteratur in dieser Hinsicht widersprüchlich, da in vielen Büchern und Aufsätzen *un*kalibrierte Daten mit »B.C.« bezeichnet werden ohne einen Hinweis, daß diese Daten in Wirklichkeit unkalibriert sind. Bei den Daten, die ich in diesem Buch für Ereignisse innerhalb der letzten 15000 Jahre angebe, handelt es sich durchgehend um kalibrierte Daten. Das erklärt vielleicht einige der Unterschiede, auf die der eine oder andere Leser beim Vergleichen der Daten, die ich für die Anfänge der Landwirtschaft angebe, mit denen in einigen Standard-Nachschlagewerken stoßen mag.

Sind Überreste domestizierter Pflanzen oder Tiere einmal erkannt und datiert, stellt sich als nächstes die Frage, ob die Domestikation tatsächlich in der Nähe der Fundstätte oder in Wirklichkeit an einem ganz anderen Ort erfolgte, um sich von dort auszubreiten. Ein Ansatz zur Beantwortung dieser Frage ist die Untersuchung der geographischen Verbreitung der wildlebenden Vorfahren der betreffenden Kulturpflanzen oder Haustiere. Dieser Ansatz legt den Schluß nahe, daß die Domestikation dort erfolgt sein muß, wo die wilden Vorfahren heimisch sind. So werden Kichererbsen von Kleinbauern im Mittelmeerraum, in Äthiopien und weiter östlich bis nach Indien angebaut, wobei auf den indischen Subkontinent heute 80 Prozent der Weltproduktion dieser Frucht entfallen. Man könnte daraus den irrtümlichen Schluß ziehen, daß die Kichererbse wohl in Indien domestiziert wurde. Nun kommen aber die wildwachsenden Vorfahren der Kichererbse nirgendwo außer im Südosten der Türkei vor. Die Interpretation, daß Kichererbsen tatsächlich dort domestiziert wurden, wird noch gestützt durch die Tatsache, daß die ältesten Funde möglicherweise domestizierter Kichererbsen aus neolithischen Ausgrabungsstätten im Südosten der Türkei und im benachbarten Syrien aus der Zeit um 8000 v. Chr. stammen, während die Kichererbse in Indien erst mehr als 5000 Jahre später archäologisch in Erscheinung trat.

Bei einer zweiten Methode zur Ermittlung des Domestikationsgebiets von Pflanzen- oder Tierarten werden die Zeitpunkte, an denen die domestizierte Form an verschiedenen Orten zum erstenmal auftrat, in eine Karte eingezeichnet. Der jeweils früheste Ort kommt dabei als Stätte der ursprünglichen Domestikation in Betracht – vor allem, wenn die wilden Ahnen dort ebenfalls vorkamen und die Daten des ersten Auftretens an anderen Orten mit zunehmender Entfernung vom mutmaßlichen Ort der Erstdomestikation immer jünger werden, was auf einen entsprechenden Ausbreitungsverlauf hindeutet. Zum Beispiel tauchte Emmerweizen erstmals um 8500 v. Chr. im Bereich des Fruchtbaren Halbmonds auf. Bald darauf breitete sich die Pflanze immer weiter nach Westen aus, bis sie um 6500 v. Chr. Griechenland und um 5000 v. Chr. das Gebiet des heutigen Deutschland erreichte. Diese Daten lassen darauf schließen, daß Emmerweizen in Vorderasien domestiziert wurde, wofür auch spricht, daß wilder Emmer heute nur in dem Gebiet zwischen Israel, dem westlichen Iran und der Türkei vorkommt.

Kompliziert wird es jedoch, wie wir sehen werden, in vielen Fällen, in denen die gleichen Pflanzen- oder Tierarten an verschiedenen Orten unabhängig voneinander domestiziert wurden. Entdeckt werden derartige Fälle oft anhand von morphologischen, genetischen oder chromosomalen Unterschieden zwischen Vertretern der gleichen Kulturpflanzen oder Haustiere in verschiedenen Gebieten. So besitzt beispielsweise das indische Zeburind im Unterschied zu den Rinderrassen des westlichen Eurasien einen Höcker. Erbgutanalysen zeigen, daß sich der gemeinsame Stammbaum der heutigen Rinderrassen Indiens und Westeurasiens bereits vor Hunderttausenden von Jahren gabelte, also lange bevor die Domestikation von Tieren irgendwo auf der Welt begann. Das bedeutet aber, daß Rinder in Indien und Westeurasien innerhalb der letzten 10000 Jahre unabhängig voneinander aus wilden indischen und westeurasischen Rinderrassen, die vor Hunderttausenden von Jahren den gemeinsamen Stammbaum verließen, domestiziert wurden.

Kommen wir nun zurück auf die bereits erwähnten Widersprüche im Zusammenhang mit der Entstehung der Landwirtschaft. Wo, wann und wie entwickelte sie sich in verschiedenen Teilen der Erde?

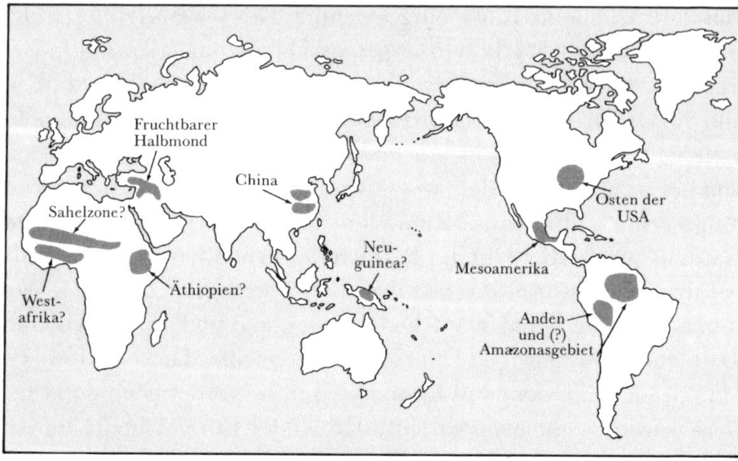

Abbildung 4.1. Unabhängige Entstehungszentren der Landwirtschaft. Bei den mit Fragezeichen markierten Regionen besteht Ungewißheit, ob die Landwirtschaft tatsächlich unbeeinflußt von anderen Zentren entstand beziehungsweise (im Fall Neuguineas) welches die ersten Kulturpflanzen waren.

Der eine Extremfall sind Gebiete, in denen die Landwirtschaft völlig unabhängig entstand und wo etliche heimische Pflanzen (und in manchen Fällen auch Tiere) domestiziert wurden, lange bevor Kulturpflanzen oder Haustiere aus anderen Regionen hinzukamen. Es gibt nur fünf solcher Gebiete, für die nach heutigem Forschungsstand überzeugende, detaillierte Anhaltspunkte vorliegen: Vorderasien, auch bekannt als Naher Osten oder Fruchtbarer Halbmond, China, Mesoamerika (Zentral- und Südmexiko mit südlich angrenzenden Regionen), die südamerikanischen Anden und eventuell auch das benachbarte Amazonasbecken sowie der Osten der heutigen USA (Abbildung 4.1). Einige oder vielleicht auch alle diese Gebiete umfaßten möglicherweise mehrere benachbarte Zentren, in denen die Landwirtschaft mehr oder weniger unabhängig erfunden wurde, wie beispielsweise im Tal des Gelben Flusses in Nordchina und im Jangtsetal in Südchina.

Neben den fünf genannten Gebieten, in denen die Landwirtschaft definitiv neu entstand, sind vier weitere Gebiete – die afrikanische Sahelzone, das tropische Westafrika, Äthiopien und Neuguinea – ebenfalls Kandidaten für diese Ehrung. Jedoch gibt es bei jedem von ihnen Zweifel. Während unumstritten ist, daß in der Sahelzone südlich der Sahara heimische Wildpflanzen domestiziert wurden, könnte die Viehzucht dort älter sein als die Landwirtschaft, wobei nicht sicher ist, ob es sich um eigenständig domestizierte Sahel-Rinder oder nicht doch um Rinder aus Vorderasien handelte, deren Ankunft den Anstoß zur Domestikation örtlicher Pflanzen gab. Ungewiß bleibt auch, ob das Eintreffen dieser Sahel-Pflanzen Auslöser der unbestrittenen Domestikation heimischer Wildpflanzen im tropischen Westafrika war und ob Kulturpflanzen aus Vorderasien auch die Domestikation heimischer Wildpflanzen in Äthiopien in Gang setzten. Für Neuguinea lieferten archäologische Untersuchungen Belege für die Existenz der Landwirtschaft, lange bevor sie in benachbarten Regionen Einzug hielt; es steht allerdings noch nicht eindeutig fest, welche Kulturpflanzen angebaut wurden.

Tabelle 4.1 gibt für diese und andere Gebiete mit lokaler Domestikation einen Überblick über die bekanntesten Kulturpflanzen und Haustiere samt den ältesten bekannten Zeitpunkten der Domestikation. Unter den neun Kandidaten für eine unabhängige Evolution der Landwirtschaft steht der Fruchtbare Halbmond in Vorderasien mit den ältesten definitiv bekannten Zeitpunkten der Domestikation von Pflanzen (rund 8500 v. Chr.) und Tieren (rund 8000 v. Chr.) an der Spitze. Für diese Region liegen auch mit Abstand die meisten präzisen Radiokarbon-Datierungen für die Anfänge der Landwirtschaft vor. Die Datierungen für China sind fast genauso alt, während die für den Osten der heutigen USA eindeutig etwa 6000 Jahre jünger sind. Bei den sechs anderen Kandidaten stellen die ältesten vorliegenden Datierungen, die allgemein anerkannt werden, keine Konkurrenz für Vorderasien dar, aber es wurden auch noch zu wenige Fundstätten in diesen Regionen zuverlässig datiert, um sichergehen zu können, daß sie tatsächlich sehr viel jünger sind als die in Vorderasien, und wenn ja, wieviel jünger.

Die nächste Gruppe von Regionen umfaßt solche, in denen wenigstens einige örtliche Pflanzen oder Tiere domestiziert wurden, aber deren Landwirtschaft hauptsächlich auf Pflanzen und Tieren fußte, deren Domestikation woanders erfolgt war. Jene Importe

Region	domestizierte Pflanzen	domestizierte Tiere	ältester belegter Zeitpunkt der Domestikation
Eigenständige Domestikation			
1. Vorderasien	Weizen, Erbse, Olive	Schaf, Ziege	8500 v. Chr.
2. China	Reis, Hirse	Schwein, Seidenraupe	ca. 7500 v. Chr.
3. Mesoamerika	Mais, Bohne, Kürbis	Truthahn	ca. 3500 v. Chr.
4. Anden und Amazonasgebiet	Kartoffel, Maniok	Lama, Meerschweinchen	ca. 3500 v. Chr.
5. Osten der USA	Sonnenblume, Gänsefuß	keine	2500 v. Chr.
6. Sahelzone	Sorghum, afrikanischer Reis	Perlhuhn	ca. 5000 v. Chr.
7. Tropisches Westafrika	afrikanische Jamswurzeln, Ölpalme	keine	ca. 3000 v. Chr.
8. Äthiopien	Kaffee, Tee	keine	?
9. Neuguinea	Zuckerrohr, Banane	keine	7000 v. Chr.?
Örtliche Domestikation nach Eintreffen von »Gründerpflanzen« aus anderen Regionen			
10. Westeuropa	Mohnblume, Hafer	keine	6000-3500 v. Chr.
11. Industal	Sesam, Aubergine	Buckelrind	7000 v. Chr.
12. Ägypten	Maulbeerfeigenbaum, Erdmandel	Esel, Katze	6000 v. Chr.

Tabelle 4.1 Beispiele von in verschiedenen Regionen domestizierten Arten

waren sozusagen die »Gründer« einer örtlichen Landwirtschaft. Mit ihrer Ankunft wurden die örtlichen Bewohner in die Lage versetzt, seßhaft zu werden, was wiederum die Wahrscheinlichkeit erhöhte, daß sich örtliche Nutzpflanzen aus Wildformen entwickelten, die gesammelt, heimgebracht und zunächst zufällig und erst im Laufe der Zeit planvoll ausgesät wurden.

In drei oder vier dieser Regionen kam das »Gründerpaket« aus Vorderasien. Dies trifft zum Beispiel auf West- und Mitteleuropa zu, wo die Landwirtschaft mit der Ankunft von Kulturpflanzen und Haustieren aus dem Nahen Osten zwischen 6000 und 3500 v. Chr. Einzug hielt; mindestens eine Pflanze (Mohn, daneben wahrscheinlich auch Hafer und einige andere) wurde dort jedoch örtlich domestiziert. Wilder Mohn kommt nur in den Küstengebieten des westlichen Mittelmeerraumes vor. In Ausgrabungsstätten der ältesten bäuerlichen Siedlungen in Osteuropa und Vorderasien wurden keine Mohnsamen gefunden; sie tauchten erstmals in den ältesten bäuerlichen Siedlungen Westeuropas auf. Im Gegensatz dazu fehlten die Wildvorfahren der meisten vorderasiatischen Kulturpflanzen und Tiere in Westeuropa. Daran wird erkennbar, daß sich die Landwirtschaft in Westeuropa offenbar nicht eigenständig entwickelte. Sie wurde vielmehr durch die Ankunft domestizierter Pflanzen und Tiere aus Vorderasien in Gang gesetzt. Die daraufhin in Europa entstehenden bäuerlichen Gesellschaften domestizierten den Mohn, der sich in der Folge als Kulturpflanze nach Osten ausbreitete.

Ein weiteres Gebiet, in dem die Domestikation offenbar nach Ankunft von »Gründerpflanzen« aus Vorderasien begann, war das Industal des indischen Subkontinents. Dort bauten die ältesten bäuerlichen Gemeinschaften im 7. Jahrtausend v. Chr. Weizen, Gerste und andere zuvor im Bereich des Fruchtbaren Halbmonds domestizierte Pflanzen an, die offenbar über Persien den Weg ins Industal gefunden hatten. Erst später tauchten in den Dörfern des Industals domestizierte Pflanzen und Tiere auf, die, wie Buckelrinder und Sesam, von heimischen Arten des indischen Subkontinents abstammten. Auch in Ägypten begann die Landwirtschaft im 6. Jahrtausend v. Chr. mit der Ankunft von Kulturpflanzen aus Vorderasien. Später domestizierten die Ägypter dann den Maulbeerfeigenbaum und die Erdmandel.

Nach dem gleichen Muster verlief die Entwicklung vielleicht auch in Äthiopien, wo Weizen, Gerste und andere Kulturpflanzen aus Vorderasien seit Jahrtausenden angebaut werden. Die Äthiopier domestizierten zahlreiche örtliche Wildpflanzen, deren heutige Varianten im wesentlichen immer noch auf Äthiopien beschränkt sind; eine aber, die Kaffeebohne, trat einen Siegeszug um den Erdball an. Noch nicht bekannt ist, ob die Äthiopier ihre heimischen Gewächse vor oder erst nach Ankunft des »Gründerpakets« aus Vorderasien anbauten.

In diesen und anderen Regionen, wo die Entstehung der Landwirtschaft von der Ankunft von Kulturpflanzen aus anderen Gebieten abhing, stellt sich die Frage, ob die jeweilige lokale Jäger- und Sammlerbevölkerung die »Gründerpflanzen« von benachbarten bäuerlichen Völkern übernahm und auf diese Weise selbst bäuerlich wurde oder ob das »Gründerpaket« von eindringenden Bauernvölkern mitgebracht wurde, die durch seinen Besitz in der Lage waren, sich schneller zu vermehren als die örtlichen Jäger und Sammler, und diese dann töteten, vertrieben oder zur Minderheit machten.

In Ägypten war wahrscheinlich ersteres der Fall: Örtliche Jäger und Sammler ergänzten ihren Speiseplan, auf dem zuvor nur Wildpflanzen und -tiere gestanden hatten, um die aus Vorderasien importierten Kulturpflanzen und Haustiere und führten Ackerbau- und Viehzuchttechniken ein, um dann nach und nach auf wildwachsende Nahrung zu verzichten. In Ägypten kam demnach die Landwirtschaft in Gestalt fremder Pflanzen und Tiere auf, nicht aber in Gestalt fremder Völker. Ähnlich könnte es an der europäischen Atlantikküste gewesen sein, wo örtliche Jäger und Sammler offenbar im Laufe vieler Jahrhunderte anfingen, Schafe zu halten und Getreide aus Vorderasien anzubauen. In der südafrikanischen Kapregion wurden die Jäger und Sammler vom Volk der Khoi zu Viehzüchtern (aber nicht zu Bauern), indem sie Schafe und Kühe von weiter nördlich lebenden Völkern (und letztendlich aus Vorderasien) übernahmen. Ähnlich wurden indianische Jäger und Sammler im Südwesten der heutigen USA nach und nach zu Bauern, nachdem sie in den Besitz von Kulturpflanzen aus Mexiko gelangt waren. Für diese vier Regionen gibt es keine oder nur wenige Hinweise auf eine Domestikation heimischer Pflanzen und Tiere in der Entstehungsphase der Landwirtschaft; für die Verdrängung einer Bevölkerung durch eine andere spricht allerdings ebenfalls nichts oder nur wenig.

Der entgegengesetzte Extremfall sind Regionen, bei denen wir sicher sein können, daß die Landwirtschaft mit der Ankunft von Angehörigen fremder Völker, die Nutzpflanzen und Haustiere mitbrachten, abrupt in Erscheinung trat. Unsere Sicherheit rührt daher, daß es sich um Ereignisse der jüngeren Geschichte handelt und die Ankömmlinge Europäer waren, die in zahllosen Büchern festhielten, was geschah. Zu den Schauplätzen zählten Kalifornien, der pazifische Nordwesten Nordamerikas, die argentinische Pampa, Australien und Sibirien. Noch vor wenigen Jahrhunderten lebten dort ausschließlich Jäger und Sammler, genauer gesagt: Indianer in den ersten drei genannten Regionen und australische Aborigines beziehungsweise Sibirjaken in den beiden letztgenannten. Die Urbevölkerungen wurden von einwandernden europäischen Ackerbauern und Viehzüchtern, die eigene Kulturpflanzen mitbrachten und in ihrer neuen Heimat keine lokalen Arten domestizierten (mit Ausnahme der Macadamianuß in Australien), umgebracht, mit Krankheiten angesteckt, vertrieben oder an den Rand gedrängt. In der südafrikanischen Kapregion fanden die anrückenden Europäer nicht nur Jäger und Sammler vom Volk der Khoi vor, sondern auch Khoi-Viehzüchter, die bereits domestizierte Tiere, jedoch keine Nutzpflanzen besaßen. Das Resultat war, wie schon so oft zuvor, der Beginn der Landwirtschaft auf der Basis importierter Pflanzen ohne Domestikation heimischer Arten und unter massiver Verdrängung einer Bevölkerungsgruppe durch eine andere.

Das gleiche Schema eines abrupten Beginns der Landwirtschaft, ausgelöst durch das Eintreffen von Kulturpflanzen und Haustieren fremder Herkunft und verbunden mit einer ebenso abrupten und massiven Bevölkerungsverdrängung, scheint sich in prähistorischer Zeit vielerorts wiederholt zu haben. In Ermangelung schriftlicher Aufzeichnungen sind wir bei der Spurensuche auf archäologische und linguistische Indizien angewiesen. Die am besten belegten Fälle sind jene, bei denen zweifelsfrei feststeht, daß es zu einer Bevölkerungsverdrängung kam, da die Neuankömmlinge, die im Besitz der Landwirtschaft waren, einen deutlich anderen Knochenbau hatten als die ihnen unterlegenen Jäger und Sammler und sie neben Kulturpflanzen und Haustieren auch die Töpferei mitbrachten. In späteren Kapiteln werde ich auf zwei besonders deutliche Beispiele für solche Geschehnisse eingehen: die austronesische Expansion von Südchina zu den Philippinen und nach Indonesien (Kapitel 16) und die Ausbreitung der Bantu-Völker über die Äquatorzone hinaus bis ins südliche Afrika (Kapitel 18).

Für Südost- und Mitteleuropa ergibt sich ein ähnliches Bild einer plötzlich auftauchenden Landwirtschaft (basierend auf Kulturpflanzen und Haustieren aus Vorderasien) und Töpferei. Im Zuge dieser Entwicklung kam es wahrscheinlich auch dort, wo heute Griechenland und Deutschland liegen, zur Verdrängung von Jägern und Sammlern durch bäuerliche Zuwanderer – ganz ähnlich wie auf den Philippinen, in Indonesien und Äquatorialafrika, wo ebenfalls Alt- durch Jungvölker ersetzt wurden. Die Skelettunterschiede zwischen den frühen Jägern und Sammlern und den Bauern, die an ihre Stelle traten, sind in Europa jedoch weniger ausgeprägt als auf den Philippinen, in Indonesien und Äquatorialafrika, so daß in Europa weniger für einen Prozeß der Bevölkerungsverdrängung spricht.

Wir können zusammenfassen, daß die Landwirtschaft eigenständig und zu sehr unterschiedlichen Zeitpunkten in nur wenigen Gebieten der Welt entstand. Von diesen Kerngebieten übernahmen Jäger und Sammler in einigen benachbarten Regionen landwirtschaftliche Methoden, während die Bewohner anderer angrenzender Regionen durch eindringende Ackerbauern verdrängt wurden – wiederum zu sehr unterschiedlichen Zeitpunkten. Weiter haben wir festgestellt, daß manche Völker in Gebieten, deren Umweltbedingungen gute Voraussetzungen für Ackerbau und Viehzucht boten, in prähistorischer Zeit weder selbst die Landwirtschaft erfanden noch von außen importierten, sondern die Jagd- und Sammelwirtschaft beibehielten, bis die moderne Welt schließlich über sie hereinbrach. Die Bewohner von Gebieten, die einen Vorsprung in der Landwirtschaft besaßen, erlangten zugleich auch einen Vorsprung auf dem Weg zur modernen technischen Zivilisation. Das bekannte Resultat ist eine lange Kette von Kollisionen zwischen den Habenden und den Habenichtsen der Geschichte.

Wie erklären sich diese geographischen Unterschiede im Zeitpunkt und in der Art und Weise, wie die Landwirtschaft auf den Plan trat? Diese Frage, die zu den wichtigsten der Vorgeschichte zählt, ist Gegenstand der nächsten fünf Kapitel.

KAPITEL 5

Bauer sein oder nicht sein

Gründe für die Ausbreitung der Landwirtschaft

Einst waren alle Bewohner der Erde Jäger und Sammler. Wie kam es, daß einige anfingen, Landwirtschaft zu betreiben? Geht man einmal davon aus, daß sie wohl irgendeinen Grund dafür hatten, stellt sich die Frage, warum der Übergang in den mediterranen Lebensräumen im Bereich des Fruchtbaren Halbmonds um 8500 v. Chr. begann, in den klimatisch und landschaftlich recht ähnlichen Lebensräumen Südwesteuropas erst 3000 Jahre später und in den vom Klima her ebenfalls mediterranen Lebensräumen Kaliforniens, Südwestaustraliens und der südafrikanischen Kapregion nie eigenständig erfolgte. Warum warteten selbst die Bewohner Vorderasiens bis 8500 v. Chr., statt schon um 18500 oder gar 28500 v. Chr. zu Ackerbauern und Viehzüchtern zu werden?

Aus heutiger Perspektive erscheinen all diese Fragen auf den ersten Blick albern, liegen doch die Nachteile der Jagd- und Sammelwirtschaft auf der Hand. Von Wissenschaftlern wurde in dem Zusammenhang früher gern Thomas Hobbes zitiert, der diese Lebensweise als »scheußlich, brutal und kurz« charakterisierte. Die tägliche Nahrungssuche war offenbar sehr mühsam und der Hunger ein ständiger Begleiter, während so elementare materielle Annehmlichkeiten wie weiche Betten und richtige Kleidung fehlten. Hinzu kam eine niedrige Lebenserwartung.

In Wirklichkeit bedeutet die Nahrungserzeugung dagegen nur für die wohlhabenden Bewohner der Industrieländer, die mit ihr nicht unmittelbar zu tun haben, weniger körperliche Anstrengung, mehr Komfort, Sicherheit vor Hunger und eine höhere Lebenserwartung. Das Los der meisten Kleinbauern und Viehzüchter, die heute die große Masse der Nahrungsproduzenten darstellen, ist dagegen nicht unbedingt besser als das von Jägern und Sammlern.

Zeitbudgetstudien haben gezeigt, daß sie möglicherweise mehr und nicht weniger Stunden pro Tag arbeiten müssen als Jäger und Sammler. Archäologischen Untersuchungen zufolge waren die ersten Ackerbauern in vielen Regionen kleiner und schlechter ernährt als die von ihnen verdrängten Jäger und Sammler. Sie litten außerdem an gefährlicheren Krankheiten und starben im Durchschnitt früher. Hätten diese ersten Bauern die Konsequenzen der Einführung der Landwirtschaft absehen können, so hätten sie sich vielleicht dagegen entschieden. Sie entschieden sich aber, ohne dieses Wissen zu haben, dafür. Warum?

Es sind viele Fälle bekannt, in denen Jäger und Sammler, die von Bewohnern benachbarter Gebiete vor Augen geführt bekamen, was Landwirtschaft bedeutet, auf ihre vermeintlichen Segnungen verzichteten und lieber Nomaden blieben. So trieben Aborigines im Nordosten Australiens jahrtausendelang Handel mit den bäuerlichen Inselbewohnern der zwischen Australien und Neuguinea gelegenen Torresstraße. Kalifornische Indianer, die als Jäger und Sammler lebten, standen im Handelsaustausch mit bäuerlichen Indianergesellschaften des Coloradotals. In Südafrika pflegten Khoi-Viehzüchter westlich des Fish River rege Handelskontakte mit Bantu-Bauern östlich dieses Flusses, verzichteten aber selbst auf die Einführung des Ackerbaus. Warum?

Wieder andere Jäger und Sammler, die Kontakt zu bäuerlichen Gesellschaften hatten, wurden zwar später selbst Bauern, aber erst nach einer, wie uns scheinen mag, übermäßig langen Phase des Abwartens. Ein Beispiel sind die Küstenbewohner im heutigen Norddeutschland, die erst 1300 Jahre nach Einführung der Landwirtschaft durch die Völker der bandkeramischen Kultur, die nur 200 Kilometer weiter südlich siedelten, zu Ackerbau und Viehzucht übergingen. Warum warteten die Küstengermanen so lange, und was führte schließlich zu ihrem Sinneswandel?

Bevor wir diese Fragen beantworten können, müssen einige falsche Vorstellungen über die Anfänge der Landwirtschaft zurechtgerückt werden. Wir sollten auch unsere Wortwahl ändern. Was in Wirklichkeit geschah, war weder die *Entdeckung* der Landwirtschaft noch ihre *Erfindung*, wie man zunächst denken könnte. Oft wurde nicht einmal eine bewußte Entscheidung zwischen Landwirtschaft auf der einen und Jagen und Sammeln auf der anderen Seite getroffen. Vor allem dort nicht, wo in den verschiedenen Regionen der Welt erstmals mit Ackerbau oder Viehzucht begonnen wurde und die Bewohner mangels Anschauung gar nicht wissen konnten, worauf sie sich einließen. Wie wir sehen werden, entwickelte sich die Landwirtschaft in einer langsamen *Evolution* als Nebenprodukt von Entscheidungen, die ohne Kenntnis der weiteren Folgen getroffen wurden. Folglich müssen wir fragen, warum es zu dieser Evolution kam, warum sie an einigen Orten stattfand, an anderen jedoch nicht, warum die Zeitpunkte von Region zu Region so unterschiedlich waren und warum die Evolution der Landwirtschaft nicht viel früher oder später erfolgte.

Ein weiterer Irrtum betrifft die zwangsläufig scharfe Abgrenzung zwischen nomadischen Jägern und Sammlern und seßhaften Bauern. Obwohl wir häufig von einem derartigen Gegensatzpaar ausgehen, wurden in Wirklichkeit Jäger und Sammler in vielen fruchtbaren Gebieten, so an der pazifischen Nordwestküste Nordamerikas und vermutlich auch im Südosten Australiens, seßhaft, ohne Landwirtschaft zu betreiben. Andere Jäger und Sammler in Palästina, an der Küste Perus und in Japan wurden erst seßhaft und taten den Schritt zur Landwirtschaft viel später. Auf seßhafte Gruppen entfiel vor 15000 Jahren, als alle bewohnten Gegenden der Erde (einschließlich der fruchtbarsten Regionen) von Jägern und Sammlern bevölkert waren, wahrscheinlich ein viel höherer Anteil als heute, wo die wenigen noch verbliebenen Jäger und Sammler meist in Randgebiete abgedrängt sind, in denen eine nomadische Lebensweise für sie die einzige Möglichkeit darstellt, ihr Leben zu fristen.

Auch der umgekehrte Fall nichtseßhafter Nahrungsproduzenten kommt vor. So roden einige heutige Nomaden im Seentiefland von Neuguinea Lichtungen im Dschungel und pflanzen dort Bananen und Papayas, um anschließend wieder für einige Monate als Jäger und Sammler umherzuziehen; dann kehren sie zurück, um nach dem Gedeihen ihrer Pflanzen zu sehen und, falls erforderlich, Unkraut zu jäten, bevor sie sich erneut auf die Jagd begeben. Erst Monate später kommen sie zu ihren Pflanzungen zurück und lassen sich nun für eine Weile dort nieder, um zu ernten und von den Früchten ihrer Arbeit zu leben. Apachen-Indianer im Südwesten der heutigen USA verbrachten den Sommer als seßhafte Bauern in höheren Lagen, um im Winter tieferliegende Gebiete auf Nahrungssuche zu durchstreifen. Viele Hirtenvölker in Afrika und Asien verlegen ihre Lager regelmäßig entlang jahreszeitlich festgelegter Routen, um mit ihren Herden immer dort zu sein, wo die Weiden am grünsten sind. Das zeigt, daß die Umstellung vom Jagen und Sammeln auf die Landwirtschaft nicht immer mit der Abkehr vom Nomadentum und dem Beginn einer seßhaften Lebensweise zusammenfiel.

Eine weitere vermeintliche Dichotomie, die in der Realität verschwimmt, ist die Unterscheidung zwischen Nahrungsproduzenten, die ihr Land aktiv bestellen, und Jägern und Sammlern als passiven Konsumenten der Früchte der Natur. In Wirklichkeit gibt es durchaus Jäger und Sammler, die ihr Land intensiv bearbeiten. Das gilt zum Beispiel für manche Stämme in Neuguinea, die zwar nie Sagopalme oder Bergpandanus domestizierten, die Erträge dieser eßbaren Wildpflanzen aber immerhin steigern, indem sie Bäume roden, die sich anschicken, ihnen den Platz streitig zu machen, Wasserläufe in Sagosümpfen freihalten und ältere Sagobäume fällen, damit junge Triebe besser wachsen können. Australische Aborigines, die nie das Stadium des Anbaus von Jamswurzeln und Samenpflanzen erreichten, nahmen dennoch einige Elemente der Landwirtschaft vorweg. So legten sie Buschbrände, um eßbare Samenpflanzen zu gewinnen, die nach einem Feuer aus dem Boden sprießen. Beim Sammeln wilder Jamswurzeln schnitten sie den größten Teil der eßbaren Knolle ab, setzten aber Stiel und Knollenspitze wieder ins Erdreich ein, damit die Knollen nachwachsen konnten. Beim Graben nach den Knollen wurde der Boden gelockert und belüftet, was das neue Wachstum beschleunigte. Um sich die Definition als Bauern zu verdienen, hätten sie lediglich die Stiele mit den daran verbliebenen Knollen zu ihrem Lager tragen und sie dort auf die gleiche Weise wieder in die Erde stecken müssen.

Von diesen Vorläufern der Landwirtschaft, die uns bereits bei Jägern und Sammlern begegnen, ging die weitere Entwicklung in

Richtung Ackerbau und Viehzucht schrittweise vonstatten. Natürlich war es nicht so, daß alle erforderlichen Techniken binnen kurzer Zeit erfunden wurden und daß die Domestikation aller Wildpflanzen und -tiere in einem bestimmten Gebiet zur gleichen Zeit erfolgte. Selbst dort, wo sich der Übergang vom Jagen und Sammeln zur Landwirtschaft eigenständig und verhältnismäßig rasch vollzog, dauerte es Jahrtausende, bis an die Stelle der vollständigen Abhängigkeit von wilder Nahrung ein Speiseplan getreten war, an dem diese nur noch geringen Anteil hatte. In den Anfangsstadien der Landwirtschaft standen das Sammeln wilder Nahrung und die Feldbestellung beziehungsweise Viehhaltung nebeneinander; zu unterschiedlichen Zeitpunkten traten dann verschiedene Arten von Sammelaktivitäten in den Hintergrund, während die Bedeutung der Kulturpflanzen wuchs.

Dieser etappenweise Übergang erklärt sich daraus, daß sich landwirtschaftliche Systeme als Resultat einer Vielzahl von Einzelentscheidungen über die Aufteilung von Zeit und Mühe ganz allmählich herausbildeten. Bei der Nahrungssuche stehen Menschen, genau wie Tieren, nur begrenzte Ressourcen an Zeit und Energie zur Verfügung, die sie auf unterschiedliche Weise nutzen können. Versetzen wir uns einmal in einen jener angehenden Bauern hinein, der morgens aufwacht und sich fragt: Soll ich heute den ganzen Tag in meinem Garten arbeiten (was mir mit ziemlicher Sicherheit in einigen Monaten einen ordentlichen Gemüseertrag einbringen würde), Schalentiere sammeln (so daß ich heute bestimmt etwas Fleisch essen könnte) oder auf die Jagd nach Wild gehen (dann hätte ich heute vielleicht eine Menge Fleisch, aber mit höherer Wahrscheinlichkeit einen leeren Magen)? Menschen und Tiere setzen bei der Nahrungssuche ständig Prioritäten und treffen, wenn auch vielleicht unbewußt, Entscheidungen darüber, wie sie ihre Energie aufteilen wollen. Zuerst konzentrieren sie sich auf das, was sie am liebsten essen oder was den höchsten Nährwert hat. Sind solche bevorzugten Nahrungsmittel nicht zu haben, wird auf weniger beliebte ausgewichen.

Viele Überlegungen fließen in solche Entscheidungen ein. Menschen suchen Nahrung, um ihren Hunger zu stillen und sich den Magen zu füllen. Sie haben ein Verlangen nach bestimmten Speisen wie eiweißreicher Kost, Fett, Salz, süßem Obst oder einfach nach dem, was gut schmeckt. Unter sonst gleichen Rahmenbedingungen streben die Menschen nach einer Maximierung ihres Ertrags an Kalorien, Eiweiß oder sonstigen Nahrungsbestandteilen mit Hilfe einer Strategie, die ihnen die größte Menge mit der höchsten Sicherheit in der kürzesten Zeit und mit der geringsten Mühe einbringt. Parallel dazu sind sie bestrebt, das Risiko des Verhungerns zu minimieren: Bescheidene, aber verläßliche Erträge sind einer unsteten Lebensweise vorzuziehen, bei der im Durchschnitt hohe Erträge anfallen, die aber das schwerwiegende Risiko birgt, aus Nahrungsmangel zu verhungern. Die ersten Pflanzungen, die vor fast 11000 Jahren angelegt wurden, dienten denn auch womöglich als eine Art zuverlässige Reserve beziehungsweise Versicherungspolice für den Fall, daß der Nachschub an wilder Nahrung ausblieb.

Im Gegensatz dazu stellen Jäger oft Prestigegedanken in den Vordergrund – etwa indem sie lieber jeden Tag auf Giraffenjagd gehen, um vielleicht einmal im Monat ein Tier zu erlegen und dann als große Jäger dazustehen, als jeden Monat die doppelte Nahrungsmenge heimzutragen, indem sie ihre Tage mit dem Sammeln von Nüssen verbringen. Scheinbar willkürliche kulturelle Präferenzen spielen ebenfalls eine Rolle. So gilt Fisch in manchen Gesellschaften als Delikatesse, in anderen als Tabu. Und schließlich werden die Prioritäten der Menschen stark davon beeinflußt, welchen relativen Wert sie unterschiedlichen Lebensweisen beimessen – was sich ja auch heute gut beobachten läßt. So hegten im amerikanischen Westen des 19. Jahrhunderts Rinderzüchter, Schafzüchter und Farmer gegenseitige Verachtung füreinander. In ähnlicher Weise haben Bauern in der Geschichte der Menschheit auf Jäger und Sammler herabgeblickt, die ihnen als primitiv erschienen, während diese ihrerseits Bauern als unwissend betrachteten. Und alle beide wurden von Viehzüchtern verachtet. All diese Überlegungen spielen in Entscheidungen über das Wie der Nahrungsbeschaffung mit hinein.

Wie gesagt, konnten die jeweils ersten Bauern auf den verschiedenen Kontinenten keine bewußte Entscheidung für die Landwirtschaft fällen, da es in ihrer Umgebung keine Vorbilder gab, an denen sie sich orientieren konnten.

Hatte sich die Landwirtschaft jedoch in einem Teil eines Kontinents erst entwickelt, konnten Jäger und Sammler in benachbarten Gebieten das Ergebnis in Augenschein nehmen und bewußt eigene Entscheidungen treffen. In einigen Fällen übernahmen sie die neue Wirtschaftsweise mit allem Drum und Dran, in anderen wählten sie nur bestimmte Elemente aus, und in wieder anderen lehnten sie die Einführung gänzlich ab und blieben ihrer bisherigen Lebensweise treu.

In manchen Gebieten Südosteuropas beispielsweise übernahmen Jäger und Sammler um 6000 v. Chr. binnen kurzer Zeit Getreide, Hülsenfrüchte und Vieh aus dem Nahen Osten als komplettes Bündel. Alle drei dieser Elemente breiteten sich in den Jahrhunderten vor 5000 v. Chr. rasch und simultan auch in Mitteleuropa aus. Der Grund für den schnellen Übergang zur Landwirtschaft in Südost- und Mitteleuropa könnte darin bestanden haben, daß diese Regionen für Jäger und Sammler nicht besonders ergiebig waren. Im Gegensatz dazu erfolgte die Einführung der Landwirtschaft in Südwesteuropa (Südfrankreich, Spanien und Italien) nur schrittweise – erst kam das Schaf, viel später das Getreide. Auch in Japan ging die Übernahme einer intensiven Landwirtschaft vom asiatischen Festland nur sehr langsam vonstatten, was vielleicht daran lag, daß den japanischen Jägern und Sammlern ein reichhaltiges Angebot der Natur an Meeresfrüchten und örtlichen Pflanzen zur Verfügung stand.

So wie die Lebensweise der Jäger und Sammler vielerorts schrittweise zugunsten landwirtschaftlicher Lebensformen aufgegeben wurde, kam es auch vor, daß ein System der Nahrungsproduktion schrittweise zugunsten eines anderen aufgegeben wurde. Ein Beispiel liefern Indianerstämme im Osten der heutigen USA, die um 2500 v. Chr. örtliche Pflanzen domestiziert hatten. Sie standen im Handelsaustausch mit mexikanischen Indianern, die ein ertragreicheres Anbausystem auf der Grundlage von Mais, Kürbissen und Bohnen entwickelt hatten. Diese Kulturpflanzen aus Mexiko wurden von den östlichen Indianern übernommen, und viele Stämme gaben den Anbau einer Reihe örtlich domestizierter

Pflanzen im Laufe der Zeit auf, wobei der Kürbis eigenständig domestiziert wurde, Mais um 200 n. Chr. aus Mexiko eintraf, aber bis ca. 900 n. Chr. keine große Rolle spielte und Bohnen ein oder zwei Jahrhunderte später importiert wurden. Interessanterweise gibt es auch Fälle, in denen die Landwirtschaft zugunsten der Jagd- und Sammelwirtschaft aufgegeben wurde. Dies geschah zum Beispiel in Südschweden, dessen Jäger- und Sammlerbevölkerung um 3000 v. Chr. die Landwirtschaft auf der Basis von Kulturpflanzen aus Vorderasien übernahm, sie aber um 2700 v. Chr. wieder aufgab, um für 400 Jahre zum Jagen und Sammeln zurückzukehren, bevor die Landwirtschaft erneut Einzug hielt.

All diese Überlegungen verdeutlichen, daß wir nicht denken sollten, die Entscheidung für die Landwirtschaft sei im luftleeren Raum getroffen worden, so als ob die Menschen vorher nicht gewußt hätten, wovon sie sich ernähren sollten. Vielmehr müssen wir die Landwirtschaft und die Jagd- und Sammelwirtschaft als *alternative Strategien* betrachten, die miteinander konkurrieren. Mischformen, bei denen bestimmte Kulturpflanzen oder Tierarten zum Jagen und Sammeln hinzukamen, standen außerdem im Wettstreit mit den beiden »reinen« Formen. Das vorherrschende Ergebnis war jedoch in den letzten 10000 Jahren die Abkehr vom Jagen und Sammeln und die Hinwendung zur Landwirtschaft, so daß wir fragen müssen, welche Faktoren dafür verantwortlich waren, daß die Landwirtschaft den Sieg davontragen konnte.

Unter Archäologen und Anthropologen ist diese Frage weiter umstritten. Ein Grund für die Fortdauer der Kontroverse ist wohl, daß in verschiedenen Teilen der Welt möglicherweise verschiedene Faktoren den Ausschlag gaben. Ein weiterer Grund liegt in der Schwierigkeit, Ursache und Wirkung zu entwirren. Immerhin lassen sich fünf Hauptfaktoren bestimmen, die lediglich in ihrer relativen Bedeutung umstritten sind.

Ein Faktor war die Verknappung wildwachsender Nahrung. Für Jäger und Sammler wurde die Nahrungssuche im Laufe der letzten 13000 Jahre immer schwieriger, da die Ressourcen, auf denen ihre Existenz beruhte (insbesondere Wild), knapper wurden oder sogar völlig verschwanden. Wie wir in Kapitel 1 sahen, starben in Nord-

und Südamerika am Ende des Eiszeitalters die meisten, in Eurasien und Afrika einige Großtierarten aus; Ursache waren entweder klimatische Veränderungen oder das Anwachsen der menschlichen Bevölkerung, gepaart mit verbesserten Jagdtechniken. Während man darüber streiten kann, welche Rolle das Aussterben dieser Tierarten beim Übergang (mit langer Verzögerung) der Indianer, Eurasier und Afrikaner zur Landwirtschaft spielte, gibt es in der jüngeren Geschichte etliche unstrittige Fälle, in denen Inseln der Ort des Geschehens waren. So widmeten sich die ersten polynesischen Siedler auf Neuseeland erst, nachdem sie die Moas ausgerottet und die Robbenbestände Neuseelands dezimiert und das gleiche mit der Vogelwelt anderer polynesischer Inseln getan hatten, verstärkt der Landwirtschaft. Die Polynesier, die um 500 n. Chr. die Osterinsel besiedelten, brachten zwar Hühner mit, doch erst als die Bestände an Wildvögeln und Tümmlern erschöpft waren, erlangten sie als Nahrungsmittel größere Bedeutung. Ganz ähnlich spielte im Bereich des Fruchtbaren Halbmonds möglicherweise das Schrumpfen der Gazellenherden, die für die jagenden und sammelnden Bewohner dieser Region bis dahin als Nahrungsquelle große Bedeutung hatten, eine wichtige Rolle bei der einsetzenden Domestikation von Tieren.

Ein zweiter Faktor war die zunehmende Verbreitung domestizierbarer Wildpflanzen, wodurch Bemühungen in Richtung Domestikation zu einem lohnenderen Unterfangen wurden, während die Verknappung der Wildbestände das Jagen weniger attraktiv werden ließ. So führten Klimaveränderungen am Ende des Eiszeitalters in Vorderasien zu einer drastischen Ausweitung des Lebensraums wilder Getreidearten, von deren Ähren sich binnen kurzer Zeit große Mengen Korn ernten ließen. Jene wilden Getreidearten waren Vorläufer der ersten domestizierten Anbaupflanzen im Gebiet des Fruchtbaren Halbmonds: Weizen und Gerste.

Ein weiterer Faktor, der das Gleichgewicht zugunsten der Landwirtschaft verschob, war die Entwicklung von Techniken zum Ernten, Verarbeiten und Lagern wilder Nahrung. Was nützte Bauern *in spe* eine Tonne Korn auf dem Feld, wenn sie nicht wußten, wie man es ernten, schälen und aufbewahren sollte? Die dafür benötigten Methoden, Geräte und Vorrichtungen tauchten in Vorderasien ab 11000 v. Chr. mit rasanter Geschwindigkeit auf. Sie waren erfunden worden, um den neu gewonnenen Überfluß an wildem Getreide nutzen zu können.

Zu diesen Erfindungen gehörten Sicheln mit Feuersteinklingen, die an Griffen aus Holz oder Knochen befestigt waren, Körbe zum Forttragen des Korns von den Berghängen, an denen das Getreide wuchs, Mörser und Stößel oder Mahlscheiben zum Schälen der Körner, die Technik des Röstens der Getreidekörner, damit sie gelagert werden konnten, ohne zu keimen, und schließlich unterirdische Vorratsspeicher, deren Wände teilweise zum Schutz gegen eindringendes Wasser verputzt wurden. Für die Zeit nach 11000 v. Chr. häufen sich Funde, die das Vorhandensein dieser Geräte und Techniken im Bereich des Fruchtbaren Halbmonds belegen. Sie alle waren, obgleich zum Ernten und Aufbewahren von wildem Getreide entwickelt, auch notwendige Voraussetzungen für den gezielten Anbau. Mit ihnen waren unbewußt die ersten Schritte in Richtung Pflanzendomestikation getan.

Ein vierter Faktor war die Wechselbeziehung zwischen dem Anstieg der Bevölkerungsdichte und dem Aufkommen der Landwirtschaft. In allen Teilen der Welt, für die ausreichendes Material vorliegt, finden Archäologen Hinweise auf einen Zusammenhang zwischen wachsenden Bevölkerungsdichten und dem Auftauchen der Landwirtschaft. Was war aber die Ursache und was die Folge? Dieses lange diskutierte Problem erinnert an die Frage, was zuerst da war, Huhn oder Ei: Zwang ein Anwachsen der Bevölkerungsdichte die Menschen in die Arme der Landwirtschaft? Oder schuf letztere erst die Voraussetzungen für höhere Bevölkerungsdichten?

Im Prinzip ist davon auszugehen, daß die Kausalkette in beide Richtungen wirkt. Wie schon erörtert, gehen mit der Landwirtschaft tendenziell höhere Bevölkerungsdichten einher, da sie höhere Pro-Hektar-Erträge an verwertbaren Kalorien ermöglicht als die Jagd- und Sammelwirtschaft. Auf der anderen Seite waren die Bevölkerungsdichten in der Spätphase des Eiszeitalters ohnehin im allmählichen Anstieg begriffen, bedingt durch verbesserte Techniken zur Gewinnung und Verarbeitung der Früchte der Natur. Parallel zum Bevölkerungsanstieg gewann die Landwirtschaft zunehmend an Gunst, da sie die höheren Nahrungserträge zu liefern vermochte, die gebraucht wurden, um so viele Mäuler zu stopfen.

Der Übergang zur Landwirtschaft ist somit ein typisches Beispiel für einen sogenannten »autokatalytischen Prozeß«. Damit ist ein Vorgang gemeint, der sich in einem positiven Rückkopplungskreislauf selbst katalysiert und, einmal in Gang gesetzt, immer weiter an Tempo gewinnt. Ein allmählicher Anstieg der Bevölkerungsdichten veranlaßte die Menschen zur Beschaffung von mehr Nahrung, indem diejenigen belohnt wurden, die unbewußt Schritte in Richtung Nahrungsproduktion taten. Nach dem Aufkommen von Landwirtschaft und Seßhaftigkeit konnten die Geburtenabstände verkürzt und auf diese Weise noch mehr Menschen in die Welt gesetzt werden, wodurch der Nahrungsbedarf weiter stieg. Diese Wechselbeziehung zwischen Landwirtschaft und Bevölkerungsdichte erklärt den scheinbaren Widerspruch, daß mit der Einführung der Landwirtschaft, die ja den Betrag an verwertbaren Kalorien pro Hektar steigerte, eine Verschlechterung des Ernährungszustands der Bevölkerung im Vergleich zur vorherigen Jagd- und Sammelwirtschaft einherging. Das hatte damit zu tun, daß die Bevölkerungsdichte etwas schneller zunahm als die Menge der verfügbaren Nahrung.

Zusammen betrachtet, helfen uns diese ersten vier Faktoren zu verstehen, warum die Landwirtschaft in Vorderasien um 8500 v. Chr. begann und nicht schon um 18500 oder 28500 v. Chr. An den beiden früheren Zeitpunkten war die Lebensweise der Jäger und Sammler noch sehr viel ertragreicher als landwirtschaftliche Aktivitäten. Wild war noch im Überfluß vorhanden, wildes Getreide dagegen eher rar. Außerdem waren die für das Sammeln, Verarbeiten und Lagern von Getreide erforderlichen Techniken noch nicht erfunden, und die Bevölkerungsdichten waren noch nicht hoch genug, um der Steigerung der Kalorienerzeugung pro Hektar einen hohen Stellenwert zu geben.

Ein letzter Faktor erhielt dort entscheidende Bedeutung, wo Regionen mit bäuerlicher Bevölkerung und solche, die von Jägern und Sammlern bewohnt waren, aneinandergrenzten. Aufgrund ihrer sehr viel höheren Bevölkerungsdichte konnten Nahrungsproduzenten Jäger- und Sammlerpopulationen schon allein wegen ihrer zahlenmäßigen Übermacht vertreiben oder in einem Gebiet ausrotten, von den anderen Vorteilen im Gefolge der Landwirtschaft (wie Technik, Krankheitserreger, stehende Heere) ganz zu schweigen. In Gebieten, in denen zunächst nur Jäger und Sammler lebten, vermehrten sich diejenigen von ihnen, die zur Landwirtschaft übergingen, schneller als jene, die diesen Schritt nicht taten.

Als Folge ereilte Jäger und Sammler in den meisten für landwirtschaftliche Zwecke geeigneten Regionen eines von zwei Schicksalen: Entweder sie wurden von benachbarten Nahrungsproduzenten verdrängt, oder sie retteten sich, indem sie selbst Bauern wurden. In Gebieten, in denen die Zahl der Jäger und Sammler schon beträchtlich war, und auch dort, wo die geographischen Verhältnisse ein rasches Vorrücken von Nahrungsproduzenten verhinderten, blieb den örtlichen Jägern und Sammlern mehr Zeit, um sich landwirtschaftliche Techniken anzueignen und so ihr Überleben zu sichern. Dies könnte für den Südwesten der heutigen USA, den westlichen Mittelmeerraum, die europäische Atlantikküste und Teile Japans zutreffen. In Indonesien und anderen Teilen Südostasiens, im größten Teil Afrikas südlich des Äquators und wahrscheinlich auch in Teilen Europas mußten Jäger und Sammler hingegen in prähistorischer Zeit bäuerlichen Bevölkerungen weichen. Ähnliches geschah in jüngerer Vergangenheit in Australien und im Westen der USA.

Nur dort, wo besonders große geographische oder ökologische Hürden einer Zuwanderung bäuerlicher Bevölkerungsgruppen beziehungsweise der Ausbreitung landwirtschaftlicher Techniken, die an die örtlichen Bedingungen angepaßt waren, im Wege standen, konnten Jäger und Sammler bis in die jüngere Vergangenheit in Gebieten weiterleben, die auch für Ackerbau und/oder Viehzucht geeignet waren. Drei herausragende Beispiele liefern die Indianer Kaliforniens, die durch Wüsten von den Landwirtschaft treibenden Indianern Arizonas getrennt waren, die Khoisan-Völker der südafrikanischen Kapregion in ihrer mediterranen Klimazone, die für die aus Äquatornähe stammenden Anbaupflanzen der benachbarten Bantu-Bauern ungeeignet war, und die Aborigines des australischen Kontinents, die flache Gewässer von den bäuerlichen Bewohnern Indonesiens und Neuguineas trennten. Die wenigen Völker, die bis ins 20. Jahrhundert Jäger und Sammler blieben, entgingen der Verdrängung durch bäuerliche Bevölkerungsgruppen nur, weil sie in Gebieten lebten, die für eine landwirtschaftliche Nutzung nicht in Frage kamen, beispielsweise in Wüsten und arktischen Gefilden. Bevor das 20. Jahrhundert zu Ende geht, werden auch sie den Verlockungen der Zivilisation erlegen, von Bürokraten oder Missionaren zur Seßhaftigkeit gedrängt oder Krankheiten zum Opfer gefallen sein.

KAPITEL 6

Wie eine Mandel zur Mandel gemacht wird

Die unabsichtliche Züchtung der ersten Anbaupflanzen

Wer durch die Natur wandert und einmal Lust auf Abwechslung von der Alltagskost verspürt, wird es besonders reizvoll finden, hier und da am Wegesrand wildwachsende Früchte zu probieren. Von einigen Wildpflanzen, wie etwa Walderdbeeren oder Heidelbeeren, wissen wir, daß sie gut schmecken und nicht giftig sind. Sie besitzen genügend Ähnlichkeit mit bekannten Kulturpflanzen, um es uns leicht zu machen, sie zu erkennen, auch wenn sie viel kleiner sind als die Früchte, die in unseren Gärten und Treibhäusern reifen. Noch mutigere Wanderer essen sogar Pilze – nicht ohne Vorsicht, weiß man doch, daß viele Arten starke Gifte enthalten. Doch nicht einmal ein begeisterter Nußesser würde auf die Idee kommen, wilde Mandeln zu verspeisen, von denen mehrere Dutzend Arten genug Cyanid (das Gift, das in den Gaskammern der Nazis verwendet wurde) enthalten, um den Unvorsichtigen ins Jenseits zu befördern. Die Wälder sind voller Pflanzen, deren Früchte ebenfalls als ungenießbar gelten.

Nun stammen aber alle heutigen Kulturpflanzen von wilden Ursprungsarten ab. Wie kam es, daß manche Wildformen in Kulturformen verwandelt wurden? Besondere Rätsel geben jene Pflanzen auf, deren wildwachsende Vorfahren tödliches Gift enthalten oder schlecht schmecken, aber auch solche, die (wie Mais) ganz anders aussehen als ihre wilden Ahnen. Welcher Höhlenmensch mag auf die Idee gekommen sein, eine Pflanze zu domestizieren, und wie gelang ihm das wohl?

Die Pflanzendomestikation kann so definiert werden, daß eine Pflanze in ihren genetischen Eigenschaften – bewußt oder unbewußt – in einer Weise verändert wird, die sie für den Menschen nützlicher macht als ihre wilden Ahnen. Heute ist die Entwicklung neuer Kulturpflanzen das Betätigungsfeld hochqualifizierter Wissenschaftler. In Kenntnis Hunderter bestehender Nutzpflanzen bemühen sie sich, weitere zu züchten. Um dieses Ziel zu erreichen, pflanzen sie eine Vielzahl verschiedener Samen oder Wurzeln, wählen die besten Resultate aus und pflanzen den neuen Samen wieder in die Erde; dies alles geschieht unter Anwendung von Kenntnissen der Erbbiologie und vielleicht sogar neuester gentechnischer Methoden zur Übertragung besonders wertvoller Gene. Wir haben es mit einer hochspezialisierten Wissenschaft zu tun. So ist an der *University of California* ein ganzes Institut dem Apfel gewidmet (»Seminar für Pomologie«), ein anderes den Weinbeeren und dem Wein (»Seminar für Weinbau und Önologie«).

Die Anfänge der Pflanzendomestikation liegen jedoch über 10 000 Jahre zurück, woraus folgt, daß die ersten Ackerbauern ohne Molekulargenetik auskommen mußten. Sie besaßen nicht einmal Vorbilder in Gestalt existierender Nutzpflanzen, an denen sie sich hätten orientieren können. Deshalb konnten sie auch nicht ahnen, daß bei dem, was sie taten, schmackhafte Früchte herauskommen würden.

Wie kam es dann zur unbewußten Domestikation von Pflanzen durch die ersten Ackerbauern? Oder genauer, wie verwandelten sie beispielsweise, ohne genaues Ziel vor Augen, giftige Mandeln in ungiftige? Welche Veränderungen nahmen sie an Wildpflanzen noch vor, außer einige zu vergrößern oder ihren Giftgehalt zu verringern? Selbst bei wertvollen Kulturpflanzen variieren die Zeitpunkte der Domestikation beträchtlich: So war die Erbse um 8000 v. Chr. domestiziert, die Olive um 4000 v. Chr., die Erdbeere erst im Mittelalter und die Pekannuß nicht vor 1846. Viele Wildpflanzen, deren Früchte heute von Millionen Menschen gepriesen werden, wie etwa die Eiche, deren Früchte in vielen Teilen der Welt gegessen werden, verweigern sich bis jetzt der Domestikation. Warum waren einige Pflanzen offenbar soviel leichter domestizierbar oder luden mehr dazu ein als andere? Warum gelang die Domestikation des Olivenbaums schon in der Steinzeit, während die Eiche selbst den begabtesten Agronomen unserer Zeit erfolgreich trotzt?

Beginnen wir mit einer Betrachtung der Domestikation aus der Sicht der Pflanzen. Für sie ist der Mensch nichts weiter als eine von Tausenden von Tierarten, die unbewußt Pflanzen »domestizieren«.

Wie alle Tierarten (einschließlich des Menschen) müssen auch Pflanzen das Problem lösen, ihre Ableger an einen Ort zu bringen, wo sie wachsen, gedeihen und die elterlichen Erbanlagen weitergeben können. Tierjunge können sich *per pedes* oder mit Hilfe von Flügeln an einen solchen Ort begeben, doch Pflanzen fehlt diese Möglichkeit, so daß sie fremde Hilfe in Anspruch nehmen müssen. Während die Samen einiger Wildpflanzenarten so beschaffen sind, daß sie durch die Luft segeln oder auf dem Wasser treiben können, bedienen sich viele andere eines Tricks, mit dem sie Tiere einspannen, um ihren Samen zu transportieren. Der Trick besteht darin, die Samen mit wohlschmeckenden Früchten zu umhüllen und deren Reife durch Farben oder Gerüche zu signalisieren. Ein Tier auf Nahrungssuche pflückt und verschluckt die Frucht, läuft oder fliegt davon und speit die Samenkörner in größerer Entfernung vom Ort der Mutterpflanze aus oder scheidet sie mit dem Kot aus. Auf diese Weise können Samen Entfernungen von mehreren tausend Kilometern überwinden.

Es mag überraschen, daß Pflanzensamen den Verdauungsprozeß in den Gedärmen unbeschadet überstehen, so daß sie nach ihrer Ausscheidung noch keimen. Wer es genau wissen will und nicht zu zimperlich ist, kann aber selbst die Probe machen. In vielen Fällen sind die Samen von Wildpflanzen sogar auf die Passage durch den tierischen Verdauungstrakt regelrecht angewiesen, um keimen zu können. Das gilt zum Beispiel für eine afrikanische Melonenart, die so gut an ihren Platz auf dem Speiseplan des Erdferkels, einer hyänenartigen Kreatur, angepaßt ist, daß sie am häufigsten dort zu finden ist, wo Erdferkel ihren Kot hinterlassen.

Nehmen wir als Beispiel dafür, wie sich manche Pflanzen ihre »Mitfahrgelegenheit« beschaffen, einmal die Walderdbeere. Wenn Erdbeersamen noch zu jung zum Keimen sind, ist das Fruchtfleisch grün, sauer und hart. Sind die Samen endlich reif, hat sich auch die Beere verwandelt: Ihr Fruchtfleisch ist rot, süß und weich. Die Farbveränderung dient als Signal, das Vögel wie etwa Misteldrosseln anlockt, die dann die Beeren pflücken und mit ihnen davonfliegen, um die Samenkörner später wieder auszuspeien oder mit dem Kot auszuscheiden.

Natürlich verfolgten die Erdbeeren nicht planvoll das Ziel, just in dem Moment, in dem ihre Samen reif und zum Ausstreuen bereit waren, Vögel anzulocken. Und natürlich ging es den Misteldrosseln auch nicht darum, Erdbeeren zu domestizieren. Die Evolution der Erdbeerpflanzen erfolgte vielmehr durch natürliche Selektion. Je grüner und saurer die jungen Erdbeeren waren, desto weniger Samenkörner wurden von Vögeln vernichtet, die vorzeitig Beeren pflückten; je süßer und roter die Erdbeeren am Ende waren, desto mehr wurden von Vögeln gepflückt, die damit auch die reifen Samenkörner verbreiteten.

Zahllose andere Pflanzen besitzen ebenfalls Früchte, die an Verzehr und Verbreitung durch bestimmte Tierarten angepaßt sind. Wie Erdbeeren an Vögel, so sind Eicheln an Eichhörnchen, Mangofrüchte an Fledermäuse und einige Arten von Riedgräsern an Ameisen angepaßt. Damit ist ein Teil unserer Definition der Pflanzendomestikation erfüllt, nämlich die genetische Veränderung einer Wildpflanze in der Weise, daß ihr Nutzen für Konsumenten erhöht wird. Niemand würde diesen evolutionären Prozeß jedoch ernsthaft als Domestikation bezeichnen, da Vögel, Fledermäuse und andere tierische Konsumenten den zweiten Teil der Definition nicht erfüllen: Sie bauen Pflanzen nicht bewußt an. Ähnlich bestanden die unbewußten Anfangsphasen der Domestikation von Wildpflanzen durch Menschen darin, daß sich Pflanzen im Zuge ihrer Evolution so veränderten, daß Menschen dazu verleitet wurden, ihre Früchte zu essen und zu verbreiten, ohne die betreffenden Pflanzen zunächst jedoch bewußt anzubauen. Womöglich waren menschliche Latrinen, wie jene der Erdferkel, Versuchsstätten der ersten unbewußten Pflanzenzüchter.

Latrinen sind nur einer der vielen Orte, an denen die Samen von Wildpflanzen unabsichtlich ausgesät wurden. Wenn wir eßbare Früchte von Wildpflanzen pflücken und heimtragen, fallen uns unterwegs oder zu Hause ein paar davon herunter. Manche verfaulen, während die in ihnen verborgenen Samen völlig unversehrt bleiben, und landen ungegessen auf dem Müll. Von den verschiedenen

Früchten, die wir verspeisen, haben etwa Erdbeeren so winzige Samenkörner, daß sie unweigerlich verschluckt und beim Stuhlgang ausgeschieden werden; andere sind jedoch so groß, daß wir es vorziehen, sie auszuspucken. Unsere Spucknäpfe und Müllkippen zählten deshalb neben den stillen Örtchen zu den ersten landwirtschaftlichen Versuchslabors.

Unabhängig davon, in welchem dieser »Labors« die Samen im einzelnen landeten, stammten sie doch in der Regel von ganz bestimmten einzelnen Vertretern eßbarer Pflanzenarten – nämlich solchen, denen wir aus dem einen oder anderen Grund den Vorzug gaben. Wer einmal Beeren gesammelt hat, weiß, daß man sich bestimmte Beeren beziehungsweise Sträucher oder Büsche ausguckt. Als die ersten Ackerbauern begannen, Samen bewußt zu säen, waren es unweigerlich Samen jener Pflanzen, auf die ihre Wahl beim Pflücken gefallen war – auch wenn ihnen die Regeln der Erbbiologie unbekannt waren, nach denen aus den Samenkörnern großer Beeren mit hoher Wahrscheinlichkeit Sträucher mit ebenfalls großen Beeren wachsen.

Bahnt man sich also an einem schwülen Tag den Weg durch ein dorniges Gestrüpp voller Mücken, dann sicher nicht wegen einer x-beliebigen Erdbeerstaude. Stets trifft man Entscheidungen – wenn auch vielleicht unbewußt – darüber, welche Pflanze am vielversprechendsten aussieht und ob sich die Mühe überhaupt lohnt. Welches sind unsere unbewußten Kriterien?

Eins betrifft natürlich die Größe. Große Beeren werden bevorzugt, da es Zeitvergeudung wäre, sich wegen einer Handvoll mickriger Beeren einen Sonnenbrand und Mückenstiche zu holen. Damit ist teilweise erklärt, warum viele Nutzpflanzen wesentlich größere Früchte tragen als ihre wildwachsenden Vorfahren. Besonders vertraut ist uns der Vergleich der geradezu gigantischen Erdbeeren und Heidelbeeren im Supermarkt mit denen, die uns in der Natur begegnen; diese Unterschiede sind erst in den letzten Jahrhunderten entstanden.

Bei anderen Pflanzen gehen derartige Größenunterschiede auf die Anfänge der Landwirtschaft zurück, als zum Beispiel Erbsen durch die Auslese des Menschen immer schwerer wurden, bis sie zehnmal soviel wogen wie Wilderbsen. Die kleineren Wilderbsen hatten Jäger und Sammler schon seit Jahrtausenden geerntet, so wie wir heute noch kleine Heidelbeeren im Wald pflücken, bevor das selektive Ernten und Pflanzen der ansprechendsten, größten Wilderbsen – also das, was wir Züchtung nennen – automatisch zu einer Steigerung der durchschnittlichen Erbsengröße von einer Generation zur nächsten führte. Ähnliches gilt für Äpfel, deren in Supermärkten angebotene Vertreter meist einen Durchmesser von 7-8 cm haben, während es Wildäpfel nur auf 2-3 cm bringen. Waren die ältesten Maiskolben kaum mehr als 1 cm lang, so hatten mexikanische Indianer gegen 1500 n. Chr. bereits bis zu 15 cm lange Kolben gezüchtet. Heute findet man sogar Maiskolben von über 40 cm Länge.

Ein weiterer offenkundiger Unterschied zwischen den Samen, die wir in der Landwirtschaft verwenden, und vielen ihrer wilden Vorfahren liegt im Geschmack. Im Laufe der Evolution nahmen viele wilde Samen einen bitteren, üblen Geschmack an oder wurden sogar giftig, was sie davor schützte, von Tieren gefressen zu werden. Somit hat die natürliche Selektion auf Samen und Früchte eine entgegengesetzte Wirkung. Pflanzen mit wohlschmeckenden Früchten lassen ihre Samen zwar von Tieren ausstreuen, doch der Samen selbst, der sich in der Frucht verbirgt, muß möglichst ungenießbar sein. Denn sonst würde das Tier, das die Frucht frißt, auch den Samen zerkauen, und er könnte nicht mehr sprießen.

Mandeln geben ein bemerkenswertes Beispiel für bittere Samen und ihre Veränderung durch Domestikation ab. Die meisten wilden Mandelsorten enthalten einen äußerst bitteren Stoff mit dem Namen Amygdalin, bei dessen Aufspaltung das schon erwähnte Gift Cyanid entsteht. Eine kleine Portion wilder Mandeln enthält genug von diesem Gift, um einen Menschen, der so leichtsinnig ist, die Warnung des bitteren Geschmacks in den Wind zu schlagen, umzubringen. Da das erste Stadium der unbewußten Domestikation mit dem Sammeln von Samen zwecks Verzehr verbunden ist, fragt man sich, wie dann überhaupt die Domestikation wilder Mandeln dieses Stadium erreichen konnte?

Die Erklärung lautet, daß einzelne Mandelbäume gelegentlich ein mutiertes Gen aufweisen, das die Synthese des bitteren Amygdalins verhindert. In der Natur hinterlassen solche Bäume keinen

Nachwuchs, da die Veränderung von Vögeln entdeckt wird, die daraufhin alle Samen auffressen. Neugierige oder hungrige Kinder der frühen Bauern, die an den Wildpflanzen ihrer Umgebung herumknabberten, dürften aber ebenfalls dann und wann auf diese nichtbitteren Mandeln gestoßen sein. (Ähnlich erkennt und schätzt man in manchen Gegenden Europas noch heute einzelne Eichbäume mit süßen statt bitteren Eicheln.) Nur jene nichtbitteren Mandeln hätten die angehenden Bauern gepflanzt, zunächst unabsichtlich auf ihren Müllhaufen, später bewußt in Gärten und Plantagen.

Schon um 8000 v. Chr. tauchten wilde Mandeln in Griechenland auf, wie archäologische Funde belegen. Bis 3000 v. Chr. waren sie in verschiedenen Gegenden im östlichen Mittelmeerraum domestiziert. Als der ägyptische König Tutanchamun um 1325 v. Chr. starb, gab man ihm unter anderem Mandeln als Zehrung für das Leben nach dem Tod mit in sein Grab. Limabohnen, Wassermelonen, Kartoffeln, Auberginen und Kohl zählen zu den vielen anderen heute bekannten Gemüsesorten mit bitteren oder giftigen Wildvorfahren, von denen einzelne süße Vertreter rund um die stillen Örtchen frühzeitlicher Wanderer gesprossen sein müssen.

Neben Größe und Geschmack als naheliegendsten Kriterien, die Jäger und Sammler bei der Auswahl von Wildpflanzen leiteten, spielten noch weitere eine Rolle: fleischige oder kernlose Früchte, ölhaltige Samen und lange Fasern. Während bei wilden Kürbissen kein oder nur wenig Fruchtfleisch die Kerne umhüllt, führten die Vorlieben der frühen Bauern dazu, daß die Frucht bald mehr Fleisch als Samenkerne enthielt. Bei Bananen führte die Auslese schon vor langer Zeit dazu, daß sie ganz aus Fruchtfleisch ohne Kerne bestehen, was moderne Agrarwissenschaftler zur Züchtung kernloser Apfelsinen, Weinbeeren und Wassermelonen inspirierte. Kernlosigkeit ist ein gutes Beispiel dafür, wie von der ursprünglichen Funktion einer Frucht, nämlich die Verbreitung der Art zu gewährleisten, durch die Auslese des Menschen oft nichts mehr übrigbleibt.

Auch nach dem Kriterium der Ölhaltigkeit wurden in vorgeschichtlicher Zeit etliche Pflanzen ausgewählt. Einer der ältesten im Mittelmeerraum domestizierten Obstbäume ist die Olive, die seit etwa 4000 v. Chr. wegen ihres Öls kultiviert wurde. Domestizierte Oliven sind nicht nur größer, sondern auch ölhaltiger als ihre wilden Verwandten. Ähnlich verfuhren die frühen Bauern auch mit Sesam, Senf, Mohn und Flachs, um Öl aus Samen zu gewinnen, was ihnen moderne Wissenschaftler mit Sonnenblumen, Färberdistel und Baumwolle nachmachten.

Bevor Baumwolle zur Ölgewinnung genutzt wurde, was erst seit kurzem der Fall ist, baute man sie bekanntlich wegen ihrer Fasern an, aus denen Stoffe gewebt wurden. Bei den Fasern (Lint genannt) handelt es sich um Haare, die an den Baumwollsamen sitzen; frühe Bauern in Amerika und in der Alten Welt wählten unabhängig voneinander bestimmte Baumwollsorten wegen ihrer langen Fasern aus. Bei Flachs und Hanf, zwei weiteren Pflanzen, die im Altertum zur Stoffherstellung angebaut wurden, stammen die Fasern dagegen vom Stengel, so daß bei der Auslese lange, gerade Stengel das Kriterium waren. Mag man, wenn von Kulturpflanzen die Rede ist, auch zuerst an Eßbares denken, so ist doch Flachs eine der ältesten Anbaupflanzen des Menschen (Domestikation um 7000 v. Chr.). Aus ihm wurde Leinen hergestellt, das in Europa der wichtigste Stoff blieb, bis nach der industriellen Revolution Baumwolle und Kunstfasern an seine Stelle traten.

Bei allen bisher erörterten Veränderungen im Zuge der Evolution von Wild- zu Kulturformen ging es um Eigenschaften, die von frühen Bauern wahrgenommen werden konnten – wie Fruchtgröße, Bitterkeit, Fleischigkeit, Ölgehalt und Faserlänge. Durch Selektion einzelner Pflanzen, die bevorzugte Eigenschaften in besonders hohem Ausmaß besaßen, trugen frühzeitliche Völker unbewußt zur Verbreitung dieser Pflanzen bei und brachten sie auf den Weg, der zu ihrer Domestikation führen sollte.

Daneben gab es jedoch mindestens vier andere wichtige Arten von Veränderungen, die nicht daraus resultierten, daß die Beerensammler eine Auswahl aufgrund sichtbarer Merkmale trafen. Vielmehr lösten sie Veränderungen entweder durch das Ernten solcher Früchte aus, die sich ihnen anboten, während andere dies aus unsichtbaren Gründen nicht taten, oder durch Einwirkung auf die Selektionsbedingungen, denen die Pflanzen unterlagen.

Die erste derartige Veränderung richtete sich auf natürliche Verbreitungsmittel. Viele Pflanzen besitzen besondere Mechanismen zum Ausstreuen ihrer Samen (die zugleich Menschen davon abhalten, sie in Mengen zu ernten). Nur mutierte Samen, denen diese Mechanismen fehlten, konnten geerntet werden und wurden so zu Vorfahren von Kulturpflanzen.

Ein anschauliches Beispiel liefern Erbsen, deren Samen (die wir als Gemüse essen) in Hülsen sitzen, die sie zum Keimen verlassen müssen. Dazu diente bei Wilderbsen ein Gen, das bewirkt, daß die Hülse aufspringt und die Erbsen herausgeschleudert werden. Bei vereinzelt vorkommenden mutierten Erbsen ist das jedoch nicht der Fall. In der Natur sind solche Mutanten dazu verdammt, in ihren Hülsen zu verkümmern, während nur die Erbsen aus aufspringenden Hülsen in der Lage sind, ihr Erbgut weiterzugeben. Umgekehrt sind jedoch die einzigen Hülsen, die darauf warten, vom Menschen gepflückt zu werden, eben jene, die nicht aufspringen. Sobald der Mensch begann, wilde Erbsen als Nahrung zu ernten, begann deshalb sofort eine Auslese zugunsten jenes mutierten Gens. Auch bei Linsen, Flachs und Mohn fiel die Wahl auf Mutanten, deren Hülsen nicht aufspringen wollten.

Statt in einer Hülse mit Aufspringmechanismus wachsen die Körner von Wildweizen und -gerste in Ähren an der Halmspitze, die, wenn die Zeit gekommen ist, brüchig werden, zerfallen und die Körner zum Keimen auf den Boden werfen. Ein einziges mutiertes Gen bewirkt, daß die Samenkörner nicht abgeworfen werden. In der Natur wäre diese Mutation für die Pflanze verhängnisvoll, da die Samen an den Halmen vertrocknen würden, statt im Erdreich Wurzeln zu schlagen. Es waren aber ausgerechnet jene mutierten Samenkörner, die von Menschen bequem geerntet werden konnten. Bei späterer Aussaat boten sich an den Halmen der nächsten Generation wieder besonders die mutierten Körner zum Ernten und Aussäen an, während die normalen Körner abgeworfen wurden und deshalb nicht in Frage kamen. Dies bedeutet, daß die frühen Bauern die Richtung der natürlichen Selektion um 180 Grad verkehrten: Das zuvor erfolgreiche Gen wurde verhängnisvoll, und das zuvor verhängnisvolle mutierte Gen wurde plötzlich erfolgreich. Jene unbewußte Selektion von Weizen- und Gerstenhalmen, die ihre Körner nicht abwarfen, war vor über 10000 Jahren offenbar die erste bedeutende »Verbesserung« einer Pflanze durch den Menschen. Dieser Schritt markierte zugleich den Beginn der Landwirtschaft im Bereich des Fruchtbaren Halbmonds.

Der zweite Veränderungstyp war für frühzeitliche Wanderer noch weniger sichtbar. Bei einjährigen Pflanzen, die in Gebieten mit besonders unberechenbarem Klima wuchsen, konnte es katastrophal sein, wenn alle Samen binnen eines kurzen Zeitraums gleichzeitig keimten. Wo dies geschah, konnten in einer einzigen Dürre- oder Frostperiode alle Sämlinge eingehen, so daß für die Fortpflanzung der Art keine Samen mehr übrig waren. Um ihre Chancen auf Fortpflanzung zu erhöhen, entwickelten deshalb viele einjährige Pflanzen als Schutzmechanismus den sogenannten Keimverzug, der bewirkt, daß die Samen zunächst in einem Ruhezustand »schlummern« und die Keimung über mehrere Jahre verteilt erfolgt. Auf diese Weise bleiben immer einige Samen für später intakt, selbst wenn die meisten durch anhaltendes Unwetter eingehen.

Eine bei Wildpflanzen häufig vorkommende Anpassung, die der Erhöhung der Keimungschancen dient, ist eine dicke Schale um die Samen. Zu den zahlreichen Wildpflanzen, die dafür Beispiele liefern, zählen Weizen, Gerste, Erbsen, Flachs und Sonnenblumen. Während solche spätsprießenden Samen in der Natur am Ende doch zum Zuge kommen, brachte das Aufkommen der Landwirtschaft einen drastischen Wandel mit sich. Die frühen Bauern dürften durch Ausprobieren herausgefunden haben, daß sie ihre Ernteerträge steigern konnten, wenn sie den Boden vor der Aussaat bestellten und bewässerten. Als dies geschah, wuchsen Samen, die prompt keimten, zu Pflanzen heran, deren Samen geerntet und im folgenden Jahr zur Aussaat verwendet wurden. Viele der wilden Samen keimten jedoch nicht sofort und kamen deshalb nicht dazu, geerntet und im Folgejahr ausgesät zu werden.

Den sporadisch auftretenden mutierten Wildpflanzen mangelte es an dicken Samenschalen oder anderen Möglichkeiten, die Keimung zu verzögern. Sie keimten sofort, und von den Samen, die sie hervorbrachten, wurden wiederum die mutierten geerntet. Die frühen Bauern dürften den Unterschied nicht in der Weise bemerkt haben, wie sie große Beeren erkannten und selektiv ernteten. Der Kreislauf von Säen–Wachsen–Ernten–Säen führte jedoch sofort und unbewußt zu einer Begünstigung der Mutanten. Ebenso wie die Veränderungen in den natürlichen Samenverbreitungsmitteln ist der Verlust des Keimverzugs kennzeichnend für Weizen, Gerste, Erbsen und viele andere Kulturpflanzen im Unterschied zu ihren wildwachsenden Vorfahren.

Der letzte Haupttyp einer in der Entstehungsphase der Landwirtschaft für Bauern unsichtbaren Veränderung betrifft die pflanzliche Reproduktion. Ein generelles Problem bei der Züchtung von Kulturpflanzen liegt darin, daß die vereinzelt auftretenden mutierten Formen für Menschen nützlicher sind als die normalen (z.B. wegen ihrer größeren oder weniger bitteren Samen). Wenn sich diese wünschenswerten Mutanten dann aber mit normalen Pflanzen kreuzten, wurde die Mutation sofort abgeschwächt oder ging wieder verloren. Unter welchen Umständen blieb sie im Interesse der frühen Bauern bewahrt?

Bei Arten, bei denen sich die einzelnen Individuen ohne »fremde Hilfe« fortpflanzen, bleibt eine Mutation automatisch erhalten. Das gilt für Pflanzen mit ungeschlechtlicher Fortpflanzung (Bildung von Nachwuchs aus einer Knolle oder Wurzel der Ausgangspflanze) oder für zwittrige Pflanzen mit der Fähigkeit zur Selbstbefruchtung. Bei der großen Mehrzahl der Wildpflanzen erfolgt die Reproduktion jedoch nicht auf diese Weise. Entweder sind sie zweigeschlechtlich ohne die Fähigkeit zur Selbstbefruchtung, so daß sie sich mit zwittrigen Artgenossen gegenseitig begatten müssen (»mein männlicher Teil befruchtet deinen weiblichen Teil, dein männlicher Teil befruchtet meinen weiblichen Teil«), oder es handelt sich um getrennte männliche und weibliche Individuen, wie wir es von den Säugetieren her kennen. Beides war höchst unerfreulich für die frühen Bauern, denen dadurch alle vorteilhaften Mutanten verlorengingen, ohne daß sie den Grund kannten.

Die Lösung hing mit einem weiteren Typ unsichtbarer Veränderungen zusammen. Viele Mutationen betreffen die Fortpflanzungsbiologie selbst. So wuchsen an einigen mutierten Pflanzen Früchte ohne vorherige Bestäubung – ein Umstand, dem wir kernlose Bananen, Weinbeeren, Apfelsinen und Ananas verdanken. Einige mutierte Zwitter gewannen die Fähigkeit zur Selbstbefruchtung, die ihnen vorher fehlte, was unter anderem bei zahlreichen Obstbäumen wie Pflaumen, Pfirsichen, Äpfeln, Aprikosen und Kirschen der Fall war. Einige mutierte Weinbeeren, die normalerweise getrennt in männlicher und weiblicher Form auftreten, wurden ebenfalls zu selbstbefruchtenden Zwittern. Auf diese und andere Weise gelangten frühzeitliche Bauern auch ohne Kenntnis der pflanzlichen Reproduktionsbiologie in den Besitz wertvoller, sich reinrassig vermehrender Kulturformen, deren Aussaat lohnender war als die anfangs vielversprechender Mutanten, deren Nachkommen sich als nutzlos erwiesen.

Die Auslese einzelner Pflanzen erfolgte somit nicht nur auf der Grundlage wahrnehmbarer Eigenschaften (wie Größe und Geschmack), sondern auch anhand unsichtbarer Merkmale (wie Verbreitungsmittel, Keimverzug und Reproduktionsbiologie). Als Resultat zielte die Auslese bei verschiedenen Pflanzen auf ganz unterschiedliche oder sogar entgegengesetzte Merkmale. Bei einigen (zum Beispiel bei der Sonnenblume) war das Ziel die Vergrößerung der Samen, bei anderen (zum Beispiel Bananen) waren dagegen Früchte mit winzigen Samenkernen oder ganz ohne solche gewünscht. Beim Kopfsalat wurden üppige Blätter auf Kosten von Samen oder Früchten gezüchtet, bei Weizen und Sonnenblumen Samenkörner auf Kosten der Blätter und beim Kürbis die Frucht auf Kosten der Blätter. Besonders aufschlußreich sind Fälle, in denen eine einzige Wildform zu verschiedenen Zwecken gezüchtet wurde, so daß mehrere Kulturformen mit sehr unterschiedlichem Aussehen entstanden. Bei Rüben, die schon in babylonischen Zeiten wegen ihrer Blätter angebaut wurden (wie die heutigen Sorten, die wir Mangold nennen), interessierte man sich später für die eßbaren Wurzeln und schließlich (im 18. Jahrhundert) für ihren Zuckergehalt (Zuckerrüben). Die Vorfahren des heutigen Kohls, die ursprünglich möglicherweise wegen ihrer ölhaltigen Samen angebaut wurden, erlebten eine noch größere Variierung: Sie wurden zu verschiedenen Zeitpunkten wegen der Blätter (heutiger Kohl, Grünkohl), Stiele (Kohlrabi), Knospen (Rosenkohl) und Sprossen (Blumenkohl, Brokkoli) gezüchtet.

Bisher haben wir erörtert, wie aus Wildformen durch die – bewußte oder unbewußte – Auslese des Menschen Kulturformen entstanden: Bauern wählten zunächst die Samen einzelner Wildpflanzen aus, um sie in Gärten zu säen; dann wählten sie von den Nachkommen jedes Jahr bestimmte Samen aus und verwendeten sie im nächsten Jahr als Saatgut. Zu einem großen Teil war die Domestikation aber auch Resultat einer »Selbstauslese« der Pflanzen. Darwins Begriff von der »natürlichen Zuchtwahl« bedeutet, daß bestimmte Angehörige einer Art unter natürlichen Bedingungen im »Kampf ums Dasein« und/oder bei der Fortpflanzung erfolgreicher sind als ihre Artgenossen. Ändern sich die Bedingungen, meistern womöglich andere Typen von Individuen den Überlebenskampf besser und hinterlassen mehr Nachkommen, haben mithin einen Selektionsvorteil mit der Folge eines evolutionären Wandels innerhalb der betreffenden Population. Ein klassisches Beispiel ist die Entstehung des sogenannten Industriemelanismus bei britischen Nachtfaltern: Im Zuge der Verschmutzung der Umwelt im 19. Jahrhundert traten Nachtfalter mit dunkler Körperoberfläche häufiger auf als solche mit hellerer Färbung, weil dunkle Nachtfalter, die an einem verrußten Baumstamm saßen, der Aufmerksamkeit ihrer Feinde eher entgingen als leichter erspähbare helle Falter.

Wie die industrielle Revolution die Umwelt der Nachtfalter veränderte, so veränderte die Landwirtschaft die Umwelt vieler Pflanzen. Ein bestellter, gedüngter, bewässerter und gejäteter Garten bietet völlig andere Wachstumsbedingungen als ein trockener, ungedüngter Berghang. Viele Veränderungen, die Pflanzen im Zuge der Domestikation erfuhren, rührten von solchen veränderten Umweltbedingungen her. Sät beispielsweise ein Bauer die Saat in einem Garten dicht aus, entsteht unter den Samen ein heftiger Konkurrenzkampf. Große Samen können die guten Bedingungen ausnutzen und mit raschem Wachstum quittieren, so daß sie im Vorteil gegenüber kleineren Samen sind, die an trockenen, ungedüngten Berghängen mit geringerer Samenzahl und weniger hartem Konkurrenzkampf die Oberhand hatten. Eine in dieser Weise verschärfte Konkurrenz unter den Pflanzen spielte eine wichtige Rolle beim Größerwerden der Samen und vielen anderen Veränderungen, die sich bei der Verwandlung von Wild- in Kulturpflanzen einstellten.

Was erklärt nun aber die großen Unterschiede in der Schwierigkeit der Domestikation verschiedener Pflanzen, so daß einige Arten schon sehr früh, andere erst im Mittelalter und wieder andere trotz aller Bemühungen bis heute nicht domestiziert werden konnten? Viele der Gründe lassen sich aus der zeitlichen Abfolge ableiten, in der verschiedene Kulturpflanzen im Nahen Osten auftraten.

Wie sich zeigt, stammten die frühesten Kulturpflanzen im Gebiet des Fruchtbaren Halbmonds, wie Weizen, Gerste und Erbsen, die vor rund 10000 Jahren domestiziert wurden, von Wildpflanzen ab, die schon viele Vorzüge besaßen. So waren sie auch in der Wildform eßbar und ertragreich. Ihr Anbau war relativ einfach, man brauchte sie bloß zu säen oder zu pflanzen. Sie wuchsen zudem rasch und konnten schon wenige Monate nach der Saat geerntet werden, was gerade in einer Zeit noch fließender Übergänge zwischen nomadischem Jägertum und seßhaftem Dorfleben einen großen Vorteil darstellte. Ein weiterer Pluspunkt war die gute Lagerfähigkeit im Gegensatz zu vielen späteren Kulturpflanzen, etwa Erdbeeren und Kopfsalat. Die meisten frühen Anbaupflanzen waren Selbstbestäuber und konnten so ihre nützlichen Erbanlagen unverändert weitergeben, statt sich mit anderen, für den Menschen weniger nützlichen Unterarten kreuzen zu müssen. Und schließlich bedurfte es zur erfolgreichen Domestikation der wilden Vorfahren der frühesten Kulturpflanzen nur sehr weniger genetischer Veränderungen. Beim Weizen genügten beispielsweise schon die Mutationen, die das Abwerfen der Körner vom Halm verhinderten und eine rasche, einheitliche Keimung bewirkten.

In der nächsten Phase wurden um 4000 v. Chr. die ersten Obst- und Nußbäume domestiziert. Dazu zählten Oliven, Feigen, Datteln, Granatäpfel und Weinbeeren. Gegenüber Getreide und Hülsenfrüchten hatten sie den Nachteil, daß nach der Anpflanzung mindestens drei Jahre vergingen, bis die ersten Früchte wuchsen, und daß ein ganzes Jahrzehnt verstreichen konnte, bis die volle Ertragskraft erreicht war. Damit kam ihr Anbau nur für wirklich seßhafte Gemeinschaften in Frage. Immerhin zählten die frühen Obst- und Nußbäume zu den am einfachsten zu domestizierenden Gewächsen dieser Art. Im Unterschied zu später domestizierten

Bäumen ließen sie sich direkt durch Einpflanzen von Ablegern oder sogar Samen ziehen. Ableger hatten den Vorteil, daß alle Nachkommen identische Erbanlagen besaßen.

Eine dritte Phase beinhaltete Obstbäume – Äpfel, Birnen, Pflaumen und Kirschen –, deren Domestikation erheblich größere Schwierigkeiten aufwarf. Sie können nämlich nicht aus Ablegern gezogen werden, und auch das Einpflanzen von Samenkörnern ist vergeudete Mühe, da die Nachkommen selbst einzelner Prachtexemplare dieser Arten stark variieren und meist wertlose Früchte tragen. Um diese Obstbäume zu züchten, müssen komplizierte Veredelungsverfahren angewandt werden, die lange nach den Anfängen der Landwirtschaft in China entwickelt wurden. Sie sind sehr arbeitsintensiv, auch wenn das Prinzip schon bekannt ist. Um es zu entdecken, bedurfte es aber zunächst einmal bewußter Experimente. Die Erfindung der Pflanzenveredelung hatte wenig mit dem Erlebnis einer Nomadenfrau gemein, die sich an einem stillen Örtchen erleichterte und dort einige Zeit später von leckeren Früchten überrascht wurde.

Bei diesen spät domestizierten Obstbäumen trat ein weiteres Problem auf, das darin bestand, daß ihre Wildvorfahren das genaue Gegenteil von Selbstbestäubern waren. Zur Fortpflanzung bedurften sie der Kreuzbestäubung durch Pflanzen einer genetisch verschiedenen Unterart. Die frühen Bauern mußten deshalb entweder mutierte Bäume finden, die ohne Kreuzbestäubung auskamen, oder bewußt genetisch verschiedene Unterarten beziehungsweise männliche und weibliche Bäume nahe beieinander pflanzen. All diese Probleme führten dazu, daß Äpfel, Birnen, Pflaumen und Kirschen erst im klassischen Altertum domestiziert wurden. Etwa zur gleichen Zeit trat, ohne daß es vergleichbarer Anstrengungen bedurfte, eine weitere Gruppe von Kulturpflanzen auf den Plan, die sich zunächst als Unkraut auf den Feldern angesiedelt hatten. Zu diesen Nachzüglern gehörten Roggen, Hafer, Steckrüben, Radieschen, Rüben, Lauch und Kopfsalat.

Die zeitliche Abfolge, die ich für den Fruchtbaren Halbmond beschrieben habe, stimmt teilweise mit der in anderen Regionen der Welt überein. Der Weizen und die Gerste Vorderasiens sind Beispiele für eine Klasse von Kulturpflanzen, die zur Familie der Gräser gehören und als Getreide bezeichnet werden, während die Erbsen und Linsen der gleichen Region Vertreter der Klasse der Hülsenfrüchte sind (Familie der Leguminosen, zu der auch Bohnen gehören). Getreide hat den Vorteil, daß es schnell wächst, reich an Kohlehydraten ist und bis zu einer Tonne Nahrung pro Hektar liefert. Das hat dazu geführt, daß heute über die Hälfte des Kalorienverzehrs der Menschheit auf verschiedene Getreidearten entfällt. Fünf der zwölf bedeutendsten Kulturpflanzen der Gegenwart sind Getreide (Weizen, Mais, Reis, Gerste und Sorghum). Viele Getreidearten haben einen niedrigen Eiweißgehalt, doch dieses Manko wird von Hülsenfrüchten mit oft 25prozentigem Eiweißgehalt (Sojabohnen sogar 38 Prozent) wettgemacht. Zusammen liefern Getreide und Hülsenfrüchte somit viele der nötigen Bestandteile einer ausgewogenen Ernährung.

Tabelle 6.1 zeigt, daß die Landwirtschaft in vielen Regionen mit der Domestikation bestimmter örtlicher Kombinationen von Getreide und Hülsenfrüchten begann. Zu den bekanntesten Beispielen zählen die Kombination von Weizen und Gerste mit Erbsen und Linsen in Vorderasien, die Kombination von Mais mit verschiedenen Bohnensorten in Mesoamerika und die Kombination von Reis und Hirse mit Soja- und anderen Bohnen in China. Weniger bekannt sind die Kombination von Sorghum, afrikanischem Reis und Perlhirse mit Langbohnen und Erdnüssen in Afrika und die Kombination von Quinoa (einem Korn, das nicht zum Getreide zählt) mit verschiedenen Bohnensorten in den Anden.

Tabelle 6.1 zeigt auch, daß die frühe Domestikation von Flachs in Vorderasien zur Fasergewinnung Parallelen in anderen Regionen hatte. Hanf, vier Baumwollsorten, Yuccas und Agaven lieferten in China, Mesoamerika, Indien, Äthiopien, Afrika südlich der Sahara und Südamerika Fasern zur Herstellung von Seilen und Webstoffen, in einigen dieser Regionen ergänzt durch Wolle von Haustieren. Von allen frühen Zentren der Landwirtschaft mangelte es lediglich dem Osten der USA und Neuguinea an einer zur Fasergewinnung genutzten Pflanze.

Trotz dieser Parallelen gab es aber auch erhebliche Unterschiede in den landwirtschaftlichen Systemen der verschiedenen

Regionen. Einer bestand darin, daß in der Landwirtschaft der Alten Welt die Breitsaat, die Bestellung der Felder mit Monokulturen und schließlich der Pflug große Bedeutung erlangten. Das heißt, Samen wurden handvollweise ausgesät, so daß ein Feld einer einzigen Frucht gewidmet war. Nachdem Kühe, Pferde und andere Tiere domestiziert waren, wurden sie vor Pflüge gespannt und halfen bei der Feldbestellung. Dagegen wurde in der Neuen Welt niemals eine Tierart domestiziert, die sich zum Pflügen eignete. Die Felder wurden stets von Hand mit Hilfe von Stöcken oder Hacken bestellt, und die Samen wurden einzeln eingepflanzt und nicht handvollweise ausgestreut. Die meisten Felder in der Neuen Welt hatten deshalb nicht den Charakter von Monokulturen, sondern waren bunte Gärten mit vielerlei Gewächsen.

Ein weiterer wichtiger Unterschied zwischen den verschiedenen Anbausystemen lag darin, welche Pflanzen als Lieferanten von Kalorien und Kohlehydraten am wichtigsten waren. Wie wir sahen, übernahm in vielen Regionen Getreide die Funktion des Hauptnahrungslieferanten. In anderen teilten sich diese Rolle dagegen Wurzeln und Knollen, die im vorgeschichtlichen Vorderasien und in China so gut wie bedeutungslos waren. Maniok (alias Tapioka) und Süßkartoffeln wurden im tropischen Südamerika zum Grundnahrungsmittel, Kartoffeln und Oka in den Anden, afrikanische Jamswurzeln in Afrika und indopazifische Jamswurzeln und Taro in Südostasien und Neuguinea. Baumfrüchte, insbesondere Bananen und Brotfrüchte, dienten ebenfalls in Südostasien und Neuguinea als kohlehydratreiche Grundnahrungsmittel.

Als das Zeitalter Roms begann, wurden somit schon fast alle der bedeutendsten Kulturpflanzen der Gegenwart an diesem oder jenem Ort der Welt angebaut. Die frühzeitlichen Jäger und Sammler waren mit den Wildpflanzen ihrer jeweiligen Umgebung – ebenso wie mit der Tierwelt, wie wir später sehen werden (Kapitel 8) – gründlich vertraut, und offensichtlich entdeckten und domestizierten die frühen Bauern darunter nahezu alle, deren Domestikation der Mühe wert war. Gewiß, Erdbeeren und Himbeeren wurden erst im Mittelalter von Mönchen gezüchtet, und es stimmt natürlich auch, daß moderne Pflanzenzüchter immer noch an der Verbesserung der traditionellen Anbaupflanzen arbeiten, ja daß ihnen sogar

Region	Typen von Anbaupflanzen	
	Getreide, Gräser	Hülsenfrüchte
Fruchtbarer Halbmond	Emmerweizen, Einkornweizen, Gerste	Erbse, Linse, Kichererbse
China	Borstenhirse, Besenhirse, Reis	Sojabohne, Asukibohne, Mungbohne
Mesoamerika	Mais	Gartenbohne, Teparybohne, Feuerbohne
Anden, Amazonasgebiet	Quinoa, [Mais]	Limabohne, Gartenbohne, Erdnuß
Westafrika und Sahelzone	Sorghum, Perlhirse, afrikan. Reis	Langbohne, Erdnuß
Indien	[Weizen, Gerste, Reis, Sorghum, Hirse]	Helmbohne, Urdbohne, Jerusalembohne
Äthiopien	Teff, Fingerhirse [Weizen, Gerste]	[Erbse, Linse]
Osten der USA	Maygrass, Little Barley, Knöterich, Gänsefuß	–
Neuguinea	Zuckerrohr	–

In der Tabelle finden Sie die Namen wichtiger Kulturpflanzen aus den frühen Zentren der Landwirtschaft in verschiedenen Regionen der Welt. Eckige Klammern bedeuten, daß die ursprüngliche Domestikation an einem anderen Ort erfolgte. Nicht erwähnt sind Pflanzen, die erst später Bedeutung erlangten, wie beispielsweise Bananen in Afrika, Mais und Bohnen im Osten der heutigen USA und Süßkartoffeln in Neuguinea. Baumwolle (Gattung der Malvengewächse) tritt in vier Arten auf, von denen jede in einem ande-

die Züchtung einiger neuer gelang, bei denen es sich vor allem um Beeren (wie Blaubeeren, Preiselbeeren und Kiwis) und Nüsse (etwa Macadamia-, Pekan- und Cashewnüsse) handelte. Doch diese kleine Zahl neuzeitlicher Errungenschaften ist von bescheidener Bedeutung, vergleicht man sie mit Erfolgsgewächsen wie Weizen, Mais und Reis.

	Typen von Anbaupflanzen	
Faserpflanzen	Wurzeln, Knollen	Melonen
Flachs	–	Zucker-melone
Hanf	–	[Zucker-melone]
Baumwolle *(G. hirsutum)*. Yucca, Agave	Yamsbohne	Kürbisse *(C. pepo etc.)*
Baumwolle *(G. barbadense)*	Maniok, Süßkartoffel, Kartoffel, Oka	Kürbisse *(C. maxima etc.)*
Baumwolle *(G. herbaceum)*	Afrikan. Jams-wurzel	Wassermelone, Flaschenkürbis
Baumwolle *(G. arboreum)*, Flachs	–	Gurke
[Flachs]	–	–
–	Erdbirne	Kürbis *(C. pepo)*
–	Jamswurzeln, Taro	–

ren Teil der Welt heimisch ist, während Kürbisse (Gattung der Kürbisgewächse) in fünf Arten vorkommen. Man beachte, daß Getreide, Hülsenfrüchte und Faserpflanzen in den meisten Regionen bei der Entstehung der Landwirtschaft Pate standen, während Wurzeln, Knollen und Melonen nur an wenigen Orten schon früh von Bedeutung waren.

Tabelle 6.1 Bedeutende frühgeschichtliche Anbaupflanzen (Auswahl nach Regionen)

Dennoch fehlen auf unserer Triumphliste viele Wildpflanzen, die trotz wertvoller Früchte bis heute nicht domestiziert werden konnten. Ein bemerkenswertes Beispiel ist die Eiche, deren Früchte ein Grundnahrungsmittel von Indianern in Kalifornien und im Osten der heutigen USA waren und die auch von europäischen Bauern nach Mißernten als Notnahrung verzehrt wurden.

Wegen ihres hohen Stärke- und Ölgehalts stellen sie eine wertvolle Nahrung dar. Wie viele andere Früchte der Natur, die eigentlich eßbar sind, enthalten die meisten Eicheln bittere Tannine; Eichel-Liebhaber lernten jedoch, mit diesen Stoffen in der gleichen Weise umzugehen wie mit den Bitterstoffen in Mandeln und anderen Wildpflanzen: Entweder wurden die Tannine durch Mahlen und Herauslaugen aus den Eicheln entfernt, oder es wurden von vornherein nur die Früchte von gelegentlichen Mutanten mit niedrigem Tanningehalt gesammelt.

Wie kommt es, daß wir bisher an der Domestikation einer so wertvollen Nahrungsquelle wie der Eiche scheiterten? Warum dauerte es so lange, bis Erdbeeren und Himbeeren domestiziert waren? Was ist das Besondere an diesen Pflanzen, das ihre Domestikation für die frühen Bauern, die doch schon so komplizierte Techniken wie die Veredelung von Obstbäumen beherrschten, zu einem schier unmöglichen Unterfangen machte?

Eichen besitzen drei Eigenschaften, die ihre Domestikation vereitelten. Erstens wachsen sie so langsam, daß sie die Geduld der meisten Bauern überstrapazieren würden. Während Weizen schon wenige Monate nach der Aussaat geerntet werden kann und eine Mandel nach dem Einpflanzen drei bis vier Jahre braucht, um einen Baum mit Früchten hervorzubringen, dauert es ein Jahrzehnt oder länger, bis eine Eiche zu tragen beginnt. Zweitens haben sich Eicheln in ihrem Geschmack und ihrer Größe im Laufe der Evolution an Eichhörnchen angepaßt, die ja jeder schon einmal beim emsigen Einbuddeln oder Ausgraben von Eicheln beobachtet hat. Junge Eichbäume wachsen aus Eicheln, die von diesen drolligen Gesellen zuweilen vergessen werden. In Anbetracht der Milliarden von Eichhörnchen, von denen jedes Jahr für Jahr Hunderte von Eicheln an praktisch alle für das Gedeihen neuer Eichbäume geeigneten Stellen verteilt, hatte der Mensch keine Chance, Eichen nach dem Kriterium, ob ihre Früchte *seinem* Geschmack entsprachen, auszulesen. Ähnliche Probleme – langsames Wachstum, flinke Eichhörnchen – erklären vermutlich auch, warum Buchen und Hickorybäume, deren Nüsse bei Europäern und amerikanischen Indianern durchaus beliebt waren, der Domestikation entgingen.

Der dritte und vielleicht wichtigste Unterschied zwischen Mandeln und Eicheln besteht darin, daß die Bitterkeit bei Mandeln von einem einzigen dominanten Gen gesteuert wird, bei Eicheln aber offenbar von einer Vielzahl verschiedener Gene. Wenn in vorgeschichtlicher Zeit Mandeln beziehungsweise Eicheln eines gelegentlichen mutierten Baums, dessen Früchte nicht bitter waren, eingepflanzt wurden, waren nach den Regeln der Vererbungslehre von den Nüssen der Bäume, die daraus wuchsen, im Fall der Mandeln die Hälfte ebenfalls nicht bitter, während bei den Eichen fast alle bitter waren. Das allein hätte schon genügt, um den Enthusiasmus eines angehenden Eichelbauern zu zerstören, der sich womöglich gegen die Eichhörnchen durchgesetzt und Geduld bewahrt hatte.

Bei Erdbeeren und Himbeeren hatten Menschen ähnliche Probleme, sich in der Konkurrenz mit Drosseln und anderen Vögeln, die gern Beeren naschen, zu behaupten. Es mag stimmen, daß in den Gärten der alten Römer wilde Erdbeeren wuchsen. Doch angesichts Milliarden europäischer Drosseln, die an jedem denkbaren Ort (einschließlich römischer Gärten) ihr Geschäft verrichteten und Erdbeersamen ausschieden, blieben Erdbeeren so klein, wie es den Drosseln gefiel, und wurden nicht groß nach dem Geschmack des Menschen. Erst in jüngerer Vergangenheit, als Treibhäuser und dünne Netze zum Schutz von Erdbeerbeeten erfunden waren, konnten wir endlich die Drosseln besiegen und Erdbeeren und Himbeeren nach unseren Vorstellungen züchten.

Wir wissen nun also, daß die Unterschiede zwischen riesigen Supermarkt-Erdbeeren und winzigen Walderdbeeren nur ein Beispiel für die diversen Merkmale sind, in denen sich Kulturpflanzen von ihren wildwachsenden Vorfahren unterscheiden. Den Ausgangspunkt bildete die natürliche Variation unter den Wildpflanzen selbst. Ein Teil dieser Variation, beispielsweise in der Beerengröße oder der Bitterkeit von Nüssen, war für die frühen Bauern leicht bemerkbar. Andere Unterschiede, etwa bei den natürlichen Samenverbreitungsmitteln oder der Keimruhe, konnten ohne moderne botanische Kenntnisse nicht festgestellt werden. Ungeachtet der Frage, ob bei der Selektion eßbarer Wildpflanzen durch frühzeitliche Wanderer bewußte oder unbewußte Kriterien eine

Rolle spielten, vollzog sich die Evolution von Wild- zu Kulturpflanzen zunächst in Form eines unbeabsichtigten Prozesses. Er war das unweigerliche Resultat der *Auswahl*, die wir unter verschiedenen Wildpflanzen trafen, sowie des Konkurrenzkampfs unter den einzelnen Pflanzen in Gärten, in denen andere Bedingungen herrschten als in der Natur.

Aus diesem Grund begann Darwin sein berühmtes Buch »Über die Entstehung der Arten« nicht mit einer Darstellung der natürlichen Selektion, sondern mit einer ausführlichen Erörterung der Frage, wie unsere domestizierten Pflanzen und Tiere durch die Auswahl des Menschen entstanden. Statt über die Vögel der Galapagosinseln zu schreiben, wie man es von Darwin wohl eher erwartet hätte, stellte er eine Erörterung der Art und Weise, wie Bauern verschiedene Stachelbeersorten züchten, an den Anfang seines Buches! Wörtlich heißt es darin:

»In Gartenbaubüchern wird häufig die große Geschicklichkeit der Gärtner gerühmt, die mit dürftigem Material herrliche Erfolge erzielten. Aber ihre Kunst war sehr einfach; zumeist gelangten sie unabsichtlich zu ihren Erfolgen. Die ganze Kunst bestand darin, daß immer wieder der Same der besten Varietät ausgesät wurde; sobald sich später zufällig eine noch bessere Varietät zeigte, wurde dann diese wieder auserlesen usw.« Diese Grundsätze der Pflanzenzucht durch künstliche Selektion stellen immer noch das verständlichste Modell für die Entstehung der Arten durch natürliche Selektion dar.

KAPITEL 7

Äpfel oder Indianer

Warum es den Bewohnern mancher Regionen nicht gelang, Pflanzen zu domestizieren

Wir haben gerade erfahren, wie die Völker einiger Regionen begannen, Wildpflanzen zu kultivieren, und damit einen Schritt mit ebenso schwerwiegenden wie unabsehbaren Folgen für ihr Leben und den Platz ihrer Nachkommen in der Geschichte taten. Kehren wir nun zurück zu der Frage, warum die Landwirtschaft in einigen fruchtbaren, höchst geeigneten Regionen wie Kalifornien, Europa, Teilen Australiens mit gemäßigtem Klima und Afrika südlich des Äquators nicht unabhängig entstand, und weiter, warum sie in einigen der unabhängigen Entstehungszentren sehr viel früher in Erscheinung trat als in anderen.

Als Antwort bieten sich zwei gegensätzliche Erklärungen an: Schuld war entweder die örtliche Bevölkerung oder das örtliche Angebot an Wildpflanzen. Die eine Erklärung geht davon aus, daß in allen ausreichend bewässerten Gebieten der gemäßigten oder tropischen Breiten eine genügend große Zahl von Wildpflanzen, die sich zur Domestikation eignen, vorhanden sind. In diesem Fall wäre die Erklärung für die Nichtentstehung der Landwirtschaft in einigen dieser Gebiete in kulturellen Eigenschaften ihrer Bewohner zu suchen. Die andere Erklärung unterstellt, daß in jeder der großen Weltregionen wenigstens einige Menschen die Experimentierfreudigkeit besessen hätten, die zur Domestikation führte. Nur ein Fehlen geeigneter Pflanzenarten könnte dann erklären, warum die Landwirtschaft in einigen Gebieten nicht auf den Plan trat.

Wie ich im nächsten Kapitel zeigen werde, ist das entsprechende Problem im Fall der Domestikation großer Säugetiere sehr viel einfacher zu lösen, was an der sehr geringen Zahl von Säugetier- im Vergleich zu Pflanzenarten liegt. Auf der ganzen Welt gibt es nämlich nur etwa 148 Arten großer, wildlebender Landsäugetiere, die als Domestikationskandidaten prinzipiell in Betracht kommen. Die Eignung einzelner Arten hängt von einer recht begrenzten Zahl von Faktoren ab. Deshalb kann für eine bestimmte Region ohne weiteres geprüft werden, ob die Nichtdomestikation dortiger Kandidaten womöglich auf das Fehlen geeigneter Arten anstatt auf irgendwelche Besonderheiten der örtlichen Vertreter der Spezies Mensch zurückzuführen ist.

Ein solches Vorgehen würde bei Pflanzen schon an der riesigen Artenzahl scheitern, gibt es doch nicht weniger als 200000 Arten von Blütenpflanzen, also jener in der Vegetation überwiegenden Gewächse, von denen die meisten unserer Kulturpflanzen abstammen. Es wäre ein aussichtsloses Unterfangen, alle Wildpflanzen selbst eines so begrenzten Gebiets wie Kalifornien untersuchen zu wollen, um zu beurteilen, wie viele von ihnen domestizierbar gewesen wären. Wir werden aber gleich sehen, wie sich dieses Problem umgehen läßt.

Angesichts der gewaltigen Zahl von Blütenpflanzen könnte einem zunächst der Gedanke kommen, daß bei solcher Überfülle jede Region mit einigermaßen mildem Klima mehr als genügend Arten aufweisen müßte, um daraus eine Vielzahl von Kulturgewächsen zu züchten.

Man darf aber nicht vergessen, daß die allermeisten Wildpflanzen aus offenkundigen Gründen als Nahrung nicht in Betracht kommen: Sie sind holzig, tragen keine eßbaren Früchte, und ihre Blätter und Wurzeln sind ebenfalls nicht genießbar. Von den rund 200000 Wildpflanzenarten stehen nur wenige Tausend auf dem Speiseplan des Menschen, und nur einige Hundert davon wurden mehr oder weniger domestiziert. Selbst von dieser relativ kleinen Zahl von Kulturpflanzen tragen die meisten nur unwesentlich zu unserer Ernährung bei und hätten allein kein ausreichendes Fundament für die Errichtung von Zivilisationen abgegeben. Über 80 Prozent der pflanzlichen Nahrung, die heute jährlich erzeugt wird, entfällt auf ein bloßes Dutzend Arten. Dazu zählen Weizen, Mais, Reis, Gerste und Sorghum (Getreide), Sojabohnen (Hülsenfrüchte), Kartoffeln, Maniok und Süßkartoffeln (Wurzelknollen),

Zuckerrohr, Zuckerrüben (Zuckerpflanzen) und Bananen (Obst). Über die Hälfte des Kalorienverbrauchs der Weltbevölkerung wird heute allein durch Getreide gedeckt. In Anbetracht einer so geringen Zahl bedeutender Kulturpflanzen, die ausnahmslos schon vor Jahrtausenden domestiziert wurden, mag es nicht mehr ganz so überraschen, daß in vielen Regionen der Welt keine Wildpflanzen mit derart überragendem Potential als Nahrungspflanzen heimisch waren. Daß in der Neuzeit keine einzige bedeutende Anbaupflanze domestiziert wurde, legt den Schluß nahe, daß in vorgeschichtlicher Zeit schon praktisch sämtliche für den Menschen nützlichen Wildpflanzen erkundet und domestiziert wurden, sofern das eben möglich und lohnend war.

Dennoch gibt es einige Fälle, in denen schwer zu erklären ist, warum bestimmte Wildpflanzen nicht domestiziert wurden. Am auffälligsten sind jene, wo bestimmte Pflanzen in einem Gebiet domestiziert wurden, in einem anderen jedoch nicht. In diesen Fällen steht außer Zweifel, daß es möglich war, aus den betreffenden Wildpflanzen nützliche Anbaugewächse zu züchten, so daß wir fragen müssen, warum die Domestikation in manchen Gebieten nicht stattfand.

Ein solches Rätsel gibt uns Afrika auf. Sorghum, eine wichtige Getreidepflanze, wurde in der Sahelzone südlich der Sahara domestiziert. Die Wildform kommt auch weiter südlich vor und ist selbst im südlichen Afrika heimisch, wo jedoch weder Sorghum noch irgendeine andere Pflanze kultiviert wurde, bis vor 2000 Jahren die Bantu-Bauern aus den Gebieten nördlich des Äquators ihr komplettes Bündel von Anbaupflanzen mitbrachten. Warum, so fragt man sich, kamen die Völker des südlichen Afrika nicht von selbst auf die Idee, Sorghum zu domestizieren?

Nicht minder rätselhaft ist das Ausbleiben der Domestikation von Flachs in seinem natürlichen Verbreitungsgebiet in Westeuropa und Nordafrika oder von Einkornweizen in seinem Verbreitungsgebiet im südlichen Balkan. Da beide Pflanzen unter den ersten acht Kulturpflanzen des Fruchtbaren Halbmonds waren, zählten sie vermutlich zu den besonders leicht domestizierbaren Wildpflanzen. Außerhalb Vorderasiens wurden sie als Anbaupflanzen erst übernommen, als sie zusammen mit dem gesamten Ensemble landwirtschaftlicher Techniken aus Vorderasien eintrafen. Warum hatten die Völker dieser Regionen mit ihrem Anbau nicht schon früher aus eigenem Antrieb begonnen?

Ein ähnliches Beispiel betrifft die vier ältesten domestizierten Obstgewächse Vorderasiens, deren natürliche Verbreitungsgebiete weit über den östlichen Mittelmeerraum, wo sie dem Anschein nach zuerst domestiziert wurden, hinausreichten: Oliven, Weinbeeren und Feigen waren auch in Italien, Spanien und Nordwestafrika heimisch, während die Dattelpalme in ganz Nordafrika und Arabien wuchs. Diese vier zählten offensichtlich zu den am leichtesten domestizierbaren Fruchtbäumen. Warum wurden sie außerhalb Vorderasiens nicht ebenfalls domestiziert, sondern erst angebaut, nachdem sie im östlichen Mittelmeerraum domestiziert und von dort als fertige Kulturgewächse importiert worden waren?

Weitere krasse Beispiele sind Wildpflanzen, die in Gebieten, in denen sich die Landwirtschaft nicht von selbst entwickelte, nie domestiziert wurden, obwohl aus engen Verwandten dieser Arten anderswo erfolgreich Kulturpflanzen gezüchtet wurden. So wurde beispielsweise im östlichen Mittelmeerraum die Olivenart *Olea europea* domestiziert. Im tropischen und südlichen Afrika, in Südasien und Ostaustralien kommen etwa 40 andere Olivenarten vor, die zum Teil eng mit der *Olea europea* verwandt sind, von denen jedoch keine einzige jemals domestiziert wurde. Ein ähnliches Beispiel handelt von Äpfeln und Weinbeeren. In Eurasien wurde je eine Apfel- und eine Weinbeerenart domestiziert. Zahlreiche verwandte Apfel- und Weinbeerenarten kommen in Nordamerika vor, und einige von ihnen wurden auch in jüngerer Vergangenheit mit ihren domestizierten eurasischen Pendants gekreuzt, um wertvollere Sorten zu gewinnen. Warum aber hatten die nordamerikanischen Indianer diese doch offenbar nützlichen Gewächse nicht selbst domestiziert?

Die Reihe derartiger Beispiele ließe sich endlos fortsetzen. Die Sache hat aber einen entscheidenden Haken: Man darf sich die Pflanzendomestikation nicht so vorstellen, daß Jäger und Sammler eine einzige Pflanze domestizierten und ansonsten ihr Nomadenleben fortsetzten. Nehmen wir einmal an, aus den nordamerikanischen Wildäpfeln wäre eine erstklassige Kulturpflanze geworden, wenn die örtlichen Jäger und Sammler seßhaft geworden wären und Apfelbäume kultiviert hätten. Aber nomadische Jäger und Sammler hätten ihre bisherige Lebensweise wohl kaum aufgegeben, um sich in Dörfern niederzulassen und Apfelgärten zu bestellen, wenn nicht eine ganze Reihe weiterer domestizierbarer Wildpflanzen und -tiere verfügbar gewesen wären. Erst dann hätte eine seßhafte bäuerliche Lebensweise womöglich Vorteile gegenüber der Jagd- und Sammelwirtschaft gehabt.

Kurzum, wie beurteilt man das Domestikationspotential der gesamten Flora einer Region? Im Fall der Indianer, die keine Äpfel domestizierten, lautet die Frage: Lag das Problem bei ihnen oder vielmehr bei den Äpfeln?

Um dieser Frage nachzugehen, wollen wir nun drei Regionen vergleichen, die unter den Zentren unabhängiger Domestikation geographisch am weitesten auseinanderliegen. Wie wir sahen, war eine von ihnen, der Bereich des Fruchtbaren Halbmonds, wahrscheinlich das früheste Zentrum der Landwirtschaft und Ursprungsort einiger der wichtigsten Anbaupflanzen der Gegenwart sowie fast sämtlicher wichtiger Haustiere. In Neuguinea und im Osten der heutigen USA, den beiden anderen Regionen, wurden zwar örtlich vorkommende Pflanzen domestiziert, doch ihre Zahl war sehr gering, und nur eine von ihnen erlangte weltweite Bedeutung, so daß das daraus geschnürte Nahrungspaket nicht als Grundlage einer umfassenden technischen und politischen Entwicklung wie in Vorderasien taugte. Im Licht dieses Vergleichs werden wir fragen, ob Pflanzenwelt und Umwelt in Vorderasien eindeutige Vorteile gegenüber Neuguinea und dem Osten der USA besaßen.

Einer der zentralen Tatbestände der Menschheitsgeschichte ist die frühe Bedeutung eines Teils Vorderasiens, der wegen des sichelförmigen Verlaufs seiner Gebirgszüge den Namen »Fruchtbarer Halbmond« trägt (Abbildung 7.1). Diese Region war offenbar die älteste Stätte einer ganzen Kette von Entwicklungen; so entstanden dort Städte, die Schrift, Reiche und das, was wir (im negativen oder positiven Sinne) »Zivilisation« nennen. Voraussetzung all dieser Ent-

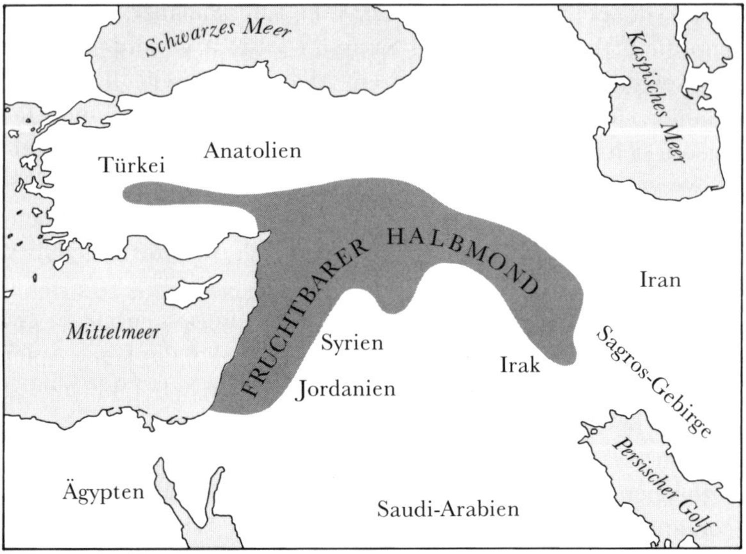

Abbildung 7.1 Fruchtbarer Halbmond – der Teil Vorderasiens, in dem in verschiedenen Gebieten schon vor 7000 v. Chr. Landwirtschaft betrieben wurde.

wicklungen waren große Siedlungsdichte, die Erwirtschaftung und Speicherung von Nahrungsüberschüssen und das »Durchfüttern« von nicht in der Landwirtschaft tätigen Spezialisten, ermöglicht durch das Aufkommen von Ackerbau und Viehzucht. Die Landwirtschaft war die erste dieser bedeutenden Neuerungen in Vorderasien. Deshalb muß jeder Versuch, die Ursprünge der modernen Welt zu verstehen, auch Antwort auf die Frage geben, warum die in Vorderasien domestizierten Pflanzen und Tiere dieser Region zu einem so gewaltigen Entwicklungsvorsprung verhalfen.

Glücklicherweise ist die Entstehung der Landwirtschaft im Bereich des Fruchtbaren Halbmonds unter allen Regionen der Erde mit Abstand am gründlichsten untersucht worden. Für die meisten Anbaupflanzen, die dort oder in benachbarten Gebieten domestiziert wurden, konnten die wildwachsenden Vorfahren ermittelt werden; ihre enge Verwandtschaft wurde durch genetische Untersuchungen nachgewiesen; ihr natürliches Verbreitungsgebiet ist bekannt; ihre Veränderungen im Zuge der Domestikation wurden bestimmt und konnten oft einzelnen Genen zugeordnet werden; die Veränderungen sind in übereinanderliegenden Schichten von Ausgrabungsstätten zu beobachten; und schließlich sind auch in etwa Ort und Zeitpunkt der Domestikation bekannt. Ich will nicht abstreiten, daß andere Gebiete, vor allem China, ebenfalls Vorteile als Stätte früher Domestikation besaßen. Am detailliertesten belegt sind diese Vorteile und die aus ihnen resultierende Entstehung von Anbaupflanzen jedoch für Vorderasien.

Einer der Vorteile des Fruchtbaren Halbmonds ist seine Lage inmitten einer mediterranen Klimazone, sprich einem Gebiet mit milden, feuchten Wintern und langen, heißen, trockenen Sommern. Unter solchen klimatischen Bedingungen gedeihen vor allem Pflanzen, die in der Lage sind, die lange Trockenzeit zu überdauern und bei Wiederkehr des Regens schnell aus der Erde zu sprießen. Viele Pflanzen Vorderasiens, insbesondere Gräser und Hülsenfrüchte, paßten sich an diese Bedingungen in einer für den Menschen nützlichen Weise an: Es waren einjährige Pflanzen, die in der Trockenzeit austrocknen und absterben.

Innerhalb ihrer auf ein Jahr beschränkten Lebensspanne bleiben einjährige Pflanzen zwangsläufig kleinwüchsig. Viele investieren ihre Energie statt in hochschießendes Wachstum in die Ausbildung großer Samenkörner, die während der Trockenzeit im Ruhezustand verharren und bei einsetzendem Regen zu sprießen beginnen. Einjährige Pflanzen verwenden mithin, anders als Bäume und Büsche, wenig Energie auf die Erzeugung von Holz und faserigen Stengeln. Dagegen sind viele der großen Samenkörner, insbesondere von einjährigen Getreidearten und Hülsenfrüchten, für Menschen genießbar. Sie stellen sechs der zwölf wichtigsten Anbaupflanzen der Gegenwart dar. Wer indes in waldreicher Umgebung lebt, wird beim Blick aus dem Fenster bemerken, daß die meisten Pflanzenarten vor seinen Augen Bäume und Sträucher sind, die nur einen geringen Teil ihrer Energie in eßbare Samen umwandeln. Zwar gibt es in Gebieten mit feuchtem Klima durchaus Bäume, die große, eßbare Samen hervorbringen, doch diese besitzen nicht die nötige Anpassung, um lange Trockenzeiten unbeschadet zu überstehen, und sind deshalb auch für eine längere Aufbewahrung durch den Menschen ungeeignet.

Ein zweiter Vorteil, den die Flora Vorderasiens gegenüber anderen Regionen besaß, lag darin, daß die wildwachsenden Vorfahren vieler dortiger Kulturpflanzen bereits weit verbreitet und sehr ertragreich waren, so daß ihr Nutzen den örtlichen Sammlern kaum verborgen bleiben konnte. In experimentellen Studien, bei denen Botaniker etwa so, wie es Sammler vor über 10000 Jahren getan haben mögen, Samen von natürlichem Wildgetreide ernteten, konnte gezeigt werden, daß jährliche Erträge von bis zu einer Tonne Samen pro Hektar möglich sind – das entspricht 50 Kilokalorien Nahrungsenergie bei einem Energieeinsatz von nur einer Kilokalorie. Indem sie große Mengen Wildgetreide innerhalb eines kurzen Zeitraums nach der Samenreife ernteten und anschließend als Nahrungsreserve für den Rest des Jahres lagerten, wurden einige Jäger- und Sammlervölker Vorderasiens schon zu seßhaften Dorfbewohnern, noch bevor sie damit begannen, selbst Pflanzen zu kultivieren.

Da die Getreidearten Vorderasiens schon in ihren Wildformen ertragreich waren, bedurfte es zu ihrer Domestikation nur geringfügiger Veränderungen. Wie im vorigen Kapitel erörtert, stellten sich die wichtigsten davon – der Verlust der natürlichen Samenverbreitungsmittel und des Keimverzugs – automatisch und binnen kurzer Zeit ein, nachdem Menschen damit begonnen hatten, die Samen auf Feldern zu säen. Die wildwachsenden Vorfahren von Weizen und Gerste sehen unseren heutigen Getreidesorten so ähnlich, daß nie Zweifel hinsichtlich der Abstammung aufkamen. Da ihre Domestikation so einfach war, befanden sich großsamige einjährige Pflanzen unter den ersten Anbaugewächsen, die nicht nur in Vorderasien, sondern auch in China und in der Sahelzone Bedeutung erlangten.

Man vergleiche einmal diese rasche Evolution von Weizen und Gerste mit dem Aufstieg von Mais, der wichtigsten Getreidepflanze der Neuen Welt. Der vermutete Maisvorfahr, eine Wildpflanze namens Teosinte, unterscheidet sich in Samen und Blütenbau so sehr von Mais, daß unter Botanikern lange umstritten war, ob Mais überhaupt von Teosinte abstammt. Der Wert dieser Pflanze als Nahrungslieferant dürfte Jäger und Sammler kaum sonderlich beeindruckt haben: Sie war in freier Natur nicht halb so ertragreich wie Wildweizen, produzierte viel weniger Samenkörner als der spätere Mais, und ihre Samen waren in harten, ungenießbaren Schalen verborgen. Damit aus Teosinte ein nützliches Anbaugewächs werden konnte, mußte sich ihre Reproduktionsbiologie grundlegend ändern, ihre Samen mußten viel größer werden, und die harten Schalen um die Körner mußten verschwinden. Unter Archäologen wird immer noch lebhaft darüber debattiert, wie viele Jahrhunderte oder sogar Jahrtausende wohl vergingen, bis die anfangs winzigen Maiskolben auch nur daumengroß waren. Klar erscheint indessen, daß es weitere Jahrtausende dauerte, bis Maiskolben von heutiger Größe geerntet werden konnten. Diese Diskrepanz zwischen den natürlichen Vorzügen von Weizen und Gerste und den Schwierigkeiten bei der Domestikation von Teosinte waren womöglich von entscheidender Bedeutung für die unterschiedliche Entwicklung der Gesellschaften in Eurasien und der Neuen Welt.

Ein dritter Vorteil der Pflanzenwelt Vorderasiens besteht darin, daß sie einen hohen Prozentsatz zwittriger Selbstbestäuber aufweist, das heißt von Pflanzen, die sich normalerweise selbst befruchten, wobei gelegentliche Kreuzbefruchtungen möglich sind. Wie schon erwähnt, sind die meisten Wildpflanzen entweder regelmäßig kreuzbefruchtete Zwitter oder sie treten in getrennter männlicher und weiblicher Form auf und sind auf gegenseitige Bestäubung angewiesen. Diese Fakten der Reproduktionsbiologie stellten frühzeitliche Bauern vor große Probleme, da immer dann, wenn sie einen ertragreichen Mutanten entdeckt hatten, dessen Nachkommen die geerbten Vorzüge durch Kreuzung mit anderen Pflanzen wieder verloren. Nicht zuletzt war dies der Grund, warum die meisten Kulturpflanzen zu dem geringen Prozentsatz von Wildpflanzen gehören, die entweder selbstbestäubende Zwitter sind oder sich durch ungeschlechtliche Fortpflanzung vermehren (z.B. durch Bildung genetischer Doppelgänger aus den Wurzeln einer Mutterpflanze). Der hohe Anteil zwittriger Selbstbestäuber an der Pflanzenwelt Vorderasiens stellte deshalb einen Vorteil für frühe Bauern dar, bedeutete er doch, daß ein hoher Prozentsatz der Wildpflanzen eine für den Menschen günstige Reproduktionsbiologie besaß.

Ein weiterer Vorteil von Selbstbestäubern lag darin, daß es bei ihnen von Zeit zu Zeit zu Kreuzbefruchtungen kam, wobei neue Sorten entstanden, unter denen dann ausgewählt werden konnte. Die gelegentlichen Kreuzbefruchtungen beschränkten sich nicht auf Pflanzen der gleichen Art, sondern bezogen auch verwandte Arten mit ein. Eine solche Artenkreuzung unter den Selbstbestäubern Vorderasiens brachte zum Beispiel den Brotweizen hervor, eine der wertvollsten Anbaupflanzen der Gegenwart.

Die ersten acht bedeutenden Anbaupflanzen, die in Vorderasien domestiziert wurden, waren ausnahmslos Selbstbestäuber. Von den drei Getreidearten darunter – Einkornweizen, Emmerweizen und Gerste – besaßen die beiden Weizensorten den zusätzlichen Vorteil eines hohen Eiweißgehalts (8–14 Prozent). Demgegenüber hatten die bedeutendsten Getreidepflanzen Ostasiens und der Neuen Welt – Reis und Mais – den Nachteil eines geringeren Eiweißgehalts.

Damit sind einige der Vorteile genannt, die Vorderasiens Pflanzenwelt für die ersten Bauern bereithielt: Sie wies einen ungewöhnlich hohen Anteil von Wildpflanzen auf, die sich zur Domestikation eigneten. Die mediterrane Klimazone, in der Vorderasien liegt, erstreckt sich jedoch nach Westen über einen großen Teil Europas und den Nordwesten Afrikas. Überdies weisen vier andere Regionen der Welt ebenfalls Zonen mit mediterranem Klima auf: Kalifornien, Chile, Südwestaustralien und Südafrika (Abbildung 7.2). Diese anderen Regionen waren aber nicht nur keine frühen Stätten der Landwirtschaft, sondern zählten überhaupt nicht zu den Orten, an denen sie unabhängig entstand. Was unterschied jene mediterrane Klimazone im Westen Eurasiens von allen anderen?

Wie sich herausstellt, hatte sie, und insbesondere ihr vorderasiatischer Teil, mindestens fünf Vorteile gegenüber anderen mediterranen Klimazonen. Erstens besitzt das westliche Eurasien bei weitem die größte Zone mit mediterranem Klima und weist deshalb eine viel größere pflanzliche und tierische Artenvielfalt auf als die vergleichsweise winzigen mediterranen Klimazonen Südwestaustraliens und Chiles. Zweitens sind die Klimaverhältnisse in Vorderasien von allen mediterranen Klimazonen am extremsten,

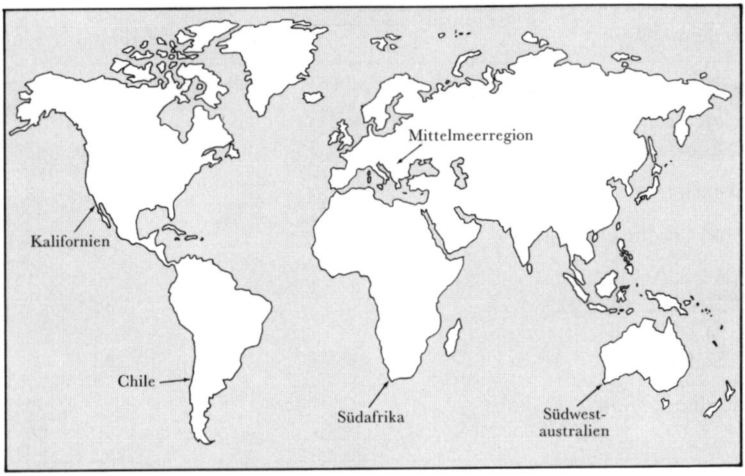

Abbildung 7.2 Die mediterranen Klimazonen der Welt

mit starken Schwankungen zwischen den Jahreszeiten, aber auch von Jahr zu Jahr. Diese Schwankungen begünstigten die Evolution einjähriger Pflanzen, deren Anteil in diesem Raum besonders hoch ist. Die Kombination dieser ersten beiden Faktoren – große Artenvielfalt plus hohem Anteil einjähriger Pflanzen – führte dazu, daß die mediterrane Klimazone im westlichen Eurasien von allen Regionen der Welt mit Abstand die größte Vielfalt einjähriger Pflanzen aufweist.

Die Bedeutung dieser reichen botanischen Ausstattung für den Menschen wird durch die Untersuchungen des Geographen Mark Blumler über die Verbreitung von Wildgräsern veranschaulicht. Unter den Tausenden von Wildgräsern, die auf der Welt vorkommen, ermittelte Blumler die »Crème de la crème«, sprich die 56 Arten mit den größten Samen (mindestens zehnmal schwerer als der Durchschnitt aller Gräser), und faßte sie übersichtlich zusammen (siehe Tabelle 7.3). Wie sich zeigte, sind fast alle in mediterranen Klimazonen oder anderen Regionen mit periodischen Trockenzeiten heimisch. Außerdem ergab sich eine überwältigende Häufung im Bereich des Fruchtbaren Halbmonds und in anderen Teilen der mediterranen Klimazone des westlichen Eurasien, so daß angehende Bauern dort eine riesige Auswahl unter etwa 32 der 56 groß-

Region		Zahl der Arten
Westliches Asien, Europa, Nordafrika		33
mediterrane Zone	32	
England	1	
Ostasien		6
Afrika südlich der Sahara		4
Amerika		11
Nordamerika	4	
Mesoamerika	5	
Südamerika	2	
Nordaustralien		2
Gesamt:		56

Mark Blumler führt in seiner Doktorarbeit mit dem Titel »Seed Weight and Environment in Mediterranean-type Grasslands in California and Israel« (*University of California,* Berkeley, 1992) in Tabelle 12.1 die 56 Wildgräser mit den schwersten Samenkörnern (Bambus nicht mitgerechnet) auf, für die Daten vorlagen. Das Gewicht der Körner reichte bei den untersuchten Arten von 10 mg bis über 40 mg – das entspricht etwa dem Zehnfachen des mittleren Gewichts der Samenkörner aller Grasarten der Welt. Jene 56 Arten stellen weniger als ein Prozent aller Grasarten dar. Die obige Tabelle zeigt, daß sich diese »Supergräser« stark auf die mediterrane Zone des westlichen Eurasien konzentrieren.

Tabelle 7.1 Verbreitung großsamiger Gräser auf der Welt

samigsten Wildgräser vorfanden! Zu erwähnen sind insbesondere Gerste und Emmerweizen, die beiden ältesten bedeutenden Kulturpflanzen Vorderasiens, die unter den 56 führenden Gräsern die Plätze 3 und 15 einnehmen. Demgegenüber fanden sich in der mediterranen Klimazone Chiles nur zwei dieser Arten, in Kalifornien und im südlichen Afrika nur jeweils eine und in Südwestaustralien überhaupt keine. Diese Tatsache allein ist schon von großer Tragweite für den Lauf der Geschichte.

Ein dritter Vorteil der mediterranen Klimazone in Vorderasien besteht in ihrer vielfältigen Topographie und den vielen verschiedenen Höhenlagen in geringer Entfernung voneinander. Das Spektrum reicht vom Toten Meer, dem niedrigsten Punkt der Erde, bis zu den über 5000 Meter hohen Berggipfeln unweit Teherans, mit der Folge, daß innerhalb kurzer Distanzen sehr unterschiedliche Umweltbedingungen herrschen, was wiederum zu einer großen Vielfalt von Wildpflanzen, den potentiellen Vorfahren unserer Kulturpflanzen, beitrug. Nicht weit von jenen steilen Berghängen liegen sanfte Flachlandzonen mit Flüssen, Überschwemmungsebenen und Wüsten, die durch Bewässerung fruchtbar gemacht werden konnten. Im Gegensatz hierzu herrscht in den mediterranen Klimazonen vor allem Südwestaustraliens, aber auch Südafrikas und Westeuropas weniger Abwechslungsreichtum in puncto Höhenlagen, Lebensräume und topographische Gegebenheiten.

Eine Folge der vielfältigen Höhenlagen im Bereich des Fruchtbaren Halbmonds waren gestaffelte Erntezeiten: Die Samen von Pflanzen, die in höheren Lagen wuchsen, wurden etwas später reif als die in tieferen Lagen. Sammler konnten deshalb bequem bergan ziehen und in jeder Höhenlage die gerade reif gewordenen Getreidekörner ernten, statt sich einem Meer von Gräsern mit gleichzeitig reifenden Körnern gegenüberzusehen, die gar nicht auf einmal zu bewältigen waren. Der Übergang zum Getreideanbau war dann gar nicht mehr so ein großer Schritt. Die ersten Ackerbauern brauchten bloß die Samen von Wildgetreide zu ernten, das an Berghängen wuchs, wo es auf unberechenbare Regenfälle angewiesen war, und diese dann in den feuchten Tälern auszusäen, damit sie dort, bei verringerter Abhängigkeit von Regenfällen, unter Aufsicht gedeihen konnten.

Mit der biologischen Vielfalt Vorderasiens auf engem Raum hängt auch ein vierter Vorteil zusammen: der Reichtum dieser Region nicht nur an Vorfahren wertvoller Kulturpflanzen, sondern auch an Vorfahren domestizierter Säugetiere. Wie wir sehen werden, kamen in den mediterranen Klimazonen Kaliforniens, Chiles, Südwestaustraliens und Südafrikas nur wenige oder gar keine Säugetierarten vor, die zur Domestikation geeignet waren. Demgegenüber wurden in Vorderasien vier Arten – Ziege, Schaf, Schwein und Rind – schon sehr früh domestiziert, vielleicht früher als irgendein anderes Tier an irgendeinem Ort der Welt (mit Ausnahme des Hundes). Diese vier Arten zählen noch heute zu den fünf wichtigsten Haustierarten (Kapitel 8). Ihre hauptsächlichen Verbreitungsgebiete lagen jedoch in verschiedenen Bereichen des Fruchtbaren Halbmonds, was dazu führte, daß sie auch an verschiedenen Orten domestiziert wurden: das Schaf wahrscheinlich im inneren Teil, die Ziege entweder in höhergelegenen Gebieten des östlichen Teils (iranisches Sagros-Gebirge) oder im Südwesten (Levante), das Schwein im nördlichen inneren Teil und das Rind im westlichen Teil einschließlich Anatoliens. Doch obwohl die Verbreitungsgebiete dieser vier ursprünglichen Vorfahren unserer Haustiere nicht identisch waren, lagen sie doch dicht genug beieinander, um nach erfolgter Domestikation einen Austausch zu ermöglichen, so daß am Ende alle vier Arten in der ganzen Region anzutreffen waren.

Der Aufstieg der Landwirtschaft in Vorderasien wurde durch die Domestikation von acht Anbaugewächsen ausgelöst, die wir als »Gründerpflanzen« bezeichnen (da sie die Landwirtschaft in der Region und vielleicht auf der ganzen Welt begründeten). Zu diesen acht Pflanzen zählten drei Getreidearten (Emmerweizen, Einkornweizen, Gerste), vier Hülsenfrüchte (Linse, Erbse, Kichererbse, Linsenwicke) und eine Faserpflanze (Flachs). Nur zwei der acht Gründerpflanzen, Flachs und Gerste, kommen in größerem Umfang auch außerhalb des Fruchtbaren Halbmonds und Anatoliens vor. Zwei weitere hatten ein sehr kleines natürliches Verbreitungsgebiet: Kichererbsen wuchsen nur im Südosten der Türkei und Emmerweizen nur im eigentlichen Gebiet des Fruchtbaren Halbmonds. Die entstehende Landwirtschaft konnte sich also auf die Domestikation heimischer Wildpflanzen stützen und war nicht auf den »Import« von Kulturpflanzen angewiesen. Außerdem konnten zwei der acht Gründerpflanzen nirgendwo anders domestiziert werden, da sie außer in Vorderasien nirgendwo auf der Welt heimisch waren.

Die Existenz geeigneter Wildtiere und -pflanzen versetzte die frühen Bewohner Vorderasiens in die Lage, innerhalb kurzer Zeit ein vielversprechendes und ausgewogenes Bio-Paket zu schnüren, das eine intensive Landwirtschaft ermöglichte. Es bestand aus drei Getreidearten als Hauptlieferanten von Kohlehydraten, vier Arten von Hülsenfrüchten mit 20–25 Prozent Eiweißgehalt und vier Haustierarten als Hauptlieferanten von Eiweiß, ergänzt durch den hohen Eiweißgehalt des Weizens, und Flachs als Faser- und Öllieferant (Leinsamen, wie die Flachssaat genannt wird, bestehen zu

40 Prozent aus Öl). Einige Tausend Jahre später wurden Tiere auch zur Gewinnung von Milch und Wolle, zum Pflügen von Feldern und als Transportmittel genutzt. Damit deckten die Anbaupflanzen und Tiere der ersten bäuerlichen Kulturen Vorderasiens schließlich die gesamten wirtschaftlichen Grundbedürfnisse des Menschen nach Kohlehydraten, Eiweiß, Fett, Kleidung, Zugkraft und Fortbewegungsmitteln.

Ein letzter Vorteil der frühen Landwirtschaft im Bereich des Fruchtbaren Halbmonds bestand darin, daß die Jagd- und Sammelwirtschaft dort möglicherweise weniger konkurrenzfähig war als in manchen anderen Regionen, so auch des westlichen Mittelmeerraums. Vorderasien hat nur wenige große Flüsse, und auch die Küste ist verhältnismäßig kurz, so daß die Möglichkeit, den Speiseplan mit Fischen und Schalentieren anzureichern, eher gering war. Eine wichtige Säugetierart, die wegen ihres Fleischs gejagt wurde, die Gazelle, kam ursprünglich in riesigen Herden vor, wurde aber parallel zum Anwachsen der menschlichen Bevölkerung stark dezimiert, bis nur noch ein kleiner Restbestand übrig war. So dauerte es nicht lange, bis die Landwirtschaft der Jagd- und Sammelwirtschaft überlegen war. Feste Dorfsiedlungen existierten zudem schon vor dem Aufkommen von Ackerbau und Viehzucht, so daß der Übergang zur Landwirtschaft für die Jäger und Sammler der Region naheliegender war als anderswo. In Vorderasien vollzog sich der Übergang innerhalb einer relativ kurzen Zeitspanne: Wurden noch um 9000 v. Chr. weder Pflanzen angebaut noch Haustiere gehalten, so waren einige Gesellschaften schon um 6000 v. Chr. vollständig auf domestizierte Pflanzen und Tiere angewiesen.

Ganz anders war die Situation in Mesoamerika: Dort gab es nur zwei domestizierbare Tiere (Truthahn und Hund), die obendrein sehr viel bescheidenere Fleischlieferanten waren als Rinder, Schafe, Ziegen und Schweine, und die wichtigste Getreideart, Mais, ließ sich, wie schon erwähnt, schwer domestizieren und womöglich auch nur sehr langsam durch Züchtung verändern. All dies führte dazu, daß die Domestikation in Mesoamerika wahrscheinlich erst um 3500 v. Chr. begann (der genaue Zeitpunkt ist noch umstritten); feste Dorfsiedlungen entstanden sogar erst um 1500 v. Chr.

Bei der gesamten bisherigen Erörterung der Vorzüge, die Vorderasien im Hinblick auf die frühe Entstehung der Landwirtschaft besaß, mußten wir kein einziges Mal irgendwelche vermeintlichen Vorzüge der Bewohner dieser Region ins Feld führen. Mir ist auch niemand bekannt, der ernsthaft behaupten würde, daß die Völker Vorderasiens bestimmte biologische Eigenschaften besaßen, die zum Erfolg ihres Bündels von Anbaupflanzen und Haustieren beigetragen haben könnten. Vielmehr haben wir gesehen, daß zahlreiche Einzelmerkmale des Klimas, der Umwelt, der Pflanzen- und Tierwelt Vorderasiens zusammen eine überzeugende Erklärung liefern.

Da die Kombinationen aus Kulturpflanzen und Haustieren, die sich in Neuguinea und im Osten der USA entwickelten, bei weitem nicht so effektiv waren wie in Vorderasien, könnte man vielleicht auf die Idee kommen, daß die dortigen Völker die Schuld daran trugen. Bevor wir uns näher mit den beiden Regionen beschäftigen, müssen wir uns mit zwei Fragen auseinandersetzen, die sich für alle Gebiete der Welt stellen, in denen die Landwirtschaft entweder gar nicht unabhängig entstand oder wo weniger hochkarätige Bündel aus Anbaupflanzen und Haustieren geschnürt wurden. Die erste Frage lautet, ob Jäger und Sammler und angehende Bauern alle örtlichen Wildpflanzen und ihre mögliche Verwendung wirklich gut kennen oder ob sie potentielle Vorfahren wertvoller Anbaupflanzen übersehen haben könnten. Falls ersteres zuträfe, würde die zweite Frage lauten, ob sie ihr Wissen auch tatsächlich zur Domestikation der nützlichsten Arten einsetzen oder ob kulturelle Faktoren sie daran hindern.

Was die erste Frage betrifft, widmet sich eine ganze Wissenschaftsdisziplin, die Ethnobiologie, der Erforschung der Wissensbestände verschiedener Völker über die Flora und Fauna ihrer jeweiligen Umgebung. Schwerpunkt dieser Studien sind und waren in erster Linie die wenigen überlebenden Jäger- und Sammlervölker der Erde sowie bäuerliche Gesellschaften, in denen Nahrung aus der Natur noch immer eine wichtige Rolle spielt. Die Untersuchungen kommen übereinstimmend zu dem Ergebnis, daß die Angehörigen dieser Völker geradezu wandelnde biologische Lexika sind, mit Namen (in der jeweiligen Sprache) für bis zu tausend oder mehr Pflanzen- und Tierarten und präzisem Wissen über die biologischen Merkmale jeder Art, ihre Verbreitung und möglichen Verwendungszwecke. Nimmt im Laufe der Geschichte die Abhängigkeit von domestizierten Pflanzen und Tieren ab, verlieren diese traditionellen Kenntnisse langsam an Wert und gehen verloren. Am Ende der Entwicklung steht der moderne Supermarktbesucher, der in der Natur ein Wildgras nicht von einer Hülsenfrucht unterscheiden kann.

Ich will ein typisches Beispiel geben. In den letzten 33 Jahren, in denen ich in Neuguinea immer wieder biologische Studien durchgeführt habe, war ich bei der Forschungsarbeit ständig in Begleitung von Neuguineern, für die Wildpflanzen und -tiere noch heute eine große Rolle spielen. Eines Tages, als ich mit meinen Gefährten vom Foré-Stamm im Dschungel ohne Nahrung festsaß, weil ein anderer Stamm uns den Rückweg zu unserem Lebensmitteldepot versperrte, kehrte ein Foré-Mann mit einem großen Rucksack voller Pilze, die er gesammelt hatte, zum Lager zurück und fing an, sie zu braten. Endlich wieder eine Mahlzeit! Doch dann kam mir ein beunruhigender Gedanke in den Sinn: Was, wenn die Pilze giftig waren? Geduldig erläuterte ich meinen Foré-Freunden, ich hätte gelesen, daß einige Pilzarten giftig seien, daß selbst einige amerikanische Pilzkenner gestorben seien, weil es so schwierig sei, Speise- von Giftpilzen zu unterscheiden, und daß es sich nicht lohne, das Risiko einzugehen, auch wenn wir alle noch so hungrig seien. An diesem Punkt wurden meine Gefährten ärgerlich und bedeuteten mir, ich solle ihnen jetzt einmal zuhören, sie würden mir gern einige Dinge klarmachen. Wie konnte ich sie, nachdem ich sie jahrelang über die Namen Hunderter von Bäumen und Vögeln ausgefragt hatte, jetzt so beleidigen, indem ich unterstellte, sie wüßten nicht die Unterschiede zwischen verschiedenen Pilzarten? Nur Amerikaner könnten so dumm sein, giftige mit eßbaren Pilzen zu verwechseln. Dann hielten sie mir noch Vorträge über 29 Arten von Speisepilzen, nannten für jede den Namen in der Foré-Sprache und erläuterten, wo man im Dschungel am besten nach ihnen suchen sollte. Der Pilz, der die Diskussion ausgelöst hatte, hieß Tánti, wuchs auf Bäumen und war besonders schmackhaft und absolut ungiftig.

Jedesmal, wenn ich Neuguineer auf Reisen in andere Teile ihrer Insel mitnehme, unterhalten sie sich häufig mit anderen Neuguineern, die uns begegnen, über die örtliche Natur und pflücken potentiell nützliche Pflanzen, um sie mit in ihre Heimatdörfer zu nehmen und dort versuchsweise anzupflanzen. Meine Erfahrungen mit Neuguineern decken sich mit denen von Ethnobiologen, die Völker mit traditioneller Lebensweise in anderen Regionen studiert haben. All diese Völker betreiben jedoch wenigstens in gewissem Umfang schon Landwirtschaft beziehungsweise sind die teilweise akkulturierten letzten Vertreter der alten Jäger- und Sammlerkulturen der Welt. Vor dem Aufstieg der Landwirtschaft, als alle Erdbewohner noch ausschließlich von dem lebten, was ihnen die Natur bot, war das Wissen über wilde Arten vermutlich noch viel umfassender. Die ersten Bauern waren Erben dieses Wissensschatzes, den im Laufe von Jahrzehntausenden Menschen, die in enger Gemeinschaft mit der Natur lebten, angehäuft hatten. Ich halte es deshalb für ausgesprochen unwahrscheinlich, daß potentiell nützliche Arten ihrer Aufmerksamkeit entgangen sind.

Die zweite, mit der ersten eng verknüpfte Frage lautet, ob vorgeschichtliche Sammler und Ackerbauern ihr ethnobiologisches Wissen bei der Auswahl und späteren Kultivierung geeigneter Wildpflanzen praktisch umsetzten. Eine Möglichkeit, dieser Frage nachzugehen, bietet die archäologische Fundstätte Tell Abu Hureyra am Rande des Euphrattals in Syrien. Zwischen 10000 und 9000 v. Chr. lebte die dortige Bevölkerung, so wird vermutet, schon ganzjährig in festen Siedlungen, betrieb jedoch noch Jagd- und Sammelwirtschaft. Der Übergang zur Landwirtschaft erfolgte erst ein Jahrtausend später. Die Archäologen Gordon Hillman, Susan Colledge und David Harris fanden an der Ausgrabungsstätte große Mengen verkohlter Pflanzenreste, bei denen es sich wahrscheinlich um weggeworfene Reste von Wildpflanzen handelte, die von den Bewohnern der Fundstätte gesammelt und dorthin gebracht worden waren. Die Wissenschaftler analysierten über 700 Proben, von denen jede im Durchschnitt mehr als 500 identifizierbare Samen von über 70 Pflanzenarten enthielt. Wie sich herausstellte, sammelten die Dorfbewohner eine ungeheure Vielzahl von Pflanzen

(157 Arten!), die anhand ihrer verkohlten Samen bestimmt werden konnten, ganz zu schweigen von weiteren Pflanzen, deren Bestimmung heute nicht mehr möglich ist.

Sammelten jene naiven Dörfler wohl jede Art von Samenpflanze, deren sie habhaft werden konnten, trugen sie heim, vergifteten sich an den meisten Arten und ernährten sich von den wenigen übrigen? Sicher nicht. Während die Zahl von 157 Arten den Eindruck erwecken mag, als sei wahllos alles gesammelt worden, was nur zu finden war, fehlten unter den verkohlten Pflanzenresten doch viele Arten, die in der Umgebung ebenfalls wuchsen. Die 157 in den Proben enthaltenen Pflanzen fallen in drei Kategorien. Viele haben ungiftige, ohne weiteres eßbare Samen. Bei anderen, zum Beispiel einigen Hülsenfrüchten und Senfgewächsen, sind die Samen zwar giftig, doch das Gift läßt sich leicht entfernen, so daß die Samen doch noch verspeist werden können. Einige wenige Samen gehören zu Arten, die traditionell zum Färben oder als Heilmittel verwendet wurden. Die zahlreichen Wildpflanzen, die unter den 157 Arten nicht gefunden wurden, sind genau jene, die für den Menschen nutzlos oder schädlich waren, wie etwa alle besonders giftigen Kräuter, die in der Umgebung der Fundstätte anzutreffen waren.

Die Jäger und Sammler von Tell Abu Hureyra verschwendeten ihre Zeit also nicht und brachten sich auch nicht in Gefahr, indem sie wahllos alle möglichen Wildpflanzen heimtrugen. Sie waren mit der örtlichen Pflanzenwelt offenbar ebensogut vertraut wie moderne Neuguineer und setzten ihr Wissen ein, um nur die nützlichsten Samenpflanzen zu ernten. Eben diese bildeten aber vermutlich die Grundlage für die unbewußten ersten Schritte in Richtung Domestikation.

Schauplatz meines zweiten Beispiels dafür, wie vorgeschichtliche Völker ihr biologisches Wissen zum eigenen Vorteil nutzten, ist das Jordantal im 9. Jahrtausend v. Chr., als dort mit der Kultivierung von Anbaupflanzen begonnen wurde. Die ersten domestizierten Getreidearten des Flußtals waren Gerste und Emmerweizen, die noch heute zu den ertragreichsten Anbaupflanzen der Welt zählen. Doch wie in Tell Abu Hureyra muß es auch hier Hunderte anderer samentragender Wildpflanzenarten in der Umgebung gegeben haben, von denen 100 oder mehr eßbar gewesen und vor Beginn der Pflanzendomestikation regelmäßig von Sammlern geerntet worden sein dürften. Was war das Besondere an Gerste und Emmerweizen, das die Wahl ausgerechnet auf sie fallen ließ? Waren jene ersten Bauern des Jordantals botanische Stümper, die nicht wußten, was sie taten? Oder waren Gerste und Emmer tatsächlich die besten heimischen Wildgetreidearten der Region?

Zwei israelische Wissenschaftler, Ofer Bar-Yosef und Mordechai Kislev, bemühten sich um eine Antwort auf diese Frage, indem sie Wildgräser untersuchten, die im Jordantal noch heute vorkommen. Dabei ließen sie Arten mit kleinen oder ungenießbaren Samen außer acht und wählten nur die 23 wohlschmeckendsten, großsamigsten Wildgräser aus. Es überrascht nicht, daß sich darunter auch Gerste und Emmerweizen befanden.

Nun waren die 21 anderen Gräser auf der Liste allerdings nicht alle gleich nützlich. Von den 23 Arten erwiesen sich Gerste und Emmerweizen in vielerlei Hinsicht als die geeignetsten Kandidaten. Emmerweizen hat die größten Samenkörner, Gerste die zweitgrößten. In der Natur ist Gerste im Jordantal eines der vier Gräser mit der stärksten Verbreitung, Emmerweizen liegt im Mittelfeld. Zu den weiteren Vorteilen der Gerste zählen genetische und morphologische Eigenschaften, durch die nützliche Veränderungen in den natürlichen Samenverbreitungsmitteln und im Keimverzug (siehe letztes Kapitel) binnen relativ kurzer Zeit geschehen konnten. Emmerweizen hat dafür andere Vorzüge zu bieten: Er läßt sich besser ernten als Gerste und unterscheidet sich von den meisten anderen Getreidearten dadurch, daß die Körner fest von Spelzen umschlossen sind. Die Nachteile der 21 anderen Arten bestehen in kleineren Samen, geringerer natürlicher Verbreitung und zum Teil auch darin, daß es sich um perennierende statt um einjährige Pflanzen handelt, was Veränderungen im Zuge ihrer Domestikation stark verlangsamt hätte.

Die ersten Ackerbauern des Jordantals entschieden sich mit anderen Worten für die zwei besten der 23 geeignetsten Wildgräser, die in ihrer Umgebung wuchsen. Die evolutionären Veränderungen der Samenverbreitungsmittel und des Keimverzugs (nach Beginn der Kultivierung) waren natürlich unvorhergesehene Folgen des Handelns jener ersten Bauern. Die ursprüngliche Selektion von Gerste und Emmerweizen erfolgte aber bewußt und beruhte auf den leicht erkennbaren Merkmalen Samengröße, Genießbarkeit und natürliche Verbreitung. Das Beispiel des Jordantals verdeutlicht ebenso wie das von Tell Abu Hureyra, daß die ersten Bauern ihre ausführlichen Kenntnisse über heimische Arten zum eigenen Vorteil einzusetzen verstanden. Bei dem umfangreichen Wissen über die Pflanzenwelt ihrer Umgebung, wie sie heute höchstens noch eine kleine Zahl studierter Botaniker besitzt, konnte es ihnen kaum passieren, daß sie eine nützliche Wildpflanzenart übersahen und zu kultivieren versäumten, die ähnlich gut zur Domestikation geeignet war wie Gerste und Emmerweizen.

Wir wollen nun untersuchen, wie sich Bauern in zwei Regionen der Welt (Neuguinea, Osten der USA) mit unabhängig entstandener, aber anscheinend weniger effektiver Nahrungsproduktion (verglichen mit Vorderasien) verhielten, als ertragreichere Kulturpflanzen aus anderen Regionen eintrafen. Falls diese Pflanzen aus kulturellen oder sonstigen Gründen nicht übernommen wurden, müßten wir weiter nagende Zweifel hegen. Ungeachtet alles bisher Gesagten bliebe der Verdacht, in der lokalen Wildflora könnte sich vielleicht doch ein Vorfahr einer potentiell wertvollen Anbaupflanze verbergen, der von den örtlichen Bauern aufgrund kultureller Faktoren nicht beachtet wurde. Am Beispiel der beiden Regionen wird uns außerdem eine entscheidende Tatsache der Geschichte vor Augen geführt: daß nämlich Kulturpflanzen aus verschiedenen Teilen der Erde unterschiedlich ertragreich waren.

Neuguinea, nach Grönland die zweitgrößte Insel der Welt, liegt nur etwas nördlich von Australien in Äquatornähe. Wegen seines tropischen Klimas und der äußerst vielfältigen Lebensräume und Topographie besitzt Neuguinea eine reichhaltige Flora und Fauna (allerdings keine so reichhaltige wie vergleichbare festländische Tropenregionen). Die Besiedlung Neuguineas durch den Menschen reicht mindestens 40000 Jahre zurück – viel länger als die Nord- und Südamerikas und etwas länger als die Besiedlung Westeuropas durch anatomisch weiterentwickelte Menschen. Insofern hatten die Neuguineer reichlich Gelegenheit, mit der örtlichen Pflanzen- und Tierwelt vertraut zu werden. Waren sie aber auch motiviert, ihr Wissen einzusetzen, um eine landwirtschaftliche Nahrungsproduktion aufzubauen?

Ich erwähnte bereits, daß wir es beim Übergang zur Landwirtschaft mit einer *Konkurrenzsituation* zwischen dem Jagen und Sammeln auf der einen und Ackerbau und/oder Viehzucht auf der anderen Seite zu tun haben. In Neuguinea ist die Jagd- und Sammelwirtschaft nicht in dem Maße lohnend, daß der Anreiz zur Nahrungsproduktion dadurch geschmälert würde. Die heutigen Jäger und Sammler der Insel leiden besonders unter der ausgesprochenen Wildarmut: Unter den landbewohnenden Tierarten, die in Neuguinea heimisch sind, ist keins größer als der Kasuar, ein 100 Pfund schwerer flugunfähiger Vogel, und als ein 50 Pfund schweres Känguruh. Im neuguineischen Tiefland spielen in Küstennähe Fische und Schalentiere eine wichtige Rolle als Nahrungslieferanten, während viele Bewohner des Landesinneren noch als Jäger und Sammler leben und sich vorwiegend von wildwachsenden Sagopalmen ernähren. Von den Hochlandvölkern Neuguineas hat jedoch keins die Jagd- und Sammelwirtschaft bis in die Gegenwart beibehalten; sie leben durchweg in bäuerlichen Gesellschaften, die mit Nahrung aus der Natur lediglich ihren Speiseplan bereichern. Begeben sich Hochlandbewohner im Dschungel auf die Jagd, so nehmen sie als Proviant Gemüse mit, das aus ihren Gärten stammt. Falls sie das Pech haben, daß ihnen die Vorräte ausgehen, müssen sie trotz ihrer detaillierten Kenntnis der heimischen Wildpflanzen und -tiere im Wald verhungern. Da die Jagd- und Sammelwirtschaft mit anderen Worten in großen Teilen des heutigen Neuguinea unpraktikabel ist, überrascht es nicht, daß alle neuguineischen Hochland- und die meisten Tieflandbewohner heutzutage seßhafte Bauern sind. Große, früher bewaldete Gebiete des Hochlands wurden von traditionellen neuguineischen Bauern in abgezäunte, entwässerte, intensiv genutzte Ackerflächen verwandelt, die eine große Zahl von Menschen ernähren.

Archäologische Funde lassen den Schluß zu, daß die Landwirtschaft in Neuguinea schon vor langer Zeit begann, etwa um 7000 v. Chr. In jener Zeit waren alle Landmassen in der Umgebung der

Insel noch ausschließlich von Jägern und Sammlern besiedelt, so daß die frühe Landwirtschaft auf Neuguinea unabhängig von äußeren Einflüssen entstanden sein muß. Zwar wurden bisher keine eindeutigen Überreste von Anbaupflanzen aus vorgeschichtlicher Zeit entdeckt, doch dürften einige der gleichen Pflanzen darunter gewesen sein, die zur Zeit der europäischen Kolonisation angebaut wurden und von denen man inzwischen weiß, daß sie wilde neuguineische Vorfahren besitzen. Von herausragender Bedeutung ist Zuckerrohr, die führende Anbaupflanze der heutigen Welt, deren Jahresproduktion in Tonnen fast so hoch ist wie die der Pflanzen auf den Rängen 2 und 3 (Weizen und Mais) zusammen. Andere Kulturpflanzen von unumstritten neuguineischer Herkunft sind unter anderem einige Bananenarten mit der Sammelbezeichnung *Australimusa*, der Nußbaum *Canarium indicum*, Sumpftaro sowie verschiedene eßbare Gräser, Wurzeln und grüne Gemüse. Brotfruchtbaum, Jamswurzel und (gewöhnlicher) Taro wurden möglicherweise ebenfalls in Neuguinea domestiziert, doch läßt sich darüber nur spekulieren, da die wildwachsenden Vorfahren dieser Gewächse außer in Neuguinea auch in Teilen Südostasiens vorkamen. Zur Zeit fehlen noch Hinweise, die eindeutig darüber Auskunft geben, ob die Domestikation dieser Arten in Südostasien, wie bisher angenommen, oder auch eigenständig in Neuguinea (oder sogar nur dort) erfolgte.

Bei näherer Untersuchung stellt man allerdings fest, daß Neuguineas Flora und Fauna von drei schwerwiegenden Nachteilen geprägt ist. Erstens wurde auf der Insel – im Gegensatz zu Vorderasien, der Sahelzone und China – kein einziges Getreide domestiziert. Mit der starken Konzentration auf Knollen- und Baumfrüchte verkörpert Neuguinea den Extremfall eines Phänomens, das auch in anderen feuchten Tropenregionen (Amazonasbecken, tropisches Westafrika, Südostasien) anzutreffen ist, wo ebenfalls Wurzelfrüchte wichtige Anbaugewächse darstellten; daneben wurden in diesen Regionen aber mindestens zwei Getreidearten (asiatischer Reis und Tränengras, ein besonders großkörniges asiatisches Getreide) domestiziert. Der Grund dafür, daß in Neuguinea keine Landwirtschaft auf Getreidebasis entstand, lag vermutlich darin, daß kein entsprechendes Rohmaterial vorhanden war: Von den 56 großsamigsten Wildgräsern der Welt ist kein einziges auf der Insel heimisch.

Zweitens war unter den Tieren Neuguineas kein einziges größeres Säugetier, das sich zur Domestikation geeignet hätte. Die einzigen Haustiere, die heute auf der Insel gehalten werden, Schwein, Huhn und Hund, trafen innerhalb der letzten Jahrtausende auf dem Weg über Indonesien vom südostasiatischen Festland her ein. Während die Bewohner des Tieflands ihren Eiweißbedarf durch Fischfang decken, leiden die bäuerlichen Hochlandbewohner wegen des niedrigen Eiweißgehalts ihrer Grundnahrungsmittel (Taro und Süßkartoffel) unter chronischem Eiweißmangel. So liegt der Eiweißgehalt von Taro bei nur 1 Prozent, also weit unter dem von Reis und noch weiter unter dem der Weizenkörner und Hülsenfrüchte des Fruchtbaren Halbmonds (8–14 beziehungsweise 20–25 Prozent).

Bei den Kindern im neuguineischen Hochland beobachtet man noch heute geschwollene Bäuche, ein typisches Anzeichen von Eiweißmangel, gepaart mit der Aufnahme großer Nahrungsmengen. Alte und junge Neuguineer verspeisen regelmäßig Mäuse, Spinnen, Frösche und anderes Kleingetier, das in anderen Regionen, wo große Haustiere oder Wild zur Verfügung stehen, als Nahrungsquelle verschmäht wird. Wahrscheinlich ist Eiweißmangel auch die tiefere Ursache des verbreiteten Kannibalismus in den traditionellen neuguineischen Hochlandkulturen.

Und schließlich lieferten die in Neuguinea in früherer Zeit angebauten Wurzelfrüchte nur begrenzte Kalorien- und Eiweißmengen, da sie in den großen Höhen, in denen viele Neuguineer heute leben, nicht gut gedeihen. Vor mehreren Jahrhunderten kam jedoch mit der Süßkartoffel, die ursprünglich aus Südamerika stammte und wahrscheinlich über die Philippinen, wohin sie die Spanier brachten, nach Neuguinea gelangte, eine neue Wurzelfrucht auf die Insel. Verglichen mit Taro und anderen älteren neuguineischen Anbaugewächsen gedeiht die Süßkartoffel auch in höheren Lagen, zeichnet sich durch schnelleres Wachstum aus und liefert höhere Hektarerträge, die noch dazu weniger Arbeitseinsatz erfordern. Die Folge des Imports der Süßkartoffel war eine Bevölkerungsexplosion im Hochland von Neuguinea. Das zeigt, daß die heimischen Kulturpflanzen, die vor dem Eintreffen der Süßkartoffel seit Jahrtausenden angebaut worden waren, sowohl der Bevölkerungsdichte als auch dem Siedlungsgebiet (Höhenlage) Grenzen gesetzt hatten.

Neuguinea bietet somit einen lehrreichen Gegensatz zu Vorderasien. Wie die Jäger und Sammler im Bereich des Fruchtbaren Halbmonds brachten auch die neuguineischen die Landwirtschaft eigenständig hervor. Ihr Anbausystem litt jedoch unter dem Fehlen domestizierbarer Getreidearten, Hülsenfrüchte und Tiere, dem daraus resultierenden Mangel an eiweißreicher Nahrung im Hochland sowie dem schlechteren Gedeihen heimischer Wurzelfrüchte in höheren Lagen. Dabei können sich die Kenntnisse der Neuguineer über die Wildpflanzen und -tiere ihrer Umwelt mit denen aller anderen Völker der Erde messen. Es darf getrost davon ausgegangen werden, daß sie alle Pflanzenarten, deren Domestikation lohnend gewesen wäre, entdeckt und getestet hätten. Auch sind die Neuguineer sehr wohl in der Lage, sinnvolle Ergänzungen ihres Sortiments an Anbaupflanzen zu erkennen, wie die eifrige Übernahme der Süßkartoffel beweist. Die gleiche Lehre vermitteln auch heutige Entwicklungen auf Neuguinea, wo Stämme mit leichterem Zugang zu importierten Anbaupflanzen und Haustieren (beziehungsweise höherer kulturell bedingter Übernahmebereitschaft) auf Kosten von Stämmen, denen es daran mangelt, expandieren. Der begrenzte Erfolg der Landwirtschaft auf Neuguinea hatte also nicht das geringste mit den Völkern Neuguineas zu tun, sondern rührte ausschließlich von Flora, Fauna und Umweltbedingungen her.

Mein zweites Beispiel dafür, wie eine unabhängig entstandene Landwirtschaft durch die Gegebenheiten der örtlichen Pflanzenwelt in ihrer Entwicklung beschränkt wurde, liefert der Osten der USA. Wie in Neuguinea wurden dort heimische Wildpflanzen eigenständig domestiziert. Allerdings ist die früheste Entwicklung im Osten der USA weitaus besser erforscht als in Neuguinea: Die Kulturpflanzen der ersten Ackerbauern konnten bestimmt werden, und auch Zeitpunkte und Reihenfolge der lokalen Domestikation sind bekannt. Lange vor der Ankunft von Anbaupflanzen aus anderen Gegenden siedelten sich nordamerikanische Indianer in

Flußtälern an und betrieben dort auf der Grundlage lokaler Anbaugewächse eine intensive Landwirtschaft. Sie waren mithin in der Lage, die Vorzüge der vielversprechendsten Wildpflanzen zu nutzen. Welche Pflanzen kultivierten sie am Ende, und wie schnitt ihr »Gründerpaket« im Vergleich zu dem des Fruchtbaren Halbmonds ab?

Vier »Gründerpflanzen« wurden im Zeitraum zwischen 2500 und 1500 v. Chr. im Osten der USA domestiziert, volle 6000 Jahre nach der Domestikation von Weizen und Gerste in Vorderasien. Eine örtliche Kürbisart lieferte neben kleinen Behältern eßbare Kerne. Die drei übrigen Gründerpflanzen wurden nur wegen der eßbaren Kerne angebaut (Sonnenblume, ein Gänseblümchen-Verwandter namens Sumpfholunder und Gänsefuß, ein entfernter Verwandter des Spinats).

Drei Nahrungspflanzen und ein Gewächs zur Herstellung von Behältern ergaben jedoch noch keine ausreichende Grundlage für den Einstieg in die Landwirtschaft. Zwei Jahrtausende lang fristeten diese Gründerpflanzen deshalb ein relativ unbedeutendes Dasein als Ergänzung des Speiseplans der Indianerstämme im Osten der USA, die sich weiterhin in erster Linie von den Gaben der Natur ernährten (insbesondere von Wild und Wasservögeln, Fisch, Schalentieren und Nüssen). Erst ab 500–200 v. Chr., als noch drei weitere Anbaupflanzen (Knöterich, Maygrass und Little Barley, eine Gerstensorte) hinzugekommen waren, wuchs die Bedeutung der Landwirtschaft.

Ein moderner Ernährungswissenschaftler wäre von den sieben Anbaupflanzen des amerikanischen Ostens hellauf begeistert. Alle besaßen einen hohen Eiweißgehalt (17–32 Prozent gegenüber 8–14 Prozent bei Weizen, 9 Prozent bei Mais und noch weniger bei Gerste und weißem Reis). Zwei von ihnen (Sonnenblume und Sumpfgras) waren überdies sehr ölhaltig (45–47 Prozent). Vor allem Sumpfgras wäre mit 32 Prozent Eiweiß- und 45 Prozent Ölgehalt den Idealvorstellungen eines Ernährungswissenschaftlers sehr nahe gekommen. Wie kommt es dann, daß diese Idealkost von unserem Speiseplan so gänzlich verschwunden ist?

Bei den meisten der genannten Gewächse standen dem Vorteil eines hohen Nährwerts schwere Nachteile gegenüber. Gänsefuß,

Knöterich, Little Barley und Maygrass besaßen winzige Samen, deren Volumen nur einem Zehntel dessen von Weizen- und Gerstenkörnern entsprach. Noch schwerer wogen die Nachteile beim Sumpfgras, einem windbestäubten Verwandten des Ambrosienkrauts, das als Heuschnupfenerreger verschrien ist. Wie Ambrosienkraut können auch Sumpfgraspollen Heuschnupfen auslösen, wenn die Pflanze in dichten Beständen wächst. Wen das noch nicht davon abbringt, Sumpfgras anzubauen, dem sei noch gesagt, daß dieses Gewächs einen starken Geruch verströmt, der nicht jedem zusagt, und daß Berührungen zu Hautreizungen führen können.

Kurz nach Beginn unserer Zeitrechnung gelangten Kulturpflanzen aus Mexiko über Handelsrouten in den Osten der heutigen USA. Mais traf um 200 n. Chr. ein, spielte aber noch etliche Jahrhunderte eine sehr untergeordnete Rolle. Um 900 n. Chr. tauchte endlich eine neue Maissorte auf, die an die kurzen Sommer in Nordamerika angepaßt war, und mit der Ankunft der Bohne um 1100 n. Chr. war das mexikanische Trio aus Mais, Bohne und Kürbis schließlich komplett. Die Landwirtschaft im Osten der USA erhielt dadurch kräftigen Auftrieb, und am Mississippi und seinen Nebenflüssen entstanden Reiche mit hoher Bevölkerungsdichte. In einigen Gebieten wurden die ursprünglich domestizierten Pflanzen parallel zu den viel ertragreicheren aus Mexiko weiter angebaut, in anderen jedoch vollständig von diesen verdrängt. Kein Europäer erblickte je Sumpfgras in indianischen Gärten, da diese Pflanze zur Zeit der europäischen Kolonisation Nord- und Südamerikas, die 1492 begann, nicht mehr kultiviert wurde. Unter allen erwähnten frühen Anbaupflanzen des amerikanischen Ostens konnten sich nur zwei (Sonnenblume und Östlicher Kürbis) in der Konkurrenz mit domestizierten Pflanzen fremder Herkunft behaupten und werden auch jetzt noch angebaut. Verschiedene heutige Kürbisarten sind direkte Nachfahren jener schon vor Tausenden von Jahren domestizierten amerikanischen Kürbisse.

Der Osten der USA hält somit, wie Neuguinea, einige interessante Lehren bereit. Grundsätzlich hätte man dort die unabhängige Entstehung einer ertragreichen Landwirtschaft für wahrscheinlich halten können. Die Region besitzt fruchtbare Böden, es fällt genügend, aber nicht zuviel Niederschlag, und das Klima ist immerhin so günstig, daß den heutigen Farmern reiche Erträge beschert werden. Die Pflanzenwelt ist artenreich und besteht unter anderem aus wilden Nußbäumen wie Eiche und Hickory. Die indianischen Bewohner der Region begründeten die Landwirtschaft auf der Basis heimischer Pflanzen, die sie domestizierten, und wurden in Dörfern seßhaft; im Zeitraum zwischen 200 v. Chr. und 400 n. Chr. kam es sogar zu einer kulturellen Blüte (Hopewell-Kultur im heutigen Ohio). Somit bestand mehrere Jahrtausende lang Gelegenheit, die nützlichsten Wildpflanzen der Region ausfindig zu machen und gegebenenfalls als Anbaupflanzen zu nutzen.

Wir dürfen aber nicht vergessen, daß die Hopewell-Blütezeit erst rund 9000 Jahre nach Entstehung der ersten dörflichen Gemeinschaften in Vorderasien anbrach. Und selbst dann dauerte es noch bis etwa 900 n. Chr., bis das mexikanische Pflanzentrio ein starkes Bevölkerungswachstum auslöste, in dessen Folge am Mississippi eine kulturelle Blütezeit begann, in welcher die größten städtischen Siedlungen und die hochentwickeltsten Gesellschaften entstanden, die uns von Indianern nördlich Mexikos bekannt sind. Doch dieser Boom kam viel zu spät, um die Indianer Nordamerikas für die herannahende Katastrophe der europäischen Kolonisation zu wappnen. Eine Landwirtschaft, die allein auf den Pflanzen des amerikanischen Ostens basierte, hatte aus naheliegenden Gründen nicht ausgereicht, um den Wachstumsschub auszulösen. Die heimischen Wildgetreide der Region waren nicht annähernd so potent wie Weizen und Gerste. Die Indianer des amerikanischen Ostens domestizierten auch niemals heimische Hülsenfrüchte, Faserpflanzen, Obst oder Nußbäume. Zudem besaßen sie außer Hunden, deren Domestikation wahrscheinlich in einem anderen Teil Nord- oder Südamerikas erfolgte, kein einziges Haustier.

Sicher ist auch, daß die Indianer im Osten der USA unter den Wildpflanzen ihrer Umgebung keine bedeutenden potentiellen Anbaupflanzen übersahen. Selbst Agrarwissenschaftler des 20. Jahrhunderts konnten, gestützt auf die gesammelten Erkenntnisse der modernen Forschung, nur geringe Erfolge bei der Nutzbarmachung nordamerikanischer Wildpflanzen verbuchen. Es stimmt zwar, daß Pekannüsse und Blaubeeren domestiziert und einige eurasische Obstpflanzen (Äpfel, Pflaumen, Weinbeeren, Himbeeren,

Brombeeren, Erdbeeren) durch Kreuzung mit ihren wilden nordamerikanischen Verwandten verbessert wurden. Diese wenigen Erfolge änderten jedoch unsere gegenwärtigen Ernährungsgewohnheiten bei weitem nicht so nachhaltig, wie die der Indianer im Osten der USA durch die Einführung von Mais aus Mexiko in der Zeit nach 900 n. Chr. verändert wurden.

Diejenigen, die am meisten über die domestizierten Pflanzen des amerikanischen Ostens wußten, nämlich die dortigen Indianer, fällten ihr Urteil, indem sie sich nach Ankunft des mexikanischen Pflanzentrios ganz oder teilweise von ihnen abwandten. Das beweist zugleich, daß kein kultureller Konservatismus die amerikanischen Indianer davon abhielt, den Wert einer Anbaupflanze, die ihnen zu Gesicht kam, zu erkennen und sie zu übernehmen. Ähnlich wie in Neuguinea war auch im Osten der heutigen USA der beschränkte Erfolg der eigenständigen Landwirtschaft nicht der indianischen Bevölkerung zuzuschreiben, sondern gänzlich der amerikanischen Fauna, Flora und Umwelt.

Wir haben bisher drei Regionen mit unabhängig entstandener Landwirtschaft erörtert. Von ihnen ist der Fruchtbare Halbmond der eine Extremfall, den anderen bilden Neuguinea und der Osten der USA. Wir haben gesehen, daß die Völker Vorderasiens mit Abstand als erste mit der Domestikation von Pflanzen begannen. Sie domestizierten weit mehr Pflanzen, viel ertragreichere oder nützlichere Arten und ein erheblich breiteres Spektrum von Anbaugewächsen. Zudem entwickelten sie intensivere Formen der Landwirtschaft, die höhere Bevölkerungsdichten ermöglichten. Das alles geschah in größerem Tempo als anderswo, was letzten Endes dazu führte, daß die Völker Vorderasiens mit höher entwickelter Technik, komplexeren Formen politischer Organisation und einer größeren Zahl epidemischer Krankheiten, mit denen sie andere Völker anstecken konnten, ins moderne Zeitalter eintraten.

Wir haben festgestellt, daß diese Unterschiede zwischen dem Bereich des Fruchtbaren Halbmonds, Neuguinea und dem Osten der USA eindeutig aus der vorhandenen Ausstattung mit Wildpflanzen und -tieren resultierten, die zur Domestikation zur Verfügung standen, nicht aber aus besonderen Merkmalen der dortigen Völker. Von außen eingeführte ertragreichere Kulturpflanzen (Süßkartoffel in Neuguinea, mexikanisches Pflanzentrio im Osten der USA) wurden prompt übernommen, mit der Folge einer Intensivierung der Landwirtschaft und eines steilen Bevölkerungsanstiegs. Entsprechend gehe ich davon aus, daß in Regionen der Erde, in denen die Landwirtschaft nicht unabhängig entstand – wie Kalifornien, Australien, die argentinische Pampa und Westeuropa – wahrscheinlich noch weniger domestizierbare Wildpflanzen und -tiere vorkamen als in Neuguinea und im Osten der USA, wo die Landwirtschaft wenigstens ein bescheidenes Niveau erreichte. Mark Blumlers bereits zitierte Analyse der weltweiten Verbreitung großsamiger Wildgräser sowie die Untersuchung der Verbreitung großer Säugetiere, die Gegenstand des nächsten Kapitels sein wird, ergeben übereinstimmend, daß in all jenen Regionen, in denen die Landwirtschaft gar nicht entstand oder nie über das Anfangsstadium hinauskam, ein Mangel an Wildvorfahren domestizierbarer Vieh- und Getreidearten herrschte.

Erinnern wir uns, daß in der Anfangsphase der Landwirtschaft auch die Konkurrenz zwischen Nahrungsproduktion auf der einen und Jagd- und Sammelwirtschaft auf der anderen Seite eine Rolle spielte. Man könnte deshalb fragen, ob nicht überall dort, wo die Landwirtschaft nur langsam oder gar nicht entstand, ein besonderer Ressourcenreichtum, der günstige Voraussetzungen für die Jagd- und Sammelwirtschaft schuf, die Ursache war, nicht aber eine besonders geringe Zahl domestizierbarer Arten. In Wirklichkeit war es so, daß die meisten dieser Regionen Jägern und Sammlern besonders wenig zu bieten hatten, da die meisten großen Säugetiere Australiens und Nord- und Südamerikas (anders als in Eurasien und Afrika) gegen Ende des Eiszeitalters ausgestorben waren. Die Landwirtschaft wäre somit in diesen Regionen auf noch weniger Konkurrenz gestoßen als in Vorderasien. Erstklassige Jagdreviere können demnach nicht dafür verantwortlich gemacht werden, wenn die Landwirtschaft nicht entstand oder in den Kinderschuhen verharrte.

Um Mißverständnissen vorzubeugen, sei an dieser Stelle noch einmal hervorgehoben, daß weder die Bereitschaft zur Übernahme besserer Anbaupflanzen und Haustiere noch die Beschränkungen aufgrund des lokalen Angebots an Wildpflanzen und -tieren überbetont werden sollten. Beides sind keine absoluten Gegebenheiten.

Wir haben bereits zahlreiche Beispiele erörtert, bei denen ertragreichere Anbaupflanzen fremder Herkunft übernommen wurden. Daraus kann geschlossen werden, daß Völker in der Lage sind, nützliche Pflanzen zu erkennen, daß sie deshalb besser geeignete domestizierbare Pflanzen – sofern vorhanden – wahrscheinlich auch erkannt hätten und nicht durch kulturellen Konservatismus oder Tabus daran gehindert wurden. Einer wichtigen Ergänzung bedarf diese Aussage jedoch: All dies gilt nur bei langfristiger und großräumiger Betrachtung. Jeder Kenner der Geschichte menschlicher Kulturen kann nämlich zahllose Beispiele anführen, bei denen Anbaupflanzen, Haustiere und andere Neuerungen abgelehnt wurden, obwohl sie durchaus nützlich gewesen wären.

Natürlich hege ich nicht die naive Vorstellung, daß jede Gesellschaft sofort jede Neuerung übernimmt, die für sie von Vorteil wäre. Tatsache ist vielmehr, daß bei Betrachtung ganzer Kontinente und anderer geographischer Großräume mit Hunderten konkurrierender Gesellschaften einige dieser Gesellschaften eine aufgeschlossenere Haltung gegenüber Neuerungen einnehmen und andere eine ablehnendere. Die aufgeschlosseneren Gesellschaften, die sich für die Übernahme neuer Anbaupflanzen, Haustiere oder Techniken entscheiden, sind wahrscheinlich diejenigen, die sich besser ernähren, rascher vermehren und am Ende innovationsscheue Gesellschaften verdrängen oder gar vernichten. Wir haben es hier mit einem wichtigen Phänomen zu tun, dessen Erscheinungsformen weit über die Einführung neuer Kulturpflanzen hinausgehen und auf das wir in Kapitel 12 zurückkommen werden.

Überbetont werden sollten auch nicht die Beschränkungen, die sich aus dem vorhandenen Angebot an Wildpflanzen und -tieren für die Entstehung der Landwirtschaft ergeben. Ich sage ausdrücklich nicht, daß die Landwirtschaft in jenen Regionen, in denen sie bis in die jüngere Vergangenheit nicht eigenständig hervorgebracht wurde, nie von selbst entstanden wäre. Wenn heute davon gesprochen wird, daß die australischen Aborigines bei Anbruch der Neuzeit noch in der Steinzeit lebten, steht dahinter oft die Vorstellung, daß dieser Zustand ewig fortgedauert hätte.

Um den darin liegenden Trugschluß zu begreifen, stellen wir uns einmal vor, ein Besucher aus dem All würde der Erde im Jahr 3000 v. Chr. einen Besuch abstatten. Der Außerirdische fände im Osten der USA keinerlei Spuren der Landwirtschaft vor, weil diese in dem Gebiet erst um 2500 v. Chr. auf den Plan trat. Zöge der Besucher im Jahr 3000 v. Chr. den Schluß, negative Merkmale der Pflanzen- und Tierwelt im Osten der USA würden die Entstehung der Landwirtschaft dort für alle Zeit unmöglich machen, hätten ihn die Ereignisse im Jahrtausend darauf Lügen gestraft. Selbst ein Besucher Vorderasiens hätte zu dem Fehlurteil verleitet werden können, diese Region sei für die Landwirtschaft verloren, wenn seine Visite im Jahr 9500 v. Chr. und nicht erst 8500 v. Chr. stattgefunden hätte.

Meine These lautet demnach nicht, daß es in Kalifornien, Australien, Westeuropa und all den anderen Gebieten, in denen die Landwirtschaft nicht unabhängig entstand, keine domestizierbaren Arten gab und daß dort für immer nur Jäger und Sammler gelebt hätten, wenn keine fremden Völker oder an fremden Orten domestizierten Pflanzen und Tiere eingetroffen wären. Vielmehr stelle ich fest, daß zwischen den Regionen große Unterschiede in der Zahl der vorhandenen domestizierbaren Arten bestanden, daß sich die Regionen entsprechend auch im Zeitpunkt der Entstehung der Landwirtschaft unterschieden und daß in einigen fruchtbaren Regionen bis in die Neuzeit hinein keine Nahrungsproduktion unabhängig entstand.

Australien, der vermeintlich »rückständigste« Kontinent, liefert hierfür ein gutes Beispiel. Im mit Wasser reich gesegneten Südosten, dem für die Landwirtschaft am besten geeigneten Teil Australiens, schlugen örtliche Aborigines-Gesellschaften offenbar in den letzten Jahrtausenden einen Weg ein, der irgendwann einmal zur Nahrungsproduktion geführt hätte. So hatten sie bereits Winterdörfer errichtet und damit begonnen, ihre Umwelt systematisch zu bewirtschaften, indem sie Fischfallen, Netze und sogar lange Kanäle bauten. Hätten die Europäer Australien nicht 1788 kolonisiert und dieser Entwicklung ein Ende gesetzt, wären australische

Aborigines möglicherweise binnen weniger Jahrtausende zu Nahrungsproduzenten geworden, mit Fischteichen und Feldern, auf denen domestizierte australische Jamswurzeln und kleinsamige Gräser wuchsen.

Vor diesem Hintergrund können wir nun auch die in der Überschrift dieses Kapitels gestellte Frage beantworten, ob nämlich der Grund dafür, daß die nordamerikanischen Indianer keine Äpfel domestizierten, bei ihnen oder bei den Äpfeln zu suchen sei.

Es soll nicht unterstellt werden, daß Äpfel in Nordamerika nie hätten domestiziert werden können. Bedenken Sie, daß Apfelbäume historisch zu den am schwersten domestizierbaren Obstbäumen zählten und wegen der komplizierten Veredelungsverfahren, die dazu erforderlich waren, auch in Eurasien erst sehr spät domestiziert wurden. Es gibt keine Anzeichen, die dafür sprechen, daß mit der Kultivierung von Äpfeln auf breiter Front selbst in Vorderasien und Europa früher begonnen wurde als zur Zeit des klassischen Hellenismus, sprich 8000 Jahre nach dem Aufkommen der Landwirtschaft in Eurasien. Hätten die amerikanischen Indianer im gleichen Tempo Veredelungstechniken erfunden beziehungsweise übernommen, wären auch sie am Ende zur Domestikation von Äpfeln gelangt – etwa im Jahr 5500 n. Chr., also rund 8000 Jahre nach dem Beginn der Pflanzendomestikation in Nordamerika um 2500 v. Chr.

Die »Schuld« daran, daß die nordamerikanischen Indianer vor dem Eintreffen der Europäer keine nordamerikanischen Äpfel domestizierten, ist also weder den Indianern noch den Äpfeln anzulasten. Was die biologischen Voraussetzungen der Apfeldomestikation betrifft, so unterschieden sich weder indianische Bauern noch nordamerikanische Äpfel von ihren eurasischen Pendants. Einige der Supermarktäpfel, die Lesern dieses Kapitels vielleicht besonders schmackhaft erscheinen, wurden sogar erst vor relativ kurzer Zeit durch Kreuzung eurasischer und wilder nordamerikanischer Apfelsorten gezüchtet. Der Grund für das Ausbleiben der Apfeldomestikation in Nordamerika lag vielmehr in der gesamten Pflanzen- und Tierwelt, die von den dortigen Bewohnern vorgefunden wurde. Ihr vergleichsweise geringes Domestikationspotential erklärt den späten Start der Landwirtschaft in Nordamerika.

KAPITEL 8

Zebras, unglückliche Ehen und das Anna-Karenina-Prinzip

Warum die meisten großen Säugetierarten niemals domestiziert wurden

Alle domestizierbaren Tiere ähneln einander; jedes undomestizierbare Tier ist aber auf seine eigene Art undomestizierbar.

Falls Sie meinen, Sie hätten etwas Ähnliches schon einmal gelesen, könnten Sie sogar recht haben. Mit ein paar kleinen Änderungen wird nämlich der berühmte erste Satz von Tolstois Roman *Anna Karenina* daraus: »Alle glücklichen Familien ähneln einander; jede unglückliche aber ist auf ihre eigene Art unglücklich.« Mit diesem Satz wollte Tolstoi sagen, daß eine Ehe, um glücklich zu sein, viele Voraussetzungen erfüllen muß: Die Partner müssen sich sexuell anziehend finden, sie müssen über Geldfragen und Kindererziehung einer Meinung sein, Religion und Schwiegereltern dürfen nicht zwischen ihnen stehen und noch einiges mehr. Mangelt es an nur einer dieser Grundvoraussetzungen, ist eine Ehe womöglich zum Scheitern verurteilt, selbst wenn alle anderen Zutaten zum Familienglück vorhanden sind.

Dieses Prinzip läßt sich auch auf viele andere Lebensbereiche anwenden. Wir neigen dazu, Erfolge auf einen einzigen Faktor zurückzuführen. In Wirklichkeit hängt Erfolg bei den meisten wichtigen Dingen aber davon ab, daß viele mögliche Mißerfolgsgründe vermieden werden. Das *Anna-Karenina*-Prinzip erklärt ein Merkmal der Domestikation von Tieren, das für die Menschheitsgeschichte schwerwiegende Folgen hatte. Ich meine die Tatsache, daß so viele auf den ersten Blick geeignete Säugetierarten, wie beispielsweise Zebras und Nabelschweine, nie domestiziert wurden und daß die erfolgreichen Domestikationen fast alle in Eurasien stattfanden. Nachdem wir in den beiden letzten Kapiteln erörtert haben, warum so viele Arten von Wildpflanzen, die auf den ersten Blick geeignet waren, nie domestiziert wurden, wollen wir nun die gleiche Frage für Kandidaten aus dem Tierreich stellen. Statt um Äpfel oder Indianer geht es nun um die Frage: Zebras oder Afrikaner?

In Kapitel 3 hatten wir uns die vielfältige Bedeutung von Haustieren für die Gesellschaften, die sich ihrer erfreuten, vergegenwärtigt. So waren sie Lieferanten von Fleisch, Milchprodukten, Düngemitteln, Leder und Wolle, dienten als Transportmittel, als Reittiere zur Kriegführung und als Zugtiere, die vor Pflüge gespannt wurden, sowie als Überträger von Krankheitserregern, einer tödlichen Waffe gegen andere Völker, die ihre Bekanntschaft noch nicht gemacht hatten.

Daneben spielten natürlich auch kleine Haustiere, Federvieh und Insekten eine wichtige Rolle für den Menschen. Zahlreiche Vogelarten wurden wegen ihres Fleischs, ihrer Eier und Federn domestiziert: das Huhn in China, mehrere Enten- und Gänsearten in verschiedenen Teilen Eurasiens, Truthähne in Mesoamerika, das Perlhuhn in Afrika und die Moschusente in Südamerika. Wölfe wurden in Eurasien und Nordamerika domestiziert und zu Hunden gezüchtet, die dem Menschen als Jagdgefährten, Wächter, Schoßtiere und in einigen Gesellschaften auch als Nahrung dienen. Nagetiere und andere Kleinsäuger, die als Schlachttiere domestiziert wurden, waren unter anderem das Kaninchen in Europa, das Meerschweinchen in den Anden, eine Riesenratte in Westafrika und möglicherweise die Baumratte, ein Nagetier, in der Karibik. Frettchen wurden in Europa für die Kaninchenjagd abgerichtet, Katzen in Nordafrika und im Nahen Osten zur Bekämpfung schädlicher Nagetiere. Erst im 19. und 20. Jahrhundert domestiziert wurden Fuchs, Nerz und Chinchilla als Pelzlieferanten sowie Hamster als drollige Spielgefährten. Sogar einige Insekten wurden domestiziert, insbesondere die Honigbiene in Eurasien und der Seidenspinner in China.

Viele der genannten Kleintiere waren mithin Spender von Nahrung, Kleidung oder Wärme. Keins ließ sich jedoch vor Pflüge oder Wagen spannen oder von Reitern besteigen, keins mit Ausnahme des Hundes zog Schlitten oder diente als Kampfmaschine zur Kriegführung, und keins hatte als Nahrungslieferant auch nur annähernd die Bedeutung unserer großen Haustiere. Deshalb wollen wir uns im weiteren auf die großen domestizierten Säugetiere beschränken.

Die Bedeutung domestizierter Säugetiere fußt auf erstaunlich wenigen Arten großer landbewohnender Pflanzenfresser. (Nur landbewohnende Säugetiere wurden domestiziert, was auf die naheliegende Tatsache zurückzuführen ist, daß Wasserbewohner vor Erfindung moderner Großaquarien schwer zu halten und zu züchten waren.) Definiert man »groß« als »schwerer als 45 Kilo«, so wurden vor Beginn des 20. Jahrhunderts nur 14 solcher Arten domestiziert (siehe Tabelle 8.1). Von diesen »klassischen 14« gewannen neun (die »übrigen Neun« aus Tabelle 8.1) nur in begrenzten Regionen der Welt Bedeutung als Haustiere: Dromedar, zweihöckeriges Kamel, Lama/Alpaka (verschiedene Rassen mit dem gleichen Ahnen), Esel, Rentier, Wasserbüffel, Jak, Banteng und Gaur. Nur fünf Arten gelangten auf der ganzen Welt zu überragender Bedeutung. Bei diesen »großen Fünf« der domestizierten Säugetiere handelt es sich um Kuh, Schaf, Ziege, Schwein und Pferd.

Auf den ersten Blick mögen Sie bei dieser Aufzählung eklatante Auslassungen feststellen. Warum fehlt zum Beispiel der Afrikanische Elefant, mit dem Hannibal die Alpen überquerte? Und wo bleibt der Asiatische Elefant, der noch heute in Südostasien als Arbeitstier eingesetzt wird? Nein, beide wurden nicht vergessen, und damit sind wir auch schon bei einer wichtigen Unterscheidung. Elefanten wurden zwar gezähmt, aber nicht domestiziert. Hannibals Elefanten von damals waren ebenso wie die Arbeitselefanten von heute lediglich wilde Elefanten, die eingefangen und gezähmt wurden. Sie wurden nicht in Gefangenschaft gezüchtet. Demgegenüber besagt die Definition von Domestikation, daß ein Tier vom Menschen gehalten und durch Zuchtwahl im Hinblick auf seine Nützlichkeit verändert und seine Fortpflanzung und Futterversorgung von Menschen bestimmt und geregelt wird.

Mit anderen Worten geht es bei der Domestikation darum, Wildtiere in etwas anderes, für den Menschen Nützlicheres zu verwandeln. Domestizierte Tiere unterscheiden sich in verschiedener Hinsicht von ihren wildlebenden Vorfahren, wobei die Unterschiede auf zweierlei Weise hervorgerufen werden: zum einen dadurch, daß der Mensch diejenigen Einzeltiere einer Art auswählt, die für ihn nützlicher sind als andere der gleichen Art, und zum anderen durch die ganz von selbst erfolgenden Anpassungsreaktionen der Tiere auf die veränderten Bedingungen der natürlichen Selektion in einer von Menschen beherrschten Umwelt im Vergleich zu ihrer natürlichen Umwelt. In Kapitel 6 wurde gezeigt, daß dies für die Pflanzendomestikation ganz genauso gilt.

Domestizierte Tiere wiesen vielfältige Unterschiede zu ihren wildlebenden Vorfahren auf: Bei manchen Arten änderte sich der Wuchs: Kühe, Schweine und Schafe wurden im Zuge der Domestikation kleiner, Meerschweinchen hingegen größer. Bei Schafen und Alpakas richtete sich die Auslese auf möglichst viel Wolle, bei Kühen auf eine große Milchmenge. Einige Haustiere zeichnen sich durch ein kleineres Hirnvolumen und schlechter entwickelte Sinnesorgane im Vergleich zu ihren wildlebenden Vorfahren aus. Der Grund ist wohl, daß die größeren Gehirne und schärferen Sinne, die einst erforderlich waren, um natürlichen Feinden zu entkommen, in der Gefangenschaft überflüssig sind.

Eine lebhafte Vorstellung von den Veränderungen, die sich im Zuge der Domestikation einstellten, vermittelt ein Vergleich von Wölfen, den Wildvorfahren unserer Hunde, mit den vielen verschiedenen Hunderassen, die wir heute kennen. Einige Hunde sind erheblich größer als Wölfe (deutsche Dogge), andere viel kleiner (Pekinese). Einige sind von schlankerer Statur und für Rennen geradezu prädestiniert (Windhunde), andere kurzbeinig und geborene Nachzügler (Dackel). Haarform und -farbe variieren kolossal, und auch gänzlich unbehaarte Rassen sind zu finden. Polynesier und Azteken züchteten Hunderassen, die speziell als Schlachtvieh dienten. Vergleicht man einen Dackel mit einem Wolf, würde man ohne Vorwissen sicher keine Verwandtschaft vermuten.

Die großen Fünf

1. *Schaf.* Wildlebender Vorfahre: asiatisches Mufflon aus West- und Zentralasien. Heute weltweite Verbreitung.

2. *Ziege.* Wildlebender Vorfahre: Bezoar-Ziege aus Westasien. Heute weltweite Verbreitung.

3. *Kuh, Rind.* Wildlebender Vorfahre: der inzwischen ausgestorbene, in Eurasien und Nordafrika beheimatete Auerochse. Heute weltweite Verbreitung.

4. *Schwein.* Wildlebender Vorfahre: Wildschwein, beheimatet in Eurasien und Nordafrika. Heute weltweite Verbreitung. Das Schwein ist in Wirklichkeit ein Allesfresser (verzehrt regelmäßig tierische und pflanzliche Kost), während die anderen 13 der »klassischen 14 Arten« Pflanzenfresser im strengeren Sinne sind.

5. *Pferd.* Wildlebender Vorfahre: inzwischen ausgestorbene Wildpferde aus Südrußland; eine andere Unterart überlebte in der Wildnis bis in die Neuzeit: das Prschewalskipferd in der Mongolei. Heute weltweite Verbreitung.

Die übrigen Neun

6. *Dromedar (einhöckeriges Kamel).* Wildlebender Vorfahre: ausgestorben, lebte früher in Arabien und angrenzenden Regionen. Verbreitungsgebiet immer noch weitgehend auf Arabien und Nordafrika beschränkt; ausgewilderte Dromedare sind in Australien anzutreffen.

7. *Zweihöckeriges Kamel.* Wildlebender Vorfahre: ausgestorben, lebte früher in Zentralasien. Verbreitungsgebiet immer noch weitgehend auf Zentralasien beschränkt.

8. *Lama und Alpaka.* Wahrscheinlich handelt es sich um zwei stark differenzierte Rassen der gleichen Art und nicht um zwei verschiedene Arten. Wildlebender Vorfahre: das Guanako aus den Anden. Verbreitungsgebiet beschränkt sich immer noch weitgehend auf die Anden; aber auch Haltung und Zucht in Nordamerika als Packtier.

9. *Esel.* Wildlebender Vorfahre: Afrikanischer Wildesel in Nordafrika und früher womöglich auch im benachbarten Vorderasien. Wurde ursprünglich nur in Nordafrika und im westlichen Eurasien als Haustier genutzt, in jüngerer Vergangenheit jedoch auch in anderen Regionen.

10. *Rentier.* Wildlebender Vorfahre: Rentier im nördlichen Eurasien. Verbreitungsgebiet beschränkt sich immer noch weitgehend auf diese Region; einige werden jedoch auch in Alaska als Haustiere genutzt.

11. *Wasserbüffel.* Wildlebender Vorfahre ist in Südostasien beheimatet. Wird immer noch vor allem in dieser Region als Haustier genutzt, aber auch in Brasilien. Einige entlaufene Wasserbüffel leben wieder in der Wildnis, insbesondere in Australien.

12. *Jak.* Wildlebender Vorfahre: Wildjak im Himalaja und im angrenzenden Hochland von Tibet. Verbreitungsgebiet als Haustier beschränkt sich immer noch auf diese Region.

13. *Bali-Rind.* Wildlebender Vorfahre: Banteng (ein Verwandter des Auerochsen) in Südostasien. Verbreitungsgebiet als Haustier beschränkt sich immer noch auf diese Region.

14. *Gaur.* Wildlebender Vorfahre: Dschungelrind (ein weiterer Verwandter des Auerochsen) in Indien und Burma. Verbreitungsgebiet als Haustier beschränkt sich immer noch auf diese Region.

Tabelle 8.1 Die klassischen 14 Arten großer pflanzenfressender domestizierter Säugetiere

Die wildlebenden Vorfahren der »klassischen 14« waren geographisch sehr ungleichmäßig verteilt. Südamerika hatte nur einen solchen Ahnen, von dem Lama und Alpaka abstammen, vorzuweisen. Nordamerika, Australien und Afrika südlich der Sahara waren mit keinem einzigen gesegnet. Das Fehlen örtlich domestizierter Haustiere in Afrika südlich der Sahara überrascht um so mehr, als die dortige Großtierwelt jedes Jahr Millionen von Touristen nach Afrika lockt. Dagegen beschränkte sich das Verbreitungsgebiet der Wildvorfahren von 13 der »klassischen 14« (einschließlich der »großen Fünf«) auf Eurasien. (Hier und an verschiedenen anderen Stellen dieses Buches ist bei Verwendung der Bezeichnung »Eurasien« Nordafrika mitgemeint, da diese Region biogeographisch und auch kulturell in vielerlei Hinsicht eher Eurasien als Afrika südlich der Sahara zuzuordnen ist).

Natürlich kamen nicht alle 13 dieser wildlebenden Vorfahren überall in Eurasien vor. Keine Region besaß alle 13, und einige Arten waren sogar auf recht kleine Gebiete beschränkt, wie beispielsweise der Jak auf Tibet und angrenzende Hochlandregionen. In vielen Teilen Eurasiens waren jedoch relativ viele der 13 Arten anzutreffen. So kamen im Gebiet des Fruchtbaren Halbmonds sieben wildlebende Vorfahren domestizierter Säugetiere vor.

Diese höchst ungleiche Verteilung der Ahnen unserer späteren Haustiere auf die verschiedenen Kontinente trug in bedeutender Weise dazu bei, daß die Eurasier und nicht die Völker anderer Kontinente den Weg zur modernen Zivilisation als erste fanden. Wie erklärt sich nun aber diese Konzentration der »klassischen 14« auf Eurasien?

Einer der Gründe ist simpel. Eurasien beherbergt die größte Zahl wilder landbewohnender Säugetierarten, ob Vorfahren von Haustieren oder nicht. Wir wollen unseren »Domestikationskandidaten« einmal definieren als landbewohnenden Pflanzen- oder (nicht in erster Linie fleischfressenden) Allesfresser, der im Durchschnitt mindestens 45 Kilo auf die Waage bringt. Aus Tabelle 8.2 geht klar hervor, daß die meisten Arten, die diesen Kriterien genügen, 72 an der Zahl, in Eurasien zu finden sind – wie es auch bei vielen anderen Gruppen von Pflanzen und Tieren der Fall ist. Das liegt daran, daß Eurasien die größte zusammenhängende Landmasse der Welt darstellt und sehr vielfältige Lebensräume bietet, von ausgedehnten tropischen Regenwäldern über Wälder in gemäßigten Klimazonen, Wüsten und Sümpfen bis hin zu riesigen Tundren. In Afrika südlich der Sahara finden wir mit 51 Arten deutlich weniger Kandidaten, was wiederum der Situation bei den meisten anderen Gruppen von Pflanzen und Tieren entspricht – Afrika ist eben kleiner und ökologisch weniger vielfältig als Eurasien. So sind Afrikas Regenwälder nicht so groß wie die Südostasiens; außerdem sind jenseits des 37. Breitengrades überhaupt keine Lebensräume mit gemäßigten klimatischen Verhältnissen anzutref-

	Kontinent			
	Eurasien	Afrika südlich der Sahara	Nord- und Südamerika	Australien
Kandidaten	72	51	24	1
domestizierte Arten	13	0	1	0
prozentualer Anteil	18%	0%	4%	0%

Unter »Kandidat« wird hier ein wildlebendes Landsäugetier (Pflanzen- oder Allesfresser) mit einem durchschnittlichen Gewicht von mindestens 45 Kilo verstanden.

Tabelle 8.2 Domestikationskandidaten

fen. In Nord- und Südamerika dürfte es, wie bereits in Kapitel 1 erörtert, früher einmal fast so viele Domestikationskandidaten gegeben haben wie in Afrika, doch die meisten großen Säugetiere der Neuen Welt (einschließlich der Pferde, der meisten Kamele und anderer Arten, die, hätten sie überlebt, womöglich domestiziert worden wären) starben vor etwa 13000 Jahren aus. Australien, der kleinste und abgelegenste Kontinent, war seit jeher mit weniger Arten großer Säugetiere als Eurasien, Afrika oder Nord- und Südamerika ausgestattet. Wie in Amerika starben die wenigen australischen Kandidaten, mit Ausnahme des roten Riesenkänguruhs, zur Zeit der ersten Besiedlung des Kontinents durch den Menschen allesamt aus.

Ein Teil der Erklärung dafür, daß die meisten großen Säugetiere in Eurasien domestiziert wurden, lautet somit, daß auf diesem Kontinent von vornherein die meisten in Frage kommenden Arten beheimatet waren und von diesen in den letzten 40000 Jahren weniger ausstarben als anderswo. Doch die Zahlen in Tabelle 8.2 sagen uns auch, daß es noch andere Gründe geben muß. Neben der absoluten Zahl ist nämlich auch der *Prozentsatz* tatsächlich domestizierter Kandidaten in Eurasien mit 18 Prozent am höchsten und in Afrika südlich der Sahara mit 0 Prozent am geringsten (von den 51 dortigen Kandidaten wurde kein einziger domestiziert!). Besonders überraschend ist die große Zahl afrikanischer und amerikanischer Säugetiere, die nie domestiziert wurden, obgleich ihre nahen Verwandten beziehungsweise Pendants in Eurasien sehr wohl zu Haustieren wurden. Woran lag es, daß die Pferde Eurasiens domestiziert wurden, nicht aber die Zebras der afrikanischen Steppen? Warum Eurasiens Schweine, aber nicht die amerikanischen Nabelschweine oder die drei echten afrikanischen Wildschweinarten? Warum Eurasiens fünf Wildrinder (Auerochse, Wasserbüffel, Jak, Gaur und Banteng), aber nicht der afrikanische Büffel oder der amerikanische Bison? Warum das asiatische Mufflon (der Vorfahre des Hausschafs), aber nicht das nordamerikanische Dickhornschaf?

Hatten etwa die Völker Afrikas, Nord- und Südamerikas und Australiens trotz ihrer kolossalen sonstigen Vielfalt bestimmte kulturelle Merkmale gemein, die sie daran hinderten, Säugetiere zu domestizieren? Lag es beispielsweise in Afrika an dem vorhandenen Überfluß an Großwild zum Jagen, daß die Menschen sich nicht die Mühe machen wollten, Haustiere zu hüten?

Die Antwort auf diese Frage lautet eindeutig: Nein! Fünf Fakten sprechen dagegen: die schnelle Übernahme europäischer Haustiere durch nichteurasische Völker, die universelle menschliche Vorliebe für die Gesellschaft von Haustieren, die rasche Domestikation der »klassischen 14«, die wiederholte unabhängige Domestikation einiger der »klassischen 14« und der relativ bescheidene Erfolg neuzeitlicher Domestikationsbemühungen.

Als die »großen fünf« eurasischen Haustiere nach Afrika südlich der Sahara gelangten, wurden sie von vielen afrikanischen Völkern übernommen, sofern die Bedingungen halbwegs geeignet waren. Die »frischgebackenen« afrikanischen Viehzüchter errangen sofort einen riesigen Vorteil gegenüber Jägern und Sammlern, die binnen kurzer Zeit von ihnen verdrängt wurden. Insbesondere Bantu-Bauern breiteten sich, nachdem sie in den Besitz von Rindern und Schafen gelangt waren, von ihrer Heimat in Westafrika aus und überrannten innerhalb kurzer Zeit den größten Teil des übrigen Afrika südlich der Sahara, wo bis dahin Jäger und Sammler gelebt hatten. Auch ohne Anbaupflanzen verdrängten Khoisan-Völker, seit rund 2000 Jahren im Besitz von Rindern und Schafen, die Jäger- und Sammlerbevölkerung in weiten Teilen des südlichen Afrika. Die Ankunft des domestizierten Pferdes in Westafrika führte zu einer Revolution der Kriegführung in dieser Region, verbunden mit der Entstehung einer Reihe von Königreichen, die sich auf Reitertruppen stützten. Der einzige Faktor, der die weitere Ausbreitung des Pferdes über Westafrika hinaus verhinderte, war die von Tsetsefliegen übertragene Schlafkrankheit.

Nach dem gleichen Schema verlief die Entwicklung auch in anderen Teilen der Welt, wann immer Völker, in deren Lebensräumen keine zur Domestikation geeigneten Tierarten heimisch waren, plötzlich in den Besitz eurasischer Haustiere gelangen konnten. So wurden europäische Pferde von Indianern in Nord- und Südamerika innerhalb einer Generation, nachdem Pferde von europäischen Siedlungen entlaufen waren, bereitwillig übernommen. Die nordamerikanischen Prärieindianer, die sich bis zum 19. Jahrhundert einen Namen als berittene Krieger und Büffeljäger gemacht hatten, gelangten erst Ende des 17. Jahrhunderts in den Besitz von Pferden. Die Navajo-Indianer, die heute für ihre herrlichen gewebten Wolldecken berühmt sind, erwarben erst von den Spaniern Schafe, die ihre Kultur in ähnlicher Weise transformierten wie Pferde die Kultur der Prärieindianer. Binnen eines Jahrzehnts nach der Besiedlung Tasmaniens durch Europäer, in deren Gefolge auch Hunde auf die Insel kamen, begannen die Tasmanier, die nie zuvor einen Hund erblickt hatten, in großem Stil Jagdhunde zu züchten. Daran wird erkennbar, daß bei den Tausenden von kulturell sehr unterschiedlichen Völkern Australiens, Nord- und Südamerikas und Afrikas keine kulturellen Tabus mit universeller Gültigkeit der Domestikation von Tieren im Weg standen.

Wären einige lokale Wildtierarten dieser Kontinente domestizierbar gewesen, so hätte es sicher einige australische, amerikanische und afrikanische Völker gegeben, die sich diesen Umstand erfolgreich zunutze gemacht hätten, ganz so, wie sie sich später Vorteile durch die prompte Übernahme eurasischer Haustiere verschafften. Man denke beispielsweise an all die Völker Afrikas südlich der Sahara, die sich ihren Lebensraum mit wilden Zebras und Büffeln teilten. Warum gab es nicht wenigstens einen afrikanischen Jäger- und Sammlerstamm, der diese Arten erfolgreich domestizierte und dadurch die Überlegenheit über andere afrikanische Völker errang, noch bevor Pferde und Rinder aus Eurasien eintrafen? Dies alles deutet darauf hin, daß die Gründe für das weitgehende Ausbleiben von Domestikationen außerhalb Eurasiens mit den örtlichen Tierarten statt mit den örtlichen Völkern zusammenhingen.

Ein zweiter Indizientyp, der zu dem gleichen Schluß führt, bezieht sich auf Haustiere als Gefährten des Menschen. Das Zähmen und Halten von Wildtieren stellt eine Vorstufe der Domestikation dar. Haus- und Schoßtierhaltung ist jedoch von praktisch allen menschlichen Gesellschaften bekannt. Die Vielfalt der zu diesem Zweck gezähmten Wildtiere übersteigt die Zahl der am Ende domestizierten Arten bei weitem und umfaßt auch einige, auf die man nicht so schnell kommen würde.

In den Dörfern in Neuguinea, die ich regelmäßig bei meinen Forschungen besuche, sehe ich oft Menschen mit Känguruhs, Opossums und Vögeln der verschiedensten Arten, von Schnäppern bis hin zu Fischadlern. Die meisten von ihnen wandern früher oder später in den Kochtopf, aber einige dienen auch ausschließlich zur Erbauung ihrer Besitzer. Die Neuguineer fangen sogar regelmäßig Kasuarenjunge (den Straußen ähnelnde flugunfähige Vögel) und ziehen sie auf, um sie, wenn die Zeit gekommen ist, als Delikatesse zu verspeisen – und das, obwohl ausgewachsene Kasuare auch in Gefangenschaft äußerst gefährlich sind und schon dem einen oder anderen Dorfbewohner den Bauch aufgeschlitzt haben. Einige asiatische Völker zähmen Adler für die Jagd, obgleich es immer wieder vorkommt, daß die Jäger selbst Opfer dieser mächtigen Vögel werden. Geparden wurden von den alten Ägyptern und Assyrern ebenso wie, in jüngerer Vergangenheit, von Indianern für die Jagd abgerichtet. Aus alten ägyptischen Malereien geht hervor, daß auch Huftiere wie Gazellen und Kuhantilopen sowie Vögel wie zum Beispiel Kraniche (nicht sehr überraschend), Giraffen (schon überraschender, da manchmal recht gefährlich) und Hyänen (am überraschendsten) gezähmt wurden. Afrikanische Elefanten wurden zu Zeiten Roms trotz ihrer unübersehbaren Gefährlichkeit gezähmt, während Asiatische Elefanten noch heute als Arbeitselefanten abgerichtet werden. Das vielleicht erstaunlichste Haustier ist der Braunbär (gehört zur gleichen Art wie der amerikanische Grizzly), der vom Volk der Ainu in Japan *regelmäßig* als Jungtier gefangen, gezähmt und aufgezogen wurde, um schließlich in einer rituellen Zeremonie getötet und verspeist zu werden.

Zahlreiche Wildtierarten erreichten, mit anderen Worten, das erste Stadium auf dem Weg zur Domestikation, doch nur wenige wurden am Ende tatsächlich zu Haustieren. Vor über einem Jahrhundert beschrieb der britische Gelehrte Francis Galton diese Diskrepanz sehr treffend wie folgt: »Wie es scheint, hatte jedes Wildtier seine Chance, domestiziert zu werden, wobei eine kleine Zahl ... vor langer Zeit domestiziert wurde, der große Rest derer

Art	Zeitpunkt (Jahre v. Chr.)	Ort
Hund	10000	Vorderasien, China, Nordamerika
Schaf	8000	Vorderasien
Ziege	8000	Vorderasien
Schwein	8000	China, Vorderasien
Kuh	6000	Vorderasien, Indien, (?)Nordafrika
Pferd	4000	Ukraine
Esel	4000	Ägypten
Wasserbüffel	4000	China?
Lama/Alpaka	3500	Anden
Zweihöckeriges Kamel	2500	Zentralasien
Dromedar	2500	Arabien

Für die anderen vier domestizierten Großsäugetiere – Rentier, Jak, Gaur und Banteng – sind die Zeitpunkte der Domestikation bisher nicht überzeugend belegt. Die Angaben in der Tabelle beziehen sich nur auf den jeweils ältesten belegten Zeitpunkt; tatsächlich kann die Domestikation schon früher oder an einem anderen Ort stattgefunden haben.

Tabelle 8.3 Ungefähre Zeitpunkte der ersten belegten Säugetierdomestikationen

aber, bei denen es manchmal nur an einem winzigen Detail haperte, zu ewigem Wildsein bestimmt ist.«

Die Zeitpunkte der Domestikation liefern eine dritte Indizienkette zur Bestätigung von Galtons Sicht, daß frühzeitliche Hirtenvölker innerhalb kurzer Zeit sämtliche dafür geeigneten Großsäugetiere domestizierten. Alle Arten, für die der Zeitpunkt ihrer Domestikation aufgrund archäologischer Funde feststeht, wurden etwa zwischen 8000 und 2500 v. Chr. domestiziert, also innerhalb der ersten Jahrtausende seit Entstehung seßhafter bäuerlicher Gesellschaften nach dem Ende der letzten Eiszeit. Wie Tabelle 8.3 im Überblick zeigt, begann die Ära der Domestikation großer Säugetiere mit dem Schaf, der Ziege und dem Schwein und endete mit dem Kamel. Seit 2500 v. Chr. kamen keine bedeutenden weiteren Arten hinzu.

Es stimmt natürlich, daß einige Arten von Kleinsäugetieren erstmals lange nach 2500 n. Chr. domestiziert wurden. So begann die Kaninchenhaltung erst im Mittelalter, Mäuse und Ratten wurden erst im 20. Jahrhundert als Versuchstiere für die Laborforschung domestiziert und Hamster erst in den 30er Jahren unseres Jahrhunderts als Käfigtiere. Daß dieser Prozeß andauert, ist nicht erstaunlich, da es Tausende von Kandidaten gibt, deren Nutzen für traditionelle Gesellschaften zu gering war, um den Aufwand der Zucht zu rechtfertigen. Die Domestikation der großen Säugetiere war hingegen vor 4500 Jahren so gut wie abgeschlossen. Bis zu diesem Zeitpunkt müssen praktisch alle der 148 großen Säugetierarten der Welt viele Male getestet worden sein, mit dem Ergebnis, daß nur wenige die Prüfung bestanden und keine geeigneten Kandidaten mehr übrigblieben.

Einen vierten Indizientyp, der dafür spricht, daß einige Säugetierarten weit besser domestizierbar sind als andere, liefern unabhängige Domestikationen der gleichen Art. Molekularbiologische Auswertungen des Anteils der sogenannten Mitochondrien-DNS bestätigten kürzlich, was schon lange vermutet worden war, daß nämlich indische Buckelrinder und europäische buckellose Rinder die Nachfahren zweier getrennter Populationen von Wildrindern sind, deren gemeinsamer Stammbaum sich vor Hunderttausenden von Jahren gabelte. Demnach domestizierten Inder die örtliche indische Unterart, vorderasiatische Völker die vorderasiatische Unterart und Nordafrikaner womöglich die nordafrikanische Unterart des Auerochsen.

Ähnlich wurden aus Wölfen in Amerika und wahrscheinlich auch in mehreren Regionen Eurasiens einschließlich Chinas und Vorderasiens unabhängig voneinander Hunde gezüchtet. Die Hausschweinarten, die wir heute kennen, sind das Ergebnis unabhängiger Domestikationen in China, Vorderasien und vielleicht noch weiteren Gebieten. Diese Beispiele unterstreichen einmal mehr, daß eine kleine Zahl geeigneter Säugetierarten die Aufmerksamkeit zahlreicher Völker in den verschiedensten Regionen erregte.

Neuzeitliche Mißerfolge bei Domestikationsbemühungen sind der letzte Typ von Indizien, die belegen, daß die gescheiterte Domestikation des großen Rests der prinzipiell in Frage kommenden Arten in den Unzulänglichkeiten dieser Arten, nicht aber in denen bestimmter frühzeitlicher Völker begründet ist. Die heutigen Europäer können unter den Bewohnern der Erde auf eine der längsten Traditionen der Domestikation von Tieren zurückblicken. Der Anfang wurde vor rund 10000 Jahren in Vorderasien gemacht. Seit dem 15. Jahrhundert breiteten sich Europäer auf der ganzen Welt aus und trafen dabei auf viele wilde Säugetierarten, die sie aus Europa nicht kannten. Europäische Siedler wie jene, denen ich in Neuguinea immer wieder mit zahmen Känguruhs und Opossums begegne, zähmten – genau wie die Einheimischen – eine Vielzahl örtlicher Säugetiere. Europäische Viehzüchter und Ackerbauern, die auf andere Kontinente auswanderten, unternahmen dort ebenfalls ernsthafte Anstrengungen zur Domestikation örtlicher Tierarten.

Im 19. und 20. Jahrhundert wurden mit mindestens sechs großen Säugetieren – Elenantilope, Hirsch, Elch, Moschusochse, Zebra und amerikanischer Bison – großangelegte Domestikationsversuche unter Beteiligung wissenschaftlicher Experten unternommen. So war die Elenantilope, die größte afrikanische Antilopenart, Objekt systematischer Selektion nach Fleischqualität und Milchquantität; durchgeführt wurden die Bemühungen im zoologischen Garten von Askanija-Nova in der Ukraine, aber auch in England, Kenia, Simbabwe und Südafrika. Eine Versuchsfarm für Hirsche wurde unter der Leitung des Rowett-Forschungsinstituts im schottischen Aberdeen betrieben, eine für Elche im Nationalpark Petschero-Ilytsch in Rußland. Der Erfolg dieser Bemühungen war jedoch äußerst begrenzt. Zwar findet man in amerikanischen Supermärkten zuweilen Büffelfleisch, und in Schweden und Rußland werden hier und da Elche geritten, gemolken und vor Schlitten gespannt. Der wirtschaftliche Nutzen dieser Anstrengungen war jedoch nicht überzeugend genug, um eine größere Zahl von Viehzüchtern zur Nachahmung zu veranlassen. Besonders verblüffend ist, daß die jüngeren Bemühungen zur Domestikation der Elenantilope in Afrika selbst, wo sie durch ihre Krankheitsresistenz und Anpassung an das örtliche Klima einen großen Vorteil gegenüber eingeführtem eurasischem Vieh besitzt, das viel eher Opfer afrikanischer Krankheiten wird, nicht zum Erfolg geführt haben.

Somit gelang es weder einheimischen Viehzüchtern, die über Tausende von Jahren Seite an Seite mit den verschiedensten Domestikationskandidaten lebten, noch modernen Genetikern, weitere große Säugetiere neben den »klassischen 14«, die vor mindestens 4500 Jahren domestiziert wurden, in nützliche Haustiere zu verwandeln. Dabei könnten heutige Wissenschaftler zweifellos, wenn sie nur wollten, bei den meisten Arten den Teil der Definition von Domestikation erfüllen, bei dem es um die Regelung der Fortpflanzung und Futterversorgung geht. So sind die letzten überlebenden Kalifornischen Kondore in den Zoos von San Diego und Los Angeles heute einer weitaus strengeren Fortpflanzungskontrolle unterworfen als irgendein domestiziertes Haustier. Jeder einzelne Kondor wurde genetisch identifiziert, und mit Hilfe eines Computerprogramms wird entschieden, welches Männchen sich mit welchem Weibchen paaren darf – alles um der Erreichung bestimmter, vom Menschen definierter Ziele willen (in diesem Fall: Maximierung der genetischen Vielfalt zwecks Erhaltung der bedrohten Art). Ähnliche Zuchtprogramme werden von Zoos mit vielen anderen bedrohten Tierarten durchgeführt, etwa mit Gorillas und Nashörnern. Bei der rigorosen Selektion des Kalifornischen Kondors besteht jedoch keine Aussicht auf ein wirtschaftlich nützliches Produkt. Das gleiche gilt für Projekte mit Nashörnern, obwohl diese über drei Tonnen Fleisch zu bieten hätten. Wie wir sehen werden, sind Nashörner (und die meisten anderen großen Säugetiere) mit fatalen Nachteilen behaftet, die ihrer Domestikation im Wege stehen.

Alles in allem bestanden von den 148 großen landbewohnenden Pflanzenfressern – den Domestikationskandidaten – nur 14 den Test. Woran scheiterten die übrigen 134 Arten? Und worauf spielte Francis Galton an, als er schrieb, diese übrigen Arten seien »zu ewigem Wildsein bestimmt«?

Die Antwort ergibt sich aus dem *Anna-Karenina*-Prinzip. Zur erfolgreichen Domestikation bedarf eine Art vieler verschiedener Merkmale. Mangelt es ihr an nur einem einzigen, sind alle Domestikationsbemühungen zum Scheitern verurteilt, ganz ähnlich wie beim Zimmern einer glücklichen Ehe. Wenn wir einmal für das Gespann Mensch – Zebra und andere Fehlpaarungen den Eheberater spielen, erkennen wir mindestens sechs Arten von Gründen, an denen die glückliche Ehe scheiterte.

Ernährung. Jedesmal, wenn ein Tier eine Pflanze oder ein anderes Tier verspeist, wird Biomasse umgewandelt – mit einem Wirkungsgrad von unter 100 Prozent (typischerweise etwa 10 Prozent). Das heißt, es werden rund 10000 Pfund Mais benötigt, um eine 1000 Pfund schwere Kuh auf die Beine zu stellen. Will man dagegen einen 1000 Pfund schweren Fleischfresser, so muß man ihn mit 10000 Pfund Pflanzenfresserfleisch füttern, wofür wiederum 100000 Pfund Mais benötigt werden. Selbst unter Pflanzenfressern und Allesfressern sind aber viele Arten, wie beispielsweise Koalas, zu wählerisch in dem, was sie als Kost akzeptieren, als daß sie sich für die Haltung als Schlachtvieh empfehlen würden.

Aufgrund dieser ungünstigen Relation wurde noch nie ein fleischfressendes Säugetier als Nahrungslieferant domestiziert. (Nein, der Grund liegt nicht in zu zähem oder zu fadem Fleisch: Wir essen ständig Fischarten der fleischfressenden Sorte, und ich kann persönlich bezeugen, daß auch Löwenfleisch durchaus schmackhaft ist.) Einer Ausnahme am nächsten kommt der Hund. Ursprünglich als Kamerad und Jagdgefährte domestiziert, wurden im aztekischen Mexiko, in Polynesien und im alten China auch Rassen speziell für Schlachtzwecke gezüchtet. Der regelmäßige Verzehr von Hundefleisch war jedoch quasi der letzte Ausweg in Gesellschaften, in denen chronischer Fleischmangel herrschte: Die Azteken besaßen überhaupt kein anderes Haus(säuge)tier, und Polynesier und alte Chinesen kannten nur Schwein und Hund. In Kulturen, die mit domestizierten pflanzenfressenden Säugetieren gesegnet waren, wurden dagegen in Hunden nie Fleischlieferanten gesehen, es sei denn, man verspeiste sie als seltene Delikatesse (wie noch heute in manchen Teilen Südostasiens). Im übrigen sind Hunde keine reinen Fleisch-, sondern Allesfresser. Falls Sie von Ihrem geliebten Hündchen etwas anderes geglaubt haben, empfehle ich einen Blick auf die Zutatenliste Ihrer Hundefuttertüte. Die Hunde der Azteken und Polynesier wurden recht erfolgreich mit Gemüse und Abfällen gemästet.

Wachstumstempo. Damit sich die Haltung lohnt, dürfen Haustiere nicht zu langsam wachsen. Damit kommen Gorillas und Elefanten schon mal nicht in Frage, obwohl beide Vegetarier sind, sich bewundernswert bescheiden, was ihre Kost betrifft, und eine stattliche Menge Fleisch liefern würden. Welcher Gorillazüchter *in spe* möchte aber 15 Jahre warten, bis seine Herde endlich voll ausgewachsen ist? Wenn in Asien heute Arbeitselefanten benötigt werden, ist es viel wirtschaftlicher, wilde Elefanten zu fangen und zu zähmen.

Fortpflanzungsprobleme in Gefangenschaft. Menschen haben es nicht gern, wenn ihnen beim Geschlechtsverkehr zugeschaut wird; einigen potentiell nützlichen Tierarten geht es nicht anders. An diesem Problem scheiterte die Domestikation des Geparden, obwohl Tausende von Jahren starkes Interesse daran bestand, den schnellsten aller Landbewohner zu züchten.

Wie bereits erwähnt, wurden gezähmte Geparden von den alten Ägyptern und Assyrern ebenso wie von neuzeitlichen Indern als Jagdgefährten, die Hunden unendlich überlegen waren, hoch geschätzt. Ein indischer Mogul soll in seinen Stallungen sage und schreibe tausend Geparden gehalten haben. Doch trotz der hohen Investitionen vieler reicher Herrscher waren ihre Geparden immer nur gezähmte, wild gefangene Tiere. Versuche, Geparden in Gefangenschaft zu züchten, scheiterten kläglich. Erst 1960 konnten Biologen in einem Zoo erstmals die Geburt eines Gepardenjungen feiern. In der Wildnis jagen mehrere Geparden, meist Brüder, ein Weibchen mehrere Tage lang; diese derbe Liebeswerbung, bei der große Entfernungen zurückgelegt werden, scheint erst den Eisprung auszulösen beziehungsweise die Weibchen sexuell empfänglich zu machen. In Käfigen gehalten, verweigern Geparden das umständliche Werberitual in aller Regel.

An einem ähnlichen Problem scheiterten Bemühungen, Vikunjas zu züchten, in den Anden lebende Wildkamele, aus deren Haarkleid die feinste und leichteste tierische Wolle, die es gibt, gewonnen werden kann. Die alten Inkas trieben wildlebende Vikunjas, um der Wolle habhaft zu werden, in Korrale, schoren sie und ließen sie wieder frei. Heutige Interessenten müssen, um an die kostbare Wolle zu gelangen, entweder die gleiche Methode anwenden oder wildlebende Vikunjas töten. Trotz starker Anreize scheiterten alle Versuche, Vikunjas als Woll-Lieferanten zu züchten. Ein Grund war das ausführliche Werberitual vor der Paarung, das sich in Gefangenschaft verbietet. Weitere Gründe waren das äußerst intolerante Verhalten männlicher Vikunjas gegenüber Geschlechtsgenossen sowie ihr Anspruch auf ganzjährige getrennte Futter- und Schlafreviere.

Unberechenbares Naturell. Ab einer bestimmten Körpergröße kann natürlich fast jede Säugetierart für Menschen zur tödlichen Gefahr werden. Menschen wurden schon von Schweinen, Pferden, Kamelen und Rindern getötet. Einige Arten sind jedoch durch Veranlagung sehr viel unberechenbarer und gefährlicher als andere. Viele ansonsten ideal erscheinende Domestikationskandidaten disqualifizierten sich aus diesem Grund.

Ein Beispiel ist der Grizzly. Bärenfleisch ist eine kostspielige Delikatesse, Grizzlys werden bis zu 800 kg schwer, ernähren sich hauptsächlich von allerlei Pflanzen (obwohl sie auch sehr geschickte Jäger sind), verwerten sogar Abfälle des Menschen (was zum Beispiel im Yellowstone-Nationalpark große Probleme bereitet) und wachsen relativ schnell. Würden sie sich in Gefangenschaft nur besser betragen, gäben Grizzlys fabelhafte Fleischlieferanten ab. Das Volk der Ainu in Japan wagte das Experiment und zog regelmäßig Grizzlyjunge als Teil eines kulturellen Rituals auf. Aus einleuchtenden Gründen hielten es die Ainu jedoch für angebracht, die Jungtiere zu schlachten und zu verspeisen, wenn sie ein Jahr alt waren. Der Versuch, Grizzlys länger zu halten, käme Selbstmord gleich. Mir ist kein Fall bekannt, in dem ein ausgewachsener Grizzly erfolgreich gezähmt worden wäre.

Ein weiterer ansonsten geeigneter Kandidat, dessen Domestikation aus dem gleichen Grund scheiterte, ist der Kaffernbüffel. Er erreicht relativ schnell sein Gewicht von bis zu einer Tonne und lebt in Herden mit ausgeprägter Dominanzordnung, einem Merkmal, auf dessen Bedeutung ich noch eingehen werde. Der Kaffernbüffel steht jedoch in dem Ruf, von allen großen afrikanischen Säugetieren das gefährlichste und unberechenbarste zu sein. Jeder, der so waghalsig war, den Versuch der Domestikation zu unternehmen, bezahlte dafür entweder selbst mit dem Leben oder war gezwungen, den Büffel zu schlachten, bevor er zu groß und bösartig wurde. Auch Nilpferde, vier Tonnen schwere Vegetarier, würden sich prächtig zur Hofhaltung eignen, wären sie nicht so gefährlich. Jahr für Jahr fallen ihnen mehr Menschen zum Opfer als jedem anderen afrikanischen Säugetier, Löwen eingeschlossen.

Daß diese wegen ihres bösartigen Temperaments berüchtigten Tiere nicht domestiziert werden konnten, dürfte die wenigsten überraschen. Andere Disqualifikanten sind für ihren gefährlichen Charakter dagegen weniger bekannt. Die acht Arten von Einhufern (Pferde und ihre Verwandten) unterscheiden sich in ihrem Verhalten sehr stark, obwohl sie genetisch so eng miteinander verwandt sind, daß eine Paarung ohne weiteres möglich ist und zu gesundem (wenn auch in der Regel unfruchtbarem) Nachwuchs führt. Zwei von ihnen, das Pferd und der Afrikanische Wildesel (der Vorfahre des Hausesels), wurden erfolgreich domestiziert. Eng verwandt mit dem Afrikanischen Wildesel ist der Persische Halbesel, auch Onager genannt. Da zu seinem natürlichen Verbreitungsgebiet auch der Fruchtbare Halbmond gehörte, die Wiege der westlichen Zivilisation und der früheste Ort der Domestikation von Tieren, ist davon auszugehen, daß schon sehr früh ausgiebig mit ihm experimentiert wurde. Aus sumerischen und späteren Quellen wissen wir, daß Onager regelmäßig gejagt, eingefangen und mit Eseln und Pferden gekreuzt wurden. Einige Schilderungen pferdeähnlicher Tiere, die zum Reiten und als Zugpferde dienten, beziehen sich möglicherweise auf Onager. Jeder, der über sie schrieb, von den alten Römern bis hin zu modernen Zoologen, äußerte sich jedoch mißbilligend über ihre Übellaunigkeit und Bissigkeit. Die Folge war, daß Onager trotz ihrer großen Ähnlichkeit mit anderen Vorfahren unseres Hausesels nie domestiziert wurden.

Als noch schlimmer erwiesen sich die vier Zebraarten. Bei den verschiedentlichen Domestikationsversuchen kam man immerhin so weit, Zebras vor Wagen zu spannen: Im 19. Jahrhundert experimentierte man in Südafrika mit Zebras als Zugtieren, und der exzentrische Lord Walter Rothschild fuhr in einer mit Zebras bespannten Kutsche durch die Straßen Londons. Leider Gottes werden Zebras mit wachsendem Alter äußerst gefährlich. (Das soll nicht heißen, daß nicht auch Pferde oftmals ein schwieriges Gemüt haben, aber für Zebras und Onager gilt dies in viel stärkerem Maße und mit viel weniger Ausnahmen.) Zebras haben die unerfreuliche Angewohnheit, Menschen zu beißen und dann nicht wieder loszulassen. Auf diese Weise verletzen sie jedes Jahr mehr Tierpfleger in Zoos als selbst Tiger! Es ist auch praktisch unmöglich, Zebras mit dem Lasso einzufangen – dieses Kunststück gelingt nicht einmal Cowbows, die auf Rodeos beim Einfangen von Pferden Meisterleistungen vollbringen. Der Grund liegt in einer Fähigkeit von Zebras, die sie nie im Stich läßt und die darin besteht, eine auf sie zufliegende Schlinge zu beobachten und sich im richtigen Moment wegzuducken.

Deshalb gelang es nur selten (oder nie), ein Zebra zu satteln und auf ihm zu reiten, und die Begeisterung für die Domestikation dieses Pferdeverwandten hat sich denn auch in Südafrika wieder gelegt. Unberechenbarkeit und Aggressivität großer, potentiell gefährlicher Säugetiere erklären auch zum Teil, warum den anfangs so vielversprechenden Experimenten der jüngeren Vergangenheit mit Elchen und Elenantilopen kein größerer Erfolg beschert war.

Neigung zu panikartiger Flucht. Die großen pflanzenfressenden Säugetiere reagieren auf die Bedrohung durch Raubtiere oder Menschen auf unterschiedliche Weise. Einige Arten sind nervös, flink und auf sofortige Flucht bei Gefahr programmiert. Andere sind langsamer, weniger nervös, suchen Schutz in Herden, geben bei Gefahr nicht so leicht nach und ergreifen nur als letztes Mittel die Flucht. Die meisten Hirsch- und Antilopenarten (mit Ausnahme des Rentiers) gehören zum ersten Typ, Schafe und Ziegen zum zweiten.

Nervöse Tiere eignen sich naturgemäß nicht gut zur Haltung als Vieh. Eingepfercht in Gehege, geraten sie schnell in Panik und sterben entweder vor Angst oder beim verzweifelten Anrennen gegen den Zaun, der sie von der Freiheit trennt. Das gilt beispielsweise für Gazellen, die in manchen Gebieten Vorderasiens jahrtausendelang das am meisten gejagte Wild darstellten. Bei keinem anderen Säugetier hatten die ersten seßhaften Bewohner jener Region mehr Gelegenheit, Domestikationsversuche zu unternehmen, als bei Gazellen. Es wurde jedoch keine einzige Gazellenart je domestiziert. Man stelle sich nur vor, man sollte ein Tier halten, das ständig davonläuft, sich in blinder Panik gegen Mauern wirft, fast 10 Meter hoch springen und 80 Kilometer pro Stunde schnell sprinten kann!

Soziale Rangordnung. Die wildlebenden Vorfahren fast sämtlicher Arten großer domestizierter Säugetiere haben drei soziale Merkmale gemein: Sie leben in Herden, weisen eine stark entwickelte Dominanzordnung auf und beanspruchen kein Revier für sich allein, d.h., die Weidegebiete der Herden können sich überschneiden. So besteht beispielsweise bei Wildpferden eine Herde aus einem Hengst und bis zu einem halben Dutzend Stuten mit ihren Fohlen. Stute A ist ranghöher als die Stuten B, C, D, E usw.; Stute B ist rangniedriger als A, aber ranghöher als C, D, E usw.; C ist rangniedriger als B und A, aber ranghöher als D und E – und so weiter. Ist die Herde auf Wanderschaft, wird eine feste Marschordnung eingehalten: Den Schluß bildet der Hengst, die Spitze das ranghöchste Weibchen, gefolgt von ihrem jüngsten und dann den übrigen Fohlen. Dahinter kommen die anderen Stuten in der Reihenfolge ihres Rangs, jeweils mit ihren Fohlen im Gefolge. Auf diese Weise kann eine größere Zahl erwachsener Tiere in einer Herde zusammenleben, ohne daß ständig Kämpfe ausgetragen werden – jedes Tier kennt genau seinen Platz in der Rangordnung.

Für Zwecke der Domestikation ist eine solche Dominanzordnung ideal, da sich der Mensch an ihre Spitze setzen kann. Packpferde in einem Troß lassen sich genauso selbstverständlich von einem Menschen leiten, wie sie dem ranghöchsten Weibchen folgen würden. In Schaf-, Ziegen- und Rinderherden begegnet man ebenfalls einer solchen Hierarchie; das gleiche gilt für Rudel von Wölfen, den wildlebenden Vorfahren der Hunde. Beim Aufwachsen in der Herde erfolgt eine Prägung der Jungtiere auf diejenigen Herdenangehörigen, die regelmäßig in ihrer Nähe sind. In der Natur handelt es sich um Artgenossen, unter den Bedingungen der Gefangenschaft können es jedoch auch Menschen sein.

Tiere, die in sozialen Gemeinschaften leben, sind prinzipiell geeignete Kandidaten für die Viehhaltung. Da sie gegenüber Artgenossen ein tolerantes Verhalten zeigen und auch in der Natur in großer Zahl auf engem Raum zusammenleben, können sie problemlos zusammengepfercht werden. Und da sie instinktiv einem ranghöheren Anführer folgen und auch auf Menschen geprägt werden können, lassen sie sich mühelos von einem Schafhirten oder Schäferhund treiben.

Im Gegensatz dazu kommen die meisten Tierarten mit Territorialverhalten, deren Angehörige als Einzelgänger leben, für die Herdenhaltung nicht in Frage. Weder sind sie tolerant gegenüber Artgenossen, noch lassen sie sich auf Menschen prägen oder ordnen sich instinktiv unter. Oder haben Sie schon einmal eine Herde Katzen gesehen, die friedlich hinter einem Menschen herzog? Jeder, der Katzen kennt, weiß, daß sie sich dem Menschen niemals in der gleichen Weise unterordnen wie Hunde. Katzen und Frettchen sind die einzigen Säugetierarten mit Territorialverhalten, die jemals domestiziert wurden. Dies geschah aber nur, weil unsere Absicht nicht darin bestand, sie in Herden als Schlachtvieh zu halten, sondern weil es uns um ihren Dienst als flinke Jäger beziehungsweise putzige Gefährten ging.

Während also die meisten territorialen Einzelgänger nicht domestiziert wurden, ist es umgekehrt keineswegs so, daß das Gros der Herdentiere domestiziert werden kann. Bei den meisten ist dies aus mindestens einem von mehreren weiteren Gründen nicht der Fall.

Erstens leben die Herden bei vielen Arten nicht in sich überlappenden Weidegebieten, sondern verteidigen die Reviere, die sie bewohnen, gegen andere Herden. Zwei derartige Herden lassen sich genausowenig zusammenpferchen wie zwei männliche Tiere einer Art, deren Angehörige als Einzelgänger leben.

Zweitens zeigen viele Arten, die einen Teil des Jahres in Herden verbringen, in der Paarungszeit ein ausgeprägtes Territorialverhalten und bekämpfen jeden Artgenossen, der in die Nähe kommt. Dies gilt für die meisten Hirsch- und Antilopenarten (wiederum mit Ausnahme des Rentiers) und ist einer der Hauptgründe dafür, daß keine der vielen in Herden lebenden Antilopenarten, für die

Afrika so berühmt ist, domestiziert werden konnte. Bei afrikanischen Antilopen denkt man vielleicht zuerst an »endlose Herden, so weit das Auge reicht«. Während der Brunst suchen sich die Männchen jedoch eigene Reviere, die sie gegen jeden Rivalen heftig verteidigen. Aus diesem Grund können Antilopen nicht in großer Zahl zusammengesperrt werden, wie es sich Schafe, Ziegen und Rinder klaglos gefallen lassen. Bei Nashörnern gesellen sich zum Territorialverhalten noch Aggressivität und langsames Wachstum als weitere Gründe, die ihnen den Platz im Stall verwehren.

Vielen Herdentieren, so auch den meisten Hirsch- und Antilopenarten, mangelt es schließlich an einer ausgeprägten Dominanzordnung. Ihnen fehlt auch die instinktive Veranlagung zur Prägung auf einen ranghöheren Anführer (als Voraussetzung für die »Fehlprägung« auf einen Menschen). Deshalb konnten zwar zahlreiche einzelne Rehe und Antilopen gezähmt werden (Bambi läßt grüßen), doch es gelang nie, sie in Herden zu halten, wie etwa Schafe. An diesem Problem scheiterte auch die Domestikation des nordamerikanischen Dickhornschafs, das zur gleichen Gattung gehört wie das asiatische Mufflon, der Vorfahre unseres Hausschafs. Dickhornschafe haben zahlreiche für den Menschen nützliche Eigenschaften und ähneln Mufflons in vieler Hinsicht, mit einer entscheidenden Ausnahme: Ihnen fehlt die stereotype Verhaltensweise, daß sie sich einer Rangordnung unterwerfen.

Ich will nun auf das Paradoxon vom Beginn dieses Kapitels zurückkommen. Bei der Beschäftigung mit der Domestikation von Tieren steht man zunächst vor einem Rätsel, wenn man zu erklären versucht, warum einige Arten scheinbar willkürlich domestiziert wurden, ihre engen Verwandten jedoch nicht. Wie sich bei näherer Untersuchung zeigt, hat das *Anna-Karenina*-Prinzip viel damit zu tun, warum alle bis auf eine kleine Zahl von Kandidaten aus dem Rennen schieden. Mensch und Tier – diese Kombination ergibt bei den allermeisten Arten eine unglückliche Ehe, und zwar aus jeweils einem oder mehreren von vielen möglichen Gründen. Hierzu zählen Ernährungsgewohnheiten, Wachstumstempo, Paarungsverhalten, Temperament, Neigung zu Panik sowie mehrere spezifische Merkmale des sozialen Zusammenlebens. Nur ein kleiner Prozentsatz aller Säugetierarten fuhr in den »Hafen der Ehe« mit dem Menschen ein. Als Voraussetzung mußten beide Partner in jedem einzelnen Aspekt gut miteinander harmonieren.

Den Völkern Eurasiens wurde eine wesentlich größere Zahl pflanzenfressender Säugetiere, die sich zur Domestikation eigneten, in die Wiege gelegt als den Völkern der anderen Kontinente. Dieses Faktum, das von immenser Tragweite für den weiteren Verlauf der Geschichte war, hat drei grundlegende geographische, historische und biologische Ursachen: Erstens besaß Eurasien entsprechend seiner großen Landmasse und ökologischen Vielfalt von vornherein die meisten Kandidaten. Zweitens verloren Australien, Nord- und Südamerika, nicht aber Eurasien und Afrika, die meisten ihrer Domestikationskandidaten in einer gewaltigen Welle des Artensterbens, die sich gegen Ende des Pleistozäns ereignete und die möglicherweise dadurch ausgelöst wurde, daß die zuerst genannten Kontinente die Bekanntschaft des Menschen relativ plötzlich und spät in der Evolutionsgeschichte machten, als wir bereits beachtliche Jagdfertigkeiten besaßen. Und schließlich war in Eurasien ein höherer Prozentsatz der überlebenden Kandidaten als auf den anderen Kontinenten zur Domestikation geeignet. Die nähere Untersuchung jener grundsätzlich in Frage kommenden Arten, die nicht domestiziert wurden, wie beispielsweise die großen afrikanischen Herdentiere, zeigt uns im einzelnen, woran die Domestikation scheiterte. Sicher hätte Tolstoi der Erkenntnis zugestimmt, die ein früherer Autor, der heilige Matthäus, in anderem Zusammenhang verkündete: »Viele werden gerufen, doch nur wenige werden auserwählt.«

KAPITEL 9

Achsen und das Rad der Geschichte

Warum die Ausbreitung der Landwirtschaft auf verschiedenen Kontinenten in unterschiedlichem Tempo verlief

Vergleichen Sie auf der Weltkarte auf Seite 209 (Abbildung 9.1) einmal Form und Lage der verschiedenen Kontinente. Ein Unterschied fällt sofort ins Auge: Nord- und Südamerika haben eine viel größere Nord-Süd- (über 14000 km) als Ost-West-Ausdehnung (weniger als 5000 km, mit einer Verengung bis auf ca. 65 km in Panama). Die Hauptachse des amerikanischen Doppelkontinents verläuft mit anderen Worten in Nord-Süd-Richtung. Das gleiche gilt für Afrika, wenn auch in weniger starker Ausprägung. Demgegenüber verläuft die Hauptachse Eurasiens von Ost nach West. Ob wohl diese Unterschiede in der Ausrichtung der Kontinentalachsen für den Verlauf der Menschheitsgeschichte bedeutsam waren? Und wenn ja, inwiefern?

In diesem Kapitel geht es um die nach meiner Auffassung äußerst schwerwiegenden, in mancher Hinsicht tragischen Konsequenzen des unterschiedlichen Achsenverlaufs. Die Nord-Süd- beziehungsweise Ost-West-Ausrichtung der Kontinente beeinflußte das Tempo der Ausbreitung von Kulturpflanzen und Haustieren, aber möglicherweise auch der Schrift, des Rades und anderer Erfindungen. Auf diese Weise trug ein Grundmerkmal der Geographie unseres Planeten in entscheidender Weise zu den sehr unterschiedlichen Schicksalen bei, die den Bewohnern Amerikas, Afrikas und Eurasiens in den letzten 500 Jahren zuteil wurden.

Die Ausbreitung der Landwirtschaft war für die Herausbildung der Ungleichheit menschlicher Gesellschaften im Grunde von ebenso großer Bedeutung wie ihre Entstehung, die uns in den vorangegangenen Kapiteln beschäftigte. Der Grund liegt darin, daß es – wie wir in Kapitel 4 erfahren haben – auf der ganzen Welt höchstens

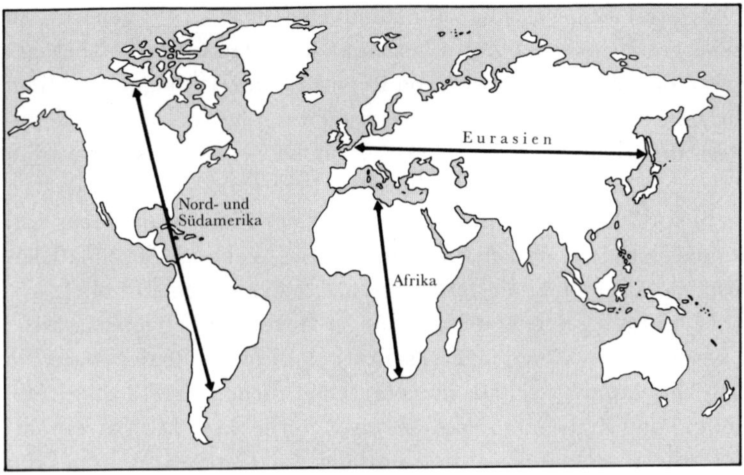

Abbildung 9.1 Hauptachsen der Kontinente

neun (und vielleicht sogar nur fünf) Regionen gab, in denen die Landwirtschaft unabhängig entstand. Schon in vorgeschichtlicher Zeit wurde jedoch außer in den wenigen ursprünglichen Entstehungsgebieten in vielen weiteren Regionen Landwirtschaft betrieben. Möglich wurde dies in allen Fällen durch die Ausbreitung von Kulturpflanzen, Haustieren und bäuerlichen Kenntnissen beziehungsweise in einigen Fällen durch die Zuwanderung von Ackerbauern und Viehzüchtern.

Die bedeutendsten derartigen Ausbreitungsbewegungen verliefen von Vorderasien nach Europa, Ägypten und Nordafrika, Äthiopien, Zentralasien und ins Industal; von der Sahelzone und Westafrika nach Ost- und Südafrika; von China nach Südostasien – einschließlich der Philippinen und Indonesiens – sowie nach Korea und Japan; und von Mesoamerika nach Nordamerika. Daneben wurde die Landwirtschaft selbst in ihren ursprünglichen Herkunftsgebieten durch zusätzliche Anbaupflanzen, Viehsorten und Techniken aus anderen Entstehungsgebieten ergänzt und bereichert.

So, wie sich einige Regionen als besonders geeignet für die Entstehung von Ackerbau und Viehzucht erwiesen, zeigten sich auch bei deren Ausbreitung große regionale Unterschiede. Einige Regionen mit ausgesprochen günstigen Umweltbedingungen wurden in vorgeschichtlicher Zeit überhaupt nicht landwirtschaftlich genutzt, obwohl sie nicht weit von Regionen entfernt lagen, in denen die Landwirtschaft bereits Einzug gehalten hatte. Die auffallendsten Beispiele sind das präkolumbianische Kalifornien, wohin Ackerbau und Viehzucht aus dem amerikanischen Südwesten nicht vordrangen; Australien, das trotz der Nähe Neuguineas und Indonesiens landwirtschaftlich unberührt blieb; und die südafrikanische Kapprovinz, die landwirtschaftliches Brachland blieb, obwohl im nahegelegenen Natal längst Ackerbau betrieben wurde. Überdies unterschieden sich selbst bei all jenen Regionen, in die sich die Landwirtschaft in vorgeschichtlicher Zeit ausbreitete, Tempo und Zeitpunkt der Ausbreitung erheblich. Ein Extrem bildete die rasche Ausbreitung entlang der Ost-West-Achsen: von Vorderasien westwärts nach Europa und Ägypten beziehungsweise ostwärts zum Industal (mit einer durchschnittlichen Geschwindigkeit von ca. 1,1 Kilometer pro Jahr) sowie von den Philippinen ostwärts nach Polynesien (5,1 Kilometer pro Jahr). Das umgekehrte Extrem bildete die langsame Ausbreitung entlang der Nord-Süd-Achsen: von Mexiko nordwärts in den Südwesten der heutigen USA mit weniger als 800 Metern pro Jahr, von Mexiko in den Osten der heutigen USA, wo Mais und Bohnen um 900 n. Chr. eingeführt wurden, mit knapp 500 Metern pro Jahr, und von Peru nordwärts nach Ecuador (in Gestalt des Lamas) mit ca. 300 Metern pro Jahr. Die Unterschiede wären noch viel gravierender, wenn Mais in Mexiko nicht erst um 3500 v. Chr. domestiziert wurde, wie ich für diese Berechnungen angenommen habe, sondern schon viel früher, wie die meisten Archäologen bis vor kurzem glaubten (viele vertreten noch heute diese Meinung).

Große Unterschiede bestanden auch im Umfang der Ausbreitung der in einem Gebiet domestizierten Anbaupflanzen und Haustiere, die ebenfalls auf stärkere beziehungsweise schwächere Barrieren hindeuten. Während beispielsweise die meisten Gründerpflanzen und -vieharten Vorderasiens den Weg westwärts nach Europa und ostwärts ins Industal fanden, gelangte von den Haustieren der Anden (Lama/Alpaka, Meerschweinchen) in präkolumbianischer Zeit kein einziges bis nach Mesoamerika. Diese verblüffende Tatsache schreit geradezu nach einer Erklärung. Immerhin entwickelten sich in Mesoamerika bäuerliche Kulturen mit hoher Siedlungsdichte und komplexen gesellschaftlichen Strukturen, so daß die in den Anden domestizierten Tiere (wären sie denn verfügbar gewesen) als wertvolle Nahrungs- und Wollieferanten beziehungsweise Zugtiere sicher äußerst willkommen gewesen wären. Abgesehen von Hunden gab es in Mesoamerika nämlich keine heimischen Säugetiere, die diese Bedürfnisse hätten befriedigen können. Einige Anbaupflanzen aus Südamerika, wie Maniok, Süßkartoffeln und Erdnüsse, gelangten aber dennoch nach Mesoamerika. Welche selektive Barriere mag es gewesen sein, die diese Pflanzen passieren ließ, Lamas und Meerschweinchen indes fernhielt?

Auf noch subtilere Weise finden die geographisch unterschiedlichen Ausbreitungsgeschwindigkeiten Ausdruck im Phänomen der »präventiven Domestikation«. Das Erbgut der wildwachsenden Pflanzenarten, von denen unsere Kulturpflanzen abstammen, variiert genetisch von Region zu Region, was daher rührt, daß sich in den Populationen der Ahnenpflanzen in verschiedenen Gebieten unterschiedliche Mutationen durchsetzten. Ebenso können die Veränderungen, deren es zur Transformation von Wildpflanzen zu Kulturpflanzen bedarf, im Prinzip durch unterschiedliche neue Mutationen beziehungsweise Auslesevorgänge hervorgerufen werden, die jeweils zum gleichen Ergebnis führen. Vor diesem Hintergrund kann eine in vorgeschichtlicher Zeit weitverbreitete Kulturpflanze daraufhin untersucht werden, ob alle Varietäten die gleiche wilde beziehungsweise transformative Mutation aufweisen. Zweck der Analyse ist die Klärung der Frage, ob die betreffende Pflanze in nur einer Region oder unabhängig in mehreren verschiedenen Regionen domestiziert wurde.

Bei Anwendung dieser genetischen Analyse auf die wichtigsten klassischen Kulturpflanzen der Neuen Welt stößt man bei den meisten auf zwei oder mehr unterschiedliche Wildformen beziehungsweise zwei oder mehr transformative Mutationen. Daraus kann gefolgert werden, daß die betreffende Kulturpflanze in mindestens zwei Regionen eigenständig domestiziert wurde und daß einige Varietäten die spezielle Mutation eines bestimmten Gebiets, andere dagegen die eines anderen Gebiets in ihrem Erbgut bewahren. Aufgrund solcher Untersuchungen gelangten Botaniker zu dem Schluß, daß Limabohnen (*Phaseolus lunatus*), Gartenbohnen (*Phaseolus vulgaris*) und Paprika der Sorten *Capsicum annuum/chinense* jeweils in mindestens zwei Regionen unabhängig voneinander domestiziert wurden, einmal in Mesoamerika und einmal in Südamerika; und daß der Kürbis *Cucurbita pepo* und die Samenpflanze Gänsefuß jeweils mindestens zweimal unabhängig voneinander domestiziert wurden, einmal in Mesoamerika und einmal im Osten der USA. Demgegenüber findet man bei den meisten der klassischen Anbaupflanzen Vorderasiens nur jeweils eine der wilden Varianten beziehungsweise transformativen Mutationen, woraus geschlossen werden kann, daß alle heutigen Varietäten der jeweiligen Pflanze auf einer einzigen Domestikation beruhen.

Welche Konsequenzen hat es aber, wenn ein und dieselbe Anbaupflanze in verschiedenen Teilen ihres natürlichen Verbreitungsgebiets mehrmals und nicht nur ein einziges Mal in nur einem Gebiet domestiziert wurde? Wie wir bereits sahen, geht es bei der Pflanzendomestikation darum, Wildpflanzen so zu verändern, daß ihr Nutzen für den Menschen wächst, beispielsweise durch größere Samen, einen weniger bitteren Geschmack oder andere Eigenschaften. Steht bereits eine produktive Pflanze zur Verfügung, werden angehende Ackerbauern sicherlich diese verwenden, statt ganz von vorne anzufangen und einen weniger nützlichen wildwachsenden Verwandten zu domestizieren. Beweise dafür, daß nur eine Domestikation vorlag, lassen somit den Schluß zu, daß eine neu domestizierte Anbaupflanze rasch in andere Teile ihres Verbreitungsgebiets gelangte und somit weitere unabhängige Domestikationen der gleichen Pflanze überflüssig machte. Gibt es jedoch Anzeichen dafür, daß die gleiche wildwachsende Ahnenpflanze in verschiedenen Gebieten eigenständig domestiziert wurde, können wir daraus schließen, daß sich die betreffende Kulturpflanze zu langsam ausbreitete, um einer Domestikation an anderen Orten vorzubeugen. Die Indizien dafür, daß in Vorderasien in erster Linie Einzel-, in Nord- und Südamerika jedoch wiederholt Mehrfachdomestikationen stattfanden, zeigen somit, daß die Ausbreitung von Kulturpflanzen in Vorderasien auf weniger Hindernisse stieß als in Nord- und Südamerika.

Die rasche Ausbreitung einer Kulturpflanze beugt möglicherweise nicht nur der Domestikation der gleichen wildwachsenden Ahnenpflanze an anderen Orten vor, sondern auch der Domestikation verwandter Arten. Ein Bauer beispielsweise, der ertragreiche Erbsen anbaut, hat natürlich keinen Grund, bei Null anzufangen und die gleiche Ahnenerbse erneut zu domestizieren. Genauso sinnlos wäre es, eng verwandte Arten zu domestizieren, wenn sich das Resultat von den bereits domestizierten Erbsensorten kaum unterscheiden würde. Sämtliche Gründerpflanzen Vorderasiens kamen im gesamten westlichen Eurasien der Domestikation ihrer engen Verwandten zuvor. Aus der Neuen Welt sind dagegen zahlreiche Fälle bekannt, in denen eng verwandte, aber doch unterschiedliche Arten in Meso- und Südamerika domestiziert wurden. So gehören beispielsweise 95 Prozent der heute weltweit angebauten Baumwolle zu der Sorte *Gossypium hirsutum*, die in vorgeschichtlicher Zeit in Mesoamerika domestiziert wurde. Auf den Feldern prähistorischer südamerikanischer Ackerbauern wuchs jedoch Baumwolle der verwandten Art *Gossypium barbadense*. Offenbar war es für die Baumwolle aus Mesoamerika so schwer, nach Südamerika zu gelangen, daß sie die Domestikation einer anderen Baumwollsorte dort in vorgeschichtlicher Zeit nicht verhindern konnte (und umgekehrt). Paprikas, Kürbisse und Fuchsschwanzgewächse sind weitere Beispiele für Anbaupflanzen, bei denen verschiedene verwandte Arten in Meso- und Südamerika domestiziert wurden, ohne daß sich eine Art schnell genug ausbreiten und der Domestikation der anderen zuvorkommen konnte.

Wir haben es also mit vielen verschiedenen Phänomenen zu tun, die alle darauf hindeuten, daß sich die Landwirtschaft von Vorderasien aus schneller verbreitete als innerhalb Nord- und Südamerikas, möglicherweise auch schneller als in Afrika südlich der Sahara. Diese Phänomene waren im einzelnen: die Tatsache, daß die Landwirtschaft in eine Reihe von Regionen mit günstigen Umweltbedingungen nicht vordrang, Unterschiede in Tempo und Selektivität der Ausbreitung der Landwirtschaft sowie Unterschiede darin, ob die ältesten domestizierten Anbaupflanzen der erneuten

Domestikation der gleichen beziehungsweise eng verwandter Arten zuvorkamen. Woran lag es, daß die Ausbreitung der Landwirtschaft in Nord- und Südamerika und in Afrika auf viel größere Schwierigkeiten stieß als in Eurasien?

Zur Beantwortung dieser Frage wollen wir zunächst die rasche Ausbreitung der Landwirtschaft von ihrem Entstehungsgebiet im Bereich des Fruchtbaren Halbmonds näher untersuchen. Schon bald nach dem Aufkommen der Landwirtschaft in dieser Region um 8000 v. Chr. wurde eine Welle in Bewegung gesetzt, die sie in immer weiter entfernte Teile des westlichen Eurasien und Nordafrikas trug. Ich habe auf Seite 215 die interessante Karte (Abbildung 9.2) wiedergegeben, die von dem Genetiker Daniel Zohary und der Botanikerin Maria Hopf erstellt wurde, um zu verdeutlichen, wie die Welle um 6500 v. Chr. Griechenland, Zypern und den indischen Subkontinent, kurz nach 6000 v. Chr. Ägypten, bis 5400 v. Chr. Mitteleuropa, bis 5200 v. Chr. Südspanien und um 3500 v. Chr. Großbritannien erreichte. In jeder dieser Regionen waren an der Entstehung der Landwirtschaft mehrere der domestizierten Pflanzen und Tiere beteiligt, die auch in Vorderasien eine maßgebende Rolle gespielt hatten. Auch südwärts bis nach Äthiopien drangen vorderasiatische Anbaupflanzen und Haustiere vor; der genaue Zeitpunkt ist jedoch noch nicht bekannt. In Äthiopien wurden allerdings auch zahlreiche heimische Pflanzen domestiziert, so daß wir noch nicht wissen, ob die dortige Landwirtschaft durch eigene Gewächse oder fremde Ankömmlinge aus der Taufe gehoben wurde.

Natürlich gelangten nicht alle Elemente des vorderasiatischen Bündels in jede der entfernteren Regionen. So war es in Ägypten für Einkornweizen zu heiß. Zudem trafen in einigen Regionen verschiedene Elemente des Bündels zu unterschiedlichen Zeitpunkten ein. Beispielsweise waren Schafe in Südwesteuropa früher verbreitet als Getreide. In einigen Regionen wurden zusätzlich lokale Pflanzenarten domestiziert, wie Mohn in Westeuropa und, so wird vermutet, Wassermelonen in Ägypten. Die Hauptrolle spielten in all diesen Regionen jedoch zunächst Pflanzen und Tiere aus Vorderasien. Ihnen folgten binnen relativ kurzer Zeit weitere Innova-

Ausbreitung der Anbaupflanzen des Fruchtbaren Halbmonds im westlichen Eurasien

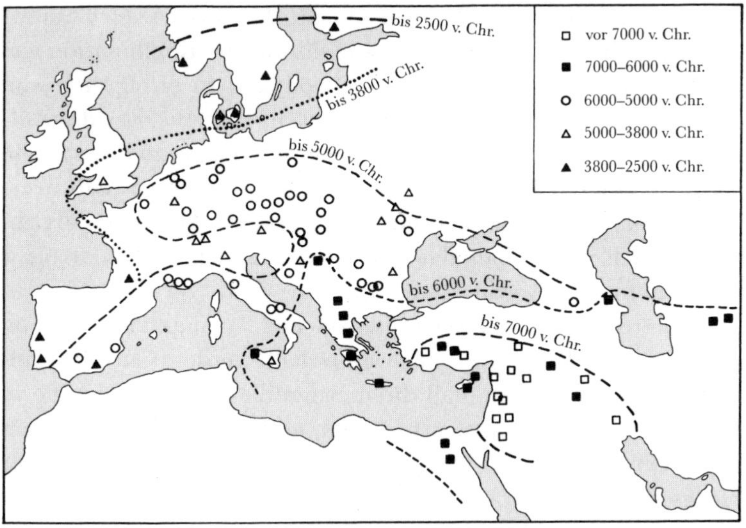

Abbildung 9.2 Die Symbole markieren Fundstätten von Überresten vorderasiatischer Kulturpflanzen, die mit Hilfe der Radiokarbon-Methode datiert wurden. □ = Fruchtbarer Halbmond (älter als 7000 v. Chr.). Beachten Sie bitte, daß die Datierungen mit zunehmender Entfernung vom Bereich des Fruchtbaren Halbmonds immer jünger werden. Die Karte basiert auf Karte 20 von Zohary und Hopf in »Domestication of Plants in the Old World«, wobei die unkalibrierten Radiokarbon-Datierungen, die Zohary und Hopf verwendeten, durch kalibrierte ersetzt wurden.

tionen, deren Ursprung ebenfalls in Vorderasien oder benachbarten Regionen lag. Darunter waren das Rad, die Schrift, Techniken zur Metallverarbeitung, die Melkkunst, Obstbäume sowie die Bier- und Weinerzeugung.

Warum war im gesamten westlichen Eurasien das gleiche Pflanzenbündel an der Entstehung der Landwirtschaft beteiligt? Lag der Grund darin, daß in vielen Gebieten die gleiche Kombination von Pflanzen natürlich vorgefunden und genau wie im Bereich des Fruchtbaren Halbmonds für nützlich befunden und eigenständig domestiziert wurde? Sicher nicht. Erstens kommen die meisten Gründerpflanzen Vorderasiens außerhalb dieser Region gar nicht vor. So ist keine der acht wichtigsten Gründerpflanzen mit Ausnahme der Gerste in Ägypten heimisch. Das Niltal weist in ökologischer Hinsicht starke Ähnlichkeit mit den Tälern von Euphrat und Tigris in Vorderasien auf. Deshalb war die Kombination von Pflanzen und Tieren, die im Zweistromland so erfolgreich war, auch für das Niltal gut genug geeignet, um als Auslöser des Aufstiegs der ägyptischen Kultur zu Macht und Glanz zu dienen. Die dafür benötigten Nahrungsmittel fehlten in Ägypten jedoch ursprünglich. Sphinx und Pyramiden wurden von Menschen errichtet, die sich von Anbaupflanzen ernährten, deren Heimat nicht Ägypten, sondern Vorderasien war.

Zweitens können wir selbst bei solchen Anbaupflanzen, deren wildwachsende Vorfahren auch außerhalb Vorderasiens vorkommen, darauf vertrauen, daß die meisten dieser Gewächse, die in Europa und Indien angebaut werden, aus Vorderasien stammten und nicht das Ergebnis örtlicher Domestikationen waren. Wilder Flachs beispielsweise ist im Westen bis nach Großbritannien und Algerien und im Osten bis zum Kaspischen Meer verbreitet, während wilde Gerste sogar noch in Tibet anzutreffen ist. Bei den meisten Gründerpflanzen aus Vorderasien finden wir jedoch bei allen heute kultivierten Varietäten von den vielen Chromosomenanordnungen, die bei den wildwachsenden Vorfahren auftreten, nur eine einzige; oder sie haben nur eine einzige Mutation (von den vielen möglichen) gemeinsam, durch die sich die kultivierten Varietäten von den wildwachsenden Vorfahren in für uns nützlicher Weise unterscheiden. So weisen alle kultivierten Erbsen das gleiche rezessive Gen auf, das verhindert, daß reife Schoten nicht, wie bei Wilderbsen, spontan aufspringen und ihren Inhalt auf die Erde werfen.

Offensichtlich wurden die meisten Gründerpflanzen aus Vorderasien nach ihrer anfänglichen Domestikation nie anderswo erneut domestiziert. Wäre es anders gewesen, so hätte dies Spuren in Form unterschiedlich angeordneter Chromosomen oder verschiedener Mutationen hinterlassen. Wir haben es demnach mit typischen Beispielen für das oben erwähnte Phänomen der »präventiven Domestikation« zu tun. Die rasche Ausbreitung des Bündels von Anbaupflanzen und Haustieren aus dem Bereich des Fruchtbaren Halbmonds kam möglichen Versuchen innerhalb oder außerhalb dieser Region zuvor, die gleichen wildwachsenden Ahnenpflanzen zu domestizieren. Nachdem die Kulturformen einmal vorhanden waren, brauchte man ihre Früchte nicht mehr in der Natur zu sammeln und den mühsamen Weg der Domestikation erneut zu beschreiten.

Die Vorfahren der meisten Gründerpflanzen haben in Vorderasien, aber auch in anderen Regionen wildwachsende Verwandte, die ebenfalls zur Domestikation geeignet gewesen wären. Erbsen beispielsweise gehören zur Gattung *Pisum*, die zwei wildwachsende Arten umfaßt: *Pisum sativum*, aus der unsere Gartenerbse gezüchtet wurde, und *Pisum fulvum*, die nie domestiziert wurde. Wilderbsen der Art *Pisum fulvum* haben allerdings in frischer oder getrockneter Form ebenfalls einen angenehmen Geschmack und sind in der Natur weit verbreitet. Ähnlich besitzen die domestizierten Formen von Weizen, Gerste, Linsen, Kichererbsen, Bohnen und Flachs zahlreiche wildwachsende Verwandte. Bei Gerste und Bohnen wurden einige der verwandten Arten tatsächlich in Nord- und Südamerika beziehungsweise in China eigenständig domestiziert, also weit entfernt vom Ort der frühen Domestikation in Vorderasien. Im westlichen Eurasien wurde jedoch von mehreren potentiell nützlichen Wildarten nur eine einzige domestiziert – wahrscheinlich deshalb, weil sich diese eine so rasch verbreitete, daß die Menschen sich bald von den wildwachsenden Verwandten abwendeten und nur noch die Früchte der Kulturform verzehrten. Auch hier war es wieder die rasche Ausbreitung der Kulturform, die weiteren Versuchen zur Domestikation verwandter Arten beziehungsweise zur erneuten Domestikation der Ahnenpflanze zuvorkam.

Warum vollzog sich die Ausbreitung von Kulturpflanzen aus Vorderasien in so raschem Tempo? Einen Teil der Antwort liefert die Ost-West-Achse Eurasiens, auf die ich bereits am Anfang dieses Kapitels hingewiesen habe. An Orten, die östlich oder westlich voneinander auf demselben geographischen Breitengrad liegen, sind die Tage genau gleich lang, und auch die jahreszeitlichen Schwankungen sind identisch. Übereinstimmung, obwohl weniger stark, herrscht auch bei Temperaturen und Niederschlagsmengen, Krankheiten und Lebensräumen beziehungsweise Biomen (Vegetationstypen). So ist beispielsweise die klimatische Ähnlichkeit zwischen Süditalien, dem Nordiran und Japan, die alle ungefähr auf demselben Breitengrad, nur jeweils etwa 6500 km östlich beziehungsweise westlich voneinander, liegen, erheblich größer als zwischen jeder dieser Regionen und nur 1500 km weiter südlich gelegenen Orten. Auf allen Kontinenten beschränkt sich der Lebensraumtypus, den wir als tropischen Regenwald bezeichnen, auf einen Raum, der sich zwischen dem 10. Grad nördlicher und südlicher Breite erstreckt, während mediterranes Buschland (wie beispielsweise der kalifornische Chaparral und der europäische Maquis) etwa zwischen 30 und 40 Grad nördlicher Breite zu finden ist.

Keimung, Wachstum und Krankheitsresistenz der Pflanzen sind aber genau an die Merkmale des jeweiligen lokalen Klimas angepaßt. Jahreszeitliche Unterschiede der Tageslänge, Temperatur und Niederschlagsmenge geben Samen das Signal zur Keimung, Sämlingen das Signal zum Wachsen und ausgewachsenen Pflanzen das Signal zur Blüten-, Samen- und Fruchtbildung. Jede Pflanzenpopulation wird durch die natürliche Selektion genetisch darauf programmiert, richtig auf diese im Jahreszeitenrhythmus variierenden Signale, an die sie sich im Laufe der Evolution angepaßt hat, zu reagieren. Je nach geographischer Lage unterscheiden sich die Signale erheblich. So sind die Tage am Äquator das ganze Jahr über gleich lang, während sie in den gemäßigten Breiten in den Monaten zwischen Winter- und Sommersonnenwende länger und die nächsten sechs Monate wieder kürzer werden. Die Zeit des Pflanzenwachstums – also die Monate mit Temperaturen und Tageslängen, die dem Wachstum der Pflanzen förderlich sind – ist in den hohen Breitengraden am kürzesten und in Äquatornähe am längsten. Darüber hinaus besitzen Pflanzen auch eine Anpassung an die in ihrem Lebensraum verbreiteten Krankheiten.

Wehe der Pflanze, deren genetisches Programm nicht zu dem Breitengrad paßt, an dem sie in die Erde gepflanzt wird! Man stelle sich einen kanadischen Bauern vor, der eine Maissorte anzubauen versucht, die an die Verhältnisse im viel weiter südlich gelegenen

Mexiko angepaßt ist. Ihr genetisches Programm würde dieser Pflanze schon im März das Signal geben, ihre Triebe auszustrecken – um dann festzustellen, daß sie noch unter drei Meter Schnee begraben liegt. Wäre eine genetische Umprogrammierung möglich, so daß unser Pflänzlein zu einem für Kanada geeigneteren Zeitpunkt keimen würde, sagen wir Ende Juni, so würde gleich das nächste Problem auf sie warten. Unter Beachtung der in ihrem Erbgut gespeicherten Informationen würde sie nämlich ein gemächliches Wachstumstempo an den Tag legen und erst nach fünf Monaten voll ausgereift sein. Das wäre im milden Klima Mexikos kein Problem, in Kanada jedoch verhängnisvoll, da der Herbstfrost die Pflanze abtöten würde, noch bevor die Maiskolben ausgereift wären. Außerdem würden ihr die Gene fehlen, um sich gegen typische Krankheiten nördlicher Klimazonen zur Wehr zu setzen, während sie andererseits nutzlose Gene zum Schutz gegen Krankheiten des Südens besäße. Aus all diesen Gründen sind Pflanzen aus niedrigen geographischen Breiten schlecht an die Verhältnisse in hohen Breiten angepaßt und umgekehrt. Infolgedessen gedeihen die meisten Anbaupflanzen aus Vorderasien in Frankreich und Japan prächtig, am Äquator jedoch gar nicht gut.

Tiere sind ebenfalls an breitengradabhängige klimatische Gegebenheiten angepaßt. Das können wir sehr gut an uns selbst beobachten. Einige Menschen können die kalten nördlichen Winter mit ihren kurzen Tagen und typischen Krankheitserregern nicht vertragen, während andere das tropische Klima und tropische Krankheiten nicht verkraften. In den letzten Jahrhunderten richtete sich die Auswanderung von Kolonisten aus dem kühlen Nordeuropa vorzugsweise auf Regionen mit ebenfalls kühlem Klima in Nordamerika, Australien und Südafrika; in äquatornahen Ländern wie Kenia und Neuguinea ließen sich Europäer hauptsächlich in kühleren Hochlandregionen nieder. Nordeuropäer, die in heiße tropische Tieflandgebiete entsandt wurden, starben scharenweise an Krankheiten wie Malaria, gegen die tropische Völker wenigstens teilweise resistent sind.

Hierin liegt ein weiterer Teil der Erklärung, warum sich die in Vorderasien domestizierten Tiere und Pflanzen so rasch nach Westen und Osten ausbreiteten: Sie waren von vornherein gut an das

Klima der Regionen, in die sie gelangten, angepaßt. Nachdem die Landwirtschaft das ungarische Tiefland passiert und um 5400 v. Chr. Mitteleuropa erreicht hatte, breitete sie sich so rasch aus, daß die ersten bäuerlichen Siedlungen in einem Gebiet, das von Polen bis nach Holland reichte, fast gleichzeitig entstanden (erkennbar an den typischen Keramiken mit Linearornamenten). Zu Beginn unserer Zeitrechnung waren die Getreidearten aus Vorderasien bereits in einem Raum verbreitet, der sich über mehr als 15000 Kilometer von der Atlantikküste Irlands bis zur Pazifikküste Japans erstreckte. Die West-Ost-Ausdehnung Eurasiens stellt die größte Landentfernung auf unserem Planeten dar.

Es war also Eurasiens West-Ost-Achse zu verdanken, daß die Anbaugewächse aus Vorderasien binnen relativ kurzer Zeit in den verschiedenen Breiten der gemäßigten Klimazone, von Irland bis zum Industal, der Landwirtschaft zur Entstehung verhelfen beziehungsweise die in Ostasien unabhängig entstandene Landwirtschaft bereichern konnten. In umgekehrter Richtung fanden eurasische Kulturpflanzen, deren erste Domestikation weit von Vorderasien entfernt, aber auf gleicher geographischer Höhe erfolgt war, den Weg nach Vorderasien. Im heutigen Zeitalter des weltweiten Handelsverkehrs per Schiff und Flugzeug nimmt kaum noch jemand davon Notiz, daß sich unsere Nahrung aus einem geographischen Mischmasch zusammensetzt. Eine typische Mahlzeit in einem amerikanischen Schnellrestaurant besteht zum Beispiel aus Huhn (Erstdomestikation in China) und Kartoffeln (aus den Anden) oder Mais (aus Mexiko), gewürzt mit Pfeffer (aus Indien) und heruntergespült mit einer Tasse Kaffee (aus Äthiopien). Die alten Römer ernährten sich indes schon vor 2000 Jahren von einer bunten Mischung aus Lebensmitteln überwiegend fremder Herkunft. Von Roms Nahrungspflanzen waren nur zwei – Hafer und Mohn – in Italien heimisch. Hauptsächlich speisten die Römer hingegen die Früchte der Gründerpflanzen aus Vorderasien, ergänzt durch Quitten (aus dem Kaukasus), Hirse und Kreuzkümmel (in Zentralasien domestiziert), Gurken, Sesam und Zitrusfrüchte (aus Indien) sowie Huhn, Reis, Aprikosen, Pfirsiche und Borstenhirse (ursprüngliche Herkunft aus China). Die in Rom verzehrten Äpfel waren zwar wenigstens im westlichen Eurasien heimisch, doch die verwendeten Veredelungstechniken stammten aus China.

Eurasien ist mit Abstand die größte Landmasse, deren einzelne Regionen grob gesehen auf gleicher geographischer Breite liegen, und stellt somit das krasseste Beispiel für die rasche Ausbreitung domestizierter Pflanzen und Tiere dar. Es gibt aber noch weitere Beispiele. Mit ähnlich hohem Tempo wie das vorderasiatische »Startpaket« verbreitete sich ein subtropisches Biobündel, das ursprünglich aus dem Süden Chinas stammte und bei seiner Ankunft im festländischen Südostasien, auf den Philippinen, in Indonesien und Neuguinea um weitere Komponenten ergänzt wurde. Innerhalb von 1600 Jahren hatte sich das so entstandene Paket aus Anbaupflanzen (Bananen, Taro, Jamswurzeln) und Haustieren (Hühner, Schweine, Hunde) über 8000 km weit ostwärts in den tropischen Pazifik hinein bis zur polynesischen Inselwelt ausgebreitet. Ein weiteres Beispiel war die Ost-West-Ausbreitung von Kulturgewächsen in der afrikanischen Sahelzone, deren Einzelheiten jedoch noch der näheren Erforschung durch Paläobotaniker bedürfen.

Man vergleiche die offenbar mühelose Ost-West-Ausbreitung durch die eurasischen Weiten mit den Problemen der Nord-Süd-Ausbreitung in Afrika. Die meisten der Gründerpflanzen aus Vorderasien erreichten Ägypten innerhalb relativ kurzer Zeit und gelangten von dort aus nach Süden bis ins kühle Hochland von Äthiopien, aber nicht weiter. Zwar wäre auch Südafrikas mediterranes Klima ideal für sie geeignet gewesen, doch die über 3000 km breite tropische Klima- und Vegetationszone zwischen Äthiopien und Südafrika erwies sich als unüberwindliches Hindernis. Geburtshelfer der Landwirtschaft in Afrika südlich der Sahara waren statt dessen Wildpflanzen (wie Sorghum und afrikanische Jamswurzeln), die in der Sahelzone und im tropischen Westafrika heimisch und an die warmen Temperaturen, Regenzeiten und die im Jahresverlauf relativ gleich langen Tage in diesen Breiten angepaßt waren.

Klimatische Barrieren und Krankheiten (insbesondere die von der Tsetsefliege übertragene Schlafkrankheit) stoppten oder verlangsamten in Afrika auch den Vormarsch von Haustieren aus Vorderasien. Das Pferd konnte sich deshalb nie weiter südlich als in den westafrikanischen Königreichen nördlich des Äquators etablieren. Der Vormarsch von Rindern, Schafen und Ziegen kam für 2000 Jahre am Nordrand der Serengeti zum Stehen; in dieser Zeit wurden neue Formen der Weidewirtschaft entwickelt und neue Viehrassen gezüchtet. Erst in den ersten beiden Jahrhunderten unserer Zeitrechnung, also 8000 Jahre nach ihrer Domestikation in Vorderasien, erreichten Rinder, Schafe und Ziegen endlich Südafrika. Kulturpflanzen aus dem tropischen Afrika stießen auf dem Weg nach Süden ebenfalls auf große Schwierigkeiten. Im Gepäck schwarzhäutiger Bauernvölker (Bantus) trafen sie erst kurz nach der Ankunft der in Vorderasien domestizierten Haustiere in Südafrika ein. Dort konnten die afrikanischen Tropenpflanzen jedoch nie am anderen Ufer des Fish River, der die Grenze zur mediterranen Klimazone Südafrikas markiert, Fuß fassen.

Das Resultat war der bekannte Verlauf der südafrikanischen Geschichte in den letzten 2000 Jahren. Einige der südafrikanischen Khoisan-Völker (früher Hottentotten und Buschmänner genannt) gelangten in den Besitz von Vieh, wurden aber keine Ackerbauern. Nordöstlich des Fish River wurden sie von schwarzen bäuerlichen Völkern, deren Wanderung nach Süden an diesem Fluß endete, zahlenmäßig überflügelt und verdrängt. Erst als europäische Siedler im Jahr 1652 auf dem Seeweg eintrafen und das Pflanzenbündel aus Vorderasien mitbrachten, hielt die Landwirtschaft auch in der mediterranen Zone Südafrikas Einzug. Der Zusammenprall dieser Elemente bildete den Nährboden für die tragischen Entwicklungen im Südafrika der Neuzeit: die rasche Dezimierung der Khoisan durch europäische Krankheiten und Waffen, ein Jahrhundert der Kriege zwischen Europäern und Schwarzafrikanern, ein weiteres Jahrhundert der rassistischen Unterdrückung und heute nun die gemeinsame Suche von Weißen und Schwarzen nach einer neuen Form des Zusammenlebens auf dem einstigen Land der Khoisan.

Vergleichen Sie die relativ mühelose Ost-West-Ausbreitung in Eurasien auch mit dem schwierigen Vordringen entlang der Nord-

Süd-Achse des amerikanischen Doppelkontinents. Die Entfernung zwischen Meso- und Südamerika – sagen wir, zwischen den Hochlandgebieten von Mexiko und Ecuador – beträgt weniger als 2000 km, was auf Eurasien übertragen in etwa der Entfernung zwischen dem Balkan und Mesopotamien entspricht. Der Balkan, der für die meisten Anbaupflanzen und Haustiere aus Mesopotamien ideale Voraussetzungen bot, empfing das Landwirtschaftsbündel aus Vorderasien innerhalb von 2000 Jahren, nachdem es dort geschnürt worden war. Durch den rascheren Verlauf der Ausbreitung entging den Bewohnern des Balkans die Gelegenheit, die gleichen und verwandte Arten ihrer Region selbst zu domestizieren. Hochlandgebiete in Mexiko und den Anden wären ganz ähnlich für viele Kulturpflanzen und Haustiere der jeweils anderen Region geeignet gewesen. Einige wenige Pflanzen – hier sei insbesondere Mais aus Mexiko genannt – fanden denn auch schon in präkolumbianischer Zeit den Weg in die andere Region.

Andere Anbaupflanzen und Haustiere schafften den Weg von Mesoamerika nach Südamerika oder umgekehrt dagegen nicht. Das kühle Hochland von Mexiko hätte ideale Bedingungen für die Haltung von Lamas oder Meerschweinchen und den Anbau von Kartoffeln – alle wurden im kühlen Hochland der Anden domestiziert – geboten. Der Weg nach Norden wurde jedoch durch die feuchtheißen Tieflandgebiete Mittelamerikas, die als Barriere dazwischenliegen, versperrt. Rund 5000 Jahre nach der Domestikation des Lamas in den Anden waren die Olmeken, Mayas, Azteken und all die anderen Kulturen Mexikos immer noch ohne Packtiere und eßbare Haustiere mit Ausnahme von Hunden.

Umgekehrt hätten in Mexiko domestizierte Truthähne und im Osten der USA domestizierte Sonnenblumen in den Anden möglicherweise gut gedeihen können, wäre ihnen der Weg nach Süden nicht wiederum durch die tropische Klimazone verwehrt worden. Mais, Kürbisse und Bohnen wurden nach ihrer Domestikation in Mexiko mehrere tausend Jahre lang durch eine Nord-Süd-Entfernung von nur 1100 km am Erreichen des amerikanischen Südwestens gehindert, während mexikanische Paprikas in vorgeschichtlicher Zeit überhaupt nicht bis dorthin vordrangen. Mais benötigte nach seiner Domestikation in Mexiko mehrere Jahrtausende, um sich bis in den Osten Nordamerikas mit seinem kühleren Klima und der kürzeren Vegetationsperiode auszubreiten. Irgendwann in den beiden ersten Jahrhunderten unserer Zeitrechnung tauchte er dort schließlich auf, spielte jedoch lange Zeit noch eine untergeordnete Rolle. Erst ab 900 n. Chr., als mittlerweile widerstandsfähigere, an das nördliche Klima angepaßte Maissorten gezüchtet worden waren, leistete der Maisanbau einen Beitrag zum Aufblühen der am höchsten entwickelten Indianerkultur Nordamerikas, der Mississippi-Kultur – gerade noch rechtzeitig, bevor ihr von europäischen Krankheiten, die von Kolumbus und seinen Nachfolgern eingeschleppt wurden, gleich wieder der Garaus gemacht wurde.

Wie wir uns erinnern, wissen wir aus genetischen Untersuchungen, daß die meisten Anbaugewächse aus Vorderasien auf eine einzige Domestikation zurückgehen, deren Ergebnis sich so rasch verbreitete, daß es möglichen Domestikationen der gleichen oder verwandter Arten in anderen Gebieten zuvorkam. Demgegenüber gehören viele der weitverbreiteten amerikanischen Kulturpflanzen verwandten Arten oder sogar genetisch unterschiedlichen Varietäten an, die unabhängig voneinander in Mesoamerika, Südamerika und im Osten der heutigen USA domestiziert wurden. Mit eng verwandten Arten haben wir es in unterschiedlichen Regionen bei den Fuchsschwanzgewächsen, Bohnen, Paprikas, Kürbissen, Baumwoll- und Tabaksorten zu tun, mit unterschiedlichen Varietäten dagegen bei Gartenbohnen, Limabohnen, den Paprikas *Capsicum annuum/chinense* und dem Kürbis *Cucurbita pepo*. Dieses Resultat wiederholter unabhängiger Domestikationen ist ein weiteres Indiz für das langsame Tempo der Ausbreitung von Kulturpflanzen entlang der amerikanischen Nord-Süd-Achse.

Afrika und der amerikanische Doppelkontinent sind also die beiden größten Landmassen mit dominierender Nord-Süd-Achse und entsprechend langsamer Ausbreitung von Haustieren und Kulturpflanzen. Daneben gibt es jedoch noch weitere Regionen, in denen die langsame Nord-Süd-Ausbreitung ebenfalls eine Rolle spielte, wenn auch in kleinerem Maßstab. Beispiele hierfür sind der Austausch von Anbaupflanzen zwischen dem pakistanischen Industal und Südindien im Schneckentempo, das langsame Vordringen der

Landwirtschaft von Südchina zur Malaiischen Halbinsel und die Tatsache, daß die tropische Landwirtschaft aus Indonesien und Neuguinea in vorgeschichtlicher Zeit nicht den Sprung in den Südwesten beziehungsweise Südosten von Australien schaffte. Dort befinden sich heute die australischen Kornkammern – allerdings über 3000 km südlich des Äquators. Die Landwirtschaft hielt erst Einzug, als Schiffe aus dem fernen Europa eintrafen und Anbaupflanzen mitbrachten, die an das kühle europäische Klima und die kurzen Vegetationsperioden angepaßt waren.

Ich habe mich so ausführlich mit Breitengraden beschäftigt, weil sie einen wichtigen Faktor im Zusammenhang mit Klima, Pflanzenwachstum und Ausbreitungsbedingungen der Landwirtschaft darstellen. Natürlich gibt es aber noch weitere Faktoren, und es muß auch in benachbarten Regionen gleicher geographischer Breite nicht unbedingt das gleiche Klima herrschen (trotz notwendigerweise übereinstimmender Tageslängen). Topographische und ökologische Barrieren, die auf manchen Kontinenten sehr viel ausgeprägter sind als auf anderen, behinderten die Ausbreitung der Landwirtschaft auf lokaler Ebene.

So verlief die Ausbreitung von Anbaupflanzen vom Südosten zum Südwesten der heutigen USA und umgekehrt äußerst langsam und selektiv, obwohl beide Regionen auf gleicher geographischer Breite liegen. Der Grund war, daß sich mit Texas und der südlichen Prärie ein trockenes, für Ackerbau ungeeignetes Gebiet zwischen beiden Regionen erstreckte. Ein ähnliches Beispiel in Eurasien betrifft die Ostgrenze des Ausbreitungsgebiets der Anbaupflanzen aus dem Bereich des Fruchtbaren Halbmonds, die westwärts rasch bis zum Atlantik und ostwärts bis zum Industal vordrangen, ohne auf größere Hindernisse zu stoßen. Östlich des Industals führte jedoch der Wechsel von vorwiegend winterlichen zu vorwiegend sommerlichen Niederschlägen zu einer starken Verzögerung des weiteren Vordringens der Landwirtschaft in die Gangesebene im Nordwesten Indiens, einhergehend mit der Nutzung anderer Anbaupflanzen und -techniken. Noch weiter östlich waren die klimatisch gemäßigten Regionen Chinas von Gebieten des westlichen Eurasien, in denen ein ähnliches Klima herrschte, durch die Wüsten Zentralasiens, das Hochland von Tibet und den Himalaja getrennt. Die ursprüngliche Entstehung der Landwirtschaft in China erfolgte deshalb unabhängig von Entwicklungen, die auf gleicher geographischer Breite in Vorderasien stattfanden, und brachte ganz andere Arten von Kulturpflanzen hervor. Selbst die gewaltigen Barrieren, die China vom westlichen Eurasien trennten, wurden jedoch im 2. Jahrtausend v. Chr. zumindest teilweise überwunden, als Weizen, Gerste und Pferde aus dem westlichen Asien nach China gelangten.

Andererseits hatte eine Nord-Süd-Entfernung von 3000 Kilometern nicht überall die gleiche trennende Wirkung. Vom Gebiet des Fruchtbaren Halbmonds breitete sich die Landwirtschaft nach Süden über eine Entfernung von etwa dieser Größenordnung nach Äthiopien aus, während die Bantu-Landwirtschaft vom Gebiet der großen Seen in Ostafrika innerhalb relativ kurzer Zeit südwärts bis nach Natal vordrang – in beiden Fällen waren die Regionen, die dazwischenlagen, durch ähnliche Niederschlagsverhältnisse geprägt und für die Landwirtschaft geeignet. Dagegen war die Ausbreitung von Kulturpflanzen von Indonesien in den Südwesten Australiens völlig unmöglich, und die wesentlich kürzere Distanz von Mexiko in den Südwesten und Südosten Nordamerikas konnte nur sehr langsam überwunden werden, weil dazwischen Wüstengebiete lagen, die für die Landwirtschaft nicht in Frage kamen. Das Fehlen eines Hochplateaus in Mesoamerika südlich von Guatemala sowie Mesoamerikas extreme Verengung südlich von Mexiko und speziell in Panama spielten für das völlige oder weitgehende Ausbleiben eines Austauschs von Kulturpflanzen und Haustieren zwischen den Hochlandgebieten Mexikos und der Anden eine mindestens ebenso wichtige Rolle wie die Unterschiede in der geographischen Breite dieser Regionen.

Die unterschiedliche Ausrichtung der geographischen Hauptachsen der Kontinente beeinflußte nicht nur die Ausbreitung der Landwirtschaft, sondern auch die anderer Techniken und Erfindungen. So fand beispielsweise das um 3000 v. Chr. in Vorderasien erfundene Rad innerhalb weniger Jahrhunderte in großen Teilen Eurasiens Verbreitung, während die im prähistorischen Mexiko eigenständig erfundenen Räder nie südwärts in die Anden gelangten. Ähnlich breitete sich die Schrift, die im westlichen Teil Vorderasiens um 1500 v. Chr. erfunden worden war, innerhalb von tausend Jahren westwärts bis Karthago und ostwärts bis nach Indien aus. Die mesoamerikanischen Schriftsysteme, die in vorgeschichtlicher Zeit mindestens 2000 Jahre lang existierten, fanden dagegen nie den Weg in die Anden.

Räder und Alphabete stehen natürlich in keinem direkten Zusammenhang mit geographischer Breite und Tageslänge, wie es bei Anbaupflanzen der Fall ist. Die Verbindungen sind eher indirekt und führen meist über Agrarsysteme als Zwischenglied. Die ältesten Räder rollten an Ochsenkarren, die zum Transport landwirtschaftlicher Erzeugnisse dienten. Die Verwendung der ersten Schriften war auf Herrschaftskreise beschränkt, die von bäuerlichen Untertanen miternährt wurden, und diente Zwecken, die für wirtschaftlich und sozial differenzierte Agrargesellschaften typisch waren (wie etwa Propaganda für den Herrscher, Buchhaltung usw.). So blieben Austauschbeziehungen typischerweise nicht beschränkt auf Anbaupflanzen, Haustiere und landwirtschaftliche Techniken, sondern erstreckten sich auch auf andere Bereiche.

In einem in Amerika stolz gesungenen Lied, »America the Beautiful«, ist die Rede von Amerikas weiten Horizonten und seinen gelbbraunen, wogenden Kornfeldern, die von einem funkelnden Ozean zum anderen reichen. Im Grunde wird darin die Wirklichkeit auf den Kopf gestellt. Ähnlich wie in Afrika wurde die Ausbreitung heimischer Anbaupflanzen und Haustiere in Nord- und Südamerika durch geographische Barrieren aufgehalten. Keine Felder mit heimischem Getreide erstreckten sich je von der Atlantik- bis zur Pazifikküste Nordamerikas, von Kanada bis Patagonien oder von Ägypten bis nach Südafrika; dagegen reichten gelbbraune, wogende Weizen- und Gerstenfelder unter dem weiten Himmel Eurasiens sehr wohl vom Atlantik bis zum Pazifik. Die schnellere Ausbreitung der eurasischen im Vergleich zur indianischen und afrikanischen Landwirtschaft südlich der Sahara spielte eine wichtige Rolle für die raschere Ausbreitung eurasischer Schriften, Technologien und Reiche (wie im nächsten Teil dieses Buches gezeigt wird).

Mit der Schilderung all dieser Unterschiede soll nicht der Eindruck erweckt werden, als seien weitverbreitete Anbaupflanzen an sich etwas Bewundernswertes oder als würden sie den größeren Einfallsreichtum der frühen eurasischen Bauern bezeugen. Sie sind vielmehr Ausdruck der günstigeren Ausrichtung der geographischen Hauptachse Eurasiens im Vergleich zu der Nord- und Südamerikas beziehungsweise Afrikas. Nicht zuletzt waren es diese Achsen, um die sich das Rad der Geschichte drehte.

TEIL III

Von der Landwirtschaft zur Kleptokratie

KAPITEL 10

Tödliche Gabe

Die Evolution der Krankheitskeime

Wir wissen nun, wie die Landwirtschaft in wenigen Zentren entstand und sich von dort mit unterschiedlichem Tempo in andere Gebiete ausbreitete. Diese geographischen Unterschiede beinhalten wichtige Elemente der Antwort auf Yalis Frage, wie einige Völker zu mehr Macht und Einfluß gelangten als andere. Allerdings kann die Landwirtschaft selbst natürlich nicht als unmittelbare Erklärung herangezogen werden. In einem Kampf Mann gegen Mann stünde ein nackter Bauer nicht besser da als ein nackter Jäger.

Ein Teil der Erklärung für die größere Macht bäuerlicher Gesellschaften besteht vielmehr darin, daß die Landwirtschaft eine wesentlich höhere Bevölkerungsdichte ermöglichte: Zehn nackte Bauern wären einem allein kämpfenden nackten Jäger mit Sicherheit überlegen. Der andere Teil der Erklärung lautet, daß weder Bauern noch Jäger und Sammler nackt sind, jedenfalls nicht im übertragenen Sinne. Bauern atmen in der Regel gefährlichere Krankheitskeime aus, verfügen über bessere Waffen und Rüstungen, besitzen überhaupt wirksamere Techniken und leben unter zentralistischen Regierungen mit schriftkundigen Herrschaftsschichten, die zur Führung von Eroberungskriegen besser in der Lage sind. In den nächsten vier Kapiteln soll es deshalb darum gehen, wie die Landwirtschaft als tiefere Ursache zu Krankheitserregern, Schrift, Techniken und zentralistischer Herrschaft als unmittelbaren Ursachen führte.

Der Zusammenhang zwischen Haustieren und Kulturpflanzen auf der einen Seite und Krankheitserregern auf der anderen wurde mir auf unvergeßliche Weise durch einen Fall veranschaulicht, über den mir ein Bekannter, der von Beruf Arzt ist, berichtete. Als er noch ein unerfahrener Jungmediziner war und im Krankenhaus arbeitete, wurde er einmal in ein Zimmer gerufen, in dem sich ein Mann in Begleitung seiner Ehefrau befand, der an rätselhaften Symptomen litt. Die Behandlung wurde dadurch erschwert, daß die Eheleute Schwierigkeiten hatten, sich untereinander und mit meinem Bekannten zu verständigen. Der Patient, ein scheuer Mann, war an einer Lungenentzündung erkrankt, die ein nicht identifizierter Mikroorganismus verursacht hatte. Er sprach nur wenig Englisch, weshalb seine hübsche Frau als Dolmetscherin einsprang. Sie machte sich große Sorgen um ihren Mann und war verängstigt durch die ungewohnte Krankenhausumgebung. Mein Bekannter hatte eine anstrengende Woche Dienst hinter sich und war obendrein gestreßt ob der Schwierigkeit herauszufinden, welche ungewöhnlichen Risikofaktoren zu der merkwürdigen Krankheit geführt haben mochten. Unter der enormen Anspannung, unter der er stand, vergaß er alles, was man ihm über Vertraulichkeit im Umgang mit Patienten beigebracht hatte, und beging den schrecklichen Fehler, die Frau zu bitten, ihren Mann nach irgendwelchen sexuellen Erlebnissen zu fragen, von denen die Infektion vielleicht herrühren könnte.

Vor den Augen des Arztes lief der Patient im Gesicht puterrot an, versuchte sich unter der Bettdecke zu verkriechen und stammelte mit kaum vernehmbarer Stimme einige Worte. Seine Frau stieß daraufhin einen Wutschrei aus und kniete sich auf ihn. Bevor mein Bekannter einschreiten konnte, ergriff sie eine schwere Metallflasche, schlug sie ihrem Mann mit voller Wucht auf den Kopf und stürmte aus dem Zimmer. Es dauerte eine Weile, bis der Mann wiederbelebt war, und noch länger, bis ihm in gebrochenem Englisch entlockt werden konnte, womit er seine Frau so in Rage gebracht hatte. Die Antwort kam nur stockend: Er hatte zugegeben, daß er bei einem kürzlichen Besuch auf dem elterlichen Bauernhof mehrmals mit Schafen sexuell verkehrt hatte; vielleicht hatte er sich den mysteriösen Krankheitserreger dabei zugezogen.

Diese Geschichte mag wie ein bizarrer Einzelfall ohne weitere Bedeutung klingen. Sie steht jedoch sinnbildlich für die äußerst wichtige Thematik menschlicher Krankheiten tierischen Ursprungs. Nur wenige von uns lieben Schafe in dem fleischlichen

Sinn wie der Patient meines Bekannten. Dafür lieben viele von uns platonisch Haustiere wie Hunde oder Katzen. Als Ganzes erweckt die Menschheit gewiß den Eindruck einer ungeheuren Zuneigung zu Schafen und anderem Vieh, urteilt man nach der enormen Zahl dieser Tiere auf unseren Höfen und Weiden. Nach einer neueren Statistik hatten die 17085400 Einwohner Australiens eine so hohe Meinung von Schafen, daß sie nicht weniger als 161600000 davon als Vieh hielten.

Manchmal stecken sich Erwachsene, noch häufiger aber Kinder, bei Haustieren mit Krankheiten an. Normalerweise verläuft die Sache harmlos, aber das war und ist nicht immer so. Bei den verheerendsten Infektionskrankheiten der jüngeren Geschichte – Pocken, Grippe, Tuberkulose, Malaria, Pest, Masern und Cholera – handelte es sich ausnahmslos um Erreger, die sich aus Krankheiten von Tieren entwickelt hatten; paradoxerweise sind die meisten der für unsere epidemischen Krankheiten verantwortlichen Erreger heute praktisch auf den Menschen beschränkt. Da Krankheiten die größten Todbringer der Geschichte waren, haben sie deren Verlauf auch entscheidend mit beeinflußt. Bis zum Zweiten Weltkrieg starben in Kriegen mehr Menschen an Krankheiten als in Schlachten. Wenn in militärgeschichtlichen Werken die Heldentaten großer Generäle gepriesen werden, bleibt eine viel weniger imposante Wahrheit oft unerwähnt: Siegreich waren in den Kriegen der Vergangenheit nicht immer die Armeen mit den besten Generälen und Waffen, sondern oftmals jene, die ihre Gegner mit den schlimmsten Krankheiten infizieren konnten.

Das grauenvollste Beispiel für die Rolle, die Krankheitserreger in der Menschheitsgeschichte spielten, lieferte die europäische Eroberung Nord- und Südamerikas, die mit der Fahrt des Kolumbus im Jahr 1492 begann. So zahlreich die indianischen Opfer der säbelschwingenden spanischen Konquistadoren auch gewesen sein mochten, so verschwindend wenige waren es doch im Vergleich zur Zahl der Opfer spanischer Krankheitserreger. Warum verlief der Austausch von Krankheiten zwischen Indianern und Europäern so einseitig? Warum dezimierten nicht die Krankheiten der Indianer die spanischen Invasoren, verbreiteten sich nach Europa und löschten dort 95 Prozent der Bevölkerung aus? Ähnliche Fragen stellen sich im Zusammenhang mit der Dezimierung vieler anderer eingeborener Völker durch eurasische Krankheitserreger sowie der Dezimierung europäischer Möchtegern-Konquistadoren in den tropischen Gebieten Afrikas und Asiens.

Fragen nach dem tierischen Ursprung menschlicher Krankheiten berühren damit ein Kernthema des Geschichtsverlaufs – und einige der großen gesundheitspolitischen Herausforderungen von heute. (Denken Sie nur an Aids, eine Krankheit mit explosionsartiger Ausbreitungsgeschwindigkeit, die sich möglicherweise aus einem Virus wildlebender afrikanischer Affen entwickelte.) In diesem Kapitel wollen wir zunächst die Frage stellen, was eigentlich eine »Krankheit« ist, wo uns doch die meisten Arten von Lebewesen nicht krank machen. Wir werden der Frage nachgehen, warum viele unserer häufigsten Infektionskrankheiten in Form von Epidemien auftreten, so wie beispielsweise die gegenwärtige Aidsepidemie oder die Pestepidemien (»Schwarzer Tod«) im Mittelalter. Weiter werden wir erörtern, wie die Vorfahren der Mikroben, die heute nur noch bei Menschen auftreten, von ihren ursprünglichen tierischen Wirten auf uns übertragen wurden. Und schließlich werden wir sehen, inwiefern die Kenntnis der tierischen Ursprünge unserer Infektionskrankheiten zum Verständnis des folgenschweren, nahezu völlig einseitigen Austauschs von Krankheitserregern zwischen Europäern und Indianern beiträgt.

Verständlicherweise neigen wir dazu, das Thema Krankheiten nur von unserer Warte her zu betrachten: Was können wir tun, um uns vor ihnen zu schützen und den Mikroben, die sie in uns anzetteln, den Garaus zu machen? Merzen wir doch diese Schufte aus und kümmern uns nicht darum, welche Motive *sie* haben! Aber: Eine alte Weisheit besagt, daß man den Feind verstehen muß, bevor man ihn besiegen kann, und das gilt in der Medizin ganz besonders.

Lassen wir deshalb unsere Voreingenommenheit kurz beiseite und betrachten Krankheiten einmal aus dem Blickwinkel von Mikroben. Schließlich sind diese Organismen ebenso ein Produkt der natürlichen Auslese wie wir selbst. Welchen Evolutionsvorteil zieht wohl eine Mikrobe daraus, wenn sie uns irgendeine merkwürdige

Krankheit beschert, sagen wir, Geschwüre im Genitalbereich oder Durchfall? Und warum sollten sich Mikroben entwickeln, die uns sogar umbringen? Dies erscheint besonders rätselhaft und widersinnig, da ja eine Mikrobe, die ihren Wirt umbringt, ebenfalls zum Tode verurteilt ist.

Mikroben entwickeln sich im Grunde ganz genauso wie andere Arten von Pflanzen oder Tieren. Durch den Prozeß der natürlichen Auslese werden diejenigen Individuen begünstigt, die am meisten Nachwuchs produzieren und dafür sorgen, daß sich dieser in geeignete Lebensräume ausbreiten kann. Für eine Mikrobe läßt sich Ausbreitung rechnerisch als Zahl der Neuinfektionen pro ursprünglichem Krankheitsträger ausdrücken. Dieser Wert hängt zum einen davon ab, wie lange jeder Infizierte in der Lage bleibt, neue Opfer anzustecken, und zum anderen davon, wie leicht der Erreger von einem Opfer auf ein anderes übertragen wird.

Mikroben haben sich im Laufe der Evolution diverse Verbreitungswege von einer Person zur anderen, aber auch von Tieren zum Menschen erschlossen. Erreger, die in dieser Disziplin erfolgreicher sind, hinterlassen mehr Nachwuchs und werden von der natürlichen Selektion entsprechend bevorzugt. Viele unserer sogenannten »Krankheitssymptome« verkörpern nichts anderes als die Art und Weise, wie eine findige Mikrobe unseren Körper oder unser Verhalten derart verändert, daß wir, ohne gefragt zu werden, zu ihrer Verbreitung beitragen.

Die müheloseste Übertragungsweise besteht für einen Krankheitserreger darin, einfach dazusitzen und auf die Weitergabe an das nächste Opfer zu warten. Diese passive Strategie wird von Mikroben angewandt, die darauf warten, daß ihr derzeitiger Wirt von einem anderen Wirt verspeist wird. Beispielsweise gilt dies für Salmonellen, die durch den Verzehr bereits infizierter Eier oder Fleischstücke in unseren Körper gelangen; oder für Würmer, die in Schweinen darauf warten, daß wir ihren Wirt töten und ohne ausreichendes Garen verspeisen, um dann an Trichinose zu erkranken; ganz ähnlich ist es auch bei den Würmern, mit denen sich Sushi-Freunde in Japan und anderswo gelegentlich beim Schlemmen von rohem Fisch infizieren. Während diese Parasiten allesamt durch den Verzehr eines Tieres in den menschlichen Organismus gelangen, wurde das Virus, das im Hochland von Neuguinea die Lachkrankheit (Kuru) verursachte, durch den Verzehr eines anderen Menschen übertragen. Es konnte sich durch Kannibalismus verbreiten, wenn nämlich Babys von Hochlandbewohnern den schlimmen Fehler begingen, sich nach dem Herumspielen mit rohem Hirn, das ihre Mütter gerade zum Kochen aus toten Kuru-Opfern herausgeschnitten hatten, die Finger abzulecken.

Eine leichte Abwandlung der Methode des Wartens, bis ein neuer Wirt den alten verspeist, wenden einige Mikroben an, die nicht auf den Tod des alten Wirts warten und sich statt dessen im Speichel eines Insekts, das den alten Wirt beißt oder sticht und dann fortfliegt, quasi »per Anhalter« auf die Suche nach einem neuen Wirt begeben. Solche kostenlosen Passagen sind beispielsweise von Mücken, Flöhen, Läusen und Tsetsefliegen erhältlich, den jeweiligen Überträgern von Malaria, Pest, Typhus und Schlafkrankheit. Eines besonders schmutzigen Tricks zur passiven Ergatterung des Transports bedienen sich Mikroben, die im Mutterleib auf den Fötus übergehen, so daß Babys schon bei der Geburt infiziert sind. Durch dieses Verhalten stellen uns die Mikroben, die für Syphilis, Röteln und nun auch Aids verantwortlich sind, vor ein schwieriges ethisches Dilemma, das jenen, die an Gerechtigkeit auf der Welt glauben, viel Kopfzerbrechen bereitet.

Andere Krankheitserreger nehmen ihr Schicksal selbst in die Hand, indem sie die Anatomie oder das Verhalten ihres Wirts so abwandeln, daß ihre Übertragung beschleunigt wird. Aus unserer Sicht sind offene Geschwüre im Genitalbereich, wie sie zum Beispiel Syphilis verursacht, schlichtweg eine Plage. Vom Standpunkt der Mikrobe stellen sie dagegen eine nützliche Methode dar, um den Wirt zu veranlassen, Mikroben durch eine Körperöffnung in einen neuen Wirt zu schleusen. Die kleinen Hautverletzungen, die bei Pocken auftreten, dienen in ähnlicher Weise dazu, Mikroben durch direkten oder indirekten Körperkontakt zu verbreiten (manchmal geschah das auf sehr indirekte Weise, beispielsweise in Nordamerika, wo »kriegerische« Indianerstämme ausgelöscht wurden, indem man sie mit Decken beschenkte, die Pockenpatienten gehört hatten).

Eine noch energischere Strategie wird beispielsweise von den Erregern der Grippe, der Erkältung und des Keuchhustens verfolgt, die ihren Wirt zum Husten oder Niesen zwingen, wodurch sie in Richtung möglicher neuer Wirte versprüht werden. Das Cholerabakterium zettelt in seinem Opfer starken Durchfall an, den es dazu nutzt, in Wasser zu gelangen, das dann von potentiellen neuen Opfern aufgenommen wird. Unübertroffen, wenn es um die Abwandlung des Wirtsverhaltens geht, ist indes das Tollwutvirus, das nicht nur den Weg in den Speichel eines infizierten Hundes findet, sondern das Tier auch gleich noch zur Raserei bringt, so daß es um sich beißt und dadurch viele andere Opfer ansteckt. Der Preis für die größte körperliche Anstrengung gebührt aber eindeutig Würmern, wie etwa Hakenwürmern, die sich aus dem Wasser oder Boden, wohin ihre Larven mit den Fäkalien eines früheren Opfers gelangen, selbst den Weg durch die Haut eines neuen Wirts bahnen.

Während also Geschwüre an den Genitalien, Durchfall und Husten aus unserer Sicht »Krankheitssymptome« sind, handelt es sich aus der Sicht der Erreger um clevere Strategien zur eigenen Verbreitung. Es liegt deshalb im Interesse der Erreger, uns »krank zu machen«. Warum aber sollte ein Erreger die doch augenscheinlich unsinnige Strategie verfolgen, seinen eigenen Wirt umzubringen?

Von der Warte des Erregers handelt es sich dabei lediglich um eine unbeabsichtigte Nebenwirkung (schwacher Trost für uns!) der an sich erfolgreichen Verbreitung von Mikroben auf dem Weg über die Symptome des Wirts. Ja sicher, ein an Cholera Erkrankter kann an extremem Flüssigkeitsverlust sterben, wenn er nicht rechtzeitig behandelt wird. Aber wenigstens eine Zeitlang, nämlich solange der Patient noch lebt, kommt dem Cholerabakterium zugute, daß es in großer Zahl in das Wasser gelangt, das ihm womöglich Zutritt zu seinem nächsten Opfer verschafft. Unter der Voraussetzung, daß jeder Erkrankte auf diesem Wege im Durchschnitt mehr als eine weitere Person ansteckt, kann sich das Bakterium ausbreiten, auch wenn der erste Wirt ums Leben kommen sollte.

So weit unsere unvoreingenommene Betrachtung der Interessen der Erreger. Kommen wir nun zurück zu unserem eigenen selbstsüchtigen Interesse, gesund und am Leben zu bleiben – am besten durch Tötung der ungeliebten Krankheitserreger. Eine unserer häufigsten Reaktionen auf eine Infektion ist Fieber, das wir gemeinhin ebenfalls nur als »Krankheitssymptom« betrachten, als ob es uns ganz ohne Zweck plagen würde. Die Regulierung der Körpertemperatur unterliegt jedoch unserer unbewußten Kontrolle und ist nicht dem Zufall überlassen. Da manche Mikroben hitzeempfindlicher sind als wir selbst, versuchen wir sie durch Erhöhung unserer Temperatur zu Tode zu rösten, bevor wir selbst geröstet werden.

Eine weitere häufige Reaktion auf eingedrungene Krankheitserreger ist die Mobilisierung unserer Immunabwehr. Weiße Blutkörperchen und andere Zellen machen Jagd auf fremde Mikroben und versuchen, sie zu töten. Die speziellen Antikörper, die sich mit der Zeit gegen eine bestimmte Mikrobe bilden, die uns infiziert hat, senken die Wahrscheinlichkeit einer erneuten späteren Infektion nach der Genesung. Wie jeder aus eigener Erfahrung weiß, ist die Resistenz gegen manche Krankheiten – wie Grippe und Erkältung – nur von vorübergehender Dauer, so daß wir uns nach einiger Zeit erneut anstecken können. Bei anderen Krankheiten – wie Masern, Mumps, Röteln, Keuchhusten und den inzwischen besiegten Pocken – verschaffen uns die nach der Erstinfektion gebildeten Antikörper lebenslange Immunität. Auf diesem Prinzip basieren auch Impfungen: Die Antikörperbildung wird angeregt, ohne daß die Krankheit voll ausbricht, indem Totimpfstoff oder abgeschwächte Varianten des Erregers gespritzt werden.

Leider Gottes brechen einige besonders clevere Mikroben nicht nur in unser Immunsystem ein, sondern verstehen es obendrein, uns zu überlisten, indem sie diejenigen Teile ihrer Hülle, die von unseren Antikörpern erkannt werden (die sogenannten Antigene), verändern. Die ständige Evolution neuer beziehungsweise die Wiederkehr älterer Stämme des Grippevirus mit jeweils unterschiedlichen Antigenen erklärt, warum Sie vielleicht neulich wieder an Grippe erkrankt sind, obwohl sie gerade erst vor zwei Jahren von dieser Geißel geplagt wurden. Malaria und Schlafkrankheit verstehen es noch besser, ihre Antigene rasch zu verändern und auf diese Weise durch die Maschen unseres Immunsystems zu schlüpfen. Nahezu unübertroffen ist in dieser Hinsicht das Aidsvirus, das ständig neue Antigene entwickelt, selbst wenn es sich schon im Körper eines Patienten befindet, bis unser Immunsystem vor dem Ansturm irgendwann kapituliert.

Unsere langsamste Abwehrreaktion erfolgt auf dem Weg über die natürliche Selektion, die von Generation zu Generation die Häufigkeit des Auftretens bestimmter Erbanlagen verändert. Gegen fast jede Krankheit sind einige Menschen aufgrund ihrer erbbiologischen Ausstattung resistenter als andere. Beim Ausbruch einer Epidemie würden jene, die im Besitz von Abwehrgenen gegen einen bestimmten Erregertyp sind, eher zu den Überlebenden gehören als andere, denen es an solchen Genen mangelt. Auf diese Weise wurden menschliche Bevölkerungen im Laufe der Geschichte nach wiederholtem Kontakt mit einem Krankheitserreger zu einem höheren Prozentsatz gegen diesen resistent – einfach deshalb, weil Pechvögel ohne die richtigen Gene in einer Epidemie eher ums Leben kamen und so daran gehindert wurden, ihre Erbanlagen weiterzugeben.

Schwacher Trost, werden Sie vielleicht wieder denken. Diese evolutionäre Reaktion hilft dem genetisch anfälligen Erkrankten, der womöglich sterben muß, auch nicht weiter. Das ist sicher richtig. Als Folge dieses Selektionsmechanismus ist eine Bevölkerung jedoch insgesamt besser gegen bestimmte Krankheitserreger geschützt. Beispiele liefern Sichelzellen-, Tay-Sachs- und Mukoviszidose-Gene, die Schwarzafrikaner, mittel-/osteuropäische Juden und Nordeuropäer jeweils gegen Malaria, Tuberkulose und bakterielle Durchfallerkrankungen schützen.

Kurzum, die Interaktion des Menschen mit den meisten Arten von Lebewesen – ich will einmal Kolibris als Beispiel nehmen – macht weder Mensch noch Kolibri »krank«. Keiner von beiden mußte Abwehrmechanismen gegen den jeweils anderen entwickeln. Dieses friedliche Miteinander war deshalb möglich, weil Kolibris zur Verbreitung oder Fütterung ihres Nachwuchses nicht auf unsere Hilfe angewiesen sind. Statt dessen hat es die Evolution so eingerichtet, daß sie sich von Nektar und Insekten ernähren, deren sie unter Einsatz ihrer eigenen Flügel habhaft werden.

Bei den Mikroben hat es die Evolution dagegen so gewollt, daß sie sich von Nährstoffen in unserem Körper ernähren, und sie besitzen auch keine Flügel, um sich zum Körper eines neuen Opfers zu bewegen, nachdem das alte gestorben oder resistent geworden ist. Deshalb mußten sich Krankheitserreger kleine Tricks aneignen, um von einem potentiellen Opfer zum nächsten zu gelangen. Viele dieser Tricks sind das, was wir als »Krankheitssymptome« erleben. Natürlich haben wir im Laufe der Evolution auch Gegentricks entwickelt, worauf die Erreger allerdings wiederum mit Gegen-Gegentricks reagierten. So kam es, daß wir mit unseren pathogenen Quälgeistern in einen eskalierenden evolutionären Wettkampf gerieten, bei dem der Tod eines Teilnehmers der Preis der Niederlage und die natürliche Selektion der Schiedsrichter ist. Betrachten wir als nächstes die Form des Wettkampfs: Handelt es sich um einen Blitz- oder einen Guerillakrieg?

Angenommen, man zählt in einem bestimmten Gebiet die Zahl der Erkrankungen an einer bestimmten Infektionskrankheit und verfolgt die Veränderung im Zeitablauf. Dabei stößt man zwischen verschiedenen Krankheiten auf große Unterschiede im Verlaufsmuster. Bei einigen, wie beispielsweise Malaria oder Hakenwurmbefall, treten Neuerkrankungen in Infektionsgebieten relativ gleichmäßig über das Jahr verteilt auf. Dagegen verursachen sogenannte epidemische Krankheiten längere Zeit gar keine Krankheitsfälle und dann eine regelrechte Krankheitswelle, um anschließend wieder eine Zeitlang in Vergessenheit zu geraten.

Unter den epidemischen Krankheiten ist die Grippe, über die in manchen Jahren ganz besonders gestöhnt wird (dann hat das Grippevirus Grund zur Freude) Amerikanern und Europäern aus persönlicher Erfahrung am vertrautesten. Choleraepidemien treten in längeren zeitlichen Abständen auf; so war der Ausbruch in Peru von 1991 der erste, von dem die Neue Welt in diesem Jahrhundert heimgesucht wurde. Noch heute sorgen Grippe- und Choleraepidemien für Schlagzeilen, doch vor dem Aufkommen der modernen Medizin waren Seuchen noch viel bedrohlicher. Die größte Krankheitsepidemie der Menschheitsgeschichte war eine Grippewelle, der am Ende des Ersten Weltkriegs 21 Millionen Menschen zum Opfer fielen. Der Schwarze Tod (Beulenpest) raffte zwischen 1346 und 1352 sage und schreibe ein Viertel der Bevölkerung Europas dahin – in manchen Städten kamen bis zu 70 Prozent der Einwohner ums Leben. Als die Canadian Pacific Railroad Anfang der 80er Jahre des letzten Jahrhunderts durch die kanadische Provinz Saskatchewan gebaut wurde, schrumpfte die dortige Indianerbevölkerung, die zuvor kaum in Berührung mit Weißen und ihren Krankheitserregern gekommen war, aufgrund massenhafter Tuberkuloseerkrankungen jährlich um 9 Prozent.

Die Infektionskrankheiten, die regelmäßig in Form von Epidemien statt als vereinzelte Krankheitsfälle auftreten, weisen mehrere gemeinsame Eigenschaften auf. Erstens werden sie von einer infizierten Person rasch und effektiv auf andere übertragen, so daß binnen kurzer Zeit die gesamte Population mit dem jeweiligen Erreger in Berührung kommt. Zweitens handelt es sich um »akute« Krankheiten, denen man entweder innerhalb kurzer Zeit erliegt oder von denen man sich vollständig wieder erholt. Drittens entwickeln diejenigen Menschen, die wieder gesund werden, Antikörper, die einen langjährigen, vielleicht sogar lebenslangen Schutz vor einer erneuten Erkrankung an dem gleichen Erreger bewirken. Und viertens treten diese Krankheiten in der Regel nur beim Menschen auf; die Mikroben, die sie auslösen, leben meist nicht im Erdboden oder in den Körpern von Tieren. Alle vier genannten Eigenschaften treffen auf die bekanntesten akuten, epidemisch auftretenden Kinderkrankheiten in Amerika und Europa zu: Masern, Röteln, Mumps, Keuchhusten und Pocken.

Warum die Kombination dieser vier Merkmale zum epidemischen Auftreten einer Krankheit führt, ist schnell erklärt. Vereinfacht ausgedrückt, geschieht folgendes: Die schnelle Ausbreitung von Mikroben und das rasche Auftreten von Symptomen bedeutet, daß jedes Mitglied einer lokalen menschlichen Population binnen kurzer Zeit infiziert und bald darauf entweder verstorben oder wieder gesund und immunisiert ist. Da die Mikroben aber nur in lebendigen menschlichen Körpern überleben können, verschwindet die Krankheit, bis eine neue Generation von Babys das ansteckungsfähige Alter erreicht – und jemand den Erreger von außen einschleppt und für den Ausbruch einer neuen Epidemie sorgt.

Ein klassisches Beispiel für den epidemischen Verlauf solcher

Krankheiten ist die Geschichte der Masern auf den entlegenen Färöer-Inseln im Nordatlantik. Im Jahr 1781 erreichte eine schwere Masernepidemie die Inselgruppe. Nachdem sie vorbei war, traten viele Jahre keine Masern mehr auf, bis 1846 ein Zimmermann mit dem Schiff aus Dänemark eintraf und die Krankheit mitbrachte. Innerhalb von drei Monaten hatte sich nahezu die gesamte Bevölkerung der Färöer-Inseln (7782 Menschen) angesteckt; entweder erlagen die Menschen der Krankheit, oder sie konnten sich wieder erholen, so daß dem Masernvirus bis zur nächsten Epidemie erneut der Nährboden entzogen war. Untersuchungen haben ergeben, daß die Masern in Populationen von weniger als einer halben Million Menschen mit hoher Wahrscheinlichkeit aussterben. Erst in größeren Populationen hat die Krankheit eine Chance, so lange von einem Gebiet zum anderen zu wechseln, bis im ursprünglichen Infektionsgebiet wieder genügend Babys geboren sind, um eine erneute Masernepidemie zu ermöglichen.

Was für die Masern auf den Färöer-Inseln gilt, trifft auch auf die anderen verbreiteten Infektionskrankheiten mit akutem Verlauf zu. Um nicht auszusterben, benötigen sie eine menschliche Population von ausreichender Größe und Dichte, damit eine größere Zahl ansteckungsfähiger Kinder zu einem Zeitpunkt vorhanden ist, an dem der betreffende Erreger sonst mangels weiterer Opfer aussterben würde.

Krankheiten dieses Typs konnten sich einleuchtenderweise in kleinen Gruppen von Jägern und Sammlern oder Brandrodungsfeldbauern nicht behaupten. Wie Amazonasindianer und Pazifikinsulaner in jüngerer Vergangenheit auf tragische Weise erfahren mußten, kann eine von außen eingeschleppte Epidemie kleinere Stämme, deren Angehörige keine Antikörper gegen die Erreger besitzen, so gut wie ausrotten. So fielen im Winter 1902 nicht weniger als 51 der 56 Sadlermiut-Eskimos von Southampton Island, einer Insel in der kanadischen Arktis, einer Ruhrepidemie zum Opfer, die ein Matrose des Walfangschiffs *Active* eingeschleppt hatte. Hinzu kommt, daß infizierte Erwachsene eher an Masern und unseren anderen »Kinderkrankheiten« sterben als Kinder und daß sämtliche Erwachsenen des Stamms für die Erreger empfänglich sind. (Im Gegensatz dazu erkranken erwachsene Amerikaner oder Europäer heute nur selten an Masern, da die meisten diese Krankheit entweder im Kindesalter schon hatten oder dagegen geimpft wurden.) Nach Auslöschung der meisten Stammesangehörigen verschwindet die Epidemie dann wieder. Die geringe Bevölkerungsgröße kleiner Stämme erklärt nicht nur, warum von außen eingeschleppte Epidemien bei ihnen nur von kurzer Dauer sind, sondern auch, warum sie keine epidemischen Krankheiten hervorbringen konnten, um damit ihrerseits Besucher zu infizieren.

Das heißt natürlich nicht, daß Infektionskrankheiten in kleinen menschlichen Populationen unbekannt sind. Tatsache ist aber, daß in solchen Gruppen nur bestimmte Typen von Infektionskrankheiten auftreten. Einige werden von Mikroben hervorgerufen, die auch in Tieren oder im Erdreich leben können, was dazu führt, daß die Erreger nicht aussterben, sondern permanent in der Umwelt zugegen sind und jederzeit Menschen befallen können. So sind afrikanische Affen Träger des Gelbfiebervirus, das für die Bewohner ländlicher Gebiete in Afrika eine ständige Bedrohung darstellt; zur Zeit des Sklavenhandels gelangte das Gelbfieber auch in die Neue Welt, wo das Virus ebenfalls von Affen auf Menschen übertragen wird.

Eine weitere Art von Infektionskrankheiten kleiner menschlicher Populationen sind chronisch verlaufende Krankheiten wie Lepra und Frambösie (im Volksmund auch »Himbeerpocken« genannt). Da der Erreger sehr lange braucht, bis ihm sein Wirt erliegt, kann dieser in der Zwischenzeit weitere Menschen in seiner Umgebung anstecken. Im Karimui Valley im Hochland von Neuguinea, wo ich in den 60er Jahren tätig war, lebte in starker Abgeschiedenheit eine Bevölkerung von wenigen tausend Menschen, von denen ein größerer Anteil als irgendwo sonst auf der Welt an Lepra erkrankt war: rund 40 Prozent! Und schließlich sind kleine Populationen auch anfällig für Infektionskrankheiten ohne tödlichen Verlauf, gegen die keine Immunität entwickelt wird, so daß die gleiche Person wiederholt an ihnen erkranken kann. Das gilt beispielsweise für Hakenwurm- und viele andere von Parasiten verursachte Krankheiten.

All diese Krankheitstypen, die für kleine, abgeschiedene Populationen charakteristisch sind, müssen zu den ältesten Krankheiten der Menschheit gehört haben. Sie waren es, die sich in den ersten Jahrmillionen unserer Evolutionsgeschichte, als unsere Gesamtpopulation auf der Erde noch winzig und zersplittert war, entwickeln und behaupten konnten. Zudem gleichen diese Krankheiten denen unserer engsten wildlebenden Verwandten, der afrikanischen Menschenaffen. Demgegenüber konnten sich die Infektionskrankheiten des zuvor beschriebenen Typs erst im Zuge der Entstehung großer, auf engem Raum lebender Populationen entwickeln. Diese begann mit dem Aufstieg der Landwirtschaft vor rund 10000 Jahren und beschleunigte sich mit der Entstehung von Städten vor einigen Jahrtausenden. Die ersten belegten Ausbrüche vieler heutiger Infektionskrankheiten liegen erstaunlich kurz zurück: Pocken um 1600 v. Chr. (gefolgert aus Pockennarben, die an einer ägyptischen Mumie entdeckt wurden), Mumps um 400 v. Chr., Lepra um 200 v. Chr., Kinderlähmung als Epidemie im Jahr 1840 n. Chr. und Aids im Jahr 1959.

Warum gab der Aufstieg der Landwirtschaft den Anstoß zur Evolution unserer typischen Infektionskrankheiten? Eine gerade erwähnte Ursache ist die Tatsache, daß die Landwirtschaft eine wesentlich höhere Bevölkerungsdichte ermöglicht als die Jagd- und Sammelwirtschaft – im Durchschnitt ist sie zehn- bis hundertmal so hoch. Hinzu kommt, daß Jäger und Sammler häufig den Lagerplatz wechseln und dabei ihre Exkrementhaufen samt allen Mikroben und Wurmlarven zurücklassen. Seßhafte Bauern leben dagegen inmitten ihrer eigenen Ausscheidungen, so daß für Mikroben der Weg vom Körper der einen Person in das Trinkwasser der nächsten ausgesprochen kurz ist.

Einige bäuerliche Bevölkerungen machen es ihren fäkalen Bakterien und Würmern noch leichter, neue Opfer zu infizieren, indem Urin und Exkremente gesammelt und als Dünger auf den Feldern, wo Menschen arbeiten, verstreut werden. Bewässerungslandwirtschaft und Fischzucht schaffen ideale Lebensbedingungen für Schnecken, die als Zwischenwirt von Saugwürmern dienen, die im erwachsenen Stadium in unsere Haut eindringen, wenn wir durch das fäkalienhaltige Wasser waten, und bei uns Bilharziose hervorrufen. Seßhafte Bauern sind aber nicht nur von ihren eigenen Exkrementen umgeben, sondern auch von Nagetieren, die von Nahrungsvorräten angelockt werden und Krankheiten auf den Menschen übertragen können. Lichtungen, wie sie afrikanische Bauern in den Urwald schlagen, schaffen ideale Brutbedingungen für Malariamücken.

War somit der Aufstieg der Landwirtschaft ein Glücksfall für unsere Mikroben, so galt dies um so mehr für die Entstehung von Städten, in denen Menschen noch enger zusammengepfercht unter noch schlechteren hygienischen Bedingungen hausten. Erst seit Anfang des 20. Jahrhunderts können die Städte Europas ihre Bevölkerungszahl aus eigener Kraft halten; davor mußte ein ständiger Zustrom aus ländlichen Gebieten die hohe Sterberate der Stadtbewohner, die durch die typischen Infektionskrankheiten auf engem Raum lebender Menschenmassen bedingt war, ausgleichen. Ein weiterer Glücksfall für Mikroben war die Entstehung der internationalen Handelsrouten, die in römischer Zeit die Bevölkerungen Europas, Asiens und Nordafrikas zu einer gigantischen Brutstätte für Krankheitserreger vereinigte. Damals erreichten die Pocken erstmals Rom, wo zwischen 165 und 180 n. Chr. mehrere Millionen Menschen dem Pockenvirus zum Opfer fielen.

Auf ähnliche Weise wurde die Beulenpest während der Herrschaft des römischen Kaisers Justinian nach Europa eingeschleppt (542–543 n. Chr.). Als »Schwarzer Tod« suchte die Pest Europa jedoch erstmals im Jahr 1346 mit voller Wucht heim, nachdem eine neue, über Land führende Handelsroute nach China den schnellen Transport von Pelzen, in denen Flöhe nisteten, aus pestverseuchten Gebieten Zentralasiens entlang der eurasischen Ost-West-Achse nach Europa ermöglicht hatte. Heute sind selbst die längsten Interkontinentalflüge kürzer als die kürzeste menschliche Infektionskrankheit. So konnte es geschehen, daß eine Maschine der argentinischen Fluggesellschaft Aerolineas Argentinas 1991 nach einem Zwischenstopp in Lima (Peru) noch am selben Tag mehrere Dutzend cholerakranke Passagiere in meiner Heimatstadt Los Angeles, über 5000 Kilometer von Lima entfernt, ablud. Die explosionsartige Zunahme der Fernreisen von Amerikanern und die wachsende Zahl von Einwanderern sind gerade dabei, unser Land erneut in einen Schmelztiegel zu verwandeln – diesmal von Mikroben, die vor kurzem als Erreger irgendwelcher exotischer Krankheiten in irgendwelchen fernen Ländern weithin unbekannt waren.

Als die menschliche Bevölkerung in manchen Gebieten eine ausreichende Größe und Dichte erreicht hatte, begann die Phase der Menschheitsgeschichte, in der endlich unsere typischen Massenkrankheiten entstehen und die Zeiträume zwischen Epidemien überdauern konnten. Diese Aussage wirft allerdings die Frage auf, woher denn diese Krankheiten, die es vorher gar nicht geben konnte, plötzlich kamen.

Antworten darauf wurden in den letzten Jahren durch molekularbiologische Untersuchungen der als Erreger identifizierten Mikroben zutage gefördert. Für viele Erreger von Krankheiten, die nur beim Menschen auftreten, können Molekularbiologen inzwischen den jeweils engsten Verwandten bestimmen. Diese Verwandten sind ihrerseits Erreger von Infektionskrankheiten, die ebenfalls unter Bedingungen des massenhaften Zusammenlebens auftreten – allerdings nicht bei Menschen, sondern bei verschiedenen Haustierarten! Auch bei Tieren sind große, dichte Populationen die Voraussetzung epidemischer Krankheiten. Betroffen sind nicht beliebige Arten, sondern in erster Linie domestizierte, in sozialen Gemeinschaften lebende Tiere mit den erforderlichen größeren Populationen. Als wir diese Arten domestizierten, beispielsweise Kühe und Schweine, brachten sie in die Partnerschaft ihre epidemischen Krankheiten ein, die nur darauf warteten, auf uns übertragen zu werden.

So ist das Masernvirus am engsten mit dem Erreger der Rinderpest verwandt. Die Rinderpest ist eine gefährliche Seuche der Rinder und vieler wildlebender Wiederkäuer, die nicht auf den Menschen übertragen wird. Umgekehrt erkranken Rinder nicht an Masern. Die enge Verwandtschaft zwischen Masern- und Rinderpestvirus läßt vermuten, daß der Erreger der Rinderpest auf den Menschen übersprang, wo nach verschiedenen Anpassungen das Masernvirus aus ihm hervorging. Der Sprung zum menschlichen

Krankheit des Menschen	Tier mit dem am engsten verwandten Erreger
Masern	Rind (Rinderpest)
Tuberkulose	Rind
Pocken	Rind (Kuhpocken) und andere Vieharten mit verwandten Pockenviren
Grippe	Schweine, Enten
Keuchhusten	Schweine, Hunde
Malaria tropica	Geflügel (Hühner und Enten?)

Tabelle 10.1 Tödliche Geschenke unserer lieben Tiere

Wirt ist alles andere als überraschend, bedenkt man, wie eng viele Bauern mit ihrem Vieh zusammenleben und auf diese Weise dem Kot, Urin, Atem, den Wunden und dem Blut der Tiere nahe sind. Unsere Nähe zu Rindern begann schon vor 9000 Jahren, als wir sie domestizierten – so hatte das Rinderpestvirus reichlich Zeit, um uns als potentiellen Lebensraum zu entdecken. Wie Tabelle 10.1 zeigt, lassen sich andere bekannte Infektionskrankheiten ebenso zu unseren lieben Tieren zurückverfolgen.

Aufgrund der räumlichen Nähe zwischen uns und den Tieren, die wir lieben, müssen wir einem Dauerbeschuß durch ihre Mikroben ausgesetzt sein. Durch das Wirken der natürlichen Selektion gelingt es aber nur wenigen dieser Eindringlinge, sich als Krankheiten des Menschen zu etablieren. Ein kurzer Überblick über heutige Krankheiten soll uns helfen, die vier Stadien der Evolution einer typisch menschlichen Krankheit von einer tierischen Vorläuferkrankheit zu verfolgen.

Das erste Stadium illustrieren Dutzende von Krankheiten, mit denen wir uns gelegentlich bei unseren Schoß- oder Haustieren unmittelbar anstecken. Dazu zählen Katzenkratzkrankheit, Leptospirose, mit der wir uns bei Hunden anstecken, Psittakose (auch Papageienkrankheit genannt), die von Hühnern und Papageien übertragen wird, und Brucellose von unserem Vieh. Ähnlich anfällig sind wir für Krankheiten wilder Tiere wie etwa Tularämie, die sich Jäger gelegentlich beim Abhäuten von Hasen zuziehen. All diese Mikroben befinden sich noch in einem frühen Stadium ihrer Evolution zu spezialisierten menschlichen Krankheitserregern. Sie werden noch nicht direkt von einem Menschen auf den anderen übertragen, und selbst die Übertragung von Tieren auf Menschen ist noch die Ausnahme.

Im zweiten Stadium verändert sich ein ehemaliger tierischer Krankheitserreger mit der Zeit so, daß er direkt von Menschen auf Menschen übertragen werden kann, woraufhin Epidemien ausbrechen. Aus einem von mehreren Gründen enden solche Epidemien jedoch nach einiger Zeit, beispielsweise durch Behandlungserfolge der modernen Medizin oder weil jeder im Umkreis des Erregers bereits infiziert und immun wurde oder weil alle infiziert wurden und starben. So tauchte 1959 in Ostafrika eine zuvor unbekannte Krankheit auf, das sogenannte O'Nyong-nyong-Fieber, an dem mehrere Millionen Afrikaner erkrankten. Es wurde wahrscheinlich von einem Affenvirus hervorgerufen, das Mücken auf Menschen übertrugen. Daß die Erkrankten rasch gesundeten und gegen weitere Ansteckung immun wurden, trug mit dazu bei, daß die neue Krankheit schnell wieder verschwand. In den USA tauchte im Sommer 1942 eine mysteriöse Krankheit auf, die als Fort-Bragg-Fieber bezeichnet wurde und bei der es sich um eine bis dahin unbekannte Form der Leptospirose handelte. Auch diese neue Krankheit war bald wieder vergessen.

Eine unheilbare, stets tödlich verlaufende Krankheit, die aus einem anderen Grund verschwand, war die durch Kannibalismus übertragene neuguineische Lachkrankheit, als deren Erreger ein langsam wirkendes Virus ermittelt wurde. Kuru, wie diese Krankheit auch hieß, war drauf und dran, den 20000 Angehörige zählenden Stamm der Foré im Hochland von Neuguinea auszulöschen, als das Gebiet 1959 unter australische Verwaltung gestellt und daraufhin dem Kannibalismus (und damit auch der Übertragung von Kuru) ein Ende gesetzt wurde. Die Annalen der Medizin sind voll von Berichten über Krankheiten, die sich von allen heute auftretenden unterscheiden, einst jedoch schreckliche Epidemien auslösten und dann ebenso geheimnisvoll verschwanden, wie sie gekommen waren. Das Englische Schweißfieber, das Europa zwischen 1485 und 1552 in Angst und Schrecken versetzte, oder das Picardie-Schweißfieber, das im 18. und 19. Jahrhundert in Frankreich grassierte, sind nur zwei von vielen epidemischen Krankheiten, die in Vergessenheit gerieten, lange bevor die moderne Medizin Methoden zur Bestimmung ihrer Erreger entwickelte.

Ein drittes Stadium der Evolution unserer bekanntesten Infektionskrankheiten wird von ehemaligen tierischen Erregern verkörpert, die sich beim Menschen »etablieren« konnten, (noch?) nicht ausgestorben sind und bei denen offen ist, ob sie eines Tages zur tödlichen Bedrohung für uns werden. Noch sehr ungewiß ist beispielsweise die Zukunft des Lassa-Fiebers, das durch ein wahrscheinlich von Nagetieren übertragenes Virus hervorgerufen wird. Lassa-Fieber trat erstmals 1969 in Nigeria auf und führte dort zu einer oft tödlich verlaufenden Erkrankung, die so hochgradig ansteckend war, daß man dazu überging, die Krankenhäuser zu schließen, sobald auch nur ein einziger Fall auftrat. Besser etablieren konnte sich bisher die Lyme-Krankheit, die durch eine Spirochäte hervorgerufen wird. Übertragen wird diese Bakterie durch den Biß einer Zeckenart, die bei Mäusen und Rehen angetroffen wird. Obwohl die Erkrankung eines Menschen erstmals 1962 bekannt wurde, hat die Lyme-Krankheit in vielen Teilen der USA schon jetzt epidemische Ausmaße erreicht. Noch weniger gefährdet (aus der Sicht des Virus) ist die Zukunft des von einem Affenvirus abstammenden Aidserregers, der erstmals um 1959 bei einem Menschen nachgewiesen wurde.

Das Endstadium dieser Evolutionskette bilden die lange bekannten epidemischen Krankheiten, die nur beim Menschen auftreten. Sie müssen die Überlebenden einer weitaus größeren Zahl von Erregern sein, die den Sprung vom Tier zum Menschen versuchten, in der Mehrzahl aber scheiterten.

Was geschieht eigentlich in jenen Stadien, in denen eine reine Tierkrankheit zu einer rein menschlichen Krankheit wird? Eine Etappe ist der Wechsel des Zwischenüberträgers: Wenn beispielsweise eine Mikrobe, die sich eines Gliederfüßers als Überträger bedient, zu einem neuen Wirt wechselt, ist sie möglicherweise gezwungen, sich wiederum einen Gliederfüßer zu suchen. So wurde Typhus ursprünglich durch Rattenflöhe von Ratten auf Ratten übertragen, was eine Zeitlang ausreichte, um auch Menschen mit Typhus zu infizieren. Irgendwann entdeckte der Typhuserreger, daß die Körperläuse des Menschen ein viel effektiveres Vehikel für die Reise von Mensch zu Mensch darstellten. Seit die meisten Amerikaner läusefrei sind, hat Typhus einen neuen Weg zu uns entdeckt, und zwar durch Ansteckung von Flughörnchen im Osten der USA, um dann auf Menschen überzuspringen, auf deren Dachböden die Tiere hausen.

Kurzum, Krankheiten sind nichts anderes als ein Ausdruck der Evolution, in deren Verlauf sich Krankheitserreger durch natürliche Selektion an neue Wirte und Überträger anpassen. So unterscheiden sich Immunabwehr, Läuse, Exkremente und Physiologie des menschlichen Körpers von denen der Rinder. In der neuen Umgebung muß eine Mikrobe neue Lebens- und Fortpflanzungsweisen entwickeln. Human- und Tiermedizinern gelang es in einer Reihe aufschlußreicher Fälle, derartige Veränderungen konkret zu beobachten.

Der am gründlichsten untersuchte Fall handelt von den Geschehnissen nach dem Eintreffen der Myxomatose in Australien. Nachdem das Myxovirus, ursprünglich nur von einer brasilianischen Wildkaninchenspezies bekannt, unter europäischen Kaninchen, die eine andere Spezies bilden, eine tödliche Epidemie ausgelöst hatte, wurde der Erreger 1950 bewußt in Australien eingeführt. Man verband damit die Hoffnung, den Kontinent von der Kaninchenplage zu befreien, die von der törichten Aussetzung europäischer Kaninchen im 19. Jahrhundert herrührte. Im ersten Jahr verursachte die Myxomatose bei infizierten Kaninchen eine (für die australischen Farmer) erfreuliche Sterblichkeitsrate von 99,8 Prozent. Zum Glück für die Kaninchen und zum Bedauern der Farmer sank die Sterblichkeit jedoch im zweiten Jahr auf 90 Prozent und später bis auf 25 Prozent, so daß die Hoffnung auf eine völlige Ausrottung der Kaninchen in Australien begraben werden mußte. Das Problem war, daß sich das Myxovirus im eigenen Interesse, das sich von den Interessen des Menschen wie von denen der Kaninchen unterschied, veränderte. Der Wandel bestand darin, daß weniger Kaninchen getötet wurden und tödlich infizierte Kaninchen länger lebten, bevor sie an der Erkrankung starben. Das Resultat war für die kaninchengeplagten Farmer negativ, für das Virus aber positiv: Ein weniger rasch tödlich wirkendes Myxovirus hat mehr Zeit, seinen Nachwuchs an eine größere Zahl von Kaninchen weiterzugeben, als das ursprüngliche, hochgradig virulente Virus.

Ein ähnliches Beispiel beim Menschen war die erstaunliche Evolution der Syphilis. Heute denkt man beim Namen Syphilis an Geschwüre im Genitalbereich und eine sehr langsam verlaufende Krankheit, die nur zum Tod führt, wenn sie viele Jahre unbehandelt bleibt. Als die Syphilis 1495 in Europa erstmals definitiv diagnostiziert wurde, waren ihre Opfer dagegen häufig von oben bis unten mit Pusteln übersät, hatten wunde Stellen im Gesicht und starben innerhalb weniger Monate. Bis 1546 war aus der Syphilis die Krankheit mit den heute bekannten Symptomen geworden. Offenbar waren die veränderten Syphilis-Spirochäten, ähnlich wie bei der Myxomatose, in der Lage, ihre Opfer länger am Leben zu halten und auf diese Weise für eine größere Verbreitung ihres Nachwuchses zu sorgen.

Ein gutes Beispiel für die Bedeutung tödlicher Krankheitserreger für den Verlauf der Menschheitsgeschichte ist die Eroberung und Entvölkerung der Neuen Welt durch Europäer. Weitaus mehr Indianer erlagen eurasischen Krankheiten als Verwundungen durch eurasische Stich- und Schußwaffen. Die Krankheitsepidemien schwächten die indianische Gegenwehr, indem sie die Mehrzahl der Indianer samt ihren Führern töteten und die Moral der Überlebenden erschütterten. So landete Cortés im Jahr 1519 mit 600 Mann an der Küste Mexikos, um das Reich der ausgesprochen kampflustigen, militärisch erfahrenen Azteken mit seinen vielen Millionen Einwohnern zu erobern. Daß Cortés überhaupt die Azteken-Hauptstadt Tenochtitlan erreichte, unter Verlust von »nur« zwei Dritteln seiner Streitmacht entkam und sich den Weg zurück zur Küste bahnen konnte, zeugt von der militärischen Überlegenheit der Spanier ebenso wie von der anfänglichen Naivität der Azteken. Doch bei Cortés nächstem Anlauf wußten die Azteken, was sie von den Spaniern zu erwarten hatten, und begegneten ihnen mit entschlossenem, äußerst zähem Widerstand. Ausschlaggebend für den Sieg der Spanier war letztlich ein Pockenvirus, das 1520 von einem infizierten Sklaven aus Kuba eingeschleppt wurde. Die Epidemie, die daraufhin ausbrach, raffte beinahe die Hälfte der Azteken einschließlich ihres Herrschers Cuitlahuac dahin. Die Überlebenden waren demoralisiert von der rätselhaften Krankheit, die Indianer tötete, aber Spanier wie als Symbol ihrer Unbesiegbarkeit verschonte. Bis 1618 war die Bevölkerung Mexikos, die ursprünglich etwa 20 Millionen zählte, auf 1,6 Millionen geschrumpft.

Pizarro hatte ähnliches Glück, als er 1531 an der Küste von Peru landete, um mit 168 Mann das Inka-Reich mit seinen mehreren Millionen Untertanen zu erobern. Von großem Vorteil für Pizarro und tragisch für die Inkas war, daß im Jahr 1526 die Pocken auf dem Landweg eingetroffen waren. Der Seuche fiel ein großer Teil der Inka-Bevölkerung zum Opfer, einschließlich des Herrschers Huayna Capac und seines designierten Nachfolgers. Wie in Kapitel 2 geschildert, hatte die Verwaisung des Throns zur Folge, daß zwischen zwei anderen Söhnen von Huayna Capac, Atahualpa und Huascar, ein Streit um die Nachfolge entbrannte, der in einen regelrechten Bürgerkrieg mündete. Diese Spaltung machte sich Pizarro bei der Eroberung des Inka-Reichs zunutze.

Wird heute nach den einwohnerstärksten Zivilisationen der Neuen Welt vor 1492 gefragt, fallen den meisten von uns nur Azteken und Inkas ein. Vergessen wird dabei, daß in Nordamerika eine Reihe bevölkerungsreicher Zivilisationen in einem Gebiet existierten, wo man sie auch am ehesten vermuten würde, nämlich im Tal des Mississippi, dessen Böden heute zu den fruchtbarsten der USA zählen. Zum Untergang dieser Kulturen trugen die Konquistadoren jedoch nicht direkt bei; vielmehr wurde ihnen diese Arbeit von Krankheitserregern abgenommen, die ihnen vorauseilten. Als Hernando de Soto 1540 als erster europäischer Konquistador durch den Südosten der heutigen USA marschierte, fand er verlassene Städte vor, die erst zwei Jahre zuvor aufgegeben worden waren, da ihre Bewohner verheerenden Krankheitsepidemien zum Opfer gefallen waren. Eingeschleppt hatten diese Epidemien

Indianer von der Küste, die dort mit Spaniern in Berührung gekommen waren. Somit reisten die Krankheitserreger der Spanier schneller landeinwärts als sie selbst.

De Soto hatte aber noch Gelegenheit, einige der dichtbesiedelten Städte am Unterlauf des Mississippi kennenzulernen. Nach seiner Expedition vergingen viele Jahre, bis wieder Europäer ins Mississippital kamen, aber das hielt die eurasischen Mikroben, die nun in Nordamerika Fuß gefaßt hatten, nicht davon ab, sich weiter auszubreiten. Bei der Ankunft der nächsten Europäer am unteren Mississippi – es handelte sich um französische Siedler, und das 17. Jahrhundert neigte sich dem Ende zu – waren fast sämtliche der großen Indianerstädte verschwunden. Ihre Überreste sind heute als die berühmten Erdwallanlagen des Mississippitals zu bewundern. Erst seit kurzem wissen wir, daß viele der Hügelbauer-Gesellschaften zum Zeitpunkt der Ankunft von Kolumbus in der Neuen Welt noch weitgehend intakt waren und daß ihr Zusammenbruch irgendwann zwischen 1492 und der systematischen Erforschung des Mississippi durch Europäer erfolgte, vermutlich ausgelöst durch Krankheitsepidemien.

Als ich klein war, lernten wir in der Schule, daß Nordamerika ursprünglich von nur rund einer Million Indianern bewohnt war. Diese geringe Zahl erleichterte die Rechtfertigung der Eroberung durch die Weißen, konnte man doch von einem nahezu unbesiedelten Kontinent sprechen. Archäologische Ausgrabungen und die Analyse von Berichten, die uns die ersten Europäer, die an den Küsten Nordamerikas landeten, hinterließen, belegen indes, daß die wahre Zahl eher bei 20 Millionen lag. Nach Schätzungen schrumpfte die indianische Bevölkerung der Neuen Welt innerhalb von ein bis zwei Jahrhunderten nach der Ankunft von Kolumbus um etwa 95 Prozent.

Die häufigste Todesursache waren Krankheiten aus der Alten Welt, mit denen die Indianer zuvor nicht in Berührung gekommen waren und gegen die sie deshalb weder Immunkräfte noch eine genetische Abwehr besaßen. Pocken, Masern, Grippe und Typhus führten die Liste der Todbringer an. Als wäre das nicht genug, folgten Diphtherie, Malaria, Mumps, Keuchhusten, Pest, Tbc und Gelbfieber auf dem Fuße. In zahllosen Fällen wurden die weißen

Ankömmlinge Zeugen der Massaker, die ihre Krankheitserreger unter den Indianern anrichteten. So wurden 1837 die Mandan, ein Prärieindianerstamm mit hochentwickelter Kultur, mit Pocken infiziert, die ein Dampfschiff mitgebracht hatte, das von St. Louis den Missouri hinauffuhr. In einem der Mandan-Dörfer schrumpfte die Bevölkerung binnen weniger Wochen von 2000 auf weniger als 40 Einwohner.

Während über ein Dutzend Infektionskrankheiten aus der Alten Welt in der Neuen Welt seßhaft werden konnten, gelangte möglicherweise keine einzige tödliche Krankheit amerikanischen Ursprungs nach Europa. Eine Ausnahme war vielleicht die Syphilis, deren Herkunft aber noch umstritten ist. Diese Einseitigkeit des Erregeraustauschs ist um so verblüffender, wenn man bedenkt, daß große, dichte Populationen eine der Voraussetzungen für die Evolution unserer typischen Infektionskrankheiten sind. Sollten die jüngsten Erkenntnisse über die Bevölkerungszahl der präkolumbianischen Neuen Welt zutreffen, so lag diese nicht sehr weit unter der damaligen Bevölkerungszahl Eurasiens. Einige Städte der Neuen Welt, wie Tenochtitlan, zählten sogar zu den bevölkerungsreichsten der Erde. Woran lag es dann, daß in Tenochtitlan keine bösartigen Krankheitserreger auf die Spanier warteten?

Ein Grund könnte darin liegen, daß der Aufstieg menschlicher Populationen mit hoher Siedlungsdichte in der Neuen Welt später begann als in der Alten Welt. Als weiterer Grund wäre zu nennen, daß die drei wichtigsten Bevölkerungszentren Amerikas – die Anden, Mesoamerika und das Mississippital – nie durch regelmäßigen Handelsaustausch verbunden und somit zu einer gemeinsamen Brutstätte für Mikroben vereint wurden, wie es in römischer Zeit mit Europa, Nordafrika, Indien und China geschah. Diese Faktoren erklären aber immer noch nicht, warum in der Neuen Welt offenbar keine einzige tödliche Infektionskrankheit entstand. (Zwar wurde in der Mumie eines vor 1000 Jahren gestorbenen peruanischen Indianers Tuberkulose-DNS nachgewiesen, aber das verwendete Analyseverfahren unterschied nicht zwischen menschlicher Tuberkulose und dem eng verwandten, bei Wildtieren verbreiteten Erreger *Mycobacterium bovis.*)

Bei der Lösung dieses Rätsels bringt uns eine simple Frage weiter: Aus welchen Mikroben hätten die gefährlichen Krankheiten der Indianer eigentlich entstehen sollen? Wir haben gesehen, daß eurasische Infektionskrankheiten sich aus Krankheiten domestizierter eurasischer Herdentiere entwickelten. Im Gegensatz zur Vielzahl derartiger Tierarten in Eurasien wurden in Nord- und Südamerika von allen Abteilungen des Tierreichs nur ganze fünf Arten domestiziert: der Truthahn in Mexiko und im amerikanischen Südwesten, das Lama/Alpaka und das Meerschweinchen in den Anden, die Moschusente im tropischen Südamerika und der Hund in ganz Nord- und Südamerika.

Dieser krasse Mangel an Haustieren in der Neuen Welt ist wiederum Ausdruck eines Mangels an biologischem »Rohmaterial«. Etwa 80 Prozent der großen Säugetiere Nord- und Südamerikas starben am Ende der letzten Eiszeit vor rund 13 000 Jahren aus. Die wenigen Domestikationskandidaten, die den Indianern danach verblieben, bildeten im Vergleich zu Schweinen und Rindern kein sonderlich geeignetes Reservoir für die Entstehung von Massenkrankheiten. So leben Moschusenten und Truthähne weder in großen Schwärmen, noch eignen sie sich als Schmusetiere (wie beispielsweise junge Lämmer), mit denen wir gerne körperlichen Kontakt pflegen. Meerschweinchen trugen möglicherweise eine Trypanosomeninfektion, wie die Chagas-Krankheit, oder die Leishmaniase zum Inventar unserer Krankheiten bei, doch selbst das ist nicht bewiesen. Am meisten überrascht aber das Fehlen von Krankheiten, die von Lamas (oder Alpakas) auf den Menschen übertragen wurden, könnte man doch in diesen Arten so etwas wie ein südamerikanisches Pendant zu eurasischen Vieharten sehen. Vier Gründe sprechen jedoch dagegen, daß von Lamas Krankheiten auf Menschen übertragen wurden: Sie wurden nicht in vergleichbar großen Herden gehalten wie Schafe, Ziegen und Schweine; ihre Gesamtzahl entsprach nicht annähernd der von eurasischen Haustierpopulationen, da das Lama nie über die Anden hinaus Verbreitung fand; Lamamilch wird von Menschen nicht getrunken (wodurch ein Übertragungsweg entfällt); und schließlich werden Lamas nicht in Ställen im engen Kontakt mit Menschen gehalten. Im Gegensatz dazu legen junge Mütter im Hochland von

Neuguinea nicht selten auch Ferkel zum Stillen an die Brust, und Schweine ebenso wie Rinder leben häufig mit ihrem Besitzer unter einem Dach.

Die geschichtliche Bedeutung von Krankheiten tierischen Ursprungs reicht weit über die Kollision von Alter und Neuer Welt hinaus. Auch in vielen anderen Teilen der Welt spielten eurasische Krankheitserreger eine entscheidende Rolle bei der Dezimierung von Urbevölkerungen. Betroffen waren beispielsweise die Bewohner pazifischer Inseln, die australischen Aborigines und die Khoisan-Völker (Hottentotten und Buschmänner) im südlichen Afrika. Die kumulative Sterblichkeit dieser Völker, die zuvor keine Bekanntschaft mit eurasischen Krankheitserregern gemacht hatten, lag zwischen 50 und 100 Prozent. So schrumpfte die indianische Bevölkerung von Hispaniola von etwa acht Millionen bei Kolumbus' Ankunft im Jahr 1492 auf Null im Jahr 1535. Als 1875 ein Fidschi-Häuptling von einer Reise nach Australien heimkehrte, brach auf den Fidschiinseln kurz darauf eine Masernepidemie aus, die ein Viertel der damaligen (Rest-)Bevölkerung (die meisten Fidschi-Insulaner waren schon früher Krankheitsepidemien zum Opfer gefallen, die seit dem ersten Besuch von Europäern im Jahr 1791 wiederholt ausbrachen) das Leben kostete. Durch Syphilis, Gonorrhöe, Tuberkulose und Grippe, 1788 von Kapitän Cook und seiner Mannschaft eingeschleppt, sowie eine schwere Typhusepidemie im Jahr 1804 und zahlreiche »kleinere« Epidemien schrumpfte die Bevölkerung Hawaiis von etwa einer halben Million im Jahr 1788 auf 84000 im Jahr 1853, als auch noch die Pocken Hawaii heimsuchten und rund 10000 der Überlebenden töteten. Die Reihe der Beispiele ließe sich nahezu endlos fortsetzen.

Es war allerdings nicht so, daß Krankheitserreger immer und überall nur auf der Seite der Europäer standen. Während in der Neuen Welt und in Australien wenige beziehungsweise keine epidemischen Krankheiten auf sie warteten, läßt sich dies für die Tropenregionen Afrikas und Asiens gewiß nicht behaupten. Die bekanntesten und gefährlichsten tropischen Geißeln waren (und sind) Malaria in der Alten Welt, Cholera in Südostasien und Gelbfieber in Afrika. Sie bildeten für die europäischen Kolonisierungsanstrengungen in tropischen Gefilden das größte Hindernis und erklären auch, warum die koloniale Aufteilung Neuguineas und des größten Teils Afrikas erst beinahe 400 Jahre nach der Aufteilung der Neuen Welt unter europäischen Mächten begann. Nachdem Malaria und Gelbfieber an Bord europäischer Handelsschiffe auch nach Nord- und Südamerika gelangt waren, wurden sie bei der Kolonisierung tropischer Gebiete der Neuen Welt ebenfalls zum Hindernis Nummer 1. Ein bekanntes Beispiel ist die Vereitelung des französischen Panamakanal-Projekts durch diese beiden Krankheiten; auch das am Ende erfolgreiche Kanalbauprojekt der USA drohte an ihnen zu scheitern.

Lassen Sie uns vor dem Hintergrund all dieser Zusammenhänge noch einmal die Bedeutung von Krankheitserregern für die Beantwortung von Yalis Frage rekapitulieren. Ohne Zweifel waren die Europäer den meisten der nichteuropäischen Völker, über die sie den Sieg davontrugen, in puncto Bewaffnung, Technik und politischer Organisation haushoch überlegen. Doch das allein erklärt noch nicht vollständig, wie es geschehen konnte, daß eine anfangs kleine Zahl europäischer Immigranten einen so großen Teil der Bevölkerung Nord- und Südamerikas und einiger anderer Regionen der Welt von ihrem Platz verdrängen konnte. Vielleicht wäre es nicht so gekommen, hätten die Europäer kein so unheilvolles Mitbringsel im Gepäck gehabt: die Krankheitserreger, die sich in den Jahrtausenden des engen Zusammenlebens der Eurasier mit ihren Haustieren entwickelt hatten.

KAPITEL 11

Blaupausen und Lehnlettern

Die Evolution der Schrift

Die meisten Autoren des 19. Jahrhunderts sahen in der Geschichte einen Prozeß, der von der Barbarei zur Zivilisation hinführte. Als Meilensteine des Übergangs galten das Aufkommen der Landwirtschaft, der Metallverarbeitung, komplizierter Techniken, zentralistischer Herrschaftsformen und der Schrift. Hiervon war die Schrift traditionell auf den geographisch kleinsten Raum beschränkt: Vor der Expansion des Islam und Europas seit Beginn des Kolonialzeitalters fehlte sie in Australien, in der pazifischen Inselwelt, in Afrika südlich des Äquators und in der gesamten Neuen Welt mit Ausnahme eines kleinen Teils von Mesoamerika. Als Folge dieser begrenzten Verbreitung sahen Völker, die sich selbst als zivilisiert priesen, in der Schrift stets eines der schärfsten Unterscheidungsmerkmale zwischen sich und den »Barbaren« oder »Wilden«.

Wissen ist Macht, wie ein altes Sprichwort sagt. Modernen Gesellschaften verleiht die Schrift Macht, indem sie ihnen die Möglichkeit gibt, Wissen mit weitaus größerer Genauigkeit und in viel größerer Quantität und Detailliertheit weiterzugeben, auch solches aus fernen Gegenden und ferner Vergangenheit. Zwar gelang es einigen Völkern (insbesondere den Inkas), große Reiche auch ohne Schrift zu verwalten, und »zivilisierte« Völker trugen keineswegs immer den Sieg über »Barbaren« davon, wie die römischen Heere erfahren mußten, als sie auf die Hunnen trafen. Die Eroberung Nord- und Südamerikas, Sibiriens und Australiens durch Europäer verkörpert jedoch den typischen Ausgang von Begegnungen zwischen Schriftbesitzern und Schriftlosen in der jüngeren Vergangenheit.

Neben Waffen, Krankheitserregern und politischem Zentralismus spielte die Schrift bei Eroberungszügen eine wichtige Rolle. Die Befehle von Monarchen und Kaufleuten, die Flotten aufstellten und in die Ferne schickten, ergingen in schriftlicher Form. Die Schiffe segelten nach Land- und Seekarten sowie Aufzeichnungen vorheriger Expeditionen. Durch Schilderung der Reichtümer und fruchtbaren Länder, die darauf warteten, von den Eroberern in Besitz genommen zu werden, gaben Berichte früherer Expeditionen den Anstoß zu weiteren Fahrten. Die Aufzeichnungen von diesen Reisen vermittelten späteren Expeditionen wertvolle Informationen über die zu erwartenden Bedingungen und halfen bei der Vorbereitung. Schließlich wurden auch die so entstehenden Reiche mit Hilfe der Schrift verwaltet. Zwar konnten alle genannten Arten von Informationen auch in schriftlosen Gesellschaften auf verschiedene andere Weise übermittelt werden, doch ermöglichte die Schrift eine einfachere, detailliertere und genauere Wiedergabe mit größerer Überzeugungskraft.

Wie kam es angesichts dieser überragenden Vorteile, daß nur einige Völker die Schrift erfanden und alle anderen nicht? Warum wurde beispielsweise von keiner einzigen traditionellen Jäger- und Sammlerkultur die Schrift erfunden oder übernommen? Warum entstand die Schrift im minoischen Kreta, aber nicht im polynesischen Tonga? Wie viele Male wurde die Schrift in der Menschheitsgeschichte unabhängig entwickelt, unter welchen Umständen und zu welchem Zweck? Warum entstand sie in manchen ihrer Ursprungsgebiete sehr viel früher als in anderen? Heute können zum Beispiel fast alle Japaner und Skandinavier lesen und schreiben, die meisten Iraker jedoch nicht: Wie kam es, daß die Schrift im Irak dennoch fast 4000 Jahre früher erfunden wurde?

Auch die Ausbreitung der Schrift von ihren Ursprungsstätten wirft eine Reihe wichtiger Fragen auf: Warum breitete sie sich beispielsweise vom Bereich des Fruchtbaren Halbmonds nach Äthiopien und Ägypten aus, nicht aber von Mexiko zu den Anden? Erfolgte die Ausbreitung von Schriftsystemen durch einfache Nachahmung, oder ließen sich benachbarte Völker durch vorhandene Systeme lediglich inspirieren, um dann eigene zu erfinden? Wenn ein Schriftsystem für eine Sprache gut geeignet ist, wie geht man dann vor, um eins für eine andere Sprache zu entwickeln?

Ähnliche Fragen stellen sich, wenn man versucht, Ursprung und Ausbreitung zahlreicher anderer Aspekte der menschlichen Kultur zu verstehen – wie etwa Technik, Religion und Landwirtschaft. Dem an solchen Fragen interessierten Historiker bietet die Schrift den Vorteil, daß sich ihre Herkunft und Ausbreitung oft anhand der schriftlichen Aufzeichnungen selbst präzise rekonstruieren läßt. Wir werden deshalb der Entstehung und Entwicklung der Schrift nicht nur wegen ihrer eigenen Bedeutung nachgehen, sondern auch wegen der allgemeinen kulturgeschichtlichen Erkenntnisse, die sich daraus gewinnen lassen.

Die drei Grundstrategien, auf denen Schriftsysteme basieren, unterscheiden sich nach der Größe der sprachlichen Einheiten, die von einzelnen Zeichen dargestellt werden: Laute, Silben oder Wörter. Am stärksten verbreitet sind heute Alphabetschriften, die im Idealfall für jede kleinste sprachliche Einheit (Phonem) ein eigenes Zeichen (Buchstabe) besitzen. In Wirklichkeit umfassen die meisten Alphabete jedoch nur 20 bis 30 Buchstaben, denen in den meisten Sprachen eine größere Zahl von Phonemen gegenübersteht. So werden die rund 40 Phoneme der englischen Sprache von lediglich 26 Buchstaben dargestellt. Das bedeutet, daß die meisten Sprachen mit Alphabetschriften gezwungen sind, dem gleichen Buchstaben verschiedene Phoneme zuzuordnen und einige Phoneme durch Buchstabenkombinationen darzustellen, wie beispielsweise *sh* und *th* im Englischen (im griechischen Alphabet gibt es für jeden der beiden Laute einen eigenen Buchstaben).

Die zweite Strategie verwendet statt dessen sogenannte Logogramme, das heißt Zeichen, die ein ganzes Wort darstellen. Diese Funktion haben viele chinesische Zeichen und auch die in der japanischen Schrift dominierenden »Kanjis«. Vor dem Siegeszug der Alphabetschriften in vielen Teilen der Welt waren Schriftsysteme auf der Basis von Logogrammen am weitesten verbreitet. Hierzu zählten zum Beispiel die ägyptischen Hieroglyphen, die sumerische Keilschrift und die Schriftzeichen der Mayas.

Bei der dritten Strategie, die den meisten Lesern am wenigsten vertraut sein dürfte, steht ein Zeichen jeweils für eine Silbe. In den bekannten Silbenschriften gibt es allerdings nur Zeichen für

Silben, die aus einem Konsonanten und einem nachfolgenden Vokal bestehen (wie in Ka-ka-du), während andere Silbentypen unter Zuhilfenahme verschiedener Tricks dargestellt werden. Ein Beispiel für Silbenschriften, die in der Antike weit verbreitet waren, ist die Linear-B-Schrift aus dem mykenischen Griechenland. Aber auch heute noch gibt es Silbenschriften. Am bekanntesten sind wohl die Kana-Silbenschriften, die in Japan unter anderem für Telegramme, Bankauszüge und Blindentexte verwendet werden.

Ich habe bewußt von drei Strategien und nicht Schriftsystemen gesprochen, da keines der heutigen Schriftsysteme eine dieser Strategien in Reinkultur verwirklicht. Weder ist die chinesische Schrift rein logographisch noch die englische rein alphabetisch. Wie alle Alphabetschriften weist auch das Englische zahlreiche Logogramme auf, wie beispielsweise $, % und +, also arbiträre Zeichen, die jeweils ein ganzes Wort darstellen und nicht aus phonetischen Elementen zusammengesetzt sind. Die »syllabische« Linear-B-Schrift enthielt eine große Zahl von Logogrammen, während die »logographische« Hieroglyphenschrift der Ägypter eine Vielzahl von Silbenzeichen sowie praktisch ein komplettes Alphabet von Buchstaben für jeden Konsonanten aufwies.

Wer bei Null anfangen mußte, hatte es bei der Erfindung einer Schrift ungleich schwerer als derjenige, der ein vorhandenes System übernehmen und an die Bedürfnisse seiner Sprache anpassen konnte. Die ersten Schreiber mußten sich über Grundregeln den Kopf zerbrechen, die uns heute als selbstverständlich erscheinen. So mußten sie Methoden finden, wie der natürliche Redefluß in sprachliche Einheiten zerlegt werden kann, ob nun in Wörter, Silben oder Phoneme. Der gleiche Laut beziehungsweise die gleiche sprachliche Einheit mußte trotz aller Unterschiede in der Lautstärke, Stimmlage, Sprechgeschwindigkeit, Betonung, Satzteilanordnung und Aussprache erkannt werden. Und es mußte beschlossen werden, daß ein Schriftsystem alle derartigen Unterschiede ignorieren sollte. Danach galt es Möglichkeiten zu ersinnen, wie Laute durch Symbole dargestellt werden konnten.

Auf die eine oder andere Weise meisterten die ersten Schreiber all diese Probleme, ohne sich am Beispiel einer existierenden Schrift orientieren zu können. Offensichtlich war die Aufgabe, die sie vollbrachten, so schwierig, daß in der Geschichte der Menschheit nur wenige Male eine Schrift ohne Vorbild neu erfunden wurde. Die zwei Fälle, in denen keine Zweifel bestehen, sind die Schrift der Sumerer, die etwas vor 3000 v. Chr. in Mesopotamien entwickelt wurde, und die der mexikanischen Indianer aus der Zeit um 600 v. Chr. (Abbildung 11.1). Auch die ägyptische Schrift (um 3000 v. Chr.) und die chinesische Schrift (um 1300 v. Chr.) entstanden möglicherweise ohne äußere Vorbilder, aber ganz sicher wissen wir das nicht. Alle anderen Völker, die seither in den Besitz einer Schrift gelangten, haben diese wahrscheinlich übernommen und an die eigenen Bedürfnisse angepaßt oder ließen sich zumindest von bestehenden Schriftsystemen anregen.

Von den eigenständig entwickelten Schriften läßt sich die Geschichte der ältesten, der sumerischen Keilschrift (Abbildung 11.1), am genauesten zurückverfolgen. Schon bevor sie Gestalt annahm, verwendeten die Bewohner bäuerlicher Siedlungen in einem Teil des Fruchtbaren Halbmonds Zeichen aus Ton in verschiedenen einfachen Formen, um damit über Schafherden oder Getreidemengen Buch zu führen. In den letzten Jahrhunderten vor 3000 v. Chr. beschleunigte sich die Entwicklung der Buchhaltungstechnik, Formate und Zeichendarstellung und führte zur Entstehung des ersten Schriftsystems. Eine der Neuerungen jener Zeit waren flache Tontafeln, die sich als praktische Schreibflächen eigneten. Anfangs wurden die Zeichen noch mit spitzen Gegenständen in den Ton geritzt, doch allmählich setzten sich Rohrgriffel durch, mit denen saubere Eindrücke in dem weichen Ton der Schreibtafeln erzeugt werden konnten. Zu den Innovationen im Bereich Format gehörte die allmähliche Durchsetzung von Konventionen, deren Sinn heute niemand im Traum hinterfragen würde. Hierzu gehört beispielsweise, daß Buchstaben oder Schriftzeichen waagerecht in Zeilen oder senkrecht in Kolonnen angeordnet werden (Zeilen bei den Sumerern wie bei den modernen Europäern), daß Zeilen/Kolonnen stets in der gleichen Richtung gelesen werden (von links nach rechts bei Sumerern wie Europäern) und daß von oben nach unten und nicht umgekehrt gelesen wird.

Orte einiger im Text erwähnter Schriften

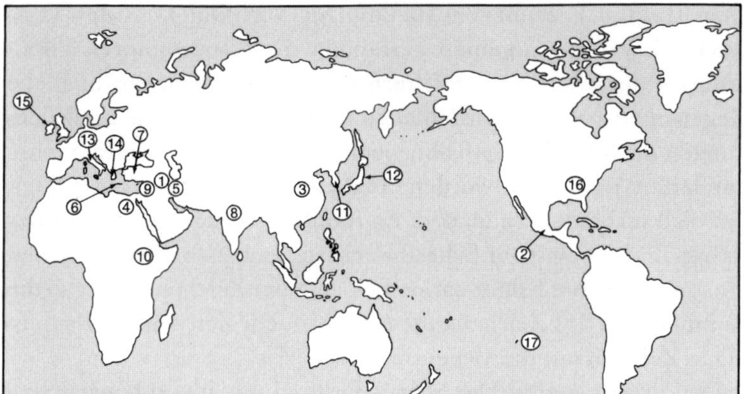

Unabhängige oder eventuell unabhängige Entstehung

1. Sumerer
2. Mesoamerika

?3. China

??4. Ägypten

Alphabete

9. Westsemitisch, phönizisch
10. Äthiopisch
11. Korea (Han'gul)
13. Italien (römisch, etruskisch)
14. Griechenland
15. Irland (Ogham)

Sonstige

5. Proto-elamitisch
7. Hethitisch
8. Industal
17. Osterinseln

Silbenschriften

6. Kreta (Linear A und B)
12. Japan (Kana)
16. Cherokee

Abbildung 11.1 Die Fragezeichen vor China und Ägypten signalisieren Zweifel, ob die Schrift in diesen Gebieten völlig unabhängig entstand oder auf Anregungen von Schriftsystemen basierte, die zu früheren Zeitpunkten an anderen Orten entwickelt worden waren. »Sonstige« bezieht sich auf Schriften, bei denen es sich weder um Alphabete noch um Silbenschriften handelte und die wahrscheinlich unter dem Einfluß älterer Schriften entstanden.

Doch der entscheidende Wandel kam mit der Lösung des Problems, das für praktisch alle Schriftsysteme von grundlegender Bedeutung ist: Wie kommt man zu Zeichen, die gesprochene Laute und nicht bloß Ideen oder Wörter unabhängig von der Aussprache repräsentieren? Frühe Stadien auf dem Weg zur Lösung dieses Problems fand man insbesondere in Tausenden von Tontafeln, die in den Ruinen der einstigen sumerischen Stadt Uruk am Euphrat rund 300 Kilometer südöstlich des heutigen Bagdad bei Ausgrabungen ans Tageslicht kamen. Die ersten sumerischen Schriftzeichen stellten erkennbare Abbildungen von Objekten dar (z.B. Fisch, Vogel). Naturgemäß bestanden diese sogenannten Piktogramme überwiegend aus Ziffern und Substantiven für dingliche Gegenstände, da es sich lediglich um buchhalterische Aufzeichnungen im Telegrammstil ohne jegliche grammatischen Elemente handelte. Mit der Zeit wurden die Formen der Zeichen abstrakter, was sich insbesondere ab dem Zeitpunkt beobachten läßt, als der Rohrgriffel die spitzen Schreibwerkzeuge ablöste. Neue Zeichen entstanden durch Kombination bestehender Zeichen. So ergab die Kombination des Zeichens für *Kopf* mit dem Zeichen für *Brot* ein neues Zeichen mit der Bedeutung *essen*.

Die älteste sumerische Schrift bestand aus nichtphonetischen Logogrammen. Das bedeutet, daß sie nicht auf den spezifischen Lauten der sumerischen Sprache basierte, sondern daß ihre Zeichen in jeder anderen Sprache bei völlig unterschiedlicher Aussprache die gleiche Bedeutung gehabt hätten – so wie beispielsweise die Ziffer 4 im Englischen, Russischen, Finnischen und Indonesischen jeweils ganz unterschiedlich ausgesprochen wird, nämlich als *four, četyre, neljä* und *empat*. Der vielleicht wichtigste Schritt in der Geschichte der Schrift war die Einführung der phonetischen Abbildung durch die Sumerer, wobei anfangs ein abstraktes Substantiv (das sich nur schwer durch ein Bild repräsentieren ließ) mit Hilfe des Zeichens für ein darstellbares, gleich ausgesprochenes Substantiv abgebildet wurde. So ist es leicht, ein Bild für *Pfeil* zu zeichnen, aber schwer, den Begriff *Leben* als Piktogramm darzustellen – beide werden in der sumerischen Sprache wie *ti* ausgesprochen. Nach Einführung der phonetischen Abbildung konnte das Bild eines Pfeils entweder *Pfeil* oder *Leben* bedeuten. Die daraus erwachsende Mehrdeutigkeit wurde durch Hinzufügung von stummen Zeichen aufgelöst, sogenannten Determinativen, die Auskunft über die Klasse des von dem betreffenden Logogramm dargestellten Objekts gaben. Linguisten sprechen bei dieser entscheidenden Innovation, die auch Bilderrätseln zugrunde liegt, vom Rebusprinzip.

Nachdem die Sumerer dieses phonetische Prinzip einmal entdeckt hatten, wandten sie es bald nicht mehr nur auf abstrakte

Babylonische Keilschrift, abgeleitet von der Keilschrift der Sumerer

Substantive an, sondern benutzten es auch zur Darstellung von Silben oder Buchstaben, die als grammatische Endungen fungierten. Im Englischen würde man vor einem ziemlichen Problem stehen, sollte man ein Bild der häufig vorkommenden Silbe *-tion* zeichnen; man könnte aber statt dessen mit einem Bild das Verb *shun* (meiden) darstellen, das ganz ähnlich klingt. Phonetisch interpretierte

Zeichen dienten auch dazu, die Laute der einzelnen Silben längerer Wörter in Form einer Serie von Bildern wiederzugeben. Das ist ungefähr so, als ob ein Engländer das Wort *believe* (glauben) durch das Bild einer Biene (*bee*) und eines Blattes (*leaf*) darstellen würde. Phonetische Zeichen ermöglichten es den Schriftgelehrten darüber hinaus, das gleiche Piktogramm für eine Reihe verwandter Wörter (wie *tooth, speech* und *speaker*) zu verwenden, wobei die Mehrdeutigkeit durch Hinzufügung einer sogenannten phonetischen Ergänzung aufgelöst wurde (um beispielsweise zu signalisieren, ob ein Zeichen als *two*, *each* oder *peak* gelesen werden soll).

Auf diese Weise entwickelte sich die sumerische Schrift zu einem komplizierten System aus drei Zeichentypen: Logogrammen, die ein ganzes Wort oder einen Namen abbildeten, phonetischen Zeichen, die quasi zum Buchstabieren von Silben, grammatischen Elementen oder Wortteilen dienten, und Determinativen, die keinen eigenen Lautwert besaßen, aber zur Auflösung von Mehrdeutigkeiten benötigt wurden. Dennoch handelte es sich bei den phonetischen Zeichen der Sumerer noch nicht um eine vollständige Silben- oder Alphabetschrift. Für manche Silben gab es überhaupt kein Schriftzeichen, und manche Zeichen konnten ganz unterschiedlich ausgesprochen werden. Zudem kam es vor, daß ein Zeichen einmal als Wort und einmal als Silbe oder Buchstabe gelesen werden konnte.

Der andere Ort neben Mesopotamien, an dem die Schrift mit Sicherheit unabhängig entwickelt wurde, war Mesoamerika und dort wahrscheinlich das südliche Mexiko. Es wird davon ausgegangen, daß die Schriften der indianischen Kulturen dieser Region unbeeinflußt von der Alten Welt entstanden, da für die Zeit vor den Atlantiküberquerungen der Wikinger keine überzeugenden Beweise für Kontakte zwischen Neuer Welt und schriftbesitzenden Gesellschaften der Alten Welt vorliegen. Hinzu kommt, daß sich die Formen der mesoamerikanischen Schriftzeichen radikal von allen unterschieden, die wir aus der Alten Welt kennen. Rund ein Dutzend mesoamerikanischer Schriften sind heute bekannt, wobei zwischen den meisten oder sogar allen eine offenkundige Verwandtschaft besteht (etwa im Zahlen- und Kalendersystem). Nur ein kleiner Teil konnte bisher weitgehend entziffert werden. Momentan stammt die älteste erhaltene mesoamerikanische Schrift aus dem Gebiet von Zapotec im Süden Mexikos und wurde auf etwa 600 v. Chr. datiert. Am weitesten entziffert ist dagegen eine Schrift aus dem Maya-Tiefland; das älteste darin gefundene Datum entspricht dem Jahr 292 n. Chr.

Trotz des unabhängigen Ursprungs und der charakteristischen Formen der verwendeten Zeichen kommen in der Maya-Schrift grundsätzlich ähnliche Regeln zum Tragen wie in der sumerischen Schrift und in anderen westeurasischen Schriftsystemen, die sich von den Sumerern inspirieren ließen. Ebenso wie in der sumerischen Schrift wurden auch bei den Mayas sowohl Logogramme als auch phonetische Zeichen verwendet. Logogramme zur Darstellung abstrakter Begriffe wurden häufig nach dem Rebusprinzip abgeleitet. Das heißt, ein abstrakter Begriff wurde mit dem Zeichen für ein anderes, gleich ausgesprochenes Wort mit unterschiedlicher Bedeutung dargestellt, das sich leicht durch ein Bild repräsentieren ließ. Wie bei der mykenischen Linear-B- und den japanischen Kana-Silbenschriften standen die phonetischen Zeichen der Mayas zumeist für Silben, die sich aus einem Konsonanten und einem Vokal zusammensetzten (z. B. *ta, te, ti, to, tu*). Ähnlich wie die Buchstaben des alten semitischen Alphabets wurden die Silbenzeichen der Mayas aus Bildern des Objekts abgeleitet, dessen Aussprache mit der betreffenden Silbe anfing (z. B. ähnelt das Silbenzeichen »*ne*« einem Schwanz, für den das Maya-Wort *neh* lautet).

All diese Parallelen zwischen mesoamerikanischer und früher westeurasischer Schrift zeugen von der Universalität der menschlichen Kreativität. Obgleich zwischen der Sprache der Sumerer und jener der mesoamerikanischen Indianer keine Verwandtschaft besteht, stellten sich in beiden Fällen ähnliche Grundprobleme bei der Umsetzung von Gesprochenem in Geschriebenes. Und so wurden die von den Sumerern um 3000 v. Chr. gefundenen Lösungen um 600 v. Chr. von mesoamerikanischen Indianern auf der anderen Seite des Erdballs neu entdeckt.

Vielleicht mit Ausnahme der Schrift der Ägypter, der Chinesen und der Osterinsulaner, auf die wir noch eingehen werden, stammten anscheinend alle Schriftsysteme, die jemals entwickelt wurden, von Systemen ab, die Abwandlungen der sumerischen oder meso-

In Stein gehauene Maya-Schriftzeichen aus dem 6. Jahrhundert n. Chr. bei Yaxchilan, Mexiko

amerikanischen Schrift darstellten oder zumindest von diesen angeregt waren. Ein Grund, warum die Schrift nur so wenige Male unabhängig entstand, war der, daß es sich, wie schon erwähnt, um eine äußerst schwierige Erfindung handelte. Ein zweiter Grund lag darin, daß die sumerische beziehungsweise frühe mesoamerikanische Schrift und deren Derivate möglichen weiteren unabhängigen Erfindungen der Schrift zuvorkamen.

Wir wissen, daß die Entwicklung der sumerischen Schrift mindestens Hunderte, vielleicht sogar Tausende von Jahren dauerte. Wie wir sehen werden, setzte dieser Prozeß einige kulturelle Merkmale voraus, von denen es abhing, ob eine Gesellschaft die Schrift als nützlich ansehen würde und ob sie in der Lage war, eine Zunft von Schreibern mitzuernähren. Neben den Sumerern und den frühen Mexikanern erfüllten eine Vielzahl weiterer Gesellschaften – etwa in Indien, auf Kreta und in Äthiopien – diese Voraussetzungen. Sumerer und Mexikaner waren aber nun einmal die ersten, die in der Alten beziehungsweise Neuen Welt an diesem Punkt ankamen. Nachdem sie die Schrift erfunden hatten, breiteten sich Informationen über Einzelheiten und Regeln schnell aus und gelangten anderen Kulturen zur Kenntnis, bevor diese ihrerseits jahrhunderte- oder jahrtausendelang, wie es erforderlich gewesen wäre, unabhängig mit der Schrift experimentieren konnten. Damit wurde das Potential für weitere unabhängige Experimente im Keim erstickt.

Die Ausbreitung der Schrift geschah auf zwei ganz unterschiedliche Weisen, für die es in der Technik- und Ideengeschichte zahlreiche Parallelen gibt. Jemand macht eine Erfindung und nutzt sie. Wie erfindet man daraufhin als interessierter potentieller Nutzer etwas Ähnliches für den eigenen Gebrauch, wenn man weiß, daß eine funktionierende Version bereits existiert?

Die Weitergabe von Erfindungen nimmt sehr vielfältige Formen an. Das eine Ende des Spektrums bildet das Kopieren von »Blaupausen«, wobei ein vorhandenes, detailliertes Muster genau nachgeahmt oder modifiziert wird. Am anderen Ende des Spektrums steht die »Ideendiffusion«, bei der kaum mehr als der Grundgedanke bekannt ist, die Details aber neu erfunden werden müssen. Das Wissen, daß etwas machbar ist, dient dabei als Ansporn für eigene Bemühungen, doch die Lösung, die am Ende herauskommt, muß nicht unbedingt mit der des ursprünglichen Erfinders übereinstimmen.

Nehmen wir dazu ein Beispiel aus der jüngsten Vergangenheit. Historiker streiten noch immer darüber, ob Blaupausen-Kopie oder Ideendiffusion mehr zum Bau der russischen Atombombe beigetragen hat. Waren für die sowjetischen Anstrengungen technische Unterlagen über die bereits vorhandene amerikanische Bombe, von Spionen gestohlen und in die Sowjetunion geschafft, von entscheidender Bedeutung? Oder war es eher so, daß der Abwurf einer amerikanischen Atombombe auf Hiroshima Stalin davon überzeugte, daß der Bau einer solchen Waffe möglich war, woraufhin russische Wissenschaftler die erforderlichen Prinzipien im Schnellverfahren neu erfanden, ohne auf detaillierten Ergebnissen der vorangegangenen amerikanischen Forschung aufbauen zu können? Ähnliche Fragen stellen sich, wenn wir nach der Erfindung des Rads, der Pyramiden und des Schießpulvers fragen. Im folgenden wollen wir untersuchen, welche Rolle Blaupausen-Kopie und Ideendiffusion bei der Ausbreitung der Schrift spielten.

Heute wird die Methode der Blaupausen-Kopie von studierten Linguisten angewandt, um Schriftsysteme für bislang ungeschriebene Sprachen zu entwickeln. Bei den meisten derart maßgeschneiderten Systemen handelt es sich um Abwandlungen existierender Alphabete, in einigen Fällen jedoch auch um Silbenschriften. So arbeiten linguistisch geschulte Missionare an abgewandelten Formen des lateinischen Alphabets für Hunderte neuguineischer und indianischer Sprachen. Linguisten im Staatsdienst entwickelten das abgewandelte lateinische Alphabet, das 1928 in der Türkei als Schrift übernommen wurde, sowie das abgewandelte kyrillische Alphabet, das für viele Sprachen ethnischer Gruppen auf dem Gebiet der ehemaligen Sowjetunion benutzt wird.

In einigen Fällen wissen wir sogar etwas über die Personen, die einst Schriftsysteme durch Blaupausen-Kopie schufen. So basiert das in Rußland gebräuchliche kyrillische Alphabet auf einer Bearbeitung griechischer und hebräischer Buchstaben durch den heiligen Kyrill, einen griechischen Slawen-Missionar des 9. Jahrhunderts. Die ältesten schriftlichen Zeugnisse einer germanischen Sprache wurden im gotischen Alphabet abgefaßt. Es geht auf Bischof Wulfila zurück, einen Missionar, der im 4. Jahrhundert im Gebiet des heutigen Bulgarien bei den Westgoten lebte. Wie die Erfindung des heiligen Kyrill war auch Wulfilas Alphabet eine bunte Mischung aus Buchstaben, die verschiedenen Quellen entlehnt waren. Es enthielt an die 20 griechische Buchstaben, etwa fünf lateinische und zwei, die er entweder aus dem Runenalphabet übernommen oder selbst kreiert hatte. In den allermeisten Fällen wissen wir jedoch nichts über die Erfinder berühmter Alphabete der Vergangenheit. Immerhin bleibt uns aber die Möglichkeit, neuere Alphabete mit älteren zu vergleichen und aus den Buchstabenformen auf eventuelle Vorbilder zu schließen. So können wir mit Sicherheit sagen, daß die Linear-B-Silbenschrift aus dem mykenischen Griechenland um 1400 v. Chr. durch Abwandlung der Linear-A-Silbenschrift des minoischen Kreta entstand.

Immer wenn ein vorhandenes Schriftsystem für eine andere Sprache abgewandelt werden sollte, und das geschah wohl einige hundert Male in der Geschichte, traten Probleme auf, da keine zwei Sprachen einen identischen Lautvorrat besitzen. Einige Buchstaben oder Zeichen wurden einfach ausgelassen, wenn die Laute, die sie in der ursprünglichen Sprache darstellten, in der übernehmenden Sprache nicht existierten. So fehlen im Finnischen die Laute, die viele andere europäische Sprachen mit den Buchstaben *b, c, f, g, w, x* und *z* ausdrücken, weshalb die Finnen diese Buchstaben aus ihrer Version des lateinischen Alphabets strichen. Auch das umgekehrte Problem trat häufig auf, nämlich das Fehlen von Buchstaben für Laute, die in der übernehmenden, nicht aber in der ursprünglichen Sprache vorkamen. Dieses Problem wurde auf unterschiedliche Weise gelöst, beispielsweise durch Verwendung einer Kombination aus zwei oder mehreren Buchstaben (wie des *th* im Englischen, das einen Laut darstellt, für den das griechische und das runische Alphabet einen einzelnen Buchstaben besaßen); durch ein diakritisches (unterscheidendes) Zeichen, das einem bestehenden Buchstaben hinzugefügt wurde (wie beim deutschen Umlaut ö, dem spanischen ñ und den vielen Zeichen, die sich von allen Seiten an polnische und türkische Buchstaben schmiegen); durch Umfunktionierung vorhandener Buchstaben, für welche die übernehmende Sprache keine Verwendung hatte (wie die »Zweckentfremdung« des lateinischen Buchstabens *c* durch die moderne tschechische Schrift zur Darstellung des tschechischen Lauts *ts*); oder einfach durch Erfindung neuer Buchstaben (wie es unsere Vorfahren im Mittelalter taten, als sie die Buchstaben *j, u* und *w* schufen).

Das lateinische Alphabet selbst war ebenfalls das Ergebnis einer langen Kette von Nachahmungen. Offenbar wurden Alphabete nur einmal in der Geschichte der Menschheit eigenständig hervorgebracht, und zwar im zweiten Jahrtausend vor unserer Zeit von Sprechern semitischer Sprachen im Gebiet zwischen dem heutigen Syrien und dem Sinai. All die Hunderte vergangener und heute noch verwendeter Alphabete gingen letztlich auf jenes semitische Uralphabet zurück – in einigen Fällen durch Ideendiffusion (z.B. die altirische Oghamschrift), in der Regel aber durch Nachahmung und Veränderung der Buchstabenformen.

Diese Evolution des Alphabets läßt sich bis zur ägyptischen Hieroglyphenschrift zurückverfolgen, die für jeden der 24 ägyptischen Konsonanten ein eigenes Zeichen besaß. Die Ägypter taten jedoch nie den (aus unserer Sicht) logischen nächsten Schritt und gaben all ihre Logogramme, Determinative und Zeichen für Konsonantenpaare und -trios auf, um nur noch ihr Konsonantenalphabet zu verwenden. Ab etwa 1700 v. Chr. begannen Semiten, die mit den ägyptischen Hieroglyphen vertraut waren, Experimente in dieser Richtung.

Die Beschränkung von Zeichen auf die Darstellung einzelner Konsonanten war nur die erste von drei wesentlichen Innovationen, durch die sich Alphabete von anderen Schriftsystemen unterschieden. Die zweite bestand in der Anordnung der Buchstaben in einer festen Reihenfolge und in der Vergabe von Namen, die man sich leicht merken konnte. Im Englischen verwenden wir zum Buchstabieren unseres Alphabets weitgehend bedeutungslose Silben (»a«, »bee«, »cee«, »dee« usw.). Die semitischen Namen hatten dagegen in semitischen Sprachen eine Bedeutung: Es handelte sich um Wörter für Dinge des täglichen Lebens (wie aleph = Ochse, beth = Haus, gimel = Kamel, daleth = Tür usw.). Diese semitischen Bezeichnungen standen in »akrophonischer« Verwandtschaft zu den entsprechenden semitischen Konsonanten, was bedeutet, daß die Buchstaben nach Objekten benannt wurden, deren Bezeichnung mit dem entsprechenden Laut begann (also *a, b, g, d* usw.). Überdies handelte es sich bei den ältesten Formen vieler semitischer Buchstaben um bildliche Darstellungen der besagten Objekte. Aus all diesen Gründen waren die Formen, Namen und die Reihenfolge der Buchstaben des semitischen Alphabets leicht zu behalten. In vielen modernen Alphabeten, so auch in unserem, ist die ursprüngliche Reihenfolge mit kleinen Änderungen bis heute, über 3000 Jahre später, im wesentlichen erhalten geblieben (das griechische Alphabet behielt sogar die ursprünglichen Namen der Buchstaben bei: Alpha, Beta, Gamma, Delta usw.). Eine Änderung, die Ihnen vielleicht schon aufgefallen ist, bestand darin, daß aus dem semitischen und griechischen *g* der lateinische Buchstabe *c* wurde; dafür erfanden die Römer ein neues *g* und gaben ihm seine jetzige Position im Alphabet.

Die dritte und letzte Innovation auf dem Weg zu modernen Alphabeten war die Einführung von Vokalen. Schon in der Frühphase des semitischen Alphabets wurde mit Methoden zur Darstellung von Vokalen experimentiert, indem man kleine Vokalzeichen erfand oder Punkte, Linien oder Haken über die Konsonanten setzte. Im 8. Jahrhundert v. Chr. gingen die Griechen als erste dazu über, alle Vokale systematisch mit Zeichen des gleichen Typs wie Konsonanten zu schreiben. Ihre Vokale α – ε – η – ι – ο gewannen sie durch »Umfunktionierung« von fünf Buchstaben des phönizischen Alphabets, die sie nicht benötigten, da es die entsprechenden Laute in ihrer Sprache nicht gab.

Von jenen ältesten semitischen Alphabeten führte eine Evolutionslinie über die frühen arabischen Alphabete zum modernen äthiopischen Alphabet. Eine weitaus bedeutendere Linie führte zum aramäischen Alphabet, in dem offizielle Dokumente des Persischen Reichs verfaßt waren, und von dort zu den modernen arabischen, hebräischen, indischen und südostasiatischen Alphabeten. Die für die meisten europäischen und amerikanischen Leser wichtigste Entwicklungslinie führte jedoch über die Phönizier im 8. Jahrhundert zu den Griechen, von dort im gleichen Jahrhundert zu den Etruskern und ein Jahrhundert später zu den Römern, deren unwesentlich modifiziertes Alphabet Sie gerade vor sich haben. Dank ihrer potentiellen Überlegenheit, die in der Kombination von Genauigkeit und Einfachheit liegt, konnten sich Alphabete mittlerweile in den meisten Regionen der Welt durchsetzen.

Das Kopieren und Abwandeln von »Blaupausen« ist zwar die einfachste Methode, um sich neue Techniken anzueignen, doch diese Option ist nicht immer vorhanden. Vielleicht wird die ursprüngliche Erfindung geheimgehalten, oder ihre Details sind nur denen verständlich, die in ihre Geheimnisse bereits eingeweiht sind. Vielleicht spricht sich auch nur herum, daß an irgendeinem fernen Ort eine Erfindung gemacht wurde, ohne daß nähere Einzelheiten durchsickern. Oder es wird lediglich die Grundidee bekannt: Jemand hat es irgendwie geschafft, etwas Bestimmtes zu erreichen. Doch auch solche knappen Informationen könnten andere inspirieren, eigene Wege zum gleichen Ziel zu suchen. In dem Fall würden wir von Ideendiffusion sprechen.

Eine bemerkenswerte Episode in der Geschichte der Schrift war die Entstehung der Silbenschrift, die um 1820 auf dem Gebiet des heutigen US-Bundesstaats Arkansas von einem Cherokee-Indianer namens Sequoyah für die Sprache der Cherokee entwickelt wurde. Sequoyah hatte beobachtet, daß die Weißen Zeichen auf Papier malten und daraus großen Vorteil zogen, wenn sie lange Reden hielten, die sie nur abzulesen brauchten. Was es genau mit diesen Zeichen auf sich hatte, blieb ihm jedoch verborgen, da Sequoyah (wie die meisten Cherokee vor 1820) Analphabet war und Englisch weder sprechen noch lesen konnte. Von Beruf Schmied, entwickelte er ein Verfahren, um über die Schulden seiner Kunden Buch zu führen. Dazu fertigte er ein Bild von jedem seiner Kunden an; dann zeichnete er verschieden große Kreise und Linien, die den geschuldeten Geldbetrag symbolisierten.

Um 1810 beschloß Sequoyah, auf dem eingeschlagenen Weg weiterzugehen und ein Schriftsystem für die Cherokee-Sprache zu schaffen. Wieder begann er mit dem Zeichnen von Bildern, gab diesen Ansatz jedoch bald als zu kompliziert und künstlerisch anspruchsvoll auf. Als nächstes fing er an, für jedes Wort ein eigenes Zeichen zu erfinden, doch erneut wuchs sein Mißmut, als er Tausende von Zeichen geschaffen hatte und feststellte, daß er immer noch mehr brauchte.

Schließlich kam Sequoyah darauf, daß sich Worte aus einer relativ kleinen Zahl unterschiedlicher Laute zusammensetzen, die immer wieder auftauchen – den Silben. Daraufhin entwickelte er

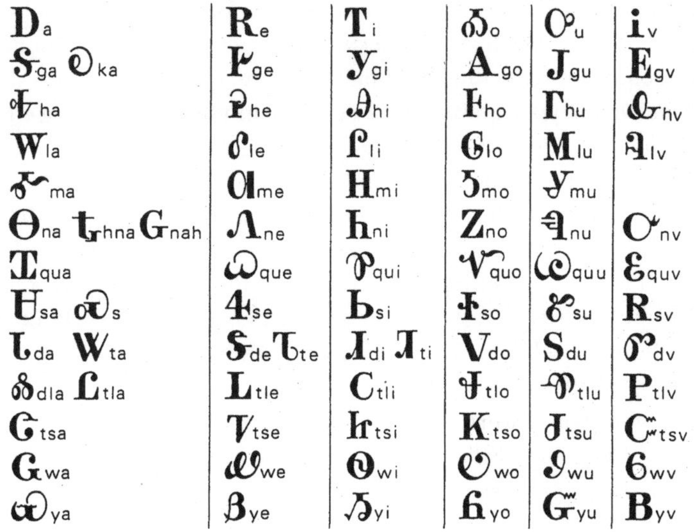

Von Sequoyah entwickelter Zeichensatz zur Darstellung der Silben der Cherokee-Sprache

zunächst 200 Silbenzeichen, verringerte die Zahl aber nach und nach auf 85, von denen die meisten aus einem Konsonanten und einem Vokal bestanden.

Auf der Suche nach geeigneten Zeichen übte er sich im Abschreiben von Buchstaben aus einer Englischfibel, die er von einem Schullehrer bekommen hatte. Etwa zwei Dutzend von Sequoyahs Cherokee-Silbenzeichen basierten auf den Buchstaben, deren Bekanntschaft er auf diese Weise machte. Natürlich erhielt jeder eine völlig andere Bedeutung, da Sequoyah den Laut, den sie in der englischen Sprache repräsentierten, gar nicht kannte. Zum Beispiel wählte er die Formen der Buchstaben D, R, b und h für die Cherokee-Silben *a, e, si* und *ni*, während er der Form der Ziffer 4 die Silbe *se* zuordnete. Andere Zeichen gewann er durch Abwandlung englischer Buchstaben, beispielsweise Ᏻ, Ꮜ und Ꮎ für die Silben *yu, sa* und *na*. Wieder andere Zeichen waren vollständige Neuerfindungen, wie Ꮂ, Ꮅ und Ꮑ für *ho, li* und *nu*. In linguistischen Fachkreisen genießt die von Sequoyah entwickelte Silbenschrift hohe Anerkennung wegen ihrer genauen Abbildung der Cherokee-Laute und ihrer relativ leichten Erlernbarkeit. Binnen kurzer Zeit erreichten die Cherokee eine Alphabetisierungsrate von annähernd 100 Prozent, schafften sich eine Druckmaschine an, ließen Sequoyahs Zeichen in Drucktypen gießen und begannen mit der Herstellung eigener Bücher und Zeitschriften.

Die Cherokee-Silbenschrift ist eines der besten Beispiele für eine durch Ideendiffusion entstandene Schrift. Wir wissen, daß Sequoyah Papier und anderes Schreibmaterial, den Grundgedanken eines Schriftsystems, die Idee zur Verwendung einzelner Zeichen sowie die Formen einiger Dutzend Zeichen übernahm. Da er jedoch des Englischen nicht mächtig war, erfuhr er weder die Details anderer Schriften noch die Regeln, die ihnen zugrunde lagen. Umgeben von Alphabeten, die er nicht verstehen konnte, erfand er deshalb eine neue Silbenschrift und tat es damit den Minoern gleich, nur 3500 Jahre später.

Sequoyas Beispiel verdeutlicht, wie etliche Schriftsysteme der Antike durch Ideendiffusion entstanden sein dürften. Das Han'gul-Alphabet, das der koreanische König Sejong im Jahr 1446 n. Chr. für die koreanische Schrift entwickelte, war offensichtlich vom Blockformat der chinesischen Zeichen und dem Alphabetsprinzip der mongolischen oder tibetisch-buddhistischen Schrift angeregt worden. König Sejong erfand jedoch selbständig die Formen der Han'gul-Buchstaben sowie eine Reihe von Besonderheiten seines Alphabets, wie die Anordnung von Buchstaben nach Silben in einem quadratischen Block, die Verwendung verwandter Buchstabenformen zur Darstellung verwandter Vokal- und Konsonantlaute sowie die Verwendung von Konsonantenformen, welche die Position von Lippen oder Zunge beim Aussprechen des betreffenden Lauts bildlich darstellen. Das in Irland und Teilen des keltischen Britannien ab dem 4. Jahrhundert n. Chr. verwendete Ogham-Alphabet übernahm auf ähnliche Weise das Alphabetsprinzip (in diesem Fall von bestehenden europäischen Alphabeten), bestand jedoch ebenfalls aus völlig neuen Buchstabenformen, offenbar abgeleitet von einem Fünffinger-Handzeichensystem.

Han'gul- und Ogham-Alphabet können mit großer Sicherheit auf Ideendiffusion im Gegensatz zu unabhängiger Entstehung

산 유 화

산에는 꽃피네
꽃이 피네
갈 봄 여름 없이
꽃이 피네

산에
산에
피는 꽃은
저만치 혼자서 피어있네

산에서 우는 작은 새요
꽃이 좋아
산에서
사노라네

산에는 꽃지네
꽃이 지네
갈 봄 여름 없이
꽃이 지네

김 소 월

Das koreanische Gedicht »Blumen auf den Hügeln« von So-Wol Kim als Beispiel des bemerkenswerten Han'gul-Schriftsystems. Jeder quadratische Block stellt eine Silbe dar, während jedes der Zeichen, aus denen die einzelnen Blöcke bestehen, einen Buchstaben repräsentiert.

zurückgeführt werden, da bekannt ist, daß beide Gesellschaften in engem Kontakt mit anderen Gesellschaften standen, die bereits im Besitz einer Schrift waren, und weil auch offensichtlich ist, welche anderen Schriften Pate standen. Dagegen können wir bei der sumerischen Keilschrift und der ältesten mesopotamischen Schrift bedenkenlos von unabhängiger Entstehung sprechen, da zu den Zeitpunkten, an denen sie erstmals in Erscheinung traten, weit und breit keine anderen Schriften existierten, die als Vorbild hätten dienen können. Noch umstritten ist indes die Herkunft der Schrift auf der Osterinsel, in China und Ägypten.

Die polynesischen Bewohner der vor Chile im Pazifik gelegenen Osterinsel besaßen eine eigene Schrift, deren älteste Zeugnisse aus dem Jahr 1851 stammen, lange nach dem ersten Besuch von Europäern im Jahr 1722. Mag sein, daß die Schrift auf der Osterinsel schon vor der Ankunft der Europäer unabhängig erfunden wurde und daß dafür nur aus irgendeinem Grund alle Beweise verschwunden sind. Die naheliegendste Interpretation der Fakten lautet jedoch, daß die Osterinsulaner zur Entwicklung einer eigenen Schrift inspiriert wurden, nachdem ihnen eine spanische Expedition im Jahr 1770 eine schriftliche Proklamation überreicht hatte, in der die Annexion der Insel verkündet wurde.

Die ältesten Texte in chinesischer Schrift stammen aus der Zeit um 1300 v. Chr., was nicht heißt, daß es keine älteren Vorläufer gegeben haben könnte. Auch die chinesische Schrift besitzt Zeichen und Regeln, die sie von allen anderen Schriften unterscheiden, so daß Wissenschaftler von einer unabhängigen Entstehung ausgehen. Die Schrift war vor 3000 v. Chr. in Mesopotamien erfunden worden, über 6000 Kilometer westlich der ältesten städtischen Siedlungen Chinas, und hatte um 2200 v. Chr. das immer noch rund 4000 Kilometer entfernte Industal erreicht. Für den gesamten Raum zwischen China und dem Industal ist jedoch kein einziges Schriftsystem aus jener frühen Zeit bekannt. Somit deutet nichts darauf hin, daß die ersten chinesischen Schriftgelehrten die Möglichkeit hatten, sich von einem anderen Schriftsystem anregen zu lassen.

Die ägyptischen Hieroglyphen, das bekannteste aller antiken Schriftsysteme, werden gemeinhin ebenfalls als Produkt unabhängiger Erfindung angesehen, doch die alternative Interpretation, sprich Entstehung durch Ideendiffusion, liegt hier näher als im Fall

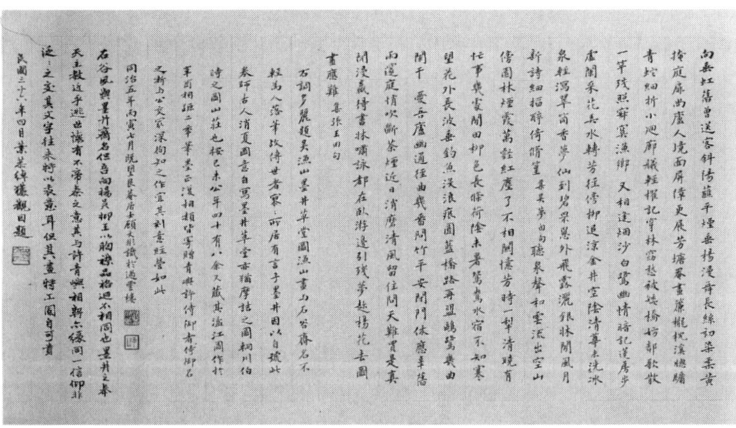

Chinesische Handschrift von Wu Li aus dem Jahr 1679 n. Chr.

Ägyptische Hieroglyphen: Trauerschrift zum Tode der Prinzessin Entiu-ny

der chinesischen Schrift. Die Hieroglyphenschrift trat um 3000 v. Chr. relativ plötzlich in nahezu ausgereifter Form auf. Ägypten liegt nur etwa 1300 Kilometer westlich von Mesopotamien und unterhielt damals Handelsbeziehungen zu jener Region. Mir erscheint es merkwürdig, daß keine Dokumente einer schrittweisen Entwicklung von Hieroglyphen vorliegen, wo doch das trockene Klima Ägyptens die Konservierung älterer Schreibexperimente begünstigt hätte – ähnlich wie in Mesopotamien mit seinen zahlreichen erhaltenen Dokumenten, die Aufschluß über die Entwicklung der sumerischen Keilschrift in den Jahrhunderten vor 3000 v. Chr. geben. Ebenso suspekt ist mir das Auftauchen einiger anderer scheinbar unabhängig entstandener Schriftsysteme im Iran (protoelamitische Schrift), auf Kreta (kretische Piktographie) und in der Türkei (hethitische Keilschrift) nach dem Aufkommen der sumerischen und ägyptischen Schrift. Auch wenn jedes dieser Systeme aus eigenen charakteristischen Zeichen bestand, die nicht aus Ägypten oder Mesopotamien entlehnt waren, ist kaum vorstellbar, daß die Erschaffer nichts von den Schriften ihrer Nachbarn und Handelspartner gewußt haben sollen.

Es wäre schon ein sehr großer Zufall, wenn all diese mediterranen und nahöstlichen Kulturen die Schrift im Abstand von wenigen Jahrhunderten unabhängig voneinander erfunden hätten, nachdem die Menschheit Jahrmillionen ohne sie existiert hatte. Deshalb halte ich Ideendiffusion, wie bei Sequoyahs Silbenschrift, für eine denkbare Interpretation. Demnach wurden die Ägypter und andere Völker von den Sumerern auf die Idee der Schrift gebracht und lernten vielleicht auch einige Regeln der sumerischen Schrift kennen, entwickelten dann aber eigene Regeln und Buchstabenformen.

Kehren wir nun zu der am Anfang dieses Kapitels gestellten Frage zurück: Warum entstand und verbreitete sich die Schrift in einigen Gesellschaften, in vielen anderen aber nicht? Als Ausgangspunkt für die Erörterung dieser Frage bieten sich die Beschränkungen an, die mit den Möglichkeiten der frühen Schriftsysteme, ihres Anwendungsbereichs und ihrer Anwender zusammenhingen.

Die ältesten Schriften waren unvollständig, mehrdeutig oder kompliziert – oft auch alles zugleich. So konnte die früheste sumerische Keilschrift nicht zur Wiedergabe normaler Prosa verwendet werden, sondern diente lediglich für Aufzeichnungen im Telegrammstil, deren Vokabular sich auf Namen, Zahlen, Maßeinheiten, Wörter für zu zählende Objekte und eine kleine Zahl von Adjektiven beschränkte. Auf unsere Zeit übertragen wäre das so, als müßte ein Justizangestellter »Müller 27 fett Schaf« schreiben, weil es der deutschen Sprache an den benötigten Wörtern und grammatischen Elementen mangelte, um zu formulieren: »Hiermit wird verfügt, daß Herr Müller die 27 von ihm dem Staat geschuldeten fetten Schafe abzuliefern hat.« Die spätere sumerische Keilschrift ermöglichte zwar Prosa, aber nur in der oben geschilderten komplizierten Mischung aus Hunderten von Logogrammen, phonetischen

1 Frau mit Kind, nördliches Küstentiefland Neuguineas (Insel Siar).

2 Paran, neuguineischer Hochlandbewohner vom Volk der Foré. Die Fotos 2–5 zeigen vier meiner neuguineischen Freunde, denen dieses Buch gewidmet ist.

3 Esa, neuguineischer Hochlandbewohner vom Volk der Foré.

4 Kariniga, neuguineischer Tieflandbewohner vom Volk der Tudawhe im Süden der Insel.

5 Saukari, neuguineischer Tieflandbewohner von der nördlichen Küstenregion.

6 Neuguineischer Hochlandbewohner.

7 Australischer Ureinwohner vom Pintupi-Volk (Zentralaustralien).

8 Australische Ureinwohner aus Arnhem Land (Nordaustralien).

9 Tasmanische Ureinwohnerin – eine der letzten überlebenden Tasmanier, die vor Ankunft der Europäer geboren wurden.

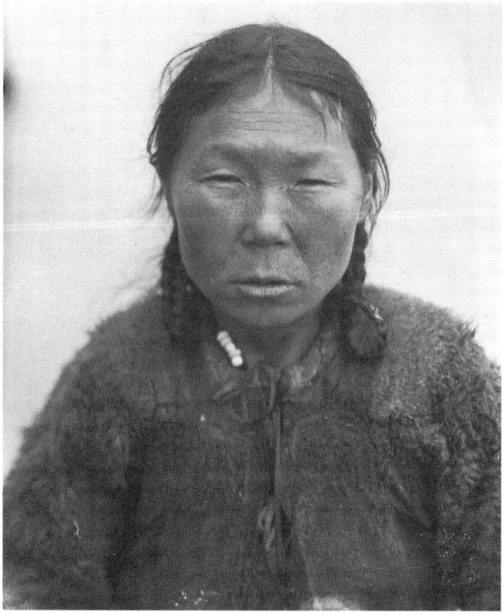

10 Ewenken-Frau, Sibirien.

11 Ein Japaner:
Kaiser Akihito bei der Feier seines 59. Geburtstages.

12 Javanerin bei der Reisernte. Die Fotos 12 und 13 zeigen Sprecherinnen austronesischer Sprachen.

13 Polynesierin von der Insel Rapa im Südpazifik, 11 000 km östlich von Java.

14 Chinesisches Mädchen beim Sammeln von Bambussprossen.

15 Nordamerikanischer Indianer: Geflecktes Pferd, Häuptling der Pawnee, eines Prärieindianerstammes.

16 Nordamerikanische Indianerin: Navajo-Frau aus dem Südwesten der USA.

17 Oyana-Mann aus dem tropischen Norden Südamerikas. Die Fotos 17–20 zeigen südamerikanische Indianer.

18 Yanomani-Mädchen aus dem tropischen Norden Südamerikas.

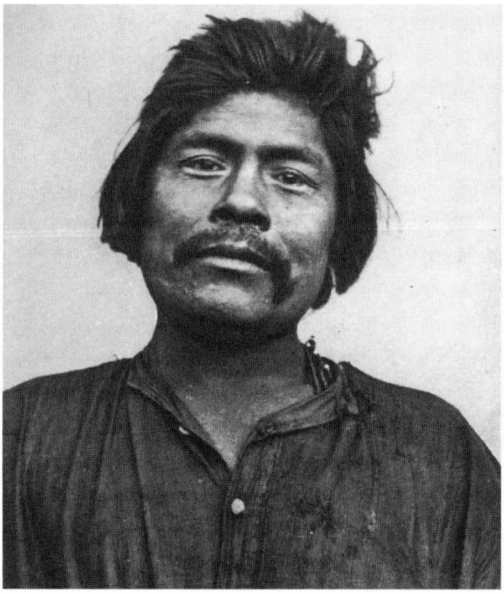

19 Feuerländer vom Südzipfel Südamerikas.

20 Quechua-Mann aus dem südamerikanischen Andenhochland.

21 Westeuropäer (Spanier). Die Fotos 21–25 zeigen Sprecher indogermanischer Sprachen aus der Westhälfte Eurasiens.

22 Noch ein Westeuropäer: Der ehemalige französische Präsident Charles de Gaulle.

23 Zwei Skandinavierinnen: die schwedische Schauspielerin Ingrid Bergmann und ihre Tochter.

24 Armenier aus dem westlichen Asien.

25 Afghanische Soldaten, Zentralasien.

26 Eine Khoisan aus der Kalahari-Wüste in Botswana, südliches Afrika.

27 Ein Khoisan aus der Kalahari-Wüste in Botswana, südliches Afrika.

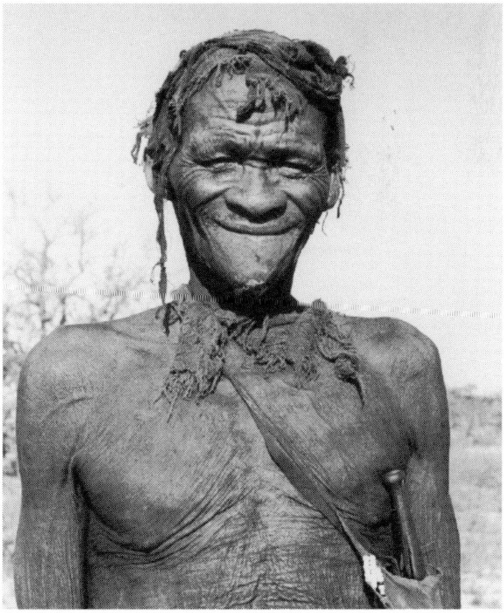

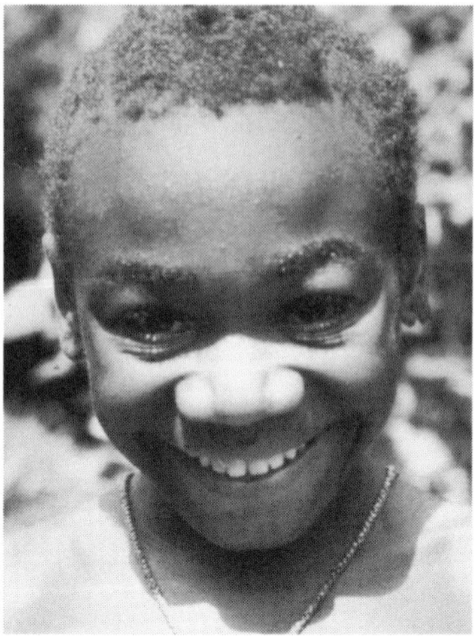

28 Pygmäen-Mädchen aus dem Ituri-Wald in Äquatorialafrika.

29 Pygmäen-Gruppe aus dem Ituri-Wald in Äquatorialafrika.

30 Ostafrikanischer Sprecher einer nilosaharischen Sprache: Nuer-Mann aus dem Sudan.

31 Ostafrikanischer Sprecher einer afroasiatischen Sprache: Der Äthiopier Haile Gebreselassie, Sieger im 10 000-Meter-Lauf der Herren bei den Olympischen Spielen von 1996, hinter ihm Paul Tergat aus Kenia.

32 Ostafrikanische Sprecherin einer nicht zu den Bantu-Sprachen gehörenden Niger-Kongo-Sprache: Zande-Frau aus dem Sudan.

33 Sprecher einer zu den Bantu-Sprachen gehörenden Niger-Kongo-Sprache: Nelson Mandela, Präsident von Südafrika.

Zeichen und stummen Determinativen. Verglichen damit war die Linear-B-Schrift des mykenischen Griechenlands mit ihren rund 90 Silbenzeichen plus Logogrammen wenigstens leichter zu erlernen. Dafür war sie recht mehrdeutig. Konsonanten am Wortende wurden grundsätzlich ausgelassen, und ein und dasselbe Zeichen diente zur Abbildung mehrerer verwandter Konsonanten (z.B. gab es nur ein Zeichen für *l* und *r*, eins für *p*, *b* und *ph* und eins für *g*, *k* und *kh*). Sicher haben Sie schon einmal die Verwirrung erlebt, die entstehen kann, wenn ein Japaner beim Sprechen einer Fremdsprache nicht zwischen *l* und *r* unterscheidet. Stellen Sie sich das Chaos vor, das entstünde, wenn unser Alphabet mit den anderen erwähnten Konsonanten ebenso gleichmacherisch verfahren würde! Das wäre ungefähr so, als buchstabierte man die englischen Worte »rap« (klopfen), »lap« (Schoß), »lab« (Labor) und »laugh« (lachen) alle genau gleich.

Ein Nachteil bestand auch darin, daß nur wenige Menschen diese frühen Schriften erlernten. Die Kunst des Schreibens blieb ausgebildeten Schreibern vorbehalten, die im Dienst von König oder Kirche standen. So gibt es keinerlei Anhaltspunkte dafür, daß Mykener außerhalb der Palastbürokratie die Linear-B-Schrift lesen, geschweige denn schreiben konnten. Da sich bei der Analyse erhaltener Texte einzelne Schreiber aufgrund ihrer Handschrift unterscheiden lassen, können wir feststellen, daß sämtliche erhaltenen Linear-B-Dokumente aus den Palästen von Knossos und Pylos das Werk von nur 75 beziehungsweise 40 Schreibern sind.

Der Anwendungsbereich dieser telegrammartigen, plumpen, mehrdeutigen Schriften war ebenso begrenzt wie die Zahl ihrer Anwender. Wer hofft, anhand alter Schriften Aufschluß darüber zu erhalten, wie die Sumerer um 3000 v. Chr. dachten und fühlten, sieht sich schnell enttäuscht. Bei den ersten sumerischen Texten handelt es sich um nüchtern-kühle Aufstellungen aus der Hand von Palast- und Tempelbürokraten. Etwa 90 Prozent der Schrifttafeln in den ältesten bekannten sumerischen Archiven, die in der Stadt Uruk entdeckt wurden, sind buchhalterische Auflistungen von abgelieferten Gütern, ausgegebenen Nahrungsrationen und verteilten Landwirtschaftsprodukten. Erst später, als die Sumerer den Schritt über Logogramme hinaus zur phonetischen Abbildung getan hatten, begannen sie mit dem Verfassen narrativer Prosa, etwa von Propaganda und Legenden.

Die Mykener erreichten nicht einmal dieses Stadium. Ein Drittel aller Linear-B-Tafeln aus dem Palast von Knossos enthält Aufstellungen über Schafe und Wolle, während ein großer Teil der Schrifttafeln im Palast von Pylos Auskunft über Flachsmengen gibt. Die Linear-B-Schrift war so mehrdeutig angelegt, daß ihre Verwendung auf die Palastbürokratie beschränkt blieb, deren begrenztes Vokabular eindeutige Interpretationen zuließ. Für eine literarische Verwendung der Linear-B-Schrift fehlt jeder Hinweis. *Ilias* und *Odyssee* wurden von Barden, die keiner Schrift mächtig waren, ersonnen und mündlich tradiert; erst Hunderte von Jahren später wurden diese Epen nach der Entwicklung des griechischen Alphabets auch in Schriftform festgehalten.

Ein ähnlich begrenzter Anwendungsbereich kennzeichnet die frühe ägyptische, mesoamerikanische und chinesische Schrift. Die ältesten ägyptischen Hieroglyphen dienten zum Festhalten buchhalterischer Aufstellungen sowie religiöser und staatlicher Propaganda. Nicht viel anders war es bei den Mayas, deren erhaltene Schriften neben Propaganda vor allem Geburten, Thronbesteigungen und Siege der Herrscher sowie astronomische Beobachtungen von Priestern zum Gegenstand haben. Die ältesten Zeugnisse der chinesischen Schrift stammen aus der Spätzeit der Shang-Dynastie und geben religiöse Weissagungen über dynastische Angelegenheiten wieder, die in sogenannte Orakelknochen eingeritzt wurden. Einer dieser Texte lautet so: »Der König las die Bedeutung des Sprungs [in einem vor Hitze gesprungenen Knochen] und sagte: ›Wird das Kind an einem Regententag geboren, so steht es unter einem sehr guten Stern.‹«

Heute ist man versucht zu fragen, warum denn Gesellschaften, die früh in den Besitz einer Schrift gelangten, die Mehrdeutigkeit in Kauf nahmen, die das Schreiben auf eine kleine Zahl von Funktionen und Schreibern beschränkte. Doch schon diese Frage verdeutlicht die Kluft zwischen der antiken Sichtweise und unserer heutigen, die von der Erwartung einer Alphabetisierung breiter Bevölkerungsschichten geprägt ist. Gerade die *gewollte* eingeschränkte Anwendung früher Schriften widersetzte sich der Entwicklung eindeutigerer Schriftsysteme. Nach dem Willen mesopotamischer Könige und Priester sollte die Schrift dazu dienen, daß amtliche Schreiber Aufstellungen über Schafe anfertigen konnten, die dem Staat als Abgabe geschuldet wurden, nicht aber zum Verfassen von Gedichten oder gar zum Schmieden von Komplotten durch die Untertanen. Wie der Anthropologe Claude Lévi-Strauss einmal formulierte, bestand die Hauptfunktion der frühen Schrift darin, »die Knechtung von Mitmenschen zu erleichtern«. Bis auch nichtamtliche Personen zu schreiben begannen, verging noch viel Zeit, in der die Schriftsysteme einfacher wurden und ihre Ausdrucksmöglichkeiten wuchsen.

So verschwand die Linear-B-Schrift mit dem Untergang der mykenischen Kultur um 1200 v. Chr., und Griechenland fiel wieder zurück in die Schriftlosigkeit. Als die Schrift im 8. Jahrhundert v. Chr. erneut in Griechenland Einzug hielt, war sie ebenso wie ihre Anwender und Anwendungen gänzlich verändert. Das neue Schriftsystem war keine mehrdeutige, mit Logogrammen vermischte Silbenschrift, sondern ein Alphabet, abgeleitet von dem der Phönizier und verbessert durch die getrennte Darstellung von Vokalen. Statt zum Erstellen von Listen über Schafe, die nur von Palastschreibern gelesen werden konnten, diente die neue alphabetische Schrift von Anfang an zum Verfassen von Poesie und heiteren Texten, die zur privaten Lektüre bestimmt waren. Das älteste Zeugnis dieser Schrift stammt etwa aus dem Jahr 740 v. Chr. und wurde in einen athenischen Weinkrug geritzt. Es handelte sich um einen Vers, der einen Tanzwettbewerb ankündigte: »Wer von allen Tänzern am flinkesten tanzt, soll diese Vase als Preis gewinnen.« Das nächste Beispiel besteht aus drei Versen im daktylischen Hexameter, die in eine Tasse gekratzt wurden: »Ich bin des Nestors köstlich Trinkgefäß. Wer aus mir trinkt, den werden geschwind hinforttragen aphrodisische Gelüste.« Die ältesten Zeugnisse des etruskischen und römischen Alphabets sind ebenfalls Inschriften auf Tassen und Weingefäßen. Erst später wurde die Schrift als leicht erlernbares Instrument der privaten Kommunikation auch für Zwecke von Staat und Verwaltung umfunktioniert. Die Abfolge der Entwicklung war insofern bei der alphabetischen Schrift genau umgekehrt wie bei den älteren Bilder- und Silbenschriften.

Die beschränkten Anwendungsbereiche und Anwenderkreise früher Schriften lassen ahnen, warum die Schrift in der menschlichen Evolution erst so spät auftauchte. Alle mit hoher oder gewisser Wahrscheinlichkeit eigenständigen Erfindungen der Schrift (in Mesopotamien, Mexiko, China und Ägypten) sowie alle frühen Adaptationen jener Systeme (z.B. auf Kreta, im Iran, in der Türkei, im Industal und in der Maya-Region) waren eingebettet in Gesellschaften mit sozialer Schichtung und komplexen zentralistischen politischen Institutionen (deren notwendigem Zusammenhang mit der Landwirtschaft in einem späteren Kapitel nachgegangen wird). Die ältesten Schriftsysteme waren ganz auf den Bedarf jener politischen Institutionen zugeschnitten (z.B. Buchhaltung, Lobpreisung des Herrschers), und die Schreiber waren hauptamtliche Bürokraten, die von Nahrungsüberschüssen miternährt wurden, die bäuerliche Untertanen erarbeiteten. Von Jäger-Sammler-Kulturen wurde die Schrift dagegen niemals entwickelt oder auch nur übernommen, da bei ihnen weder der institutionelle Bedarf noch die sozialen und landwirtschaftlichen Mechanismen zur Erzeugung von Nahrungsüberschüssen, deren es zum »Durchfüttern« von Schreibern bedurfte, vorhanden waren.

Die Einführung der Landwirtschaft und sodann eine jahrtausendelange gesellschaftliche Evolution waren demnach ebenso grundlegende Voraussetzungen für die Evolution der Schrift wie für die Evolution von Mikroben, den Auslösern unserer epidemischen Krankheiten. Unabhängig entstand die Schrift nur im Bereich des Fruchtbaren Halbmonds, in Mexiko und wahrscheinlich in China, also jenen Regionen, in denen die Landwirtschaft in der jeweiligen Hemisphäre am frühesten auftauchte. Einmal aus der Taufe gehoben, fand die Schrift durch Handel, Eroberung und Religion den Weg von diesen wenigen Kulturen zu anderen mit ähnlichen wirtschaftlichen und politischen Bedingungen.

Die Landwirtschaft war mit anderen Worten eine notwendige, aber noch keine hinreichende Bedingung für die Evolution beziehungsweise frühe Übernahme der Schrift. Am Anfang dieses Kapitels erwähnte ich, daß einige Gesellschaften mit Landwirtschaft und komplexer politischer Ordnung bis zum Beginn der Neuzeit noch keine Schrift entwickelt oder übernommen hatten. Für uns

Zeitgenossen des 20. Jahrhunderts, die es gewohnt sind, Lesen und Schreiben als unentbehrlichen Bestandteil einer komplexen Gesellschaft zu betrachten, ist das kaum vorstellbar, und doch war unter diesen Nachzüglern eines der größten Reiche der Welt von 1520 n. Chr., das südamerikanische Inka-Reich. Weiter gehörten dazu das mächtige Inselreich Tonga, das im späten 18. Jahrhundert entstandene hawaiianische Reich, sämtliche Staaten und Reiche in Afrika südlich der Sahara und im tropischen Westafrika vor der Ankunft des Islams sowie die größten indianischen Gesellschaften Nordamerikas im Tal des Mississippi und an dessen Nebenflüssen. Wie kam es, daß all diese Kulturen schriftlos blieben, obwohl sie die gleichen Voraussetzungen besaßen wie andere, die dieses Stadium hinter sich ließen?

An dieser Stelle muß daran erinnert werden, daß die große Mehrzahl der schriftbesitzenden Gesellschaften diese von anderen, benachbarten Gesellschaften übernommen hatte oder sich von ihnen zur Entwicklung einer eigenen Schrift hatte anregen lassen, während eine unabhängige Erfindung die große Ausnahme war. Die gerade aufgezählten schriftlosen Gesellschaften waren solche, in denen die Landwirtschaft später aufkam als in Mesopotamien, Mexiko und China (nicht ganz sicher ist dies bei Mexiko und der Andenregion, dem Ort der späteren Entstehung des Inka-Reichs). Mit genügend Zeit hätten schriftlose Gesellschaften früher oder später vielleicht auch von selbst eine Schrift entwickelt. Wären sie nicht so weit von Mesopotamien, Mexiko und China entfernt gewesen, hätten sie die Schrift oder jedenfalls die Idee dazu vielleicht von diesen Zentren übernommen, wie es Inder, Mayas und die meisten anderen schriftbesitzenden Gesellschaften taten. Doch die Entfernung war nun einmal zu groß, und so blieb ihnen die Schrift bis in die jüngere Vergangenheit vorenthalten.

Besonders offenkundig ist die Bedeutung der Geographie am Beispiel von Hawaii und Tonga. Beide trennten über 6000 Kilometer Ozean von den nächstgelegenen Schriftkulturen. Die anderen erwähnten Gesellschaften veranschaulichen dagegen, daß Entfernungen, per Luftlinie gemessen, kein geeignetes Maß für den Grad der Abgeschiedenheit menschlicher Kulturen darstellen. Die Anden, die westafrikanischen Königreiche und die Mississippimündung lagen nur rund 2000, 2500 und 1100 Kilometer von den jeweils nächstgelegenen Schriftkulturen entfernt (Mexiko, Nordafrika, Mexiko). Das sind viel geringere Distanzen als die, welche das Alphabet überwinden mußte, um von seinem Geburtsort am Ostrand des Mittelmeers innerhalb von 2000 Jahren nach Irland, Äthiopien und Südostasien zu gelangen. Menschen können ökologische Barrieren und Wasserflächen nun einmal nicht wie Vögel überfliegen – sie werden von ihnen zumindest gebremst. Zwischen den Staaten Nordafrikas (mit Schrift) und Westafrikas (ohne Schrift) lag die für Landwirtschaft und städtische Siedlungen gänzlich ungeeignete Sahara. Ähnlich trennten die Wüsten im Norden Mexikos die städtischen Zentren Südmexikos von den Reichen im Tal des Mississippi. Kontakte zwischen Südmexiko und den Anden erforderten entweder eine Seereise oder eine lange Kette von Landkontakten über die enge, bewaldete und nie für größere Siedlungen erschlossene Landenge von Darién. So waren die Anden, Westafrika und das Mississippital von schriftkundigen Gesellschaften relativ stark isoliert.

Das soll nicht heißen, daß jene schriftlosen Gesellschaften *völlig* isoliert waren. Haustiere aus Vorderasien fanden am Ende den Weg durch die Sahara nach Westafrika, und auch islamische Einflüsse sowie die arabische Schrift drangen später dorthin vor. Mais breitete sich von Mexiko in die Anden und später auch zum Mississippi aus. Wir sahen jedoch schon in Kapitel 9, daß die Nord-Süd-Achsen und die ökologischen Barrieren innerhalb Afrikas und Amerikas die Ausbreitung von Anbaupflanzen und Haustieren verzögerten. Die Geschichte der Schrift illustriert auf verblüffende Weise, welchen Einfluß Geographie und Ökologie auch auf die Ausbreitung menschlicher Erfindungen nahmen.

KAPITEL 12

Mutter der Not

Die Evolution der Technik

Am 3. Juli 1908 machten Archäologen bei Ausgrabungsarbeiten in der minoischen Ruinenstätte von Phaistos auf Kreta einen der bedeutendsten Funde der Technikgeschichte. Auf den ersten Blick sah der Gegenstand, der da ans Licht gekommen war, gar nicht wie etwas Besonderes aus: Es handelte sich um eine kleine, flache, runde unbemalte Tonscheibe mit einem Durchmesser von etwas mehr als 16 cm. Bei näherer Untersuchung stellte sich heraus, daß die Scheibe auf beiden Seiten Schriftzeichen trug, angeordnet auf einer Linie, die in fünf Spiraldrehungen vom Rand zur Mitte lief. Die insgesamt 241 Zeichen oder Buchstaben waren fein säuberlich durch vertikale Linien in Gruppen aus mehreren Zeichen aufgeteilt, die möglicherweise Wörter darstellten. Der Schreiber mußte seine Arbeit penibel geplant haben, so daß der Platz auf der Spirallinie vollständig ausgefüllt war und zugleich ausreichte (Abb. S. 288).

Seit dem Tag ihrer Ausgrabung gibt die Scheibe Schriftforschern Rätsel auf. Die Zahl unterschiedlicher Zeichen (45) läßt auf eine Silbenschrift und nicht auf ein Alphabet schließen. Ihre Entzifferung gelang bisher jedoch nicht, und die Formen der Zeichen weisen keinerlei Ähnlichkeit mit denen irgendeines anderen bekannten Schriftsystems auf. In den 90 Jahren seit ihrer Entdeckung tauchte keine einzige weitere Tafel mit den seltsamen Zeichen auf. Deshalb steht bis heute die Frage im Raum, ob es sich um eine auf Kreta entstandene Schrift oder einen Import von außen handelte.

Für Historiker, die sich mit Technikgeschichte befassen, wirft die Scheibe von Phaistos ein noch größeres Rätsel auf. Das geschätzte Datum ihrer Entstehung (um 1700 v. Chr.) macht sie mit Abstand zum ältesten Zeugnis der Druckkunst. Statt von Hand,

Die Scheibe von Phaistos

wie bei allen Texten der späteren Linear-A- und Linear-B-Schriften, waren die Zeichen auf der Scheibe mit Hilfe von Stempeln in weichen, anschließend durch Brennen gehärteten Ton geprägt worden. Offenbar verfügte der Drucker über einen Satz von mindestens 45 Stempeln, einen für jedes auf der Scheibe vorkommende Zeichen. Die Herstellung der Stempel muß sehr zeitaufwendig gewesen sein, und man darf wohl annehmen, daß sie nicht nur zum Drucken dieses einen Dokuments bestimmt waren. Ihr Anwender war sicher ein fleißiger Schreiber, der sein Werk mit Hilfe der Stempel wesentlich schneller und sauberer erledigen konnte, als wenn er jedes der komplizierten Zeichen von Hand in den Ton hätte prägen müssen.

Die Scheibe von Phaistos war so etwas wie ein Vorbote der nächsten Druckversuche der Menschheit, die ebenfalls das Prinzip von

Druckformen und -lettern zur Grundlage hatten, es aber auf Papier und Tinte übertrugen. Diese Versuche sollten jedoch erst 2500 Jahre später in China und 3100 Jahre später im mittelalterlichen Europa erfolgen. Wie kam es, daß sich die frühe Tonscheiben-Drucktechnik auf Kreta oder an anderen Orten des antiken Mittelmeerraums nicht in großem Stil durchsetzte? Warum wurde dieses Druckverfahren um 1700 v. Chr. auf Kreta erfunden und nicht zu irgendeinem anderen Zeitpunkt in Mesopotamien, Mexiko oder an einem der anderen frühen Entstehungsorte der Schrift? Warum vergingen danach Tausende von Jahren, bis die nächsten Schritte hin zu Papier, Tinte und Druckerpresse getan wurden? Die Scheibe von Phaistos hat für Historiker einen bedrohlichen Aspekt. Wenn Erfindungen derart unvorhersehbar sind, wie es die Scheibe nahezulegen scheint, dann sind womöglich alle Versuche, in der Geschichte der Technik Gesetzmäßigkeiten zu entdecken, von vornherein zum Scheitern verurteilt.

Technik in Form von Waffen und Transportmitteln gab einigen Völkern die unmittelbaren Instrumente zur Erweiterung ihres Herrschaftsgebiets und zur Unterwerfung anderer Völker. Damit kommt ihr eine zentrale Bedeutung für den Gang der Geschichte zu. Warum aber waren Eurasier und nicht amerikanische Indianer oder subsaharische Afrikaner die Erfinder von Feuerwaffen, seetüchtigen Schiffen und Ausrüstungen aus Stahl? Die gleiche Frage könnte für die meisten anderen wichtigen technischen Errungenschaften gestellt werden, von der Druckerpresse über Glas bis hin zur Dampfmaschine. Warum waren immer Eurasier die Erfinder? Und warum verwendeten alle Neuguineer und australischen Aborigines im Jahr 1800 n. Chr. immer noch ähnliche Steinwerkzeuge wie die, denen die Bewohner Eurasiens und des größten Teils von Afrika schon Jahrtausende zuvor Lebewohl gesagt hatten (und das, obwohl Neuguinea und Australien über reiche Kupfer- und Eisenerzvorkommen verfügen)? All das erklärt die verbreitete Annahme, Eurasier seien erfinderischer und intelligenter als andere Völker.

Falls auf der anderen Seite Unterschiede in der menschlichen Neurobiologie, welche die unterschiedliche technische Entwicklung der Kontinente erklären könnten, nicht existieren, stellt sich die Frage, was denn die wirklichen Gründe sind. Eine Erklärungsalternative bietet die Theorie des erfinderischen Genius. Ihr zufolge geht der technische Fortschritt in hohem Maße auf das Konto einer kleinen Zahl genialer Erfinder wie Johannes Gutenberg, James Watt, Thomas Edison und der Brüder Wright. Alle waren Europäer oder Nachfahren von Europäern, die nach Amerika ausgewandert waren. Auch Archimedes und andere geniale Geister der Antike waren Europäer. Hätten derartige Genies ebensogut in Tasmanien oder Namibia das Licht der Welt erblicken können? Sollte die Geschichte der Technik etwa von den zufälligen Geburtsorten einer kleinen Schar von Erfindern bestimmt worden sein?

Nach einem dritten Erklärungsansatz kommt es nicht auf die Erfindungsgabe des einzelnen an, sondern auf die Innovationsbereitschaft von Gesellschaften. Einige seien hoffnungslos konservativ, trieben nur Nabelschau und stünden jeder Veränderung feindselig gegenüber. Einen solchen Eindruck gewinnen viele Bewohner des Westens, die sich für die Entwicklung der Dritten Welt einsetzen und nach einiger Zeit resigniert aufgeben. Den einzelnen Menschen in den jeweiligen Ländern scheint es nicht an Intelligenz zu mangeln; das Problem scheint vielmehr auf gesellschaftlicher Ebene zu liegen. Wie sonst ist zu erklären, daß die Aborigines im australischen Nordosten nie Pfeil und Bogen übernahmen, deren Nutzen ihnen von den Bewohnern der Inseln in der Torresstraße, mit denen sie Handel trieben, vor Augen geführt wurde? Kann es sein, daß sämtliche Gesellschaften eines ganzen Kontinents innovationsfeindlich sind und der langsamere technische Fortschritt darauf zurückgeht? In diesem Kapitel wollen wir endlich versuchen, eine Antwort auf eine der zentralen Fragen dieses Buchs zu geben: Warum vollzog sich der technische Fortschritt auf den verschiedenen Kontinenten in so unterschiedlichem Tempo?

Ausgangspunkt unserer Diskussion ist die Volksweisheit, die sich in dem Sprichwort »Not macht erfinderisch« offenbart. Danach werden Erfindungen stets dann gemacht, wenn eine Gesellschaft ihre Bedürfnisse durch bestimmte Techniken nicht oder nur unbefriedigend erfüllt sieht. Angespornt von der Aussicht auf Ruhm und Reichtum, greifen Erfinder in spe ein Bedürfnis auf und versuchen, eine Antwort zu finden. Irgend jemand kommt schließlich auf eine Lösung, die der bisherigen, unbefriedigenden Technik überlegen ist. Sofern sie nicht kulturellen Werten widerspricht oder mit anderen Techniken inkompatibel ist, wird diese dann von der jeweiligen Gesellschaft übernommen.

Mit diesem Standpunkt, der dem Alltagsverständnis entspricht und die Not als Mutter der Erfindung ansieht, deckt sich eine relativ große Zahl von Erfindungen. Im Jahr 1942 initiierte die US-Regierung auf dem Höhepunkt des Zweiten Weltkriegs das sogenannte Manhattan-Projekt mit dem ausdrücklichen Ziel, die zum Bau der Atombombe benötigte Technik zu entwickeln, bevor Hitler den Alliierten zuvorkommen konnte. Das Projekt führte nach drei Jahren zum Erfolg, die Kosten beliefen sich auf zwei Milliarden Dollar (nach heutigem Geldwert über 20 Milliarden Dollar). Weitere Beispiele sind Eli Whitneys Maschine zur Trennung von Lint und Samen aus dem Jahr 1794, die im Süden der USA das umständliche Verfahren der Reinigung von Baumwolle per Hand überflüssig machen sollte, sowie die Erfindung der Dampfmaschine durch James Watt im Jahr 1769, die zur Lösung des Problems gedacht war, wie sich das Wasser aus britischen Kohlebergwerken abpumpen ließe.

Diese bekannten Beispiele sind insofern trügerisch, als sie zu der Annahme verleiten, andere bedeutende Erfindungen seien ebenfalls Reaktionen auf vorhandene Bedürfnisse gewesen. In Wirklichkeit gehen viele, ja vielleicht sogar die meisten Erfindungen auf das Konto von Menschen, die von Neugier oder Bastelfreude getrieben waren, ohne daß zunächst ein bestimmtes Bedürfnis im Vordergrund stand, für das sie eine Lösung suchten. Erst nach der Erfindung stellte sich die Frage nach der passenden Verwendung. Und erst später, nachdem das entsprechende Produkt längere Zeit in Gebrauch war, stellte sich bei den Benutzern das Gefühl ein, es handele sich um etwas für sie »Notwendiges«. Bei anderen Erfindungen setzte sich am Ende ein ganz anderer Zweck durch als der, für den sie ursprünglich gedacht waren. Es mag überraschen, daß in die Kategorie der Erfindungen, deren Zweck am Anfang keineswegs feststand, die meisten großen technischen Errungenschaften fallen, vom Flugzeug und Automobil über den Verbrennungsmotor und die elektrische Glühbirne bis hin zum Grammophon und Transistor. So gesehen war die Erfindung häufiger die Mutter der Not als umgekehrt.

Ein gutes Beispiel ist die Geschichte von Thomas Edisons Phonograph, der wohl originellsten Erfindung jenes bedeutendsten Erfinders der Neuzeit. Als Edison im Jahr 1877 den ersten Phonographen baute, veröffentlichte er dazu einen Artikel, in dem er zehn Verwendungsmöglichkeiten vorschlug. Unter anderem nannte er die Aufzeichnung der letzten Worte Sterbender, die Aufnahme von Büchern für Blinde, die Ansage der Uhrzeit und Unterricht in Rechtschreibung. Die Wiedergabe von Musik stand auf seiner Prioritätenliste ganz unten. Wenige Jahre später ließ Edison seinen Assistenten wissen, er halte seine Erfindung für kommerziell nicht verwertbar. Nachdem einige weitere Jahre vergangen waren, hatte er es sich anders überlegt und mit dem Verkauf von Phonographen begonnen – jedoch als Diktiergeräte fürs Büro. Als andere erfinderische Geister die Jukebox ersannen, die aus einem Phonographen bestand, der Schallplatten mit Unterhaltungsmusik spielte, wenn man eine Münze einwarf, wandte sich Edison energisch gegen diese Art der Nutzung, die in seinen Augen eine Entwürdigung seiner Erfindung darstellte und den Blick auf ernsthaftere Verwendungszwecke verstellte. Rund 20 Jahre später mußte er widerstrebend zugeben, daß die Aufnahme und Wiedergabe von Musik zum Hauptverwendungszweck seines Phonographen geworden war.

Das Kraftfahrzeug ist eine weitere Errungenschaft, deren Nutzen heute kaum bestritten wird. Seine Erfindung war jedoch keineswegs die Reaktion auf einen vorhandenen Bedarf. Als Nikolaus Otto 1866 den ersten Benzinmotor baute, hatten Pferde seit fast 6000 Jahren das Bedürfnis des Menschen nach einem Transportmittel für den Verkehr zu Lande gedeckt; an ihre Seite hatten sich seit einigen Jahrzehnten zunehmend dampfgetriebene Eisenbahnen gesellt. Weder wurden die Pferde knapp, noch war man unzufrieden mit den Dampfrossen.

Da Ottos Maschine zunächst nicht viel leistete, über zwei Meter groß war und sehr viel wog, war ihre Überlegenheit gegenüber Pferden alles andere als klar. Erst 1885 war die Entwicklung des

Motors so weit fortgeschritten, daß Gottfried Daimler erstmals ein Fahrrad damit ausstatten konnte und auf diese Weise das erste Motorrad schuf; mit dem ersten Lkw ließ er sich noch Zeit bis 1896.

Noch im Jahr 1905 waren Kraftfahrzeuge ein teures, unzuverlässiges Spielzeug für die Reichen. Die übrige Bevölkerung begnügte sich bis zum Ersten Weltkrieg ohne Murren mit Pferden und Eisenbahnen, doch dann verkündeten die Generäle, daß unbedingt Lkw her müßten. Nach dem Krieg ließ sich die Öffentlichkeit durch intensives Werben von Lkw-Herstellern und Militärs schließlich davon überzeugen, daß Lkw auch im zivilen Bereich ein Segen seien, woraufhin diese in den industrialisierten Ländern nach und nach an die Stelle von Pferdefuhrwerken traten. Selbst in den größten amerikanischen Städten gingen über diese Umstellung jedoch 50 Jahre ins Land.

Erfinder müssen oft lange ungewollt in der Phase des Bastelns und Herumprobierens verharren, wenn sich niemand für ihre Erfindung interessiert, da die ersten Modelle noch keine wirklich nützliche Leistung erbringen. Die ersten Kameras, Schreibmaschinen und Fernsehgeräte waren ebensowenig berauschend wie Ottos zwei Meter hoher Benzinmotor. Für den Erfinder ist es deshalb schwer vorhersehbar, ob sein plumper Prototyp irgendwann zu etwas nütze sein wird und ob sich insofern der Aufwand an Zeit und Kosten für die weitere Entwicklung lohnt. Jedes Jahr werden in den USA rund 70000 Patente angemeldet, von denen nur wenige den Sprung in die kommerzielle Verwertung schaffen. Auf jede große Erfindung, die sich am Ende durchsetzt, kommen unzählige, denen der Erfolg versagt bleibt. Selbst Erfindungen, die für ihren vorgesehenen Zweck tauglich sind, erweisen sich später oft auf ganz anderem Gebiet als wertvoll. So lieferte die Dampfmaschine, die James Watt zum Abpumpen von Wasser aus Bergwerken erfand, bald Energie für Baumwollspinnereien und später (mit weit höherem Nutzen) für Lokomotiven und Schiffe.

So kehrt das Alltagsverständnis von Erfindungen, das wir an den Anfang unserer Betrachtung stellten, die übliche Reihenfolge von Erfindung und Bedürfnis um. Überdies rückt sie seltene Genies wie Watt und Edison viel zu sehr ins Rampenlicht. Diese Sichtweise wird allerdings vom Patentrecht gefördert, das von jedem Antragsteller den Nachweis verlangt, daß die von ihm eingereichte Erfindung etwas völlig Neues darstellt. Hierdurch erhalten Erfinder einen finanziellen Anreiz für die Abwertung oder Verheimlichung der Arbeit anderer. Aus der Sicht eines Patentanwalts ist die ideale Erfindung diejenige, die ohne jeden Vorläufer quasi aus dem Nichts auftaucht – etwa so wie Athene, die in voller Rüstung dem Haupt des Göttervaters Zeus entsprang.

In Wirklichkeit verbergen sich hinter jeder berühmten und angeblich bahnbrechenden Erfindung, die in der Neuzeit gemacht wurde, kaum beachtete Wegbereiter, die die kühne Behauptung »X erfand Y« relativieren. Zum Beispiel wird immer wieder verkündet, »James Watt erfand 1769 die Dampfmaschine«, wozu ihn angeblich der zischende Dampf eines Teekessels inspirierte. Wahrheitsgemäß müßte es eigentlich heißen, daß ihm die Idee zu seiner speziellen Dampfmaschine kam, als er gerade ein Modell von Thomas Newcomens Dampfmaschine reparierte. Newcomen hatte sie 57 Jahre zuvor erfunden, und als Watt an ihr zu werkeln begann, waren davon in England bereits über 100 Stück produziert worden. Newcomens Maschine war wiederum die Nachfolgerin der Dampfmaschine, die sich der Engländer Thomas Savery im Jahr 1698 hatte patentieren lassen und die wiederum der Dampfmaschine des Franzosen Denis Papin nachfolgte, die dieser um 1680 entworfen (aber nicht gebaut) hatte und die ihrerseits Vorläufer in den Ideen des holländischen Wissenschaftlers Christiaan Huygens und anderer hatte. Damit soll keineswegs geleugnet werden, daß Watt die Maschine von Newcomen stark verbesserte (unter anderem, indem er getrennte Kondensierungskammern einbaute und die Vakuumbedingungen verbesserte), wie auch Newcomens Dampfmaschine eine starke Verbesserung gegenüber der von Savery darstellte.

Ähnliches läßt sich über alle modernen Erfindungen berichten, sofern sie nur ausreichend dokumentiert sind. Der große Erfinder, der die Lorbeeren erntet, konnte stets auf Vorgänger zurückgreifen, die etwas Vergleichbares im Sinn hatten und bereits Entwürfe, Modelle oder (wie im Fall der Dampfmaschine von Newcomen) sogar kommerziell erfolgreiche Typen angefertigt hatten. Edisons berühmte »Erfindung« der elektrischen Glühbirne am Abend des 21. Oktober 1879 stellte eine Verbesserung zahlreicher anderer Glühbirnen dar, für die zwischen 1841 und 1878 Patente angemeldet worden waren. Ähnlich hatte das bemannte motorisierte Flugzeug der Brüder Wright als Vorläufer die bemannten unmotorisierten Hängegleiter von Otto Lilienthal und das unbemannte motorisierte Flugzeug von Samuel Langley; dem Telegraphen von Samuel Morse waren die von Joseph Henry, William Cooke und Charles Wheatstone vorausgegangen; und Eli Whitneys »Cotton Gin« zum Reinigen kurzstapeliger Baumwolle stellte im Grunde eine Verbesserung von Geräten dar, die seit Jahrtausenden zum Reinigen langstapeliger Baumwolle gedient hatten.

All das soll nicht heißen, daß Watt, Edison, die Brüder Wright, Morse und Whitney keine beeindruckenden Fortschritte machten, und es soll auch nicht abgestritten werden, daß erst durch sie die kommerzielle Nutzung der jeweiligen Erfindung möglich oder verbessert wurde. Die letztendlich erfolgreiche Form der Erfindung könnte ohne den Beitrag des »offiziellen« Erfinders in der Tat anders aussehen. Uns interessiert jedoch die Frage, ob die Weltgeschichte völlig anders verlaufen wäre, wenn ein bestimmter genialer Erfinder nicht an einem bestimmten Ort und zu einer bestimmten Zeit geboren worden wäre. Die Antwort ist eindeutig: Einen solchen Menschen hat es nie gegeben. Alle anerkannten berühmten Erfinder hatten fähige Vorgänger und Nachfolger, und alle leisteten ihren Beitrag zu einem Zeitpunkt, zu dem die Gesellschaft, der sie angehörten, für die Neuheit reif war, sprich sie zu nutzen wußte. Wie wir sehen werden, bestand die Tragödie des Schöpfers der Stempel, mit denen die Schriftzeichen in die Scheibe von Phaistos geprägt wurden, darin, daß er etwas schuf, mit dem die Gesellschaft, in der er lebte, noch nicht viel anfangen konnte.

Bei den bisherigen Beispielen ging es um die moderne Technik, deren Vorgeschichte wohlbekannt ist. Meine beiden wichtigsten Folgerungen lauten, daß erstens die Entwicklung von Techniken kumulativ und nicht in heroischen Einzelakten erfolgt und zweitens die meisten Anwendungen erst gesucht werden, nachdem eine Erfindung bereits gemacht ist, und nicht umgekehrt. Diese Folgerungen gelten sicher in noch stärkerem Maße für die Geschichte frühzeitlicher Techniken, über die wir kaum etwas wissen. Als eiszeitliche Jäger und Sammler an ihren Feuerstellen auf verglühte Reste von Quarzsand und Kalkstein blickten, konnten sie unmöglich die lange, verschlungene Kette von Entdeckungen vorhersehen, die über die ersten Glasuren (um 4000 v. Chr.), die ersten freistehenden Glasobjekte Ägyptens und Mesopotamiens (um 2500 v. Chr.) und das erste gläserne Gefäß (um 1500 v. Chr.) zu den ersten römischen Glasfenstern (um 1 n. Chr.) führen sollte.

Wir wissen nichts über die Entstehungsgeschichte jener ältesten bekannten Glasuren. Jedoch können wir auf die bei prähistorischen Erfindungen angewandten Methoden schließen, indem wir das Verhalten technisch »primitiver« Völker der Gegenwart beobachten, wie etwa der Neuguineer, mit denen ich viel Zeit bei meinen Forschungen verbringe. Ich erwähnte bereits ihre Kenntnisse über Hunderte lokaler Pflanzen- und Tierarten sowie deren Eßbarkeit, medizinischen Nutzen und sonstige Verwendbarkeit. Neuguineer berichteten mir auch über rund ein Dutzend verschiedene Gesteinsarten ihrer Umgebung, deren Härte, Farbe, Verhalten, wenn man sie zerschlägt, und Verwendbarkeit. All dieses Wissen wird durch Beobachtung und Ausprobieren erworben. Ich erlebe den Prozeß des »Erfindens« jedesmal aufs neue, wenn ich Neuguineer auf Exkursionen mitnehme, deren Ziel außerhalb ihrer gewohnten Umgebung liegt. Beim Marsch durch den Dschungel heben sie ständig Dinge auf, die ihnen fremd sind, hantieren damit herum und nehmen sie mit nach Hause, wenn sie einen interessanten Nutzen darin sehen. Ähnliches geschieht, wenn ich einen Lagerplatz verlasse und Bewohner der Umgebung herbeiströmen, um nach Dingen zu stöbern, die ich vielleicht liegengelassen habe. Sie spielen mit den fortgeworfenen Gegenständen und versuchen herauszufinden, ob sie für sie nützlich sein könnten. Fortgeworfene Blechdosen sind ein klarer Fall: Sie eignen sich gut als Behälter. Andere Gegenstände werden auf ihre Tauglichkeit für Zwecke getestet, für die sie nie bestimmt waren. Wie würde sich wohl dieser gelbe Bleistift als Schmuckstück machen, vielleicht durch ein Ohrläppchen oder die Nasenwand geschoben? Und ob diese Glasscherbe wohl scharf genug ist, um etwas damit zu schneiden? Heureka!

Das Rohmaterial, das vorgeschichtlichen Völkern zur Verfügung stand, waren natürliche Stoffe wie Steine, Holz, Knochen, Häute und Felle, Fasern, Ton, Sand, Kalkstein und Mineralien, die alle in großer Vielfalt vorhanden waren. Im Laufe der Zeit lernten die Menschen, aus einigen Arten von Gestein, Holz und Knochen Werkzeuge zu fertigen, bestimmte Tonarten zu Töpferwaren und Ziegelsteinen zu verarbeiten, Mischungen aus Sand, Kalkstein und anderen Stoffen des Erdreichs in Glas zu verwandeln und im Reinzustand vorkommende Weichmetalle wie Kupfer und Gold zu bearbeiten, später dann Metalle aus Erzen zu gewinnen und schließlich Hartmetalle wie Bronze und Eisen zu bearbeiten.

Ein gutes Beispiel für Erfolge mit der Probiermethode ist die Entwicklung von Schießpulver und Benzin aus natürlichen Materialien. Brennbare Stoffe, die in der Natur vorkommen, machen gelegentlich von selbst auf sich aufmerksam, etwa wenn ein harzhaltiges Holzscheit im Lagerfeuer explodiert. Um 2000 v. Chr. wurde in Mesopotamien tonnenweise Erdöl durch Erhitzung von Naturasphalt gewonnen. Die alten Griechen entdeckten die Verwendungsmöglichkeit verschiedener Mischungen von Erdöl, Pech, Harz, Schwefel und ungelöschtem Kalk als Brandbomben, die mit Schleudern, Pfeilgeschossen und Schiffen zum Ziel befördert wurden. Die Destillationskenntnisse, die sich moslemische Alchemisten im Mittelalter aneigneten, um Alkohol und Parfüms herzustellen, verschafften ihnen auch die Möglichkeit, Erdöl in seine Bestandteile zu zerlegen, von denen sich einige als noch wirkungsvollere Brandstoffe erwiesen. Abgefeuert mit Granaten, Raketen und Torpedos, hatten sie entscheidenden Anteil am Sieg der Mohammedaner über die Kreuzfahrer. Unterdessen hatte man in China zu jener Zeit bereits entdeckt, daß eine ganz bestimmte Mischung aus Schwefel, Holzkohle und Salpeter, die als »Schießpulver« bekannt werden sollte, besonders explosive Eigenschaften besaß. Eine chemische Abhandlung moslemischer Wissenschaftler von ca. 1100 n. Chr. beschrieb sieben verschiedene Arten von Schießpulver; ein Traktat aus dem Jahr 1280 n. Chr. enthielt bereits Rezepte für über 70 Pulvermischungen, die sich für diverse Zwecke eigneten (unter anderem für Raketen und Kanonen).

Bei der neuzeitlichen Destillation von Erdöl entdeckten Chemiker im 19. Jahrhundert die Fraktion der Mitteldestillate als nützlichen Brennstoff für Petroleumlampen. Die flüchtigste Fraktion (Rohbenzin) betrachteten sie als bedauerliches Abfallprodukt – bis man herausfand, daß sich dieser Stoff ideal für Verbrennungsmotoren eignete. Wer mag heute wohl glauben, daß Benzin, der Energielieferant Nummer 1 der modernen Zivilisation, ebenfalls zu den Entdeckungen zählte, für die erst ein Verwendungszweck gesucht werden mußte?

Hat ein Erfinder für eine neue Technik einen Verwendungszweck gefunden, besteht der nächste Schritt darin, die Gesellschaft davon zu überzeugen. Ein größeres, schnelleres, mächtigeres Etwas zur Verrichtung bestimmter Aufgaben vorweisen zu können bedeutet noch keine Garantie für durchschlagenden Erfolg. Zahllose Techniken, die solche oder ähnliche Qualitäten für sich in Anspruch nehmen konnten, setzten sich nie oder erst nach längerem Widerstand durch. Bekannte Beispiele sind die Weigerung der amerikanischen Kongreßabgeordneten im Jahr 1971, der Entwicklung eines Überschall-Transportmittels zuzustimmen, die ablehnende Haltung der internationalen Gemeinschaft gegenüber der Entwicklung einer effizienten Schreibmaschinen-Tastatur sowie die langjährige Abneigung Großbritanniens, elektrische Straßenbeleuchtung einzuführen. Wovon mag es abhängen, ob eine Erfindung gesellschaftliche Akzeptanz findet oder nicht?

Schauen wir zunächst einmal, wovon die Akzeptanz innerhalb einer Gesellschaft beeinflußt wird. Wie wir sehen werden, sind mindestens vier Faktoren von Bedeutung.

Der erste und naheliegendste Faktor sind die wirtschaftlichen Vorteile gegenüber einer vorhandenen Technik. Während das Rad in modernen Industriegesellschaften zweifellos von großem Nutzen ist, war dies in anderen Gesellschaften nicht immer der Fall. In Mexiko wurden lange vor Ankunft der ersten Spanier Wägelchen mit Rädern an Achsen gebaut, die aber statt als Transportmittel nur als Spielzeug dienten. Das mag uns unglaublich erscheinen, aber wir müssen bedenken, daß die frühen Mexikaner keine Haustiere besaßen, die sie vor ihre Wagen hätten spannen können, so daß der Vorteil gegenüber zweibeinigen Lastenträgern fehlte.

Ein zweiter Faktor ist soziales Prestige, das die Bedeutung wirtschaftlicher Vorteile (oder ihres Fehlens) überflügeln kann. Millionen von Menschen kaufen heutzutage Designerjeans zum doppelten Preis einer nicht minder haltbaren normalen Jeanshose, da das Ansehen, das ihnen der Markenname auf der Designerhose ihrer Meinung nach verschafft, für sie mehr zählt als die höheren Kosten. Ebenfalls in diese Kategorie fällt die Beibehaltung des furchtbar umständlichen japanischen Kanji-Schriftsystems, das einem praktischeren Alphabet oder der japanischen Kana-Silbenschrift vorgezogen wird, da sich mit den Kanji-Zeichen so viel Prestige verbindet.

Ein weiterer Faktor ist die Frage der Vereinbarkeit mit den Interessen mächtiger Gruppen der Gesellschaft. Das Buch, das Sie vor sich haben, wurde wie wahrscheinlich alles andere, was Ihnen je an Gedrucktem zu Gesicht gekommen ist, auf einer QWERTY-Tastatur* gesetzt, also einer amerikanischen Schreibmaschinen- beziehungsweise Computertastatur, in deren oberer linker Reihe die Buchstaben Q, W, E, R, T und Y* angeordnet sind. Es mag unglaublich klingen, aber die Tastenbelegung, die aus dem Jahr 1873 stammt, zielte bewußt darauf ab, flinke Maschinenschreiber mit Hilfe einer ganzen Reihe von Tricks zu bremsen, beispielsweise durch verstreute Anordnung der häufigsten Buchstaben in allen Reihen der Tastatur, vor allem aber auf der linken Hälfte (mit der sich Rechtshänder schwerer tun). Der Grund für all diese scheinbar widersinnigen Merkmale lag darin, daß sich die Typenhebel der Schreibmaschinen des Jahres 1873 verklemmten, wenn zwei benachbarte Hebel schnell hintereinander angeschlagen wurden, so daß die Hersteller daran interessiert waren, die Benutzer zu langsamerem Schreiben zu zwingen. Als später Schreibmaschinen mit besserer Mechanik das Problem verklemmter Typenhebel

* Deutsche und amerikanische Tastaturen stimmen zwar weitgehend, aber nicht völlig überein; unter anderem ist das Z auf der deutschen Tastatur dort, wo sich auf der amerikanischen das Y befindet, so daß man bei uns von einer QWERTZ-Tastatur sprechen könnte; Anm. d. Übers.

überwunden hatten, zeigten Versuche im Jahr 1932, daß eine günstigere Anordnung der Buchstaben zu einer Verdoppelung der Schreibgeschwindigkeit und einer Senkung der Schreibanstrengung um 95 Prozent führen würde. Doch zu diesem Zeitpunkt saß die QWERTY-Tastatur bereits fest im Sattel. Das Interesse von hundert Millionen von QWERTY-Typisten, Ausbildern, Schreibmaschinen- und Computer-Verkäufern und -herstellern vereitelt seit mittlerweile über 60 Jahren alle Initiativen zur Schaffung einer effizienteren Tastatur.

Mag man auch über die Geschichte der QWERTY-Tastatur schmunzeln, so hatten zahlreiche ähnliche Fälle doch viel ernstere wirtschaftliche Konsequenzen. Wissen Sie, warum Japan in der Unterhaltungselektronik heute weltweit eine derart beherrschende Stellung innehat, daß die Zahlungsbilanz mit den USA davon belastet wird, und das, obgleich die Transistortechnik in den USA erfunden und patentiert wurde? Weil Sony von Western Electric Lizenzrechte für Transistoren erwarb, als die amerikanischen Hersteller von Unterhaltungselektronik noch in großem Stil Geräte mit Vakuumröhren produzierten und davor zurückscheuten, ihren eigenen Produkten Konkurrenz zu machen. Und was meinen Sie, warum die Straßen Englands bis in die 20er Jahre dieses Jahrhunderts von Gaslaternen erhellt wurden, als in amerikanischen und deutschen Städten schon längst elektrische Lichter brannten? Weil die Kommunalbehörden in England große Summen in Gasbeleuchtung investiert hatten und den Anbietern von Elektrobeleuchtung deshalb jedes erdenkliche Hindernis in den Weg legten.

Der letzte unserer vier Faktoren, welche die Akzeptanz neuer Techniken beeinflussen, ist der Grad der Erkennbarkeit ihrer Vorzüge. Im Jahr 1340, als Feuerwaffen in Europa noch weitgehend unbekannt waren, wurden die englischen Grafen von Derby und Salisbury in Spanien zufällig Zeugen der Schlacht von Tarifa, in der die Araber Kanonen gegen die Spanier einsetzten. Beeindruckt von dem, was sie gesehen hatten, setzten sich die Grafen dafür ein, daß die englische Armee ebenfalls Kanonen erhielt. Der Vorstoß fand bei den Soldaten großen Anklang, und schon sechs Jahre später wurde in der Schlacht von Crécy mit Kanonen auf Franzosen geschossen.

Räder, Designerjeans und QWERTY-Tastaturen veranschaulichen, warum eine Gesellschaft für unterschiedliche Erfindungen nicht gleich empfänglich ist. Umgekehrt unterscheidet sich auch die Akzeptanz ein und derselben Erfindung in verschiedenen Gesellschaften der Gegenwart außerordentlich stark. Jeder hat sicher schon einmal die These vernommen, bäuerliche Gesellschaften der Dritten Welt seien weniger innovationsfreundlich als die Industriegesellschaften des Westens. Selbst innerhalb der Gruppe der Industrieländer begegnet man Neuerungen nicht überall mit gleicher Aufgeschlossenheit. Solche Unterschiede, falls sie denn auch zwischen den Kontinenten existierten, könnten erklären, warum die technische Entwicklung auf einigen Kontinenten schneller voranschritt als auf anderen. Wenn beispielsweise sämtliche australischen Aborigines-Gesellschaften aus irgendeinem Grund jedem Wandel abhold waren, könnte dies die Erklärung dafür liefern, daß sie weiter Steinwerkzeuge benutzten, als auf allen anderen Kontinenten schon lange Metallwerkzeuge in Gebrauch waren. Wie aber kommt es zur Entstehung derart unterschiedlicher Haltungen von Gesellschaften gegenüber Innovationen?

Als Antwort auf diese Frage haben Technikhistoriker bisher mindestens 14 verschiedene Faktoren ins Feld geführt. Einer davon ist die Lebenserwartung, die Erfindern in spe im Prinzip die zum Erwerb umfangreicher technischer Kenntnisse nötige Zeit und Geduld gibt, um sich auf langwierige Projekte, die erst viel später Früchte tragen, einlassen zu können. Die aufgrund des medizinischen Fortschritts in den letzten Jahrhunderten stark gestiegene Lebenserwartung könnte insofern dazu beigetragen haben, den technischen Wandel zu beschleunigen.

Die nächsten fünf Faktoren haben mit wirtschaftlicher und gesellschaftlicher Organisation zu tun: (1) Im klassischen Altertum wirkte billige Sklavenarbeit innovationshemmend, während hohe Löhne beziehungsweise Arbeitskräftemangel in der heutigen Zeit der Suche nach technischen Lösungen Vorschub leisten. So schuf die Ankündigung neuer Einwanderungsgesetze, durch die der Zustrom billiger Saisonarbeiter aus Mexiko nach Kalifornien eingedämmt werden sollte, einen unmittelbaren Anreiz für die Züchtung einer Tomatengattung, die sich maschinell ernten läßt.

(2) Das Patentrecht und andere Gesetze zum Schutz des geistigen Eigentums an Erfindungen schaffen im Westen einen positiven Anreiz für Innovationen, während das Fehlen entsprechender Gesetze im modernen China das Gegenteil bewirkt. (3) Moderne Industriegesellschaften bieten ihren Bürgern umfassende technische Ausbildungsmöglichkeiten, wie sie schon im mittelalterlichen Islam bestanden, im modernen Zaire jedoch nicht. (4) Der moderne Kapitalismus ist im Gegensatz zu den Verhältnissen im alten Rom in einer Weise organisiert, daß sich der Kapitaleinsatz für technische Neuerungen in der Regel bezahlt macht. (5) Der ausgeprägte Individualismus der amerikanischen Gesellschaft bedingt, daß erfolgreiche Erfinder die Früchte ihres Schaffens selbst ernten können, während die engen Familienbande in Neuguinea dafür sorgen, daß der wirtschaftlich Erfolgreiche bald Dutzende von Familienangehörigen um sich versammelt findet, die unter seinem Dach leben und von ihm versorgt werden wollen.

Die nächsten vier Erklärungsfaktoren sind eher im Bereich der Werte und Einstellungen angesiedelt. (1) Risikobereitschaft, für Innovationen von entscheidender Bedeutung, ist in einigen Gesellschaften verbreiteter als in anderen. (2) Die wissenschaftlich orientierte Denkweise ist ein einzigartiges Merkmal der europäischen Kultur seit der Renaissance und hat wesentlichen Anteil an der Entstehung der technischen Vorreiterrolle der Gesellschaften des Westens. (3) Der tolerante Umgang mit abweichenden Meinungen und Ansichten schafft einen günstigen Nährboden für Innovationen, während eine traditionsverhaftete Denkweise (wie in China, wo die Werke der alten Klassiker stets als Maß aller Dinge galten) dazu tendiert, Innovationen im Keim zu ersticken. (4) Religionen unterscheiden sich erheblich in ihrer Einstellung zum technischen Wandel. Während einige Richtungen des Judaismus und des Christentums als besonders fortschrittsfreundlich gelten, wird über manche Richtungen des Islam, Hinduismus und Brahmanismus das Gegenteil behauptet.

Alle zehn bisher genannten Hypothesen sind auf ihre Weise plausibel. Bei keiner spielt jedoch die Geographie zwangsläufig eine Rolle. Wenn Patentrechte, Kapitalismus und manche Religionen der technischen Entwicklung förderlich sind, wie kam es dann, daß diese Faktoren in Europa nach dem Ausgang des Mittelalters zum Tragen kamen, nicht aber im heutigen China oder Indien?

Wenigstens erscheint klar, in welche Richtung die genannten zehn Faktoren die technische Entwicklung beeinflussen. Die verbleibenden vier Faktoren – Krieg, zentralistische Regierungsform, Klima und Rohstoffe – sind dem technischen Wandel dagegen in manchen Fällen förderlich, in anderen eher abträglich. (1) In der Geschichte der Menschheit war Krieg oft einer der großen Schrittmacher des technischen Fortschritts. So führten die gewaltigen Investitionen in Atomwaffen während des Zweiten Weltkriegs und in Flugzeuge und Lkw während des Ersten Weltkriegs zur Entstehung völlig neuer technischer Domänen. Allerdings können Kriege dem technischen Fortschritt auch verheerende Rückschläge versetzen. (2) Starke Zentralregierungen sorgten im späten 19. Jahrhundert in Deutschland und Japan für einen rasanten technischen Aufschwung, während das zentralistische Kaisertum in China in der Zeit nach 1500 n. Chr. dem technischen Fortschritt den Garaus machte. (3) Viele Nordeuropäer glauben, die Technik würde in rauhem Klima, in dem die Menschen zum Überleben auf Hilfsmittel angewiesen sind, besser gedeihen als in Regionen mit mildem Klima, wo Kleidung überflüssig ist und den Menschen die Früchte der Natur in den Mund wachsen. Aber auch die entgegengesetzte Ansicht wird vertreten, nämlich daß ein mildes Klima den Menschen den andauernden Existenzkampf erspart und ihnen die Muße gibt, um sich Innovationen zu widmen. (4) Diskutiert wurde auch, ob der technische Fortschritt eher durch Überfluß oder Mangel an natürlichen Rohstoffen begünstigt wird. Eine reiche Ressourcenausstattung könnte eine gute Voraussetzung für Erfindungen darstellen, die diese Gaben der Natur nutzen, wie etwa die Wassermühlentechnik im regnerischen, von vielen Flüssen durchzogenen Nordeuropa – aber warum, so wäre zu fragen, setzte sich diese Technik nicht noch schneller im viel niederschlagsreicheren Neuguinea durch? Die Zerstörung der englischen Wälder wurde als Grund für die frühe Entwicklung der Kohletechnik in Großbritannien genannt, aber warum hatte die Entwaldung in China nicht den gleichen Effekt?

Der Vorrat an Erklärungen für die unterschiedliche Innovationsfreundlichkeit von Gesellschaften ist damit noch lange nicht erschöpft. Noch schlimmer ist aber, daß all diese Ansätze die Frage nach den eigentlichen Ursachen unbeantwortet lassen. Dies mag als entmutigender Rückschlag bei unserem Bemühen erscheinen, den Gang der Geschichte zu verstehen, denn zweifellos spielte die Technik eine sehr wichtige Rolle. Wie ich gleich zeigen werde, erleichtert die Vielfalt unabhängiger Faktoren, die dem technischen Wandel zugrunde liegen, das Verständnis des Geschichtsverlaufs jedoch eher, als daß sie ihm im Wege stünde.

Uns interessiert an den aufgezählten Faktoren vor allem, ob sie sich von Kontinent zu Kontinent systematisch unterschieden und so die Ursache einer unterschiedlichen technischen Entwicklung waren. Die meisten Laien, aber auch viele Historiker gehen offen oder stillschweigend davon aus, daß die Antwort auf diese Frage ja lauten muß. So wird angenommen, die australischen Aborigines hätten Grundeinstellungen gemein, die zu ihrer technischen Rückständigkeit beitrügen: Sie seien konservativ und lebten in ihrer Phantasie in einem mystischen Schöpfungszeitalter, statt sich im Hier und Jetzt um die praktische Verbesserung ihrer Lebensbedingungen zu kümmern. Ein prominenter Historiker und Afrikaforscher sagte einmal über die Afrikaner, sie seien nach innen gewandt und ließen jenen Ausbreitungsdrang vermissen, den die Europäer besäßen.

Behauptungen wie diese sind pure Spekulation. Noch nie wurde eine vergleichende Untersuchung einer Vielzahl von Gesellschaften mit ähnlichen sozioökonomischen Lebensbedingungen auf zwei Kontinenten durchgeführt, die als Ergebnis systematische Unterschiede in den Grundeinstellungen der jeweiligen Bewohner ans Licht förderte. Statt dessen beißt sich die Argumentation meist in den Schwanz: Aus der Existenz technischer Unterschiede wird auf entsprechende Unterschiede in den Werten und Einstellungen geschlossen.

In der Realität beobachte ich in Neuguinea immer wieder, daß sich die verschiedenen dortigen Gesellschaften in der Denkweise stark voneinander unterscheiden. Wie in Europa und Amerika existieren auch in Neuguinea konservative, jedem Wandel abholde

Gesellschaften neben innovativeren, die nach bewußter Auswahl Neues übernehmen. Ein Resultat dieser Vielfalt ist, daß die innovationsfreudigeren Gesellschaften nach dem Eintreffen der Europäer begannen, westliche Technik zu nutzen, um die Oberhand über ihre konservativen Nachbarn zu erringen.

Dazu ein Beispiel: Als die Europäer in den 30er Jahren dieses Jahrhunderts erstmals das Hochland im Osten Neuguineas erreichten, »entdeckten« sie mehrere Dutzende steinzeitlich lebender Stämme, die noch nie Kontakt zu Weißen gehabt hatten. Von ihnen zeigte der Stamm der Chimbu eine besonders hohe Bereitschaft zur schnellen Übernahme westlicher Technik. Nachdem Chimbu-Stammesangehörige weiße Siedler beim Pflanzen von Kaffee beobachtet hatten, wurden sie selbst zu Kaffeepflanzern und verkauften die Ernte gegen klingende Münze. Einmal, im Jahr 1964, begegnete ich einem 50jährigen Chimbu, der nicht lesen konnte, noch den traditionellen Grasrock trug und in einer Zeit aufgewachsen war, als der Gebrauch von Steinwerkzeugen in seiner Umgebung noch die Norm war. Er hatte es als Kaffeepflanzer zu Reichtum gebracht und von seinem Vermögen 100000 Dollar in eine Sägemühle investiert; obendrein hatte er sich eine Lkw-Flotte zugelegt, um Kaffeesäcke und Baumstämme zum Markt transportieren zu können. Im krassen Gegensatz zu den Chimbu steht das benachbarte Hochlandvolk der Daribi, die ich acht Jahre lang studiert habe. Sie sind äußerst konservativ und interessieren sich so gut wie überhaupt nicht für neue Technik. Als zum erstenmal ein Hubschrauber im Gebiet der Daribi landete, warfen sie nur einen kurzen Blick darauf und wandten sich gleich wieder ab. Ich bin ziemlich sicher, daß die Chimbu sofort versucht hätten, über die Möglichkeit eines Probeflugs zu verhandeln. Dieser Mentalitätsunterschied hat dazu geführt, daß die Chimbu mittlerweile auf das Land der Daribis vorrücken, dort Plantagen anlegen und die Daribi für sich arbeiten lassen.

Auch auf jedem anderen Kontinent erwiesen sich bestimmte Gesellschaften als besonders aufgeschlossen für Innovationen, übernahmen selektiv neue Techniken und integrierten sie erfolgreich in ihre Kultur. In Nigeria sind die Ibo das lokale Pendant zu den neuguineischen Chimbu. Unter den nordamerikanischen Indianern sind heute die Navajo der zahlenmäßig größte Stamm. Bei der Ankunft der Europäer waren sie nur einer von mehreren hundert Stämmen, doch sie erwiesen sich als besonders robust und zeigten die Fähigkeit, die für sie geeigneten Innovationen geschickt auszuwählen. So übernahmen sie westliche Farbstoffe für ihre Webarbeit, wurden zu Silberschmieden und Ranchern und arbeiten heute als Lkw-Fahrer, ohne indes auf ihre traditionelle Wohnform zu verzichten.

Selbst unter den angeblich so konservativen australischen Aborigines gibt es neben erzkonservativen Gesellschaften auch innovationsfreundliche. Das eine Extrem bilden die Tasmanier, die Steinwerkzeuge noch Zehntausende von Jahren nach deren Ablösung in Europa verwendeten, als sie auch auf dem australischen Festland weitgehend außer Gebrauch gekommen waren. Am anderen Ende des Spektrums finden wir Aborigines im Südosten Australiens, die raffinierte Methoden zur Fischzucht entwickelten, die unter anderem den Bau von Kanälen, Wehren und speziellen Fischfallen umfassen.

Demnach gibt es zwischen den Gesellschaften ein und desselben Kontinents erhebliche Unterschiede in der Art und Anzahl von Erfindungen sowie der Einstellung zu ihnen. Außerdem kommt es im Laufe der Zeit innerhalb von Gesellschaften zu Veränderungen. So sind die islamischen Gesellschaften des Nahen Ostens heute relativ konservativ und bilden keineswegs die Speerspitze des technischen Fortschritts. Dagegen war der mittelalterliche Islam in der gleichen Region technisch fortschrittlich und innovationsfreudig. Der Alphabetisierungsgrad war dort in jener Zeit viel höher als in Europa, und das Erbe der klassischen griechischen Kultur wurde in einem solchen Maße assimiliert, daß uns heute zahlreiche griechische Werke nur durch ihre arabischen Übersetzungen bekannt sind. Zu den islamischen Erfindungen von damals zählen raffinierte Windmühlen, die Trigonometrie und das Lateinersegel; große Fortschritte wurden in der Metallverarbeitung, im Maschinenbau, in der Chemotechnik und im Bewässerungswesen gemacht; zudem wurden Papier und Schießpulver aus China übernommen und nach Europa weitervermittelt. Im Mittelalter verlief der Strom technischer Neuerungen eindeutig von islamischen Gegenden nach Europa und nicht, wie heute, andersherum. Erst ab ca. 1500 n. Chr. kehrte sich die Richtung langsam um.

Auch in China änderte sich die Innovationsfreudigkeit im Laufe der Geschichte. Bis ca. 1450 n. Chr. war das Reich der Mitte technisch sehr viel innovativer und fortschrittlicher als Europa, ja selbst als der mittelalterliche Islam. Die lange Liste der Erfindungen chinesischen Ursprungs umfaßt beispielsweise Achterruder, ausgeklügeltes Geschirr für Zugtiere, Drachen, Drucktechnik (sieht man von der Scheibe von Phaistos ab), Gußeisen, Kanalschleusen, Magnetkompaß, Papier, Porzellan, Schubkarre, Tiefbohrung und verbessertes Schießpulver. Dann endete Chinas innovative Phase aus Gründen, über die wir am Ende des Buchs spekulieren werden. Westeuropa und seine nordamerikanischen Ableger stehen aus heutiger Sicht an der vordersten Front der technischen Entwicklung, obgleich das westliche Europa noch am Ende des Mittelalters technisch rückständiger war als alle anderen »zivilisierten« Regionen der Alten Welt.

Deshalb ist es falsch anzunehmen, daß es Kontinente mit eher innovativen Gesellschaften und solche mit eher konservativen gibt. Auf jedem Kontinent existierten zu jedem Zeitpunkt innovative neben konservativen Gesellschaften. Hinzu kommt, daß die Innovationsfreudigkeit innerhalb einzelner Regionen im Laufe der Geschichte Schwankungen unterliegt.

Bei Abwägung des Gesagten kommt man zu dem Schluß, daß auch nichts anderes zu erwarten wäre, wenn eine Vielzahl unabhängiger Faktoren die Innovationsfreudigkeit einer Gesellschaft bestimmt. Ohne genaue Kenntnis all dieser Faktoren ist keine Vorhersage möglich. Sozialwissenschaftler forschen deshalb weiter nach den spezifischen Gründen, warum sich die Innovationsbereitschaft des Islam, Chinas und Europas änderte und warum die Chimbu, Ibo und Navajo gegenüber neuen Techniken aufgeschlossener waren als ihre Nachbarn. Bei der Suche nach dem groben Verlaufsmuster der Geschichte interessiert jedoch nicht, welches in jedem dieser Fälle die spezifischen Gründe waren. Paradoxerweise macht die Vielzahl der Faktoren, die über die Innovationsfreudigkeit oder -feindschaft von Gesellschaften entscheiden, dem Historiker die Arbeit leichter, erhalten doch die Unterschiede zwischen verschiedenen Gesellschaften so im Grunde den Charakter einer Zufallsvariablen. Demnach wird sich bei Betrachtung einer genügend großen geographischen Einheit (beispielsweise eines ganzen Kontinents) zu jedem beliebigen Zeitpunkt ein Teil der dortigen Gesellschaften mit hoher Wahrscheinlichkeit als innovationsfreudig erweisen.

Welchen Ursprung haben eigentlich Innovationen? Für die meisten Gesellschaften mit Ausnahme der wenigen, die in völliger Isolation existierten, lautet die Antwort hierauf, daß viele, wenn nicht gar die Mehrzahl neuer Techniken nicht selbst erfunden, sondern von anderen Gesellschaften übernommen wurden. Die relative Bedeutung lokaler Erfindungen, verglichen mit denen fremder Herkunft, hängt von zwei Hauptfaktoren ab: erstens, wie naheliegend die Erfindung einer bestimmten Technik war, und zweitens, wie weit die betreffende Gesellschaft räumlich von anderen entfernt war.

Einige Erfindungen resultierten unmittelbar aus dem Umgang mit den Stoffen der Natur. Sie hatten viele unabhängige Ursprünge an verschiedenen Orten und zu verschiedenen Zeitpunkten der Geschichte. Ein Beispiel, das wir schon ausführlich behandelt haben, ist die Pflanzendomestikation mit ihren mindestens neun unabhängigen Geburtsstätten. Ein weiteres ist die Töpferei, möglicherweise entstanden aus der Beobachtung des Verhaltens erhitzter und getrockneter Tonerde in der Natur. Die ersten Töpferwaren tauchten in Japan vor rund 14000 Jahren auf, in Vorderasien und China vor rund 10000 Jahren und später auch im Amazonasgebiet, in der afrikanischen Sahelzone, im Südosten Nordamerikas und in Mexiko.

Ein Beispiel für eine sehr viel schwierigere Erfindung ist die Schrift, zu der man nicht durch Beobachtungen in der Natur geleitet wird. Wie wir in Kapitel 11 sahen, hatte die Schrift nur sehr wenige unabhängige Entstehungsorte, und wie es scheint, wurde das Alphabet sogar nur ein einziges Mal in der Geschichte erfunden. Andere schwierige Erfindungen waren beispielsweise das Wasserrad, die Handmühle, der Magnetkompaß, die Windmühle und die Camera obscura – alle wurden in der Alten Welt nur ein- oder zweimal und in der Neuen Welt überhaupt nicht gemacht.

Derart komplexe Erfindungen wurden gewöhnlich von außen übernommen, da sie sich schneller ausbreiteten, als sie an verschiedenen Orten neu erfunden werden konnten. Ein gutes Beispiel ist das Rad, das erstmals für die Zeit um 3400 v. Chr. im Gebiet des Schwarzen Meeres belegt ist und dann innerhalb der nächsten Jahrhunderte an vielen Orten Europas und Asiens auftauchte. All diese frühen Räder der Alten Welt sind nach dem gleichen Prinzip konstruiert: Es handelte sich um hölzerne Scheiben aus drei zusammengefügten Holzstücken, nicht etwa um eine Felge mit Speichen. Dagegen waren die einzigen Räder indianischer Kulturen, die uns von Darstellungen auf mexikanischen Tongefäßen bekannt sind, aus einem Stück Holz gefertigt, was auf eine zweite unabhängige Erfindung schließen läßt – wofür auch andere Erkenntnisse über die Isolation der Neuen Welt von den Zivilisationen der Alten Welt sprechen.

Niemand käme auf die Idee, daß jene sonderbare Bauweise des Rades in der Alten Welt nur zufällig im Abstand von wenigen Jahrhunderten an vielen verschiedenen Orten der Alten Welt auftauchte, nachdem der Mensch zuvor sieben Millionen Jahre lang radlos existiert hatte. Vielmehr war es sicher so, daß sich das Rad aufgrund seiner Nützlichkeit rasch von dem *einen* Ort seiner Erfindung in verschiedene Richtungen ausbreitete. Andere komplizierte Techniken, die nach ihrer Erfindung im westlichen Asien den Weg in viele andere Teile der Alten Welt fanden, waren unter anderem das Türschloß, der Flaschenzug, die Handmühle, die Windmühle – und natürlich das Alphabet. Ein Beispiel aus der Neuen Welt ist die Metallverarbeitung, die sich von den Anden über Panama nach Mesoamerika ausbreitete.

Wenn eine Erfindung von offensichtlichem Nutzen irgendwo auftaucht, breitet sie sich meist auf einem von zwei Wegen aus. Entweder erfahren andere Gesellschaften von ihr, sind für sie empfänglich und übernehmen sie, oder die Gesellschaften, die nicht im Besitz der neuen Erfindung sind, verlieren gegenüber der Erfindergesellschaft an Macht und werden von ihr unterworfen oder ausgelöscht, wenn die neu gewonnene Überlegenheit entsprechend groß ist. Ein anschauliches Beispiel für eine solche Entwicklung ist die Verbreitung von Musketen unter den neuseeländischen Maori-

Stämmen. Um 1818 gelangte der Stamm der Ngapuhi in den Besitz von Musketen, die sie von europäischen Händlern erwarben. In den nächsten 15 Jahren wurde Neuseeland von den sogenannten Musketenkriegen erschüttert, in deren Verlauf musketenlose Stämme sich entweder ebenfalls in den Besitz von Musketen brachten oder von Stämmen, die bereits damit ausgerüstet waren, unterjocht wurden. Die Kriege führten dazu, daß sich die Muskete bis 1833 auf ganz Neuseeland durchgesetzt hatte: Alle überlebenden Maori-Stämme waren nun Musketenbesitzer.

Die Übernahme von Techniken fremden Ursprungs kann in viele verschiedene Kontexte eingebettet sein. Hierzu zählen unter anderem friedlicher Handel (wie bei der Diffusion der Transistortechnik von den USA nach Japan im Jahr 1954), Spionage (Schmuggel von Seidenraupen von Südostasien in den Nahen Osten im Jahr 552 n. Chr.), Emigration (europaweite Diffusion französischer Techniken zur Glas- und Bekleidungsherstellung nach der Vertreibung von 200 000 Hugenotten aus Frankreich im Jahr 1685) und Krieg. Ein Beispiel für die letztere Variante sind die in China entwickelten Papierherstellungstechniken, die dem Islam nach dem Sieg eines arabischen über ein chinesisches Heer in Zentralasien im Jahr 751 in den Schoß fielen. Als man unter den Kriegsgefangenen einige Papiermacher entdeckte, brachte man sie nach Samarkand, um dort eine eigene Papierherstellung aufzubauen.

In Kapitel 11 sahen wir, daß die kulturelle Diffusion entweder in Form detaillierter »Blaupausen« oder durch vage Ideen erfolgen kann, die den Anstoß zur erneuten Erfindung geben. Die in Kapitel 11 am Beispiel der Ausbreitung der Schrift dargestellten Alternativen gelten im Bereich der Technik ganz genauso. Während im vorigen Abschnitt einige Beispiele für Blaupausen-Kopien genannt wurden, haben wir es beim Transfer der chinesischen Porzellanherstellung nach Europa mit einem Beispiel für langwierige Ideendiffusion zu tun. Porzellan, ein transparentes feinkeramisches Erzeugnis, wurde ungefähr im 7. Jahrhundert n. Chr. in China erfunden. Nachdem es im 14. Jahrhundert über die Seidenstraße nach Europa gelangt war (aber ohne das Rezept für seine Herstellung), erfreute es sich dort bald großer Beliebtheit in vornehmen

Kreisen und zeitigte eine Vielzahl erfolgloser Imitationsversuche. Erst 1707 fand der deutsche Alchimist Johann Böttger nach zahllosen Experimenten, bei denen er diverse Mineralien und Tonsorten vermischte, die Lösung und gründete wenig später die heute berühmte Meißener Porzellanmanufaktur. Hiervon mehr oder weniger unabhängige Experimente führten später zur Gründung englischer und französischer Porzellanmanufakturen in Sèvres, Wedgwood und Spode. Europäische Keramiker hatten die chinesischen Herstellungstechniken somit gezwungenermaßen neu erfunden; allerdings schwebte ihnen das gewünschte Ergebnis stets vor Augen und diente als Inspiration.

Je nach geographischer Lage unterscheiden sich Gesellschaften auch darin, wie leicht sie Techniken fremder Herkunft durch Diffusion empfangen können. Von allen Völkern am stärksten isoliert waren in der jüngeren Vergangenheit die tasmanischen Aborigines, die auf einer Insel gut 150 Kilometer vor Australien, dem abgelegensten der Kontinente, lebten und keine seetüchtigen Schiffe besaßen. Die Tasmanier hatten 10 000 Jahre lang keinen Kontakt zu anderen Gesellschaften und erwarben neben den von ihnen selbst entwickelten Techniken keine weiteren von außen. Nach Australien und Neuguinea, vom asiatischen Festland durch den indonesischen Archipel getrennt, floß nur ein spärlicher Strom von Erfindungen aus Asien. Vom Prozeß der Diffusion profitierten jene Gesellschaften am stärksten, die auf den großen Kontinenten angesiedelt waren. In ihnen verlief der technische Fortschritt am schnellsten, weil sie nicht nur eigene Erfindungen ansammelten, sondern auch solche aus anderen Gesellschaften. So gelangte der mittelalterliche Islam aufgrund seiner zentralen Lage in Eurasien in den Besitz von Erfindungen aus Indien und China sowie des geistigen Erbes der alten Griechen.

Welche Bedeutung dem Prozeß der Diffusion – und der geographischen Lage, die ihn ermöglicht – zukommt, wird auf verblüffende Weise durch einige anders nicht zu begreifende Fälle demonstriert, bei denen Gesellschaften Techniken mit hohem Nutzwert den Rücken kehrten. Uns erscheint es selbstverständlich, daß nützliche Techniken, einmal erfunden, bis zum Erscheinen noch nützlicherer in Gebrauch bleiben. In der Realität müssen Techniken aber nicht nur erfunden, sondern auch gepflegt werden, und das bringt wiederum zahlreiche unberechenbare Faktoren ins Spiel. In jeder Gesellschaft erlangen zeitweise Strömungen die Oberhand, die wirtschaftlich nutzlose Dinge auf- und nützliche Dinge abwerten. Heute, wo fast jede Gesellschaft mit jeder in Kontakt steht, können wir uns nicht vorstellen, daß solche vorübergehenden Erscheinungen tatsächlich die »Verschrottung« wichtiger Techniken zur Folge haben könnten. Eine Gesellschaft, die sich in einer Phase ihrer Geschichte gegen eine solche Technik entscheidet, würde sie bei benachbarten Gesellschaften weiter in Gebrauch sehen und könnte sie jederzeit erneut übernehmen (oder würde, falls sie es nicht täte, bald von den Nachbarn unterjocht werden). In geographisch isolierten Gesellschaften können vorübergehende Erscheinungen jedoch leicht zum Dauerzustand werden.

Ein berühmtes Beispiel ist die Abkehr der Japaner vom Gewehr. Schußwaffen gelangten erstmals im Jahr 1543 nach Japan, als zwei mit Hakenbüchsen (primitiven Gewehren) bewaffnete portugiesische Abenteurer an Bord eines chinesischen Frachtschiffs eintrafen. Die Japaner waren von der neuen Waffe derart beeindruckt, daß es nicht lange dauerte, bis sie selbst Gewehre produzierten. Obendrein verbesserten sie die Funktionalität der Schießeisen deutlich, so daß Japan um 1600 n. Chr. mit besseren und einer größeren Zahl von Gewehren gerüstet war als jedes andere Land der Welt.

Doch es gab innerhalb der japanischen Gesellschaft auch Kräfte, die der Akzeptanz von Schußwaffen im Wege standen. Das Land besaß eine zahlenmäßig starke Klasse von Kriegern, den Samurai, denen Schwerter als Symbole ihres Standes und als Kunstwerke galten (und als Mittel zum Unterjochen der niederen Klassen dienten). Im Mittelpunkt der Kriegführung hatten in Japan bis dahin Mann-gegen-Mann-Kämpfe zwischen schwertfechtenden Samurai gestanden, die auf offenem Feld rituelle Reden hielten und hernach ihren ganzen Stolz dareinsetzten, graziös zu kämpfen. Dieses traditionelle Vorgehen wurde in Gegenwart gemeiner Soldaten, die ganz ungraziös mit Gewehren herumballerten, rasch lebensgefährlich. Hinzu kam, daß Gewehre eine ausländische Erfindung darstellten und als solche in Japan nach 1600 zunehmend in Verruf gerieten – wie alle anderen ausländischen Dinge auch. Die unter Samurai-Einfluß stehende Regierung begann, die Gewehrherstellung auf wenige Städte zu beschränken, führte sodann eine amtliche Genehmigungspflicht für dieses Gewerbe ein, erteilte Genehmigungen nur noch für Gewehre, die im staatlichen Auftrag produziert wurden, und verringerte schließlich das Auftragsvolumen so weit, bis Japan am Ende wieder fast zur schußwaffenfreien Zone wurde.

Auch unter den europäischen Herrschern jener Zeit gab es einige, die Gewehre verschmähten und sich bemühten, ihrer Verbreitung Schranken zu setzen. Ihnen war jedoch in Europa nie großer Erfolg beschert, da jedes Land, das Schußwaffen abschwor, fürchten mußte, von seinen schießwütigen Nachbarn prompt überrannt zu werden. Nur weil Japan eine bevölkerungsreiche, abgelegene Insel ist, konnte es sich die Ablehnung einer so wirksamen neuen Technik überhaupt leisten. Seine Sicherheit in der Isolation endete 1853 abrupt mit dem Besuch einer kanonengespickten amerikanischen Flotte unter Kommodore Perry, die Japan von der Notwendigkeit überzeugte, die Schußwaffenproduktion wiederaufzunehmen.

Japans Abkehr von Gewehren und Chinas Abwendung von der Ozeanschiffahrt (wie auch von mechanischen Uhren und wasserkraftgetriebenen Spinnmaschinen) sind gut belegte historische Beispiele für technischen Rückschritt in mehr oder weniger stark isolierten Gesellschaften. Ähnliches ereignete sich schon in prähistorischer Zeit. Den Extremfall bilden die tasmanischen Aborigines, die selbst Knochenwerkzeuge und Fischfang aufgaben, um auf das niedrigste technische Niveau der jüngeren Geschichte zu sinken (Kapitel 14). Von den australischen Aborigines wird vermutet, daß sie Pfeil und Bogen zunächst übernahmen, später aber wieder darauf verzichteten. Die Bewohner der Inseln in der Torresstraße wandten sich vom Kanu ab, während die Gaua-Insulaner es ihnen gleichtaten, diesen Schritt später aber wieder rückgängig machten. Die Töpferei geriet in ganz Polynesien aus der Mode. Die meisten Polynesier und viele Melanesier kehrten auch Pfeil und Bogen als Kriegswaffe den Rücken. Die Polar-Eskimos gaben nicht nur Pfeil und Bogen, sondern auch das Kajak auf, während die Dorset-Eskimos außer auf Pfeil und Bogen auch auf den Bogenbohrer verzichteten und dem Hund als Haustier den Laufpaß gaben.

Diese zunächst grotesk anmutenden Beispiele veranschaulichen den Stellenwert von Geographie und Diffusion in der Geschichte der Technik. Ohne Diffusion werden weniger Techniken erworben, und von den vorhandenen gehen mehr verloren.

Weil Technik wieder neue Technik zeugt, ist die Diffusion einer Erfindung von potentiell größerer Bedeutung als die Erfindung selbst. Die Geschichte der Technik ist ein Beispiel für einen autokatalytischen Prozeß, das heißt einen Prozeß, dessen Tempo sich immer weiter beschleunigt, weil er sich selbst als Katalysator dient. Wir staunen heute über die rasante Entwicklung des technischen Fortschritts seit der industriellen Revolution. Nicht minder eindrucksvoll war aber die Beschleunigung des technischen Fortschritts im Mittelalter, verglichen mit seiner Beschleunigung in der Bronzezeit, die wiederum seine Beschleunigung in der Jungsteinzeit in den Schatten stellte.

Einer der Gründe, warum die Technik ihr eigener Katalysator ist, liegt darin, daß Fortschritte stets von der vorhergehenden Lösung einfacherer Probleme abhängen. So begannen steinzeitliche Bauern nicht urplötzlich mit der Gewinnung und Verarbeitung von Eisen mit Hilfe von Schmelzöfen. Vielmehr wuchs die Eisentechnik auf der Grundlage jahrtausendelanger Erfahrungen mit Metallen, die in der Natur in Reinform vorkamen und weich genug waren, um auch ohne Erhitzung durch Hämmern in die gewünschte Form gebracht zu werden (Kupfer und Gold). Sie konnte ferner auf jahrtausendelangen Erfahrungen im Bau einfacher Öfen aufbauen, die für die Töpferei benötigt wurden, sowie auf der späteren Gewinnung von Kupfererzen und der Verarbeitung von Kupferlegierungen (Bronze), wofür niedrigere Temperaturen als bei der Eisenverarbeitung ausreichten. Sowohl in Vorderasien als auch in China setzten sich Eisengegenstände erst nach rund zweitausendjähriger Erfahrung mit Bronze durch. Die Zivilisationen der Neuen Welt hatten gerade erst mit der Herstellung von Bronzeartefakten begonnen, als die Europäer eintrafen und der eigenständigen Entwicklung abrupt ein Ende setzten.

Der andere Hauptgrund für den autokatalytischen Charakter der Technik besteht darin, daß neue Techniken und Werkstoffe die Entwicklung weiterer Techniken durch Rekombination ermöglichen. Warum etwa breitete sich die Drucktechnik im mittelalterlichen Europa so rasend schnell aus, nachdem Gutenberg 1455 seine Bibel gedruckt hatte, nicht aber nach der Herstellung der Scheibe von Phaistos durch jenen unbekannten Drucker um 1700 v. Chr.? Die Erklärung beruht zum Teil darauf, daß man in Europa in der Lage war, sechs technische Errungenschaften zusammenzufügen, von denen die meisten dem Hersteller der Scheibe von Phaistos noch unbekannt waren. Von diesen Errungenschaften – Papier, Drucktypen, Metallverarbeitung, Pressen, Tinte und Alphabetsschriften – waren zwei aus China nach Europa gekommen: Papier und die Idee der Drucktypen. Gutenbergs Entwicklung des Handsatzverfahrens mit gegossenen Metall-Lettern zur Lösung des fatalen Problems ungleicher Typengröße basierte auf zahlreichen metallurgischen Fortschritten: Stahl für Patrizen, Messing- oder Bronzelegierungen (später Stahl) für Druckplatten, Blei für Gußformen und eine Legierung aus Zinn, Zink und Blei für Schrifttypen. Gutenbergs Druckerpresse war eine Weiterentwicklung der Schraubenpresse, die ihm von der Wein- und Olivenölherstellung bekannt war, während die von ihm verwendete Druckfarbe eine Verbesserung existierender Tinten auf Ölbasis darstellte. Die in Europa verwendeten Schriften, ein Erbe der dreitausendjährigen Alphabetsentwicklung, boten sich zum Typendruck an, da nur einige Dutzend Buchstabenformen gegossen werden mußten (während die chinesische Schrift die Herstellung von mehreren Tausend solcher Formen erforderte).

In allen sechs Punkten mußte sich der Hersteller der Scheibe von Phaistos im Vergleich zu Gutenberg mit weit unterlegenen Techniken begnügen, die er zu einem Druckverfahren kombinierte. Als Druckoberfläche diente ihm Ton, der viel schwerer zu handhaben ist und mehr wiegt als Papier. Die metallurgischen Kenntnisse, Druckfarben und Pressen im Kreta der Zeit um 1700 v. Chr. waren viel primitiver als die des Jahres 1455 in deutschen

Landen, so daß die Zeichen von Hand auf die Scheibe aufgebracht werden mußten, statt von beweglichen, in einen Metallrahmen gespannten und in Druckfarbe getauchten Typen aufgetragen zu werden. Bei der Schrift auf der Scheibe handelte es sich um eine Silbenschrift, die aus einer größeren Zahl von Zeichen bestand und obendrein komplizierter aufgebaut war als das von Gutenberg verwendete lateinische Alphabet. Die bei der Herstellung der Scheibe von Phaistos verwendete Drucktechnik war folglich viel primitiver und bot weniger Vorteile gegenüber dem Schreiben mit der Hand als Gutenbergs Druckpresse. Zu all diesen technischen Nachteilen kam noch hinzu, daß die Scheibe zu einer Zeit entstand, als die Kunst des Schreibens das Privileg einer kleinen Zahl von Palast- und Tempelschreibern war. Somit bestand wenig Nachfrage nach dem schönen Werk des Scheibenmachers und wenig Anreiz, in die Anfertigung von Dutzenden von Handstempeln zu investieren, die für weitere Scheiben erforderlich gewesen wären. Dagegen fanden sich angesichts des gewaltigen potentiellen Absatzmarkts für Druckerzeugnisse im mittelalterlichen Europa zahlreiche Investoren bereit, Gutenberg Geld zu leihen.

Von den ersten Steinwerkzeugen, die vor rund zweieinhalb Millionen Jahren aufkamen, bis zu meinem Laserdrucker, der 1996 den völlig veralteten von 1992 ablöste und mit dem das Manuskript für dieses Buch ausgedruckt wurde, hat die Technik einen langen Weg zurückgelegt. Am Anfang verlief die Entwicklung unendlich langsam, und es vergingen Hunderttausende von Jahren ohne wahrnehmbare Veränderungen an den Steinwerkzeugen und ohne irgendwelche Hinweise darauf, daß auch Artefakte aus anderem Material hergestellt wurden. Heute dagegen hat der technische Fortschritt ein solches Tempo erreicht, daß man aus der Tageszeitung davon erfährt.

In diesem langen Prozeß der Beschleunigung lassen sich an zwei Punkten besonders bedeutsame Entwicklungssprünge ausmachen. Der erste fällt in den Zeitraum vor 100000 bis 50000 Jahren und wurde vermutlich durch genetische Veränderungen ausgelöst, nämlich durch die Evolution der modernen menschlichen Anatomie, die den Weg zur modernen Sprache, zur modernen Hirnfunktion oder zu beidem ebnete. Dieser Sprung führte zu Werkzeugen aus Knochen, steinernen Einzweck-Werkzeugen und solchen, die zu mehreren Zwecken benutzt werden konnten. Der zweite Sprung war das Resultat des Übergangs zur Seßhaftigkeit, der in verschiedenen Teilen der Welt zu unterschiedlichen Zeitpunkten erfolgte (in manchen bereits vor 13000 Jahren, in anderen bis heute noch nicht). In den meisten Fällen fiel dieser Schritt mit der Einführung der Landwirtschaft zusammen, die uns zum dauerhaften Aufenthalt in der Nähe unserer Felder, Obstgärten und Vorratsspeicher zwang.

Die seßhafte Lebensweise stellte einen wichtigen Einschnitt in der Geschichte der Technik dar, weil sie es den Menschen ermöglichte, Besitztümer anzuhäufen, die zu schwer waren, um sie ständig mitzuführen. Jäger- und Sammlernomaden können nur Dinge ihr eigen nennen, die sich leicht von einem Ort zum anderen transportieren lassen. Wer oft das Lager wechselt und nicht über Fahrzeuge oder Zugtiere verfügt, dessen Besitz ist zwangsläufig auf Babys, Waffen und die notwendigsten Utensilien beschränkt. Das Mitschleppen von Töpferwaren und Druckerpressen ist völlig ausgeschlossen. Dieses praktische Problem erklärt zugleich, warum auf das frühe Auftauchen einiger Techniken eine rätselhaft lange Zeit folgte, in der ihre weitere Entwicklung stagnierte. Ein Beispiel: Bei den ältesten durch Funde dokumentierten Vorläufern der Töpferei handelt es sich um Statuetten aus gebranntem Ton, die vor 27000 Jahren im heutigen Siedlungsgebiet der Tschechen und Slowaken angefertigt wurden, also lange vor der Entstehung der ältesten bekannten Gefäße aus gebranntem Ton in Japan (Alter rund 14000 Jahre). Aus demselben Gebiet und derselben Zeit stammen auch die ältesten Zeugnisse der Webkunst, während der älteste Korb aus einem anderen Teil der Welt rund 13000 Jahre und der älteste Webstoff erst rund 9000 Jahre alt ist. Trotz dieser sehr frühen Anfänge blieb der Töpferei ebenso wie der Webkunst der Durchbruch versagt, bis der Schritt zur Seßhaftigkeit getan war und das Problem des Transports von Krügen und Webstühlen kein Hindernis mehr darstellte.

Abgesehen davon, daß sie die seßhafte Lebensweise und so auch die Anhäufung von Besitztümern ermöglichte, markierte die

Landwirtschaft aus einem weiteren Grund einen Einschnitt in der Geschichte der Technik. Zum erstenmal in der Menschheitsgeschichte konnten nun ökonomisch differenzierte Gesellschaften entstehen, in denen bäuerliche Untertanen eine Schicht von Spezialisten miternährten, die selbst keine Nahrung produzierten. Wie wir in Teil 2 dieses Buchs erfuhren, trat die Landwirtschaft jedoch auf den verschiedenen Kontinenten nicht zur gleichen Zeit auf den Plan. Wie ich in diesem Kapitel außerdem gezeigt habe, wird der Stand der Technik an einem bestimmten Ort nicht nur von lokalen Erfindungen bestimmt, sondern auch von der Diffusion von Techniken fremder Herkunft. Aus diesem Grund entwickelte sich die Technik tendenziell auf jenen Kontinenten am schnellsten, auf denen ihrer Diffusion die geringsten geographischen und ökologischen Hindernisse im Wege standen. Zudem wächst die Wahrscheinlichkeit der Erfindung und Annahme neuer Techniken mit der Zahl der Zivilisationen auf einem Kontinent, da sich Gesellschaften aus vielerlei Gründen in ihrer Innovationsfreudigkeit unterscheiden. Unter sonst gleichen Umständen entwickelt sich die Technik somit in großen, fruchtbaren und bevölkerungsreichen Regionen mit einer Vielzahl potentieller Erfinder und etlichen konkurrierenden Gesellschaften am schnellsten.

Lassen Sie mich nun zusammenfassen, wie die Variation dieser drei Faktoren – Zeitpunkt des Beginns der Landwirtschaft, Diffusionshemmnisse, Bevölkerungsgröße – geradewegs zu den beobachteten Unterschieden zwischen den Kontinenten in der Entwicklung der Technik führten. Eurasien (wozu wir aus praktischen Gründen auch Nordafrika zählen) stellt die größte Landmasse der Erde dar und beherbergt zugleich die größte Zahl konkurrierender Gesellschaften. Hier finden wir auch die beiden frühesten Zentren der Landwirtschaft: den Fruchtbaren Halbmond und China. Die beherrschende Ost-West-Achse Eurasiens ermöglichte es, daß zahlreiche Erfindungen, die sich an einem Ort durchgesetzt hatten, relativ rasch den Weg in andere Regionen Eurasiens mit vergleichbaren klimatischen Bedingungen fanden. Die ebenfalls stattliche Länge der eurasischen Nord-Süd-Achse steht im scharfen Kontrast zur Enge des Isthmus von Panama, um den Vergleich mit Amerika zu ziehen. Eurasien weist auch keine ernsten geographischen Hindernisse wie jene auf, von denen die Hauptachsen Afrikas und Amerikas durchbrochen werden. Geographische und ökologische Barrieren, die der Diffusion neuer Techniken im Wege standen, waren somit in Eurasien weniger bedeutsam als auf den anderen Kontinenten. Aufgrund dieser Faktoren war Eurasien derjenige Kontinent, auf dem die Beschleunigung der technischen Entwicklung nach dem Ende des Eiszeitalters am frühesten begann und zu der größten örtlichen Konzentration technischer Neuerungen führte.

Nord- und Südamerika werden gemeinhin als zwei getrennte Kontinente betrachtet. Sie sind allerdings seit mehreren Millionen Jahren miteinander verbunden und können zum Zweck des Vergleichs mit Eurasien getrost als Einheit behandelt werden. Der amerikanische Doppelkontinent stellt die zweitgrößte Landmasse der Erde dar, ist aber deutlich kleiner als Eurasien. Auch unterscheidet er sich durch seine geographische und ökologische Zweiteilung: Der Isthmus von Panama, an der engsten Stelle rund 50 Kilometer breit, bildet eine effektive geographische Trennlinie zwischen Nord- und Südamerika, während die Regenwälder der Landenge von Darién und die Wüste im Norden Mexikos ökologische Barrieren darstellen. So trennte die mexikanische Wüste die hochentwickelten Zivilisationen Mesoamerikas von denen Nordamerikas, während die Landenge von Panama die mesoamerikanischen Zivilisationen von denen der Anden und des Amazonasgebiets abschnitt. Hinzu kommt, daß die geographische Hauptachse des amerikanischen Doppelkontinents in Nord-Süd-Richtung verläuft, so daß die Diffusion technischer Errungenschaften zum größten Teil nur unter Überwindung eines geographischen (und klimatischen) Gefälles erfolgen konnte. Bis 3000 v. Chr. war zwar das Rad in Mesoamerika erfunden und das Lama in den Anden domestiziert, doch selbst 5000 Jahre später hatte noch immer keine Begegnung zwischen dem einzigen amerikanischen Lasttier und dem einzigen amerikanischen Rad stattgefunden, obgleich die Entfernung zwischen den Maya-Gesellschaften Mesoamerikas und der Nordgrenze des Inka-Reichs mit knapp 2000 km ein Katzensprung war, vergleicht man sie mit der zwischen Frankreich und China (rund 13 000 km), die beide im Besitz von Rädern und Pferden waren. Ich denke, daß diese Faktoren den technischen Rückstand Amerikas im Vergleich zu Eurasien erklären.

Afrika südlich der Sahara ist als drittgrößte Landmasse der Erde wiederum erheblich kleiner als Nord- und Südamerika. In der Menschheitsgeschichte war dieser geographische Raum von Eurasien aus fast immer wesentlich leichter zugänglich als Amerika, wobei die Sahara jedoch stets eine bedeutende ökologische Barriere darstellte, die das subsaharische Afrika von Eurasien und Nordafrika trennte. Erschwert wurde die Diffusion neuer Techniken – sowohl zwischen Eurasien und Afrika südlich der Sahara als auch innerhalb dieses Raums – zudem durch Afrikas dominierende Nord-Süd-Achse. Deren Wirkung als Barriere sei nur an einem Beispiel verdeutlicht: Töpferei und Eisenverarbeitung traten in der afrikanischen Sahelzone (nördlich des Äquators) mindestens so früh in Erscheinung wie in Westeuropa. Bis ans südliche Ende Afrikas gelangte die Töpferei jedoch erst um das Jahr 1 n. Chr., und die Metallverarbeitung war auf dem Landweg noch nicht einmal so weit vorgedrungen, als sie von Europa aus mit Schiffen eintraf.

Australien ist der kleinste Kontinent. Die sehr geringen Niederschlagsmengen und die Unfruchtbarkeit weiter Regionen lassen ihn, gemessen an seiner Tragkraft als Lebensgrundlage menschlicher Populationen, sogar noch schrumpfen. Zudem ist Australien der abgelegenste Kontinent, auf dem die Landwirtschaft nie unabhängig entstand. Die Kombination dieser Faktoren führte dazu, daß Australien bis in die jüngere Vergangenheit der einzige Kontinent blieb, wo Artefakte aus Metall unbekannt waren.

Tabelle 12.1 übersetzt diese Faktoren in Zahlen, indem sie die Kontinente in bezug auf ihre Fläche und ihre gegenwärtige Bevölkerungsgröße miteinander vergleicht. Wir wissen nicht, wie viele Menschen vor 10000 Jahren, also kurz vor dem Beginn der Landwirtschaft, auf den verschiedenen Kontinenten lebten. Man kann aber davon ausgehen, daß zumindest die Reihenfolge gleich war, da viele der heute besonders fruchtbaren Regionen vermutlich auch vor 10000 Jahren für Jäger und Sammler lohnende Reviere darstellten. Die Unterschiede in den Bevölkerungszahlen sind eklatant: Eurasien (mit Nordafrika) hat fast sechsmal so viele Einwohner wie Nord- und Südamerika, nahezu achtmal so viele wie Afrika

Kontinent	Bevölkerung (1990)	Fläche (km^2)
Eurasien und Nordafrika	4 120 000 000	62 700 000
(Eurasien)	(4 000 000 000)	(55 700 000)
(Nordafrika)	(120 000 000)	(7 000 000)
Nordamerika und Südamerika	736 000 000	42 500 000
Afrika südlich der Sahara	535 000 000	23 600 000
Australien	18 000 000	7 800 000

Tabelle 12.1 Einwohnerzahl und Größe der Kontinente

und 230mal so viele wie Australien. Mehr Menschen bedeuten auch mehr potentielle Erfinder und mehr konkurrierende Gesellschaften. Allein damit trägt Tabelle 12.1 ein gutes Stück zur Erklärung der politischen, militärischen und technischen Überlegenheit Eurasiens bei.

All diese Folgen, die die Unterschiedlichkeit der Kontinente hinsichtlich Größe, Einwohnerzahl, vorhandener Diffusionshemmnisse und des Beginns der Landwirtschaft für den Aufstieg der Technik hatte, wurden noch verstärkt durch deren autokatalytischen Charakter. Aus Eurasiens beträchtlichem Vorteil in den Anfängen erwuchs auf diese Weise bis zum Jahr 1492 n. Chr. ein gewaltiger Vorsprung – aus Gründen, die mit Eurasiens besonderer Geographie, nicht aber mit der besonderen Geisteskraft seiner Bewohner zusammenhingen. Unter den Neuguineern, die ich persönlich kennengelernt habe, sind auch einige potentielle Edisons. Ihren Einfallsreichtum widmeten sie jedoch solchen Dingen, die ihrer Lebenssituation entsprachen: dem Problem des Überlebens ohne importierte ausländische Erzeugnisse im Dschungel von Neuguinea – nicht der Erfindung von Phonographen.

KAPITEL 13

Vom Egalitarismus zur Kleptokratie

Die Evolution von Herrschaft und Kleptokratie

Als ich 1979 mit befreundeten Missionaren über ein abgelegenes Sumpfgebiet in Neuguinea flog, erblickte ich einige Hütten, die etliche Kilometer voneinander entfernt im Dschungel standen. Der Pilot erläuterte mir, daß irgendwo dort unten vor kurzem eine Gruppe indonesischer Krokodiljäger auf eine kleine Schar neuguineischer Nomaden gestoßen war. Beide Seiten waren in Panik geraten, und die Begegnung hatte damit geendet, daß die Indonesier mehrere der Nomaden erschossen.

Meine Bekannten äußerten die Vermutung, daß die Nomaden zu einem noch nicht kontaktierten Stamm mit dem Namen Fayu gehörten, von dem die Außenwelt nur aus schaurigen Erzählungen eines Nachbarstamms wußte, bei dem es sich um die einst ebenfalls nomadischen, inzwischen aber missionierten und seßhaft gewordenen Kirikiri handelte. Erstkontakte mit neuguineischen Stämmen sind nie ungefährlich, aber diesmal stand die Begegnung unter einem besonders schlechten Stern. Dennoch flog mein Freund Doug mit einem Hubschrauber in das Gebiet, um friedliche Beziehungen zu den Fayu anzuknüpfen. Er kehrte zwar lebend, aber sehr mitgenommen zurück und wußte Bemerkenswertes zu berichten.

Wie er erfahren hatte, lebten die Fayu normalerweise in kleinen Familienverbänden weit verstreut in den Sümpfen und trafen sich nur ein- oder zweimal jährlich in größerem Kreis zum Brauttausch. Dougs Besuch fiel zufällig mit einem dieser Treffen zusammen, an dem einige Dutzend Fayu teilnahmen. Für uns ist eine Versammlung von ein paar Dutzend Menschen nichts Besonderes, aber für die Fayu ist das ein seltenes, furchterregendes Ereignis. Mörder stehen plötzlich den Verwandten ihrer Opfer gegenüber.

So erkannte ein männlicher Fayu den Mann, der seinen Vater umgebracht hatte. Der Sohn hob seine Axt und rannte auf den Mörder zu, wurde aber von seinen Freunden zu Boden geworfen und festgehalten; dann kam der Mörder herbeigerannt, um mit einer Axt auf den am Boden liegenden Sohn loszugehen, und wurde ebenfalls niedergerissen. Beide Männer schrien vor Zorn und wurden so lange festgehalten, bis sie offenbar erschöpft genug waren, um wieder losgelassen zu werden. Andere Männer tauschten hier und da wütende Beschimpfungen aus und hämmerten mit ihren Äxten auf den Boden. Während der gesamten mehrtägigen Versammlung blieb die Atmosphäre spannungsgeladen, und Doug betete, daß sein Besuch nicht in einem Ausbruch offener Gewalt enden möge.

Die Fayu sind eine Gruppe von etwa 400 Jäger- und Sammlernomaden, die vier verschiedenen Clans angehören und ein Gebiet von einigen hundert Quadratkilometern durchstreifen. Nach eigenen Angaben betrug ihre Zahl früher etwa 2000, doch waren sie von Mord und Totschlag untereinander stark dezimiert. Es mangelte ihnen an politischen und sozialen Mechanismen zur friedlichen Konfliktbeilegung, wie sie für uns selbstverständlich sind. Einige Zeit nach dem Besuch von Doug folgte ein beherztes Missionarsehepaar der Einladung einer Gruppe von Fayu und ließ sich bei ihnen nieder. Das war vor über zwölf Jahren, und mittlerweile ist es den beiden durch stetiges Bemühen gelungen, die Fayu zur Abkehr von der Gewalt zu bewegen. In der modernen Welt, in die sie nun eintreten, blicken die Fayu einer ungewissen Zukunft entgegen.

Viele andere Gruppen von Neuguineern und Amazonas-Indianern, die zuvor noch keinen Kontakt zur Außenwelt hatten, wurden in ähnlicher Weise durch das Wirken von Missionaren in die moderne Gesellschaft eingegliedert. Auf die Missionare folgten Lehrer und Ärzte, Verwaltungsbeamte und Soldaten. So oder ähnlich gingen Staat und Religion in der gesamten uns überlieferten Geschichte bei ihrem Vordringen Hand in Hand, ob nun auf friedliche (wie letztendlich bei den Fayu) oder gewaltsame Weise. Bei der gewaltsamen Variante waren es oft Regierungen, die Eroberungen organisierten, während Religionen die Rechtfertigung lieferten. Mögen Nomaden und Stammesgemeinschaften auch mitunter Siege über Regierungen und Religionen davontragen, so ging der Trend in den letzten 13000 Jahren doch eindeutig dahin, daß erstere die Verlierer und letztere die Gewinner waren.

Am Ende der letzten Eiszeit lebte ein großer Teil der Weltbevölkerung in ähnlichen Gemeinschaften wie die Fayu heute. Gesellschaftliche Ordnungen von wesentlich höherer Komplexität gab es zu jener Zeit nirgendwo auf der Welt. Noch im Jahr 1500 n. Chr. gehörten weniger als 20 Prozent der Landfläche unseres Planeten zu Staatswesen mit festen Grenzen, Verwaltungsapparaten und Rechtsordnungen. Heute ist alles Land mit Ausnahme der Antarktis zwischen Staaten aufgeteilt. Die Nachkommen jener Gesellschaften, die als erste zentralistische Herrschaft und organisierte Religion einführten, behaupten in der heutigen Welt eine dominierende Stellung. Neben Krankheiten, Schrift und Technik war die Kombination von Staat und Religion somit eines von vier Faktorenbündeln, die das Grundmuster des Geschichtsverlaufs als unmittelbare Ursachen bestimmten. Wie kam es zur Entstehung von Staat und Religion?

Fayu-Gruppen und moderne Staaten verkörpern entgegengesetzte Pole im Spektrum menschlicher Gesellschaften. Die moderne amerikanische Gesellschaft und die Fayu unterscheiden sich im Vorhandensein beziehungsweise Fehlen von Polizisten, Städten, Geld, Unterschieden zwischen Arm und Reich sowie einer Vielzahl weiterer politischer, wirtschaftlicher und sozialer Institutionen. Entstanden all diese Institutionen zusammen, oder tauchten einige früher auf als andere? Antwort auf diese Frage erhalten wir durch einen Vergleich heutiger Gesellschaften auf verschiedenen Organisationsstufen, durch die Analyse archäologischer Indizien oder schriftlicher Berichte über Gesellschaften der Vergangenheit und durch Beobachtung des Wandels gesellschaftlicher Institutionen im Zeitablauf.

Von Kulturanthropologen werden menschliche Gesellschaften in dem Bemühen, Ordnung in die Vielfalt zu bringen, oft in bis zu sechs verschiedene Kategorien eingeteilt. Von vornherein ist aber jeder Versuch, einen evolutionären Entwicklungsprozeß in Stadien zu unterteilen – ob in der Musik, im menschlichen Lebenszyklus oder bei Gesellschaften – aus zwei Gründen zur Unvollkommenheit verurteilt. Erstens sind die Abgrenzungen, die gezogen werden, zwangsläufig unscharf, da sich jedes Stadium aus einem vorhergehenden entwickelt. (Ist beispielsweise ein 19jähriger noch ein Jugendlicher oder schon ein junger Erwachsener?) Zweitens mangelt es Entwicklungsphasen an Homogenität, so daß ins gleiche Stadium eingeordnete Betrachtungsgegenstände in Wirklichkeit sehr heterogen sein können. (Brahms und Liszt würden sich im Grab umdrehen, erführen sie, daß sie heute beide als Komponisten der Romantik bezeichnet werden.) Dennoch können so definierte Stadien ein nützliches Instrument zur Erörterung der Vielfalt von Musikrichtungen oder menschlichen Gesellschaften darstellen, sofern man sich die genannten Vorbehalte vergegenwärtigt. In diesem Sinne wollen wir im folgenden ein einfaches Klassifikationsschema aus nur vier Kategorien – Gruppe, Stamm, Häuptlingsreich, Staat (siehe Tabelle 13.1) – verwenden.

Gruppen bestehen als kleinste Gesellschaftsform typischerweise aus fünf bis 80 Personen, von denen die meisten oder alle durch Geburt oder Heirat eng miteinander verwandt sind. In der Regel handelt es sich bei einem solchen Verband um eine oder mehrere verwandte Großfamilien. Heute trifft man autonom lebende Gruppen von Jägern und Sammlern fast nur noch in den entlegensten Winkeln Neuguineas und des Amazonasgebiets. Vor nicht allzu langer Zeit gab es jedoch zahlreiche andere, die erst in jüngster Vergangenheit unter staatliche Herrschaft gerieten, assimiliert oder ausgerottet wurden. Hierzu zählen viele oder die meisten der afrikanischen Pygmäen, die südafrikanischen San (»Buschmänner«), die australischen Aborigines, die Eskimos (Inuit) und die indianischen Bewohner einiger mit Rohstoffen kärglich ausgestatteter Regionen Amerikas (z.B. Feuerland im äußersten Süden und die borealen Wälder im hohen Norden). Bei all diesen neuzeitlichen Kleinverbänden handelte beziehungsweise handelt es sich nicht um seßhafte Ackerbauern, sondern um nomadische Jäger und Sammler. Bis vor 40000 Jahren lebten vermutlich alle Menschen in solchen Gruppen, und für die meisten galt dies sogar noch vor 11000 Jahren.

	Gruppe	Stamm
Zugehörigkeit		
Mitgliederzahl	einige Dutzend	Hunderte
Siedlungsform	nomadisch	fest: ein Dorf
Beziehungsgrundlage	Verwandtschaft	auf Verwandtschaft basierende Clans
Ethnien und Sprachen	eine	eine
Regierung		
Entscheidungsmacht, Führung	»egalitär«	»egalitär« oder »Big-man«
Bürokratie	keine	keine
Gewalt- und Informationsmonopol	nein	nein
Konfliktregelung	informell	informell
Siedlungshierarchie	nein	nein
Religion		
Rechtfertigung von Kleptokratie?	nein	nein
Wirtschaft		
Landwirtschaft	nein	nein → ja
Arbeitsteilung	nein	nein
Austauschbeziehungen	reziprok	reziprok
Verfügungsgewalt über Land	Gruppe	Clan
Gesellschaft		
Schichtung	nein	nein
Sklaverei	nein	nein
Luxusgüter für Elite	nein	nein
öffentliche Architektur	nein	nein
eigene Schrift	nein	nein

Ein waagerechter Pfeil signalisiert, daß in diesem Punkt Unterschiede zwischen Gesellschaften des jeweiligen Typs mit geringerer und höherer Komplexität bestehen.

Häuptlingsreich	Staat
Tausende	über 50000
fest: ein oder mehrere Dörfer	fest: viele Dörfer und Städte
Gesellschaftsschicht und Wohnort	Gesellschaftsschicht und Wohnort
eine	eine oder mehrere
zentralistisch, erblich	zentralistisch
keine oder ein bis zwei Ebenen	viele Ebenen
ja	ja
zentralistisch	Gesetze, Justiz
nein → Zentraldorf	Hauptstadt
ja	ja → nein
ja → intensiv	intensiv
nein → ja	ja
redistributiv (»Tribut«)	redistributiv (»Steuern«)
Häuptling	unterschiedlich
ja, nach Verwandtschaft	ja, unabhängig von Verwandtschaft
in geringem Umfang	in großem Umfang
ja	ja
nein → ja	ja
nein	häufig ja

Tabelle 13.1 Gesellschaftstypen

In Gruppen fehlen zahlreiche Institutionen, die uns heute als selbstverständlich erscheinen. Sie haben keinen dauerhaften Aufenthaltsort. Ihr Land wird von allen gemeinsam genutzt und ist nicht zwischen einzelnen Untergruppen oder Individuen aufgeteilt. Es fehlt die ökonomische Differenzierung, außer nach Alter und Geschlecht: Alle gesunden Personen beteiligen sich an der Nahrungssuche. Es gibt keine formellen Institutionen wie Polizei und Justiz, die Konflikte innerhalb von Gruppen und zwischen Gruppen regeln könnten. Oft werden solche Kleinverbände als »egalitär« beschrieben: Sie kennen keine soziale Schichtung in höhere und niedrigere Klassen, kein formelles oder durch Vererbung geregeltes Führungswesen und auch keine formellen Informations- und Entscheidungsmonopole. Die Bezeichnung »egalitär« darf jedoch nicht so gedeutet werden, daß etwa alle Angehörigen einer Gruppe das gleiche soziale Ansehen genössen und in gleicher Weise an Entscheidungen beteiligt wären. »Egalitär« heißt lediglich, daß die »Führung« einer Gruppe informell ist und durch Qualifikationen wie Charakterstärke, physische Kraft, Intelligenz und Kampfgeschick erworben wird.

Meine eigenen Erfahrungen mit Gruppen von Jägern und Sammlern stammen aus dem sumpfigen Seentiefland von Neuguinea, der Heimat der Fayu. Dort begegnen mir noch heute Familienverbände, die aus einer Handvoll Erwachsener samt ihren Kindern und Alten bestehen und die in einfachen Behelfsunterkünften an Wasserläufen hausen und sich per Kanu und zu Fuß fortbewegen. Warum leben die Bewohner des neuguineischen Seentieflands weiter in nomadischen Gruppen, während die meisten anderen Völker Neuguineas und fast alle übrigen Völker der Welt heutzutage in seßhaften größeren Gruppen leben? Der Grund liegt darin, daß es der Region an bedeutenden örtlichen Konzentrationen von Ressourcen mangelt, die einer größeren Bevölkerung als Existenzgrundlage dienen könnten; zudem gab es (bis zur Ankunft von Missionaren, die Kulturpflanzen mitbrachten) in der Region keine heimischen Pflanzen für eine ertragreiche Landwirtschaft. Das Grundnahrungsmittel der Fayu liefert die Sagopalme, aus deren reifem Stamm ein Stärkemehl gewonnen wird. Daß die Fayu als Nomaden leben, folgt schon daraus, daß sie weiterziehen müssen, wenn in einem Gebiet alle Sagopalmen gefällt sind. Die Größe ihrer Gruppen wird begrenzt durch Krankheiten (vor allem Malaria), den im Sumpfland herrschenden Mangel an bestimmten Rohmaterialien (selbst Steine für Werkzeuge müssen durch Tauschhandel beschafft werden) und die begrenzte Nahrungsmenge, die die Sümpfe hergeben. Eine ähnlich beschränkte Ressourcenausstattung (unter Berücksichtigung der vorhandenen Techniken) kennzeichnete auch die anderen Regionen der Welt, die bis vor kurzem den Lebensraum von Nomadengruppen bildeten.

Unsere engsten Verwandten im Tierreich, die Gorillas, Schimpansen und Bonobo, leben ebenfalls in Gruppen. Vermutlich galt dies auch für den Menschen, bis verbesserte Techniken zur Nahrungsgewinnung einigen Jägern und Sammlern in von der Natur besonders reich gesegneten Gebieten die Möglichkeit gaben, seßhaft zu werden und permanente Behausungen zu errichten. Die Gruppe ist somit das politische, wirtschaftliche und soziale Vermächtnis unserer Jahrmillionen währenden Evolutionsgeschichte. Alles, was nach ihr kam, spielte sich in den letzten Jahrzehntausenden ab.

Das erste Stadium jenseits der Gruppe ist der Stamm, der sich dadurch unterscheidet, daß er größer ist (in der Regel hat er einige hundert statt einige Dutzend Angehörige) und für gewöhnlich feste Siedlungen umfaßt. Allerdings gibt es auch Viehzüchterstämme, die mit ihren Herden in bestimmten Jahreszeiten an andere Orte ziehen.

Ein Beispiel für den Stamm als Organisationsform menschlicher Gesellschaften liefern die neuguineischen Hochlandbewohner, bei denen vor der Errichtung der Kolonialherrschaft das Dorf oder eine Gruppe benachbarter Dörfer die wichtigste politische Einheit bildete. Diese politische Definition des Begriffs »Stamm« ist damit in vielen Fällen enger gefaßt als das, was Linguisten und Kulturanthropologen im allgemeinen darunter verstehen – nämlich einen Kreis von Personen mit gleicher Sprache und Kultur. Im Jahr 1964 begann ich mit Feldstudien bei den Foré, einem Volk im neuguineischen Hochland. Nach linguistischen und kulturellen Maßstäben gab es zum damaligen Zeitpunkt 12000 Foré, die zwei Dialekte sprachen (die für die Sprecher des jeweils anderen Dialekts zu verstehen waren) und in 65 Dörfern mit jeweils mehreren hundert Bewohnern lebten. Die Dörfer der Foré-Sprecher bildeten jedoch keineswegs eine politische Einheit. Alle benachbarten Dörfer waren ständig in Kriege untereinander verwickelt und schmiedeten wechselnde Allianzen, wobei es überhaupt keine Rolle spielte, ob es sich um Sprecher der Foré- oder einer anderen Sprache handelte.

Stämme, die erst vor kurzem ihre Unabhängigkeit verloren haben und seither der Hoheit von Nationalstaaten unterstehen, bilden noch heute einen Großteil der Bevölkerung Neuguineas, Melanesiens und des Amazonasgebiets. Archäologische Funde früher Siedlungen, die schon beachtlich groß waren, aber noch nicht die Merkmale von Häuptlingsreichen aufwiesen, die ich weiter unten erläutern werde, lassen auf die Existenz stammesähnlicher Organisationsformen schließen. Nach diesen Funden zu urteilen, begann die Entstehung von Stämmen vor etwa 13 000 Jahren im Bereich des Fruchtbaren Halbmonds und später auch in einigen anderen Regionen. Eine Voraussetzung für das Leben in festen Siedlungen besteht darin, daß entweder Landwirtschaft betrieben wird oder die jeweilige Region von der Natur besonders reichhaltig ausgestattet ist, so daß ihre Gaben in geringem Umkreis gejagt und gesammelt werden können. Aus diesem Grund entstanden in jener Zeit, als Klimaveränderungen in Kombination mit verbesserten Techniken das Ernten großer Mengen Wildgetreide ermöglichten, an vielen Orten Vorderasiens Siedlungen und somit, nach der hier verwendeten Definition, auch Stämme.

Stämme unterscheiden sich von Gruppen nicht nur durch die feste Siedlungsweise und die größere Zahl von Menschen, die ihnen angehören, sondern auch darin, daß sie sich aus mehr als einer anerkannten Sippengemeinschaft (Clan) zusammensetzen, die untereinander Heiratspartner austauschen. Das Land ist im Besitz einzelner Clans, nicht des gesamten Stammes. Zahlenmäßig ist ein Stamm dabei immer noch so überschaubar, daß jeder jeden mit Namen kennt und ihn verwandtschaftlich einzuordnen weiß.

Auch für andere Gruppentypen ist eine Größenordnung von »ein paar Hundert« offenbar die Obergrenze, bis zu der noch jeder jeden kennen kann. In unserer heutigen Gesellschaft kennt beispielsweise ein Schulleiter womöglich noch die meisten Schüler mit Namen, wenn nicht mehr als ein paar hundert Kinder auf seine Schule gehen, nicht aber, wenn es einige tausend sind. Ein Grund für den Übergang vom Stamm zum Häuptlingsreich in Gesellschaften mit mehr als einigen hundert Mitgliedern liegt in dem schwierigen Problem der Regelung von Konflikten zwischen Fremden, das sich bei zunehmender Größe immer dringlicher stellt. In Stämmen werden potentielle Probleme dieser Art dadurch unterdrückt, daß fast jeder mit jedem verwandt ist – blutsverwandt, durch Heirat oder beides. Die Verwandtschaftsbeziehungen zwischen allen Stammesangehörigen machen Polizei, Justiz und andere Institutionen, die in größeren Gesellschaften zur Konfliktregelung dienen, überflüssig, da zwei Streithähne stets zahlreiche gemeinsame Verwandte haben, die sie von einer Gewaltanwendung abhalten, indem sie Druck auf sie ausüben. In der traditionellen neuguineischen Gesellschaft kommt es vor, daß einander fremde Einheimische, die außerhalb ihrer jeweiligen Dörfer durch Zufall aufeinandertreffen, zunächst lang und breit diskutieren, mit wem jeder von ihnen verwandt ist, um so eine Art von Beziehung aufzubauen und einen Grund zu haben, sich nicht gegenseitig nach dem Leben zu trachten.

Bei allen Unterschieden zwischen Gruppen und Stämmen bleiben jedoch zahlreiche Gemeinsamkeiten. Auch Stämmen ist eine informelle, »egalitäre« Herrschaftsform eigen. Grundsätzlich kann jeder Stammesangehörige an Informationen und Entscheidungen teilhaben. Ich hatte im neuguineischen Hochland Gelegenheit zur Beobachtung von Dorfversammlungen, bei denen alle Erwachsenen anwesend waren und, auf dem Boden sitzend, den Reden verschiedener Dorfbewohner lauschten, wobei ich nie den Eindruck hatte, daß irgend jemand den »Vorsitz« führte. In vielen Dörfern im Hochland gibt es so etwas wie einen »Big-man«, einen Anführer, der unter den Bewohnern das größte Ansehen genießt. Diese Stellung ist aber kein offizielles Amt und birgt nur begrenzte Machtbefugnisse. Der Anführer besitzt keine unabhängige Entscheidungsgewalt, ist kein Träger diplomatischer Geheimnisse und kann lediglich versuchen, den gemeinsamen Entscheidungsprozeß nach seinen Vorstellungen zu beeinflussen. Sein Status ist auch nicht vererbbar, sondern beruht ausschließlich auf persönlichen Eigenschaften.

Gemeinsam ist Stämmen und Gruppen auch ein »egalitäres« Gesellschaftssystem ohne soziale Klassen oder auf Abstammung basierenden Privilegien. Abgesehen von der Nichterblichkeit des sozialen Rangs kann auch kein Mitglied eines traditionellen Stammes oder einer Gruppe durch eigene Anstrengungen übermäßig reich werden, da jedes Individuum bei vielen anderen in der Schuld steht oder Verpflichtungen ihnen gegenüber hat. Ein Fremder kann deshalb vom bloßen Ansehen nicht wissen, welcher Dorfbewohner der Anführer ist: Seine Hütte sieht genauso aus wie die der anderen, er trägt die gleiche Kleidung und den gleichen Schmuck oder ist sogar nackt wie sie.

Wie in Jäger-Sammler-Gruppen gibt es auch in Stämmen weder Bürokratie noch Polizei oder Steuern. Die Stammesökonomie basiert auf dem Güteraustausch zwischen Individuen oder Familien und nicht auf der Umverteilung von Tributen, die an eine Zentralgewalt entrichtet werden. Die berufliche Spezialisierung ist noch wenig ausgeprägt: Niemand widmet sich ausschließlich einem Handwerk, und jeder gesunde Erwachsene (auch der Anführer) beteiligt sich an der Nahrungsbeschaffung durch Landwirtschaft, Jagen und Sammeln. Als ich einmal auf einer der Salomoninseln bei einer Wanderung an einer Plantage vorbeikam, erblickte ich in einiger Entfernung einen Mann, der gerade den Boden bearbeitete und mir zuwinkte. Zu meinem Erstaunen stellte ich fest, daß es sich um meinen Freund Faleteau handelte, den berühmtesten Holzschnitzer der Salomoninseln. Er war ein Künstler von großer Originalität, aber das befreite ihn nicht von der Notwendigkeit, seine eigenen Süßkartoffeln anzubauen. Da Stämme also keine Spezialisten für verschiedene Aufgaben kennen, ist ihnen auch die Sklaverei fremd, da es sozusagen kein »Berufsbild« für niedere Tätigkeiten gibt, die Sklaven verrichten könnten.

Wie die Komponisten der Klassik von C. Ph. E. Bach bis Schubert reichen und damit das gesamte Spektrum von der Barockmusik bis zur Romantik umfassen, gehen auch Stämme auf der einen Seite in Gruppen und auf der anderen in Häuptlingsreiche über. So weist die Funktion des Anführers beispielsweise bei der Aufteilung des Fleischs von Schweinen, die für wichtige Feste geschlachtet werden, schon deutlich in die Richtung des Häuptlings als Einzieher und Umverteiler von Nahrung und Gütern. Ein weiteres Merkmal, das normalerweise Stämme von Häuptlingsreichen unterscheidet, ist das Vorhandensein beziehungsweise Fehlen von Gemeinschaftsbauten. Indessen findet man in Neuguinea in größeren Dörfern häufig ein Kulthaus (*haus tamburan,* wie man am Sepik-Fluß dazu sagt), das durchaus als Vorbote religiöser und weltlicher Bauten in Häuptlingsreichen angesehen werden kann.

Während eine kleine Zahl von Jäger-Sammler-Gruppen und -Stämmen in abgelegenen Regionen auf wirtschaftlich unbrauchbarem Land bis in die Gegenwart außerhalb staatlichen Zugriffs überlebt hat, verschwanden die letzten wirklich unabhängigen Häuptlingsreiche schon zu Beginn des 20. Jahrhunderts, da sie meist in Gebieten angesiedelt waren, die auch von Staaten begehrt wurden. Im Jahr 1492 waren dagegen Häuptlingsreiche im Osten der heutigen USA, in fruchtbaren, noch nicht in einheimische Staaten eingegliederten Regionen Süd- und Mittelamerikas und Afrikas südlich der Sahara sowie überall in Polynesien weit verbreitet. Archäologische Funde, auf die ich noch näher eingehen werde, legen den Schluß nahe, daß die ersten Häuptlingsreiche um 5500 v. Chr. im Bereich des Fruchtbaren Halbmonds und um 1000 v. Chr. in Mesoamerika und den Anden entstanden. Betrachten wir zunächst einmal die typischen Merkmale von Häuptlingsreichen, die sich deutlich von modernen europäischen und amerikanischen Staaten, aber auch von Gruppen und einfachen Stammesgesellschaften unterscheiden.

Von der Bevölkerungszahl her waren Häuptlingsreiche mit einigen tausend bis zu mehreren zehntausend Bewohnern erheblich größer als Stämme. Darin lag ein ernstes Konfliktpotential, da der einzelne in einem Häuptlingsreich mit den meisten anderen weder verwandt oder verschwägert war noch ihre Namen kannte. Mit dem Aufkommen von Häuptlingsreichen vor rund 7500 Jahren wurden Menschen erstmals in der Geschichte vor die Notwendigkeit gestellt, regelmäßig mit Fremden zu verkehren, ohne ihnen gleich nach dem Leben zu trachten.

Die Lösung des Problems lag zum Teil in der Übertragung des Gewaltmonopols auf eine zentrale Instanz in der Person des Häuptlings. Im Unterschied zum Anführer eines Stammes war ein Häuptling Inhaber eines offiziellen Amtes, das ihm durch Vererbung zustand. Im Gegensatz zur dezentralistischen Anarchie einer Dorfversammlung verkörperte er eine dauerhafte zentralistische Instanz, traf alle größeren Entscheidungen und besaß ein Monopol für wichtige Informationen (zum Beispiel, welche Drohungen ein Nachbarhäuptling gerade ausgestoßen hatte oder wie die nächste Ernte laut Verheißung der Götter ausfallen würde). Anders als Anführer waren Häuptlinge schon von weitem an der äußeren Erscheinung zu erkennen – so auf der Pazifikinsel Rennell durch einen großen, über der Schulter getragenen Fächer. Ein gemeiner Mann mußte, wenn er einem Häuptling gegenübertrat, diesem auf rituelle Weise Respekt bezeugen, etwa, indem er sich vor ihm auf den Boden warf (Hawaii). Die Anweisungen des Häuptlings wurden meist durch eine oder zwei bürokratische Ebenen an das Volk weitergegeben, wobei die Bürokraten oft Häuptlinge niedrigeren Ranges waren. Im Unterschied zu modernen Verwaltungsbeamten hatten Bürokraten in Häuptlingsreichen jedoch keine hochspezialisierten Funktionen. So trieben in der polynesischen Gesellschaft Hawaiis die gleichen Bürokraten (»Konohiki« genannt) Tribut ein, führten die Aufsicht über die Bewässerung und organisierten Frondienste für den Häuptling; in staatlichen Verwaltungen ist dagegen jeder Bereich mit eigenen Spezialisten gesegnet (etwa Steuerbeamte, Bezirksbeauftragte für Wasserwirtschaft, Einberufungskommission, um beim Beispiel von Hawaii zu bleiben).

Die größere, auf ein kleines Gebiet konzentrierte Bevölkerung eines Häuptlingsreichs erforderte große Nahrungsmengen, die in der Regel durch Landwirtschaft produziert wurden, in einigen Fällen jedoch auch durch Jagen und Sammeln, wenn es die Natur besonders gut mit einer Region meinte. So lebten die Indianer an der nördlichen Pazifikküste (Kwakiutl, Nootka, Tlingit und andere Stämme) in von Häuptlingen regierten Dörfern, in denen weder Ackerbau getrieben noch Haustiere gehalten wurden, da Flüsse und Meer reiche Lachs- und Heilbuttfänge bescherten. Die von »gemeinen« Stammesangehörigen erwirtschafteten Nahrungsüberschüsse gingen an die Häuptlinge und ihre Familien, an Bürokraten und spezialisierte Handwerker, die beispielsweise Kanus bauten, Spucknäpfe herstellten oder sich als Vogelfänger oder Tätowierer betätigten.

Luxusgüter, zu denen derlei Werke, aber auch im Fernhandel eingetauschte seltene Dinge gehörten, waren Häuptlingen vorbehalten. In Hawaii besaßen die Herrscher Federumhänge, die manchmal aus Zehntausenden einzelner Federn bestanden, so daß ihre Anfertigung viele Generationen dauerte (die Umhangmacher stammten natürlich aus den Reihen der Normalsterblichen). Dank der Konzentration von Luxusgütern im Besitz von Häuptlingen ist es Archäologen oft möglich, Häuptlingsreiche daran zu erkennen, daß einige Gräber (die der Häuptlinge) viel kostbarere Gegenstände enthalten als andere (die des gemeinen Volks), worin ein deutlicher Unterschied zum Grabstätten-Egalitarismus der früheren Menschheitsgeschichte liegt. Überdies lassen sich einige frühgeschichtliche Häuptlingsreiche durch die Überreste größerer öffentlicher Bauten (beispielsweise von Tempeln) sowie durch eine Hierarchie der Siedlungen von Stammessiedlungen unterscheiden, wobei ein Ort (der Wohnsitz des obersten Häuptlings) größer ist als alle anderen und auch mehr administrative Gebäude und Artefakte aufweist.

Wie Stämme bestanden auch Häuptlingsreiche aus einer Vielzahl von Abstammungslinien, deren Angehörige am gleichen Ort zusammenlebten. Während die Abstammungslinien bei Stämmen gleichberechtigte Sippen (Clans) bildeten, besaßen in Häuptlingsreichen alle Angehörigen der Abstammungslinie des Herrschers Privilegien, die weitervererbt wurden. Praktisch war die Gesellschaft in erbliche Klassen von Adligen und Nichtadligen gespalten, wobei etwa der hawaiianische Adel wiederum in acht hierarchische Abstammungslinien untergliedert war, deren Angehörige vornehmlich innerhalb der eigenen Linie heirateten. Da Häuptlinge Dienstboten für niedere Arbeiten und Handwerker benötigten, unterschieden sich Häuptlingsreiche von Stämmen auch darin, daß es zahlreiche Tätigkeiten gab, die von Sklaven verrichtet werden konnten. Diese wurden typischerweise auf eigens zu diesem Zweck veranstalteten Sklavenjagden gefangen.

In wirtschaftlicher Hinsicht war das auffälligste Merkmal von Häuptlingsreichen die Abkehr von ausschließlich reziproken Austauschbeziehungen, wie sie für Gruppen und Stämme typisch sind. Dabei erhält A ein Geschenk von B, wofür B von A ein Geschenk von vergleichbarem Wert irgendwann in der Zukunft erwartet. Bürger moderner Staaten praktizieren ein derartiges Verhalten zwar noch an Geburtstagen und bei manch anderer Gelegenheit, doch das Gros des Güteraustauschs vollzieht sich heute durch Kauf und Verkauf gegen klingende Münze nach dem Gesetz von Angebot und Nachfrage. Die Häuptlingsreiche behielten den reziproken Austausch bei und führten noch kein Geld als Zahlungsmittel ein, schufen aber etwas Neues: die Umverteilungswirtschaft. In ihrer einfachsten Form bestand sie darin, daß ein Häuptling zur Erntezeit von jedem Bauern seines Reiches beispielsweise einen Teil der Weizenernte erhielt und dann für alle ein Fest veranstaltete, auf dem Brot gereicht wurde; oder er bewahrte den Weizen auf und verteilte ihn in den Monaten vor der nächsten Ernte. Erhielt die einfache Bevölkerung einen großen Teil der abgelieferten Güter nicht wieder zurück, sondern wurden diese von Häuptlingssippen und Handwerkern einbehalten und verbraucht, so wurde aus Umverteilung Tribut (ein Vorläufer unserer Steuern). Neben materiellen Gütern verlangten die Häuptlinge von ihren Untertanen auch Fronarbeit bei öffentlichen Bauvorhaben, die entweder dem Volk selbst zugute kamen (beispielsweise Bewässerungssysteme für die Landwirtschaft) oder in erster Linie den Häuptlingen nützten (aufwendig gestaltete Grabmäler und dergleichen).

Wir haben bisher über Häuptlingsreiche gesprochen, als ob sie alle gleich wären. In Wirklichkeit gab es erhebliche Unterschiede. Größere Reiche waren in der Regel durch einen mächtigeren Herrscher, einen größeren Adelsstand, krassere Unterschiede zwischen Häuptling und gemeinem Volk, höhere Tributleistungen an den Häuptling, mehr bürokratische Ebenen und prächtigere öffentliche Bauwerke gekennzeichnet. Dazu ein Beispiel: Die Gesellschaften auf den kleineren polynesischen Inseln ähnelten Stammesgesellschaften mit einem »Big-man« an der Spitze im Grunde sehr stark, nur daß ihre Häuptlinge erblichen Status hatten. So sah die Häuptlingshütte aus wie jede andere, es gab weder Bürokratie noch öffentliche Bauwerke, der Häuptling gab die meisten Güter, die er von seinen Untertanen erhielt, wieder an diese zurück, und das Land war im Besitz der Gemeinschaft. Auf den größeren polynesischen Inseln wie Hawaii, Tahiti und Tonga waren die Häuptlinge dagegen schon auf den ersten Blick an ihrem prächtigen Schmuck zu erkennen, öffentliche Bauten wurden von Heerscharen von Arbeitern errichtet, der Tribut wurde zum größten Teil von den Häuptlingen einbehalten, und alles Land stand unter ihrer Kontrolle. Ein weiteres Differenzierungsmerkmal zwischen Gesellschaften mit auf Abstammung basierenden Privilegien ist die Größe der politischen Einheit, wobei das Spektrum von einem einzigen autonomen Dorf bis hin zu einer verstreuten Ansammlung von Dörfern reichte, von denen das größte einem obersten Häuptling als Sitz diente, der von dort aus die anderen Dörfer beherrschte, denen wiederum rangniedrigere Häuptlinge vorstanden.

Bis hierher sollte deutlich geworden sein, daß in Häuptlingsreichen erstmals ein Dilemma in Erscheinung trat, das für alle nichtegalitären Gesellschaften mit zentralistischer Herrschaft von grundlegender Bedeutung ist. Im besten Falle tun solche Gesellschaften Gutes, indem sie aufwendige Dienstleistungen erbringen, die sich der einzelne nicht leisten kann. Im schlimmsten Fall handelt es sich um schamlose Kleptokratien, die das Volk ausplündern und den von ihm erarbeiteten Reichtum nach oben umverteilen. Solch nobles beziehungsweise selbstsüchtiges Verhalten bildet zwei Seiten einer Medaille, wobei der Schwerpunkt in der Realität, wie jeder weiß, sehr unterschiedlich gesetzt werden kann. Zwischen Kleptokrat und weisem Staatsmann, zwischen Räuberbaron und dem Hüter der Armen besteht nur ein gradueller Unterschied, der davon abhängt, wie hoch der Prozentsatz des Tributs ist, der in den Taschen der Elite verschwindet, und wie sehr dem einfachen Volk mit dem, wozu der umverteilte Tributanteil verwendet wird, gedient ist. Wir halten beispielsweise den ehemaligen Präsidenten von Zaire, Mobutu, für einen Kleptokraten, weil er zuviel Tribut (man spricht von Milliardenbeträgen) in die eigenen Taschen scheffelte und zu wenig an sein Volk zurückgab (Zaire besitzt nicht einmal ein funktionierendes Telefonnetz). George Washington erscheint uns dagegen als Staatsmann, weil er, statt sich als Präsident selbst zu bereichern, mit Steuergeldern Programme finanzierte, die als löblich galten. Es darf allerdings erwähnt werden, daß George Washington in reiche Verhältnisse hineingeboren wurde und daß Wohlstand in den USA sehr viel ungleicher verteilt ist als in den Dörfern Neuguineas.

Bei jeder auf sozialer Ungleichheit gegründeten Gesellschaft, ob Häuptlingsreich oder moderner Staat, stellt sich die Frage, warum das Volk geduldig zuschaut, wie sich Kleptokraten die Früchte seines Schweißes aneignen. Diese Frage, auf die Philosophen von Plato bis Marx nach Antworten suchten, wird von den Bürgern moderner Staaten bei jeder Wahl neu aufgeworfen. Kleptokratien mit wenig Halt in der Bevölkerung laufen Gefahr, gestürzt zu werden, entweder durch geknechtete Untertanen oder durch andere Möchtegernkleptokraten, die das Volk auf ihre Seite zu ziehen suchen, indem sie ein besseres Verhältnis von erbrachten Leistungen zu gestohlenen Früchten versprechen. So kam es in der Geschichte Hawaiis immer wieder zu Revolten gegen repressive Herrscher; meist wurden sie von deren jüngeren Brüdern angezettelt, die dem Volk etwas weniger Unterdrückung versprachen. Im Zusammenhang mit dem alten Hawaii mag man darüber schmunzeln, doch sollten wir nicht vergessen, daß derartige Streitereien noch heute großes Elend über die Völker bringen.

Was sollte eine Elite am besten tun, um die Bevölkerung hinter sich zu bringen und zugleich ein komfortableres Leben führen zu können als der kleine Mann? Kleptokraten aller Epochen haben auf diese Frage Antworten gefunden, die meist Kombinationen von vier verschiedenen Vorgehensweisen darstellten:

1. Entwaffnung der Massen, Bewaffnung der Elite. In der heutigen Zeit der industriell hergestellten High-Tech-Waffen, die leicht von Eliten monopolisierbar sind, ist dies viel einfacher als in früheren Tagen, als Speere und Keulen noch von jedermann in Heimarbeit angefertigt werden konnten.

2. Zufriedenstellung der Massen durch Rückgabe eines hohen Anteils des Tributs, stets darauf achtend, daß die gewählten Ausgabenfelder beim Volk auch gut ankommen. Dieses Prinzip besaß

für hawaiianische Herrscher ebenso Gültigkeit wie für heutige Politiker, beispielsweise in den USA.

3. Nutzung des Gewaltmonopols zur Aufrechterhaltung der öffentlichen Ordnung und zur Eindämmung von Gewalt. Hierbei handelt es sich um einen potentiell großen Vorteil zentralistischer gegenüber nichtzentralistischen Gemeinwesen, der gar nicht genug betont werden kann. Von Anthropologen wurden Stammesgesellschaften und Jäger-Sammler-Gruppen früher als sanftmütig und friedfertig idealisiert, da Wissenschaftler, die eine aus 25 Personen bestehende Gruppe besucht hatten, während eines dreijährigen Forschungsaufenthalts keinen einzigen Mord beobachtet hatten. Natürlich nicht! Man kann leicht nachrechnen, daß eine aus einem Dutzend Erwachsener und einem Dutzend Kindern bestehende Gruppe, die schon die ganz normalen, nicht mit Mord zusammenhängenden Todesfälle verkraften muß, gar nicht existieren könnte, wenn obendrein noch alle drei Jahre einer der zwölf Erwachsenen einem anderen aus der Gruppe den Garaus machen würde. Viel ausführlichere und über lange Zeiträume gesammelte Informationen über Gruppen und Stammesgesellschaften haben gezeigt, daß Mord und Totschlag zu den häufigsten Todesursachen zählen. Ich war einmal zu Besuch bei den Iyau in Neuguinea, als gerade eine Anthropologin Iyau-Frauen über ihre Lebensgeschichten befragte. Nach dem Namen des Ehemannes gefragt, gab eine nach der anderen die Namen mehrerer Männer an, die nacheinander eines unnatürlichen Todes gestorben waren. Eine typische Antwort lautete so: »Mein erster Mann wurde bei einem Überfall der Elopi getötet. Mein zweiter Mann wurde von einem Mann umgebracht, der mich zur Frau wollte und mein dritter Mann wurde. Den hat dann der Bruder meines zweiten Ehemannes aus Rache getötet.« Derartige Biographien sind für angeblich so sanftmütige Stammesangehörige keine Seltenheit und trugen mit dazu bei, daß eine Zentralgewalt mit zunehmender Größe von Stammesgesellschaften akzeptiert wurde.

4. Die vierte und letzte Möglichkeit für Kleptokraten, sich die Unterstützung des Volkes zu sichern, ist die Ersinnung einer Ideologie oder Religion, die ihre Herrschaft rechtfertigt. In Jäger-Sammler-Gruppen und Stammesgesellschaften glaubte man be-

reits an übernatürliche Dinge, gar nicht viel anders als in den großen Religionsgemeinschaften unserer Zeit. Doch solche Glaubensvorstellungen dienten nicht zur Rechtfertigung einer Zentralgewalt, zur Umverteilung von Wohlstand oder zur Wahrung des Friedens zwischen nicht miteinander verwandten Individuen. Als diese Funktionen hinzukamen und institutionalisiert wurden, verwandelten sie sich in das, was wir Religion nennen. Die hawaiianischen Herrscher, die sich als Götter oder Nachfahren von Göttern ausgaben oder zumindest von sich behaupteten, einen direkten Draht zu den Göttern zu haben, waren typische Beispiele. So rechtfertigten viele Häuptlinge ihre Stellung unter anderem damit, daß sie sich für das Volk bei den Göttern verwendeten und die rituellen Formeln rezitierten, die aufgesagt werden mußten, um für Regen, eine gute Ernte und reiche Fischfänge zu sorgen.

Häuptlingsreiche verfügen als Stütze der Häuptlingsautorität typischerweise über eine Ideologie, den Vorläufer einer institutionalisierten Religion. Entweder vereint der Häuptling dabei in seiner Person die Ämter des politischen Führers und Priesters, oder er fungiert als Schirmherr einer eigenen Gruppe von Kleptokraten (der Priester), deren Funktion darin besteht, die Stellung des Häuptlings ideologisch zu rechtfertigen. Hierin liegt auch der Grund, warum in Häuptlingsreichen ein so großer Teil des erhobenen Tributs in Tempel und andere öffentliche Bauten investiert wird, die als Stätten zur Ausübung der offiziellen Religion und als sichtbare Zeichen der Häuptlingsmacht dienen.

Neben der Rechtfertigung der materiellen Privilegierung der Kleptokraten hat die institutionalisierte Religion für zentralistische Gesellschaften zwei weitere wichtige Vorteile. Erstens schafft eine Ideologie oder Religion ein nicht auf Verwandtschaft basierendes Band der Gemeinsamkeit und trägt damit zur Lösung des Problems bei, nicht miteinander verwandten Individuen ein Zusammenleben ohne Mord und Totschlag zu ermöglichen. Zweitens gibt sie Menschen ein Motiv, das eigene Leben für andere zu opfern. Auf diese Weise gewinnt eine Gesellschaft auf Kosten einer kleinen Zahl von Menschen, die als Soldaten auf dem Schlachtfeld sterben, insgesamt an Schlagkraft bei der Eroberung anderer Gesellschaften beziehungsweise bei der Abwehr von Feinden.

Am vertrautesten sind uns heute die politischen, wirtschaftlichen und sozialen Institutionen von Staaten, die mittlerweile die gesamte Landfläche unseres Planeten mit Ausnahme der Antarktis unter sich aufgeteilt haben. In vielen frühen und allen modernen Staaten gab es schriftkundige Eliten, und in vielen heutigen Staaten kann auch die Bevölkerung lesen und schreiben. Untergegangene Staaten hinterließen meist ein sichtbares archäologisches Erbe, wie Tempelruinen von einheitlicher Architektur, mindestens vier Siedlungstypen von verschiedener Größe sowie einheitliche Keramikstile, die in Gebieten von Zehntausenden von Quadratkilometern Größe anzutreffen waren. Wir wissen deshalb, daß Staaten um 3700 v. Chr. in Mesopotamien und um 300 v. Chr. in Mesoamerika, vor über 2000 Jahren in den Anden, China und Südwestasien und vor über 1000 Jahren in Westafrika entstanden. In der neueren Geschichte war wiederholt zu beobachten, wie Staaten aus Häuptlingsreichen hervorgingen. Wir besitzen somit weit mehr Informationen über Staaten und ihre Entstehung als über Häuptlingsreiche, Stämme und Gruppen aus vergangenen Zeiten.

Die ersten Staaten ähnelten in vieler Hinsicht großen (d.h. aus einer Vielzahl von Dörfern bestehenden) Häuptlingsreichen. In puncto Größe setzten sie den Trend von der Gruppe über die Stammesgesellschaft zum Häuptlingsreich fort. Während die Bevölkerung von Häuptlingsreichen in der Regel ein paar Tausend bis einige Zehntausend betrug, haben die meisten heutigen Staaten über eine Million Einwohner, China sogar über eine Milliarde. Aus dem Sitz des obersten Häuptlings wurde in vielen Fällen die Hauptstadt eines Staates. Andere Bevölkerungszentren entwickelten sich ebenfalls zu echten Städten, wie sie in Häuptlingsreichen noch nicht anzutreffen waren. Städte unterscheiden sich von Dörfern durch monumentale öffentliche Bauten, Paläste von Herrschern, die Anhäufung von Kapital durch Erhebung von Tribut/ Steuern sowie das geballte Zusammenleben von Menschen, die anderen Tätigkeiten als der Nahrungsproduktion nachgehen.

Die frühen Staaten hatten einen Führer mit erblicher Stellung, dessen Titel dem eines Königs entsprach. Sein Amt war vergleichbar mit einem obersten Häuptling, nur daß er ein noch umfangreicheres Informations-, Entscheidungs- und Machtmonopol besaß.

Selbst in modernen Demokratien ist der Zugang zu kritischen Informationen auf einen kleinen Kreis von Personen beschränkt, die den Informationsfluß an die übrigen Mitglieder der Regierung kontrollieren und dadurch Einfluß auf Entscheidungen nehmen. Ein gutes Beispiel ist die Raketenkrise um Kuba von 1963. Damals waren Informationen und Diskussionen, von denen abhing, ob eine halbe Milliarde Menschen in den atomaren Abgrund gestürzt würden, anfangs auf einen zehnköpfigen, von Präsident Kennedy ernannten Ausschuß des nationalen Sicherheitsrats beschränkt; später übertrug Kennedy die endgültige Entscheidungsgewalt auf eine Gruppe von vier Personen, der neben ihm selbst drei seiner Minister angehörten.

Die Einflußnahme von zentraler Stelle und die wirtschaftliche Umverteilung in Form von Tributzahlungen (umgetauft in Steuern) erreichen in Staaten ein sehr viel größeres Ausmaß als in Häuptlingsreichen. Die ökonomische Spezialisierung ist stärker ausgeprägt, was dazu geführt hat, daß heute nicht einmal mehr die Bauern autark sind. Ein Zusammenbruch staatlicher Strukturen hat deshalb katastrophale Folgen, wie Britannien nach dem Abzug der römischen Truppen und Verwaltungsbeamten zwischen 407 und 411 n. Chr. erleben mußte. Selbst die ältesten Staaten in Mesopotamien übten eine zentralistische Kontrolle über die Wirtschaft aus. Nahrung wurde von vier Gruppen von Spezialisten produziert (Getreidebauern, Viehzüchtern, Fischern und Obst- und Gemüsebauern), von denen jede dem Staat ihre Erträge ablieferte und im Gegenzug die benötigten Güter, Geräte und Lebensmittel mit Ausnahme der von ihr selbst produzierten erhielt. So versorgte der Staat die Getreidebauern mit Saatgut und Zugtieren, trieb von den Viehzüchtern Wolle ein, tauschte diese im Fernhandel gegen Metall und andere wichtige Rohstoffe und entlohnte die Arbeitskräfte, die die unentbehrlichen Bewässerungsanlagen instand hielten, mit Nahrungsrationen.

Viele, vielleicht sogar die meisten der frühen Staaten setzten in viel größerem Umfang auf Sklavenarbeit als Häuptlingsreiche. Das lag nicht etwa daran, daß in Häuptlingsreichen eine menschenfreundlichere Gesinnung gegenüber besiegten Feinden herrschte, sondern vielmehr daran, daß die stärkere ökonomische

Differenzierung in Staaten, mit Massenproduktion und öffentlicher Bautätigkeit, mehr Verwendungsmöglichkeiten für Sklaven schuf. Hinzu kommt, daß aufgrund einer expansiveren Kriegführung mehr Gefangene gemacht werden konnten.

Aus ein oder zwei Verwaltungsebenen in Häuptlingsreichen wurde in Staaten ein Vielfaches, wie jeder weiß, der einmal das Organigramm einer staatlichen Verwaltung gesehen hat. Zur vertikalen Differenzierung gesellte sich die horizontale. Im Gegensatz zu den hawaiianischen Konohiki, die in ihrem Verwaltungsbezirk für sämtliche bürokratischen Aufgaben zuständig waren, bestehen staatliche Verwaltungen aus separaten Abteilungen für Wasserwirtschaft, Steuern, Militärdienst usw., von denen jede wiederum ihre eigene Hierarchie hat. Selbst kleine Staaten besitzen eine verzweigtere Bürokratie als große Häuptlingsreiche. So unterschied man in der Zentralverwaltung des westafrikanischen Staates Maradi über 130 Ämter, von denen jedes eine eigene Bezeichnung trug.

Die interne Konfliktregelung wurde in Staaten zunehmend durch Gesetze, Justiz und Polizei formalisiert. Gesetze waren oft schriftlich niedergelegt, da viele Staaten (mit wichtigen Ausnahmen wie dem Inka-Reich) eine schriftkundige Herrschaftselite besaßen – die Erfindung der Schrift fiel sowohl in Mesopotamien als auch in Mesoamerika etwa in die Zeit der ersten Staatsgründungen. Demgegenüber brachte kein einziges frühes Häuptlingsreich, das nicht an der Schwelle zum Staat stand, eine eigene Schrift hervor.

Die frühen Staaten besaßen staatliche Religionen und Tempel von einheitlicher Form. Ihre Könige galten oft als göttlich und erhielten in vielerlei Hinsicht eine Sonderbehandlung. So wurden die Azteken- und Inka-Herrscher auf Sänften getragen; bei den Inkas eilten Diener der Sänfte des Herrschers vorweg, um den Boden von jeder Unreinheit zu säubern. Die japanische Sprache enthält spezielle Pronomen, die ausschließlich zur Anrede des Kaisers dienen. Wenn die Könige nicht selbst Oberhaupt der Staatsreligion waren, setzten sie Hohepriester in dieses Amt ein. In Mesopotamien war der Tempel nicht nur religiöser Mittelpunkt, sondern auch Zentrum der wirtschaftlichen Umverteilung, der Schrift und der Handwerkstechnik.

Bei all diesen Merkmalen von Staaten handelt es sich lediglich um extreme Ausprägungen von Entwicklungen, die schon den Übergang von Stammesgesellschaften zu Häuptlingsreichen eingeleitet hatten. Darüber hinaus schlugen Staaten jedoch verschiedene neue Richtungen ein. Hierzu zählt vor allem die Konstitution von Staaten nach politischen und territorialen Kriterien statt nach verwandtschaftlicher Zusammengehörigkeit wie bei Jäger-Sammler-Gruppen, Stammesgesellschaften und kleineren Häuptlingsreichen. Hinzu kommt, daß sich Gruppen und Stammesgesellschaften stets und Häuptlingsreiche in der Regel aus Angehörigen einer einzigen ethnischen und sprachlichen Gruppe zusammensetzen. Staaten – und vor allem sogenannte Reiche, die durch Vereinigung oder Eroberung von Staaten entstanden – tragen dagegen regelmäßig einen multiethnischen, multilingualen Charakter. Auch werden staatliche Bürokraten nicht in erster Linie nach Sippenzugehörigkeit ausgewählt, wie in Häuptlingsreichen üblich, sondern zumindest teilweise nach Kriterien wie Ausbildung und Befähigung. In der jüngeren Vergangenheit wurde die Erblichkeit des höchsten Staatsamts häufig abgeschafft; viele Staaten wandten sich auch ganz vom System erblicher Klassenzugehörigkeit ab, das vom Häuptlingsreich übernommen worden war.

In den letzten 13 000 Jahren ging der vorherrschende Trend hin zur Ablösung kleinerer gesellschaftlicher Einheiten durch größere mit höherem Differenzierungsgrad. Diese Entwicklung machte sich aber nur über sehr lange Zeiträume bemerkbar und war von zahllosen Rückschritten begleitet: Auf 1000mal Vereinigung kam 999mal Auflösung. Wie wir täglich aus der Zeitung erfahren, können große politische Einheiten (man nehme als Beispiel die ehemalige UdSSR, Jugoslawien oder die Tschechoslowakei) durchaus in kleinere zerfallen, wie es schon dem Reich Alexanders des Großen vor über 2000 Jahren widerfuhr. Komplexere Einheiten tragen auch nicht immer den Sieg über weniger komplexe davon, wie das Beispiel der Reiche von Rom und China zeigt, die von »Barbaren« beziehungsweise mongolischen »Horden« überrannt wurden. Der langfristige Trend ging aber dennoch in die Richtung größerer, stärker differenzierter Gesellschaften, aus denen sich irgendwann Staaten entwickelten.

Offenkundig ist auch, daß die Siege von Staaten über weniger komplexe Gesellschaften zum Teil darauf zurückzuführen sind, daß erstere gewöhnlich einen großen waffentechnischen Vorsprung besitzen und von der Bevölkerungszahl her weit überlegen sind. Daneben haben Häuptlingsreiche und Staaten zwei weitere potentielle Vorteile auf ihrer Seite. Erstens kann eine zentrale Entscheidungsinstanz Streitkräfte und Ressourcen konzentrierter zur Geltung bringen. Zweitens wecken offizielle Religionen und patriotische Gesinnungen, wie sie viele Staaten bei ihren Bürgern entfachen, bei Soldaten die Bereitschaft, »bis zum letzten Blutstropfen« zu kämpfen, sprich das eigene Leben im Kampf zu opfern.

Diese Bereitschaft wird den Bürgern moderner Staaten von Schulen, Kirchen und Regierungen immer wieder eingehämmert, so daß uns gar nicht bewußt wird, welch radikale Abkehr von älteren Verhaltensweisen darin liegt. Fast jeder Staat hat seine eigenen Parolen, mit denen er die Bürger drängt, sich notfalls für den Staat zu opfern. »Für Volk und Vaterland« (Deutschland), »For King and Country« (England), »Por Dios y España« (Spanien) sind nur einige Beispiele. Ähnliche Gefühle motivierten im 16. Jahrhundert die Krieger der Azteken: »Es gibt nichts Schöneres als den Tod in der Schlacht, nichts ist so schön wie der blumige Tod, der Ihm [dem Aztekengott Huitzilopochtli], der Leben schenkt, so teuer ist: In der Ferne kann ich ihn erblicken, oh, wie mein Herz sich nach ihm sehnt!«

Für Angehörige von Jäger-Sammler-Gruppen und Stämmen sind derartige Gemütsbewegungen unvorstellbar. In allen Berichten meiner neuguineischen Freunde über ihre früheren Stammeskriege fand ich keinen einzigen Hinweis auf Stammespatriotismus, selbstmörderische Angriffe oder überhaupt irgendwelche militärischen Vorgehensweisen, bei denen das Risiko, selbst den Tod zu finden, bewußt in Kauf genommen wurde. Vielmehr wurden Hinterhalte gelegt oder Feinde mit großer Übermacht angegriffen, um das Risiko, das eigene Leben für das Dorf opfern zu müssen, um jeden Preis zu vermeiden. Eine solche Haltung setzt den militärischen Möglichkeiten von Stämmen verglichen mit Staaten natürlich enge Grenzen. Was patriotische und religiöse Fanatiker zu so gefährlichen Gegnern macht, ist bekanntlich ihre Bereitschaft, den Tod eines Teils der eigenen Leute in Kauf zu nehmen, um das Ziel der Auslöschung des ungläubigen Feindes zu erreichen. Kriegerischer Fanatismus von der Art, wie er Christen und Mohammedaner zu Eroberungszügen trieb, dürfte auf der Erde unbekannt gewesen sein, bevor innerhalb der letzten 6000 Jahre Häuptlingsreiche und insbesondere Staaten die Bühne der Weltgeschichte betraten.

Wie kam es, daß aus kleinen, nichtzentralistischen, auf Sippenzugehörigkeit basierenden Gemeinwesen große zentralistische Gesellschaften wurden, in denen zwischen den meisten Menschen keine engen Verwandtschaftsbeziehungen bestehen? Nach Erörterung der einzelnen Phasen des Übergangs von der Jäger-Sammler-Gruppe zum Staat wollen wir nun fragen, was zu dieser Entwicklung führte.

Viele Male in der Geschichte bildeten sich Staaten unabhängig, also ohne das Vorbild von Nachbarstaaten vor Augen. Mit Ausnahme Australiens und Nordamerikas kam es auf jedem der Kontinente mindestens einmal, vielleicht sogar etliche Male zur unabhängigen Entstehung eines neuen Staates. Orte vorgeschichtlicher Staatengründung waren Mesopotamien, Nordchina, das Nil- und das Industal, Mesoamerika, die Anden und Westafrika. Nach Kontakten mit Europäern gingen in den letzten drei Jahrhunderten in Madagaskar, Hawaii, Tahiti und vielen Teilen Afrikas Staaten aus Häuptlingsreichen hervor. Noch häufiger als Staaten wurden Häuptlingsreiche unabhängig von äußeren Vorbildern gegründet; dies geschah in allen eben erwähnten Regionen sowie im Südosten und Nordwesten Nordamerikas, im Amazonasgebiet und in Afrika südlich der Sahara. Diese vielfältigen Ursprünge komplexer Gesellschaften haben für uns den Vorteil, daß sie eine umfangreiche Datengrundlage für den Versuch bieten, die Vorgänge zu verstehen, die zu ihrer Entstehung führten.

Von den vielen Theorien, die sich mit dem Problem der Staatenbildung befassen, tut sich die einfachste dadurch hervor, daß sie das Problem schlichtweg leugnet. Aristoteles sah im Staat die natürliche Form menschlichen Zusammenlebens, die keiner weiteren Erklärung bedurfte. Sein Irrtum war verständlich, da ihm nur die griechischen Gesellschaften des 4. Jahrhunderts v. Chr. – allesamt staatliche Gemeinwesen – bekannt gewesen sein dürften. Wie wir heute wissen, bestand die Welt des Jahres 1492 n. Chr. jedoch zum großen Teil aus Häuptlingsreichen, Stammesgesellschaften und Jäger-Sammler-Gruppen. Somit bedarf die Entstehung von Staaten in der Tat einer Erklärung.

Die nächste Theorie ist wohl die bekannteste. Der französische Philosoph Jean-Jacques Rousseau spekulierte, die Gründung von Staaten würde durch einen Gesellschaftsvertrag (»Contrat social«) erfolgen; diesen beschrieb er als den rationalen, von Menschen nach Abwägung ihrer eigenen Interessen gefaßten Beschluß, daß es ihnen in einem Staat besser ergehen werde als in einem einfacher organisierten Gemeinwesen, woraufhin letzteres freiwilig abgeschafft würde. Die Geschichte kennt allerdings keinen einzigen Fall einer Staatsgründung in einer derartigen Atmosphäre von Unvoreingenommenheit und Weitsicht. Kleinere politische Einheiten geben ungern ihre Souveränität auf, um mit größeren zu verschmelzen. Dazu kommt es nur durch Eroberung oder unter dem Druck äußerer Umstände.

Eine dritte, noch heute von einigen Historikern und Ökonomen vertretene Theorie geht von der unstrittigen Tatsache aus, daß sowohl in Mesopotamien als auch in Nordchina und Mexiko um die Zeit der ersten Staatengründungen großangelegte Bewässerungssysteme gebaut wurden. Die Theorie postuliert nun, daß die Schaffung und Erhaltung eines umfangreichen Bewässerungssystems beziehungsweise einer komplizierten Wasserwirtschaft eine zentrale Bürokratie erfordere. Aus der beobachteten groben zeitlichen Korrelation wird eine Kausalkette abgeleitet. Demnach hatten Mesopotamier, Nordchinesen und Mexikaner offenbar die Vorteile vorausgesehen, die ihnen ein großangelegtes Bewässerungssystem bringen würde, obwohl es damals im Umkreis von Tausenden von Kilometern (oder überhaupt irgendwo auf der Welt) kein derartiges System gab, das ihnen diese Vorteile hätte vor Augen führen können. Daraufhin beschlossen jene weitsichtigen Menschen, ihre ineffizienten kleinen Häuptlingsreiche zu größeren Staaten zu vereinigen, die in der Lage waren, ihnen die Segnungen einer umfangreichen Bewässerung zu bescheren.

Gegen diese »hydraulische Theorie« der Staatenbildung sind die gleichen Einwände zu erheben wie allgemein gegen Theorien, die Gesellschaftsverträge postulieren. Sie widmen sich lediglich dem Endstadium der Evolution komplexer Gesellschaften und lassen offen, was den Übergang von Jäger-Sammler-Gruppen zu Stammesgesellschaften und von Stammesgesellschaften zu Häuptlingsreichen in den vielen Jahrtausenden, bevor die Aussicht auf bewässerte Felder am Horizont heraufzog, bewirkte. Eine genaue Auswertung historischer und archäologischer Daten unterstützt die Interpretation der Bewässerung als Triebkraft der Staatenbildung keineswegs. So gab es in Mesopotamien, Nordchina, Mexiko und Madagaskar lange vor der Gründung der ersten Staaten kleinere Bewässerungsanlagen. Die Errichtung komplexer wasserwirtschaftlicher Systeme ging auch nicht mit der Entstehung von Staaten einher, sondern erfolgte in jeder der genannten Regionen erst viel später. In den meisten Staaten, die in der mesoamerikanischen Maya-Region und den Anden gegründet wurden, änderte sich nichts daran, daß Bewässerungssysteme von lokalen Gemeinschaften selbst gebaut und unterhalten wurden und von entsprechend bescheidenem Umfang waren. Komplexe wasserwirtschaftliche Systeme waren mithin selbst in jenen Gebieten, in denen sie schließlich entstanden, ein sekundäres Resultat der Staatenbildung, für die es andere Ursachen geben muß.

Eine in meinen Augen zutreffende Annahme über die Entstehung von Staaten basiert auf einer unbestrittenen Tatsache, die sehr viel weitreichendere Gültigkeit besitzt als die Korrelation zwischen Bewässerungsprojekten und der Entstehung einer kleinen Zahl von Staaten – nämlich, daß die Einwohnerzahl einer Region den höchsten Prognosewert für den Grad der gesellschaftlichen Komplexität besitzt. Wir wissen, daß Jäger-Sammler-Gruppen eine Größe von ein paar Dutzend Individuen, Stämme von einigen hundert, Häuptlingsreiche von einigen tausend bis zu einigen zehntausend und Staaten von über ca. 50000 haben. Neben dieser groben Korrelation von regionaler Bevölkerungsgröße und Gesellschaftstyp (Jäger-Sammler-Gruppen, Stamm usw.) gibt es innerhalb jeder dieser Kategorien einen näheren Zusammenhang zwischen Bevölkerung und gesellschaftlicher Komplexität in dem Sinne, daß beispielsweise Häuptlingsreiche mit großer Bevölkerung stärker zentralisiert, sozial geschichtet und differenziert waren als solche mit kleinerer Bevölkerung.

Diese Korrelationen deuten darauf hin, daß die regionale Bevölkerungsgröße oder -dichte *irgendwie* mit der Entstehung komplexer Gesellschaften zusammenhängt. Sie besagen aber nichts über die genaue Wirkungsweise von Bevölkerungsvariablen in einer Kausalkette, deren letztes Glied hochdifferenzierte Gesellschaften sind. Um dieser Kausalkette nachzuspüren, wollen wir zunächst noch einmal fragen, wie große, dichte Bevölkerungen eigentlich entstehen. Danach können wir untersuchen, warum eine große, aber wenig differenzierte Gesellschaft Probleme bekommt. Vor diesem Hintergrund werden wir uns dann wieder der Frage zuwenden, wie eine einfache Gesellschaft an Komplexität gewinnt, wenn die Bevölkerung wächst.

Wir wissen bereits, daß große Bevölkerungen beziehungsweise Bevölkerungsdichten voraussetzen, daß entweder Landwirtschaft betrieben wird oder außerordentlich günstige Bedingungen für Jäger und Sammler herrschen. Einige Jäger-Sammler-Kulturen erreichten den Organisationsgrad von Häuptlingsreichen, keine aber den von Staaten: Alle staatlichen Gemeinwesen ernähren ihre Bürger durch Landwirtschaft. Diese Überlegungen haben im Zusammenhang mit der eben aufgezeigten Korrelation von Bevölkerungsgröße und gesellschaftlicher Komplexität eine Huhn-oder-Ei-Debatte über die Kausalzusammenhänge zwischen Landwirtschaft, Bevölkerungsvariablen und gesellschaftlicher Komplexität ausgelöst. War die intensive Nahrungserzeugung die Ursache, die das Wachstum der Bevölkerung auslöste und auf irgendeine Weise zu einer komplexen gesellschaftlichen Organisation führte? Oder waren vielmehr große Bevölkerungen und komplexe Gesellschaften die Ursache, die irgendwie zur Intensivierung der Nahrungserzeugung führten?

Entweder-Oder führt hier nicht weiter. Vielmehr haben wir es mit einer wechselseitigen Stimulation von intensivierter Nahrungserzeugung und gesellschaftlicher Komplexität durch Autokatalyse zu tun. Das bedeutet, daß Bevölkerungswachstum über Mechanismen, auf die ich noch eingehen werde, zu gesellschaftlicher Komplexität führt, während diese ihrerseits eine Intensivierung der Nahrungserzeugung und dadurch auch ein verstärktes Bevölkerungswachstum bewirkt. Komplexe, zentralistische Gesellschaften sind besser als alle anderen in der Lage, öffentliche Bauarbeiten (z.B. Bewässerungssysteme), Fernhandel (z.B. Import von Metallen für die Herstellung landwirtschaftlicher Geräte) und Aktivitäten verschiedener Gruppen von Spezialisten zu organisieren und zu koordinieren (z.B. Versorgung von Viehzüchtern mit Getreide von Ackerbauern und im Gegenzug Ausstattung der Bauern mit Zugtieren für die Feldarbeit). Derartige Fähigkeiten zentralistischer Gesellschaften begünstigten in der gesamten Geschichte die Intensivierung der Landwirtschaft und somit auch das Bevölkerungswachstum.

Zudem trägt die Landwirtschaft auf mindestens drei Arten zu typischen Merkmalen komplexer Gesellschaften bei. Erstens schwankt der Arbeitskräftebedarf in der Landwirtschaft im Rhythmus der Jahreszeiten. Ist die Ernte eingebracht, wird die Arbeitskraft der Bauern frei und kann von einer politischen Zentralgewalt für andere Zwecke eingespannt werden – etwa zur Errichtung öffentlicher Bauwerke als Symbole der Staatsmacht (ägyptische Pyramiden), zum Bau von Einrichtungen, die der Ernährung von noch mehr Menschen dienen (Bewässerungssysteme und Fischteiche der polynesischen Hawaiianer), oder zur Führung von Eroberungskriegen, durch die größere politische Einheiten geschaffen werden.

Zweitens kann die Landwirtschaft so organisiert werden, daß Nahrungsüberschüsse erzielt und Vorräte angelegt werden, was eine Voraussetzung der ökonomischen Differenzierung und der Gliederung der Gesellschaft in soziale Schichten darstellt. Mit den Überschüssen können Angehörige sämtlicher Ebenen einer komplexen Gesellschaft ernährt werden: Häuptlinge, Bürokraten und andere Mitglieder der Herrschaftsschicht; Schreiber, Handwerker und weitere Spezialisten, die selbst keine Nahrung produzieren; und schließlich die Bauern selbst in Zeiten, in denen sie Frondienst leisten müssen.

Schließlich gestattet die Landwirtschaft den Menschen den Übergang zur Seßhaftigkeit beziehungsweise zwingt sie sogar dazu – dies ist eine Voraussetzung für die Anhäufung von Besitztümern, die Entwicklung komplizierter Techniken und Handwerkskünste sowie die Errichtung öffentlicher Bauten. Die Bedeutung der Seßhaftigkeit für komplexe Gesellschaften erklärt auch, warum Missionare und Behörden nach Herstellung von Erstkontakten mit nomadischen Stämmen oder Gruppen in Neuguinea oder im Amazonasgebiet am Anfang stets zwei Ziele verfolgen: Eins ist natürlich die »Befriedung« der Nomaden, das heißt, man versucht sie davon abzubringen, Missionare, Verwaltungsbeamte oder sich gegenseitig umzubringen. An zweiter Stelle kommt sogleich die Ansiedlung in Dörfern, damit man sie besser finden, ihnen medizinische Betreuung und Schulunterricht angedeihen lassen und sie missionieren und unter Kontrolle bekommen kann.

So macht die Landwirtschaft, indem sie zum Bevölkerungswachstum beiträgt, die Besonderheit komplexer Gesellschaften in vielerlei Hinsicht erst *möglich*. Das beweist indes nicht, daß komplexe Gesellschaften eine *zwangsläufige* Folge von Landwirtschaft und Bevölkerungswachstum sind. Wie erklärt sich nun der empirische Sachverhalt, daß die Organisationsformen von Jäger-Sammler-Gruppen und Stammesgesellschaften für Gruppen von mehreren hunderttausend Menschen nicht taugen und daß alle existierenden großen Gesellschaften eine hochdifferenzierte, zentralistische Organisation aufweisen? Es können mindestens vier offensichtliche Gründe angeführt werden.

Ein Grund ist die Problematik von Konflikten zwischen nicht miteinander verwandten Fremden. Sie wächst ins Astronomische, wenn die Zahl der Mitglieder einer Gesellschaft nur genügend stark zunimmt. Während es zwischen 20 Personen maximal 190 Zweierbeziehungen geben kann (20 mal 19 geteilt durch 2), sind es bei 2000 Personen schon 1999000 mögliche Beziehungen. Jede davon stellt eine potentielle Zeitbombe dar, die explodieren und in einem tödlichen Streit enden könnte. Ein Mord zieht in Jäger-Sammler-Gruppen und Stammesgesellschaften aber in der Regel einen Racheakt nach sich, so daß ein endloser Kreislauf des Mordens mit destabilisierenden Folgen für das Gemeinwesen in Gang gesetzt wird.

In einer Gruppe, in der alle eng miteinander verwandt sind, schreiten bei Streitigkeiten Verwandte beider Parteien als Schlichter ein. In einem Stamm, wo immer noch viele miteinander verwandt sind und wenigstens jeder die Namen aller anderen kennt, vermitteln gemeinsame Verwandte und Freunde zwischen Streithähnen. Ist jedoch die magische Grenze von »ein paar Hundert«, bis zu der noch jeder jeden kennen kann, überschritten, handelt es sich bei Zweier-Interaktionen immer häufiger um solche zwischen nicht miteinander verwandten Fremden. Bricht eine gewalttätige Auseinandersetzung unter Fremden aus, werden nur wenige gemeinsame Freunde oder Verwandte der Beteiligten anwesend sein, die ein persönliches Interesse daran hätten, den Kampf zu stoppen. Statt dessen werden viele der Zuschauer Freunde oder Verwandte entweder der einen oder der anderen Konfliktpartei sein und sich auf deren Seite stellen, so daß eine handgreifliche Auseinandersetzung zwischen zwei Streithähnen leicht in eine Massenprügelei münden kann. Deshalb ist eine bevölkerungsreiche Gesellschaft, die ihren einzelnen Mitgliedern die Konfliktregelung selbst überläßt, dazu verurteilt, über kurz oder lang an inneren Spannungen zu zerbersten. Dieser Faktor allein würde schon erklären, warum Gesellschaften mit Tausenden von Mitgliedern nur existieren können, wenn sie über eine Zentralgewalt mit Gewaltmonopol als Konfliktregelungsinstanz verfügen.

Ein zweiter Grund ist die bei zunehmender Bevölkerungsgröße immer stärker ins Gewicht fallende Unmöglichkeit, gemeinschaftliche Entscheidungen zu treffen. In neuguineischen Dörfern, die so klein sind, daß a) Neuigkeiten und Informationen rasch jedermann zu Ohren kommen, b) auf Dorf-Vollversammlungen jeder jeden Redner verstehen kann und c) jeder, der das Wort ergreifen möchte, auf Versammlungen auch die Gelegenheit dazu erhält, kann noch heute die gesamte erwachsene Dorfbevölkerung Entscheidungen gemeinsam fällen. In wesentlich größeren Gemeinschaften sind diese Voraussetzungen für gemeinsame Entscheidungen jedoch nicht mehr gegeben. Selbst in der heutigen Zeit der Mikrophone und Lautsprecher ist jedem klar, daß eine

Versammlung mit Tausenden von Teilnehmern kein geeigneter Weg ist, um die Probleme einer Gruppe von dieser Größenordnung zu lösen. Deshalb bedarf eine größere Gesellschaft zentralistischer Strukturen, damit Entscheidungen auf effektive Weise getroffen werden können.

Der dritte Grund ist wirtschaftlicher Natur. Jede Gesellschaft benötigt Mechanismen zum Austausch von Gütern unter ihren Mitgliedern. Der einzelne findet oder produziert beispielsweise an manchen Tagen größere, an anderen kleinere Mengen eines lebensnotwendigen Guts. Da die Menschen unterschiedliche Begabungen haben, produziert jeder regelmäßig zuviel von dem einen und zuwenig von einem anderen Gut. In kleinen Gesellschaften mit wenigen Mitglieder-Paaren (siehe oben) kann der dadurch erforderliche Güteraustausch direkt zwischen einzelnen Mitgliedern beziehungsweise Familien abgewickelt werden (reziproker Austausch). Die gleichen mathematischen Verhältnisse, die der direkten paarweisen Konfliktlösung in großen Gesellschaften entgegenstehen, lassen jedoch auch den direkten paarweisen Austausch von Wirtschaftsgütern ineffizient erscheinen. Große Gesellschaften sind nur funktionsfähig, wenn die reziproke durch eine redistributive Ökonomie ergänzt wird. Diese beinhaltet die Abführung von Überschüssen, die von den einzelnen Mitgliedern produziert werden, an eine zentrale Instanz, die sie dann an andere Mitglieder mit entsprechendem Defizit umverteilt.

Eine letzte Überlegung, die ebenfalls für die Notwendigkeit einer komplexen Organisation großer Gesellschaften spricht, hängt mit der Bevölkerungsdichte zusammen. Große, auf Landwirtschaft gestützte Gesellschaften haben nicht nur mehr Mitglieder, sondern auch eine höhere Bevölkerungsdichte als kleine Jäger-Sammler-Gruppen. Jede ein paar Dutzend Mitglieder starke Schar von Jägern und Sammlern durchstreift ein größeres Gebiet, innerhalb dessen Grenzen sie die meisten zum Leben notwendigen Dinge findet. Die übrigen benötigten Güter werden durch Tauschhandel mit benachbarten Gruppen beschafft, sofern man nicht gerade im Krieg mit ihnen liegt. Mit zunehmender Bevölkerungsdichte würde das Gebiet der einzelnen, aus einigen Dutzend Personen bestehenden Gruppe schrumpfen, so daß immer mehr Güter von außen beschafft werden müßten. Man kann eben nicht einfach beispielsweise Hollands 40000 Quadratkilometer und 16000000 Einwohner in 800000 einzelne Reviere aufteilen, von denen jedes eine Größe von rund fünf Hektar hätte und einem autonomen Verband von 20 Menschen als Heimat zur Verfügung stünde, die innerhalb dieses Gebiets autark leben und nur gelegentlich einen Waffenstillstand dazu nutzen würden, mit den Nachbarn Handelsgüter und Bräute zu tauschen. Das Beispiel verdeutlicht, daß in dichtbesiedelten Regionen kein Weg an großen, komplex organisierten Gesellschaften vorbeiführt.

Konfliktlösung, Entscheidungsprozesse, Gütertausch, Bevölkerungsdichte – all das sind Faktoren, die für eine zentralistische Struktur großer Gesellschaften sprechen. Die Zentralisierung von Macht eröffnet jedoch unweigerlich denen, die sie innehaben, die Einblick in Informationen besitzen, Entscheidungen treffen und Güter umverteilen, die Möglichkeit, ihre Stellung auszunutzen, um sich und die Ihren zu bereichern – was in unseren Ohren nach einer Selbstverständlichkeit klingt. In der Entstehungsphase der frühen Gesellschaften etablierten sich jene, denen die Macht zufiel, erst nach und nach als Herrschaftsschicht. Ihr Ursprung mag in einem dörflichen Clan gelegen haben, der im Laufe der Entwicklung »gleicher« wurde als die anderen.

Aus diesen Gründen können bevölkerungsreiche Gesellschaften nicht mit einer Organisationsstruktur von Jäger-Sammler-Gruppen funktionieren, sondern haben sich zu komplexen Kleptokratien entwickelt. Im Raum steht aber immer noch die Frage, wie es dazu kommt, daß kleine, schwach differenzierte Gesellschaften zu großen, komplexen wurden oder sich zu solchen Gebilden zusammenschlossen. Verschmelzungen, zentralistische Konfliktregelung und Entscheidungsprozesse, Umverteilungsökonomie, kleptokratische Religion – das alles fällt nicht durch einen Rousseauschen Gesellschaftsvertrag vom Himmel. Was gibt also den Anstoß zu dieser Entwicklung?

Ich wies am Anfang dieses Kapitels darauf hin, daß Gesellschaften, die der gleichen Kategorie zugeordnet werden, nicht alle identisch sind, da einzelne Individuen und Gruppen von Menschen unendlich verschieden sind. So sind die Anführer einiger Jäger-Sammler-Gruppen und Stämme charismatischer, mächtiger und geschickter im Durchsetzen von Entscheidungen als die »Big-men« anderer. Unter den großen Stämmen haben jene mit mächtigeren Anführern und somit stärkerer Zentralisierung in der Regel einen Vorteil gegenüber jenen mit schwächerer Zentralisierung. Stämme mit so mangelhaften Konfliktlösungsfähigkeiten wie die Fayu zerfallen oft in einzelne Gruppen, während sich schlecht regierte Häuptlingsreiche tendenziell in Stämme oder kleinere Häuptlingsreiche aufspalten. Gesellschaften mit wirksamer Konfliktregelung, soliden Entscheidungsprozessen und harmonischer Umverteilungsökonomie können dagegen bessere Techniken entwickeln, ihre militärische Macht konzentrieren, größere und fruchtbarere Gebiete in ihren Besitz bringen und autonome kleinere Gesellschaften eine nach der anderen unterwerfen.

Die Konkurrenz zwischen Gesellschaften gleicher Komplexitätsstufe führt somit tendenziell zur Entstehung von Gesellschaften des jeweils nächsthöheren Komplexitätsgrades, *wenn* die Umstände dies zulassen. Stämme unterwerfen andere Stämme oder schließen sich mit ihnen zu Häuptlingsreichen zusammen, die ihrerseits andere Häuptlingsreiche unterwerfen und die Größe von Staaten erreichen, die dann wiederum andere Staaten unterwerfen oder sich mit ihnen zu Reichen vereinen. Allgemein haben größere Einheiten einen potentiellen Vorteil gegenüber kleineren, *wenn* – und dieses *Wenn* ist nicht zu vernachlässigen – die größeren Einheiten die aus ihrer Größe resultierenden Probleme zu meistern wissen, etwa die ständige Gefahr der Machtergreifung durch einzelne, die sich dazu berufen fühlen, die Unzufriedenheit der Untertanen mit den kleptokratischen Verhältnissen und die Probleme der wirtschaftlichen Integration.

Der Zusammenschluß kleinerer zu größeren Einheiten wurde von Historikern und Archäologen vielfältig dokumentiert. Im Gegensatz zu Rousseaus Thesen ereigneten sich derartige Vereinigungen jedoch niemals so, daß sich kleinere Gesellschaften ohne äußere Bedrohung freiwillig und nur im Interesse der Wohlfahrt und Zufriedenheit ihrer Bürger dazu entschlossen. In der Realität sind die Führer kleiner ebenso wie großer Gesellschaften viel zu sehr auf ihre Unabhängigkeit und die eigenen Privilegien bedacht. Vereinigungen geschehen vielmehr auf zwei Arten: entweder unter dem Druck lauernder äußerer Gefahren oder durch Eroberung. Für beide Varianten lassen sich zahlreiche Fälle nennen.

Ein Beispiel für Vereinigungen angesichts äußerer Gefahr ist die Bildung der Cherokee-Konföderation im Südosten der USA. Die Cherokee lebten ursprünglich in 30 oder 40 unabhängigen Häuptlingsreichen, von denen jedes aus einem Dorf mit ca. 400 Bewohnern bestand. Die wachsende Besiedlung durch Weiße führte zu Konflikten zwischen Indianern und Eindringlingen. Wenn einzelne Cherokee weiße Siedler und Händler ausraubten oder überfielen, konnten die Weißen nicht zwischen den verschiedenen Cherokee-Häuptlingsreichen unterscheiden und übten unterschiedslose Vergeltung in Form von Militäreinsätzen oder Handelssanktionen. In dieser Situation sahen sich die Cherokee-Häuptlingsreiche im Laufe des 18. Jahrhunderts genötigt, eine Konföderation zu bilden. Es begann damit, daß sich die größeren Häuptlingsreiche im Jahr 1730 auf einen gemeinsamen Führer verständigten, einen Häuptling namens Moytoy, dem 1741 sein Sohn im Amt folgte. Die erste Aufgabe des gemeinsamen Führers bestand in der Bestrafung einzelner Cherokee, die Weiße angriffen, sowie in der Pflege der Beziehungen mit der Regierung der Weißen. Ungefähr ab 1758 wurde eine jährliche Ratsversammlung nach dem Vorbild eines Dorfrats abgehalten, auf der gemeinsame Beschlüsse gefaßt wurden und die immer am gleichen Ort, einem Dorf namens Echota, stattfand, das damit de facto zur »Hauptstadt« wurde. Nach ihrer Alphabetisierung (siehe Kapitel 11) gaben sich die Cherokee eine schriftliche Verfassung.

Die Cherokee-Konföderation entstand somit nicht durch Eroberung, sondern durch Vereinigung zuvor unabhängiger kleinerer Einheiten, die sich nur angesichts der Bedrohung durch mächtige äußere Kräfte zusammenschlossen. In ganz ähnlicher Weise sahen sich auch die weißen amerikanischen Kolonien zum Zusammenschluß gezwungen, als ihnen die britische Monarchie als mächtige Bedrohung gegenübertrat. Am Anfang war jede der amerikanischen Kolonien nicht minder auf ihre Autonomie bedacht als die Häuptlingsreiche der Cherokee, weshalb der erste Versuch einer

Vereinigung im Jahr 1781 zu nichts führte, da den einzelnen Exkolonien zuviel Eigenständigkeit eingeräumt wurde. Nur im Angesicht weiterer Bedrohungen, insbesondere eines bewaffneten Bauernaufstands in Massachusetts (Shays' Rebellion) im Jahr 1786 und der hohen Belastung durch die Kriegsschulden, gaben die Exkolonien ihren Widerstand gegen Autonomieeinbußen auf und nahmen 1787 die heutige Verfassung der USA an, die eine starke Bundesgewalt vorsieht. Ähnliche Schwierigkeiten gab es im Vorfeld der Beendigung der deutschen Kleinstaaterei im 19. Jahrhundert. Drei Versuche (Nationalversammlung in Frankfurt 1848, Wiederherstellung des Deutschen Bundes 1850, Norddeutscher Bund 1866) scheiterten, bevor eine äußere Bedrohung in Form der französischen Kriegserklärung von 1870 die deutschen Fürsten schließlich doch veranlaßte, einen großen Teil ihrer Macht 1871 an eine kaiserliche Zentralgewalt abzutreten.

Die andere Entstehungsform komplexer Gesellschaften ist die gewaltsame Angliederung durch Eroberung. Ein gut erforschtes Beispiel hierfür ist die Entstehung des Zulu-Staates im südöstlichen Afrika. Zum Zeitpunkt des Eintreffens der ersten weißen Siedler waren die Zulu in Dutzende kleiner Häuptlingsreiche gespalten. Ende des 18. Jahrhunderts wuchs der Bevölkerungsdruck in den Zulu-Gebieten, und es kam immer häufiger zu kriegerischen Auseinandersetzungen zwischen den einzelnen Häuptlingsreichen. Ein Häuptling namens Dingiswayo, der um 1807 die Macht im Häuptlingsreich Mtetwa durch die Tötung eines Rivalen an sich riß, löste das Problem der Schaffung zentralistischer Machtstrukturen auf höchst erfolgreiche Weise. Dingiswayo baute eine schlagkräftige militärische Organisation auf, indem er junge Männer aus allen Dörfern einzog und sie nach Alter statt nach ihrem Heimatdorf in Regimenter einteilte. Ihm gelang auch der Aufbau zentralistischer politischer Strukturen; bei der Eroberung anderer Häuptlingsreiche verzichtete er auf Massaker, ließ die jeweilige Häuptlingsfamilie unversehrt und ersetzte lediglich den besiegten Häuptling durch einen zur Zusammenarbeit mit ihm gewillten Verwandten des Häuptlings. Im Bereich der Konfliktregelung erweiterte Dingiswayo mit Erfolg das bestehende Gerichtswesen. Auf diese Weise gelang es ihm, 30 andere Zulu-Häuptlingsreiche zu erobern und mit seinem Reich zu vereinigen. Seine Nachfolger stärkten den jungen Zulu-Staat durch den weiteren Ausbau von Polizei-, Justiz- und Zeremonienwesen.

Man könnte beliebig viele Beispiele für Staatsgründungen durch Eroberung nach dem Muster des Zulu-Staates anführen. So wurden Europäer im 18. und 19. Jahrhundert an vielen Orten der Welt Zeugen der Entstehung von Eingeborenenstaaten aus Häuptlingsreichen; darunter waren die polynesischen Staaten auf Hawaii und Tahiti, der Merina-Staat auf Madagaskar, Lesotho, Swasiland und weitere Staaten, die im südlichen Afrika neben dem Zulu-Staat entstanden, der Ashanti-Staat in Westafrika und die Staaten Ankole und Buganda in Uganda. Die Reiche der Azteken und Inkas, ebenfalls durch Eroberungen geschmiedet, entstanden vor Ankunft der Europäer im 15. Jahrhundert; aus mündlichen Überlieferungen, die von den ersten spanischen Siedlern niedergeschrieben wurden, ist uns jedoch relativ viel über die damaligen Vorgänge bekannt. Die Gründung des römischen Staates und die Expansion des makedonischen Reiches unter Alexander dem Großen wurden von zeitgenössischen Autoren ausführlich geschildert.

Diese Beispiele zeigen, daß Krieg beziehungsweise Kriegsgefahr in den meisten, wenn nicht allen Fällen, in denen aus mehreren kleineren eine größere Gesellschaft hervorging, eine entscheidende Rolle spielte. Kriege, selbst wenn sie nur zwischen kleinen Jäger-Sammler-Gruppen ausgefochten wurden, waren aber doch ein ständiger Faktor der Menschheitsgeschichte gewesen. Wie kam es dann, daß sie offenbar erst innerhalb der letzten 13 000 Jahre zur Entstehung größerer Gemeinwesen führten? Wir hatten bereits gesehen, daß die Bildung komplexer Gesellschaften in irgendeiner Weise mit dem Faktor Bevölkerungsdruck zusammenhängt, so daß wir jetzt unsere Aufmerksamkeit auf einen möglichen Zusammenhang zwischen Bevölkerungsdruck und dem Ergebnis von Kriegen richten sollten. Warum führten Kriege in dichtbesiedelten Regionen eher zu Vereinigungen von Gesellschaften als in dünnbesiedelten? Die Antwort lautet, daß die Bevölkerungsdichte in einem Gebiet mit darüber entscheidet, was mit besiegten Völkern geschieht. Drei mögliche Ergebnisse sind zu unterscheiden:

In sehr dünn besiedelten Regionen, um die es sich gewöhnlich bei den Lebensräumen von Jäger-Sammler-Gruppen handelt, brauchen die Überlebenden einer besiegten Gruppe lediglich weiter von ihren Feinden fortzuziehen. Dies ist in Neuguinea und im Amazonasgebiet häufig nach kriegerischen Auseinandersetzungen zwischen Nomadengruppen zu beobachten.

Bei mittlerer Bevölkerungsdichte, beispielsweise in den Siedlungsgebieten von Stämmen, die Landwirtschaft treiben, sind keine »leeren« Gebiete vorhanden, in die sich Überlebende einer besiegten Gruppe flüchten könnten. Stammesgesellschaften ohne intensive Landwirtschaft haben jedoch weder Bedarf an Sklaven, noch produzieren sie Nahrungsüberschüsse in genügender Menge, um nennenswerte Tribute leisten zu können. Deshalb haben die Sieger keine Verwendung für Überlebende eines besiegten Stammes, vielleicht mit Ausnahme der Frauen, die zur Ehe genommen werden. Männer werden dagegen getötet, woraufhin ihr Territorium von den Siegern in Besitz genommen werden kann.

In dichtbesiedelten Gebieten, etwa denen von Staaten oder Häuptlingsreichen, finden die Besiegten ebenfalls keinen Raum, in den sie sich zurückziehen könnten. Die Sieger haben nun jedoch zwei Optionen, aus ihrem Erfolg Nutzen zu ziehen, ohne die Unterlegenen zu töten. Die ökonomische Differenzierung von Häuptlingsreichen und Staaten ermöglicht die Ausbeutung der Besiegten als Sklaven, wie es in biblischen Zeiten gang und gäbe war. Die zweite Option ergibt sich daraus, daß viele dieser Gesellschaften intensiv Landwirtschaft betreiben und zur Erzeugung größerer Überschüsse in der Lage sind. Das gibt den Siegern die Möglichkeit, die Besiegten dort zu lassen, wo sie sind, ihnen aber die politische Selbständigkeit zu nehmen, regelmäßige Tribute in Form von Nahrungsmitteln oder Gütern von ihnen zu fordern und ihre Gesellschaft in die des siegreichen Staates oder Häuptlingsreichs einzugliedern. Dies war in der gesamten uns überlieferten Geschichte das gewöhnliche Ergebnis kriegerischer Auseinandersetzungen, die mit der Gründung von Staaten oder Reichen einhergingen. So hatten die spanischen Konquistadoren vor, den unterworfenen Völkern Mexikos Tribute aufzuerlegen, weshalb sie an den Tributverzeichnissen des Azteken-Reichs äußerst interessiert waren. Aus diesen ergab sich, daß die Azteken von den ihnen tributpflichtigen

Völkern jährlich unter anderem 7000 Tonnen Mais, 4000 Tonnen Bohnen, 4000 Tonnen Amarantkörner, 2000000 Baumwollumhänge und riesige Mengen an Kakaobohnen, Kriegstrachten, Schilden, Federkopfschmuck und Bernstein geliefert bekommen hatten.

Landwirtschaft, Konkurrenz zwischen Gesellschaften und Diffusion führten somit als eigentliche Ursachen über Kausalketten, die sich im Detail unterschieden, aber stets große Populationen mit hoher Siedlungsdichte und seßhafter Lebensweise implizierten, zu den unmittelbaren Faktoren, die Eroberungen ermöglichten: zu Krankheitserregern, Schrift, Technik und zentralistischer politischer Ordnung. Da sich die eigentlichen Ursachen auf verschiedenen Kontinenten unterschiedlich entwickelten, galt das gleiche auch für die unmittelbaren Faktoren der Eroberung. In der Regel bildeten sich mehrere gleichzeitig heraus, doch ein strikter Zusammenhang bestand nicht: So entfaltete das Inka-Reich seine Macht ohne Schrift, während die Azteken eine Schrift besaßen, aber nur wenige Infektionskrankheiten kannten. Das Beispiel der Zulu unter Dingiswayo zeigt, daß jeder dieser Faktoren einen unabhängigen Beitrag zum Geschichtsverlauf leistete. Unter den Dutzenden von Zulu-Häuptlingsreichen besaß das Mtetwa-Reich keinerlei Vorsprung gegenüber den anderen Reichen, was Technik, Schrift und Krankheitserreger betrifft, und besiegte sie dennoch alle. Seine Überlegenheit beschränkte sich auf die politische und ideologische Sphäre. Der so geschaffene Zulu-Staat konnte immerhin nahezu ein Jahrhundert lang große Teile des südlichen Afrika beherrschen.

TEIL IV

Reise um die Erde in fünf Kapiteln

KAPITEL 14

Yalis Volk

Die Geschichte Australiens und Neuguineas

Während eines Australienurlaubs beschlossen meine Frau Marie und ich, einen Ausflug zu einem Ort zu unternehmen, an dem man gut erhaltene Felsmalereien von Aborigines besichtigen konnte. Die Fundstelle lag in der Wüste unweit der Stadt Menindee. Ich hatte zwar von der Trockenheit und sommerlichen Hitze der australischen Wüste gehört, doch weil ich selbst schon öfter längere Zeit in der trockenen Hitze der kalifornischen Wüste und der neuguineischen Savanne verbracht hatte, hielt ich mich für erfahren genug, um mit den vergleichsweise unbedeutenden Problemen fertig zu werden, denen wir in Australien als Touristen begegnen würden. Mit einem reichlichen Vorrat an Trinkwasser ausgerüstet, brachen wir gegen Mittag zu dem Felsen mit den Malereien auf, der nur wenige Kilometer abseits der Straße lag.

Der Weg führte von der Rangerstation durch offenes, schattenloses Gelände bergauf, und am Himmel stand keine einzige Wolke. Die heiße, trockene Luft, die wir atmeten, erinnerte mich an eine finnische Sauna. Als wir am Fuß des Felsens mit den Malereien ankamen, war unser Wasservorrat aufgebraucht. Wir hatten auch das Interesse an Kunst verloren, also schoben wir uns, immer langsam und gleichmäßig atmend, weiter bergauf. Bald erblickte ich einen Vogel, der unverkennbar zur Spezies der Schwätzer gehörte, doch er kam mir größer vor als jede bekannte Schwätzerart. In diesem Moment wurde mir bewußt, daß ich zum erstenmal in meinem Leben eine Hitzehalluzination erlebte. Marie und ich beschlossen kurzerhand, sofort umzukehren.

Wir redeten nicht mehr. Beim Gehen konzentrierten wir uns auf das Atmen, die Entfernung zum nächsten markanten Punkt und darauf, wie lange wir für die verbleibende Strecke wohl noch brauchen würden. Mein Mund und meine Zunge waren mittlerweile völlig ausgetrocknet, und Marie war knallrot im Gesicht. Als wir schließlich die Rangerstation mit ihrer Klimaanlage erreichten, ließen wir uns auf zwei Stühle neben einem Wasserkühlgerät fallen, tranken den letzten 2-Liter-Behälter, der darin stand, leer und baten den Ranger um eine weitere Flasche. Während wir so dasaßen, körperlich und seelisch erschöpft, ging mir durch den Kopf, daß die Aborigines, von denen die Felsmalereien stammten, ihr ganzes Leben ohne Klimaanlage da draußen in der Wüste verbracht und es irgendwie geschafft hatten, Nahrung und Wasser zu finden.

Für weiße Australier ist Menindee ein berühmter Ort, weil dort zwei Weiße ihr Basislager aufgeschlagen hatten, denen vor über einem Jahrhundert die trockene Hitze der australischen Wüste zum Verhängnis werden sollte: der irische Polizeioffizier Robert Burke und der englische Astronom William Wills, die als erste Europäer den Versuch wagten, Australien von Süden nach Norden zu durchqueren. Burke und Wills waren mit sechs Kamelen, beladen mit Proviant für drei Monate, aufgebrochen, doch in der Wüste nördlich von Menindee gingen ihnen die Vorräte aus. Dreimal wurden sie von einer Gruppe wohlgenährter Aborigines gerettet, die sie mit Fisch und fetten gebratenen Ratten versorgten. Doch dann machte Burke den törichten Fehler, mit der Pistole auf einen der Aborigines zu feuern, worauf die gesamte Gruppe die Flucht ergriff. Obwohl sie, anders als die Aborigines, über Gewehre zum Jagen verfügten, verhungerten Burke und Wills innerhalb eines Monats, nachdem die Aborigines abgezogen waren.

Unser Erlebnis in Menindee und das Schicksal von Burke und Wills veranschaulichen eindrucksvoll, welche Schwierigkeiten mit dem Aufbau menschlicher Gemeinwesen in Australien verbunden sind. Unter den Kontinenten der Erde sticht Australien als einzigartig hervor: Die Unterschiede zwischen Eurasien, Afrika, Nordamerika und Südamerika verblassen im Vergleich zu denen zwischen Australien und jedem der anderen Kontinente. Es ist mit Abstand der trockenste, kleinste, flachste, unfruchtbarste, klimatisch unberechenbarste und biologisch am ärmlichsten ausgestattete Kontinent. Bevor ihn Europäer in Besitz nahmen, war er die

Heimat von Kulturen, die sich stark von allen anderen menschlichen Gesellschaften unterschieden, und wies von allen Kontinenten die kleinste Bewohnerzahl auf.

Australien stellt somit einen wichtigen Testfall für Theorien über interkontinentale gesellschaftliche Unterschiede dar. Unter einzigartigen Umweltbedingungen entstanden dort einzigartige Kulturen. Waren erstere die Ursache für letztere? Und, wenn ja, auf welche konkrete Weise? Australien ist der logische Ausgangspunkt für unsere Reise um die Welt, auf der wir, gestützt auf die in Teil II und III dieses Buchs gewonnenen Erkenntnisse, die jeweils besondere Geschichte eines jeden Kontinents verstehen wollen.

Die meisten Laien würden als hervorstechendes Merkmal der Gesellschaften der australischen Ureinwohner »Rückständigkeit« nennen. Australien ist der einzige Kontinent, auf dem bis in die jüngere Vergangenheit sämtliche einheimischen Völker ohne eine einzige der großen Errungenschaften der »Zivilisation« lebten – ohne Ackerbau, Viehzucht, Metall, Pfeil und Bogen, größere Bauten, feste Dörfer, die Schrift, Häuptlingsreiche oder Staaten. Stattdessen durchstreiften sie ihr Land in kleinen Gruppen als nomadische oder halbnomadische Jäger und Sammler, wohnten in behelfsmäßigen Behausungen oder Hütten und besaßen nur Steinwerkzeuge. Auf keinem anderen Kontinent verlief der kulturelle Wandel in den letzten 13000 Jahren so langsam wie in Australien. Das unter Europäern weitverbreitete Urteil über die australischen Aborigines faßte ein früher französischer Entdecker wie folgt zusammen: »Sie sind die erbärmlichsten Geschöpfe der Erde und kommen wilden Tieren unter allen menschlichen Wesen am nächsten.«

Dabei waren die Australier Europa und anderen Kontinenten vor 40000 Jahren weit voraus. Einige der ältesten bekannten Steinwerkzeuge mit geschärften Kanten, die ältesten Steinwerkzeuge mit Griff (Äxte) und die mit Abstand ältesten Wasserfahrzeuge der Welt stammen aus Australien. Auch einige der ältesten bekannten Felsmalereien wurden in Australien entdeckt. Möglicherweise wurde Australien noch vor Westeuropa von anatomisch modernen

Menschen besiedelt. Wie kam es dann trotz dieses Vorsprungs, daß die Europäer schließlich Australien eroberten und nicht umgekehrt die Australier Europa?

Hinter dieser Frage verbirgt sich eine weitere. Während der Eiszeiten des Pleistozäns, als ein Großteil des Wassers der Weltmeere in kontinentalen Eismassen gebunden und der Meeresspiegel weit unter seinen gegenwärtigen Stand gesunken war, lag die flache Arafurasee, die heute Australien von Neuguinea trennt, trocken und stellte eine Landverbindung dar. Als die Eiskappen vor 12000 bis 8000 Jahren abschmolzen, stieg der Meeresspiegel, die Landverbindung wurde überflutet, und der ehemalige Kontinent Großaustralien zerfiel in zwei Teile, Australien und Neuguinea (siehe Abbildung 14.1).

Die menschlichen Bewohner der beiden einst vereinten Landmassen unterschieden sich in der jüngeren Vergangenheit sehr stark. Im Gegensatz zu allem, was ich gerade über die australischen Aborigines gesagt habe, waren die meisten Neuguineer, wie beispielsweise Yalis Volk, Ackerbauern und Schweinehirten. Sie lebten in festen Dörfern und waren in Stämmen statt in Gruppen organisiert. Alle Neuguineer besaßen Pfeil und Bogen, viele verwendeten Töpferwaren. In der Regel wohnten sie in viel größeren Hütten, fuhren in seetüchtigeren Booten aufs Meer und besaßen vielfältigere und mehr Gebrauchsgegenstände als die Australier. Da die Neuguineer keine Jäger und Sammler, sondern Bauern waren, lebten sie im Durchschnitt viel dichter zusammen: Obwohl die Fläche Neuguineas nur ein Zehntel der australischen beträgt, überstieg die Zahl der dort lebenden Menschen die der in Australien lebenden um ein Mehrfaches.

Warum blieben die Kulturen der größeren der beiden Landmassen, in die das eiszeitliche Großaustralien zerfiel, in ihrer Entwicklung so »rückständig«, während die Kulturen der kleineren Landmasse viel raschere »Fortschritte« machten? Und warum breiteten sich die neuguineischen Innovationen nicht nach Australien aus, das doch an der engsten Stelle der Torresstraße nur knapp 145 Kilometer von Neuguinea entfernt liegt? Aus kulturanthropologischer Sicht ist die geographische Distanz zwischen Australien und Neuguinea sogar noch geringer, da in der Torresstraße viele In-

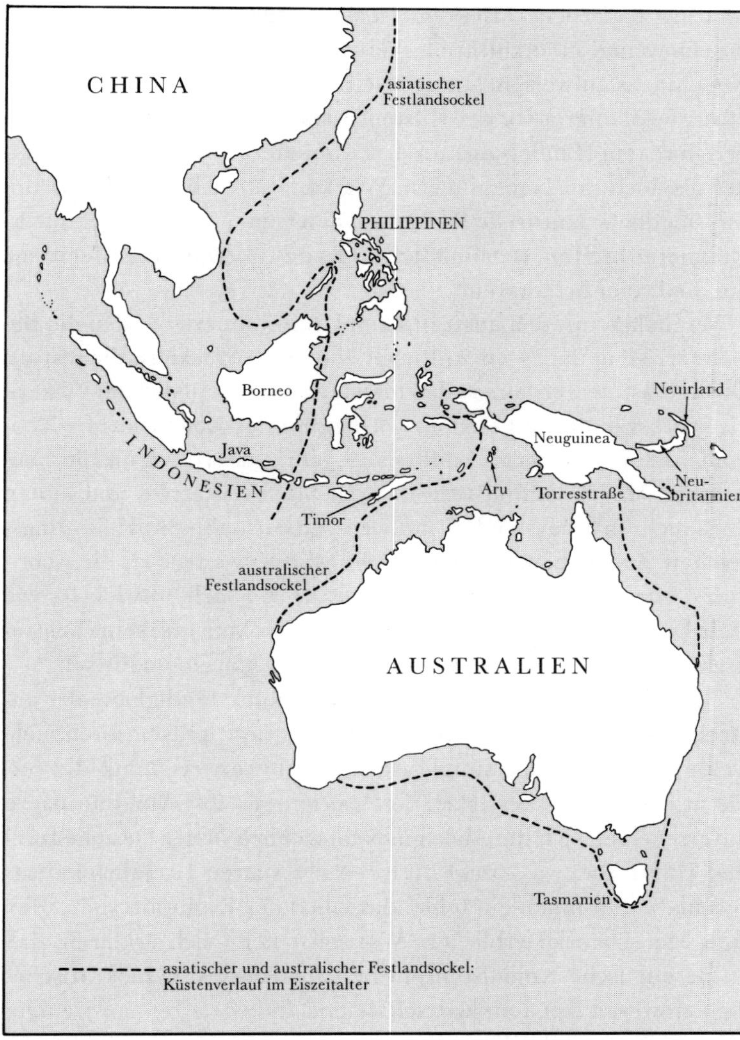

Abbildung 14.1 Karte von Südostasien, Australien und Neuguinea. Die gestrichelten Linien zeigen den Küstenverlauf während des Eiszeitalters, als der Meeresspiegel niedriger war als heute. Damals bildeten Neuguinea und Australien zusammen den großaustralischen Kontinent, während Borneo, Java, Sumatra und Taiwan zum asiatischen Festland gehörten.

seln mit bäuerlichen Bewohnern liegen, die Pfeil und Bogen gebrauchen und eine kulturelle Verwandtschaft zu den Bewohnern Neuguineas aufweisen. Die größte Insel der Torresstraße liegt nur etwa 15 Kilometer vor der Küste Australiens. Ihre Bewohner standen in regem Handelsaustausch sowohl mit australischen Aborigines als auch mit Neuguineern. Wie konnten sich zwei derart unterschiedliche kulturelle Welten auf den beiden Seiten einer nur 15 Kilometer breiten, regelmäßig von Kanus überquerten Meerenge auf die Dauer behaupten?

Verglichen mit den australischen Ureinwohnern werden die Bewohner Neuguineas als kulturell »höher entwickelt« eingestuft. Doch selbst sie werden von den meisten anderen modernen Völkern als »rückständig« angesehen. Vor Beginn der Kolonisierung Neuguineas durch Europäer Ende des 19. Jahrhunderts waren alle Neuguineer Analphabeten, verwendeten Steinwerkzeuge und lebten noch nicht in Staaten oder (mit wenigen Ausnahmen) Häuptlingsreichen. Zugegeben, die Neuguineer waren »weiter« als die Aborigines, aber warum waren sie noch nicht so »hoch entwickelt« wie viele Eurasier, Afrikaner und Indianer? Yalis Volk und seine australischen Vettern bilden so etwas wie ein Rätsel in einem Rätsel.

Nach den Gründen für die kulturelle »Rückständigkeit« der australischen Aborigines-Gesellschaften gefragt, präsentieren viele weiße Australier eine simple Antwort: Sie verweisen auf die vermeintliche Minderwertigkeit der Aborigines selbst. Von Europäern unterscheiden sich die Aborigines tatsächlich in der Gesichtsform und Hautfarbe, was einige Autoren des späten 19. Jahrhunderts veranlaßte, in ihnen ein fehlendes Glied der Evolution vom Affen zum Menschen zu erblicken. Wie sonst ließe sich erklären, daß weiße englische Kolonisten ein alphabetisiertes, demokratisches Gemeinwesen mit Landwirtschaft und Industrie binnen weniger Jahrzehnte nach der Besiedlung eines Kontinents schufen, dessen Bewohner nach über 40000 Jahren immer noch auf der Stufe analphabetischer Jäger und Sammler standen? Besonders erstaunlich ist in dem Zusammenhang, daß Australien die größten Eisen- und Aluminiumvorkommen der Welt und reiche Vorräte an Kupfer, Zinn, Blei und Zink besitzt. Wie kam es da, daß die Aborigines noch in der Steinzeit lebten?

Es erscheint wie ein perfekt kontrolliertes Experiment zur Evolution menschlicher Gesellschaften. Der Kontinent war der gleiche, nur die Akteure waren andere. Ergo muß die Erklärung für die Unterschiede zwischen Aborigines- und europäisch-australischen Gesellschaften bei den verschiedenen Völkern, die sie bilden, zu suchen sein. Die Logik, die diesem rassistischen Schluß zugrunde liegt, erscheint zwingend. Wie wir sehen werden, enthält sie jedoch einen ebenso simplen wie entscheidenden Fehler.

Um diese Frage näher zu beleuchten, wollen wir zunächst die Herkunft der an dem »Experiment« beteiligten Völker betrachten. Australien und Neuguinea waren beide vor spätestens 40 000 Jahren, als sie noch gemeinsam den Kontinent Großaustralien bildeten, von Menschen besiedelt. Ein Blick auf die Landkarte (Abbildung 14.1) legt die Vermutung nahe, daß die Kolonisten aus Südostasien stammten und den Weg über den indonesischen Archipel nahmen, den sie durch »Inselhüpfen« überwanden. Dieser Schluß wird gestützt durch die genetische Verwandtschaft zwischen modernen Australiern, Neuguineern und Asiaten, aber auch durch das Überleben einer kleinen Zahl von Populationen bis in die Gegenwart, die gewisse Ähnlichkeiten in der physischen Erscheinung aufweisen (auf den Philippinen, der Malaiischen Halbinsel und einigen Inseln in der Andamanensee vor der Küste Birmas).

Nach der Landung in Großaustralien ergriffen die ersten Kolonisten rasch von dem gesamten Kontinent Besitz und drangen auch in seine entlegensten Regionen und unwirtlichsten Lebensräume vor. Fossilien und Steinwerkzeuge belegen ihre Anwesenheit in Australiens Südwesten vor mindestens 40 000 Jahren, im Südosten und auf Tasmanien, der am weitesten von dem vermuteten Brückenkopf in Westaustralien oder Neuguinea (den Teilen Australiens, die Indonesien und Asien am nächsten liegen) entfernten Region des Kontinents, vor mindestens 35 000 Jahren und im kühlen Hochland Neuguineas vor mindestens 30 000 Jahren. All diese Gebiete waren von einem Brückenkopf im Westen auf dem Landweg zu erreichen. Die Besiedlung des Bismarckarchipels und der Salomoninseln nordöstlich von Neuguinea vor mindestens

35000 Jahren erforderte jedoch weitere Wasserüberquerungen über Distanzen von mehreren Dutzend Kilometern. Die Besiedlung Australiens könnte sogar noch schneller als innerhalb von 10000 Jahren erfolgt sein, da sich die verschiedenen Zeitpunkte unter Einbeziehung des Fehlerintervalls, das bei der Datierung nach der Radiokarbon-Methode zu berücksichtigen ist, kaum unterscheiden.

Als Australien und Neuguinea im Eiszeitalter erstmals von Menschen besiedelt wurden, erstreckte sich der asiatische Kontinent nach Osten ungefähr bis dort, wo heute die Inseln Borneo, Java und Bali liegen; damit reichte er etwa 1500 Kilometer näher an Australien und Neuguinea heran als das heutige Südostasien. Um von Borneo oder Bali zum eiszeitlichen Großaustralien zu gelangen, mußten aber immer noch mindestens acht Meerengen von bis zu 80 Kilometern Breite überquert werden. Vor 40000 Jahren dienten dazu möglicherweise Bambusflöße – einfache, aber seetüchtige Gefährte, wie sie noch heute an den Küsten Südchinas in Gebrauch sind. Dennoch muß jede Überfahrt ein recht schwieriges Unternehmen gewesen sein, was schon daran abzulesen ist, daß nach der ursprünglichen Landung vor 40000 Jahren mehrere Zehntausend Jahre lang keine weiteren Neuankömmlinge Großaustralien erreichten, jedenfalls gibt es dafür keine überzeugenden archäologischen Hinweise. Erst in den letzten Jahrtausenden tauchten die nächsten zuverlässigen Indizien in Form von Schweinen in Neuguinea und Hunden in Australien auf, die beide nur aus Asien stammen konnten.

Mithin entwickelten sich die menschlichen Gesellschaften Australiens und Neuguineas in beträchtlicher Isolation von ihren Ahnen-Gesellschaften in Asien, was sich unter anderem in den heute gesprochenen Sprachen widerspiegelt. Nach den vielen Jahrtausenden der Isolation weisen weder die heutigen Sprachen der australischen Aborigines noch die wichtigste Sprachengruppe Neuguineas (die der sogenannten Papua-Sprachen) deutliche Ähnlichkeiten mit irgendeiner modernen asiatischen Sprache auf.

Der Grad der Isolation findet auch in den Genen und der physischen Anthropologie Ausdruck. Erbbiologische Untersuchungen deuten darauf hin, daß australische Aborigines und neuguineische

Hochlandbewohner eine etwas größere Ähnlichkeit mit modernen Asiaten aufweisen als mit Völkern anderer Kontinente, wobei sie aber keineswegs eng miteinander verwandt sind. Auch im Skelettbau und in der physischen Erscheinung unterscheiden sich australische Aborigines und Neuguineer deutlich von den meisten Völkern Südostasiens – man vergleiche nur Fotos von Australiern oder Neuguineern mit denen von Indonesiern oder Chinesen. Eine Erklärung für all diese Unterschiede liegt darin, daß die asiatischen Erstbesiedler Großaustraliens viel Zeit hatten, um sich gegenüber ihren daheimgebliebenen Vettern zu verändern. Ein noch wichtigerer Grund dürfte aber gewesen sein, daß die ursprünglichen Bewohner Südostasiens, aus denen sich die Kolonisten Großaustraliens rekrutiert hatten, inzwischen weitgehend von anderen asiatischen Völkern, die in späteren Expansionswellen aus China einwanderten, verdrängt wurden.

Auch australische Aborigines und Neuguineer selbst entwickelten sich in genetischer, physischer und sprachlicher Hinsicht auseinander. So treten die Blutgruppe B des sogenannten ABO-Systems und die Blutgruppe S des MNS-Systems in Neuguinea und den meisten anderen Teilen der Welt auf, in Australien aber so gut wie gar nicht. Das krause Haar der meisten Neuguineer steht im Kontrast zu dem glatten oder welligen Haar der meisten Aborigines. Die australischen Sprachen und die neuguineischen Papua-Sprachen lassen nicht nur jede Verwandtschaft mit asiatischen Sprachen, sondern auch untereinander vermissen, sieht man von einigen Begriffen ab, die über die Torresstraße Eingang in den jeweils anderen Wortschatz fanden.

All diese Unterschiede zwischen Australiern und Neuguineern sind Folgen einer langen Phase der Isolation unter sehr unterschiedlichen Umweltbedingungen. Nachdem Australien und Neuguinea durch den Anstieg der Arafurasee vor etwa 10000 Jahren voneinander getrennt wurden, beschränkte sich der genetische Austausch auf sporadische Kontakte über die Kette der Inseln in der Torresstraße. Dadurch konnten sich die Populationen der beiden Halbkontinente an die jeweils eigene Umwelt anpassen. Mögen die Savannen und Mangrovenwälder an der Südküste Neuguineas denen an der australischen Nordküste noch recht ähnlich sein, so unterscheiden sich die übrigen Lebensräume der beiden Landmassen in fast jeder Hinsicht.

Ich will nur einige dieser Unterschiede nennen. Neuguinea liegt beinahe genau auf dem Äquator, während Australien weit in die gemäßigten Breiten hineinreicht (fast bis 40 Grad südlicher Breite). Neuguinea ist gebirgig und sehr zerklüftet; seine höchsten Gipfel sind über 5000 Meter hoch und von Gletschern bedeckt. Australien dagegen besteht überwiegend aus flachem Tiefland – 94 Prozent seiner Fläche erheben sich weniger als 600 Meter über den Meeresspiegel. Neuguinea zählt zu den niederschlagreichsten Regionen der Welt, Australien zu den trockensten. Im größten Teil Neuguineas fallen über 2500 mm Niederschlag im Jahr und in einem großen Teil des Hochlands sogar über 5000 mm, in Australien weniger als 500 mm. Das äquatoriale Klima Neuguineas kennt nur geringe Schwankungen im Jahresverlauf und von Jahr zu Jahr. Australiens Klima weist dagegen hohe jahreszeitliche Schwankungen und weit größere Unterschiede von einem Jahr zum nächsten auf als irgendein anderer Kontinent. Entsprechend ist Neuguinea von großen, ständig fließenden Flüssen durchzogen, während die australischen Flüsse in den meisten Jahren nur im Osten des Kontinents ganzjährig Wasser führen, wobei selbst das größte Stromsystem Australiens, der Murray und seine Nebenflüsse, in Dürreperioden für Monate austrocknen kann. Während Neuguinea überwiegend von dichtem Regenwald bedeckt ist, findet man im größten Teil Australiens nur Wüste und offenes, trockenes Waldland.

Seinen Vulkanen und Gletschern, die im Wechsel vorrückten und sich zurückzogen und dabei den Boden des Hochlands abtrugen, sowie den Flüssen und Bächen, die riesige Mengen Schlamm vom Gebirge ins Tiefland transportierten und dort ablagerten, verdankt Neuguinea eine Schicht jungen, fruchtbaren Bodens. Australien besitzt demgegenüber von allen Kontinenten die bei weitem ältesten, unfruchtbarsten und ausgelaugtesten Böden, was auf den geringen Vulkanismus und das Fehlen hoher Berge und Gletscher zurückzuführen ist. In Neuguinea, das flächenmäßig zehnmal kleiner ist als Australien, trifft man ungefähr die gleiche Anzahl von Säugetier- und Vogelarten wie in Australien – eine Folge der äquatornahen Lage, der hohen Niederschlagsmengen, der vielfältigeren Höhenlagen und der größeren Fruchtbarkeit. All diese Unterschiede in den Umweltbedingungen beeinflußten die sehr unterschiedliche Kulturgeschichte der beiden Teilkontinente, die uns als nächstes beschäftigen soll.

Die älteste und intensivste Landwirtschaft Großaustraliens sowie die dichtesten Populationen waren in den Hochlandtälern von Neuguinea in Höhenlagen zwischen 1200 und 2700 Metern ü. d. M. angesiedelt. Bei archäologischen Ausgrabungen wurden komplizierte, bis zu 9000 Jahre alte Entwässerungssysteme entdeckt, die vor 6000 Jahren in großem Stil auftauchten; man stieß auch auf Terrassen, die in trockeneren Gebieten zur Zurückhaltung der Bodenfeuchtigkeit dienten. Die Grabensysteme ähnelten denen, die noch heute im neuguineischen Hochland zur Sumpftrockenlegung für den Obst- und Gemüseanbau verwendet werden. Pollenanalysen ergaben, daß in den Hochlandtälern vor 5000 Jahren große Flächen entwaldet waren, was auf landwirtschaftliche Rodungen schließen läßt.

Haupterzeugnisse der bäuerlichen Hochlandbewohner sind heute Taro, Bananen, Jamswurzeln, Zuckerrohr, Gräser mit eßbaren Stengeln, mehrere Sorten Blattgemüse und die erst in jüngerer Vergangenheit eingeführte Süßkartoffel. Da Taro, Bananen und Jamswurzeln in Südostasien, einer unumstrittenen Stätte der Pflanzendomestikation, heimisch sind, nahm man früher an, daß alle Kulturpflanzen des neuguineischen Hochlands mit Ausnahme der Süßkartoffel asiatischer Herkunft sind. Nach und nach fand man jedoch heraus, daß es sich bei den wilden Vorfahren von Zuckerrohr, Blattgemüse und den Gräsern mit eßbaren Stengeln um neuguineische Arten handelt, daß die wilden Vorfahren der in Neuguinea angebauten Bananensorten aus Neuguinea und nicht aus Asien stammten und daß Taro und einige Jamswurzelarten sowohl in Neuguinea als auch in Asien heimisch sind. Würde die neuguineische Landwirtschaft ihre Entstehung tatsächlich Importen aus Asien verdanken, so wäre zu erwarten gewesen, daß wenigstens einige Kulturpflanzen des neuguineischen Hochlands eindeutig aus Asien stammten, was nicht der Fall ist. Deshalb wird inzwischen allgemein davon ausgegangen, daß die Landwirtschaft im neuguineischen Hochland durch Domestikation neuguineischer Wildpflanzen unabhängig entstand.

Neuguinea gehört damit neben dem Fruchtbaren Halbmond, China und einer kleinen Zahl weiterer Regionen zu den frühen Zentren der Pflanzendomestikation. Von den Kulturpflanzen, die vor 6000 Jahren im neuguineischen Hochland angebaut wurden, kamen an archäologischen Fundstätten bisher keine Überreste zum Vorschein. Das überrascht aber nicht, da es sich auch bei den heutigen Hauptanbaugewächsen des Hochlands um Arten handelt, die nur unter außergewöhnlichen Umständen für Archäologen sichtbare Spuren hinterlassen. Es ist deshalb anzunehmen, daß einige von ihnen auch zu den ältesten Kulturpflanzen Neuguineas zählten. Gestützt wird diese Vermutung durch die große Ähnlichkeit der erhaltenen frühzeitlichen Entwässerungssysteme mit denen, die heute zum Anbau von Taro angelegt werden.

Die drei eindeutig fremden Elemente in der neuguineischen Landwirtschaft waren nach Berichten der ersten europäischen Entdecker Hühner, Schweine und Süßkartoffeln. Huhn und Schwein wurden in Südostasien domestiziert und gelangten vor etwa 3600 Jahren mit den Austronesiern, einem ursprünglich in Südchina beheimateten Volk, das uns in Kapitel 16 näher beschäftigen wird, nach Neuguinea und zu den meisten anderen Pazifikinseln. (Schweine könnten schon früher dort eingetroffen sein.) Die aus Südamerika stammende Süßkartoffel erreichte Neuguinea offenbar erst innerhalb der letzten Jahrhunderte, nachdem die Spanier sie auf den Philippinen eingeführt hatten. Einmal in Neuguinea etabliert, überholte die Süßkartoffel bald Taro als wichtigstes Anbaugewächs der Hochlandbewohner. Die Gründe dafür lagen in der kürzeren Wachstumszeit bis zur Reife, den höheren Pro-Hektar-Erträgen und dem besseren Gedeihen auf schlechten Böden.

Die Entstehung der Landwirtschaft im Hochland von Neuguinea muß vor einigen tausend Jahren eine gewaltige Bevölkerungsexplosion ausgelöst haben, denn nach der Ausrottung der einstigen Großtierwelt aus Riesenbeuteltieren konnte diese Region nur sehr dünne Populationen von Jägern und Sammlern ernähren. Zu einer weiteren Bevölkerungexplosion gab die Ankunft der Süßkartoffel vor wenigen Jahrhunderten den Anstoß. Als Europäer in den 30er Jahren dieses Jahrhunderts erstmals mit dem Flugzeug über das neuguineische Hochland flogen, erblickten sie zu ihrem Erstaunen unter sich eine Landschaft, die sie an Holland erinnerte. Breite Täler waren vollständig gerodet und mit vielen kleinen Dörfern wie mit Punkten übersät; eingezäunte, entwässerte Felder erstreckten sich in manchen Tälern von einem Rand zum anderen. Dieses Landschaftsbild kündet von der hohen Siedlungsdichte von Hochlandbauern, die nur über Steinwerkzeuge verfügten.

Steiles Terrain, Dauerbewölkung, Malaria und die Gefahr von Dürren in tieferen Lagen bewirken, daß Landwirtschaft im neuguineischen Hochland nur in über 1200 Meter Höhe getrieben werden kann. Dieses Gebiet ragt wie eine dichtbevölkerte Insel aus einem Wolkenmeer empor. Im neuguineischen Tiefland leben die Menschen an der Küste und entlang der großen Flüsse seßhaft in Dörfern und ernähren sich hauptsächlich von Fisch, während im dünnbesiedelten Inland Brandrodungsfeldbau mit Bananen und Jamswurzeln als Grundnahrungsmitteln betrieben wird, ergänzt durch Jagen und Sammeln. Im Unterschied dazu ziehen die Bewohner der Sumpfgebiete als Jäger und Sammler umher und ernähren sich hauptsächlich von dem stärkehaltigen Mark wilder Sagopalmen, eines äußerst ertragreichen Gewächses, das pro Arbeitsstunde eine Ernte von dreimal soviel Kalorien ermöglicht wie beim Anbau von Obst oder Gemüse. Die Sümpfe Neuguineas stehen somit für eine Umwelt, in der sich die Lebensweise der Jäger und Sammler behauptete, weil sie der Landwirtschaft überlegen war.

Die politische Organisation der Sagoesser der Tieflandsümpfe ist ein Beispiel für nomadische Jäger-Sammler-Gruppen, wie sie einst für alle Neuguineer typisch gewesen sein müssen. Aus den in Kapitel 12 und 13 erörterten Gründen waren es die bäuerlichen beziehungsweise Fischfang treibenden Völker, die komplexere Techniken, Gesellschaften und politische Organisationsformen entwickelten. Sie leben in festen Dörfern und Stammesgesellschaften, häufig mit einem »Big-man« an der Spitze. Manche errichten große Kulthäuser mit kunstvollen Verzierungen. Ihre hölzernen Statuen und Masken werden auf der ganzen Welt gepriesen und in zahlreichen Museen ausgestellt.

Neuguinea wurde somit zu dem Teil Großaustraliens, in dem die Technik, die soziale und politische Organisation und die Kunst den höchsten Entwicklungsstand erreichten. Aus der Sicht amerikanischer oder europäischer Großstädter ist Neuguinea dennoch als »primitiv« und nicht »hoch entwickelt« einzustufen. Woran lag es, daß die Neuguineer bis zuletzt nur Steinwerkzeuge besaßen, statt metallene herzustellen? Warum blieben sie Analphabeten? Und warum gründeten sie keine Häuptlingsreiche und Staaten? Wie wir sehen werden, standen dem eine Reihe biologischer und geographischer Faktoren im Weg.

Der erste hängt mit der Nahrungsproduktion zusammen. Das neuguineische Hochland war zwar eine der Geburtsstätten der Landwirtschaft, doch die erzeugte Proteinmenge war recht gering (siehe Kapitel 7). Hauptnahrungspflanzen waren Wurzelfrüchte mit sehr niedrigem Eiweißgehalt, und auch die Haustierzucht (Schweine und Hühner) vermochte keinen größeren Beitrag zur Eiweißversorgung der Bevölkerung zu leisten. Da sich weder Schweine noch Hühner als Zugtiere vor Wagen spannen lassen, waren die neuguineischen Hochlandbewohner überdies ganz auf die eigene Muskelkraft angewiesen. Sie konnten auch keine epidemischen Krankheiten entwickeln, um damit eines Tages die europäischen Eindringlinge abzuwehren.

Ein zweiter Faktor, der die Bevölkerungsgröße der Hochlandbewohner beschränkte, war die Knappheit der Anbauflächen: Im Hochland von Neuguinea gibt es nur wenige breite, zur dichten Besiedlung geeignete Täler, insbesondere das Wahgi- und das Baliemtal. Eine dritte Beschränkung lag darin, daß nur mittlere Höhenlagen zwischen 1200 und 2700 Metern für eine intensive landwirtschaftliche Nutzung in Frage kamen. Oberhalb von 2700 Metern wurde in Neuguinea überhaupt keine Landwirtschaft getrieben, auf Hangflächen zwischen 300 und 1200 Metern nur in begrenztem Umfang und im Tiefland lediglich in Form von Brandrodungsfeldbau. Ein intensiver Austausch landwirtschaftlicher Erzeugnisse zwischen Gruppen, die sich in verschiedenen Höhenlagen auf unterschiedliche Arten der Nahrungsmittelproduktion spezialisierten, konnte deshalb in Neuguinea nicht entstehen. In den Anden, den Alpen und im Himalaja führte ein solcher Austausch dagegen nicht nur zur Erhöhung der Bevölkerungsdichte, indem die Bewohner aller Höhenlagen mit einer ausgewogeneren Kost versorgt wurden, sondern er förderte auch die wirtschaftliche und politische Integration der jeweiligen Region.

Aus all diesen Gründen stieg die Bevölkerung des traditionellen Neuguinea nie über eine Million, bevor die europäischen Kolonialherren westliche Medizin ins Land brachten und die Stammeskriege beendeten. Von den neun in Kapitel 4 aufgeführten Gebieten, in denen die Landwirtschaft unabhängig entstand, blieb Neuguinea mit Abstand das bevölkerungsärmste. Mit nur rund einer Million Einwohnern konnte Neuguinea unmöglich mit der Entwicklung von Technik, Schrift und politischen Systemen in China, Vorderasien, den Anden und Mesoamerika mithalten, wo viele Millionen Menschen lebten.

Neuguinea zählt aber nicht nur insgesamt wenig Einwohner, sondern darüber hinaus wird seine Bevölkerung durch das unwegsame Gelände in Tausende von Gruppen und Grüppchen zersplittert: Sümpfe bedecken einen Großteil des Tieflands, das Hochland ist von steilen Bergkämmen und engen Cañons durchzogen, und fast die ganze Insel ist mit dichtem Urwald bekleidet. Wenn ich in Neuguinea biologische Feldforschung unternehme und mit einer Gruppe einheimischer Helfer durch den Dschungel ziehe, betrachte ich eine Tagesleistung von fünf Kilometern als hervorragend, selbst wenn wir auf vorhandenen Pfaden marschieren. Die meisten Bewohner traditioneller Dörfer im neuguineischen Hochland haben sich nie weiter als 15 Kilometer von ihrem Geburtsort entfernt.

Diese Unwegsamkeit in Verbindung mit häufigen Stammeskriegen, die für die Beziehungen zwischen neuguineischen Nomadenverbänden oder Dörfern kennzeichnend waren, erklären die sprachliche, kulturelle und politische Zersplitterung des traditionellen Neuguinea. Neuguinea weist mit Abstand die höchste Konzentration von Sprachen auf: Von den 6000 Sprachen der Welt werden hier, in einem Gebiet nur wenig größer als Texas, etwa 1000 gesprochen, untergliedert in Dutzende von Sprachfamilien und isolierte Einzelsprachen, die einander so wenig ähneln wie Englisch und Chinesisch. Fast die Hälfte der Sprachen Neuguineas haben weniger als 500 Sprecher, und selbst die größten Sprachgruppen (mit etwa 100000 Sprechern) waren politisch in Hunderte von Dörfern zersplittert, die miteinander ebenso verfehdet waren wie mit Sprechern anderer Sprachen. Jede dieser Minigesellschaften war für sich genommen viel zu klein, um Häuptlinge und Spezialisten miternähren oder Metallverarbeitung und Schrift hervorbringen zu können.

Außer durch eine kleine, in unzählige Grüppchen gespaltene Bevölkerung wurde die Entwicklung in Neuguinea durch die geographische Isolation behindert, die den Zustrom neuer Techniken und Ideen von außen stark einschränkte. Von seinen drei Nachbarn war Neuguinea durch das Meer getrennt, und bis vor wenigen tausend Jahren waren alle drei in der technischen und landwirtschaftlichen Entwicklung noch weniger fortgeschritten als Neuguinea (und insbesondere das neuguineische Hochland). Von den Bewohnern dieser drei Nachbarregionen verharrten die australischen Aborigines auf der Stufe von Jägern und Sammlern, die den Neuguineern kaum etwas anzubieten hatten, was diese nicht schon besaßen. Bei dem zweiten Nachbarn handelte es sich um die wesentlich kleineren Inseln des Bismarck- und Salomonarchipels im Osten. Damit blieb als dritter Nachbar nur noch die Inselwelt Ostindonesiens übrig. Doch auch diese Region war als Heimat von Jäger- und Sammlergesellschaften die meiste Zeit der Geschichte kulturelle Provinz. So ist kein einziger Gegenstand bekannt, der nach der anfänglichen Besiedlung Neuguineas vor über 40000 Jahren nachweislich den Weg über Indonesien nach Neuguinea fand, bevor um 1600 v. Chr. die austronesische Expansion begann.

Im Zuge dieser Ausbreitungsbewegung wurde Indonesien von Landwirtschaft treibenden Völkern asiatischer Herkunft in Besitz genommen, die Haustiere, Ackerbau und technische Errungenschaften mitbrachten, die mindestens dem damaligen Niveau Neuguineas entsprachen. Sie hatten auch Navigationskenntnisse, die ihnen die Überfahrt von Asien nach Neuguinea erleichterten. Austronesier besiedelten Inseln westlich, nördlich und östlich von Neuguinea, ließen sich aber auch am Westzipfel sowie an der Nord- und Südostküste von Neuguinea selbst nieder. Im Gepäck hatten sie Töpferwaren sowie Hühner und vermutlich Hunde und

Schweine. (Bei älteren archäologischen Untersuchungen stieß man im Hochland von Neuguinea angeblich auf Schweineknochen, die aus der Zeit um 4000 v. Chr. stammen sollen, doch diese Funde konnten nie bestätigt werden.) Mindestens während der letzten Jahrtausende unterhielt Neuguinea Handelsbeziehungen mit den technisch weit höher entwickelten Gesellschaften Javas und Chinas. Im Tausch gegen Federn von Paradiesvögeln und Gewürze gelangten diverse Güter aus Südostasien nach Neuguinea, darunter solche Kostbarkeiten wie Bronzetrommeln aus Dong-son und chinesisches Porzellan.

Mit der Zeit hätte die austronesische Expansion auf Neuguinea sicher immer stärkere Veränderungen gezeitigt. Der Westteil Neuguineas wäre vermutlich irgendwann in die Sultanate des östlichen Indonesien eingegliedert worden, und wahrscheinlich hätten Metallwerkzeuge den Weg über Ostindonesien nach Neuguinea gefunden. Das alles lag aber noch in der Zukunft, als 1511 die Portugiesen auf den Molukken landeten und Indonesiens eigenständige Entwicklung vorzeitig beendeten. Als wenig später auch in Neuguinea Europäer eintrafen, lebten dessen Bewohner noch in Nomadengruppen oder Dörfern, die erbittert ihre Unabhängigkeit verteidigten, und besaßen nur Steinwerkzeuge.

Im Gegensatz zum neuguineischen Teil Großaustraliens blieb die Erfindung von Tierhaltung und Ackerbau im australischen Teil aus. Während der Eiszeiten hatten in Australien weit mehr große Beuteltiere gelebt als in Neuguinea, unter anderem Diprotodonten (das Beuteltier-Pendant zu Kühen und Nashörnern), Riesenkänguruhs und Riesenwombats. Doch all diese Beuteltiere, die Kandidaten für die Tierhaltung hätten werden können, verschwanden während des massenhaften Artensterbens, das mit der Besiedlung Australiens durch den Menschen einherging. Danach besaß Australien ebenso wie Neuguinea keine domestizierbaren heimischen Säugetiere mehr. Das einzige domestizierte Säugetier, das in Australien von außen übernommen wurde, war der Hund, der um 1500 v. Chr. von Asien kam (vermutlich an Bord austronesischer Kanus) und in der australischen Wildnis als Dingo heimisch wurde. Australische Aborigines hielten Dingos als treue Gefährten, Wachhunde und sogar als lebende Decken für kühle Nächte. Anders als die Polynesier aßen sie aber kein Hundefleisch, und sie richteten auch keine Hunde zum Jagen ab, wie es die Neuguineer taten.

Chancenlos war auch der Ackerbau in Australien, das nicht nur die geringsten Niederschlagsmengen erhält, sondern auch von allen Kontinenten die unfruchtbarsten Böden besitzt. Hinzu kommt, daß Australien als einziger Kontinent stark unter dem klimabestimmenden Einfluß von »El Niño« steht, einem atmosphärischen und ozeanischen Phänomen des Pazifiks. »El Niño« weist im Gegensatz zu den uns vertrauten regelmäßig wiederkehrenden Jahreszeiten einen unregelmäßigen mehrjährigen Zyklus auf. Unvorhersehbare schwere Dürreperioden können mehrere Jahre dauern, unterbrochen von ebenso unvorhersehbaren sintflutartigen Regenfällen und Überschwemmungen. Noch heute ist die Landwirtschaft in Australien ein riskantes Unternehmen – trotz europäischer Anbaupflanzen und moderner Transportmittel für landwirtschaftliche Erzeugnisse. In guten Jahren wachsen die Herden, um dann von der nächsten Dürre wieder dezimiert zu werden. Angehende Bauern im frühzeitlichen Australien wären mit ähnlichen Zyklen des Bevölkerungswachstums und -rückgangs konfrontiert worden. Wenn sie sich in fetten Jahren in Dörfern niedergelassen, Pflanzen angebaut und sich vermehrt hätten, so wären die gewachsenen Populationen in der nächsten Dürre, in der das Land weniger Bewohner ernähren konnte, vom Hunger dezimiert worden.

Das zweite Haupthindernis für die Landwirtschaft in Australien war die geringe Zahl domestizierbarer Wildpflanzen. Selbst in diesem Jahrhundert scheiterten die Versuche europäischer Pflanzengenetiker, in Australien heimische Wildpflanzen zu domestizieren – die einzige Ausnahme war die Macadamianuß. Auf der Liste aller potentiell nützlichen Getreidepflanzen der Welt, auf der die 56 großsamigsten Wildgräser verzeichnet sind, stehen nur zwei australische Kandidaten, und beide rangieren weit hinten (mit einem Körnergewicht von nur 13 Milligramm gegenüber stattlichen 40 Milligramm bei den schwersten Getreidekörnern). Das heißt nicht, daß Australien überhaupt keine potentiellen Anbaupflanzen besaß oder daß die Aborigines nie von sich aus die Landwirtschaft eingeführt hätten. Manche Pflanzen, wie einige Arten von Jamswurzeln, Taro und Pfeilwurz, werden im Süden Neuguineas angebaut, wachsen aber auch wild in Nordaustralien und werden dort von Aborigines geerntet. Wie wir sehen werden, schlugen die Aborigines in jenen Gebieten Australiens, in denen die klimatischen Verhältnisse am günstigsten waren, einen Weg ein, der vermutlich irgendwann zur Landwirtschaft geführt hätte. Ihr wären aber durch den Mangel an domestizierbaren Tieren, die geringe Zahl domestizierbarer Pflanzen und die schwierigen Böden und Klimabedingungen in jedem Fall enge Grenzen gesetzt gewesen.

Nomadentum, Jagd- und Sammelwirtschaft und möglichst geringe Investitionen in Behausungen und Habseligkeiten waren eine sinnvolle Anpassung an die unberechenbaren klimatischen Verhältnisse Australiens. Verschlechterten sich die Bedingungen an einem Ort, zog man weiter in ein Gebiet, in dem vorübergehend günstigere Bedingungen herrschten. Statt sich in Abhängigkeit von einer kleinen Zahl von Anbaupflanzen zu begeben, deren Erträge in manchen Jahren vielleicht nicht ausreichen würden, hielten die Aborigines ihr Risiko so gering wie möglich, indem sie sich auf ein breites Spektrum von Wildpflanzen und -tieren stützten, von denen kaum zu befürchten war, daß alle zur gleichen Zeit als Nahrungsquelle ausfallen würden. Sie unterhielten keine fluktuierenden Populationen, die hin und wieder durch Hunger dezimiert wurden, wenn die Natur in einem Jahr nicht genug hergab, sondern lebten in kleineren Populationen, die in guten Jahren im Überfluß schwelgen, in schlechten Jahren aber immer noch genug zum Überleben finden konnten.

Auch ohne Landwirtschaft im eigentlichen Sinne zu betreiben, bewirtschafteten die Aborigines ihre Umwelt und steigerten die Erträge an pflanzlicher und tierischer Nahrung, die sie ihnen bot. Zu ihren Methoden gehörte insbesondere das regelmäßige Legen von Buschbränden, das mehreren Zwecken diente: Tiere wurden aufgescheucht, die bei dem Versuch, vor dem Feuer zu fliehen, erlegt und anschließend verspeist werden konnten; die Brände verwandelten Dickichte in offene Parklandschaften, die Menschen leichter durchqueren konnten; Parklandschaften bildeten zudem einen idealen Lebensraum für Känguruhs, das wichtigste Wild, das in Australien gejagt werden kann; außerdem förderten die Brände das Wachstum von neuem Gras, einer Hauptnahrung der Känguruhs, und auch von Farnwurzeln, einer Nahrungsquelle der Aborigines.

In unserer Vorstellung sind die australischen Aborigines Geschöpfe der Wüste, doch für die meisten von ihnen traf das gar nicht zu. Vielmehr schwankte ihre örtliche Bevölkerungsdichte mit der Niederschlagsmenge (da von ihr die Menge pflanzlicher und tierischer Nahrung, die in der Natur zu finden ist, bestimmt wird) und der Menge an Nahrung im Meer, in Flüssen und Seen. Am dichtesten besiedelt waren die niederschlagsreichsten, fruchtbarsten Regionen Australiens: das Stromsystem von Murray und Darling im Südosten, die Ost- und Nordküste und der Südwestzipfel. In diesen Gebieten erreichte auch die Besiedlung durch weiße Europäer in der jüngeren australischen Geschichte ihre größte Dichte. Der Grund, warum die Aborigines für uns Wüstenbewohner sind, liegt darin, daß sie in den attraktiveren Gebieten von Europäern umgebracht oder vertrieben wurden, so daß den letzten intakten Aborigines-Populationen nur der Rückzug in Gegenden blieb, an denen Europäer kein Interesse hatten.

Innerhalb der letzten 5000 Jahre kam es in einigen der fruchtbaren Regionen zu einer Intensivierung der von den Aborigines praktizierten Form der Nahrungsgewinnung, einhergehend mit einem Anstieg der Bevölkerungsdichte. So wurden in Ostaustralien Techniken entwickelt, mit denen es gelang, die im Überfluß vorhandenen stärkehaltigen, aber hochgiftigen Zykadeensamen durch Auslaugung oder Fermentation genießbar zu machen. Die zuvor ungenutzten Hochebenen im Südosten Australiens wurden ab einem gewissen Zeitpunkt regelmäßig im Sommer von Aborigines aufgesucht, die sich dort nicht nur an Zykadeennüssen und Jamswurzeln gütlich taten, sondern auch an Bogongfaltern, einer Wanderfalterart, die dort in riesigen Ansammlungen überwintert und gegrillt wie geröstete Kastanien schmeckt. Eine weitere Form intensiver Nahrungsgewinnung war der Fang von Süßwasseraalen im Murray-Darling-Stromsystem, wo die Wasserstände in Marschgebieten je nach saisonalen Regenfällen schwanken. Hier legten

Aborigines komplizierte Kanalsysteme von bis zu 2,5 km Länge an, um den Aalen auch Zugang zu den jeweils benachbarten Marschgebieten zu verschaffen. Gefangen wurden die Aale an kunstvollen Wehren, in Fallen in toten Seitenkanälen und in Netzen an Steinwällen, die an einigen Stellen in den Kanälen errichtet wurden und mit Durchlaßöffnungen versehen waren. Fallen in unterschiedlicher Höhe trugen dem schwankenden Wasserstand in den Marschen Rechnung. Die Errichtung dieser »Fischfarmen« muß sehr viel Arbeit gekostet haben, konnte dann aber auch eine große Zahl von Menschen ernähren. Europäer berichteten im 19. Jahrhundert von Aborigines-Dörfern an solchen Orten, die aus mehreren Dutzend Häusern bestanden; Archäologen fanden sogar Überreste von Dörfern mit bis zu 146 Steinhäusern, was auf wenigstens saisonal seßhafte Populationen von mehreren hundert Menschen schließen läßt.

Eine weitere Neuerung in Ost- und Nordaustralien war das Ernten von Hirsekörnern einer Art, die zur gleichen Gattung gehört wie Besenhirse, die in der Frühphase der Landwirtschaft in China als Grundnahrungsmittel Bedeutung erlangte. Die Hirse wurde mit steinernen Messern geschnitten, zu Haufen gestapelt und gedroschen. Die Körner wurden in Lederbeuteln oder hölzernen Schalen aufbewahrt und später gemahlen. Einige der verwendeten Werkzeuge, wie Erntemesser und Mahlsteine, ähnelten den Werkzeugen, die im Bereich des Fruchtbaren Halbmonds zum Ernten und Verarbeiten der Samenkörner anderer Wildgräser erfunden wurden. Von allen Methoden, die die australischen Aborigines zur Nahrungsgewinnung anwandten, hätte die Hirseernte mit der Zeit vielleicht am ehesten zur Landwirtschaft geführt.

Parallel zur Intensivierung der Nahrungsgewinnung kamen in den letzten 5000 Jahren neue Arten von Werkzeugen in Australien auf. Kleine Steinklingen und -spitzen traten an die Stelle klobigerer Steinwerkzeuge. Beile mit geschliffenen Steinklingen, die ursprünglich nur an wenigen Orten Australiens verwendet wurden, setzten sich fast überall durch. Innerhalb der letzten tausend Jahre kamen auch Angelhaken aus Muschelschale in Gebrauch.

Warum wurden in Australien keine Werkzeuge aus Metall hergestellt, warum entstanden weder Schrift noch komplexe Formen politischer Organisation? Ein Hauptgrund liegt darin, daß die Aborigines ihre Lebensweise als Jäger und Sammler beibehielten, und wie wir aus den Kapiteln 11–13 wissen, hielten die genannten Neuerungen in anderen Teilen der Welt nur in Gesellschaften mit Landwirtschaft, hoher Bevölkerungsdichte und ökonomischer Differenzierung Einzug. Hinzu kommt, daß Australien mit seinem trockenen, unberechenbaren Klima und seinen kargen Böden nur einige hunderttausend Jäger und Sammler ernähren konnte. Verglichen mit den vielen Millionen Menschen in China oder Mesoamerika verfügte Australien also auch über sehr viel weniger potentielle Erfinder und eine weitaus kleinere Zahl von Gesellschaften, die mit Innovationen experimentieren konnten. Daneben mangelte es an engen Kontakten zwischen den einzelnen Aborigines-Gesellschaften. Das frühe Australien ähnelte einem äußerst dünn besiedelten Wüstenmeer, das sich zwischen einer kleinen Zahl fruchtbarerer ökologischer »Inseln« erstreckte und diese voneinander trennte. Jedes dieser begünstigten Gebiete beherbergte nur einen Bruchteil der australischen Gesamtbevölkerung, und Kontakte zwischen ihnen waren aufgrund der großen Entfernungen sehr spärlich. Selbst in den vergleichsweise niederschlagsreichen, fruchtbaren Küstenebenen Ostaustraliens herrschte kein reger Austausch zwischen den einzelnen Gesellschaften, was schon allein durch die Entfernung von rund 3000 Kilometern bedingt war, die zwischen den tropischen Regenwäldern Queenslands im Nordosten und den Regenwäldern der gemäßigten Klimazone im Südosten liegt – eine geographische und ökologische Distanz wie die zwischen Los Angeles und Alaska.

Eine Reihe technischer Rückentwicklungen, die sich offenbar in einigen Regionen beziehungsweise in ganz Australien vollzogen, könnten auf die isolierte Lage und die relativ geringe Einwohnerzahl der australischen Bevölkerungszentren zurückzuführen sein. Auf der Kap-York-Halbinsel im Nordosten des Kontinents geriet der Bumerang, die typische Waffe Australiens, in Vergessenheit. Die Aborigines im Südwesten Australiens hatten Schalentiere wieder von ihrem Speiseplan gestrichen, als sie erstmals Europäern begegneten. Der Verwendungszweck jener kleinen Steinspitzen, die nach archäologischen Funden vor etwa 5000 Jahren aufgetaucht sein müssen, ist weiter ungeklärt. Eine einfache Erklärung wäre, daß es sich um Speerspitzen und Widerhaken handelte, doch die Ähnlichkeit mit den Steinspitzen und Widerhaken, die in anderen Teilen der Welt an Pfeilen befestigt wurden, läßt Zweifel aufkommen. Sollten sie in Wahrheit als Pfeilspitzen gedient haben, so wäre vielleicht auch das Rätsel gelöst, warum Pfeil und Bogen in jüngerer Vergangenheit in Neuguinea verwendet wurden, nicht aber in Australien: Vielleicht wurden Pfeil und Bogen tatsächlich für eine gewisse Zeit übernommen und gerieten dann in ganz Australien wieder in Vergessenheit. All diese Beispiele erinnern an die Abkehr der Japaner vom Gewehr, die Abschaffung von Pfeil und Bogen und Töpferei im größten Teil Polynesiens und die Abwendung anderer isolierter Gesellschaften von anderen Techniken (Kapitel 12).

Schauplatz der extremsten technischen Rückentwicklung in diesem Teil der Welt war die Insel Tasmanien, die etwa 240 Kilometer vor der Küste Südostaustraliens liegt. Als der Meeresspiegel im Eiszeitalter sank, war die Bass-Straße, die heute Tasmanien von Australien trennt, eine trockene Ebene, und die Bewohner Tasmaniens waren Teil der durchgehenden menschlichen Besiedlung des großaustralischen Kontinents. Als dann die Bass-Straße nach dem Ende der letzten Eiszeit vor etwa 10000 Jahren überflutet wurde, riß der Kontakt zwischen Tasmaniern und Festland-Australiern ab, da keine Seite über Boote oder Flöße verfügte, die für eine Überquerung der Bass-Straße tauglich waren. Fortan lebten die 4000 tasmanischen Jäger und Sammler ohne jeden Kontakt zu anderen menschlichen Wesen – ein Zustand, wie er sonst nur in Science-fiction-Romanen geschildert wird.

Als die Tasmanier im Jahr 1642 die Bekanntschaft der Europäer machten, war ihre materielle Kultur von allen Völkern der Neuzeit auf dem primitivsten Stand. Wie die Aborigines auf dem australischen Festland waren auch sie Jäger und Sammler ohne Metallwerkzeuge. Darüber hinaus fehlten ihnen aber zahlreiche Techniken und Artefakte, die auf dem Festland weit verbreitet waren, wie Speere mit Widerhaken, Knochenwerkzeuge, Bumerange, geschliffene oder polierte Steinwerkzeuge, Steinwerkzeuge mit Schaft, Haken, Netze, Fallen und Speere mit Gabelspitze. Unbekannt waren auch Fertigkeiten wie Fischfang und -zubereitung, Nähen und das Entfachen von Feuer. Manche dieser Errungenschaften trafen möglicherweise zuerst auf dem australischen Festland ein oder wurden dort erfunden, nachdem die Verbindung zwischen Tasmanien und Australien abgerissen war; in diesem Fall wäre davon auszugehen, daß die winzige tasmanische Population die genannten Techniken und Fertigkeiten nicht unabhängig entwickelte. Andere Techniken gelangten nach Tasmanien, als es noch zum australischen Festland gehörte, kamen dort aber während der langen Phase der Isolation abhanden. So geht aus archäologischen Funden hervor, daß Fischfang sowie Ahlen, Nadeln und andere Knochenwerkzeuge um 1500 v. Chr. außer Gebrauch kamen. Auf mindestens drei kleineren Inseln (Flinders, Kangaroo und King), die durch den Anstieg des Meeresspiegels vor etwa 10000 Jahren von Australien beziehungsweise Tasmanien abgeschnitten wurden, starben die menschlichen Bewohner, die anfangs zwischen 200 und 400 gezählt haben dürften, vollständig aus.

Tasmanien und die genannten drei kleineren Inseln veranschaulichen somit in Extremform einen Zusammenhang von potentiell großer Bedeutung für den Lauf der Geschichte: Populationen, die aus wenigen hundert Menschen bestanden, konnten in vollständiger Isolation nicht unbegrenzt überleben. Eine Population aus 4000 Menschen konnte sich zwar 10000 Jahre halten, aber nur mit deutlichen kulturellen Einbußen und einem Mangel an Erfindungen mit der Folge eines starken Absinkens des materiellen Entwicklungsstands. Die 300000 Jäger und Sammler des australischen Festlands waren zahlreicher und weniger stark isoliert als die Tasmanier, bildeten aber dennoch die kleinste und abgeschiedenste menschliche Population aller Kontinente. Die archäologisch belegten Fälle technischer Rückentwicklung auf dem australischen Festland und das Beispiel Tasmaniens deuten darauf hin, daß das begrenzte kulturelle Repertoire der australischen Aborigines im Vergleich zu Völkern anderer Kontinente zum Teil auf die Auswirkungen, die Isolation und geringe Bevölkerungszahl auf die Erfindung und Pflege von Techniken hatten, zurückgehen könnte – ähnlich wie in Tasmanien, aber in weniger extremer Form. Daraus läßt sich folgern, daß die gleichen Faktoren womöglich auch zu den Unterschieden im technischen Entwicklungsstand zwischen dem größten Kontinent (Eurasien) und den nächstkleineren (Afrika, Nordamerika, Südamerika) beitrugen.

Warum erreichten Australien keine höher entwickelten Techniken von seinen Nachbarn Indonesien und Neuguinea? Indonesien war von Nordwestaustralien durch das Meer getrennt und unterschied sich ökologisch sehr stark. Hinzu kommt, daß in Indonesien bis vor wenigen tausend Jahren in kultureller und technischer Hinsicht ebenfalls Stagnation herrschte. So deutet nichts darauf hin, daß nach der anfänglichen Besiedlung Australiens vor 40000 Jahren auch nur eine einzige neue Technik oder Pflanzen- oder Tierart von Indonesien nach Australien gelangte, bis um 1500 v. Chr. der Dingo auftauchte.

Der Dingo kam auf dem Höhepunkt der austronesischen Expansion von Südchina über Indonesien nach Australien. Den Austronesiern gelang die Besiedlung sämtlicher indonesischer Inseln einschließlich der beiden Australien am nächsten gelegenen – Timor und Tanimbar (Entfernung vom heutigen Australien: nur etwa 440 km beziehungsweise 330 km). Da die Austronesier bei ihrer Eroberung der südpazifischen Inselwelt sehr viel größere Entfernungen über das Wasser zurücklegten, müßten wir, auch wenn es den Dingo nicht als Beweis gäbe, davon ausgehen, daß sie wiederholt an Australiens Küsten landeten. In den letzten Jahrhunderten erhielt Nordwestaustralien jedes Jahr Besuch von Segelkanus aus dem Gebiet von Makassar auf der indonesischen Insel Sulawesi (Celebes), bis die australische Regierung diese Kontakte im Jahr 1907 unterband. Anhand archäologischer Funde lassen sich die Besuche bis um 1000 n. Chr. zurückverfolgen, aber sie können auch schon viel früher begonnen haben. Hauptzweck dieser Reisen war die Beschaffung von Seegurken (auch Trepang genannt); die mit dem Seestern verwandten Meerestiere wurden von Makassar aus nach China exportiert und dort wegen ihrer vermeintlichen aphrodisischen Wirkung und ihres Wohlgeschmacks als Suppeneinlage geschätzt.

Natürlich hinterließ der Handel, der sich bei den jährlichen Besuchen aus Makassar entwickelte, in Nordwestaustralien zahlreiche Spuren. So pflanzten die Makassaren an ihren Lagerstellen Tamarindenbäume und zeugten Kinder mit Aborigines-Frauen. Tuche, Metallwerkzeuge, Töpferwaren und Glas kamen als Handelsware nach Australien; allerdings lernten die Aborigines nie, diese Dinge selbst herzustellen. Sie übernahmen von den Makassaren einige Lehnwörter, Zeremonien und den Bau von Einbaumkanus mit Segeln sowie das Pfeiferauchen.

Doch keiner dieser Einflüsse veränderte den grundlegenden Charakter der australischen Gesellschaft. Wichtiger als das, was durch die Besuche der Makassaren geschah, war das, was nicht geschah. Die Makassaren ließen sich *nicht* dauerhaft in Australien nieder, was sicher daran lag, daß der Teil Nordwestaustraliens, der Indonesien am nächsten liegt, für ihre Form der Landwirtschaft viel zu trocken war. Wären die tropischen Regenwälder und Savannen Nordostaustraliens Indonesien am nächsten gewesen, so hätten die Makassaren dort siedeln können, doch es spricht nichts dafür, daß sie je so weit fuhren. Da die Makassaren nur in kleiner Zahl kamen, nie sehr lange blieben und nicht ins Inland vordrangen, beschränkten sich ihre Kontakte auf wenige Gruppen von Australiern, die sie an einem kurzen Abschnitt der Küste antrafen. Selbst diese wenigen Aborigines lernten nur einen kleinen Ausschnitt der makassischen Kultur und Technik kennen, nicht aber deren ganze Bandbreite mit Reisfeldern, Schweinen, Dörfern und Werkstätten. Da die Australier die nomadische Jagd- und Sammelwirtschaft beibehielten, eigneten sie sich nur die wenigen Gegenstände und Bräuche der Makassaren an, die zu ihrer Lebensweise paßten. Pfeifen und Einbaumkanus mit Segeln: ja, Schmiedeöfen und Schweine: nein.

Noch verblüffender als der schwache indonesische Einfluß auf die Australier erscheint der geringe Einfluß Neuguineas. Auf der neuguineischen Seite der schmalen Torresstraße lebten neuguineische Bauern, die neuguineische Sprachen sprachen und Schweine, Töpferwaren und Pfeil und Bogen besaßen; am anderen Ufer lebten australische Jäger und Sammler mit australischen Sprachen, die weder Schweine noch Töpferwaren oder Pfeil und Bogen besaßen. Dabei ist die Torresstraße keine breite geschlossene Wasserfläche, sondern mit Inseln übersät, von denen die größte, Muralug, nur 15 Kilometer von der australischen Küste entfernt liegt. Regelmäßige Handelskontakte verbanden Australien mit den Inseln und die Inseln mit Neuguinea. Zahlreiche Aborigines-Frauen kamen als Ehefrauen auf die Insel Muralug, wo sie Gärten sahen und Pfeil und Bogen kennenlernten. Wie kam es, daß diese Errungenschaften der neuguineischen Kultur nicht den Weg nach Australien fanden?

Daß die Torresstraße eine kulturelle Barriere darstellte, ist nur verwunderlich, wenn man sich fälschlicherweise eine voll entwickelte neuguineische Gesellschaft mit Schweinen und intensiver Landwirtschaft 15 Kilometer vor der australischen Küste vorstellt. Die Realität sah anders aus. Die Aborigines von Kap York bekamen niemals einen Neuguineer vom Festland zu Gesicht. Handel wurde statt dessen zwischen Neuguinea und den dicht vor der neuguineischen Küste gelegenen Inseln getrieben, dann zwischen diesen Inseln und der Insel Mabuiag in der Mitte der Torresstraße, weiter zwischen Mabuiag und der etwas näher an Australien gelegenen Insel Badu, von dort mit Muralug und schließlich zwischen Muralug und Kap York.

Von jeder Insel zur nächsten wurde die neuguineische Kultur etwas mehr verwässert. Schweine waren auf den meisten Inseln nur vereinzelt oder gar nicht anzutreffen. Die Bewohner des Küstentieflands im Süden Neuguineas trieben keine intensive Landwirtschaft wie die Hochlandbewohner, sondern lebten von Brandrodungsfeldbau, ergänzt durch Fischfang, Jagen und Sammeln. Auf dem Weg vom Süden Neuguineas nach Australien verlor selbst der Brandrodungsfeldbau von Insel zu Insel an Bedeutung. Muralug, die Australien am nächsten gelegene Insel, war trocken, für landwirtschaftliche Zwecke kaum geeignet und nur spärlich besiedelt. Ihre wenigen Bewohner ernährten sich vor allem von Fisch, wilden Jamswurzeln und Mangrovenfrüchten.

Was an der Torresstraße, der Nahtstelle zwischen Neuguinea und Australien, geschah, erinnert an das Kinderspiel »Stille Post«, bei dem die Mitspieler einen Kreis bilden und das erste Kind seinem Nachbarn ein Wort ins Ohr flüstert, das wiederum das, was es gehört zu haben glaubt, dem nächsten Kind zuflüstert, bis schließlich das letzte dem ersten Kind etwas ins Ohr flüstert, das zur Belustigung aller mit dem ursprünglichen Wort kaum noch Ähnlichkeit hat. Auf die gleiche Weise wies auch das, was schließlich bei den Aborigines von Kap York ankam, nur noch eine schwache Ähnlichkeit mit der neuguineischen Kultur auf. Man darf sich die Beziehungen zwischen den Bewohnern Muralugs und Kap Yorks auch nicht als Zustand dauernder Harmonie vorstellen, so als ob die Aborigines stets eifrig bemüht gewesen wären, bei ihren insulanischen Lehrern Nachhilfeunterricht in Kultur zu nehmen. Vielmehr gab es einen häufigen Wechsel zwischen friedlichem Handel und kriegerischen Auseinandersetzungen zum Zweck der Kopfjagd und des Frauenraubs.

Trotz der Verwässerung der neuguineischen Kultur durch Entfernung und Kriege gelangten einige Einflüsse aus Neuguinea nach Australien. Durch Mischehen fanden körperliche Merkmale von Neuguineern, wie krauses im Gegensatz zu glattem Haar, den Weg auf die Kap-York-Halbinsel. Vier Kap-York-Sprachen enthielten für Australien ungewöhnliche Phoneme, was auf den Einfluß neuguineischer Sprachen zurückgehen könnte. Die wichtigsten Importe aus Neuguinea waren Angelhaken aus Muschelschale, die sich bis weit nach Australien hinein verbreiteten, sowie neuguineische Auslegerkanus, die an den Küsten der Kap-York-Halbinsel in Gebrauch kamen. Neuguineische Trommeln, rituelle Masken, Begräbnispfähle und Pfeifen wurden von den Bewohnern von Kap York ebenfalls übernommen, nicht aber die Landwirtschaft, was sicher zum Teil daran lag, daß das, was sie auf Muralug sahen, nicht sehr eindrucksvoll war. Auch die Schweinezucht schaffte nicht den Sprung über die Torresstraße – erstens gab es auf den Inseln keine oder nur wenige Schweine, und zweitens hätte es der Landwirtschaft bedurft, um sie mästen zu können. Pfeil und Bogen wurden ebenfalls nicht übernommen; die Aborigines bevorzugten weiter Speere und Speerschleudern.

Australien ist groß, Neuguinea aber auch. Die Kontakte zwischen den beiden Landmassen beschränkten sich jedoch auf wenige Gruppen von Torres-Insulanern mit einer Kultur, die nur ein schwacher Abglanz der neuguineischen war, und eine kleine Zahl von Kap-York-Aborigines. Die Entscheidung der Australier, aus welchen Gründen auch immer weiter Speere statt Pfeil und Bogen zu verwenden und auch manch andere neuguineische Kulturgüter, die sie in abgeschwächter Form kennenlernten, nicht zu übernehmen, verhinderte die Einführung dieser kulturellen Errungenschaften im ganzen übrigen Australien. So kam es, daß lediglich Angelhaken aus Muschelschale in Australien größere Verbreitung erlangten. Hätte die Hunderttausende zählende bäuerliche Bevölkerung im kühlen neuguineischen Hochland engen Kontakt mit den Aborigines im kühlen Hochland des australischen Südostens unterhalten, so wäre ein umfassender Transfer von Intensivlandwirtschaft und neuguineischer Kultur nicht unwahrscheinlich gewesen. Zwischen den Hochlandregionen Neuguineas und Australiens liegt jedoch eine Entfernung von 3500 Kilometern mit ökologisch völlig andersartigen Landschaftsräumen. Für die Australier war deshalb die Chance, Kulturgüter des neuguineischen Hochlands kennenzulernen und sich anzueignen, ungefähr so groß, als wenn sie dafür zum Mond hätten fliegen müssen.

Kurzum, das Fortbestehen einer steinzeitlichen Kultur nomadischer Jäger und Sammler in Australien, die im Handelsaustausch mit steinzeitlichen neuguineischen und eisenzeitlichen indonesischen Bauern standen, rückt die Aborigines auf den ersten Blick in ein extrem fortschrittsfeindliches Licht. Bei näherer Betrachtung finden wir darin aber lediglich eine Bestätigung für die überragende Bedeutung, die der Geographie bei der Weitergabe kultureller und technischer Errungenschaften zukommt.

Was in unserer Betrachtung noch fehlt, sind die Begegnungen der steinzeitlichen Gesellschaften Neuguineas und Australiens mit eisenzeitlichen Europäern. Ein portugiesischer Seefahrer »entdeckte« Neuguinea im Jahr 1526. Holland erhob 1828 Anspruch auf die westliche Hälfte, England und das Deutsche Reich teilten 1884 die östliche Hälfte untereinander auf. Die ersten Europäer, die als Siedler kamen, ließen sich an der Küste nieder, und es verging viel Zeit, bevor sie ins Landesinnere vordrangen. Bis 1960 hatten europäische Regierungen jedoch die meisten Neuguineer unter ihre politische Herrschaft gebracht.

Die Gründe, warum Neuguinea zur Kolonie Europas wurde und nicht umgekehrt, liegen auf der Hand. Es waren die Europäer, die seetüchtige Schiffe und Kompasse besaßen, um die Überfahrt nach Neuguinea zu meistern; sie verfügten über Schriftsysteme und Druckerpressen zur Anfertigung von Karten, Berichten und bürokratischen Unterlagen, die bei der Errichtung ihrer Herrschaft über Neuguinea von Nutzen waren; sie besaßen die politischen Institutionen, um Schiffe, Soldaten und Verwaltung zu organisieren, und die Gewehre, um den Widerstand von Neuguineern zu brechen, die ihnen mit Keulen und Pfeil und Bogen entgegentraten. Die Zahl europäischer Siedler war jedoch nie sehr groß, mit der Folge, daß Neuguinea noch heute hauptsächlich von Neuguineern bewohnt wird. Ganz anders stellt sich die Situation in Australien, Nord- und Südamerika und Südafrika dar, wo die europäischen Siedler in großen Scharen kamen und die Völker, die vor ihnen dort waren, weitgehend verdrängten. Warum geschah das gleiche nicht in Neuguinea?

Ein wichtiger Faktor, der alle Versuche von Europäern, das neuguineische Tiefland zu besiedeln, bis etwa 1880 vereitelte, waren Malaria und andere Tropenkrankheiten, von denen jedoch keine zu den in Kapitel 10 erörterten typischen Infektionskrankheiten großer Menschenmassen gehörte. Das ehrgeizigste aller gescheiterten Siedlungsvorhaben, das ein Franzose, der Marquis de Rays, auf der Nachbarinsel Neuirland organisierte, endete in den 80er Jahren des letzten Jahrhunderts damit, daß 930 der 1000 angetretenen Kolonisten innerhalb von drei Jahren ums Leben kamen. Trotz der modernen medizinischen Behandlungsmethoden, die heute zur Verfügung stehen, mußten viele meiner amerikanischen und europäischen Bekannten Neuguinea vorzeitig wegen Malaria, Hepatitis oder anderer Krankheiten verlassen, und auch von mir hat Neuguinea gesundheitlichen Tribut in Form von einem Jahr Malaria und einem Jahr Ruhr gefordert.

Warum wurden Neuguineer nicht ebenso von eurasischen Krankheitserregern niedergestreckt wie umgekehrt Europäer von denen des neuguineischen Tieflands? Zwar erkrankten einige Neuguineer an eingeschleppten Krankheiten, aber das war nichts im Vergleich zu den Epidemien, von denen die Urbevölkerungen Australiens und Amerikas weitgehend ausgelöscht wurden. Die Neuguineer hatten insofern Glück, als auf ihrer Insel vor 1880 keine permanenten europäischen Siedlungen entstanden, und zu diesem Zeitpunkt waren Pocken und andere europäische Infektionskrankheiten durch den medizinischen Fortschritt bereits weitgehend unter Kontrolle gebracht. Hinzu kommt, daß im Zuge der austronesischen Expansion schon seit 3500 Jahren ein Strom von indonesischen Siedlern und Händlern nach Neuguinea gekommen war. Da Infektionskrankheiten des asiatischen Festlands in Indonesien fest etabliert waren, hatten auf diese Weise auch die Neuguineer schon lange Kontakt mit eurasischen Krankheitserregern gehabt und konnten viel stärkere Abwehrkräfte gegen sie entwickeln als die australischen Aborigines.

Der einzige Teil Neuguineas, in dem Europäer ohne ernste gesundheitliche Probleme leben können, ist das Hochland oberhalb der Malariagrenze. In diese bereits von Neuguineern dicht besiedelte Region drangen Europäer jedoch erst in den 30er Jahren dieses Jahrhunderts vor, als es nicht mehr der Politik der australischen und niederländischen Kolonialregierungen entsprach, durch massenhafte Tötung oder Vertreibung der Urbevölkerungen Land für weiße Siedler »freizumachen«, wie es in früheren Jahrhunderten des europäischen Kolonialismus immer wieder geschehen war.

Ein weiteres Hindernis für europäische Siedler bestand darin, daß ihre Anbaupflanzen, ihr Vieh und ihre gewohnte Art der Landwirtschaft für das Klima und die Umweltbedingungen Neuguineas schlecht geeignet waren. Während importierte Kulturpflanzen aus den amerikanischen Tropen, wie Kürbis, Mais und Tomate, inzwischen in bescheidenem Umfang angebaut werden und auch Tee- und Kaffeeplantagen aus dem Hochland von Papua-Neuguinea nicht mehr wegzudenken sind, konnten europäische Grundnahrungsmittel wie Weizen, Gerste und Erbsen dort nie Fuß fassen. Mitgebrachte Kühe und Ziegen, die in kleiner Zahl gehalten wurden, litten wie die Europäer selbst an Tropenkrankheiten. Noch heute wird die Landwirtschaft in Neuguinea von ebenjenen Anbaupflanzen und -methoden beherrscht, die im Laufe der Jahrtausende von den Neuguineern perfektioniert wurden.

All diese Probleme mit Krankheiten, der Unwegsamkeit des Terrains und der Nahrungsversorgung trugen dazu bei, daß die Europäer den östlichen Teil Neuguineas (den heutigen unabhängigen Staat Papua-Neuguinea) verließen; bewohnt und regiert wird Papua-Neuguinea jetzt von Neuguineern, die aber Englisch als Amtssprache verwenden, mit dem Alphabet schreiben, unter demokratischen politischen Institutionen leben, die sich an denen Englands orientieren, und mit importierten Gewehren auf die Jagd gehen. Ganz anders kam es im westlichen Teil Neuguineas, den 1963 Indonesien von Holland übernahm und sich später als Provinz Irian Jaya eingliederte. Heute wird die Provinz von Indonesiern – und im Interesse von Indonesiern – verwaltet. Die ländliche Bevölkerung besteht immer noch in der großen Mehrzahl aus Neuguineern, doch in den Städten leben, bedingt durch die Zuwanderungsprogramme der indonesischen Regierung, vor allem Indonesier. Wegen ihrer langen Bekanntschaft mit Malaria und anderen tropischen Krankheiten, die sie mit den Neuguineern teilen, gibt es für die Indonesier keine ähnlich wirksame Krankheitsbarriere wie für Europäer. Zudem sind die Zuwanderer aus Indonesien besser darauf vorbereitet, sich in Neuguinea mit Nahrung zu versorgen, da sie mit Bananen, Süßkartoffeln und anderen wichtigen Anbaugewächsen der neuguineischen Landwirtschaft von ihrer Heimat her vertraut sind. Was sich heute in Irian Jaya abspielt, ist die Fortsetzung der austronesischen Expansion, die Neuguinea vor 3500 Jahren erreichte und die heute mit der geballten Kraft eines zentralistischen Staatswesens vorangetrieben wird. Schließlich sind die Indonesier nichts anderes als moderne Austronesier.

Aus den gleichen Gründen, die ich eben für Neuguinea skizziert habe, wurde Australien von Europa kolonisiert und nicht umgekehrt. Die Schicksale der Neuguineer und der australischen Aborigines waren jedoch sehr unterschiedlich. Australien wird heute von 20 Millionen Nichtaborigines bewohnt und regiert. Die meisten von ihnen sind europäischer Abstammung; seit Australien 1973 seine Politik des »White Australia« aufgab, kommen zunehmend auch Einwanderer aus Asien ins Land. Die Aborigines-Bevölkerung schrumpfte dagegen um 80 Prozent: von rund 300000 zu Beginn der europäischen Besiedlung auf einen Tiefstand von 60000 im

Jahr 1921. Heute bilden die Aborigines die unterste Schicht der australischen Gesellschaft. Viele leben in Missionsstationen oder Reservaten. Oder sie arbeiten als Viehhirten für weiße Farmer. Wie kam es, daß die Aborigines ein so viel schlechteres Los traf als die Neuguineer?

Der Hauptgrund war die Eignung einiger Gebiete Australiens für Ackerbau und Viehzucht nach europäischem Muster sowie für die Besiedlung durch Europäer; hinzu kam die Wirksamkeit europäischer Schußwaffen, Krankheitserreger und Techniken bei der Vertreibung der Aborigines aus Gebieten, die von den Europäern beansprucht wurden. Ich hatte zuvor auf das ungünstige Klima und die schlechten Böden Australiens hingewiesen; die fruchtbarsten Regionen des Kontinents sind indes für die landwirtschaftliche Nutzung im europäischen Stil durchaus geeignet. Heute überwiegen in der gemäßigten Klimazone Australiens die europäischen Kulturpflanzen Weizen (das führende Anbaugewächs Australiens), Gerste, Hafer, Äpfel und Weinbeeren sowie Sorghum und Baumwolle aus der afrikanischen Sahelzone und Kartoffeln aus den Anden. In den tropischen Regionen im Nordosten Australiens (Queensland), die für Anbaupflanzen vorderasiatischen Ursprungs keine günstigen Bedingungen bieten, führten europäische Bauern Zuckerrohr aus Neuguinea, Bananen und Zitrusfrüchte aus Südostasien und Erdnüsse aus den südamerikanischen Tropen ein. Eurasische Schafe ermöglichten die Ausdehnung der Landwirtschaft auch auf Trockengebiete, die für Ackerbau nicht in Frage kommen, während in feuchteren Gebieten eurasische Rinder neben den Äckern weiden.

Somit mußte die Entstehung der Landwirtschaft in Australien auf die Ankunft fremder Anbaupflanzen und Tiere warten, domestiziert in Regionen mit ähnlichen klimatischen Verhältnissen. Diese lagen zu weit entfernt, als daß ihre Pflanzen und Tiere nach Australien hätten gelangen können, bevor sie im Bauch großer Schiffe dorthin gebracht wurden. Anders als in Neuguinea gab es in den meisten Teilen Australiens keine Krankheiten, die gefährlich genug waren, um Europäer fernzuhalten. Nur im tropischen Norden des Kontinents zwangen Malaria und andere Tropenkrankheiten Europäer im 19. Jahrhundert zur Aufgabe von Siedlungsversuchen – sie gelangen erst im 20. Jahrhundert nach Fortschritten in der Medizin.

Daß die Aborigines den Europäern und ihrer Landwirtschaft im Wege standen, resultiert schon daraus, daß die für Ackerbau und Viehzucht am besten geeigneten Gebiete zunächst auch die dichtesten Populationen einheimischer Jäger und Sammler beherbergten. Im Zuge der Ansiedlung von Europäern wurde ihre Zahl auf zweierlei Weise dezimiert. Zum einen erschoß man sie in großer Zahl, was im 19. und späten 18. Jahrhundert weniger Anstoß erregte als in den 30er Jahren dieses Jahrhunderts, als Europäer in das neuguineische Hochland vordrangen. Das letzte größere Massaker, bei dem 31 Aborigines umgebracht wurden, ereignete sich 1928 bei Alice Springs. Die zweite Methode war das Einschleppen von Krankheiten, gegen die Aborigines keine Immunität oder erblichen Abwehrkräfte besaßen. Innerhalb eines Jahres nach dem Eintreffen der ersten europäischen Siedler in Sydney im Jahr 1788 wurden die Leichen von Aborigines, die an Krankheitsepidemien gestorben waren, zum alltäglichen Anblick. Die meisten Opfer forderten Pocken, Grippe, Masern, Typhus, Fleckfieber, Windpocken, Keuchhusten, Tuberkulose und Syphilis.

Auf diese Weise verschwanden eigenständige Aborigines-Gesellschaften in sämtlichen für europäische Landwirtschaft geeigneten Gebieten. Mehr oder weniger intakt konnten nur jene Gesellschaften überleben, die in Gebieten im Norden und Westen Australiens beheimatet waren, die Europäer als nutzlos erachteten. So wurden binnen eines Jahrhunderts europäischer Kolonisierung Traditionen der Aborigines, die sich in 40000 Jahren entwickelt hatten, größtenteils ausgelöscht.

Kehren wir nun zu der Frage zurück, die am Beginn dieses Kapitels aufgeworfen wurde. Wie, wenn nicht mit der Minderwertigkeit der Aborigines, läßt sich die Tatsache erklären, daß weiße englische Kolonisten offenbar ein demokratisches Gemeinwesen mit Schrift, Landwirtschaft und Industrie binnen weniger Jahrzehnte nach der Besiedlung eines Kontinents schufen, dessen Bewohner nach über 40000 Jahren immer noch auf der Stufe analphabetischer Jäger und Sammler standen? Handelt es sich nicht um ein perfekt kontrolliertes Experiment zur Evolution menschlicher Gesellschaften, dessen Ergebnis nur eine einzige, nämlich rassistische Interpretation zuläßt?

Die Antwort ist einfach. Die weißen englischen Kolonisten schufen in Wahrheit gar nicht selbst ein demokratisches Gemeinwesen mit Schrift, Landwirtschaft und Industrie in Australien. Vielmehr importierten sie alle Elemente von außen: das Vieh, sämtliche Anbaupflanzen (mit Ausnahme der Macadamianuß), die Metallverarbeitung, Dampfmaschinen, Gewehre, das Alphabet, die politischen Institutionen, ja sogar die Krankheiten. Das alles waren die letzten Glieder in der Kette einer zehntausendjährigen Entwicklung in eurasischer Umwelt. Durch puren geographischen Zufall waren die Kolonisten, die 1788 in Sydney landeten, Erben all dieser Dinge. Europäer haben nie gelernt, in Australien oder Neuguinea ohne ihre mitgebrachte eurasische Technik zu überleben. Robert Burke und William Wills waren zwar klug genug, um zu schreiben, aber sie waren nicht klug genug, um in australischen Wüstengebieten zu überleben, der Heimat von Aborigines.

Nur die Ureinwohner Australiens schufen eine eigene Gesellschaft, wenn auch natürlich keine mit Schrift, Landwirtschaft, Industrie und Demokratie. Die Gründe dafür liegen eindeutig in der australischen Umwelt.

KAPITEL 15

Wie China chinesisch wurde

Die Geschichte Ostasiens

Immigration, positive Diskriminierung, Multilingualismus, multikulturelle Gesellschaft – Kalifornien, der Staat, in dem ich lebe, gehörte bei jedem dieser umstrittenen Themen zu den Pionieren und hat sich nun an die Spitze einer Gegenbewegung gestellt. Ein Blick in die Klassenzimmer der staatlichen Schulen von Los Angeles, die auch meine Söhne besuchen, verleiht den abstrakten Debatten konkrete Gestalt in Form der Gesichter von Kindern. Bei ihnen zu Hause werden mehr als 80 Sprachen gesprochen, wobei englischsprechende Weiße die Minderheit bilden. Jeder der Spielkameraden meiner Söhne, ohne Ausnahme, hat mindestens einen außerhalb der USA geborenen Eltern- oder Großelternteil; das gilt auch für drei der vier Großeltern meiner Kinder. Durch Einwanderung wird unterdessen lediglich die Vielfalt wiederhergestellt, die Amerika jahrtausendelang prägte. Bevor die Europäer kamen, lebten auf dem Gebiet der heutigen USA Hunderte von Indianerstämmen mit Hunderten von Sprachen. Erst innerhalb der letzten hundert Jahre kam dieses große Gebiet unter die Herrschaft einer einzigen Regierung.

In dieser Hinsicht sind die USA ein durch und durch »normales« Land. Alle bis auf eins der sechs bevölkerungsreichsten Länder der Erde sind Schmelztiegel von Völkern, die erst in jüngerer Vergangenheit zur politischen Einheit gelangten und noch heute Hunderte von Sprachen und ethnischen Gruppen beheimaten. Rußland beispielsweise, einst ein kleiner slawischer Staat mit Moskau als Zentrum, begann erst ab 1582 n. Chr. mit der Eroberung von Gebieten jenseits des Urals. Ab diesem Zeitpunkt bis zum 19. Jahrhundert unterwarf es einige Dutzend nichtslawische Völker, von denen viele ihre Sprache und kulturelle Identität bis in die Gegenwart bewahren konnten. Wie die amerikanische Geschichte davon handelt, wie unser Kontinent amerikanisch wurde, so handelt die russische Geschichte davon, wie Rußland russisch wurde. Auch Indien, Indonesien und Brasilien sind politische Schöpfungen jüngeren Datums (bei Indien handelt es sich um eine Wiedererschaffung) und Heimat von etwa 850, 670 beziehungsweise 210 Sprachen.

Die große Ausnahme von der Regel, daß die großen Staaten der Gegenwart erst in jüngerer Vergangenheit geformt wurden, bildet China, das bevölkerungsreichste Land der Erde. In seiner heutigen Form wirkt China zumindest für den Laien in politischer, kultureller und sprachlicher Hinsicht wie ein Monolith. Es erreichte seine politische Einheit bereits im Jahr 221 v. Chr. und konnte sie seitdem die meiste Zeit behaupten. Seit der Erfindung der Schrift gab es in China nur ein einziges Schriftsystem, während in Europa heute Dutzende modifizierter Alphabete in Gebrauch sind. Von den 1,2 Milliarden Chinesen sprechen über 800 Millionen Mandarin, die Sprache mit mehr Sprechern als jede andere auf der Welt. Rund 300 Millionen Chinesen sprechen andere Sprachen, die aber mit Mandarin wie auch miteinander so eng verwandt sind wie Spanisch und Italienisch. Somit ist China nicht nur kein Schmelztiegel der Völker, sondern es scheint geradezu absurd zu fragen, wie China chinesisch wurde. China war *schon immer* chinesisch, fast seit Beginn seiner überlieferten Geschichte.

Uns kommt die scheinbare innere Einheit Chinas so selbstverständlich vor, daß uns gar nicht auffällt, wie erstaunlich sie eigentlich ist. Dagegen sprechen schon genetische Unterschiede. Nach einem groben Rassenschema gehören alle Chinesen zu den sogenannten Mongoliden. Hinter dieser Klassifizierung verbergen sich jedoch größere Unterschiede als etwa zwischen Schweden, Italienern und Iren. Insbesondere unterscheiden sich Nord- und Südchinesen genetisch und physisch recht stark voneinander: Während die Nordchinesen den Tibetern und Nepalesen am meisten ähneln, sind die Südchinesen eng mit Vietnamesen und Filipinos verwandt. Meine nord- und südchinesischen Freunde können sich oft gegenseitig auf einen Blick am Aussehen erkennen: Die Nordchinesen sind meist größer, schwerer, hellhäutiger, haben spitzere Nasen und kleinere, stärker »geschlitzte« Augen (was von der sogenannten Epikanthus-Lidfalte herrührt).

Nord- und Südchina unterscheiden sich sowohl landschaftlich als auch klimatisch voneinander. Der Norden ist trockener und kälter, der Süden feuchter und heißer. Genetische Unterschiede, die sich unter so unterschiedlichen Bedingungen herausbildeten, deuten darauf hin, daß über lange Zeiträume nur begrenzte Kontakte zwischen den Völkern Nord- und Südchinas bestanden. Wie kommt es, daß heute dennoch eine weitgehende sprachliche und kulturelle Einheit zwischen Nord- und Südchinesen besteht?

Daß China offenbar einen nahezu homogenen Sprachraum bildet, verblüfft auch angesichts der sprachlichen Vielfalt in anderen Regionen der Erde, in denen Menschen seit langer Zeit siedeln. Wir hatten ja im letzten Kapitel gesehen, daß beispielsweise in Neuguinea, dessen Fläche weniger als einem Zehntel der Fläche Chinas entspricht und dessen Besiedlungsgeschichte nur etwa 40000 Jahre zurückreicht, tausend Sprachen gesprochen werden, untergliedert in Dutzende von Sprachfamilien, die sich weit stärker voneinander unterscheiden als die acht wichtigsten chinesischen Sprachen. In Westeuropa entstanden allein in den 6000 bis 8000 Jahren seit dem Eintreffen der indogermanischen Sprachen etwa 40 Sprachen, darunter so verschiedenartige wie Englisch, Finnisch und Russisch. Von Fossilienfunden wissen wir aber, daß der Mensch schon vor über einer halben Million Jahren nach China kam. Was geschah also mit jenen Zehntausenden von Sprachen, die dort in einem so langen Zeitraum entstanden sein müssen?

Alles deutet darauf hin, daß auch in China einst die Vielfalt regierte, wie noch heute in allen anderen großen, dichtbevölkerten Ländern. Anders war bei China nur, daß der politische Einigungsprozeß sehr viel früher begann. Er umfaßte eine drastische Homogenisierung einer riesigen Region in einem frühzeitlichen Schmelztiegel, die Neubesiedlung Südostasiens und die massive Beeinflussung der Entwicklung in Japan, Korea und vielleicht sogar Indien. Die Geschichte Chinas bildet somit den Schlüssel zum Verständnis der Geschichte ganz Ostasiens. In diesem Kapitel werde ich davon erzählen, wie China chinesisch wurde.

Als Ausgangspunkt bietet sich eine Sprachenkarte Chinas an (siehe Abb. 15.1). Schon ein kurzer Blick darauf verdeutlicht, daß es mit der monolithischen Einheit nicht weit her ist. Neben den acht »großen« Sprachen – Mandarin und seinen sieben engen Verwandten, die oft zusammen als »Chinesisch« bezeichnet und von jeweils zwischen elf und 800 Millionen Menschen gesprochen werden – existieren in China noch über 130 »kleine« Sprachen, von denen viele nur wenige tausend Sprecher haben. All diese Sprachen, »große« und »kleine«, lassen sich vier verschiedenen Sprachfamilien zuordnen, deren Verbreitungsgebiete sich in ihrer Größe stark unterscheiden.

Das eine Extrem bildet Mandarin mit seinen Verwandten, also die chinesische Untergruppe der sinotibetischen Sprachfamilie, die ein geschlossenes Verbreitungsgebiet von Nord- bis Südchina aufweist. Würde man von der Mandschurei im Norden Chinas bis zum Golf von Tonking im Süden wandern, brauchte man nie das Gebiet zu verlassen, dessen Bewohner als Muttersprache Mandarin oder eine verwandte Sprache sprechen. Die anderen drei Sprachfamilien haben stärker zersplitterte Verbreitungsgebiete; sie gleichen Inseln in einem Meer von Chinesisch und anderen Sprachfamilien.

Am stärksten zersplittert ist das Verbreitungsgebiet der Miao-Yao-Sprachfamilie mit sechs Millionen Sprechern und etwa fünf Sprachen, die so bunte Namen haben wie Rot-Miao, Weiß-Miao, Schwarz-Miao, Grün-Miao (auch Blau-Miao genannt) und Yao. Miao-Yao-Sprecher leben in Dutzenden kleiner Enklaven, die alle von anderen Sprachfamilien umgeben und über ein Gebiet von fast eineinhalb Millionen Quadratkilometern verstreut sind, das von Südchina bis nach Thailand reicht. Durch über 100 000 Miao-Sprecher, die nach dem Ende des Vietnamkriegs aus ihrer Heimat flohen, wurde die Verbreitung dieser Sprachfamilie in jüngster Zeit auch auf die USA ausgedehnt.

Eine weitere Gruppe von Sprachen ohne geschlossenes Verbreitungsgebiet ist die austroasiatische Sprachfamilie mit den bedeutendsten Vertretern Vietnamesisch und Kambodschanisch. Die 60 Millionen Sprecher austroasiatischer Sprachen leben verstreut im Raum zwischen Vietnam im Osten, der Malaiischen Halbinsel im Süden und Nordindien im Westen. Die vierte und letzte Sprachfamilie Chinas ist die Tai-Kadai-Familie (Thai und Lao), deren 50 Millionen Sprecher in dem Gebiet zwischen Südchina, Südthailand und Myanmar im Westen beheimatet sind (Abb. 15.1).

Natürlich war die Zersplitterung der Gebiete, in denen Miao-Yao-Sprachen gesprochen werden, nicht etwa eine Folge davon, daß ihre Sprecher in grauer Vorzeit per Hubschrauber über die Landschaft schwebten und hier und dort abgesetzt wurden. Vielmehr ist anzunehmen, daß sie einst ein geschlosseneres Siedlungsgebiet besaßen, in das dann aber Sprecher anderer Sprachen vordrangen, von denen die Miao-Yao-Sprecher entweder verdrängt oder zur Aufgabe ihrer eigenen Sprachen veranlaßt wurden. Da sich der Prozeß der sprachlichen Zersplitterung weitgehend innerhalb der letzten 2500 Jahre abspielte, wissen wir über seinen Verlauf relativ gut Bescheid. Die Vorfahren der heutigen Thai-, Lao- und Birmanischsprecher wanderten alle in historischer Zeit von Südchina und den angrenzenden Regionen in ihre heutigen Siedlungsgebiete, in denen bis dahin die Nachfahren älterer Wanderungsbewegungen lebten. Als besonders tatkräftig erwiesen sich bei der Verdrängung und sprachlichen »Bekehrung« anderer ethnischer Gruppen die Sprecher chinesischer Sprachen, die sich überlegen wähnten und auf alle anderen als primitiv herabblickten. Während der Herrschaft der Chou-Dynastie (1100–221 v. Chr.) wurden die meisten in China ansässigen Völker, deren Sprache nicht Chinesisch war, unterworfen und in Staaten von Chinesischsprechern eingegliedert.

Für den Versuch, die Sprachenkarte Ostasiens von vor mehreren tausend Jahren zu rekonstruieren, bieten sich mehrere Methoden an. Erstens können wir die bekannten sprachlichen Expansionsbewegungen der letzten Jahrtausende auf der Landkarte rückwärts verfolgen. Zweitens können wir in den Fällen, in denen heute ein großes, geschlossenes Gebiet von Sprechern einer einzigen Sprache oder Sprachgruppe bewohnt wird, auf eine erst in jüngerer Zeit erfolgte geographische Expansion dieser Gruppe schließen, was den Grund dafür liefert, daß noch keine Differenzierung in eine Vielzahl von Sprachen stattgefunden hat. Drittens können wir umgekehrt folgern, daß Gebiete, in denen viele verschiedene Sprachen der gleichen Familie gesprochen werden, dichter an dem Zentrum liegen, von dem einst die Verbreitung der jeweiligen Sprachfamilie ausging.

Dreht man die linguistische Uhr auf diese Weise zurück, so ergibt sich, daß Nordchina ursprünglich von Sprechern chinesischer und anderer sinotibetischer Sprachen bewohnt war, daß verschiedene Teile Südchinas von Sprechern der Miao-Yao-, der austroasiatischen und der Tai-Kadai-Sprachen besiedelt waren und daß Sprecher sinotibetischer Sprachen in Südchina die meisten dieser anderen Sprachfamilien ersetzt haben. Noch dramatischer müssen die sprachlichen Umwälzungen gewesen sein, die sich in Südostasien vollzogen – in Thailand, Myanmar, Laos, Kambodscha, Vietnam und auf der Malaiischen Halbinsel. Die Sprachen, die dort ursprünglich gesprochen wurden, müssen allesamt ausgestorben sein, denn bei den heutigen Sprachen dieser Länder handelt es sich offenbar ausnahmslos um neuere Eindringlinge von hauptsächlich südchinesischer und in einigen Fällen indonesischer Herkunft. Da die Miao-Yao-Sprachen dem Aussterben nur knapp entgangen sind, ist zu vermuten, daß in Südchina einst neben Miao-Yao, austroasiatischen und Tai-Kadai-Sprachen noch andere Sprachfamilien beheimatet waren, von denen aber keine bis in die Gegenwart überlebt hat. Wie wir noch sehen werden, könnte die austronesische Sprachfamilie (der alle philippinischen und polynesischen Sprachen angehören) eine solche Familie sein, die vom chinesischen Festland verschwand und die wir nur kennen, weil sie sich in der Inselwelt des Pazifiks ausbreitete und dort bis heute überlebt hat.

Das Verschwinden von Sprachen in Ostasien erinnert an die Ausbreitung europäischer Sprachen, insbesondere des Englischen und Spanischen, in der Neuen Welt, wo einst tausend oder mehr indianische Sprachen gesprochen wurden. Aus unserer eigenen Geschichte wissen wir, daß Englisch die Indianersprachen in den USA nicht deshalb ablöste, weil die Sprache der Weißen in den Ohren der Indianer so schön melodisch klang. Vielmehr war der Triumphzug des Englischen davon begleitet, daß englischsprechende Einwanderer die meisten Indianer gewaltsam oder durch eingeschleppte Krankheiten ins Jenseits beförderten und anschließend die Überlebenden mit Nachdruck dazu trieben, die neue Mehr-

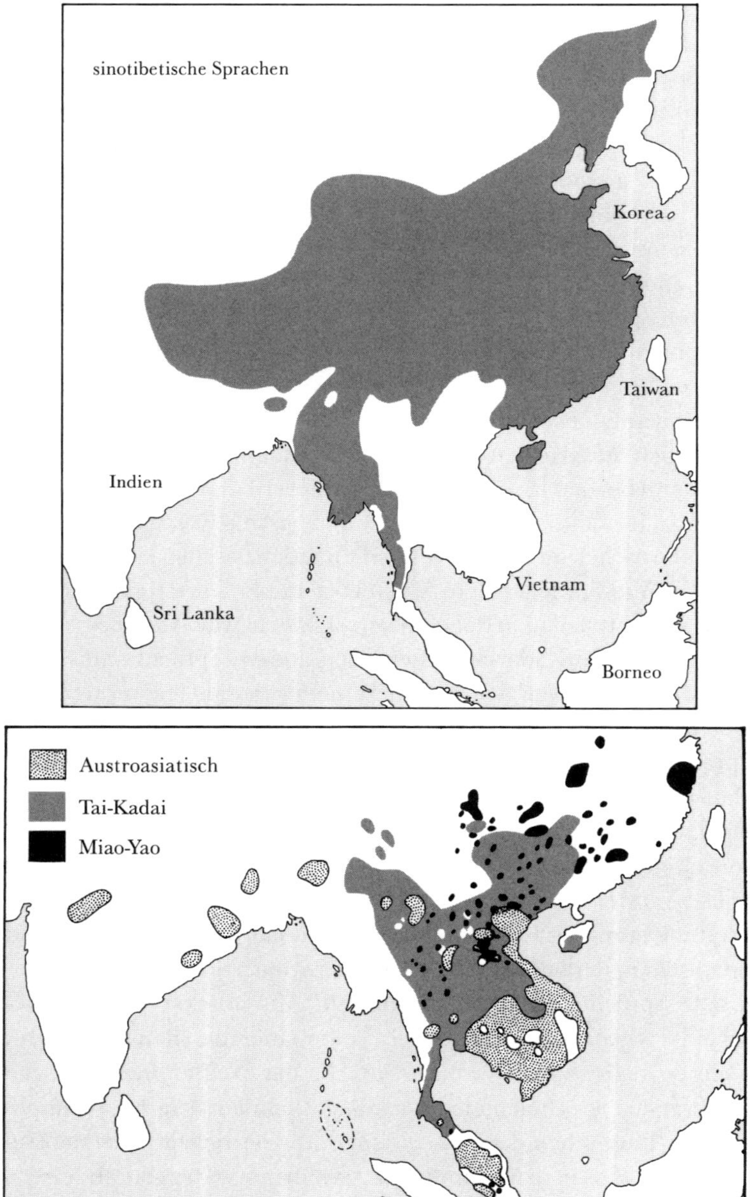

Abbildung 15.1 Die vier Sprachfamilien Chinas und Südostasiens

Abbildung 15.2 Heutige politische Grenzen in Ost- und Südostasien als Interpretationshilfe für Abbildung 15.1

heitssprache zu übernehmen. Unmittelbare Ursache dieser Vorgänge war die technische und politische Überlegenheit der fremden Eindringlinge aus Europa, deren eigentliche Ursache wiederum in der frühen Entstehung der Landwirtschaft in Eurasien lag. Es waren im Grunde die gleichen Vorgänge, die in Australien zur Verdrängung der Aborigines-Sprachen durch Englisch und in Afrika südlich der Sahara zur Verdrängung der Pygmäen- und Khoisan-Sprachen durch Bantu-Sprachen führten.

Die sprachlichen Umwälzungen in Ostasien werfen somit die Frage auf, was es denn war, das den Sprechern sinotibetischer Sprachen die Ausbreitung von Nord- nach Südchina und den Sprechern austroasiatischer und anderer ursprünglich in Südchina beheimateter Sprachen die Ausbreitung nach Südostasien ermöglichte. Zur Beantwortung dieser Frage wollen wir uns an die Archäologie wenden, die uns vielleicht Hinweise auf technische, politische und landwirtschaftliche Vorteile liefern kann, die einige Völker Asiens gegenüber anderen erlangten.

Wie überall auf der Welt kamen an den archäologischen Fundstätten in Ostasien größtenteils Hinterlassenschaften von Jägern und Sammlern zutage, die ungeschliffene Steinwerkzeuge benutzten und die Töpferei noch nicht kannten. Die ersten Anzeichen für einen Wandel in Ostasien stammen aus China, wo um 7500 v. Chr. Überreste von Kulturpflanzen, Knochen von Haustieren, Töpferwaren und geschliffene (neolithische) Steinwerkzeuge auftauchten. Dieser Zeitpunkt und der Beginn von Jungsteinzeit und Landwirtschaft in Vorderasien liegen höchstens tausend Jahre auseinander. Da über das Jahrtausend davor für China nur wenig archäologische Erkenntnisse vorliegen, läßt sich gegenwärtig nicht entscheiden, ob die Landwirtschaft in China, verglichen mit dem Fruchtbaren Halbmond, etwa zur gleichen Zeit, etwas früher oder etwas später auf den Plan trat. Kein Zweifel besteht jedoch an Chinas Rang als eines der ältesten Zentren der Domestikation von Pflanzen und Tieren.

Möglicherweise gab es in China sogar zwei oder mehrere voneinander unabhängige Orte, an denen die Landwirtschaft entstand. Auf die ökologischen Unterschiede zwischen dem kühlen, trockenen Norden und dem warmen, niederschlagsreicheren Süden habe ich ja bereits hingewiesen. Deutliche Unterschiede gibt es aber auch auf gleicher geographischer Breite zwischen dem Küstentiefland und den Hochebenen im Landesinneren. In so verschiedenartigen Umgebungen sind natürlich auch unterschiedliche Wildpflanzen heimisch, so daß angehenden Bauern in verschiedenen Regionen Chinas jeweils anderes Ausgangsmaterial zur Verfügung gestanden hätte. Interessant ist in diesem Zusammenhang, daß die ältesten bekannten Anbaupflanzen in Nordchina zwei dürreresistente Sorten Hirse waren, in Südchina aber Reis, was getrennte Zentren der Pflanzendomestikation in Nord- und Südchina als möglich erscheinen läßt.

An den Fundstätten mit den ältesten Überresten von Kulturpflanzen fand man auch Knochen domestizierter Schweine, Hunde und Hühner. Zu den ersten Haustieren und Anbaupflanzen gesellten sich nach und nach die vielen anderen in China domestizierten Pflanzen und Tiere. Von den Tieren spielte sicher der Wasserbüffel die wichtigste Rolle (als Zugtier, um ihn vor den Pflug zu spannen), aber auch Seidenraupen, Enten und Gänse hatten ihre Bedeutung. Bekannte chinesische Kulturpflanzen aus späterer Zeit waren Sojabohnen, Hanf, Zitrusfrüchte, Tee, Aprikosen, Pfirsiche und Birnen. Überdies erlaubte die Ost-West-Achse Eurasiens, die ja in frühgeschichtlicher Zeit die Ausbreitung vieler chinesischer Haustiere und Anbaupflanzen nach Westen ermöglichte, umgekehrt auch die Ausbreitung zahlreicher domestizierter Pflanzen und Tiere aus dem westlichen Teil Asiens in Richtung Osten nach China, wo sie Bedeutung erlangten. Wichtige Beiträge zur frühen chinesischen Landwirtschaft, die aus dem Westen stammten, waren Weizen und Gerste, Kühe und Pferde sowie (von geringerer Bedeutung) Schafe und Ziegen.

Wie überall auf der Welt führte die Landwirtschaft in China nach und nach auch zu den anderen Kennzeichen der »Zivilisation«, die wir in den Kapiteln 10–13 erörterten. Eine äußerst kunstvolle Bronzeverarbeitung entstand im 3. Jahrtausend v. Chr.; auf ihrer Grundlage begann die Herstellung von Gußeisen in China viel früher als irgendwo sonst auf der Welt, nämlich schon um 500 v. Chr. In den 1500 Jahren danach folgte eine Vielzahl weiterer Erfindungen (siehe Kapitel 12); hierzu zählten unter anderem Papier, Kompaß, Schubkarre und Schießpulver. Aus dem 3. Jahrtausend v. Chr. stammen die ersten befestigten Städte, deren Friedhöfe mit einer großen Bandbreite von karg und üppig ausgestatteten Gräbern nunmehr von Klassenunterschieden zeugen. Beweise für die Existenz von Gesellschaften mit sozialer Schichtung, deren Herrscher große Heere von Arbeitskräften mobilisieren konnten, sind auch die Stadtmauern mit gewaltigen Ausmaßen, riesige Paläste und nicht zuletzt der Große Kanal (längster Kanal der Welt mit fast 1800 Kilometern Länge), der Nord- und Südchina verbindet. Die Existenz der Schrift ist in China erstmals für das 2. Jahrtausend v. Chr. belegt, vermutlich entstand sie aber schon früher. Von jener Zeit an wird unser archäologisches Wissen über Chinas werdende Städte und Staaten durch schriftliche Aufzeichnungen über die ersten chinesischen Dynastien ergänzt, beginnend mit der Hsia-Dynastie, die um 2000 v. Chr. begründet wurde.

Was Infektionskrankheiten betrifft, eines der unheilvolleren Nebenprodukte der Landwirtschaft, ist die Herkunft der schlimmsten Erreger, deren Ursprung in der Alten Welt liegt, nicht genau feststellbar. Die Auswertung europäischer Quellen von den Zeiten Roms bis zum Mittelalter ergibt jedoch, daß die Beulenpest und womöglich auch die Pocken aus dem Osten kamen, so daß diese Krankheiten chinesischen beziehungsweise ostasiatischen Ursprungs sein könnten. Die Grippe (vom Schwein auf den Menschen übertragen) stammt mit noch größerer Wahrscheinlichkeit aus China, da Schweine dort sehr früh domestiziert wurden und große Bedeutung erlangten.

Chinas Größe und ökologische Vielfalt hatte die Entstehung einer Vielzahl örtlicher Kulturen zur Folge, die von Archäologen anhand besonderer Keramikstile und Artefakte unterschieden werden können. Im 4. Jahrtausend v. Chr. begannen diese Kulturen, geographisch zu expandieren und sich gegenseitig zu beeinflussen, miteinander zu konkurrieren und sich zu vereinigen. Wie der Austausch domestizierter Pflanzen und Tiere zwischen ökologisch verschiedenartigen Regionen eine Bereicherung der chinesischen Landwirtschaft darstellte, so bereicherte auch der Austausch zwischen kulturell unterschiedlichen Regionen die chinesische Kultur und Technik, während erbitterte Auseinandersetzungen zwischen verfeindeten Häuptlingsreichen die Entstehung immer größerer und stärker zentralistisch organisierter Staaten vorantrieben (Kapitel 13).

Die Ausbreitung von Kulturpflanzen wurde in Nord-Süd-Richtung zwar durch die mit dem geographischen Gefälle einhergehenden klimatischen Veränderungen erschwert, sie stellten aber wegen der geringeren Nord-Süd-Ausdehnung Chinas keine so große Barriere dar wie in Afrika oder Nord- und Südamerika; zudem ist China weder wie Afrika und der Norden Mexikos durch eine Wüste noch wie Mittelamerika durch eine schmale Landenge in zwei Teile geteilt. Im Gegenteil, Chinas große, von Westen nach Osten fließende Ströme (Gelber Fluß im Norden und Jangtse im Süden) erleichterten die Diffusion von Anbaupflanzen und Techniken zwischen Küste und Landesinnerem, während die breite Ost-West-Ausdehnung und das relativ ebene Terrain, das sogar die Verbindung der beiden Stromsysteme durch Kanäle zulassen sollte, den Austausch zwischen Chinas Norden und Süden erleichterte. All diese geographischen Faktoren trugen zur frühen kulturellen und politischen Einigung Chinas bei, während Westeuropa, das ähnlich groß ist, aber durch ein unwegsameres Gelände und das Fehlen einigender Flüsse geprägt ist, der kulturellen und politischen Einigung bis heute widersteht.

Einige Neuerungen fanden den Weg vom Süden in den Norden, zu erwähnen sind insbesondere die Eisenerzverhüttung und der Reisanbau. Überwiegend gelangten jedoch Errungenschaften aus dem Norden in den Süden, wofür die Ausbreitung der Schrift das deutlichste Beispiel darstellt: Im Gegensatz zum westlichen Eurasien, das eine Fülle von Schriftsystemen hervorbrachte (sumerische Keilschrift, ägyptische Hieroglyphen, hethitische Keilschrift, minoische Silbenschrift, semitisches Alphabet usw.), entstand in China nur ein einziges, gut dokumentiertes Schriftsystem. Sein Ursprung lag in Nordchina, von wo es sich ausbreitete, um andere Systeme zu ersetzen beziehungsweise die Durchsetzung etwaiger im Entstehen begriffener Systeme zu verhindern und sich allmählich zu der chinesischen Schrift zu entwickeln, die noch heute verwendet wird. Andere wichtige Merkmale und Errungenschaften nordchinesischer Gesellschaften, die nach Süden gelangten, waren Bronzeverarbeitung, sinotibetische Sprachen und Staatenbildung. So waren die drei ersten chinesischen Dynastien, Hsia, Shang und Chou, die im 2. Jahrtausend v. Chr. aufstiegen, ausnahmslos nordchinesischen Ursprungs.

Aus erhaltenen Schriften aus dem 1. Jahrtausend v. Chr. wissen wir, daß Chinesischstämmige schon zu jener Zeit gegenüber nichtchinesischen »Barbaren« ein Gefühl kultureller Überlegenheit hegten (wie es viele noch heute tun), wobei in Nordchina selbst Südchinesen als Barbaren galten. So beschrieb ein Schriftsteller der späten Chou-Dynastie im 1. Jahrtausend v. Chr. die anderen Völker Chinas auf folgende Weise: »Die Völker dieser fünf Regionen – die Mittelstaaten und die Rong, Yi und die anderen wilden Stämme um sie her – hatten alle ihre eigene Natur, von der man sie nicht abbringen konnte. Die Stämme im Osten wurden Yi genannt. Sie trugen ihr Haar offen und Tätowierungen auf dem Körper. Manche von ihnen aßen ihre Nahrung ungekocht.« Der Chou-Autor schilderte auch die wilden Stämme im Süden, Westen und Norden als recht barbarisch; ihm zufolge drehten sie ihre Füße nach innen, tätowierten sich die Stirn, behängten sich mit Fellen, hausten in Höhlen, aßen kein Getreide und verspeisten natürlich alles roh.

Im Laufe des 1. Jahrtausends v. Chr. wurden nach dem Vorbild der Chou-Dynastie oder unter deren Mitwirkung auch in Südchina eine Reihe von Staaten gegründet. Höhepunkt dieser Entwicklung war die politische Einigung Chinas unter der Qin-Dynastie im Jahr 221 v. Chr. Im gleichen Zeitraum beschleunigte sich auch der Prozeß der kulturellen Einigung. »Zivilisierte« Staaten mit Schrift schluckten analphabetische »Barbaren« oder wurden von diesen nachgeahmt. Zum Teil verlief die kulturelle Einigung recht brutal: So erklärte der erste Qin-Kaiser alle bisherigen Geschichtsbücher für wertlos und befahl ihre Verbrennung, sehr zum Leidwesen späterer Historiker und Schriftforscher. Diese und andere drakonische Maßnahmen müssen mit zur Ausbreitung der sinotibetischen Sprachen aus dem Norden in ganz China beigetragen haben, wobei Miao-Yao und andere Sprachfamilien in ihre heutige Zersplitterung gedrängt wurden.

Innerhalb Ostasiens hatte Chinas Vorsprung in der Landwirtschaft, Technik, Schrift und Staatenbildung zur Folge, daß chinesische Innovationen auch auf die Entwicklung in benachbarten Regionen starken Einfluß nahmen. So lebten bis zum 4. Jahrtausend v. Chr. im größten Teil Südostasiens immer noch Jäger und Sammler, die Geröllwerkzeuge verwendeten und zur Hoa-Binh-Kultur, benannt nach dem Ort Hoa-Binh in Vietnam, gezählt werden. Danach verbreiteten sich Kulturpflanzen aus China, neolithische Technik, dörfliche Seßhaftigkeit und Töpferei im Stil Südchinas auch in Südostasien, wahrscheinlich begleitet vom Vorrücken südchinesischer Sprachfamilien. Die historische Südwanderung von Birmanen, Laoten und Thais aus Gebieten in Südchina vervollständigte die Sinifizierung Südostasiens. Alle drei Völker sind jüngere Ableger ihrer südchinesischen Vettern.

Die chinesische Dampfwalze hatte solche Wucht, daß die älteren Völker Südostasiens in der heutigen Bevölkerung kaum Spuren hinterlassen haben. Nur drei Jäger-Sammler-Völker – die Semang auf der Malaiischen Halbinsel, die Bewohner der Andamanen und die Wedda in Sri Lanka – haben bis heute überlebt und geben Anlaß zu der Vermutung, daß die früheren Bewohner Südostasiens möglicherweise dunkelhäutig waren und Lockenhaar hatten, ganz so wie die modernen Neuguineer und im Gegensatz zu den hellhäutigen, glatthaarigen Südchinesen und ihren Ablegern, den modernen Südostasiaten. Jene Restpopulationen von Negritos in Südostasien sind möglicherweise die letzten Überlebenden jener Bevölkerung, aus der sich die Besiedler Neuguineas rekrutierten. Die Semang behaupteten sich als Jäger und Sammler, die mit benachbarten Bauernvölkern Handel trieben und von ihnen eine austroasiatische Sprache übernahmen – ganz ähnlich wie philippinische Negritos und afrikanische Pygmäen, die ebenfalls Sprachen ihrer bäuerlichen Handelspartner übernahmen. Nur auf der entlegenen Inselgruppe der Andamanen haben sich Sprachen, die keine Verwandtschaft zu den südchinesischen Sprachfamilien aufweisen, bis heute gehalten – als letzte Vertreter einer einstigen Vielfalt von vermutlich Hunderten inzwischen ausgestorbener südostasiatischer Sprachen.

Selbst Korea und Japan unterlagen dem starken Einfluß Chinas, obgleich die geographische Trennung bewirkte, daß ihnen im Gegensatz zu den Bewohnern Südostasiens weder ihre Sprachen noch ihre physische und genetische Eigenheit abhanden kamen. Korea und Japan übernahmen von China im 2. Jahrtausend v. Chr. den Reis, spätestens zu Beginn des 1. Jahrtausends v. Chr. die Bronzeverarbeitung und im 1. Jahrtausend n. Chr. die Schrift. Über China gelangten auch Weizen und Gerste aus dem westlichen Asien nach Korea und Japan.

Bei der Schilderung der Rolle Chinas als Wegbereiter der ostasiatischen Zivilisation sollten wir uns indes vor Übertreibung hüten. Nicht jeder kulturelle Fortschritt in dieser Region war chinesischen Ursprungs, und Koreaner, Japaner und Südostasiaten waren auch keine einfallslosen Barbaren, deren Beitrag zur kulturellen Entwicklung getrost vernachlässigt werden kann. So zählen japanische Keramiken zu den ältesten der Welt, und japanische Jäger und Sammler wurden lange vor Ankunft der Landwirtschaft in Dörfern seßhaft, um sich von den reichen Gaben des Meeres zu ernähren. Wahrscheinlich wurden auch einige Kulturpflanzen in Japan, Korea und Südostasien zuerst oder jedenfalls eigenständig domestiziert.

Nicht zu leugnen ist jedoch die ungeheuer wichtige Rolle Chinas. So steht die chinesische Kultur in Japan und Korea noch heute in so hohem Ansehen, daß man in Japan nicht daran denkt, das auf der chinesischen Schrift basierende Schriftsystem abzuschaffen, obwohl es sich nicht sehr gut zur Abbildung der japanischen Sprache eignet, während Korea erst jetzt angefangen hat, sein plumpes, ebenfalls von der chinesischen Schrift abgeleitetes Schriftsystem durch das wunderbare koreanische Han'gul-Alphabet zu ersetzen. Diese Beharrlichkeit der chinesischen Schrift in Japan und Korea ist ein lebendiges Vermächtnis der Domestikation von Pflanzen und Tieren in China vor fast 10000 Jahren. Dank der Leistungen der ersten Bauern in Ostasien wurde China chinesisch, und Völker in einem Gebiet, das von Thailand bis zur Osterinsel reichte (mehr dazu im nächsten Kapitel), wurden ihre Vettern.

KAPITEL 16

Schnellboot nach Polynesien

Die Geschichte der austronesischen Expansion

Für mich persönlich ist die Geschichte der pazifischen Inselwelt mit einem Erlebnis verknüpft, das ich hatte, als ich einmal in Begleitung von drei Indonesiern einen Laden in Jayapura betrat, der Hauptstadt des indonesischen Teils von Neuguinea. Meine Begleiter hießen Achmad, Wiwor und Sauakari, und der Inhaber des Geschäfts hieß Ping Wah. Achmad, ein indonesischer Beamter, gab sich als Anführer unserer kleinen Gruppe, da er mit mir zusammen eine ökologische Untersuchung im Auftrag der Regierung durchführen sollte und Wiwor und Sauakari von uns als lokale Mitarbeiter angeheuert worden waren. Achmad war jedoch noch nie in seinem Leben in einem neuguineischen Bergwald gewesen und hatte keine Ahnung, was man an Vorräten benötigte. Die Situation, die sich entspann, entbehrte nicht der Komik.

Als wir den Laden betraten, war Ping Wah gerade dabei, eine chinesische Zeitung zu lesen. Beim Anblick von Wiwor und Sauakari las er ruhig weiter, doch sobald er Achmad bemerkte, schob er die Zeitung eilig unter den Ladentisch. Achmad hob ein Axtblatt hoch, woraufhin Wiwor und Sauakari losprusteten, weil er es verkehrt herum hielt. Wiwor und Sauakari zeigten ihm, wie man ein Axtblatt richtig hält und seine Qualität prüft. Dann fiel Achmads und Sauakaris Blick auf Wiwors nackte Füße, deren breit gespreizte Zehen kundtaten, daß er sein Leben lang barfuß gegangen war. Sauakari kramte die breitesten Schuhe hervor, die er in dem Laden finden konnte, und hielt sie gegen Wiwors Füße, doch sie waren immer noch zu eng, woraufhin Achmad, Sauakari und Ping Wah in schallendes Gelächter ausbrachen. Achmad nahm aus einem Regal einen Plastikkamm und fuhr sich damit durch sein glattes schwarzes Haar. Dann reichte er Wiwor den Kamm. Als der nur den Versuch machte, sich ebenfalls zu kämmen, blieb der Kamm sofort in seinem zähen, krausen Haar stecken und brach ab, als Wiwor ein wenig Kraft anwendete. Alle lachten, Wiwor eingeschlossen. Zur Revanche erinnerte er Achmad daran, nur ja viel Reis einzukaufen, da man in neuguineischen Bergdörfern keine Lebensmittel außer Süßkartoffeln kaufen könne, und an denen werde sich Achmad sicher den Magen verderben – noch mehr Heiterkeit.

Bei allem Gelächter spürte ich die Spannungen, die in der Luft lagen. Achmad war Javaner, Ping Wah Chinese, Wiwor Hochland-Neuguineer und Sauakari Tiefland-Neuguineer von der Nordküste. Javaner beherrschen die indonesische Regierung, die in den sechziger Jahren den westlichen Teil Neuguineas annektierte und den Widerstand der Neuguineer mit Bomben und Maschinengewehren niederschlug. Achmad entschloß sich später, in der Stadt zu bleiben und mich mit Wiwor und Sauakari allein in den Dschungel ziehen zu lassen, um die Untersuchung durchzuführen. Zur Begründung verwies er auf sein glattes Haar, das sich so deutlich von dem der Neuguineer unterschied, und erklärte mir, daß die Einheimischen jeden mit solchem Haar, dem sie fernab der Stützpunkte der Armee begegneten, umbringen würden.

Ping Wah hatte seine Zeitung versteckt, weil die Einfuhr von Druckmaterial in chinesischer Schrift im indonesischen Teil Neuguineas offiziell verboten ist. In großen Teilen Indonesiens liegt der Handel in den Händen chinesischer Einwanderer. Latente gegenseitige Ängste zwischen den im Wirtschaftsleben dominierenden Chinesen und den politisch mächtigen Javanern entluden sich 1966 in blutigen Unruhen, bei denen Javaner Hunderttausende von Chinesen abschlachteten. Wiwor und Sauakari teilten den Groll der meisten Neuguineer gegen die javanische Diktatur, aber sie verachteten sich auch gegenseitig. Hochlandbewohner blicken auf Tieflandbewohner als verweichlichte Sagofresser herab, während sie von diesen umgekehrt mit Hinweis auf ihre Lockenpracht und die ihnen nachgesagte Arroganz für bornierte »Großköpfe« gehalten werden. Nachdem wir in einem abgelegenen Teil des Dschungels unser Lager aufgeschlagen hatten, gerieten Wiwor und Sauakari schon nach wenigen Tagen so heftig aneinander, daß sie drauf und dran waren, mit Äxten aufeinander loszugehen.

Spannungen zwischen den verschiedenen Volksgruppen, die Achmad, Wiwor, Sauakari und Ping Wah repräsentieren, beherrschen das politische Geschehen in Indonesien, dem Land mit der viertgrößten Bevölkerung der Welt. Die Wurzeln dieser Spannungen liegen Tausende von Jahren in der Vergangenheit. Meist denken wir bei großen, transozeanischen Völkerverschiebungen an die Ereignisse in Nord- und Südamerika nach der Entdeckungsreise des Kolumbus, sprich die großangelegte Vertreibung und Ausrottung von Nichteuropäern durch Europäer. Es kam aber schon lange vor Kolumbus zu Völkerverschiebungen, bei denen in vorgeschichtlicher Zeit nichteuropäische Völker andere nichteuropäische Völker verdrängten. Wiwor, Achmad und Sauakari stehen für drei vorgeschichtliche Bevölkerungswellen, die vom asiatischen Festland in den Pazifik rollten. Die Hochlandbewohner, zu denen Wiwor gehört, sind wahrscheinlich die Nachfahren einer frühen Welle, die vor 40 000 Jahren in der Besiedlung Neuguineas gipfelte. Achmads Vorfahren waren ursprünglich an der südchinesischen Küste beheimatet und kamen vor etwa 4000 Jahren nach Java, wo sie die Verdrängung von Völkern vollendeten, die mit Wiwors Vorfahren verwandt waren. Mit der gleichen Welle gelangten Sauakaris Ahnen vor etwa 3600 Jahren von der südchinesischen Küste nach Neuguinea, während Ping Wahs Vorfahren noch heute in China leben.

Die Völkerverschiebung, die Achmads und Sauakaris Vorfahren nach Java beziehungsweise Neuguinea brachte, die sogenannte austronesische Expansion, war eine der größten derartigen Bewegungen der letzten 6000 Jahre. Durch sie wurden unter anderem die entlegensten Inseln des Pazifiks von den Polynesiern besiedelt, den größten Seefahrern unter den Völkern der Jungsteinzeit. Austronesische Sprachen werden heute von Madagaskar bis zur Osterinsel – das entspricht mehr als der Hälfte des Erdumfangs – als Muttersprache gesprochen. In diesem Buch, das von Völkerverschiebungen seit dem Ende des Eiszeitalters handelt, spielt die austronesische Expansion eine zentrale Rolle als eines der wichtigsten Phänomene, die einer Erklärung bedürfen. Warum besiedelten austronesische Völker, die ursprünglich vom chinesischen Festland stammten, Java und die anderen Inseln Indonesiens, um dort ältere Bewohner zu verdrängen, und warum besiedelten nicht umgekehrt Indonesier China und verdrängten die Chinesen? Warum waren die Austronesier nach der Eroberung ganz Indonesiens nicht in der Lage, mehr als einen schmalen Küstenstreifen des neuguineischen Tieflands in Besitz zu nehmen, und warum war es für sie völlig unmöglich, Wiwors Volk im neuguineischen Hochland zu verdrängen? Wie wurden die Nachfahren chinesischer Einwanderer zu Polynesiern?

Heute ist die Bevölkerung Javas, der meisten anderen indonesischen Inseln (mit Ausnahme der östlichsten) und der Philippinen relativ homogen. Vom Aussehen her und genetisch ähneln die Bewohner dieser Inseln den Südchinesen und stärker noch den Südostasiaten, insbesondere den Bewohnern der Malaiischen Halbinsel. Nicht minder homogen sind ihre Sprachen: Auf den Philippinen und im westlichen und mittleren Teil Indonesiens werden zwar nicht weniger als 374 Sprachen gesprochen, doch alle sind eng miteinander verwandt und gehören zur gleichen Unter-Untergruppe (westliche malaiopolynesische Sprachen) der austronesischen Sprachfamilie. Auf dem asiatischen Festland leben Sprecher austronesischer Sprachen auf der Malaiischen Halbinsel und in kleinen Gebieten in Vietnam und Kambodscha nahe den westlichsten indonesischen Inseln Sumatra und Borneo; daneben werden sie auf dem Festland jedoch nirgendwo gesprochen (siehe Abbildung 16.1). Eine Reihe austronesischer Wörter hat Eingang in europäische Sprachen gefunden, zum Beispiel »Tabu« und »Tattoo« (aus einer polynesischen Sprache) und »Amok«, »Batik« und »Orang-Utan« (aus dem Malaiischen).

Die genetische und sprachliche Uniformität Indonesiens und der Philippinen ist zunächst ebenso überraschend wie die weitgehende sprachliche Uniformität Chinas. Der berühmte javanische *Homo erectus* beweist, daß zumindest der westliche Teil Indonesiens seit einer Million Jahren von Menschen bewohnt ist. Diese lange Zeitspanne sollte den Bewohnern genügt haben, um sich genetisch und sprachlich zu differenzieren und sich an die tropischen Bedin-

Grenzen der austronesischen Sprachfamilie

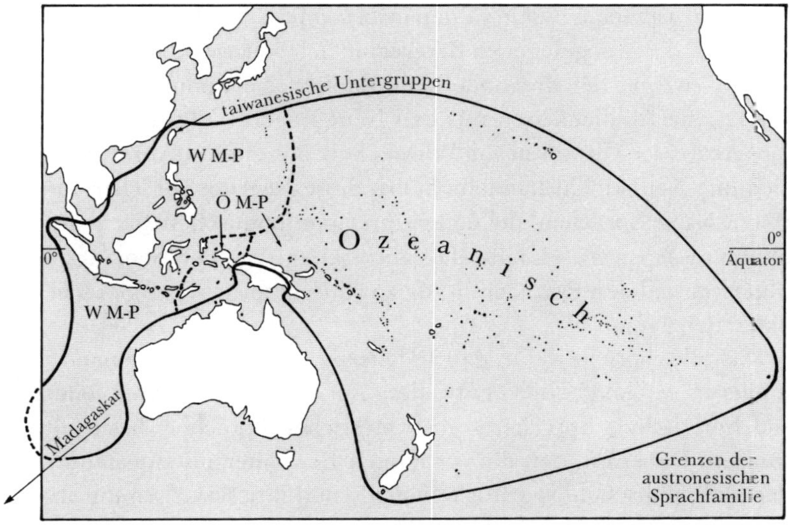

Abbildung 16.1 Die austronesische Sprachfamilie besteht aus vier Untergruppen, von denen drei auf Taiwan beschränkt sind und eine (die malaiopolynesische) ein sehr großes Verbreitungsgebiet hat. Die malaiopolynesische Untergruppe besteht ihrerseits aus zwei Unter-Untergruppen, den westlichen (W M-P) und den östlichen (Ö M-P) malaiopolynesischen Sprachen. Letztere werden in vier Unter-Unter-Untergruppen eingeteilt, die sehr weit verbreitete ozeanische im Osten und drei weitere im Westen mit einem wesentlich kleineren Verbreitungsgebiet, bestehend aus Halmahera, nahe gelegenen ostindonesischen Inseln und der Westseite von Neuguinea.

gungen anzupassen, doch statt dessen sind Indonesier und Filipinos hellhäutig.

Überraschend ist auch, daß Indonesier und Filipinos neben ihrer Hellhäutigkeit und genetischen Verwandtschaft mit Südostasiaten und Südchinesen diesen noch in anderer Hinsicht physisch stark ähneln. Ein Blick auf die Landkarte zeigt, daß Indonesien die einzige mögliche Route darstellte, über die Menschen vor 40000 Jahren nach Neuguinea und Australien gelangen konnten, so daß man eigentlich eine Ähnlichkeit der modernen Indonesier mit den modernen Neuguineern und Australiern erwartet hätte. In Wirklichkeit gibt es aber nur wenige Populationen auf den Philippinen und im westlichen Indonesien, die Ähnlichkeit mit den Bewohnern Neuguineas haben; hierzu zählen insbesondere die philippinischen Negritos, die in abgelegenen Bergregionen leben. Bei ihnen könnte es sich – wie bei den drei anderen in Kapitel 15 erwähnten Populationen, die Ähnlichkeiten mit den Neuguineern aufweisen – um Überreste der Vorfahren von Wiwors Volk aus der Zeit vor der Besiedlung Neuguineas handeln. Selbst diese Negritos sprechen austronesische Sprachen, die denen ihrer philippinischen Nachbarn ähneln, was vermuten läßt, daß auch ihnen (wie den Semang in Malaysia und den Pygmäen in Afrika) ihre ursprüngliche Sprache abhanden kam.

Das alles spricht dafür, daß Indonesien und die Philippinen in jüngerer Vergangenheit entweder von südostasiatischen oder südchinesischen Sprechern austronesischer Sprachen besiedelt wurden. Dabei mußten die vorherigen Bewohner mit Ausnahme der philippinischen Negritos weichen – und ihre Sprachen mit ihnen. Dieses Geschehen liegt offenbar nicht weit genug in der Vergangenheit, daß die Neuankömmlinge genug Zeit gehabt hätten, um dunkelhäutig zu werden und eigene Sprachfamilien oder gar charakteristische genetische Merkmale zu entwickeln oder sich genetisch zu differenzieren. Zwar ist die Zahl ihrer Sprachen im Vergleich zu den acht vorherrschenden Sprachen des chinesischen Festlands gewaltig, sie unterscheiden sich jedoch wie diese nicht sehr stark voneinander. Daß auf den Philippinen und in Indonesien so zahlreiche ähnliche Sprachen entstehen konnten, zeugt lediglich davon, daß die Inseln im Gegensatz zu China nie eine politische und kulturelle Einigung erfuhren.

Die Verbreitungsgebiete der verschiedenen Sprachen geben interessante Hinweise auf den geographischen Verlauf der vermuteten austronesischen Expansion. Insgesamt gehören zur austronesischen Sprachfamilie 959 Sprachen, die in vier Untergruppen eingeteilt werden. Eine davon, die malaiopolynesische, umfaßt bereits 945 der 959 Sprachen und erstreckt sich geographisch über fast das gesamte Verbreitungsgebiet der austronesischen Sprachfamilie. Bevor europäische Sprecher indogermanischer Sprachen vor wenigen Jahrhunderten nach Übersee aufbrachen, war die austronesische Sprachfamilie weltweit am stärksten verbreitet. Das läßt den Schluß zu, daß die malaiopolynesische Untergruppe sich erst vor relativ kurzer Zeit aus der austronesischen Sprachfamilie herausbildete und sich weit entfernt von der austronesischen Urheimat ausbreitete, wobei zahlreiche lokale Sprachen entstanden, die alle eng miteinander verwandt sind, weil zuwenig Zeit verging, um große Unterschiede entstehen zu lassen. Die geographische Heimat der austronesischen Sprachfamilie sollte deshalb nicht im Verbreitungsgebiet der malaiopolynesischen, sondern der drei anderen austronesischen Untergruppen gesucht werden, die sich weit stärker voneinander und vom Malaiopolynesischen unterscheiden, als dies bei den Unter-Untergruppen des Malaiopolynesischen untereinander der Fall ist.

Bemerkenswerterweise haben die drei anderen Untergruppen fast genau das gleiche Verbreitungsgebiet, das noch dazu verglichen mit dem der malaiopolynesischen Untergruppe winzig klein ist. Alle drei werden ausschließlich von Ureinwohnern Taiwans gesprochen, einer nur etwa 150 Kilometer vor der Küste Südchinas gelegenen Insel. Die Ur-Taiwanesen hatten ihre Insel weitgehend für sich, bis Chinesen vom Festland innerhalb der letzten tausend Jahre in großer Zahl überzusiedeln begannen. Nach 1945 und besonders nach dem Sieg der Kommunisten über Chiang Kai-sheks Nationalisten schwoll der Strom weiter an, was inzwischen dazu geführt hat, daß die Ureinwohner nur noch eine Minderheit von zwei Prozent der Bevölkerung bilden. Das gehäufte Vorkommen von drei der vier Untergruppen der austronesischen Sprachfamilie in Taiwan läßt vermuten, daß die Insel die gesuchte Urheimat ist, in der austronesische Sprachen am längsten gesprochen wurden und folglich am meisten Zeit zur Differenzierung hatten. Alle anderen austronesischen Sprachen, von denen Madagaskars bis hin zu den Sprachen der Osterinsulaner, wären demnach auf eine Bevölkerungsexpansion zurückzuführen, deren Ursprungsort auf Taiwan lag.

Schauen wir nun, welche Erkenntnisse die Archäologie für uns bereithält. In den Überresten vorgeschichtlicher Dörfer findet man zwar neben Knochen und Töpferwaren keine versteinerten Wörter, sie geben aber dennoch Auskunft über Bewegungen von Völkern und kulturellen Artefakten, die mit Sprachen im Zusammenhang stehen könnten. Wie die übrige Welt war auch der größte Teil des heutigen austronesischen Sprachraums – Taiwan, Philippinen, Indonesien und zahlreiche Pazifikinseln – ursprünglich von Jägern und Sammlern bevölkert, die weder Töpferwaren noch geschliffene Steinwerkzeuge, Haustiere oder Anbaupflanzen kannten. (Ausnahmen bildeten lediglich Madagaskar, der östliche Teil Melanesiens, Polynesien und Mikronesien, wohin Jäger und Sammler niemals vordrangen und die erst nach Beginn der austronesischen Expansion von Menschen in Besitz genommen wurden.) Die ersten archäologischen Hinweise auf Veränderungen innerhalb »Austronesiens« kommen aus – Taiwan. Etwa ab dem 4. Jahrtausend v. Chr. tauchte ein unverwechselbarer Keramikstil, der als Ta-p'en-k'eng bezeichnet wird und auf einen älteren Stil des südchinesischen Festlands zurückgeht, auf Taiwan und an der gegenüberliegenden Küste Südchinas auf. Überreste von Reis und Hirse, die an etwas jüngeren Fundstätten auf Taiwan zum Vorschein kamen, deuten darauf hin, daß Landwirtschaft betrieben wurde.

Die Ta-p'en-k'eng-Fundstätten auf Taiwan und an der südchinesischen Küste sind übersät mit Fischgräten und Schalen von Weichtieren sowie steinernen Netzgewichten und Dechseln zum Aushöhlen von Kanus. Offenbar besaßen jene ersten neolithischen Bewohner Taiwans Boote, die zum Fischfang auf hoher See und zur regelmäßigen Überquerung der Formosastraße zwischen Taiwan und dem Festland taugten. Vielleicht war die Formosastraße das Übungsrevier, in dem Festlandchinesen die nautischen Fähigkeiten erwarben, die ihnen später die Eroberung des Pazifiks ermöglichen sollten.

Eine spezielle Sorte von Artefakten, die ein Bindeglied zwischen Taiwans Ta-p'en-k'eng-Kultur und späteren Kulturen der pazifischen Inselwelt darstellt, ist der Rindenklopfer, ein Gerät aus Stein zum Zerdrücken der faserigen Rinde bestimmter Baumarten, um daraus Taue, Netze und Kleidung herzustellen. Nachdem die Pazifikkolonisten das Verbreitungsgebiet von Faserpflanzen und Haustieren, die Wolle lieferten, hinter sich gelassen hatten, mußten sie sich mit Kleidung aus Baumrinde behelfen. Bewohner von Rennell, einer polynesischen Insel, auf der westliche Sitten und Errungenschaften erst in den 30er Jahren dieses Jahrhunderts Einzug hielten, erzählten mir von einer wunderbaren Nebenwirkung des Einbruchs der neuen Zeit: Endlich wurde es ruhig auf der Insel. Der Lärm der Rindenklopfer, der bis dahin täglich vom Morgengrauen bis nach Einbruch der Dunkelheit über der Insel gelegen hatte, verstummte!

Archäologische Indizien zeigen, daß innerhalb von rund tausend Jahren nach dem Eintreffen der Ta-p'en-k'eng-Kultur auf Taiwan Kulturen, bei denen es sich offensichtlich um deren Ableger handelte, von Taiwan aus immer weiter vordrangen und damit begannen, den heutigen austronesischen Sprachraum zu besiedeln (Abbildung 16.2). Zu diesen Indizien zählen geschliffene Steinwerkzeuge, Töpferwaren, Knochen von Hausschweinen und Überreste von Nutzpflanzen. So wich beispielsweise die verzierte Ta-p'en-k'eng-Keramik auf Taiwan einer unverzierten roten Keramik, die auch an Fundstätten auf den Philippinen und auf den indonesischen Inseln Celebes und Timor angetroffen wurde. Das »Kulturbündel« aus Töpferei, Steinwerkzeugen und domestizierten Pflanzen und Tieren tauchte um 3000 v. Chr. auf den Philippinen, um 2500 v. Chr. auf den indonesischen Inseln Celebes, Borneo und Timor, um 2000 v. Chr. auf Java und Sumatra und um 1600 v. Chr. im Gebiet von Neuguinea auf. Wie wir sehen werden, gewann die Ausbreitung dort an Tempo, bis die Besitzer der genannten Errungenschaften schließlich in rasender Geschwindigkeit ostwärts in den bis dahin menschenleeren Pazifik jenseits der Salomoninseln vorstießen. Die letzten Phasen der Expansion im 1. Jahrtausend n. Chr. beinhalteten die Besiedlung sämtlicher polynesischer und mikronesischer Inseln, die für Menschen geeignete Lebensbedingungen aufwiesen. Überraschenderweise fegte die Ausbreitungswelle auch in westlicher Richtung über den Indischen Ozean hinweg bis zur Ostküste Afrikas, wo sie in der Besiedlung Madagaskars gipfelte.

Mindestens bis zu dem Zeitpunkt, als die austronesische Expansion die Küsten Neuguineas erreichte, dienten vermutlich Doppelausleger-Segelkanus, wie sie noch heute in Indonesien weit verbreitet sind, als Verkehrsmittel zwischen den Inseln. Dieser Bootstyp verkörperte einen wichtigen Fortschritt gegenüber den

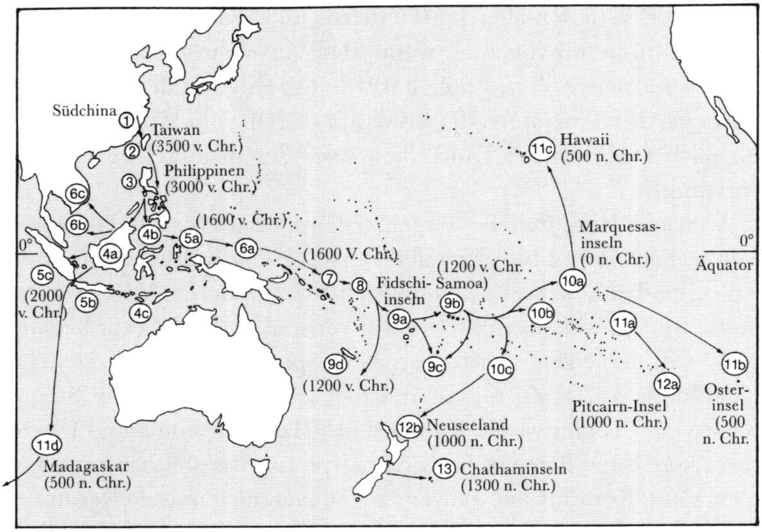

Abbildung 16.2 Verlauf der austronesischen Expansion mit ungefähren Zeitangaben. 4a = Borneo, 4b = Celebes, 4c = Timor (um 2500 v. Chr.), 5a = Halmahera (um 1600 v. Chr.), 5b = Java, 5c = Sumatra (um 2000 v. Chr.), 6a = Bismarckarchipel (um 1600 v. Chr.), 6b = Malaiische Halbinsel, 6c = Vietnam (um 1000 v. Chr.), 7 = Salomoninseln (um 1600 v. Chr.), 8 = Santa Cruz, 9c = Tonga, 9d = Neukaledonien (um 1200 v. Chr.), 10b = Gesellschaftsinseln, 10c = Cookinseln, 11a = Tuamotu-Archipel (um 1 n. Chr.).

schlichten Einbaumkanus, die bei Völkern mit traditioneller Lebensweise noch heute das vorherrschende Fortbewegungsmittel auf Binnengewässern darstellen. Ein Einbaumkanu ist genau das, was der Name besagt: ein ausgehöhlter, vorn und hinten mit der Dechsel bearbeiteter Baumstamm. Da das Kanu unten genauso rund ist wie der Baumstamm, aus dem es gemacht wurde, kippte es schon beim kleinsten Ungleichgewicht seitwärts. Jedesmal, wenn ich mit Neuguineern im Einbaum auf neuguineischen Flüssen unterwegs war, verbrachte ich den größten Teil der Fahrt in heller Angst: Es schien immer, als könnte die kleinste meiner Bewegungen das Kanu zum Kentern bringen und mich und mein Fernglas der Gesellschaft der Krokodile ausliefern. Neuguineer vollbringen irgendwie das Kunststück, ihre Einbäume sicher über ruhige Seen und Flüsse zu paddeln, doch nicht einmal ihnen gelingt es, einen

Einbaum auf offenem Meer zu steuern, auch bei schwachem Seegang nicht. Deshalb mußte eine Möglichkeit zur Stabilisierung von Kanus gefunden werden – nicht nur, damit die austronesische Expansion den Weg über Indonesien nehmen konnte, sondern schon als Voraussetzung für die ursprüngliche Besiedlung Taiwans.

Die Lösung bestand darin, zwei kleinere Baumstämme (»Ausleger«) parallel zum Rumpf an beiden Seiten mit Hilfe von Querstäben zu befestigen. Immer wenn sich der Rumpf nach einer Seite zu legen begann, sorgte der Auftrieb des Auslegers auf der betreffenden Seite dafür, daß das Boot in der Waagerechten blieb, so daß es praktisch nicht kentern konnte. Möglicherweise war die Erfindung des Doppelausleger-Segelkanus der technologische Durchbruch, der die austronesische Expansion vom chinesischen Festland auslöste.

Das verblüffende Zusammentreffen archäologischer und sprachlicher Indizien in zwei Fällen untermauert den Schluß, daß es sich bei jenen Menschen, die vor Jahrtausenden eine neolithische Kultur nach Taiwan, auf die Philippinen und nach Indonesien brachten, um Sprecher austronesischer Sprachen handelte, die zugleich die Vorfahren der heutigen Bewohner dieser Inseln waren. Erstens weisen beide Arten von Indizien eindeutig auf die Besiedlung Taiwans als erste Stufe der Expansion, die von der südchinesischen Küste ausging, und die Besiedlung der Philippinen und Indonesiens von Taiwan aus als nächste Stufe hin. Wäre die Malaiische Halbinsel der Ursprungsort der Ausbreitungsbewegung gewesen, und hätte sie sich von dort zur nächstgelegenen indonesischen Insel, Sumatra, fortgepflanzt, um danach weitere indonesische Inseln zu erfassen und schließlich auf die Philippinen und Taiwan überzugreifen, müßten die tiefsten Gräben (als Ausdruck der längsten verstrichenen Zeiträume) innerhalb der austronesischen Sprachfamilie zwischen den modernen Sprachen der Malaiischen Halbinsel und Sumatras zu finden sein, während die Sprachen Taiwans und der Philippinen erst in jüngerer Vergangenheit innerhalb der gleichen Untergruppe angefangen hätten, sich zu differenzieren. In Wirklichkeit sind die Unterschiede auf Taiwan am größten, während die Sprachen der Malaiischen Halbinsel und Sumatras zur gleichen Unter-Unter-Untergruppe gehören: einem jüngeren Zweig der westlichen malaiopolynesischen Unter-Untergruppe, die wiederum einen relativ jungen Zweig der malaiopolynesischen Untergruppe darstellt. Diese Details der sprachlichen Verwandtschaft stimmen vollkommen mit den archäologischen Indizien überein, die für eine Kolonisierung der Malaiischen Halbinsel in jüngerer Vergangenheit und erst nach der Besiedlung Taiwans, der Philippinen und Indonesiens sprechen.

Das zweite Zusammentreffen archäologischer und sprachlicher Indizien betrifft das kulturelle Rüstzeug der frühen Austronesier. Die Archäologie liefert uns hierzu direkte Hinweise in Form von Töpferwaren, Schweinen, Fischgräten usw. Man könnte sich natürlich fragen, wie ein Linguist, der sich mit dem Studium moderner Sprachen beschäftigt und unwissend bleiben muß, was deren schriftlose Vorgänger betrifft, jemals herausfinden soll, ob die Austronesier, die vor 6000 Jahren auf Taiwan lebten, Schweine hielten oder nicht. Der Schlüssel liegt in der Rekonstruktion des Wortschatzes verschwundener Ursprachen durch vergleichende Analysen der Wortschätze moderner Sprachen, die aus ihnen hervorgingen.

So sind die Bezeichnungen für »Schaf« in vielen Sprachen der indogermanischen Sprachfamilie, deren Verbreitungsgebiet von Indien bis nach Irland reicht, recht ähnlich: »avis«, »avis«, »ovis«, »oveja«, »ovtsa«, »owis« und »oi« auf litauisch, sanskrit, lateinisch, spanisch, russisch, griechisch beziehungsweise irisch. (Das moderne englische Wort »sheep« hat offenbar eine andere Wurzel, doch der ursprüngliche Stamm ist in dem Wort »ewe« = Mutterschaf erhalten geblieben.*) Ein Vergleich mit den Lautverschiebungen, die im Laufe der Geschichte der verschiedenen heutigen indogermanischen Sprachen stattgefunden haben, legt den Schluß nahe, daß die ursprüngliche Form in der vor etwa 6000 Jahren gesprochenen indogermanischen Ursprache »owis« gelautet hat. Jene schriftlose Vorgängersprache bezeichnen wir als Urindogermanisch.

* Im Deutschen ist es ganz ähnlich wie im Englischen: Während »Schaf« wie »sheep« einen anderen Ursprung hat, lebt der urindogermanische Wortstamm in der mundartlichen Bezeichnung »Aue« fort, die ebenfalls die Bedeutung »Mutterschaf« hat und im süddeutschen Raum und in den Alpen noch gebraucht wird; Anm. d. Übers.

Offensichtlich besaßen die Urindogermanen vor 6000 Jahren Schafe, was auch archäologische Funde bestätigen. Nahezu 2000 Wörter ihrer Sprache lassen sich auf ähnliche Weise rekonstruieren, darunter solche wie »Ziege«, »Pferd«, »Rad«, »Bruder« und »Auge«. Dagegen kann kein urindogermanisches Wort für »Gewehr« rekonstruiert werden – hierfür greifen die verschiedenen indogermanischen Sprachen auf unterschiedliche Wurzeln zurück: Englisch auf »gun«, Französisch auf »fusil«, Russisch auf »ružjo« usw. Das sollte uns auch nicht überraschen: Wie hätte man vor 6000 Jahren schon ein Wort für Gewehr haben können, wo doch Schießeisen erst innerhalb der letzten 1000 Jahre erfunden wurden? Da somit kein gemeinsamer Wortstamm mit der Bedeutung »Gewehr« vorhanden war, mußte jede indogermanische Sprache ihr eigenes Wort erfinden oder entlehnen, als das Gewehr schließlich da war.

In gleicher Weise können wir nun moderne taiwanesische, philippinische, indonesische und polynesische Sprachen miteinander vergleichen, um eine in grauer Vorzeit gesprochene uraustronesische Sprache zu rekonstruieren. Es wird niemanden überraschen, daß diese rekonstruierte Sprache Wörter mit Bedeutungen wie »zwei«, »Vogel«, »Ohr« und »Kopflaus« besaß: Natürlich konnten die Uraustronesier schon bis zwei zählen, kannten Vögel und hatten Ohren und Kopfläuse. Interessanter ist aber, daß in der rekonstruierten Sprache auch Wörter für »Schwein«, »Hund« und »Reis« vorkamen, was auf entsprechende Elemente der uraustronesischen Kultur schließen läßt. Das rekonstruierte Uraustronesisch ist voller Vokabeln, die auf die Bedeutung des Meeres als Nahrungsquelle hinweisen, wie etwa »Auslegerboot«, »Segel«, »Riesenvenusmuschel«, »Octopus«, »Fischfalle« und »Meeresschildkröte«. Diese sprachwissenschaftlichen Erkenntnisse über die Kultur der Uraustronesier, wo und wann sie auch gelebt haben mögen, weisen eine gute Übereinstimmung mit archäologischen Erkenntnissen über jene Bewohner Taiwans vor 6000 Jahren auf, die töpferten, Landwirtschaft betrieben und mit Booten aufs Meer fuhren.

Nach der gleichen Methode kann auch Urmalaiopolynesisch rekonstruiert werden, jene Sprache, die von Austronesiern gesprochen wurde, *nachdem* sie Taiwan verlassen hatten. In ihr sind Wörter für zahlreiche tropische Früchte enthalten, wie Taro, Brotfrucht, Banane, Jamswurzel und Kokosnuß, für die in der rekonstruierten uraustronesischen Sprache kein Wort gefunden wurde. Das bedeutet, daß viele tropische Früchte erst nach der Emigration von Taiwan zum austronesischen Repertoire hinzukamen. Dieser Schluß steht im Einklang mit archäologischen Erkenntnissen: Während die von Taiwan (etwa 23 Grad nördlicher Breite) aufgebrochenen Bauern nach Süden vordrangen und sich dem Äquator näherten, stellten sie ihre Ernährung zunehmend auf tropische Wurzel- und Baumfrüchte um, die sie später mit auf die Reise in den tropischen Pazifik nahmen.

Was versetzte diese Austronesisch sprechenden Bauern aus Südchina nun aber in die Lage, die ursprüngliche Jäger- und Sammlerbevölkerung der Philippinen und des westlichen Indonesien so vollständig zu überrennen, daß von ihr wenig genetische und überhaupt keine sprachlichen Spuren übrigblieben? Die Gründe lagen, wie bei der Verdrängung beziehungsweise Vernichtung der australischen Aborigines durch Europäer innerhalb der letzten zwei Jahrhunderte und der Verdrängung der ursprünglichen Südostasiaten durch Südchinesen zu einem früheren Zeitpunkt, in der viel größeren Bevölkerungsdichte der bäuerlichen Eindringlinge, ihren überlegenen Werkzeugen und Waffen, ihren besseren nautischen Fähigkeiten und den Infektionskrankheiten, gegen die sie im Gegensatz zu den Jägern und Sammlern, in deren Territorien sie einrückten, Abwehrkräfte entwickelt hatten. Genauso konnten Austronesisch sprechende Bauern auf dem asiatischen Festland einen Teil der dortigen Jäger- und Sammlerbevölkerung der Malaiischen Halbinsel verdrängen. Austronesier besiedelten die Halbinsel von Süden und Osten her (von den indonesischen Inseln Sumatra und Borneo kommend), während ungefähr zur gleichen Zeit bäuerliche Sprecher austroasiatischer Sprachen von Norden her (Thailand) auf die Halbinsel vorrückten. Anderen Austronesiern gelang es, sich in einigen Teilen Südvietnams und Kambodschas zu etablieren, wo noch heute ihre Nachfahren, die Cham, als Minderheit leben.

Weiter konnten die austronesischen Bauern jedoch nicht auf das südostasiatische Festland vordringen, da austroasiatische und Tai-

Kadai-Bauern dort bereits seßhaft geworden waren und die ältere Jäger- und Sammlerbevölkerung verdrängt hatten und weil austronesische Bauern keinen Vorteil gegenüber den austroasiatischen und Tai-Kadai-Bauern besaßen. Austronesischsprecher waren zwar nach unseren Erkenntnissen ursprünglich an der Küste Südchinas beheimatet, doch werden austronesische Sprachen auf dem chinesischen Festland heute nirgendwo mehr gesprochen. Möglicherweise gehörten sie zu den Hunderten ehemaliger chinesischer Sprachen, die im Zuge der Südausbreitung von Sprechern sinotibetischer Sprachen eliminiert wurden. Als am engsten mit dem Austronesischen verwandte Sprachfamilien gelten Tai-Kadai, Austroasiatisch und Miao-Yao. Während austronesische Sprachen in China dem Ansturm chinesischer Dynastien nicht standhielten, konnten sich einige ihrer verwandten Sprachen (ersten oder zweiten Grades) offenbar behaupten.

Wir haben nun die ersten Phasen der austronesischen Expansion über eine Entfernung von 4000 Kilometern von der Küste Südchinas über Taiwan und die Philippinen bis nach West- und Zentralindonesien verfolgt. Im Zuge dieser Ausbreitung nahmen die Austronesier sämtliche bewohnbaren Gebiete der Inseln, auf die sie vordrangen, in Besitz, von den Küstengebieten bis tief ins Innere und vom Tiefland bis zu den Gebirgen. Bis 1500 v. Chr. waren sie bis zur ostindonesischen Insel Halmahera vorgedrungen, wie ihre typischen archäologischen Hinterlassenschaften – insbesondere Schweineknochen und schlichte Keramik mit rötlichem Tonschlicker – belegen. Damit lag die Westspitze der riesigen, gebirgigen Insel Neuguinea nur noch rund 300 Kilometer entfernt. Würden sie auch diese Insel überrennen, wie sie es schon mit den großen, gebirgigen Inseln Celebes, Borneo, Java und Sumatra getan hatten?

Daß es nicht dazu kam, zeigt ein Blick in die Gesichter der meisten modernen Neuguineer, und auch genetische Untersuchungen liefern den Beweis. Mein Freund Wiwor und alle anderen Bewohner des neuguineischen Hochlands unterscheiden sich deutlich von Indonesiern, Filipinos und Südchinesen durch ihre dunklere Hautfarbe, ihr krauses Haar und ihre Gesichtsform. Die meisten Tieflandbewohner aus dem Inneren Neuguineas und von der Südküste sehen den Hochlandbewohnern ähnlich, sind jedoch meist von größerem Wuchs. Genetikern gelang es bei Untersuchungen nicht, austronesische Genmarker in Blutproben von neuguineischen Hochlandbewohnern nachzuweisen.

Bei den Völkern der neuguineischen Nord- und Ostküste sowie des Bismarckarchipels und der Salomoninseln nördlich und östlich von Neuguinea ist das Bild dagegen komplizierter. Vom Aussehen her stehen sie zwischen Hochlandbewohnern wie Wiwor und Indonesiern wie Achmad, wenngleich die Ähnlichkeit mit Wiwor im Durchschnitt erheblich größer ist. So hat beispielsweise mein Freund Sauakari, der von der Nordküste stammt, gewelltes Haar, das irgendwo in der Mitte zwischen Achmads glattem und Wiwors krausem Haar einzuordnen wäre, und eine etwas hellere Hautfarbe als Wiwor, aber eine viel dunklere als Achmad. Genetischen Analysen zufolge sind die Bewohner des Bismarckarchipels und der Salomoninseln ebenso wie Neuguineer von der Nordküste etwa zu 15 Prozent Austronesier und zu 85 Prozent neuguineische Hochlandbewohner. Daraus läßt sich schließen, daß die Austronesier Neuguinea und die umliegenden Inseln zwar erreichten, es aber nicht schafften, bis ins Inselinnere vorzudringen, sondern sich statt dessen mit den älteren Inselbewohnern an der Nordküste und auf den Nachbarinseln vermischten.

Die modernen Sprachen erzählen im Grunde die gleiche Geschichte, liefern aber noch weitere Details. In Kapitel 14 hatte ich ja bereits erwähnt, daß die meisten neuguineischen Sprachen, die sogenannten Papua-Sprachen, mit keiner anderen Sprachfamilie der Welt verwandt sind. Sämtliche Sprachen, die in den Bergen Neuguineas, im gesamten südwestlichen und südlichen Tiefland einschließlich der Küstenregionen sowie im nördlichen Inselinneren gesprochen werden, sind Papua-Sprachen. Austronesische Sprachen werden dagegen nur in einem schmalen Streifen entlang der Nord- und Südostküste gesprochen. Zu ihnen zählen auch die meisten Sprachen des Bismarckarchipels und der Salomoninseln, während Papua-Sprachen nur auf wenigen dieser Inseln vereinzelt gesprochen werden.

Die austronesischen Sprachen des Bismarckarchipels, der Salomoninseln und des neuguineischen Küstengebiets bilden eine eigene Unter-Unter-Untergruppe mit der Bezeichnung Ozeanisch, die mit der Unter-Unter-Untergruppe von Sprachen, die auf Halmahera und an der Westseite Neuguineas gesprochen werden, verwandt ist. Diese sprachliche Verwandtschaft bestätigt nur, was schon der Blick auf die Landkarte vermuten läßt, daß nämlich Austronesischsprecher den Weg nach Neuguinea und zu den umliegenden Inseln über Halmahera nahmen. Merkmale der austronesischen und Papua-Sprachen und ihrer Verbreitung in Nord-Neuguinea zeugen von einem lange währenden Kontakt zwischen den austronesischen Eindringlingen und den Papua-Sprechern, die schon vor ihnen da waren. Sowohl die austronesischen als auch die Papua-Sprachen der Region lassen in Wortschatz und Grammatik starke Einflüsse der jeweils anderen Sprachen erkennen, so daß in manchen Fällen kaum zu entscheiden ist, ob man es mit von Papua-Sprachen beeinflußten austronesischen Sprachen oder umgekehrt mit von austronesischen Sprachen beeinflußten Papua-Sprachen zu tun hat. Bei Reisen entlang der Nordküste Neuguineas oder auf den kleineren Inseln, die vor der Küste liegen, passiert man abwechselnd Dörfer, in denen austronesische oder Papua-Sprachen gesprochen werden, ohne daß mit den sprachlichen Grenzen auch Unterschiede im Aussehen der Bewohner einhergingen.

Das alles deutet darauf hin, daß die Nachfahren der austronesischen Neuankömmlinge und der ursprünglichen Neuguineer an der neuguineischen Nordküste und auf den vorgelagerten Inseln seit Jahrtausenden miteinander Handel trieben, Mischehen schlossen und Gene und Sprachen austauschten. Während dieser langen Zeit des Miteinanders wurden austronesische Sprachen offenbar erfolgreicher übertragen als austronesische Gene, mit dem Ergebnis, daß die meisten Bewohner des Bismarckarchipels und der Salomoninseln heute austronesische Sprachen sprechen, obwohl sie vom Aussehen und von den Genen her immer noch überwiegend Papuas sind. Tief im Inneren Neuguineas konnten sich indessen weder Gene noch Sprachen der Austronesier durchsetzen. Das Ergebnis ihrer Invasion unterschied sich somit kraß von dem, was sich auf Borneo, Celebes und anderen großen indonesischen

Inseln abspielte, die von der austronesischen Dampfwalze überrollt wurden und deren frühere Bewohner kaum genetische oder sprachliche Spuren hinterließen. Um zu verstehen, was auf Neuguinea geschah, wollen wir unseren Blick nun wieder archäologischen Erkenntnissen zuwenden.

Um 1600 v. Chr. tauchten die typischen archäologischen Spuren der austronesischen Expansion – Schweine, Hühner, Hunde, Keramik mit rötlichem Tonschlicker und Dechseln aus geschliffenem Stein und Muschelschalen – in der Region um Neuguinea auf, fast zeitgleich mit ihrem Erscheinen auf Halmahera. Zwei Merkmale aber unterscheiden ihre Ankunft dort von ihrem Eintreffen auf den Philippinen und in Indonesien.

Das erste Merkmal betrifft den Stil ihrer Keramik, der, obgleich rein ästhetischer Natur und ohne wirtschaftliche Bedeutung, dem Archäologen sofort verrät, ob es sich um eine frühe austronesische Siedlung handelt. Im Gegensatz zum größten Teil der frühen austronesischen Keramik auf den Philippinen und in Indonesien, die ohne Verzierungen war, wiesen die in der Region von Neuguinea gefundenen Gegenstände feine, in horizontalen Streifen angeordnete geometrische Muster auf. Andere Merkmale, wie etwa die Form der Gefäße und der rötliche Tonschlicker, glichen dem Stil jener älteren Keramik aus Indonesien. Anscheinend kam den austronesischen Siedlern erst in der Region von Neuguinea die Idee, Gefäße zu »tätowieren«; die Anregung dazu mag von Körpertätowierungen und geometrischen Mustern gestammt haben, mit denen sie ihre Kleidung aus Baumrinde schon früher verziert hatten. Nach der ersten archäologischen Fundstätte wird dieser Stil als Lapita-Keramik bezeichnet.

Ein wesentlich bedeutsamerer Unterschied der frühen austronesischen Siedlungen in der neuguineischen Region betrifft ihre Verbreitung. Anders als auf den Philippinen und in Indonesien, wo selbst die ältesten bekannten Siedlungen von Austronesiern auf großen Inseln wie Luzon, Borneo und Celebes gefunden wurden, entdeckt man Orte mit Lapita-Keramik in der Region von Neuguinea praktisch nur auf kleinen Eilanden vor der Küste größerer, abgelegener Inseln. Bis heute kam Lapita-Keramik nur an einem einzigen Ort (Aitape) an der Nordküste von Neuguinea selbst sowie an einigen Stellen auf den Salomoninseln zum Vorschein. Die meisten Lapita-Fundstätten in der Region um Neuguinea befinden sich im Bismarckarchipel und dort auf kleinen Eilanden vor der Küste der größeren Bismarckinseln; vereinzelt liegen sie auch an der Küste der größeren Inseln selbst. Da die Hersteller der Lapita-Keramik (wie wir sehen werden) Seefahrer waren, die Tausende von Meilen übers Meer zurückzulegen vermochten, ist der Grund dafür, daß sie ihre Dörfer nicht zu den größeren Bismarckinseln oder nach Neuguinea verlegten, sicher nicht darin zu suchen, daß die Entfernung von einigen Meilen beziehungsweise wenigen Dutzend Meilen sie daran hinderte.

Die Lebensgrundlage der Lapita-Töpfer kann anhand von Abfallresten rekonstruiert werden, die Archäologen an Lapita-Fundstätten zutage förderten. Die Bewohner dieser Siedlungen lebten hauptsächlich vom Meer: Fisch, Schweinswale, Meeresschildkröten, Haie und Schalentiere waren die wichtigsten Bestandteile ihrer Nahrung. Daneben hielten sie Schweine, Hühner und Hunde und aßen die Nüsse zahlreicher Bäume (auch Kokosnüsse). Es ist anzunehmen, daß ihr Speiseplan auch die üblichen austronesischen Wurzelfrüchte umfaßte, wie Taro und Jamswurzeln, doch das läßt sich heute schwer nachweisen, da harte Nußschalen nun einmal eher als Wurzeln Tausende von Jahren in Abfallhaufen überdauern.

Natürlich kann es keinen direkten Beweis dafür geben, daß die Lapita-Töpfer Sprecher einer austronesischen Sprache waren. Zwei Tatsachen legen diesen Schluß jedoch sehr nahe. Erstens weisen die Verzierungen auf ihren Krügen, die Krüge selbst sowie verwandte Utensilien Ähnlichkeiten mit Funden auf, die in Indonesien und auf den Philippinen an Orten, an denen Vorfahren moderner Austronesischsprecher gelebt hatten, zutage gefördert wurden. Zweitens gelangte die Lapita-Keramik auch auf entlegene, zuvor nicht von Menschen besiedelte Pazifikinseln, auf denen heute eine austronesische Sprache gesprochen wird, ohne daß Hinweise auf eine größere zweite Welle von Ankömmlingen nach jener ersten, die Lapita-Krüge dorthin brachte, vorliegen (hierauf komme ich noch zurück). Es ist also davon auszugehen, daß die Lapita-Keramik die Ankunft der Austronesier in der neuguineischen Region markiert.

Was aber taten jene austronesischen Krugmacher auf kleinen Eilanden vor der Küste größerer Inseln? Wahrscheinlich unterschied sich ihre Lebensweise gar nicht so sehr von jener, die moderne Krugmacher bis in die jüngste Vergangenheit auf kleinen Inseln im Gebiet um Neuguinea pflegten. Im Jahr 1972 besuchte ich eines dieser Dörfer auf Malai, einem kleinen Eiland der Siassi-Gruppe vor der mittelgroßen Insel Umboi, die wiederum der größeren Bismarckinsel Neubritannien vorgelagert ist. Als ich, ohne etwas über die Bewohner Malais zu wissen, an Land ging, um vogelkundliche Studien zu betreiben, verschlug mir der Anblick fast den Atem. Statt eines der üblichen kleinen Dörfer mit flachen Hütten, umgeben von großen Gärten, in denen Obst und Gemüse angebaut wurde, und einigen Kanus am Strand lag vor mir eine große Ansammlung zweigeschossiger, eng nebeneinanderstehender Holzhäuser, zwischen denen kein Platz für Gärten war – ein neuguineisches Pendant zu Manhattan. Am Strand erblickte ich Reihen großer Kanus. Wie sich herausstellte, waren die Inselbewohner nicht nur Fischer, sondern auch spezialisierte Töpfer, Holzschnitzer und Händler, die von der Anfertigung wunderbar verzierter Krüge und Holzschalen lebten, die sie mit ihren Kanus zu größeren Inseln transportierten und dort gegen Schweine, Hunde, Gemüse und andere Bedarfsgüter eintauschten. Selbst das Holz für ihre Kanus stammte nicht von Malai, sondern von der nahe gelegenen Insel Umboi, da die Bäume auf Malai nicht groß genug waren, um daraus Kanus zu bauen.

Bevor die Europäer auf den Plan traten, lag das Monopol für den Schiffsverkehr zwischen den Inseln um Neuguinea in den Händen solcher spezialisierten Kanubauer und Töpfer, die ohne Navigationsinstrumente über das Meer fuhren und ihre Siedlungen auf kleinen Inseln oder manchmal auch an der Küste des Festlands errichteten. Als ich 1972 nach Malai kam, existierten diese Handelsnetze schon nicht mehr oder waren stark geschrumpft, was zum Teil mit der Konkurrenz von europäischer Motorschiffahrt und Aluminiumgefäßen zusammenhing, zum Teil aber auch mit dem

Verbot des Kanu-Fernverkehrs, das die australische Kolonialverwaltung nach einer Reihe von Unfällen, bei denen Menschen ertrunken waren, verhängt hatte. Ich hege die Vermutung, daß die Lapita-Töpfer in der Zeit ab 1600 v. Chr. die Rolle seefahrender Händler in der Region um Neuguinea spielten.

Das Vordringen austronesischer Sprachen an die neuguineische Nordküste und selbst auf die größten Bismarck- und Salomoninseln muß im wesentlichen nach der Lapita-Ära erfolgt sein, da Lapita-Funde vorwiegend von kleinen Eilanden im Bismarckarchipel stammen. Erst um die Zeitwende tauchten vom Lapita-Stil beeinflußte Töpferwaren an der Südseite der großen Halbinsel im Südosten Neuguineas auf. Als Europäer gegen Ende des 19. Jahrhunderts mit der Erforschung Neuguineas begannen, war die gesamte übrige neuguineische Südküste immer noch ausschließlich von Papua-Sprechern bewohnt, obgleich Austronesisch sprechende Populationen nicht nur auf der südöstlichen Halbinsel, sondern auch auf den Inseln Aru und Kei (etwa 120 Kilometer vor der Südküste von West-Neuguinea) anzutreffen waren. Austronesier hatten somit Tausende von Jahren Zeit, um das Inselinnere und die Südküste Neuguineas von nahen Stützpunkten aus zu kolonisieren, taten es aber nicht. Selbst die Kolonisierung des nördlichen Küstensaums war eher sprachlicher als genetischer Natur: Alle Völker der Nordküste blieben in genetischer Hinsicht überwiegend Neuguineer. Bestenfalls übernahmen einige von ihnen austronesische Sprachen, vielleicht, um sich mit den seefahrenden Händlern, die verschiedene Gesellschaften miteinander verbanden, verständigen zu können.

Demnach zeitigte die austronesische Expansion in der Region von Neuguinea ein völlig anderes Ergebnis als in Indonesien und auf den Philippinen. Während hier die vorherigen Bewohner verschwanden – vermutlich wurden sie vertrieben, umgebracht, mit Krankheiten infiziert oder von den Eindringlingen assimiliert –, hielt dort, also in der neuguineischen Region, die bereits ansässige Bevölkerung die Invasoren an den meisten Orten auf Distanz. In beiden Fällen waren die Eindringlinge Austronesier, und auch die ansässigen Bevölkerungen ähnelten sich genetisch, sofern meine

Vermutung zutrifft, daß die von Austronesiern verdrängten ursprünglichen Bewohner Indonesiens Verwandte der Neuguineer waren. Worauf mag ein derart unterschiedlicher Ausgang zurückzuführen sein?

Die Antwort ist rasch gefunden, zieht man den unterschiedlichen kulturellen Entwicklungsstand der Urbevölkerungen Indonesiens und Neuguineas in Betracht. Vor der Ankunft der Austronesier war der größte Teil Indonesiens nur dünn besiedelt. Die dort lebenden Jäger und Sammler verfügten nicht einmal über geschliffene Steinwerkzeuge. Im Gegensatz dazu wurde im neuguineischen Hoch- und wahrscheinlich auch Tiefland sowie im Bismarck- und Salomonarchipel schon seit Jahrtausenden Landwirtschaft getrieben. Das Hochland von Neuguinea wies sogar eine der höchsten Bevölkerungsdichten auf, die in der jüngeren Vergangenheit irgendwo auf der Welt von einer steinzeitlichen Gesellschaft erreicht wurde.

Im Wettbewerb mit diesen angestammten neuguineischen Populationen besaßen die Austronesier wenige Vorteile. Einige der Kulturpflanzen der Austronesier, wie Taro, Jamswurzeln und Bananen, waren in Neuguinea vermutlich schon vor ihrer Ankunft eigenständig domestiziert worden. Bereitwillig integrierten die Neuguineer die von den Austronesiern mitgebrachten Hühner, Hunde und insbesondere auch Schweine in ihre Landwirtschaft. Geschliffene Steinwerkzeuge waren in Neuguinea schon lange in Gebrauch. Die Abwehrkräfte der Neuguineer gegen Tropenkrankheiten waren denen der Austronesier ebenbürtig, da sie den gleichen fünffachen genetischen Schutz gegen Malaria besaßen wie diese, wobei sich einige oder sogar alle beteiligten Gene unabhängig auf Neuguinea entwickelt hatten. Die Neuguineer waren bereits erfahrene Seefahrer, mag ihre Navigationskunst auch nicht an die der Lapita-Töpfer herangereicht haben. Zehntausende von Jahren vor der Ankunft der Austronesier kolonisierten sie den Bismarckarchipel und die Salomoninseln, und schon mindestens 18 000 Jahre vor dem Auftauchen der Austronesier blühte im Bismarckarchipel der Handel mit Obsidian (einem vulkanischen Gesteinsglas, geeignet zur Herstellung scharfkantiger Werkzeuge). In jüngerer Vergangenheit drangen Neuguineer offenbar sogar gegen den Strom der Austronesier westwärts in den Osten Indonesiens vor, wo im Norden der Insel Halmahera und auf Timor typische Papua-Sprachen gesprochen werden, die mit einigen westneuguineischen Sprachen verwandt sind.

Kurzum, der unterschiedliche Ausgang der austronesischen Expansion veranschaulicht in großer Deutlichkeit die Rolle der Landwirtschaft bei Bevölkerungsverschiebungen. Bäuerliche Austronesier wanderten in zwei Regionen ein (Indonesien und Neuguinea), deren bisherige Bewohner wahrscheinlich obendrein miteinander verwandt waren. Während in Indonesien noch Jäger und Sammler lebten, trieben die Bewohner Neuguineas bereits Landwirtschaft und hatten viele der üblichen Begleiterscheinungen hervorgebracht (hohe Bevölkerungsdichte, Abwehrkräfte gegen Krankheiten, fortgeschrittene Technik usw.). So kam es, daß die austronesische Expansion die ursprünglichen Indonesier hinwegfegte, in der Region von Neuguinea jedoch mehr oder weniger steckenblieb, so, wie es ihr schon im Gebiet der Landwirtschaft treibenden austroasiatischen und Tai-Kadai-Völker in Südostasien ergangen war.

Bis hierher haben wir die austronesische Expansion durch Indonesien bis an die Strände Neuguineas und des südostasiatischen Festlands verfolgt. In Kapitel 18 werden wir sehen, wie sie sich über den Indischen Ozean nach Madagaskar fortsetzte, und in Kapitel 14 erfuhren wir bereits, daß ökologische Hindernisse Austronesier davon abhielten, im Norden und Westen Australiens heimisch zu werden. Der letzte Akt der austronesischen Expansion begann, als die Lapita-Töpfer an den Salomonen vorbei ostwärts in den Pazifik hineinfuhren und dort eine Inselwelt in Besitz nahmen, die noch kein Mensch vor ihnen betreten hatte. Um 1200 v. Chr. tauchten Lapita-Tonscherben, das vertraute Dreigespann aus Schweinen, Hühnern und Hunden sowie andere typische archäologische Hinterlassenschaften der Austronesier auf den Fidschiinseln, im Samoa- und Tongaarchipel auf, über tausend Meilen östlich der Salomonen. In den ersten Jahrhunderten nach der Zeitwende traten die meisten dieser Markenzeichen (mit der bemerkenswerten Ausnahme von Töpferwaren) auch auf den Inseln Ostpolynesiens, insbesondere auf den Gesellschafts- und Marquesasinseln, in Erscheinung. Weitere ausgedehnte Kanureisen brachten austronesische Siedler im Norden nach Hawaii, im Osten zur Pitcairn- und zur Osterinsel und im Südwesten nach Neuseeland. Die Ureinwohner der meisten dieser Inseln sind heute Polynesier, also direkte Nachfahren der Lapita-Töpfer. Ihre Sprachen sind eng mit denen der neuguineischen Region verwandt, und ihre Hauptanbaupflanzen gehören zum austronesischen »Kulturbündel« aus Taro, Jamswurzel, Banane, Kokosnuß und Brotfrucht.

Mit der Inbesitznahme der Chathaminseln vor Neuseeland um 1400 n. Chr., also knapp hundert Jahre vor dem Auftauchen europäischer »Entdeckungsreisender« war die Entdeckung des Pazifiks durch Asiaten endlich abgeschlossen. Ihre jahrzehntausendelange Entdeckertradition hatte begonnen, als Wiwors Vorfahren über Indonesien nach Neuguinea und Australien vordrangen. Sie endete erst, als es nichts mehr zu entdecken gab, weil nahezu jede bewohnbare Pazifikinsel in Besitz genommen war.

Für jeden, der sich für die Weltgeschichte interessiert, sind die Gesellschaften Ostasiens und des Pazifiks sehr aufschlußreich, da sie viele Beispiele für den prägenden Einfluß der Umwelt auf den Gang der Geschichte liefern. Je nach geographischer Herkunft unterschieden sich die Völker Ostasiens und des Pazifiks in ihrem Zugang zu domestizierbaren Wildpflanzen und -tieren sowie in der Intensität ihres Kontakts zu anderen Völkern. Ein ums andere Mal verdrängten Völker, die im Besitz der Voraussetzungen für die Landwirtschaft waren und deren geographische Heimat die Bekanntschaft mit technischen Neuerungen aus anderen Regionen begünstigte, andere Völker, denen es daran mangelte. Und immer wieder war zu beobachten, daß sich die Nachkommen einer Welle von Kolonisten, die in Regionen mit unterschiedlichen Umweltbedingungen geschwappt war, je nach der ökologischen Beschaffenheit des neuen Lebensraums höchst unterschiedlich entwickelten.

So haben wir etwa erfahren, daß die Südchinesen die Landwirtschaft und verschiedene technische Errungenschaften eigenständig hervorbrachten, die Schrift und weitere Techniken sowie politische Strukturen aus Nordchina übernahmen und in der Folge Südostasien und Taiwan unter weitgehender Verdrängung der vorherigen Bewohner besiedelten. Von den Nachfahren beziehungsweise Verwandten jener bäuerlichen Kolonisten aus Südchina kehrten die Yumbri in den Regenwäldern von Nordostthailand und Laos zur Jagd- und Sammelwirtschaft zurück, während enge Verwandte der Yumbri, die Vietnamesen (Sprecher einer Sprache der gleichen Unter-Untergruppe der austroasiatischen Sprachfamilie), im fruchtbaren Delta des Roten Flusses weiter Landwirtschaft trieben und ein eigenes, auf Metallverarbeitung basierendes Reich errichteten. Ähnlich sahen sich die Punan, ebenfalls bäuerliche austronesische Emigranten aus Taiwan und Indonesien, in den Regenwäldern Borneos gezwungen, wieder als Jäger und Sammler zu leben, während ihre Verwandten auf Java, das mit fruchtbaren Vulkanböden gesegnet ist, der Landwirtschaft treu blieben, ein von Indien beeinflußtes Königreich gründeten, die Schrift einführten und das prächtige buddhistische Monument von Borobudur bauten. Jener Zweig der Austronesier, der schließlich Polynesien besiedelte, geriet außer Reichweite der ostasiatischen Schrift und Metallverarbeitung, was zur Folge hatte, daß er metall- und schriftlos blieb. Indessen entwickelten sich die austronesischen Gesellschaften politisch, gesellschaftlich und wirtschaftlich in verschiedenen Lebensräumen höchst unterschiedlich. So waren die Besiedler Ostpolynesiens binnen tausend Jahren auf den Chathaminseln wieder zur Jagd- und Sammelwirtschaft zurückgekehrt, während sie auf Hawaii ein Staatsgebilde mit intensiver Landwirtschaft errichteten.

Als schließlich die Europäer eintrafen, waren sie aufgrund ihrer Überlegenheit im Bereich der Technik und auf anderen Gebieten in der Lage, den größten Teil Südostasiens und der pazifischen Inselwelt vorübergehend unter ihre Kolonialherrschaft zu bringen. Örtliche Krankheitserreger und die bäuerlichen Bewohner der Region hinderten die Europäer jedoch an den meisten Orten daran, sich in größerem Umfang als Siedler niederzulassen. Nur auf Neuseeland, Neukaledonien und Hawaii – den größten und entlegensten Inseln, deren Klima aufgrund der äquatorfernen Lage am ehesten dem gemäßigten Klima Europas entspricht – sind heute größere europäische Populationen ansässig. Im Unterschied zu Australien, Nord- und Südamerika sind Ostasien und die meisten Pazifikinseln somit weiter in der Hand der Völker, die schon vor der Ankunft der Europäer dort lebten.

KAPITEL 17

Kollision der Hemisphären

Die Geschichte Eurasiens und Amerikas im Vergleich

Die größte Bevölkerungsverdrängung innerhalb der letzten 13000 Jahre war jene im Gefolge der Kollision von Alter und Neuer Welt vor wenigen Jahrhunderten. Ihr dramatischster, entscheidendster Moment war der Sieg von Pizarros winziger Armee aus spanischen Abenteurern über den Inka-Herrscher Atahualpa, den absoluten Herrscher über den größten, wohlhabendsten, bevölkerungsreichsten und administrativ und technisch fortgeschrittensten Staat Amerikas. Atahualpas Gefangennahme symbolisiert die Eroberung Nord- und Südamerikas durch die Europäer, denn das gleiche Bündel unmittelbarer Faktoren, das zu der Eroberung führte, ermöglichte auch die Siege von Europäern über andere Zivilisationen der Neuen Welt. Wir wollen uns nun noch einmal der Kollision der Hemisphären zuwenden und dabei die seit Kapitel 2 gewonnenen Erkenntnisse anwenden. Die zu beantwortende Kernfrage lautet: Warum fuhren Europäer ins Land der Indianer und eroberten es, warum geschah nicht das Umgekehrte? Als Ausgangspunkt der Betrachtung soll ein Vergleich der eurasischen und indianischen Gesellschaften im Jahr 1492, dem Zeitpunkt der »Entdeckung« Amerikas durch Kolumbus, dienen.

Beginnen wir mit der Nahrungserzeugung, einem wichtigen Bestimmungsfaktor lokaler Bevölkerungsgröße und gesellschaftlicher Komplexität, die somit einen der eigentlichen Faktoren hinter dem Eroberungsgeschehen darstellt. Der auffallendste Unterschied zwischen amerikanischer und eurasischer Nahrungserzeugung zeigte sich in der Bedeutung großer domestizierter Säugetiere. In Kapitel 8 habe ich Ihnen die 13 Arten vorgestellt, die in Eurasien zu den wichtigsten Lieferanten von tierischem Eiweiß

(Fleisch und Milch), Wolle, Häuten und Fellen, zum Haupttransportmittel für Personen und Güter, zum unverzichtbaren Mittel der Kriegführung und (als Zugtiere und Düngerlieferanten) zum wertvollen Helfer in der Landwirtschaft wurden. Bevor im Mittelalter Wasser- und Windmühlen die eurasischen Säugetiere ablösten, waren diese neben menschlicher Muskelkraft zudem wichtige Lieferanten von »industrieller« Energie, beispielsweise beim Drehen von Schleifsteinen und bei der Wasserförderung aus Brunnen. Demgegenüber besaßen Nord- und Südamerika nur eine einzige große domestizierte Säugetierart, das Lama/Alpaka, dessen Verbreitungsgebiet auf einen kleinen Teil der Anden und die Küste Perus beschränkt war. Zwar diente es als Fleisch-, Woll- und Fell-Lieferant sowie als Lasttier, es ließ sich aber nicht melken, trug niemals einen Reiter, zog weder Karren noch Pflug, spendete keine Energie und fand auch keine kriegerische Verwendung.

Diese Unterschiede zwischen eurasischen und indianischen Gesellschaften sind von enormer Tragweite. Sie rühren im wesentlichen von dem Aussterben (der Ausrottung?) der meisten großen Säugetierarten in Nord- und Südamerika am Ende der letzten Eiszeit her. Wären die amerikanischen Großsäuger nicht ausgestorben, hätte die jüngere Geschichte einen ganz anderen Verlauf nehmen können. Als Cortés und seine Schar zerlumpter Glücksritter im Jahr 1519 an der Küste Mexikos landeten, wären sie womöglich von Tausenden aztekischer Kavalleristen auf heimischen Pferden ins Meer zurückgejagt worden. Statt von eingeschleppten Pocken dahingerafft zu werden, hätten die Azteken vielleicht die Spanier mit amerikanischen Krankheitserregern, gegen die sie selbst resistent waren, infiziert und auf diese Weise ins Jenseits befördert. Womöglich hätten auf tierischer Muskelkraft basierende amerikanische Zivilisationen selbst Konquistadoren ausgeschickt und in Europa Angst und Schrecken verbreitet. Dieser hypothetische Lauf der Dinge war jedoch aufgrund des massenhaften Artensterbens, das sich vor vielen Jahrtausenden in der Neuen Welt ereignete, von vornherein ausgeschlossen.

Durch das Verschwinden zahlreicher Säugetierarten in Nord- und Südamerika schnitt Eurasien im Vergleich sehr viel besser ab. Die meisten Domestikationskandidaten kamen als potentielle

Haustiere aus diesem oder jenem von einem halben Dutzend Gründen (Kapitel 8) nicht in Frage. So besaß Eurasien am Ende 13 große Haustierarten, Amerika dagegen nur eine einzige, die obendrein ein recht kleines Verbreitungsgebiet hatte. In beiden Hemisphären gab es daneben domestizierte Vögel und Kleinsäugetiere – in Nord- und Südamerika zählten dazu der Truthahn, das Meerschweinchen und die Moschusente (mit lediglich lokaler Verbreitung) und der Hund (größeres Verbreitungsgebiet), in Eurasien Huhn, Gans, Ente, Katze, Hund, Kaninchen, Honigbiene, Seidenraupe und einige weitere Arten. Die Bedeutung all dieser kleinen domestizierten Arten war jedoch verschwindend gering verglichen mit den großen Säugetieren.

Eurasien und Nord- und Südamerika unterschieden sich auch im Hinblick auf die Erzeugung pflanzlicher Nahrung voneinander, wenngleich der Unterschied hier weniger ausgeprägt war als bei tierischer Nahrung. In Eurasien war die Landwirtschaft im Jahr 1492 weit verbreitet. Nur in wenigen Gebieten lebten noch Jäger und Sammler, die weder Anbaupflanzen noch Haustiere besaßen. Hierzu zählten die Ainu im Norden Japans, einige rentierlose sibirische Völker und kleinere Jäger-Sammler-Gruppen in den Wäldern Indiens und Südostasiens, die mit ihren bäuerlichen Nachbarn im Handelsaustausch standen. Eine Reihe weiterer eurasischer Gesellschaften, insbesondere die Hirtenvölker Zentralasiens und die rentierhaltenden Lappen und Samojeden in den eurasischen Polargebieten, besaßen zwar Haustiere, trieben aber wenig oder gar keinen Ackerbau. Praktisch alle übrigen eurasischen Gesellschaften kannten sowohl Ackerbau als auch Viehzucht.

Auch in Nord- und Südamerika wurde vielerorts Landwirtschaft betrieben, doch verglichen mit Eurasien war ein viel größerer Teil des Landes von Jägern und Sammlern bewohnt. Zu den landwirtschaftslosen Regionen zählten der gesamte nördliche Teil Nordamerikas, der südliche Teil Südamerikas, die kanadische Prärie und der gesamte nordamerikanische Westen mit Ausnahme kleinerer Gebiete im Südwesten der USA mit Bewässerungslandwirtschaft. Bemerkenswerterweise finden wir unter den Gebieten ohne präkolumbianische Landwirtschaft auch jene Regionen, die heute zu den fruchtbarsten Anbau- und Weideflächen Nord- und Südamerikas zählen: die Pazifikstaaten der USA, den kanadischen Weizengürtel, die argentinische Pampa und Teile Chiles mit mediterranem Klima. Daß es dort früher keine Landwirtschaft gab, ist allein auf den örtlichen Mangel an domestizierbaren Wildpflanzen und -tieren sowie auf geographische und ökologische Barrieren zurückzuführen, die verhinderten, daß Kulturpflanzen und die wenigen Haustierarten aus anderen Teilen Nord- und Südamerikas den Weg in diese Regionen fanden. Sobald die Europäer Haustiere und Anbaupflanzen eingeführt hatten, verwandelten sich diese Gebiete in fruchtbare Regionen, wovon nicht nur europäische Siedler, sondern in einigen Fällen auch Indianer profitierten. So erlangten indianische Gesellschaften in den nordamerikanischen Prärieebieten, im Westen der USA und in der argentinischen Pampa großen Ruhm für ihr Geschick im Umgang mit Pferden, aber auch mit Rinder- und Schafherden. Jene berittenen Präriekrieger und Navajo-Schafzüchter und -Weber prägen heute das Bild weißer Amerikaner von den Indianern; dabei wird oft vergessen, daß die Voraussetzungen für dieses Image erst nach 1492 geschaffen wurden. Diese Beispiele zeigen, daß das einzige, was fehlte, um in weiten Teilen Nord- und Südamerikas die Landwirtschaft auf den Plan zu rufen, geeignete Haustiere und Anbaupflanzen waren.

In jenen Teilen Nord- und Südamerikas, in denen die Landwirtschaft schon länger existierte, wies sie fünf schwerwiegende Nachteile gegenüber ihrem eurasischen Pendant auf: starke Abhängigkeit von Mais, einer eiweißarmen Pflanze (im Gegensatz zu Eurasiens diversen eiweißreichen Getreidearten); mühsames Einpflanzen der Saat von Hand (statt Breitsaat); Feldbestellung per Hand (statt durch Pflügen mit Hilfe von Zugtieren, wodurch eine einzelne Person ein viel größeres Stück Land bearbeiten kann und die Bestellung fruchtbarer, aber harter Böden und Soden ermöglicht wird, die von Hand nur schwer zu bearbeiten sind, wie etwa die Böden der nordamerikanischen Prärie); Fehlen von tierischem Dünger zur Ertragssteigerung; Verrichtung landwirtschaftlicher Tätigkeiten wie Dreschen, Mahlen und Bewässern ausschließlich mit menschlicher (statt tierischer) Muskelkraft. All diese Unterschiede lassen darauf schließen, daß die eurasische Landwirtschaft im Jahr 1492 durchschnittlich mehr Kalorien und Eiweiß pro investierter Arbeitsstunde erzeugte als die indianische.

Diese Unterschiede sind von großer Bedeutung für die Erklärung der Ungleichheit eurasischer und indianischer Gesellschaften. Die wichtigsten unmittelbaren Faktoren, die aus ihnen resultierten, waren Unterschiede in bezug auf Krankheitserreger, Technik, politische Organisationsformen und Schrift. Den unmittelbarsten Zusammenhang zwischen einzelnen Faktoren gab es bei Krankheitserregern und Landwirtschaft. Zu den Infektionskrankheiten, von denen eurasische Gesellschaften mit hoher Bevölkerungsdichte regelmäßig heimgesucht wurden und gegen die viele Eurasier folglich eine Immunabwehr entwickelten oder erbliche Abwehrkräfte besaßen, zählte das ganze Spektrum der verheerendsten Krankheiten der Geschichte: Pocken, Masern, Grippe, Pest, Tuberkulose, Fleckfieber, Cholera, Malaria und einige weitere. Verglichen mit dieser Gruselliste waren die einzigen Massen-Infektionskrankheiten, die mit Gewißheit in präkolumbianischen Indianergesellschaften auftraten, nichtsyphilitische Spirochäteninfektionen. (Wie ich in Kapitel 10 ausführte, ist bis heute ungeklärt, ob die Syphilis ursprünglich eurasischer oder amerikanischer Herkunft ist; die Behauptung, die Tuberkulose sei schon vor der Ankunft des Kolumbus' in Amerika bekannt gewesen, halte ich für unbewiesen.)

Die Unterschiede in bezug auf Krankheitserreger waren paradoxerweise das Resultat von Unterschieden in der Ausstattung mit ansonsten äußerst nützlichen Haustieren. Die meisten der Mikroben, auf deren Konto Infektionskrankheiten in Gesellschaften mit hoher Bevölkerungsdichte gehen, entwickelten sich im Laufe der Evolution aus Vorläufern, die Auslöser von Infektionskrankheiten bei Haustieren waren, mit denen bäuerliche Bevölkerungen ab der Zeit vor etwa 10000 Jahren in dauerndem innigem Kontakt standen. Da Eurasien mit zahlreichen Haustierarten gesegnet war, entwickelten sich dort entsprechend viele derartige Mikroben, während in Nord- und Südamerika weder Haustiere noch von diesen übertragene Mikroben stark vertreten waren. Andere Gründe für die geringe Zahl lebensbedrohlicher Krankheitserreger, die in indianischen Gesellschaften heimisch waren, bestanden darin, daß

Dörfer, ideale Brutstätten von Krankheitsepidemien, in Nord- und Südamerika erst Tausende von Jahren später aufkamen als in Eurasien und daß die drei Regionen der Neuen Welt, in denen sich Gesellschaften mit urbanen Zentren entwickelt hatten (Anden, Mesoamerika, Südwesten der USA) zu keiner Zeit durch so intensive Handelsbeziehungen miteinander verbunden waren wie Europa mit Asien, von wo die Pest, die Grippe und vielleicht auch die Pocken nach Europa gelangten. So kam es, daß selbst Malaria und Gelbfieber, jene Infektionskrankheiten, die den Europäern bei der Kolonisierung der amerikanischen Tropen und speziell beim Bau des Panamakanals schwer zu schaffen machen sollten, keineswegs amerikanische Krankheiten waren, sondern von Mikroben aus tropischen Gegenden der Alten Welt hervorgerufen werden, die Europäer nach Amerika eingeschleppt hatten.

Weitere unmittelbare Faktoren, die neben Krankheitserregern bei der Eroberung Nord- und Südamerikas durch Europäer eine wichtige Rolle spielten, hängen mit dem technischen Entwicklungsstand zusammen. Sie waren letztlich das Resultat dessen, daß ökonomisch differenzierte, politisch zentralisierte Agrargesellschaften mit hoher Bevölkerungsdichte, die miteinander in Kontakt und in Konkurrenz standen, in Eurasien schon wesentlich länger existierten. Ich will fünf Bereiche der Technik herausgreifen, die mir wichtig erscheinen:

Erstens waren bis zum Jahr 1492 alle komplexen eurasischen Gesellschaften zur Verwendung von Metall – erst Kupfer, dann Bronze und schließlich Eisen – bei der Werkzeugherstellung übergegangen. Dagegen waren Stein, Holz und Knochen immer noch die wichtigsten Arbeitsmaterialien der indianischen Werkzeugmacher, wenn auch in den Anden und einigen anderen Regionen Nord- und Südamerikas Kupfer, Silber, Gold und Legierungen zu Schmuck verarbeitet wurden; bei der Werkzeugherstellung war Kupfer nur von lokaler Bedeutung.

Zweitens war die Militärtechnik in Eurasien viel weiter fortgeschritten als in Nord- und Südamerika. Europäer verfügten über stählerne Schwerter, Lanzen und Dolche, ergänzt durch kleinere Feuerwaffen und Artilleriegeschütze; hinzu kamen Stahlrüstungen und -helme oder Kettenpanzer. Die indianischen Krieger waren dagegen nur mit Knüppeln und Äxten aus Stein oder Holz (in den Anden gelegentlich auch aus Kupfer), Schleudern und Pfeil und Bogen bewaffnet; ihre leichten Rüstungen boten ihnen zudem viel schwächeren Schutz. Die indianischen Heere verfügten auch nicht über Tiere als Pendant zu Pferden, deren Nutzen im Gefecht und als schnelles Transportmittel den Europäern riesige Vorteile verschaffte, bis einige indianische Gesellschaften selbst Pferdebesitzer wurden.

Drittens besaßen eurasische Gesellschaften eine enorme Überlegenheit bei der Nutzung verschiedener Energiequellen als Antriebskraft für Maschinen. Der älteste Fortschritt auf diesem Gebiet war der Einsatz von Tieren – Kühen, Pferden, Eseln – als Zugtieren in der Landwirtschaft, zum Drehen von Rädern beim Kornmahlen, zur Wasserförderung aus Brunnen und zur Be- oder Entwässerung von Feldern. Wasserräder tauchten erstmals in römischer Zeit auf und kamen im Mittelalter, zusammen mit Gezeiten- und Windmühlen, vielerorts in Gebrauch. Gepaart mit Mechanismen zur Kraftübertragung dienten Maschinen, die Wasser und Wind als Energiequellen nutzten, nicht nur zum Mahlen von Getreide und zur Förderung von Wasser, sondern sie fanden daneben unzählige andere »industrielle« Verwendungen, so bei der Zuckergewinnung, beim Betrieb von Gebläseöfen, bei der Zerkleinerung von Erzen, bei der Papierherstellung, beim Schleifen und Polieren von Steinen, beim Ölpressen, bei der Salzgewinnung, bei der Tuchherstellung und beim Holzsägen. Für gewöhnlich wird der Beginn der industriellen Revolution mit der Erfindung der Dampfmaschine im 18. Jahrhundert in England gleichgesetzt, doch in Wirklichkeit hatte eine industrielle Revolution auf der Grundlage von Wasser- und Windkraft in vielen Teilen Europas schon im Mittelalter begonnen. In Nord- und Südamerika verrichtete man 1492 dagegen all jene Tätigkeiten, für die man sich in Eurasien auf Tiere, Wasser- und Windkraft stützte, immer noch ausschließlich mit menschlicher Muskelkraft.

Lange bevor damit begonnen wurde, das Rad zur Kraftübertragung zu nutzen, war es in Eurasien schon zur Grundlage des Güter- und Personenverkehrs geworden, und zwar nicht nur in Form von Fuhrwerken, vor die Zugtiere gespannt wurden, sondern auch in Form der Schubkarre, die es ermöglichte, mit erheblich verringertem Kraftaufwand – wenngleich immer noch mit reiner Muskelkraft – schwere Gegenstände zu transportieren. Auch in der Töpferei und der Uhrenherstellung gewann das Rad in Eurasien große Bedeutung. All diese Verwendungszwecke waren den Bewohnern Nord- und Südamerikas fremd; nur in Keramikgegenständen aus Mexiko, die als Spielzeug dienten, tauchte das Rad überhaupt auf.

Das verbleibende Gebiet der Technik, das Erwähnung verdient, ist die Seeschiffahrt. In vielen eurasischen Gesellschaften wurden große Segelschiffe gebaut, von denen einige sogar gegen den Wind segeln und Ozeane überqueren konnten, ausgerüstet mit Sextanten, Magnetkompassen und Kanonen. In puncto Fassungsvermögen, Geschwindigkeit, Manövrierfähigkeit und Seetüchtigkeit waren diese eurasischen Schiffe den Flößen, die im Handel zwischen den fortgeschrittensten Gesellschaften der Neuen Welt in den Anden und in Mesoamerika eingesetzt wurden, haushoch überlegen. Die indianischen Flöße fuhren vor dem Wind her entlang der Pazifikküste. Für Pizarro war es auf seiner ersten Reise nach Peru ein Kinderspiel, ein solches Floß mit seinem Schiff einzuholen und aufzubringen.

Abgesehen von Krankheitserregern und technischem Entwicklungsstand unterschieden sich die eurasischen und indianischen Gesellschaften auch in der politischen Organisation. Im ausgehenden Mittelalter war der größte Teil der Fläche Eurasiens unter kleineren und größeren Staaten aufgeteilt. Etliche davon, so die Staaten der Habsburger, der Osmanen und der Chinesen, der Mogulstaat in Indien und der mongolische Staat auf dem Höhepunkt seiner Macht im 13. Jahrhundert, waren vielsprachige Gebilde, deren Ursprung in der Eroberung anderer Staaten lag und die wir deshalb gemeinhin als »Reiche« bezeichnen. Viele eurasische Staaten und Reiche besaßen offizielle Religionen, die den Zusammenhalt förderten, indem sie der Legitimierung politischer Herrschaft und von Kriegen gegen andere Völker dienten. Die Verbreitung von Stammesgesellschaften und Nomadengruppen beschränkte sich in Eurasien weitgehend auf die Rentierzüchter in den Polargebieten und die Jäger und Sammler Sibiriens sowie einige Enklaven auf dem indischen Subkontinent und in Südostasien.

Zwei Reiche in Nord- und Südamerika, das der Azteken und das der Inkas, ähnelten ihren eurasischen Pendants in bezug auf Größe, Bevölkerungszahl, Vielsprachigkeit, offizielle Religion und den Ursprung in der Eroberung kleinerer Staaten. Neben ihnen existierten in der Neuen Welt keine weiteren politischen Gebilde, die in der Lage waren, Mittel und Kräfte für öffentliche Bauten oder Kriege in einem solchen Umfang zu mobilisieren, wie es viele eurasische Staaten vermochten. Indessen besaßen sieben europäische Staaten (Spanien, Portugal, England, Frankreich, Holland, Schweden und Dänemark) die Mittel, um sich zwischen 1492 und 1666 Kolonien in Amerika anzueignen. In der Neuen Welt gab es ferner zahlreiche Häuptlingsreiche (einige waren im Grunde kleine Staaten), die vornehmlich im tropischen Südamerika, in Teilen Mesoamerikas außerhalb der Reichweite der Azteken und im Südwesten der USA angesiedelt waren. In allen übrigen Regionen Amerikas ging der politische Zusammenschluß der Bewohner nicht über die Ebene von Stammesgemeinschaften oder Jäger-Sammler-Gruppen hinaus.

Der letzte unmittelbare Faktor, der hier angeführt werden soll, ist die Schrift. In den meisten eurasischen Staaten gab es eine schriftkundige Bürokratie, und in einigen konnte sogar ein beachtlicher Teil der Bevölkerung lesen und schreiben. Die Schrift war ein mächtiges Instrument in der Hand europäischer Gesellschaften; sie spielte eine ungemein wichtige Rolle, indem sie die staatliche Verwaltung und den wirtschaftlichen Austausch effizienter machte, zu Entdeckungs- und Eroberungsfahrten nützliche Informationen beisteuerte und Wissen aus fernen Zeiten und von fernen Orten zugänglich machte. Demgegenüber beschränkte sich die Verbreitung der Schrift in Nord- und Südamerika auf die Oberschicht in einem kleinen Teil Mesoamerikas. Die Inkas verwendeten zwar in ihrem Buchhaltungswesen eine Art Knotenschrift (Quipu genannt), doch diese war zur Übermittlung detaillierter Informationen kaum so geeignet, wie wir es von anderen Schriften kennen.

Eurasische Gesellschaften besaßen demnach zur Zeit des Kolumbus' große Vorteile gegenüber indianischen Gesellschaften, was Landwirtschaft, Krankheitserreger, Technik (einschließlich Waffen), politische Organisation und Schrift anbelangt. Dies waren die Hauptfaktoren, die über den Ausgang der postkolumbianischen Kollisionen von Alter und Neuer Welt entscheiden sollten. Jedoch bildeten die genannten Unterschiede, wie sie sich im Jahr 1492 darstellten, lediglich eine Momentaufnahme historischer Entwicklungen, die sich in Nord- und Südamerika über mindesten 13000 Jahre und in Eurasien über einen wesentlich längeren Zeitraum vollzogen hatten. Insbesondere für die indianischen Bewohner Amerikas markierte das Jahr 1492 das Ende ihrer eigenständigen Entwicklung. Wir wollen uns nun den früheren Phasen der Geschichte beider Kontinente zuwenden.

Tabelle 17.1 gibt einen Überblick über die ungefähren Zeitpunkte wichtiger Entwicklungen in den bedeutendsten »Ursprungsgebieten« der beiden Hemisphären (Fruchtbarer Halbmond und China in Eurasien; Anden, Amazonasgebiet und Mesoamerika in der Neuen Welt). Die Tabelle enthält auch Daten für die weniger bedeutende Region im Osten der USA sowie für England, bei dem es sich überhaupt nicht um ein »Ursprungsgebiet« handelt, das aber mit aufgeführt ist, um die Ausbreitungsgeschwindigkeit von Neuerungen aus Vorderasien zu illustrieren.

Die Tabelle muß jeden Fachgelehrten zu heftigem Kopfschütteln veranlassen, da sie äußerst vielschichtige historische Sachverhalte auf eine kleine Zahl scheinbar präziser Daten reduziert. Die angegebenen Daten stellen aber lediglich den Versuch dar, nach pragmatischen Kriterien ungefähre Zeitpunkte auf einem Kontinuum zu benennen. So ist beispielsweise der Zeitpunkt, an dem ein bedeutender Anteil aller Werkzeuge aus Metall hergestellt wurde, wichtiger als das Datum des ersten von irgendeinem Archäologen entdeckten Metallwerkzeugs, aber wie häufig mußten Metallwerkzeuge vorkommen, um das Attribut »weit verbreitet« zu verdienen? Es kommt natürlich auch vor, daß in verschiedenen Teilen des gleichen Ursprungsgebiets ein und dieselbe Neuerung zu unterschiedlichen Zeitpunkten in Erscheinung tritt. So tauchten in der Andenregion Keramikgegenstände in Küstengebieten Ecuadors

Entstehung/ Einführung von ...	Eurasien			Amerika vor Ankunft der Europäer			
	Fruchtbarer Halbmond	China	England	Anden	Amazonas	Mesoamerika	Osten der USA
Pflanzendomestikation	8500 v. Chr.	um 7500 v. Chr.	3500 v. Chr.	um 3000 v. Chr.	3000 v. Chr.	um 3000 v. Chr.	2500 v. Chr.
Tierdomestikation	8000 v. Chr.	um 7500 v. Chr.	3500 v. Chr.	3500 v. Chr.	?	500 v. Chr.	–
Töpferei	7000 v. Chr.	um 7500 v. Chr.	3500 v. Chr.	3100–1800 v. Chr.	6000 v. Chr.	1500 v. Chr.	2500 v. Chr.
Dörfer	9000 v. Chr.	um 7500 v. Chr.	3000 v. Chr.	3100–1800 v. Chr.	6000 v. Chr.	1500 v. Chr.	500 v. Chr.
Häuptlingsreiche	5500 v. Chr.	4000 v. Chr.	2500 v. Chr.	um 1500 v. Chr.	1 n. Chr.	1500 v. Chr.	200 v. Chr.
Weite Verbreitung von Metallwerkzeugen und -artefakten (Kupfer und/ oder Bronze)	4000 v. Chr.	2000 v. Chr.	2000 v. Chr.	1000 n. Chr.	–	–	–
Staaten	3700 v. Chr.	2000 v. Chr.	500 n. Chr.	1 n. Chr.	–	300 v. Chr.	–
Schrift	3200 v. Chr.	um 1300 v. Chr.	43 n. Chr.	–	–	600 v. Chr.	–
Weite Verbreitung von Eisenwerkzeugen	900 v. Chr.	500 v. Chr.	650 v. Chr.	–	–	–	–

Die Tabelle nennt die ungefähren Zeitpunkte wichtiger Entwicklungen in drei Regionen Eurasiens und in vier Regionen Nord- und Südamerikas. Bei den Daten für »Tierdomestikation« ist der Hund ausgeklammert, der sowohl in Eurasien als auch in Nord- und Südamerika früher domestiziert wurde als Tiere, die als Nahrungslieferanten dienten. Die Existenz von Häuptlingsreichen ist aus archäologischen Indizien abgeleitet, beispielsweise Bestattungshierarchien, Bauwerken und Siedlungsmustern. Die Tabelle faßt eine große Zahl komplexer historischer Informationen in starker Vereinfachung zusammen; für weitere Einschränkungen und Erläuterungen siehe Text.

Tabelle 17.1 Ungefähre Zeitpunkte wichtiger Entwicklungen in Eurasien und Nord-/Südamerika

1300 Jahre früher (3100 v. Chr.) auf als in Peru (1800 v. Chr.). Manche Zeitpunkte, zum Beispiel die der Entstehung von Häuptlingsreichen, sind aus archäologischen Funden schwerer abzuleiten, als wenn man es mit der Datierung von Artefakten wie Keramiken oder Metallwerkzeugen zu tun hat. Einige der Daten in Tabelle 17.1 sind überdies nicht sehr zuverlässig, insbesondere die für den Beginn der Landwirtschaft in Amerika. Dennoch bietet die Tabelle, solange man sich vergegenwärtigt, daß sie eine grobe Vereinfachung darstellt, nützliche Anhaltspunkte für den Vergleich des Geschichtsverlaufs auf beiden Kontinenten.

Der Tabelle zufolge fing die Landwirtschaft in den eurasischen »Ursprungsgebieten« etwa 5000 Jahre früher als in den amerikanischen an, einen wesentlichen Beitrag zur menschlichen Ernährung zu leisten. Ein wichtiger Punkt muß in diesem Zusammenhang erwähnt werden: Während das ungefähre Alter der Landwirtschaft in Eurasien unumstritten ist, gibt es über den Zeitpunkt ihres Beginns in Amerika Kontroversen. Insbesondere werden von Archäologen häufig wesentlich ältere als die in der Tabelle genannten Zeitpunkte für die Domestikation von Pflanzen angegeben, wobei man sich auf Fundstätten in Mexiko (Höhle von Coxcatlán) und Peru (Höhle von Guitarrero) sowie mehrere weitere amerikanische Ausgrabungsstätten beruft. Diese Behauptungen werden zur Zeit aus mehreren Gründen einer erneuten Prüfung unterzogen: Neuere direkte Radiokarbon-Datierungen der Überreste von Pflanzen haben in einigen Fällen jüngere Daten ergeben; die zuvor gemeldeten älteren Daten basierten dagegen auf der Analyse von Holzkohleresten, von denen man lediglich annahm, daß sie aus derselben Zeit stammten wie die Pflanzenreste, was aber möglicherweise nicht zutraf; zudem ist ungewiß, ob es sich bei einigen der älteren Pflanzenüberreste tatsächlich um Kulturpflanzen handelte oder lediglich um Wildpflanzen, die in der Natur gesammelt und zur Lagerstätte getragen wurden. Doch selbst wenn die Pflanzendomestikation in Amerika früher begonnen haben sollte als nach den Daten in Tabelle 17.1, so wurde die Landwirtschaft in den amerikanischen Regionen dennoch mit Sicherheit erst viel später zur Grundlage der Ernährung und einer seßhaften Lebensweise als in den eurasischen.

Wie wir in Kapitel 4 und 9 sahen, spielten in beiden Hemisphären nur relativ kleine Gebiete die Rolle von »Ursprungsgebieten«, in denen die Landwirtschaft unabhängig entstand, um sich von dort auszubreiten. Es handelte sich dabei in Eurasien um den Bereich des Fruchtbaren Halbmonds und China und in Amerika um die Anden, das Amazonasgebiet, Mesoamerika und den Osten der USA. Das Tempo der Ausbreitung der wichtigsten Entwicklungen ist für Europa am besten dokumentiert, sicher wegen der großen Zahl dortiger Archäologen. Wie Tabelle 17.1 für England zeigt, liegt zwischen dem Aufkommen von Landwirtschaft und seßhaftem Dorfleben in Vorderasien und dem Eintreffen dieser Errungenschaften in England eine Zeitspanne von 5000 Jahren; dagegen brauchten Häuptlingsreiche, Staaten, die Schrift und insbesondere Metallwerkzeuge für den Weg von Vorderasien nach England erheblich weniger Zeit: 2000 Jahre vergingen, bis Metallwerkzeuge aus Kupfer und Bronze in England weit verbreitet waren, und nur 250 Jahre, bis viele Engländer auch Eisenwerkzeuge besaßen. Offenbar war es für eine Gesellschaft seßhafter Bauern wesentlich leichter, die Metallverarbeitung von einer anderen Agrargesellschaft zu »borgen«, als für nomadische Jäger und Sammler, die Landwirtschaft von seßhaften Bauern zu übernehmen (oder von Bauern verdrängt zu werden).

Woran lag es, daß sich alle wichtigen Entwicklungen in Amerika später vollzogen als in Eurasien? Vier Gruppen von Gründen bieten sich zur Beantwortung dieser Frage an: Amerika hatte einen späteren Start, eine schlechtere Ausstattung mit Wildpflanzen und -tieren, die als Domestikationskandidaten in Frage kamen, sowie größere Diffusionsbarrieren, und möglicherweise waren die Gebiete mit hoher Siedlungsdichte in Amerika kleiner und isolierter als in Eurasien.

Beginnen wir mit dem zeitlichen Vorsprung Eurasiens. Seit ungefähr einer Million Jahren leben Menschen in Eurasien, also sehr viel länger als in Nord- und Südamerika. Nach den archäologischen Funden, die wir in Kapitel 1 erörterten, begann die Besiedlung Amerikas, angefangen mit Alaska, erst um 12000 v. Chr. Einige Jahrhunderte vor 11000 v. Chr. begann der Vorstoß der sogenannten Clovis-Jäger in den Raum südlich der kanadischen Eiskappe, um gegen 10000 v. Chr. die Südspitze Südamerikas zu erreichen. Selbst wenn sich die Behauptung als wahr erweisen sollte, daß es ältere menschliche Bewohner in Amerika gab, war doch die Zahl jener postulierten Prä-Clovis-Menschen aus unbekannten Gründen sehr spärlich, und sie gründeten auch keine größere Zahl eiszeitlicher Jäger- und Sammlergesellschaften mit wachsenden Bevölkerungen und Neuerungen in Technik und Kunst wie in der Alten Welt. In Vorderasien nahte nur 1500 Jahre, nachdem die Nachfahren der Clovis-Jäger den Süden von Südamerika erreicht hatten, bereits die Geburt der Landwirtschaft.

Mehrere mögliche Konsequenzen des eurasischen Vorsprungs verdienen eine nähere Betrachtung. Erstens: Könnte nach 11000 v. Chr. sehr viel Zeit verstrichen sein, bis Nord- und Südamerika sich mit Menschen gefüllt hatten? Eine Analyse der wahrscheinlichen Zahlen und Größenordnungen führt zu dem Ergebnis, daß dieser Effekt zur Erklärung der 5000 Jahre späteren Entstehung bäuerlicher Siedlungen kaum beitragen kann. Nach den Berechnungen in Kapitel 1 hätte die Besiedlung Nord- und Südamerikas durch Jäger und Sammler schon innerhalb von 1000 Jahren einen Sättigungsgrad erreicht, selbst wenn ursprünglich nicht mehr als 100 wagemutige Pioniere von Kanada aus südwärts in die USA vorgedrungen sein sollten und ihr Bevölkerungswachstum lediglich ein Prozent pro Jahr betrug. Bei einer Ausbreitungsgeschwindigkeit von einer Meile im Monat hätten jene Pioniere die Südspitze Südamerikas schon 700 Jahre nach der Überschreitung der kanadischen Grenze erreicht. Diese angenommenen Ausbreitungs- und Bevölkerungswachstumsraten sind keineswegs hoch, sondern im Gegenteil sehr niedrig, vergleicht man sie mit bekannten Raten der Besiedlung unberührter beziehungsweise spärlich besiedelter Gebiete in der jüngeren Geschichte. Es ist deshalb anzunehmen, daß der gesamte amerikanische Doppelkontinent binnen weniger Jahrhunderte nach der Ankunft der ersten Kolonisten vollständig von Jägern und Sammlern in Besitz genommen war.

Entsprach zweitens die Verspätung von 5000 Jahren möglicherweise zum großen Teil dem Zeitraum, den die ersten Amerikaner benötigten, um mit den lokalen Pflanzen-, Tier- und Gesteinsarten ihrer neuen Umgebung vertraut zu werden? Wenn wir wieder den Vergleich mit neuguineischen und polynesischen Jägern und Sammlern oder Bauern ziehen, die in fremde Gebiete vordrangen und sie besiedelten, wie die Maoris in Neuseeland oder die Tudawhe im neuguineischen Karimui-Becken, dann ist anzunehmen, daß die ersten Besiedler Amerikas in weit weniger als einem Jahrhundert die für die Steingewinnung lohnendsten Orte entdeckten und lernten, nützliche von giftigen Wildpflanzen und -tieren zu unterscheiden.

Welche Rolle spielte drittens der zeitliche Vorsprung der Eurasier auf technischem Gebiet? Die frühen Bauern in Vorderasien und China waren Erben all jener Techniken, die von der Anatomie und vom Verhalten her moderne *Homo sapiens* in diesen Regionen seit mehreren Jahrzehntausenden hervorgebracht hatten. So konnten die ersten Getreidebauern Vorderasiens auf Steinsicheln, unterirdische Nahrungsspeicher und andere Errungenschaften zurückgreifen, die dortige Jäger und Sammler zum Ernten, Lagern und Verarbeiten von Wildgetreide genutzt hatten. Demgegenüber führten die ersten Amerikaner bei ihrer Ankunft in Alaska Gegenstände mit sich, die auf die arktische Tundra Sibiriens zugeschnitten waren. Für jeden neuen Lebensraum, den sie betraten, mußten sie die geeigneten Werkzeuge und Methoden selbst erfinden. Dieser technische Rückstand könnte wesentlich zur Verzögerung der weiteren Entwicklung in Nord- und Südamerika beigetragen haben.

Ein Faktor, der noch offenkundiger zu der Verspätung beitrug, war die Ausstattung mit Wildpflanzen und -tieren, dem »Rohmaterial« aller Domestikationsbemühungen. Wie in Kapitel 5 erörtert, entscheiden sich Jäger und Sammler nicht etwa für die Landwirtschaft, weil sie den Segen vorhersehen, der in ferner Zukunft ihren Nachfahren zuteil werden könnte, sondern weil die bäuerliche Nahrungsproduktion von Beginn an Vorteile gegenüber der Lebensweise der Jäger und Sammler verspricht. Verglichen mit dem Jagen und Sammeln, war die im Entstehen begriffene Landwirtschaft in Amerika weniger attraktiv als in Vorderasien oder China, was zum Teil daran lag, daß in Nord- und Südamerika so gut wie keine domestizierbaren Säugetiere zur Verfügung standen.

Deshalb waren die angehenden Bauern in Amerika weiterhin auf Wild als Lieferant von tierischem Eiweiß angewiesen und blieben zwangsläufig Teilzeit-Jäger und -Sammler, während in Vorderasien ebenso wie in China die Domestikation von Tieren zeitlich sehr dicht auf die Pflanzendomestikation folgte, so daß Anbaupflanzen und Haustiere bald die Oberhand über die Jagd- und Sammelwirtschaft gewannen. Hinzu kam, daß eurasische Haustiere ihrerseits die Wettbewerbsfähigkeit der Landwirtschaft verbesserten, indem sie Dünger lieferten und später Pflüge zogen.

Bestimmte Merkmale amerikanischer Wildpflanzen trugen ebenfalls dazu bei, daß die Landwirtschaft in Amerika im Vergleich zum Jagen und Sammeln schlechter abschnitt. Dies läßt sich am deutlichsten für den Osten der USA belegen, wo weniger als ein Dutzend Wildpflanzen domestiziert wurden; darunter waren kleinsamige, aber keine großsamigen Getreidearten und auch keine Hülsenfrüchte, Faserpflanzen, Obst- oder Nußbäume. Ähnlich klar liegen die Dinge bei Mesoamerikas Hauptanbaupflanze, dem Mais, der auch in anderen Teilen Nord- und Südamerikas zum wichtigsten Kulturgewächs aufstieg. Während in Vorderasien aus Wildweizen und -gerste mit minimalen Änderungen binnen weniger Jahrhunderte Kulturpflanzen gezüchtet wurden, dauerte es möglicherweise Jahrtausende, bis aus Teosinte Mais wurde; dazu bedurfte es drastischer Veränderungen der Reproduktionsbiologie, die Samen mußten viel größer werden und ihre steinharten Schalen verlieren, und auch die Kolben mußten enorm wachsen.

Selbst wenn wir von den jüngst postulierten späteren Zeitpunkten des Beginns der Pflanzendomestikation in Amerika ausgehen, wären somit etwa 1500 bis 2000 Jahre zwischen jenem Auftakt (um 3000–2500 v. Chr.) und der Existenz ganzjährig bewohnter Dörfer an vielen Orten Mesoamerikas (1800–500 v. Chr.), in den Anden und im Osten der USA vergangen. Die indianische Landwirtschaft blieb lange Zeit ein bloßes Anhängsel der Nahrungsgewinnung durch Jagen und Sammeln und diente nirgends als Lebensgrundlage größerer Populationen. Geht man von den traditionell angenommenen früheren Zeitpunkten des Beginns der Pflanzendomestikation in Amerika aus, so vergingen nicht 1500 bis 2000, sondern 5000 Jahre, bis Dörfer entstanden, die auf Landwirtschaft basierten. Im Unterschied dazu war die Entstehung von Dörfern in großen Teilen Eurasiens zeitlich eng mit dem Beginn der Landwirtschaft verknüpft. (Die Jagd- und Sammelwirtschaft war in manchen Gebieten beider Hemisphären schon vor dem Aufkommen der Landwirtschaft ertragreich genug, um die Entstehung von Dörfern zu ermöglichen – in der Alten Welt beispielsweise in Japan und Vorderasien, in der Neuen Welt in Küstengebieten Ecuadors und im Amazonasgebiet.) Welchen Stellenwert der Mangel an domestizierbaren Wildpflanzen und -tieren in der Neuen Welt hatte, veranschaulichen die Veränderungen, die in indianischen Gesellschaften durch das Eintreffen fremder Anbaupflanzen oder Haustiere aus anderen Teilen Nord- und Südamerikas beziehungsweise aus Eurasien ausgelöst wurden. Beispiele hierfür sind die Ankunft von Mais im Osten der USA und im Amazonasgebiet, die Einführung des im südlichen Andenraum domestizierten Lamas in den nördlichen Anden und das Auftauchen des Pferdes in vielen Teilen Nord- und Südamerikas.

Neben Eurasiens früherem Start und seinen Tier- und Pflanzenarten trug auch die leichtere Ausbreitung von Tieren, Pflanzen, Ideen, Techniken und Menschen zur Beschleunigung der dortigen Entwicklungen bei. Die Ursache liegt in verschiedenen geographischen und ökologischen Faktoren. Im Gegensatz zur in Amerika dominierenden Nord-Süd-Achse ermöglichte die eurasische Ost-West-Achse die Ausbreitung von Pflanzen und Tieren, Menschen und kulturellen Errungenschaften ohne einen wesentlichen Wechsel der geographischen Breite und der damit verbundenen Umwelteigenschaften. Anders als Eurasien mit seiner relativ konstanten Breite entlang der gesamten Ost-West-Ausdehnung verengt sich die Neue Welt in Mittelamerika und besonders in Panama zu einem Nadelöhr. Nicht zuletzt waren Nord- und Südamerika auch durch Gebiete, die sich für landwirtschaftliche Zwecke oder eine dichte menschliche Besiedlung nicht eigneten, stärker zergliedert. Ökologische Barrieren dieser Art waren beispielsweise die Regenwälder der Landenge von Panama, die mesoamerikanische Zivilisationen von solchen in den Anden und im Amazonasgebiet trennten, die Wüsten im Norden Mexikos, die als Hindernis zwischen Mesoamerika und den Zivilisationen im Südwesten und Südosten der USA lagen, texanische Trockengebiete zwischen dem Südwesten und dem Südosten der USA sowie die Wüsten und hohen Berge, die Gebiete an der Pazifikküste der USA, die an sich für Landwirtschaft gut geeignet waren, unzugänglich machten. Die Folge war, daß zwischen den Zivilisationszentren in Mesoamerika, im Osten der USA, in den Anden und im Amazonasgebiet kein Transfer von Haustieren, Schrift oder politischen Organisationsformen und nur eine begrenzte beziehungsweise äußerst langsame Diffusion von Anbaupflanzen und technischen Neuerungen stattfand.

Einige Konsequenzen dieser inneramerikanischen Barrieren verdienen besondere Erwähnung. So fand die Landwirtschaft vom Südwesten der USA und vom Mississippital nie den Weg zu den heutigen amerikanischen Kornkammern in Kalifornien und Oregon, deren indianische Bewohner Jäger und Sammler blieben, weil es ihnen schlichtweg an geeigneten Anbaupflanzen und Haustieren mangelte. Aus dem Andenhochland gelangten Lamas, Meerschweinchen und die Kartoffel nie ins Hochland von Mexiko, so daß Mesoamerika und Nordamerika ganz ohne domestizierte Säugetiere (vom Hund abgesehen) auskommen mußten. In umgekehrter Richtung drang die domestizierte Sonnenblume aus dem Osten der USA nie bis nach Mesoamerika vor, und der domestizierte Truthahn schaffte es von Mesoamerika aus weder bis nach Südamerika noch in den Osten der USA. Mais und Bohne brauchten 3000 beziehungsweise 4000 Jahre, um die gut 1100 Kilometer von den Äckern Mexikos bis zu denen im Osten der USA zu überwinden. Nachdem der Mais dort endlich eingetroffen war, vergingen sieben weitere Jahrhunderte, bis eine an die nordamerikanischen Klimaverhältnisse angepaßte Sorte gezüchtet war; vermutlich löste sie am Mississippi die Entstehung der Moundbuilder-Kultur aus. Mais, Bohnen und Kürbisse benötigten möglicherweise mehrere Jahrtausende, um von Mesoamerika in den Südwesten der USA zu gelangen. Während sich Anbaupflanzen aus Vorderasien schnell genug nach Westen und Osten ausbreiteten, um an anderen Orten der eigenständigen Domestikation der gleichen oder eng verwandter Arten zuvorzukommen, führten die geographischen und ökologischen Barrieren in Nord- und Südamerika dazu, daß etliche Kulturpflanzen an verschiedenen Orten parallel domestiziert wurden.

Ebenso bemerkenswert wie die Auswirkungen der Barrieren auf die Ausbreitung von Anbaupflanzen und Haustieren waren ihre Folgen in anderen Bereichen menschlicher Zivilisation. Alphabete, deren Ursprung letztendlich im östlichen Mittelmeerraum lag, wurden von allen komplexen Gesellschaften Eurasiens – außer in einigen Regionen Ostasiens, in denen sich Ableger des chinesischen Schriftsystems etablierten – übernommen, von England bis nach Indonesien. Demgegenüber fanden die Schriftsysteme Mesoamerikas, die einzigen der Neuen Welt, nie den Weg zu den Zivilisationen im Andenhochland und im Osten der USA, wo sie womöglich auf fruchtbaren Boden gefallen wären. Das in Mesoamerika erfundene Rad, das dort nur als Spielzeug Verwendung fand, erhielt nie Gelegenheit, sich mit dem in den Anden domestizierten Lama zusammenzutun, um der Neuen Welt zu Fortbewegung auf Rädern zu verhelfen. In Eurasien maß die Ausdehnung Makedoniens und des Römischen Reiches von West nach Ost an die 5000 Kilometer, das Mongolenreich brachte es sogar auf fast 10000 Kilometer. Die Staaten und Reiche Mesoamerikas unterhielten dagegen weder mit den Häuptlingsreichen im Osten der USA (ca. 1100 Kilometer weiter nördlich) noch mit den Reichen und Staaten der Anden (ca. 2000 Kilometer weiter südlich) politische Beziehungen – wahrscheinlich wußten sie nicht einmal von deren Existenz.

Die stärkere geographische Zersplitterung Nord- und Südamerikas im Vergleich zu Eurasien spiegelte sich auch im Bereich der Sprachen und ihrer Verbreitungsgebiete wider. In Eurasien werden alle Sprachen bis auf wenige Ausnahmen von Linguisten übereinstimmend in etwa ein Dutzend Sprachfamilien eingeordnet, von denen jede bis zu einigen hundert verwandte Sprachen umfaßt. So setzt sich beispielsweise die indogermanische Sprachfamilie, zu der Englisch ebenso wie Französisch, Russisch, Griechisch und Hindu gehören, aus etwa 144 Sprachen zusammen. Nicht wenige Sprachfamilien besitzen ein großes, geschlossenes Verbreitungsgebiet – das der indogermanischen Sprachfamilie umfaßt den größten Teil Europas sowie weite Teile Westasiens einschließlich Indiens. Die Erkenntnisse von Linguisten, Historikern und Archäologen lassen zusammen nur den Schluß zu, daß jeder dieser Sprachgroßräume das Ergebnis der historischen Expansion einer Vorgängersprache ist, auf die eine örtliche sprachliche Differenzierung folgte, die zur Entstehung einer Familie verwandter Sprachen führte (siehe Tabelle 17.2). Die meisten derartigen Expansionen sind anscheinend auf die Überlegenheit der bäuerlichen Sprecher der jeweiligen Vorgängersprache gegenüber Jäger- und Sammlervölkern zurückzuführen. Wir haben uns mit diesem Thema bereits in Kapitel 15 und 16 am Beispiel der sinotibetischen, austronesischen und anderer ostasiatischer Sprachfamilien auseinandergesetzt. Zu den wichtigsten sprachlichen Ausbreitungsbewegungen des letzten Jahrtausends zählen jene, in deren Verlauf indogermanische Sprachen von Europa nach Amerika und Australien, die russische Sprache von Osteuropa nach Sibirien und Türkisch (eine Sprache der altaischen Sprachfamilie) von Zentralasien nach Westen in die Türkei gelangten.

Mit Ausnahme der eskimo-aleutischen-Sprachfamilie der amerikanischen Arktis und der Na-Dené-Sprachfamilie in Alaska, Nordwestkanada und im Südwesten der USA gibt es in ganz Nord- und Südamerika keine Beispiele einer größeren sprachlichen Expansion, über die sich Sprachwissenschaftler auch nur halbwegs einig wären. Die meisten Experten für Indianersprachen konnten neben dem Eskimo-Aleutischen und dem Na-Dené keine weiteren großen, klar abgrenzbaren sprachlichen Gruppierungen feststellen. Bestenfalls unterteilen sie die übrigen Indianersprachen (deren Zahl nach verschiedenen Schätzungen zwischen 600 und 2000 liegt) in hundert oder mehr Sprachgruppen oder Einzelsprachen. Eine abweichende Meinung vertritt der amerikanische Linguist Joseph Greenberg, der alle Indianersprachen mit Ausnahme der Eskimo-aleutischen und Na-Dené-Sprachen einer einzigen großen Sprachfamilie, Amerind genannt, mit rund einem Dutzend Zweigen zuordnet.

Einige von Greenbergs Unterfamilien sowie einige der Gruppierungen, die von anderen Linguisten beschrieben wurden, könnten zum Teil auf Bevölkerungsexpansionen in der Neuen Welt zurückgehen, hinter denen als Triebkraft die Landwirtschaft

Vermuteter Zeitpunkt	Sprachfamilie bzw. Sprache	Verlauf der Expansion	Triebkraft
6000 oder 4000 v. Chr.	Indogermanisch	Ukraine oder Anatolien → Europa, Zentralasien, Indien	Landwirtschaft oder Weidewirtschaft (vor allem Pferde)
6000 v. Chr. – 2000 v. Chr.	Elamitisch-dravidisch	Iran → Indien	Landwirtschaft
4000 v. Chr. – Gegenwart	Sinotibetisch	Hochland von Tibet, Nordchina → Südchina, Südostasien	Landwirtschaft
3000 v. Chr. – 1000 v. Chr.	Austronesisch	Südchina → Indonesien, Pazifikinseln	Landwirtschaft
3000 v. Chr. – 1000 n. Chr.	Bantu	Nigeria und Kamerun → Südafrika	Landwirtschaft
3000 v. Chr. –1 n. Chr.	Austroasiatisch	Südchina → Südostasien, Indien	Landwirtschaft
1000 v. Chr. – 1500 n. Chr.	Tai-Kadai, Miao-Yao	Südchina → Südostasien	Landwirtschaft
892 n. Chr.	Ungarisch	Ural → Ungarn	Weidewirtschaft (vor allem Pferde)
1000 n. Chr.– 1300 n. Chr.	Altaisch (Mongolisch, Türkisch)	Asiatische Steppen → Europa, Türkei, China, Indien	Weidewirtschaft (vor allem Pferde)
1480–1638 n. Chr.	Russisch	europäischer Teil Rußlands → Sibirien	Landwirtschaft

Tabelle 17.2 Sprachenausbreitung in der Alten Welt

stand. Ich denke dabei an die uto-aztekischen Sprachen Mesoamerikas und der westlichen USA, die Otomangue-Sprachen Mesoamerikas, die Natchez-Muskogee-Sprachen im Südosten der USA und die arawakischen Sprachen der Karibik. Daß sich Linguisten so schwer auf eine einheitliche Klassifizierung der Indianersprachen verständigen können, spiegelt indes die Schwierigkeiten wider, denen sich komplexe indianische Gesellschaften bei dem Versuch, innerhalb der Neuen Welt zu expandieren, ausgesetzt sahen. Wäre es Landwirtschaft treibenden Stämmen gelungen, mit ihren Anbaupflanzen und Haustieren große Gebiete in Besitz zu nehmen und innerhalb kurzer Zeit die dort lebenden Jäger und Sammler zu verdrängen, hätten sie gewiß, ähnlich wie eurasische Völker, Spuren in Form leicht erkennbarer Sprachfamilien hinterlassen, und die Verwandtschaftsverhältnisse zwischen den verschiedenen Indianersprachen wären nicht so umstritten.

Wir haben bisher drei Gruppen tieferer Ursachen identifiziert, die entscheidend dafür waren, daß die europäischen Eindringlinge in Amerika die Oberhand gewannen: Eurasiens großer zeitlicher Vorsprung bei der menschlichen Besiedlung, die Überlegenheit seiner Landwirtschaft infolge der besseren Ausstattung mit domestizierbaren Pflanzen und besonders Tieren sowie die geringen geographischen und ökologischen Barrieren, die der Ausbreitung von Tieren, Pflanzen, Ideen, Techniken und Menschen im Wege standen. Eine vierte Ursache, allerdings spekulativerer Art, könnte man aus dem rätselhaften Ausbleiben bestimmter Erfindungen in Nord- und Südamerika ableiten, genauer gesagt der Nichterfindung von Schrift und Rad in komplexen Andengesellschaften, obwohl diese ungefähr gleich alt waren wie jene mesoamerikanischen Gesellschaften, in denen Schrift und Rad erfunden wurden; rätselhaft ist auch, daß Räder in Mesoamerika nur in Form von Spielzeug Verwendung fanden und später sogar wieder in Vergessenheit gerieten, obwohl sie dort sicher von großem Nutzen hätten sein können (wie die Schubkarre in China). All das erinnert an ebenso verblüffende Nichterfindungen beziehungsweise das Abhandenkommen von Erfindungen in kleinen isolierten Gesellschaften, beispielsweise in Tasmanien, Australien, Japan, auf polynesischen Inseln und in der amerikanischen Arktis. Gewiß, Nord- und Südamerika sind zusammen alles andere als klein: Die Fläche des Doppelkontinents entspricht immerhin 76 Prozent der Fläche Eurasiens, und auch die Zahl seiner Bewohner konnte sich im Jahr 1492 im Vergleich zur eurasischen vermutlich sehen lassen. Wie wir erfahren haben, sind Nord- und Südamerika jedoch in »Inseln« zersplittert, zwischen deren Kulturen kaum Kontakte bestanden. Vielleicht ist die Geschichte des Rads und der Schrift in Amerika ein Beispiel für das gleiche Phänomen, das wir in extremer Form bei echten Inselkulturen beobachten konnten.

Nach mindestens 13000jähriger getrennter Entwicklung kam es innerhalb der letzten tausend Jahre schließlich zur Kollision zwischen amerikanischen und eurasischen Kulturen. Zuvor hatten sich die Kontakte zwischen Alter und Neuer Welt auf Jäger und Sammler an beiden Ufern der Beringstraße beschränkt.

Von indianischer Seite wurde nie der Versuch unternommen, Eurasien zu kolonisieren, sieht man davon ab, daß sich eine kleine Population von Inuit (Eskimos) aus Alaska auf der anderen Seite der Beringstraße an der sibirischen Küste niederließ. Die ersten Versuche einer Kolonisierung Amerikas, die historisch belegt sind, unternahmen Wikinger in arktischen und subarktischen Breiten (Abbildung 17.1). Von Norwegen aus besiedelten sie im Jahr 874 n. Chr. Island und von dort im Jahr 986 n. Chr. Grönland, um dann zwischen etwa 1000 und 1350 n. Chr. mehrfach Fahrten zur Nordostküste Nordamerikas zu unternehmen. Die einzigen bisher entdeckten Überreste einer Wikinger-Siedlung in Amerika liegen in Neufundland – vermutlich jener Region, die in alten Wikinger-Sagen als Vinland (Weinland) bezeichnet wurde. In den Sagen ist allerdings auch von anderen Landungsstellen die Rede, die offenbar weiter südlich an den Küsten Labradors und der Baffininsel lagen.

Das isländische Klima ermöglichte Viehhaltung und in sehr bescheidenem Umfang auch Ackerbau. Die Insel ist groß genug, um den Nachfahren der Wikinger bis heute als Lebensgrundlage zu dienen. Dagegen ist Grönland zum größten Teil von Eismassen bedeckt, und selbst die beiden Fjorde, an denen die Bedingungen für die Landwirtschaft noch am günstigsten sind, konnten nicht nennenswert zur Nahrungsversorgung der Wikinger beitragen. Die

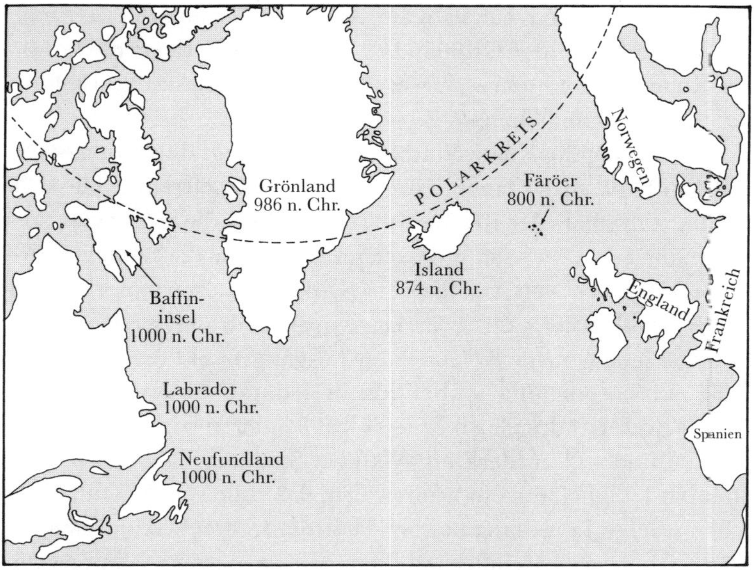

Abbildung 17.1 Expansion der Wikinger von Norwegen über den Nordatlantik, mit den ungefähren Zeitpunkten ihrer Ankunft an den verschiedenen Stationen

grönländische Wikinger-Population umfaßte nie mehr als einige tausend Menschen, die immer auf Lebensmittel- und Eisenlieferungen aus Norwegen und Holz aus Labrador angewiesen waren. Anders als die Osterinsel und andere entlegene polynesische Inseln vermochte Grönland keine autarke bäuerliche Gesellschaft zu ernähren, wenngleich vor, während und nach der Wikinger-Zeit Eskimos auf der Insel lebten und den Daseinskampf als Jäger und Sammler erfolgreich meisterten. Die Bevölkerungen Islands und Norwegens waren selbst zu klein und zu arm, um die grönländischen Wikinger auf die Dauer zu unterstützen.

Während der »Kleinen Eiszeit«, die im 13. Jahrhundert einsetzte, führte die Abkühlung des Nordatlantiks zu einer weiteren Verschlechterung der Bedingungen für die Landwirtschaft auf Grönland, aber auch für Grönlandfahrten von Norwegen und Island aus. Zum letzten überlieferten Kontakt zwischen Grönländern und Europäern kam es im Jahr 1410, als ein isländisches

Schiff im Sturm vom Kurs abkam. Als Europäer im Jahr 1577 endlich wieder begannen, Grönland zu besuchen, existierte die Wikinger-Kolonie nicht mehr – sie war offenbar irgendwann im 15. Jahrhundert sang- und klanglos verschwunden.

Indessen lag die Küste Nordamerikas, bedingt durch den Stand des Schiffbaus in der Heimat der Wikinger im Zeitraum 986–1410 n. Chr., außerhalb der Reichweite von Schiffen, die direkt von Norwegen in See stachen. Statt dessen unternahmen die Wikinger ihre Amerikafahrten von Grönland aus, das von Nordamerika nur durch die 300 Kilometer breite Davisstraße getrennt ist. Die Chancen, daß jene winzige Kolonie zum Ausgangspunkt für die Erkundung, Eroberung und schließlich Besiedlung Amerikas werden konnte, waren indes gleich Null. Selbst bei der einzigen auf der Insel Neufundland entdeckten Wikinger-Siedlung handelte es sich offenbar lediglich um ein Winterlager, das ein paar Dutzend Menschen wenige Jahre lang bewohnt hatten. In den Wikinger-Sagen wird an mehreren Stellen geschildert, wie das Lager in Vinland von »Skraelings« angegriffen wird; gemeint waren offenbar neufundländische Indianer oder Dorset-Eskimos.

Das Schicksal der grönländischen Kolonie, des entlegensten Außenpostens Europas im Mittelalter, ist eines der großen Rätsel der Archäologie. Verhungerten die letzten grönländischen Wikinger etwa? Versuchten sie, der Insel mit Schiffen zu entfliehen? Schlossen sie Mischehen und gingen in der Eskimo-Bevölkerung auf? Erlagen sie Krankheiten oder wurden gar von Eskimo-Pfeilen getötet? Während diese Fragen nach den unmittelbaren Gründen weiter der Beantwortung harren, liegen die tieferen Ursachen für das damalige Scheitern der Kolonisierung Grönlands und Amerikas klar auf der Hand. Sowohl der Ausgangspunkt (Norwegen) als auch die Zielgebiete (Grönland und Neufundland) sowie der Zeitraum (984–1410 n. Chr.) sorgten von vornherein dafür, daß Europas potentielle Vorteile in den Bereichen Landwirtschaft, Technik und politische Organisation nicht wirksam zur Geltung kommen konnten. In Regionen, die für eine auch nur halbwegs intensive landwirtschaftliche Nutzung zu weit im Norden lagen, konnten es die Eisenwerkzeuge einer kleinen Schar von Wikingern, die von einem der ärmeren Staaten Europas nur schwach unterstützt wurden, mit den Stein-, Knochen- und Holzwerkzeugen von eskimoischen und indianischen Jägern und Sammlern, den Weltmeistern im Überleben in der Arktis, nicht aufnehmen.

Dem zweiten eurasischen Versuch einer Kolonisierung Amerikas war Erfolg beschert, weil Ausgangspunkt, Zielgebiet und Zeitraum eine wirksame Entfaltung der europäischen Überlegenheit ermöglichten. Im Gegensatz zu Norwegen verfügte Spanien über genügend Wohlstand und Bewohner, um Entdeckungsfahrten finanzieren und Kolonien unterstützen zu können. Zudem lagen die Landungsstellen in Amerika in subtropischen Breiten, die sich hervorragend für die Landwirtschaft eigneten, zunächst überwiegend auf der Grundlage indianischer Kulturgewächse, aber auch eurasischer Haustiere (insbesondere Rinder und Pferde). Die koloniale Expansion Spaniens über den Atlantik begann 1492, am Ende eines Jahrhunderts, in dem der Bau seetüchtiger Schiffe in Europa rasante Fortschritte gemacht hatte und in dessen Verlauf etliche Errungenschaften auf Gebieten wie Navigation und Schiffbau von verschiedenen Kulturen der Alten Welt (Islam, Indien, China, Indonesien), die sie im Indischen Ozean erprobt hatten, übernommen worden waren. So wurde es möglich, daß in Spanien gebaute und bemannte Schiffe ohne Zwischenstation à la Grönland direkt zu den Westindischen Inseln segelten. Zu Spaniens Kolonien in der Neuen Welt gesellten sich schon bald die Kolonien eines halben Dutzends anderer europäischer Staaten.

Die ersten europäischen Siedlungen in Nord- und Südamerika, angefangen mit jener, die Kolumbus im Jahr 1492 gründete, lagen auf den Westindischen Inseln. Die dort lebenden Indianer, deren Zahl zum Zeitpunkt ihrer »Entdeckung« Schätzungen zufolge über eine Million betrug, wurden auf den meisten Inseln durch Krankheiten, Vertreibung, Unterjochung, Kriege und willkürliche Ermordung rasch dezimiert. Um das Jahr 1508 wurde die erste Kolonie auf dem amerikanischen Festland gegründet, am Isthmus von Panama. Die Eroberung der beiden großen Reiche, des Azteken- und des Inka-Reichs, folgte 1519–1520 und 1532–1533. In beiden Fällen spielten von Europäern eingeschleppte Krankheiten (vermutlich die Pocken) eine maßgebliche Rolle, indem sie die Herrscher töteten und einen großen Teil der Bevölkerung dahinrafften. Die überwältigende militärische Überlegenheit selbst winziger Gruppen berittener Spanier, im Verein mit ihrem politischen Geschick beim Ausnutzen von Streitigkeiten unter den Indianern, tat ein übriges. Im 16. und 17. Jahrhundert wurden auch die anderen indianischen Staaten in Mittelamerika und im nördlichen Südamerika von Europäern unterworfen.

Die Zerstörung der am weitesten entwickelten Indianerkulturen Nordamerikas – im Südosten der USA und im Tal des Mississippi – war weitgehend das Werk von Krankheiten, die von frühen europäischen Entdeckungsreisenden mitgebracht worden waren und ihnen nun vorauseilten. Im Zuge der Ausbreitung von Europäern in Nord- und Südamerika wurden viele weitere indianische Gesellschaften – beispielsweise die Mandan-Prärieindianer und die Sadlermiut-Eskimos – durch Krankheiten ausgelöscht, ohne daß es kriegerischer Anstrengungen bedurfte. Bevölkerungsreiche Indianergesellschaften, die den Ansturm der Krankheitskeime überlebten, teilten das Schicksal der Inkas und Azteken und wurden mit militärischen Mitteln vernichtet, zunehmend unter Einsatz europäischer Berufssoldaten, die von indianischen Verbündeten unterstützt wurden. Hinter den Soldaten standen mächtige politische Apparate, zunächst jene der europäischen Mutterländer, dann die europäischen Kolonialverwaltungen und schließlich unabhängige neoeuropäische Staaten, die aus den Kolonien hervorgingen.

Kleinere indianische Gesellschaften wurden eher beiläufig und willkürlich vernichtet, durch Überfälle und Einzelmorde, ausgeführt von Privatpersonen. So zählte die Jäger- und Sammlerbevölkerung Kaliforniens ursprünglich rund 200000, war aber in hundert kleine Stämme aufgesplittert, von denen keiner so groß war, daß ein regelrechter Krieg erforderlich gewesen wäre, um ihn zu besiegen. Die meisten dieser Stämme wurden während oder kurz nach dem kalifornischen Goldrausch in den Jahren 1848–52, als Goldsucher in großer Zahl herbeiströmten, ausgerottet oder von ihrem Land vertrieben. So wurde beispielsweise der Stamm der Yahi im Norden Kaliforniens, der etwa 2000 Angehörige zählte und keine Feuerwaffen besaß, in vier Überfällen von bewaffneten weißen Siedlern vernichtet: Der erste war ein Überraschungsangriff im Morgengrauen auf ein Yahi-Dorf am 6. August 1865, an dem 17 Siedler beteiligt waren; es folgte 1866 ein Massaker an Yahi, die in einer Schlucht überrascht worden waren, dann um 1867 eins an 33 Yahi, die man zu einer Höhle verfolgt hatte, und 1868 ein letztes Massaker, verübt von vier Cowboys an etwa 30 Yahi, die in einer anderen Höhle gefangen saßen. Zahlreiche Gruppen von Amazonasindianern wurden während des Kautschukbooms Ende des 19. und Anfang des 20. Jahrhunderts auf ähnliche Weise von weißen Siedlern umgebracht. Die letzten Stadien der Eroberung spielen sich in diesem Jahrzehnt vor unseren Augen ab: Zunehmend erliegen die Yanomami und andere indianische Gesellschaften des Amazonasgebiets, die ihre Unabhängigkeit noch bewahren konnten, Krankheiten, werden von Goldsuchern ermordet oder von Missionaren und staatlichen Stellen »zivilisiert«.

Das Resultat von alldem war die Vernichtung bevölkerungsreicher indianischer Gesellschaften in den meisten Regionen mit gemäßigtem Klima, die für die Landwirtschaft und die Physiologie der europäischen Einwanderer geeignet waren. In Nordamerika leben heute die meisten Indianerstämme, die sich in intakten Gemeinschaften behaupten konnten, in Reservaten oder sonstigen Gebieten, die weder für die europäische Landwirtschaft noch für die Ausbeutung von Bodenschätzen in Frage kommen, beispielsweise in arktischen Regionen oder Trockengebieten im Westen der USA. In den amerikanischen Tropen traten vielerorts Einwanderer aus tropischen Gebieten der Alten Welt (insbesondere Schwarzafrikaner, aber auch Inder und in Surinam Javaner) an die Stelle der indianischen Bevölkerung.

In einigen Teilen Mittelamerikas und der Anden waren die Indianer ursprünglich so zahlreich, daß selbst nach Epidemien und Kriegen heute immer noch ein großer Teil der Bevölkerung aus Indianern und Mischlingen besteht. Dies gilt insbesondere für das Andenhochland, wo Frauen europäischer Abstammung aus physiologischen Gründen Probleme mit dem Gebären von Nachwuchs haben und die heimischen Anbaugewächse in der Landwirtschaft immer noch dominieren. Selbst dort, wo Indianer überlebten, gerieten sie kulturell und sprachlich in den Schatten der Alten Welt.

Von den ursprünglich Hunderten von Indianersprachen in Nordamerika werden bis auf 187 keine mehr gesprochen, und von diesen letzten 187 ist 149 das Aussterben gewiß, da sie heute nur noch von den Alten gesprochen, aber vom Nachwuchs nicht mehr gelernt werden. In allen der rund 40 Länder der Neuen Welt ist eine indogermanische Sprache oder Kreolisch offizielle Amtssprache. Selbst in den Ländern mit dem größten indianischen Bevölkerungsanteil, wie Peru, Bolivien, Mexiko und Guatemala, zeigt ein Blick auf Fotos von Führern aus Wirtschaft und Politik, daß ein unverhältnismäßig hoher Anteil dieser Schicht europäischer Abstammung ist. An der Spitze mehrerer Karibikstaaten stehen Schwarzafrikaner, während Guyana bereits mehrere Präsidenten indischer Herkunft hatte.

Wie stark die einstige Indianerbevölkerung Nord- und Südamerikas dezimiert wurde, ist umstritten. Schätzungen für Nordamerika gehen von bis zu 95 Prozent aus. Aufgrund der Einwanderung von Völkern aus der Alten Welt (Europäer, Afrikaner, Asiaten) ist die Gesamtbevölkerung Nord- und Südamerikas heute jedoch etwa zehnmal so groß wie im Jahr 1492. Die jetzigen Bewohner bilden ein Gemisch von Völkern aller Kontinente mit Ausnahme Australiens. Die Wurzeln jener gewaltigen Bevölkerungsverschiebung, die sich in den letzten 500 Jahren vollzog und die alles in den Schatten stellte, was sich je auf einem Kontinent – mit Ausnahme Australiens – ereignete, liegen letztendlich in Entwicklungen, die sich zwischen 11 000 v. Chr. und der Zeitwende abspielten.

KAPITEL 18

Wie Afrika schwarz wurde

Die Geschichte Afrikas

Mag man sich auch noch so gründlich durch die Lektüre von Büchern auf Afrika vorbereitet haben – die ersten Eindrücke sind trotzdem überwältigend. Auf den Straßen von Windhoek, der Hauptstadt des seit wenigen Jahren unabhängigen Namibia, erblickte ich schwarze Hereros, schwarze Ovambos, Weiße und Namas, die in keine der beiden Kategorien zu passen schienen. Das waren keine Fotos in einem Lehrbuch, sondern Lebewesen aus Fleisch und Blut, die da vor meinen Augen wandelten. Vor den Toren von Windhoek führten die letzten der einst zahlreichen Kalahari-Buschmänner ihren Kampf ums Überleben. Was mich in Namibia am meisten überraschte, war jedoch ein Straßenschild: Eine der Hauptstraßen im Zentrum Windhoeks hieß, man höre und staune, Goering Street!

Es würde doch wohl kein Land so unter dem Einfluß verbohrter Altnazis stehen, sagte ich mir, daß es eine Straße nach dem berüchtigten »Reichsmarschall« und zweiten Mann im Dritten Reich, Hermann Göring, benennen würde! So war es denn auch nicht, wie sich herausstellte. Die Straße trug ihren Namen vielmehr zum Gedenken an Görings Vater Heinrich, der an der Gründung der ehemaligen Kolonie Deutsch-Südwestafrika als »Reichskommissar« entscheidend mitgewirkt hatte. Aber auch Heinrich Göring hatte wahrlich keine weiße Weste: Unter anderem war er verantwortlich für einen der brutalsten Angriffe, die je von europäischen Kolonialmächten gegen Afrikaner geführt wurden: den deutschen Vernichtungsfeldzug von 1904 gegen die aufständischen Hereros. Auch wenn heute das Geschehen im benachbarten Südafrika das Interesse der Weltöffentlichkeit stärker erregt, so lastet doch auf Namibia ebenfalls ein schweres Erbe der kolonialen Vergangenheit, das dem Land beim Aufbau einer multikulturellen Gesellschaft große Probleme bereitet. Für mich war Namibia ein Lehrstück dafür, wie untrennbar Gegenwart und Vergangenheit in Afrika miteinander verknüpft sind.

Für die meisten Amerikaner und viele Europäer ist ein »echter« Afrikaner schwarz. Afrikaner mit weißer Hautfarbe gelten als fremde Eindringlinge der jüngeren Vergangenheit, und die Rassengeschichte Afrikas wird mit der Geschichte des europäischen Kolonialismus und Sklavenhandels gleichgesetzt. Für diese Sichtweise gibt es verständliche Gründe: Schwarze sind die einzigen Afrikaner, die den meisten Amerikanern aus eigener Anschauung bekannt sind, wurden sie doch als Sklaven in großer Zahl in die USA verschleppt. Es könnte jedoch sein, daß große Teile Afrikas bis vor wenigen Jahrtausenden von ganz verschiedenen Völkern bewohnt wurden, und auch unter den sogenannten Schwarzafrikanern sind die Unterschiede groß. Schon vor der Ankunft weißer Kolonialisten lebten in Afrika nicht nur Schwarze, sondern es waren dort (wie wir sehen werden) fünf der sechs wichtigsten Formengruppen der menschlichen Spezies vertreten, von denen drei ausschließlich in Afrika ansässig waren. Ein Viertel aller Sprachen der Welt wird nur in Afrika gesprochen. Kein anderer Kontinent kommt Afrika auch nur nahe, was die Vielfalt der menschlichen Spezies betrifft.

Die Vielfalt der afrikanischen Völker war das Ergebnis von Afrikas vielfältiger Geographie und langer Vorgeschichte. Als einziger Kontinent erstreckt sich Afrika von der nördlichen bis zur südlichen gemäßigten Zone. Es umfaßt einige der trockensten Wüsten, der größten Regenwälder und der höchsten äquatorialen Berge unseres Planeten. Die Anwesenheit des Menschen reicht in Afrika länger zurück als irgendwo sonst auf der Welt. Vor rund sieben Millionen Jahren stand hier die Wiege der Menschheit, und wahrscheinlich ist auch der anatomisch moderne *Homo sapiens* ein Geschöpf Afrikas. Die wechselseitigen Einflüsse, die die zahlreichen afrikanischen Völker über lange Zeiträume aufeinander ausübten, waren die Zutaten einer faszinierenden Vorgeschichte, in deren Verlauf sich unter anderem zwei der dramatischsten Bevölkerungsverschiebungen der letzten 5000 Jahre abspielten: die Bantu-

Expansion und die Besiedlung Madagaskars von Indonesien aus. Wer wo vor wem ankam, hat in Afrika noch heute weitreichende Konsequenzen.

Wie gelangten nun aber jene fünf Hauptgruppen der Menschheit dorthin, wo sie heute auf der afrikanischen Landkarte angesiedelt sind? Warum sind die Schwarzen heute am weitesten verbreitet, warum nicht die vier anderen Gruppen, die im Afrikabild der meisten Amerikaner und Europäer gar nicht vorkommen? Wie können wir je hoffen, Antworten auf diese Fragen zu finden, wo doch – anders als etwa beim Aufstieg Roms – keine schriftlichen Aufzeichnungen Licht auf die frühe afrikanische Vergangenheit werfen? Die Vorgeschichte Afrikas gibt unendlich viele Rätsel auf, von denen erst ein Teil gelöst ist. Bei näherer Betrachtung stößt man allerdings auf einige ebenso verblüffende wie unbeachtete Parallelen zur amerikanischen Vorgeschichte, die Gegenstand des vorangegangenen Kapitels war.

Die fünf Hauptgruppen unserer Spezies, die schon vor dem Jahr 1000 n. Chr. in Afrika beheimatet waren, werden von Nichtwissenschaftlern gemeinhin als Schwarze, Weiße, afrikanische Pygmäen, Khoisan und Asiaten bezeichnet. Die jeweiligen Verbreitungsgebiete sind in Abbildung 18.1 dargestellt, die Unterschiede in Hautfarbe, Haartyp und -farbe sowie in den Gesichtszügen vermitteln die Porträts im Bildteil. Die Schwarzen lebten früher nur in Afrika, und die Verbreitung von Pygmäen und Khoisan ist noch heute auf Afrika beschränkt, während Weiße und Asiaten auf anderen Kontinenten weitaus zahlreicher sind als in Afrika. Diese fünf Gruppen verkörpern sämtliche Hauptrassen der Menschheit mit Ausnahme der australischen Aborigines und ihrer Verwandten.

Ich höre schon den Aufschrei vieler Leser an dieser Stelle: Zwängen Sie doch die Menschheit nicht willkürlich in derartige Rassenstereotype! Ja, ich gebe zu, daß jede dieser »Hauptgruppen« oder »Hauptrassen« in sich sehr heterogen ist. Die gemeinsame Etikettierung von so unterschiedlichen Völkern wie Zulus, Somalis und Ibus als »Schwarze« ignoriert die Fülle von Unterschieden, die zwischen ihnen bestehen. Nicht minder große Unterschiede blei-

Völker Afrikas (um 1400 n. Chr.)

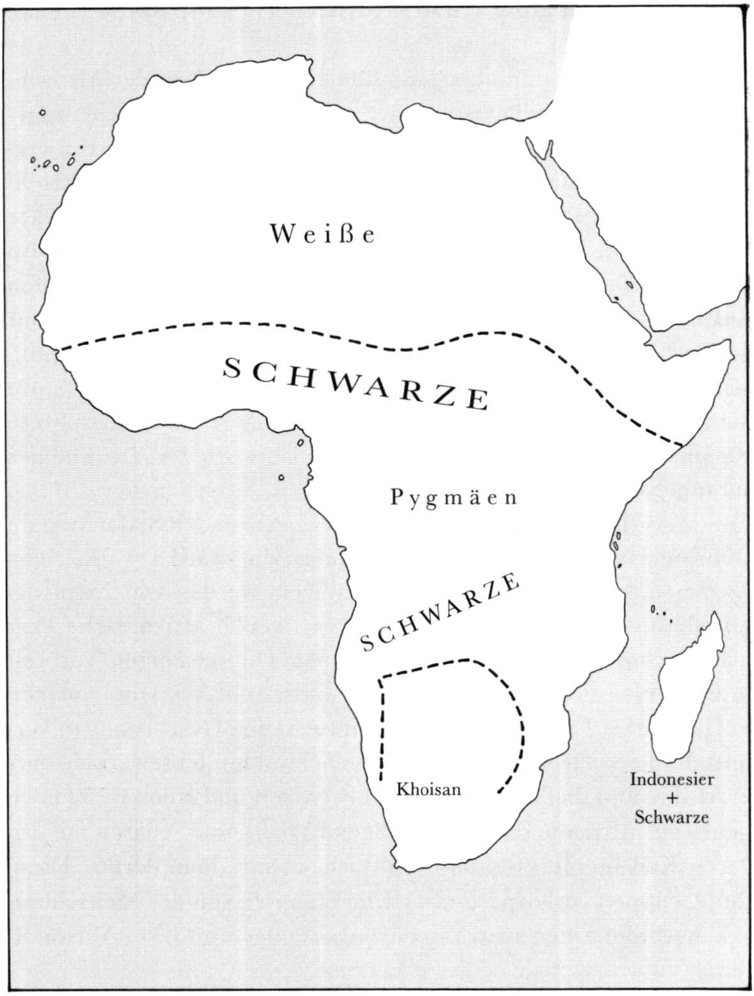

Abbildung 18.1 Kritische Hinweise zur Verwendung dieser vertrauten, aber problematischen Kategorien zur Beschreibung der Bevölkerungsverteilung in Afrika finden sich im Text.

ben außer acht, wenn wir Ägypter, Berber und Schweden zusammen in einen Topf mit der Aufschrift »Weiße« werfen. Hinzu kommt, daß die Grenzen zwischen Schwarzen, Weißen und den anderen Hauptgruppen fließend sind: Jedes Volk der Erde hat mit jedem anderen Volk, dem es je begegnete, gemeinsame Nachkommen hinterlassen. Wie wir sehen werden, sind die genannten Hauptgruppen für das Verständnis der Geschichte aber dennoch von so großem Nutzen, daß ich nicht darauf verzichten möchte, sie zu verwenden. Ich tue das im vollen Bewußtsein ihrer Unzulänglichkeit, ohne darauf allerdings in jedem Satz erneut hinzuweisen.

Von den fünf afrikanischen Gruppen sind Vertreter etlicher schwarzer und weißer Populationen Amerikanern und Europäern wohlbekannt, so daß sich eine Beschreibung ihrer physischen Erscheinung an dieser Stelle erübrigt. Schon vor 1400 n. Chr. war der größte Teil des Kontinents, genauer gesagt die Südsahara und der größte Teil Afrikas südlich der Sahara (siehe Abbildung 18.1), von Schwarzen besiedelt. Wenngleich die schwarze Bevölkerung der Neuen Welt hauptsächlich aus den Küstenregionen Westafrikas stammt, siedelten Völker, die ihnen vom Aussehen her ähnlich sind, traditionell auch in Ostafrika bis hinauf in den Sudan und im südlichen Afrika bis zur Südostküste von Südafrika. Weiße, von Ägyptern und Libyern bis hin zu Marokkanern, bewohnten die nordafrikanische Küstenzone und die nördliche Sahara. Man würde Nordafrikaner sicher nicht mit blonden, blauäugigen Schweden verwechseln, aber dennoch würden sie die meisten Laien wegen ihrer helleren Haut und dem glatteren Haar im Vergleich zu den »schwarzen« Völkern weiter südlich als »Weiße« bezeichnen. Die Mehrzahl der afrikanischen Schwarzen und Weißen lebte von Ackerbau oder Viehzucht oder beidem.

Anders die nächsten beiden Gruppen, Pygmäen und Khoisan, die als Jäger und Sammler weder Anbaupflanzen noch Vieh besaßen. Wie Schwarze sind Pygmäen dunkelhäutig und kraushaarig. Sie unterscheiden sich von ihnen jedoch durch ihren sehr viel kleineren Wuchs, die etwas ins Rötliche gehende Hautfarbe, die stärkere Gesichts- und Körperbehaarung und die vorstehende Stirn. Die meisten Pygmäen leben als Jäger und Sammler verstreut in den zentralafrikanischen Regenwäldern und treiben Handel mit benachbarten schwarzen Bauern (oder verdingen sich bei diesen als Landarbeiter).

Von den genannten Gruppen sind Amerikanern oder Europäern

die Khoisan am wenigsten bekannt, ja vermutlich haben viele noch nie ihren Namen gehört. Einst im ganzen südlichen Afrika verbreitet, umfaßten die Khoisan nicht nur kleinwüchsige Jäger und Sammler, die San, sondern auch Rinderhirtenstämme von größerer Statur, die Khoikhoin. (Diese Bezeichnungen werden heute den älteren Namen Hottentotten und Buschmänner vorgezogen.) Sowohl Khoikhoin als auch San unterscheiden (beziehungsweise unterschieden) sich im Aussehen stark von den Schwarzen: Ihre Haut ist gelblich, ihr Haar sehr eng gelockt, und die Frauen haben einen starken Fettansatz am Gesäß (Fachausdruck: Steatopygie). In den letzten Jahrhunderten ist die Zahl der Khoikhoin stark geschrumpft: Europäische Kolonisten erschossen oder vertrieben sie oder infizierten sie mit Krankheiten; von den Überlebenden vermischten sich viele mit Europäern, woraus die Populationen hervorgingen, die in Südafrika als »Coloreds« oder »Basters« bekannt sind. Die San wurden ähnlich stark dezimiert, doch wenigstens eine kleine Zahl von ihnen konnte ihre Eigenständigkeit in namibischen Wüstengebieten, die für Landwirtschaft nicht taugen, bewahren. Ins Bewußtsein einer breiteren Öffentlichkeit drangen sie vor einigen Jahren durch den Kinofilm *Die Götter müssen verrückt sein*.

Die weiße Population im Norden des Kontinents birgt keine großen Überraschungen, da Völker von ähnlichem Aussehen in benachbarten Regionen des Nahen Ostens und Europas beheimatet sind. Während der gesamten überlieferten Geschichte haben zwischen Europa, dem Nahen Osten und Nordafrika Völkerwanderungen in alle Richtungen stattgefunden. Ich werde deshalb in diesem Kapitel nicht ausführlich auf die weißen Afrikaner eingehen, da ihre Herkunft kein Geheimnis darstellt. Rätsel geben uns indessen Schwarze, Pygmäen und Khoisan auf, deren heutige Verbreitungsgebiete auf umfassende Wanderungen in der Vergangenheit schließen lassen. So deutet beispielsweise das fragmentierte Verbreitungsgebiet der 200000 Pygmäen, die verstreut unter 120 Millionen Schwarzen leben, darauf hin, daß dieses Jägervolk einst in den Regenwäldern am Äquator weit verbreitet war, bis schwarze bäuerliche Völker einwanderten und die Pygmäen in isolierte Rückzugsgebiete vertrieben. Das Gebiet der Khoisan im südlichen Afrika ist überraschend klein für ein Volk mit so ausgeprägter Anatomie und Sprache. Hatten möglicherweise auch die Khoisan einst ein viel größeres Verbreitungsgebiet, bis ihre nördlicheren Populationen auf irgendeine Weise eliminiert wurden?

Die größte Anomalie habe ich bis zum Schluß aufgehoben. Sie betrifft Madagaskar, jene große Insel, die nur 400 Kilometer vor der afrikanischen Ostküste und damit sehr viel näher an Afrika als an irgendeinem anderen Kontinent liegt (zwischen Madagaskar und Asien beziehungsweise Australien erstreckt sich der Indische Ozean in seiner vollen Breite). Die Bevölkerung Madagaskars setzt sich aus zwei Elementen zusammen. Zum einen aus afrikanischen Schwarzen, was nicht weiter überrascht, zum anderen jedoch aus Menschen, die aufgrund ihres Aussehens sofort als Südostasiaten erkennbar sind. Die von allen Bewohnern Madagaskars – Asiaten, Schwarzen und Mischlingen – gesprochene Sprache gehört zur austronesischen Sprachfamilie und weist starke Ähnlichkeit mit der Maanyan-Sprache Borneos auf, einer Insel, die rund 6500 Kilometer entfernt auf der anderen Seite des Ozeans liegt. Kein anderes Volk, das den Maanyan oder anderen Bewohnern Borneos auch nur entfernt ähnelt, lebt im Umkreis von Tausenden von Kilometern um Madagaskar.

Diese madagassischen Austronesier mit ihrer austronesischen Sprache und abgewandelten austronesischen Kultur lebten bereits auf Madagaskar, als die ersten Europäer im Jahr 1500 die Insel betraten. Für mich gibt es in der gesamten menschlichen Siedlungsgeographie nichts Verblüffenderes. Man stelle sich vor, Kolumbus hätte bei seiner Ankunft in Kuba blonde, blauäugige Skandinavier mit einer dem Schwedischen ähnlichen Sprache vorgefunden, während das nordamerikanische Festland von indianischen Sprechern amerindischer Sprachen bewohnt war. Wie um alles in der Welt konnten prähistorische Bewohner Borneos, die vermutlich in Booten ohne Karten oder Kompaß reisten, bis nach Madagaskar gelangen?

Das Beispiel Madagaskars zeigt, daß Sprachen ebenso wie die physische Erscheinung von Völkern wertvolle Hinweise auf ihre Herkunft geben können. Ein bloßer Blick auf die Bewohner Madagaskars genügt, um zu wissen, daß ein Teil von ihnen aus Südostasien stammt. Woher genau, das könnten wir allerdings nicht sagen, und auf Borneo wären wir sicher nicht gekommen. Was können wir aber noch aus afrikanischen Sprachen lernen, das uns nicht schon afrikanische Gesichter verraten?

Klarheit in die schwindelerregende Komplexität der 1500 Sprachen Afrikas brachte der berühmte Linguist Joseph Greenberg von der *Stanford University*, der erkannte, daß sämtliche dieser Sprachen insgesamt nur fünf Sprachfamilien zuzuordnen sind (Verbreitungsgebiete siehe Abbildung 18.2). Wer von Ihnen geglaubt hat, die Linguistik sei eine besonders langweilige, trockene Disziplin, wird sicher erstaunt sein zu erfahren, in welch faszinierender Weise Abbildung 18.2 zu unserem Verständnis der afrikanischen Geschichte beiträgt.

Wenn wir zunächst Abbildung 18.2 mit Abbildung 18.1 vergleichen, so erkennen wir eine grobe Übereinstimmung zwischen Sprachfamilien und menschlicher Anatomie: Die Sprachen einer bestimmten Sprachfamilie werden in der Regel von Menschen gesprochen, die sich nach ihrem Aussehen einordnen lassen. So sind afroasiatische Sprecher überwiegend Menschen, die wir als Weiße oder Schwarze klassifizieren würden, nilosaharische und Niger-Kongo-Sprecher sind Schwarze, Khoisan-Sprecher Khoisan und Austronesischsprecher Indonesier. Dies läßt vermuten, daß sich die Evolution der Sprachen parallel zur Evolution ihrer Sprecher vollzog.

Im oberen Teil von Abbildung 18.2 verbirgt sich die erste Überraschung, ein schwerer Schlag für Eurozentriker, die fest an die Überlegenheit der sogenannten westlichen Zivilisation glauben. Man hat uns beigebracht, daß die westliche Zivilisation im Nahen Osten entstand, in Europa durch Griechen und Römer zur Blüte gelangte und daß sie drei der großen Religionen der Menschheit hervorbrachte: Christentum, Judentum und Islam. Diese Religionen entstanden im Schoße von Völkern mit drei eng miteinander verwandten, sogenannten semitischen Sprachen: Aramäisch (die Sprache Jesu Christi und der Apostel), Hebräisch und Arabisch. Mit semitischen Völkern assoziieren wir automatisch den Nahen Osten.

Greenberg fand jedoch heraus, daß die semitischen Sprachen in

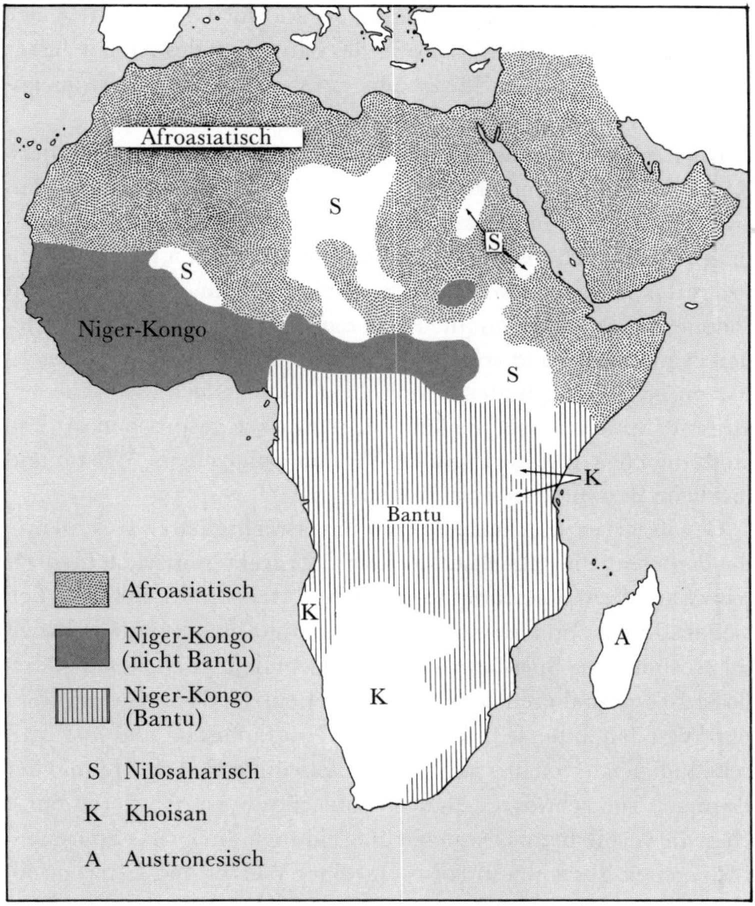

Abbildung 18.2 Sprachfamilien Afrikas

Wirklichkeit nur einen von sechs oder noch mehr Zweigen der sehr viel größeren Sprachfamilie der afroasiatischen Sprachen bilden, deren übrige Zweige (bestehend aus 222 überlebenden Sprachen) gänzlich auf Afrika beschränkt sind. Selbst die semitische Untergruppe ist in erster Linie afrikanisch – 12 von ihren 19 überlebenden Sprachen werden in Äthiopien gesprochen. Dies läßt vermuten, daß die afroasiatischen Sprachen ursprünglich aus Afrika stammen und daß nur ein Zweig in den Nahen Osten hinüberwuchs. Somit war möglicherweise Afrika die Geburtsstätte der Sprachen, die von den Verfassern des Alten und des Neuen Testaments und des Korans, Stützpfeiler der westlichen Zivilisation, gesprochen wurden.

Die nächste Überraschung in Abbildung 18.2 ist eine scheinbare Kleinigkeit, die ich unerwähnt ließ, als ich gerade ausführte, daß zwischen Völkern mit physischen Unterschieden meist auch ausgeprägte sprachliche Unterschiede bestehen. Von den fünf in Afrika vertretenen Gruppen – Schwarze, Weiße, Pygmäen, Khoisan und Indonesier – besitzen nur die Pygmäen keine eigenen Sprachen: Jeder Pygmäenverband spricht die gleiche Sprache wie die benachbarten schwarzen Bauern. Vergleicht man jedoch, *wie* eine bestimmte Sprache von Pygmäen und Schwarzen gesprochen wird, so stellt man fest, daß die Pygmäen-Version einige eigene Wörter und lautliche Besonderheiten aufweist.

Gewiß waren Menschen von so unverwechselbarer Gestalt wie die Pygmäen, die noch dazu in einer so charakteristischen Umwelt lebten wie dem äquatorialafrikanischen Regenwald, ursprünglich isoliert genug, um eine eigene Sprachfamilie zu entwickeln. Inzwischen sind diese Sprachen aber verschwunden, und wie wir Abbildung 18.1 entnehmen konnten, ist das heutige Verbreitungsgebiet der Pygmäen äußerst fragmentiert. Geographische und linguistische Indizien leiten uns somit zu der Annahme, daß die Heimat der Pygmäen von schwarzen Bauern »überflutet« wurde, deren Sprachen die verbliebenen Pygmäen übernahmen, wobei nur Spuren ihrer eigenen Sprachen in Form einzelner Wörter und Laute erhalten blieben. Wie an anderer Stelle geschildert, gilt Ähnliches für die malaysischen Negritos (Semang) sowie für die philippinischen Negritos, die austroasiatische beziehungsweise austronesische Sprachen von den Bauern, die in ihr Land eindrangen, übernahmen.

Ähnlich deutet die bruchstückhafte Verbreitung nilosaharischer Sprachen in Abbildung 18.2 darauf hin, daß viele Sprecher dieser Sprachen von Sprechern von Niger-Kongo- oder afroasiatischen Sprachen überrollt wurden. Von noch dramatischeren Vorgängen zeugt die Verbreitung der Khoisan-Sprachen. Diese Sprachen sind berühmt und einzigartig wegen ihrer geschnalzten Konsonanten.

(Falls Sie sich schon einmal über einen Namen wie !Kung Bushman gewundert haben: Das Ausrufezeichen steht nicht für voreiliges Erstaunen, sondern dient Linguisten zur Darstellung von Schnalzlauten.) Alle heutigen Khoisan-Sprachen sind auf das südliche Afrika beschränkt, mit zwei Ausnahmen, bei denen es sich um sehr typische, mit Schnalzlauten gespickte Khoisan-Sprachen mit der Bezeichnung Hadza und Sandawe handelt. Beide werden in Tansania gesprochen, fast 2000 Meilen vom nächstgelegenen Verbreitungsgebiet einer Khoisan-Sprache im Süden Afrikas entfernt.

Auch Xhosa und einige andere Niger-Kongo-Sprachen des südlichen Afrika sind voller Schnalzlaute. Noch unerwarteter begegnen uns Schnalzlaute und Khoisan-Wörter in zwei afroasiatischen Sprachen, die von Schwarzen in Kenia gesprochen werden, also noch weiter vom heutigen Lebensraum der Khoisan-Völker entfernt als Hadza und Sandawe in Tansania. Dies alles deutet darauf hin, daß sich das Verbreitungsgebiet der Khoisan-Sprachen und -Völker vom südlichen Afrika einst viel weiter nach Norden erstreckte als heute, bis es, ähnlich wie die Heimat der Pygmäen, von schwarzen Völkern »überflutet« wurde, so daß nur sprachliche Relikte übrigblieben. Diese Erkenntnis, abgeleitet aus linguistischen Indizien, ist von großer Bedeutung, und man hätte sie wohl kaum durch anatomische Untersuchungen an heutigen Völkern gewinnen können.

Den bemerkenswertesten Beitrag der Linguistik habe ich jedoch noch gar nicht erwähnt. Abbildung 18.2 ist zu entnehmen, daß die Niger-Kongo-Sprachfamilie in ganz Westafrika und im größten Teil Afrikas südlich des Äquators verbreitet ist, so daß auf den ersten Blick nicht zu erkennen ist, wo sie innerhalb dieses riesigen Gebiets ursprünglich beheimatet war. Greenberg erkannte jedoch, daß sämtliche Niger-Kongo-Sprachen Afrikas südlich des Äquators zu einer einzigen Untergruppe namens Bantu gehören. Sie umfaßt nahezu die Hälfte der 1032 Niger-Kongo-Sprachen und über die Hälfte der Niger-Kongo-Sprecher (an die 200 Millionen Menschen). Diese 500 Bantu-Sprachen ähneln einander jedoch so stark, daß man sie auch schon als 500 Dialekte einer einzigen Sprache beschrieben hat.

Zusammen bilden die Bantu-Sprachen nur einen untergeordneten Zweig der Niger-Kongo-Sprachfamilie. Die meisten der 176 anderen Untergruppen drängen sich in Westafrika, also auf einem Bruchteil des gesamten Verbreitungsgebiets der Niger-Kongo-Sprachen. Die typischsten Bantu-Sprachen und jene anderen Niger-Kongo-Sprachen, die mit den Bantu-Sprachen am engsten verwandt sind, konzentrieren sich auffällig in einem winzigen Gebiet in Kamerun und im angrenzenden Osten Nigerias.

Offensichtlich entstand die Niger-Kongo-Sprachfamilie in Westafrika und der Bantu-Zweig am östlichen Rand dieses Raumes, in Kamerun und Nigeria; von dort aus eroberten die Bantu-Sprachen den größten Teil Afrikas südlich des Äquators. Diese Expansion muß so weit zurückliegen, daß das Ur-Bantu genügend Zeit hatte, um 500 Ableger zu bilden; sie kann andererseits noch nicht allzu lange her sein, da sich die aus dem Ur-Bantu hervorgegangenen Sprachen immer noch recht stark ähneln. Da alle anderen Niger-Kongo-Sprecher schwarz sind wie die Bantu selbst, hätten wir aus Erkenntnissen der physischen Anthropologie allein nicht darauf schließen können, wer in welche Richtung wanderte.

Ich will diese Art der linguistischen Argumentation einmal am Beispiel des geographischen Ursprungs der englischen Sprache verdeutlichen. Heute leben mit Abstand die meisten Menschen, deren Muttersprache Englisch ist, in Nordamerika; andere finden wir über den Globus verstreut in Großbritannien, Australien und anderen Ländern. In jedem dieser Länder werden eigene Dialekte des Englischen gesprochen. Besäßen wir keine weiteren Kenntnisse über die Geschichte und die Verbreitungsgebiete von Sprachen, so hätten wir vielleicht darauf getippt, daß Englisch einst in Nordamerika entstand und später von Kolonisten nach Großbritannien und Australien gebracht wurde.

Nun ist es aber so, daß die vielen englischen Dialekte nur einen einzigen Zweig der germanischen Sprachfamilie bilden. Alle anderen Untergruppen – die skandinavischen Sprachen, Deutsch und Niederländisch – drängen sich auf engem Raum im Nordwesten Europas. Insbesondere Friesisch, die mit dem Englischen am engsten verwandte germanische Sprache, wird nur in einem kleinen Küstengebiet Hollands und Norddeutschlands gesprochen. Aus diesem Sachverhalt würde ein Linguist sofort den Schluß ziehen, daß die englische Sprache im Nordwesten Europas entstand und von dort den Weg in die weite Welt antrat. In der Tat wissen wir aus der Geschichtsschreibung, daß das Englische im 5. und 6. Jahrhundert n. Chr. von eben dort mit den Angelsachsen nach England gelangte.

Die gleiche Logik sagt uns, daß die nahezu 200 Millionen Bantu, die heute die afrikanische Landkarte dominieren, ursprünglich aus Kamerun und Nigeria stammen. Neben dem nordafrikanischen Ursprung der Semiten und der Herkunft der madagassischen Asiaten ist dies eine weitere Erkenntnis, die ohne die Hilfe der Linguistik nicht möglich gewesen wäre.

Wir hatten bereits aus den Verbreitungsgebieten der Khoisan-Sprachen und dem Fehlen von Pygmäen-Sprachen den Schluß gezogen, daß Pygmäen und Khoisan-Völker einst stärker verbreitet waren, bis sie von Schwarzen »überflutet« wurden. (Ich verwende »überfluten« als neutralen, alles umfassenden Begriff, der offenläßt, ob es dabei zur Eroberung, Vertreibung, Vermischung, Tötung oder Infektion mit Krankheiten kam.) Von den Verbreitungsgebieten der Niger-Kongo-Sprachen wissen wir nun, daß die Schwarzen, die die »Überflutung« verkörperten, Bantu waren. Die bisher erörterten anatomischen und linguistischen Indizien führten uns zwar zu der Erkenntnis, daß jene prähistorischen Ausbreitungsbewegungen stattgefunden haben, doch ihre Ursachen sind damit noch nicht enträtselt. Erst die Indizien, die ich im folgenden präsentieren werde, können uns helfen, Antworten auf zwei weitere Fragen zu finden: Was versetzte die Bantu in die Lage, die Oberhand über Pygmäen und Khoisan zu gewinnen? Wann erreichten die Bantu die angestammten Gebiete der Pygmäen und Khoisan-Völker?

Wir wollen der Frage nach der Bantu-Überlegenheit nachgehen, indem wir die verbliebene Form von Indizien aus dem lebendigen Hier und Heute untersuchen: domestizierte Pflanzen und Tiere nebst den Erkenntnissen, die aus ihnen ableitbar sind. Wie wir in früheren Kapiteln sahen, sind diese Erkenntnisse von großer Bedeutung, da die Landwirtschaft höhere Bevölkerungsdichten, Krankheitserreger, technische Errungenschaften, neue Formen politischer Organisation und sonstige Ingredienzien der Macht hervorbrachte. Völker, die aufgrund des Zufalls ihrer geographischen Heimat die Landwirtschaft erbten oder entwickelten, waren so in der Lage, Völker mit einer weniger günstigen Geographie zu verdrängen.

Als die Europäer im 15. Jahrhundert in Afrika südlich der Sahara eintrafen, bauten die Afrikaner fünf Gruppen von Kulturpflanzen an (siehe Abbildung 18.3), von denen jede mit Bedeutung für die afrikanische Geschichte befrachtet war. Die erste Gruppe war nur in Nordafrika bis hinauf ins Hochland von Äthiopien verbreitet. In Nordafrika herrscht ein mediterranes Klima, das sich dadurch auszeichnet, daß die Niederschläge vor allem in den Wintermonaten fallen. (Südkalifornien hat ebenfalls ein mediterranes Klima, was erklärt, warum mein Keller und der von Millionen anderen Südkaliforniern im Winter oft überflutet wird, im Sommer aber garantiert knochentrocken ist.) Im Bereich des Fruchtbaren Halbmonds in Vorderasien, wo die Landwirtschaft geboren wurde, herrschen ähnliche klimatische Verhältnisse mit erhöhtem Niederschlag während der Wintermonate.

Deshalb waren alle ursprünglichen Anbaupflanzen Nordafrikas in ihrem Keimungs- und Wachstumsverhalten an winterliche Regenfälle angepaßt. Von der Archäologie wissen wir, daß diese Pflanzen erstmals vor etwa 10000 Jahren in Vorderasien domestiziert wurden. Von dort breiteten sie sich in benachbarte Regionen Nordafrikas mit ähnlichen Klimaverhältnissen aus und bildeten das Fundament des Aufstiegs der alten ägyptischen Zivilisation. Zu ihnen zählten so bekannte Gewächse wie Weizen, Gerste, Erbsen, Bohnen und Weinbeeren. Diese sind uns deshalb so vertraut, weil sie sich auch in klimatisch verwandte benachbarte Regionen Europas und von dort nach Amerika und Australien ausbreiteten und zu einigen der bedeutendsten Anbaupflanzen der gemäßigten Breiten wurden.

Wenn man die Sahara von Norden her durchquert und in der südlich angrenzenden Sahelzone wieder auf Regen trifft, stellt man fest, daß die Niederschläge im Sahel nicht in den Wintermonaten, sondern im Sommer fallen. Selbst wenn die an winterliche Niederschläge angepaßten Anbaupflanzen aus Vorder-

Ursprungsgebiete afrikanischer Kulturpflanzen, mit Beispielen

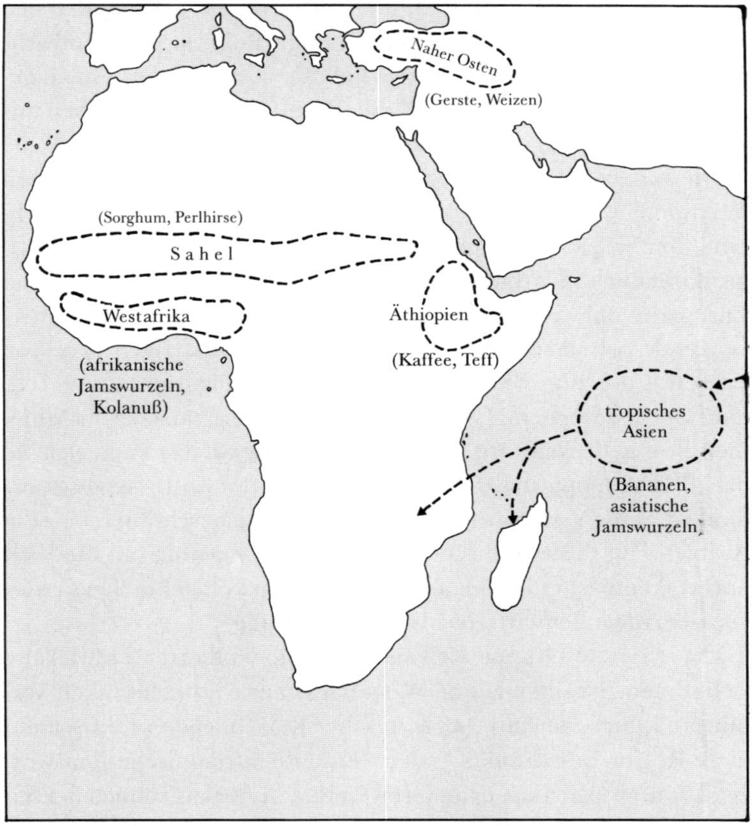

Abbildung 18.3 Ursprungsgebiete traditionell in Afrika angebauter Kulturpflanzen (d. h. vor Ankunft der Kulturpflanzen europäischer Kolonisten), mit zwei Beispielen für jedes Gebiet.

asien irgendwie den Weg durch die Sahara gefunden hätten, wäre es schwierig gewesen, sie in der Sahelzone heimisch zu machen. Statt dessen finden wir dort zwei Gruppen afrikanischer Anbaupflanzen, deren wilde Vorfahren unmittelbar südlich der Sahara vorkommen und an sommerliche Niederschläge und geringere jahreszeitliche Schwankungen der Tageslänge angepaßt sind. Die eine Gruppe besteht aus Pflanzen, deren Vorfahren in der Sahelzone von Westen nach Osten weit verbreitet sind und die wahrscheinlich auch in diesem Raum domestiziert wurden. Hierzu zählen insbesondere Sorghum und Perlhirse, die in großen Teilen Afrikas südlich der Sahara eine wichtige Rolle in der Landwirtschaft spielen. Sorghum erwies sich als so nützliches Anbaugewächs, daß es mittlerweile auf allen Kontinenten in Regionen mit heißem, trockenem Klima angebaut wird, auch in den USA.

Die andere Gruppe besteht aus Pflanzen, deren wilde Vorfahren in Äthiopien vorkommen und vermutlich im äthiopischen Hochland domestiziert wurden. Die meisten werden auch heute noch ausschließlich in Äthiopien angebaut und sind Amerikanern und Europäern unbekannt – zu ihnen zählen unter anderem rauscherzeugende Samenkörner, Gewächse mit bananenartigen Früchten (Ensete), die zum Bierbrauen verwendete Fingerhirse und Teff, eine Getreidesorte mit winzigen Samenkörnern, aus der in Äthiopien Brot gebacken wird. Jeder kaffeesüchtige Leser kann sich bei den alten Äthiopiern für die Domestikation des Kaffeestrauchs bedanken. Seine Verbreitung blieb auf Äthiopien beschränkt, bis er in Arabien Fuß faßte und schließlich seinen Siegeszug um die Welt antrat; heute ist er in vielen Ländern, von Brasilien bis Neuguinea, von überragender wirtschaftlicher Bedeutung.

Die vorletzte Gruppe afrikanischer Anbaupflanzen entwickelte sich im feuchtheißen Klima Westafrikas aus wildwachsenden Vorfahren. Einige, darunter afrikanischer Reis, blieben praktisch auf diese Region beschränkt. Andere, etwa die afrikanische Jamswurzel, konnten sich auch in anderen Gebieten Afrikas südlich der Sahara etablieren, und zwei weitere, Ölpalme und Kolanuß, schafften sogar den Sprung auf andere Kontinente. Die koffeinhaltigen Samen der Kolanuß wurden in Westafrika als Rauschmittel gekaut, lange bevor die Coca-Cola-Company erst die Amerikaner und dann den Rest der Welt nach einem Erfrischungsgetränk verrückt machte, dem in seiner ursprünglichen Form Extrakte aus der Kolanuß beigemischt waren.

Die letzte Gruppe afrikanischer Anbaupflanzen ist ebenfalls an ein feuchtes Klima angepaßt, sorgt aber in Abbildung 18.3 für die größte Überraschung. Bananen, asiatische Jamswurzeln und Taro waren in Afrika südlich der Sahara schon im 15. Jahrhundert weit verbreitet, und an der Küste Ostafrikas wurde asiatischer Reis angebaut. Doch beheimatet waren diese Gewächse in Südostasien. Ihre Präsenz in Afrika würde uns in helles Erstaunen versetzen, hätte uns nicht schon die Anwesenheit von Indonesiern auf Madagaskar mit Afrikas prähistorischer asiatischer »Connection« bekannt gemacht. Fuhren Austronesier von Borneo zur Küste Ostafrikas, überließen dankbaren afrikanischen Bauern ihre Kulturpflanzen, nahmen afrikanische Fischer an Bord und stachen im Abendrot wieder in See, um Madagaskar zu besiedeln, ohne weitere austronesische Spuren in Afrika zu hinterlassen?

Die verbliebene Überraschung besteht darin, daß der Ursprung sämtlicher heimischer Anbaupflanzen Afrikas – jener der Sahelzone, Äthiopiens und Westafrikas – nördlich des Äquators lag. Kein einziges afrikanisches Kulturgewächs war südlich des Äquators beheimatet. Dies läßt schon ahnen, warum Sprecher von Niger-Kongo-Sprachen, die aus Gebieten nördlich des Äquators stammten, in der Lage waren, die äquatorialafrikanischen Pygmäen und die Khoisan-Völker südlich des Äquators aus ihrer angestammten Heimat zu verdrängen. Daß weder Khoisan noch Pygmäen eine eigene Landwirtschaft entwickelten, lag nicht an ihrer Unzulänglichkeit als Bauern, sondern einzig und allein daran, daß die meisten Wildpflanzen des südlichen Afrika für die Domestikation nicht in Frage kamen. Weder Bantu-Bauern noch weißen Farmern, den Erben einer jahrtausendealten landwirtschaftlichen Tradition, gelang es später, aus heimischen Gewächsen des südlichen Afrika neue Nahrungspflanzen zu züchten.

Viel schneller als Afrikas domestizierte Pflanzen sind seine wenigen Haustierarten aufgezählt. Das einzige Tier, von dem wir mit Sicherheit wissen, daß es in Afrika domestiziert wurde, da seine wildlebenden Vorfahren nirgendwo anders anzutreffen sind, ist das Perlhuhn. Die wilden Vorfahren domestizierter Rinder, Esel, Schweine, Hunde und Hauskatzen waren in Nordafrika, aber auch in Südwestasien heimisch, so daß sich nicht genau sagen läßt, wo sie zuerst domestiziert wurden; die ältesten zur Zeit bekannten Daten für domestizierte Esel und Hauskatzen deuten allerdings auf Ägypten. Nach neueren Erkenntnissen wurden Rinder möglicherweise sowohl in Nordafrika als auch in Südwestasien und Indien unabhängig domestiziert und bildeten gemeinsam die Vorfahren der heutigen afrikanischen Rinderrassen. Alle übrigen Haustiere Afrikas müssen an anderen Orten domestiziert und später nach Afrika gebracht worden sein, was daran zu erkennen ist, daß ihre wildlebenden Vorfahren nur in Eurasien vorkommen. So wurden Afrikas Schafe und Ziegen in Südwestasien domestiziert, seine Hühner in Südostasien, seine Pferde im Süden Rußlands und seine Kamele vermutlich in Arabien.

Das Überraschendste an dieser Aufzählung afrikanischer Haustiere ist wieder einmal das, was fehlt. Vertreten ist keine einzige der großen wilden Säugetierarten, für die Afrika berühmt ist und die dort in so großer Zahl und Vielfalt beheimatet sind – Zebras und Gnus, Nashörner und Flußpferde, Giraffen und Büffel. Wie wir sehen werden, war diese Tatsache für den Lauf der afrikanischen Geschichte nicht minder folgenschwer als der Mangel an einheimischen Kulturpflanzen in Afrika südlich des Äquators.

Dieser kurze Überblick über die wichtigsten afrikanischen Anbaupflanzen und Haustiere verdeutlicht, daß einige von ihnen eine weite Reise hinter sich haben, sowohl innerhalb als auch außerhalb Afrikas. Wie auf anderen Kontinenten hatten auch in Afrika einige Völker mehr »Glück« als andere hinsichtlich der Ausstattung mit domestizierbaren Wildpflanzen und -tieren, die sie in ihrer Umgebung vorfanden. Zieht man die Parallele zur Verdrängung australischer Aborigines, die als Jäger und Sammler lebten, durch britische Kolonisten, die sich von Weizen und Rindfleisch ernährten, drängt sich der Verdacht auf, daß einige der »glücklicheren« Afrikaner aus ihrem Vorteil Kapital schlugen, indem sie ihre afrikanischen Nachbarn »überfluteten«. Wenden wir uns nun an die Archäologie, um herauszufinden, wer wann wen »überflutete«.

Welche Erkenntnisse kann uns die Archäologie über Zeitpunkte und Orte der Entstehung von Ackerbau und Viehzucht in Afrika vermitteln? Jedem von der Geschichte der westlichen Zivilisation durchdrungenen Leser sei verziehen, wenn er vielleicht meint, daß die afrikanische Landwirtschaft im Niltal Ägyptens ihren Ausgang nahm, im Land der Pharaonen und Pyramiden. Schließlich war Ägypten um 3000 v. Chr. zweifellos die am weitesten entwickelte afrikanische Gesellschaft und eines der frühesten Zentren der

Schrift. Die ältesten archäologischen Funde, die die Existenz der Landwirtschaft in Afrika belegen, stammen jedoch möglicherweise aus der Sahara.

Wie jeder weiß, ist die Sahara heute zum größten Teil so trocken, daß dort nicht einmal Gras wächst. Zwischen 9000 und 4000 v. Chr. herrschte jedoch ein feuchteres Klima. Damals gab es in der Sahara etliche Seen und zahlreiches Wild, und die Saharabewohner begannen, Vieh zu züchten und Töpferwaren herzustellen; später hielten sie auch Schafe und Ziegen, und möglicherweise begannen sie sogar mit der Domestikation von Sorghum und Hirse. Die saharische Weidewirtschaft ist älter als der früheste belegte Zeitpunkt der Ankunft der Landwirtschaft in Ägypten (5200 v. Chr.) in Form eines kompletten Bündels aus Winterpflanzen und Haustieren vorderasiatischer Herkunft. Auch Westafrika und Äthiopien waren Keimstätten der Nahrungsproduktion; um 2500 v. Chr. hatten Viehzüchter bereits die heutige Grenze zwischen Äthiopien und Nordkenia nach Süden überschritten.

Während es sich hierbei um Folgerungen handelt, die auf archäologischen Indizien beruhen, gibt es noch eine weitere, unabhängige Methode zur Datierung der Ankunft domestizierter Pflanzen und Tiere, und zwar durch einen Vergleich der Bezeichnungen, die in modernen Sprachen für sie verwendet werden. Vergleicht man die Namen bestimmter Pflanzen in südnigerianischen Sprachen, die zur Niger-Kongo-Familie gehören, ergibt sich eine Einteilung in drei Gruppen. Die erste umfaßt Fälle, bei denen die Bezeichnung für eine bestimmte Anbaupflanze in allen südnigerianischen Sprachen sehr ähnlich ist. Dies gilt beispielsweise für die westafrikanische Jamswurzel, die Ölpalme und die Kolanuß – Gewächse, von denen man schon aufgrund botanischer und anderer Indizien annahm, daß sie in Westafrika heimisch waren und dort erstmals domestiziert wurden. Da es sich bei ihnen um die ältesten westafrikanischen Kulturpflanzen handelt, finden wir die gleichen Bezeichnungen in allen modernen südnigerianischen Sprachen wieder.

Die nächste Gruppe bilden Anbaupflanzen, deren Namen nur innerhalb einer kleinen Untergruppe der südnigerianischen Sprachen ähnlich sind. Hierbei haben wir es mit Pflanzen vermutlich indonesischer Herkunft zu tun, wie etwa Bananen und asiatischen Jamswurzeln. Offenbar trafen sie erst im südnigerianischen Raum ein, als der Prozeß der Differenzierung von Sprachen in Untergruppen schon begonnen hatte, so daß in jeder Untergruppe andere Namen für die neuen Pflanzen gefunden wurden und entsprechend auch in den modernen Sprachen anzutreffen sind. Die letzte Gruppe bilden Namen ohne sprachgruppenbezogene Ähnlichkeit. Es handelt sich dabei um Kulturgewächse aus der Neuen Welt, wie Mais und Erdnüsse, von denen wir wissen, daß sie nach Beginn der transatlantischen Schiffahrt (1492 n. Chr.) in Afrika eingeführt wurden und sich seitdem entlang der Handelswege ausbreiteten, oft unter Beibehaltung ihrer portugiesischen oder anderer fremdländischer Namen.

Selbst wenn uns keinerlei botanische oder archäologische Erkenntnisse vorlägen, könnten wir allein aus den linguistischen Indizien den Schluß ziehen, daß zuerst heimische westafrikanische Pflanzen domestiziert wurden; als nächste kamen indonesische und zuletzt die von Europäern eingeführten Gewächse. Der Historiker Christopher Ehret von der *University of California* in Los Angeles hat mit Hilfe dieses sprachwissenschaftlichen Erklärungsansatzes versucht, die Reihenfolge zu ermitteln, in der die Sprecher der verschiedenen afrikanischen Sprachfamilien mit der Nutzung von Haustieren und domestizierten Pflanzen begannen. Mit einem als Glottochronologie bezeichneten Verfahren, das auf Berechnungen der Veränderungsgeschwindigkeit von Wörtern über längere Zeiträume basiert, ist die vergleichende Sprachwissenschaft sogar in der Lage, die ungefähren Zeitpunkte von Domestikationen beziehungsweise der Ankunft von Kulturpflanzen zu nennen.

Wenn wir die direkten archäologischen und die eher indirekten linguistischen Erkenntnisse zusammen betrachten, können wir folgern, daß die Sprachen jener Völker, die vor Jahrtausenden in der Sahara Sorghum und Hirse domestizierten, Vorgängersprachen der heutigen nilosaharischen Sprachen waren. Entsprechend handelte es sich bei den Sprachen jener bäuerlichen Bewohner Westafrikas, die als erste für tropisch-feuchte Klimaverhältnisse geeignete Anbaupflanzen domestizierten, um Vorgängersprachen der modernen Niger-Kongo-Sprachen. Und schließlich waren es möglicherweise Sprecher afroasiatischer Vorgängersprachen, die sich um die Domestikation heimischer Anbaupflanzen Äthiopiens verdient machten; auf jeden Fall aber waren sie es, die in Nordafrika Kulturpflanzen aus Vorderasien einführten.

Die Pflanzenbezeichnungen in modernen afrikanischen Sprachen gewähren uns so einen Blick auf die Existenz dreier afrikanischer Sprachen vor Tausenden von Jahren: die Vorgängersprachen der heutigen nilosaharischen, Niger-Kongo- und afroasiatischen Sprachen. Aus anderen linguistischen Indizien konnten wir zudem auf die Existenz der Vorgängersprache des Khoisan schließen, nicht aber auf die Namen von Kulturpflanzen (da die Ahnen der heutigen Khoisan keine Pflanzen domestizierten). Nun ist Afrika mit seinen 1500 Sprachen der Gegenwart gewiß groß genug, um die Annahme zu rechtfertigen, daß es dort vor Tausenden von Jahren mehr als nur vier Vorgängersprachen gab. Sie alle müssen jedoch verschwunden sein – entweder weil ihre Sprecher zwar überlebten, aber ihre ursprüngliche Sprache verloren, wie die Pygmäen, oder weil die Sprecher selbst verschwanden.

Das Überleben der vier heutigen afrikanischen Sprachfamilien (die erst in jüngerer Vergangenheit eingetroffene austronesische Sprache Madagaskars bleibt hier außer acht) beruht sicher nicht auf einer ihnen innewohnenden Überlegenheit als Mittel der Kommunikation. Es muß vielmehr einem Zufall der Geschichte zugeschrieben werden: Die Ahnen der Sprecher von nilosaharischen, Niger-Kongo- und afroasiatischen Sprachen lebten zufällig zur rechten Zeit am rechten Ort, um in den Besitz von Haustieren und domestizierten Pflanzen zu gelangen, die es ihnen erlaubten, sich stärker zu vermehren und anderen Völkern ihre Lebensräume abspenstig zu machen oder ihnen wenigstens ihre Sprache aufzuzwingen. Die wenigen Khoisan-Sprecher, die bis in die Neuzeit überlebt haben, verdanken dies vor allem dem Umstand, daß sie abgelegene Gebiete im südlichen Afrika bewohnen, die für die Landwirtschaft der Bantu ungeeignet sind.

Bevor wir die Geschichte der Khoisan-Völker in die Zeit vor dem Einströmen der Bantu zurückverfolgen, wollen wir zuerst einmal sehen, welche Erkenntnisse die Archäologie hinsichtlich der anderen großen prähistorischen Völkerverschiebung Afrikas – der Besiedlung Madagaskars durch Austronesier – für uns bereithält. Bei Forschungsarbeiten auf Madagaskar fanden Archäologen heraus, daß austronesische Kolonisten spätestens um 800 n. Chr., vielleicht aber schon um 300 n. Chr. auf der Insel eintrafen. Dort begegneten sie einer Welt fremdartiger Tiere (und begannen sofort mit ihrer Ausrottung), die so exotisch waren, als kämen sie von einem anderen Stern – das Ergebnis ihrer langen Evolution in madagassischer Abgeschiedenheit. Unter anderem trafen sie auf riesige Elefantenvögel, primitive Primaten von der Größe von Gorillas, Lemuren genannt, und Zwergflußpferde. Bei Ausgrabungen an Stätten der ältesten menschlichen Siedlungen auf Madagaskar kamen Überreste von Eisenwerkzeugen, Vieh und Anbaupflanzen zum Vorschein, was davon kündet, daß es sich bei den Kolonisten nicht bloß um eine Kanuladung Fischer handelte, die vom Kurs abgekommen waren, sondern um eine regelrechte Expedition. Wie kam es zu einem solchen prähistorischen Unternehmen über eine Entfernung von mehr als 6000 Kilometern?

Einen Hinweis liefert ein alter Reiseführer für die Seefahrt auf dem Indischen Ozean, der *Periplus maris Erythraei*, verfaßt von einem unbekannten Kaufmann, der um 100 n. Chr. in Ägypten lebte. Darin wird ein blühender Seehandel zwischen Indien, Ägypten und der Küste Ostafrikas geschildert. Mit der Ausbreitung des Islam ab etwa 800 n. Chr. beginnt eine Zeit, für die der transozeanische Handel durch Funde großer Mengen nahöstlicher (und zuweilen sogar chinesischer!) Erzeugnisse wie Töpferwaren, Glas und Porzellan in Siedlungen entlang der ostafrikanischen Küste archäologisch gut dokumentiert ist. Die Händler warteten auf günstige Winde, die es ihnen ermöglichten, den Indischen Ozean zwischen Ostafrika und Indien direkt zu überqueren. Als der portugiesische Seefahrer Vasco da Gama als erster Europäer die Südspitze Afrikas umsegelte und im Jahr 1498 an der Küste Kenias eintraf, fand er dort Siedlungen von Swahili-Händlern vor. Er warb einen Lotsen an und ließ sich von ihm auf der direkten Route nach Indien leiten.

Ein ebenso reger Seehandel herrschte indessen zwischen Indien und Indonesien im Osten. Mag sein, daß die austronesischen Besiedler Madagaskars auf jener östlichen Handelsroute nach Indien gelangten, dann auf die westliche Route einschwenkten und nach Ostafrika weiterfuhren, um sich dort mit Afrikanern zu vereinen und Madagaskar zu entdecken. Jene Vereinigung von Austronesiern und Ostafrikanern lebt heute in Madagaskars austronesischer Sprache fort, die Lehnwörter aus Bantu-Sprachen von der Küste Kenias enthält. Umgekehrt finden sich jedoch keine austronesischen Lehnwörter in kenianischen Sprachen, und auch sonst sind die Spuren der Austronesier in Ostafrika sehr spärlich: Sie bestehen hauptsächlich aus Musikinstrumenten von möglicherweise indonesischem Ursprung (Xylophone und Zithern) und natürlich jenen austronesischen Kulturgewächsen, die für die afrikanische Landwirtschaft so große Bedeutung erlangen sollten. Man fragt sich daher, ob die Austronesier, anstatt die leichtere Route nach Madagaskar über Indien und Ostafrika einzuschlagen, vielleicht (auch wenn es unglaublich erscheinen mag) schnurstracks über den Indischen Ozean segelten, Madagaskar entdeckten und erst später auch die ostafrikanischen Handelswege befuhren. Ganz ist das Rätsel um die verblüffendste Tatsache der menschlichen Siedlungsgeographie also immer noch nicht gelöst.

Und was können wir von der Archäologie über die andere große Völkerverschiebung der jüngeren afrikanischen Vorgeschichte erfahren – die Bantu-Expansion? Wie wir aus Erkenntnissen über heutige Völker und ihre Sprachen wissen, war Afrika südlich der Sahara nicht immer schwarz, wie es heute unserer Vorstellung entspricht. Vielmehr haben wir Anlaß zu der Vermutung, daß Pygmäen einst in den Regenwäldern Zentralafrikas und Khoisan-Völker in trockeneren Teilen Afrikas südlich der Sahara weit verbreitet waren. Kann die Archäologie diese Annahmen wohl bestätigen oder widerlegen?

Im Fall der Pygmäen lautet die Antwort »noch nicht«, da Archäologen erst noch alte menschliche Skelette in den zentralafrikanischen Regenwäldern entdecken müssen. Für die Khoisan kann die Frage dagegen mit »Ja« beantwortet werden. In Sambia, nördlich des neuzeitlichen Khoisan-Verbreitungsgebiets, fanden Archäologen Skelette von Menschen, die Ähnlichkeit mit modernen Khoisan aufweisen, sowie Steinwerkzeuge, die denen vergleichbar sind, die Angehörige von Khoisan-Völkern im südlichen Afrika noch anfertigten, als die ersten Europäer eintrafen.

Wie kam es aber zur Verdrängung jener nördlichen Khoisan durch Bantu? Archäologische und linguistische Indizien deuten darauf hin, daß die Expansion bäuerlicher Bantu-Sprecher aus den Savannengebieten Westafrikas in die niederschlagsreicheren Waldgebiete an der westafrikanischen Küste möglicherweise schon um 3000 v. Chr. begann (Abbildung 18.4). Wörter, die noch heute in allen Bantu-Sprachen vorkommen, belegen, daß die Bantu schon damals Vieh hielten und an feuchte Klimaverhältnisse angepaßte Gewächse wie Jamswurzeln anbauten, jedoch nicht über Metall verfügten und immer noch weitgehend vom Jagen und Sammeln sowie vom Fischfang lebten. In den Wäldern verloren sie ihr Vieh, das von Tsetsefliegen übertragenen Krankheiten zum Opfer fiel. Während sie in die äquatorialen Regenwälder des Kongobeckens vordrangen, dort Wald für Pflanzungen rodeten und sich weiter vermehrten, schrumpfte der Lebensraum der pygmäischen Jäger und Sammler, die immer weiter in die Wälder zurückgedrängt wurden.

Um etwa 1000 v. Chr. kamen die Bantu am Ostrand wieder aus den Wäldern hervor und begannen mit der Besiedlung der offeneren Landschaft im Bereich des Ostafrikanischen Grabens und der großen Seen. Dort stießen sie auf ein buntes Völkergemisch aus afroasiatischen und nilosaharischen Ackerbauern und Hirten, die Hirse und Sorghum anbauten und in trockeneren Gebieten Vieh züchteten, sowie aus Khoisan, die vom Jagen und Sammeln lebten. Dank der an feuchte Klimaverhältnisse angepaßten Kulturpflanzen, die sie aus ihrer westafrikanischen Heimat mitbrachten, konnten die Bantu in niederschlagsreichen Gebieten Ostafrikas, mit denen die ehemaligen Bewohner nicht viel anzufangen wußten, Landwirtschaft treiben. In den letzten Jahrhunderten v. Chr. rückten sie bis an die Küste Ostafrikas vor.

In Ostafrika gingen die Bantu langsam dazu über, auch Hirse und Sorghum anzubauen (die nilosaharischen Bezeichnungen für diese Gewächse behielten sie bei). Von ihren nilosaharischen und afroasiatischen Nachbarn übernahmen sie außerdem die Viehzucht, die schon früher einmal zu ihrem landwirtschaftlichen Re-

Die Bantu-Expansion: 3000 v. Chr. bis 500 n. Chr.

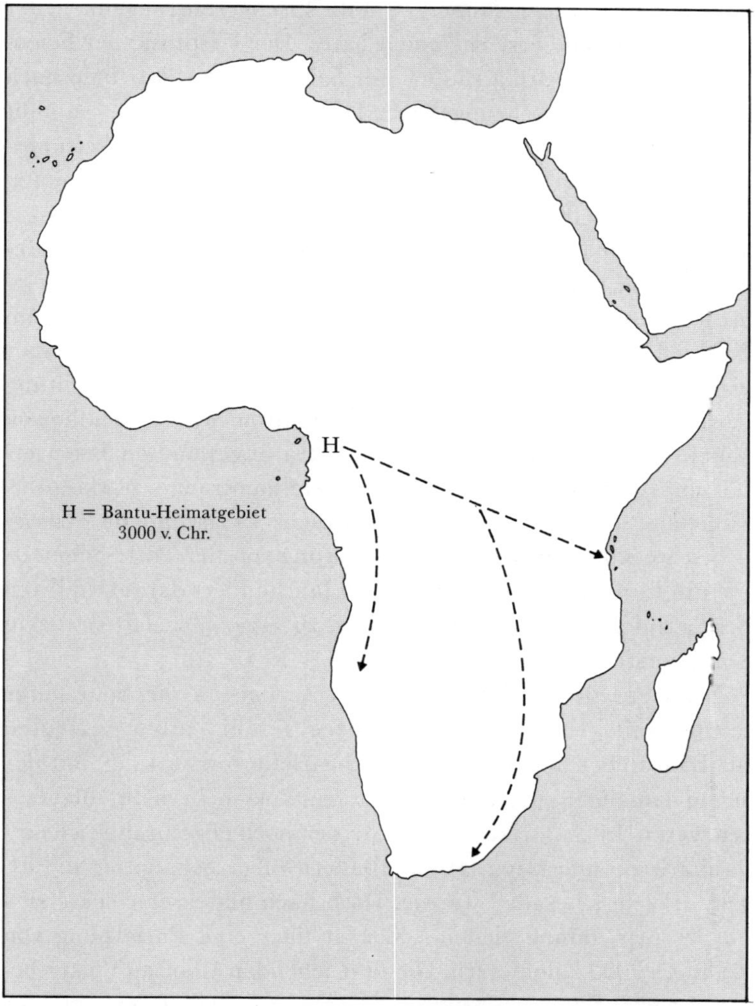

Abbildung 18.4 Ungefährer Verlauf der Expansion von Sprechern von Bantu-Sprachen, deren Heimat im Nordwesten des heutigen Bantu-Gebiets lag, im östlichen und südlichen Afrika zwischen 3000 v. Chr. und 500 n. Chr.

pertoire gehört hatte. Eine weitere Errungenschaft, in deren Besitz sie in Ostafrika gelangten, war die Eisenverhüttung, die in der Sahelzone gerade erst begonnen hatte. Der Ursprung der Eisenverarbeitung in Afrika südlich der Sahara in der Zeit bald nach 1000 v. Chr. ist noch ungeklärt. Der frühe Zeitpunkt – er fällt ziemlich genau mit der Ankunft nahöstlicher Eisenverarbeitungstechniken in Karthago an der afrikanischen Nordküste zusammen – veranlaßt viele Historiker zu der Annahme, daß die Metallverarbeitung von Norden den Weg durch die Sahara in südlichere Regionen fand. Andererseits geht die Kupferverhüttung in der westafrikanischen Sahara und im Sahel mindestens auf die Zeit um 2000 v. Chr. zurück. Sie könnte Vorläufer und Wegbereiter einer eigenständigen afrikanischen Entdeckung der Eisenverarbeitung gewesen sein. Für diese Hypothese spricht auch, daß sich die von Schmieden in Afrika südlich der Sahara angewandten Eisenverhüttungstechniken von denen des Mittelmeerraums stark unterschieden. So verstanden sich afrikanische Dorfschmiede womöglich schon 2000 Jahre vor der Einführung von Bessemer-Schmelzöfen in Europa und Amerika im 19. Jahrhundert darauf, in ihren Schmelzöfen so hohe Temperaturen zu erzeugen, daß sie darin Stahl herstellen konnten.

Nachdem sich nun auch Eisenwerkzeuge an die Seite ihrer feuchtigkeitsliebenden Kulturpflanzen gesellt hatten, verfügten die Bantu über eine militärisch-industrielle Ausstattung, mit der sie im damaligen Afrika südlich des Äquators nicht mehr aufzuhalten waren. In Ostafrika mußten sie sich noch gegen zahlreiche nilosaharische und afroasiatische Bauernvölker behaupten, die Eisenwerkzeuge besaßen wie sie. Doch nach Süden erstreckte sich ein riesiges, dünnbesiedeltes Gebiet über eine Entfernung von mehr als 3000 Kilometern. Die dort lebenden Khoisan-Völker besaßen weder Eisenwerkzeuge noch Anbaupflanzen. Es dauerte nur wenige Jahrhunderte, bis die Bantu-Bauern in einem der rasantesten Kolonisierungszüge der neueren Vorgeschichte bis nach Natal an der Ostküste des heutigen Südafrika vorgestoßen waren.

Man läuft leicht Gefahr, dieses Geschehen, bei dem es sich zweifellos um eine rasche Expansion mit dramatischen Folgen handelte, in grober Vereinfachung so darzustellen, als seien alle Khoisan, die den Bantu im Wege standen, von ihren anstürmenden Horden niedergetrampelt worden. Die Realität war sicher komplizierter. Die Khoisan-Völker des südlichen Afrika waren schon mehrere Jahrhunderte vor dem Bantu-Vorstoß im Besitz von Schafen und Rindern. Die ersten Bantu-Pioniere, vermutlich wenige an der Zahl, suchten sich Gebiete mit Feuchtwäldern, die für ihre auf Jamswurzeln basierende Landwirtschaft geeignet waren. Dabei »übersprangen« sie trockenere Gebiete, in denen die von der Viehzucht und vom Jagen und Sammeln lebenden Khoisan ungestört blieben. Zweifellos entstanden zwischen Khoisan und Bantu, die, ähnlich wie Pygmäen und Bantu noch heute in Äquatorialafrika, zwar Nachbarn waren, aber jeweils unterschiedliche ökologische Lebensräume bewohnten, auch Handels- und Heiratsbeziehungen. Erst allmählich, als sich die Zahl der Bantu vervielfachte und sie begannen, Vieh zu züchten und an Trockenheit gewöhnte Getreidearten anzubauen, drangen sie auch in die Gebiete zwischen den niederschlagsreicheren Regionen vor. Das Ergebnis war letzten Endes das gleiche: Bantu-Bauern nahmen den größten Teil der angestammten Khoisan-Gebiete in Besitz, und die ehemaligen Bewohner hinterließen nur Spuren in Form von Schnalzlauten in manchen Nicht-Khoisan-Sprachen, vergrabenen Skeletten und Knochenwerkzeugen, die der Entdeckung durch Archäologen harren, und der an Khoisan erinnernden körperlichen Erscheinung einiger Bantu-Völker im südlichen Afrika.

Was mit all jenen verschwundenen Khoisan-Populationen genau geschah, wissen wir nicht. Mit Gewißheit können wir bloß sagen, daß Gebiete, in denen Khoisan-Völker lange gelebt hatten, vielleicht Zehntausende von Jahren, heute von Bantu bewohnt sind. Wir können nur versuchen zu erraten, was sich damals abspielte, indem wir anschauen, was in der jüngeren Vergangenheit in vergleichbaren Situationen passierte, wenn stahlgerüstete weiße Bauern auf Jäger und Sammler stießen, die nur Steinwerkzeuge besaßen, beispielsweise australische Aborigines oder kalifornische Indianer. Wir wissen, daß diese Zusammenstöße für die Jäger und Sammler innerhalb kurzer Zeit das Ende bedeuteten: Sie wurden von ihrem Land verjagt, die Männer wurden getötet oder zu Sklaven gemacht, die Frauen geraubt, und beide Geschlechter fielen Krankheiten zum Opfer, die die bäuerlichen Eindringlinge einschleppten. Ein Beispiel für eine solche Krankheit ist in Afrika die Malaria; sie wird von Mücken übertragen, deren Brutstätten in der Nähe von Dörfern liegen. Die anrückenden Bantu hatten bereits erbliche Abwehrkräfte gegen die Malaria entwickelt, die Khoisan aber vermutlich noch nicht.

Abbildung 18.1, in der die Verteilung menschlicher Populationen in Afrika um 1400 n. Chr. dargestellt ist, zeigt jedoch, daß nicht alle Khoisan von Bantu überrannt wurden, sondern daß einige von ihnen in Regionen Südafrikas, die für die Bantu-Landwirtschaft ungeeignet waren, überlebten. Die Xhosa, das südlichste Bantu-Volk, blieben am Fish River an Südafrikas Südküste stehen, rund 1300 Kilometer östlich von Kapstadt. Nun ist das Kap der Guten Hoffnung nicht etwa zu trocken, um dort Landwirtschaft zu treiben. Ganz im Gegenteil, es ist heute so etwas wie die Kornkammer Südafrikas. Der Grund liegt vielmehr darin, daß in der Kapregion ein mediterranes Klima mit winterlichen Niederschlägen herrscht, in dem die an Sommerregen gewöhnten Bantu-Gewächse nicht gedeihen. Als 1652 die Holländer in Kapstadt eintrafen, ihre an Winterregen angepaßten Pflanzen nahöstlicher Herkunft im Gepäck, hatten die Xhosa den Fish River immer noch nicht überschritten.

Dieses scheinbar unbedeutende Faktum der Pflanzengeographie hatte schwerwiegende Folgen für die heutige Politik. Eine davon war, daß die südafrikanischen Weißen, nachdem sie die Khoisan-Bevölkerung der Kapregion innerhalb kurzer Zeit umgebracht, mit Krankheiten infiziert oder vertrieben hatten, mit Recht behaupten konnten, daß sie länger als die Bantu in diesem Gebiet ansässig waren und somit ältere Rechte daran besaßen. Ernst muß man diesen Anspruch nicht nehmen, da die älteren Rechte der Kap-Khoisan die Weißen auch nicht davon abgehalten hatten, sie ihrer Heimat zu berauben. Folgenschwerer war indes, daß es die holländischen Siedler 1652 nur mit einer kleinen Population von Khoisan-Viehzüchtern aufnehmen mußten, nicht aber mit einer dichten bäuerlichen Bantu-Population mit Waffen und Werkzeugen aus Stahl. Als die Weißen schließlich nach Osten vordrangen und im Jahr 1702 am Fish River mit den Xhosa zusammenstießen, begann eine Zeit erbitterter Kämpfe. Obwohl die Europäer ihre Soldaten zu dieser Zeit bereits von sicheren Stützpunkten am Kap mit Nachschub versorgen konnten, brauchten sie 175 Jahre und neun Kriege, bis ihre Armeen die Xhosa unterworfen hatten. Das entsprach einem Vorrücken von durchschnittlich weniger als einer Meile pro Jahr. Wie hätten sich die Weißen je am Kap festsetzen können, wenn schon die ersten holländischen Schiffe auf derart massiven Widerstand gestoßen wären?

Die Probleme des heutigen Südafrika beruhen somit wenigstens zum Teil auf geographischem Zufall. In der Heimat der Kap-Khoisan gab es wenige Wildpflanzen, die sich zur Domestikation eigneten; die Bantu hatten dagegen von ihren Vorfahren (5000 Jahre früher) Anbaupflanzen geerbt, die an sommerliche Niederschläge gewöhnt waren, während die Europäer von ihren Vorfahren (10000 Jahre früher) Anbaupflanzen geerbt hatten, die bei Winterregen gedeihen. Und wieder, wie schon durch das Straßenschild »Goering Street« in der Hauptstadt des eben unabhängigen Namibia, wird man daran erinnert, wie sehr Afrikas Vergangenheit in seine Gegenwart hineinwirkt.

Wir wissen also, warum die Bantu die Khoisan verdrängen konnten und nicht umgekehrt. Wenden wir uns nun der noch offenen Frage in unserem afrikanischen Puzzle zu: Warum gelang es Europäern, Afrika südlich der Sahara zu kolonisieren? Daß es nicht umgekehrt kam, ist besonders überraschend, wo doch in Afrika über Millionen von Jahren die einzige Wiege der menschlichen Evolution stand und vielleicht auch der anatomisch moderne *Homo sapiens* geboren wurde. Zu dem gewaltigen zeitlichen Vorsprung gesellten sich noch Vorteile, die mit den mannigfaltigen klimatischen und lebensräumlichen Verhältnissen sowie der besonders großen menschlichen Vielfalt verbunden sind. Hätte ein Außerirdischer unseren Planeten vor 10000 Jahren besucht, so wäre er vermutlich zu dem Schluß gekommen, Europa werde dereinst als Ansammlung von Vasallenstaaten eines subsaharischen afrikanischen Großreichs enden.

Die unmittelbaren Gründe für den Ausgang der Kollision von Afrika und Europa liegen auf der Hand. Wie beim Zusammenprall mit den indianischen Bewohnern Amerikas genossen die Europäer, als sie Afrika betraten, drei wichtige Vorteile: Sie besaßen Schußwaffen und andere technische Errungenschaften, die Schrift und eine politische Organisation, die es ihnen ermöglichte, ein so aufwendiges Unterfangen wie die Erforschung und Eroberung eines fremden Kontinents zu betreiben. Diese Vorteile offenbarten sich schon bald nach dem Beginn der Kollision: Knapp vier Jahre, nachdem Vasco da Gama 1498 zum erstenmal die ostafrikanische Küste erreicht hatte, kehrte er mit einer von Kanonen starrenden Flotte zurück, um Kilwa, den wichtigsten Hafen Ostafrikas, über den der Handel mit Gold aus Simbabwe abgewickelt wurde, zur Kapitulation zu zwingen. Was waren aber die Gründe dafür, daß Europäer früher als subsaharische Afrikaner in den Besitz der genannten drei Vorteile kamen?

Wie wir sahen, haben alle drei ihre Wurzeln in der Entstehung der Landwirtschaft. Diese hatte jedoch in Afrika südlich der Sahara (verglichen mit Eurasien) Verspätung, bedingt durch den Mangel an domestizierbaren heimischen Tier- und Pflanzenarten, die wesentlich kleinere für landwirtschaftliche Zwecke geeignete Fläche und die dominierende Nord-Süd-Achse mit ihrem Bremseffekt auf die Ausbreitung von Landwirtschaft und Erfindungen. Wir wollen untersuchen, wie diese Faktoren im einzelnen wirkten.

Beginnen wir mit den Haustieren. Wie schon erörtert, stammen jene, die wir heute in Afrika südlich der Sahara antreffen, aus Eurasien, ein paar Ausnahmen vielleicht aus Nordafrika. Dies bedeutet, daß Haustiere erst Tausende von Jahren, nachdem eurasische Zivilisationen mit ihrer Nutzung begannen, nach Afrika südlich der Sahara gelangten. Das klingt zunächst verblüffend, da Afrika für uns *der* Kontinent der großen wilden Säugetiere ist. Wir sahen aber in Kapitel 8, daß ein wildlebendes Tier nur dann als Domestikationskandidat in Frage kommt, wenn es eine Reihe bestimmter Eigenschaften aufweist. So muß es einigermaßen sanftmütig und unterwürfig gegenüber Menschen sein. Es darf in seiner Ernährung nicht zu wählerisch sein und muß eine gewisse Immunität gegen Krankheiten besitzen. Ferner muß es schnell wachsen und sich auch unter den Bedingungen der Gefangenschaft fortpflanzen. Eurasiens Kühe, Schafe, Ziegen, Pferde und

Schweine zählten zu den wenigen großen Wildtierarten der Welt, die jedem dieser Kriterien genügten. Ihre afrikanischen Pendants – wie etwa Kaffernbüffel, Zebra, Buschschwein, Nashorn und Nilpferd – wurden dagegen niemals domestiziert, auch nicht in der Neuzeit.

Es stimmt natürlich, daß afrikanische Großtiere in der Geschichte wiederholt *gezähmt* wurden. So benutzte Hannibal bei seinem erfolglosen Feldzug gegen Rom gezähmte Afrikanische Elefanten, und von den alten Ägyptern wird behauptet, daß sie Giraffen und andere Tiere zähmten. Doch keine dieser gezähmten Kreaturen wurde im eigentlichen Sinne domestiziert, sprich in Gefangenschaft durch Zuchtwahl genetisch modifiziert, um für den Menschen nützlicher zu sein. Wären afrikanische Nashörner und Nilpferde domestiziert und als Reittiere abgerichtet worden, hätten sie, statt nur als Futter für Armeen zu dienen, auch eine schlagkräftige Kavallerie abgegeben, gegen die europäische Reiter auf Pferden schlechte Chancen gehabt hätten. Bantu-Stoßtrupps auf Nashörnern hätten das römische Reich aus den Angeln heben können. Doch dazu kam es nie.

Ein zweiter Faktor ist ein ähnlicher, wenn auch nicht ganz so krasser Unterschied zwischen Afrika südlich der Sahara und Eurasien in der Ausstattung mit domestizierbaren Pflanzen. Im Sahel, in Äthiopien und Westafrika wurden zwar eine Reihe heimischer Gewächse domestiziert, doch ihre Zahl war sehr viel geringer als in Eurasien. Wegen dieser beschränkten Vielfalt des Ausgangsmaterials begann möglicherweise selbst die früheste Landwirtschaft in Afrika mit einigen Jahrtausenden Verspätung gegenüber Vorderasien.

Was die Domestikation von Pflanzen und Tieren betrifft, besaß somit Eurasien und nicht Afrika den zeitlichen Vorsprung und auch die größere Vielfalt. Ein dritter Faktor ist die Fläche Afrikas, die nur etwa der Hälfte Eurasiens entspricht. Von ihr liegt nur etwa ein Drittel in dem Raum zwischen Sahara und Äquator, der schon vor 1000 v. Chr. von Bauern und Viehzüchtern bewohnt war. Heute hat Afrika weniger als 700 Millionen Einwohner, Eurasien dagegen vier Milliarden. Bekanntlich führen eine größere Fläche und eine höhere Zahl von Bewohnern unter sonst gleichen Umständen zu einer größeren Zahl konkurrierender Gesellschaften und Erfindungen, mit der Folge einer beschleunigten Entwicklung.

Der letzte Faktor zur Erklärung der langsameren Entwicklung Afrikas nach dem Ende des Eiszeitalters, verglichen mit Eurasien, liegt in der unterschiedlichen Ausrichtung der Hauptachsen der beiden Kontinente. Afrikas Hauptachse verläuft wie die des amerikanischen Doppelkontinents von Norden nach Süden, Eurasiens dagegen von Osten nach Westen (Abbildung 9.1). Bewegt man sich entlang einer Nord-Süd-Achse vorwärts, durchquert man Zonen, in denen sehr unterschiedliche Temperaturen und Niederschlagsmengen auftreten, in denen die Tageslängen variieren und unterschiedliche Tier- und Pflanzenkrankheiten vorkommen. Es war deshalb sehr schwierig, die in einem Teil Afrikas domestizierten Pflanzen und Tiere in einen anderen Teil mitzunehmen und dort heimisch zu machen. Im Vergleich dazu war der Austausch von Kulturgewächsen und Haustieren in Eurasien ohne größere Probleme zwischen Gesellschaften möglich, die Tausende von Kilometern voneinander entfernt, jedoch auf gleicher geographischer Breite lagen und ähnliche klimatische Verhältnisse und Tageslängen aufwiesen.

Die langsame (wenn überhaupt) Ausbreitung von Anbaupflanzen und Vieh entlang der afrikanischen Nord-Süd-Achse hatte schwerwiegende Folgen. So verlangten die mediterranen Gewächse, die in Ägypten zu den wichtigsten Anbaupflanzen wurden, Niederschläge im Winter und Tageslängen, die im Rhythmus der Jahreszeiten schwankten – oder sie keimten nicht. Sie konnten sich deshalb nicht weiter südlich als bis in den Sudan ausbreiten, wo eine Zone beginnt, in der es im Sommer regnet und die Tageslänge im Laufe des Jahres beinahe konstant ist. Weizen und Gerste aus Ägypten fanden den Weg zum Kap der Guten Hoffnung mit seinem mediterranen Klima erst, als sie von europäischen Kolonisten im Jahr 1652 per Schiff dorthin gebracht wurden, so daß aus den Khoisan nie Bauern werden konnten. Ähnlich gelangten die an Sommerregen und geringe oder gar keine jahreszeitlichen Schwankungen der Tageslänge angepaßten Kulturpflanzen der Sahelzone zwar mit den Bantus ins südliche Afrika, konnten aber in der Kapregion selbst nicht gedeihen, was den Vorstoß der Bantu-

Landwirtschaft zum Stehen brachte. Bananen und andere tropische Gewächse aus Asien, für die Afrikas Klima hervorragend geeignet ist und die heute zu den ertragreichsten Gewächsen der afrikanischen Tropen zählen, konnten Afrika auf dem Landweg nicht erreichen. Offenbar trafen sie erst im ersten Jahrtausend n. Chr. ein, also lange nach ihrer Domestikation in Asien, weil sie warten mußten, bis auf dem Indischen Ozean ein reger Handelsverkehr entstand.

Afrikas Nord-Süd-Achse stellte auch für die Ausbreitung von Haustieren ein ernstes Hindernis dar. Die in Äquatorialafrika von Tsetsefliegen übertragenen Trypanosomen, gegen die afrikanische Säugetiere resistent sind, hatten eine vernichtende Wirkung auf eingeführtes eurasisches und nordafrikanisches Vieh. Die Rinder, die von Bantu aus der tsetsefreien Sahelzone mitgebracht wurden, blieben bei der Bantu-Expansion durch die äquatorialen Regenwälder auf der Strecke. Das Pferd – es war schon um 1800 v. Chr. in Ägypten eingetroffen und hatte bald darauf eine Revolution der Kriegführung in Nordafrika ausgelöst – durchquerte die Sahara erst im ersten Jahrtausend n. Chr., um den Aufstieg westafrikanischer Königreiche zu beflügeln. Durch die Tsetsefliegen-Zone hindurch nach Süden breitete es sich jedoch nie aus. Rinder, Schafe und Ziegen waren schon im dritten Jahrtausend v. Chr. an den Nordrand der Serengeti vorgedrungen, doch es sollte noch über 2000 Jahre dauern, bis sie die Serengeti durchquerten und im südlichen Afrika Einzug hielten.

Auch technische Errungenschaften kamen entlang der afrikanischen Nord-Süd-Achse nur im Schneckentempo voran. Die Töpferei, im Sudan und in der Sahara schon um 8000 v. Chr. bekannt, erreichte die Kapregion erst um die Zeitwende. Obwohl die Schrift in Ägypten schon um 3000 v. Chr. erfunden wurde und in Alphabetform nach Nubien und Äthiopien (möglicherweise von Arabien aus) gelangte, wurde sie im übrigen Afrika nirgendwo unabhängig entwickelt, sondern erst von Arabern und Europäern eingeführt.

Fazit: Die Kolonisierung Afrikas durch Europäer hatte nichts mit Unterschieden zwischen afrikanischen und europäischen Völkern zu tun, wie weiße Rassisten meinen. Vielmehr waren letztlich geographische und biogeographische Zufälligkeiten – insbesondere die unterschiedliche Größe, Achsenausrichtung und Ausstattung mit Pflanzen- und Tierarten beider Kontinente – entscheidend für den ungleichen Gang der Geschichte in Afrika und Europa.

EPILOG

Die Zukunft der Geschichte als Naturwissenschaft

Yalis Frage berührte den Kern der gegenwärtigen Probleme der Menschheit und der Geschichte unserer Spezies seit dem Ende der letzten Eiszeit. Welche Antwort können wir geben, nun, da wir am Ende unserer Rundreise durch die Kontinente angekommen sind?

Ich würde zu Yali sagen: Die auffälligen Unterschiede zwischen der Geschichte der Völker der verschiedenen Kontinente, in großen Zeiträumen betrachtet, beruhen nicht auf angeborenen Unterschieden zwischen den Völkern, sondern auf der Unterschiedlichkeit ihrer Umwelt. Hätte man die Bevölkerungen Australiens und Eurasiens im ausgehenden Eiszeitalter miteinander vertauscht, so würden die ursprünglichen australischen Aborigines nach meiner Vermutung heute den größten Teil Nord- und Südamerikas und Australiens sowie Eurasien in ihrem Besitz halten, während die ursprünglichen Eurasier ihr Dasein als unterdrückte Minderheit in Australien fristen würden. Man mag geneigt sein, eine derartige Behauptung als bedeutungslos zurückzuweisen, da es sich um ein rein imaginäres Experiment handelt, dessen postuliertes Ergebnis weder bestätigt noch widerlegt werden kann. Historiker sind aber durchaus in der Lage, verwandte Hypothesen anhand von Erkenntnissen über die Vergangenheit zu testen. So kann beispielsweise untersucht werden, was geschah, als europäische Bauern nach Grönland oder in die amerikanische Prärie umsiedelten oder als Bauern ursprünglich chinesischer Herkunft auszogen, um schließlich auf den Chathaminseln, in den Regenwäldern Borneos oder auf den Vulkanböden Javas oder Hawaiis eine neue Heimat zu finden. Diese retrospektiven Tests zeigen, daß die Nachfahren ein und desselben Ahnenvolkes je nach der Umwelt, in der sie landeten, ausstarben, zu Jägern und Sammlern wurden oder Staaten mit komplexer Organisation errichteten. Ähnlich erging es australischen Jägern und Sammlern, die es auf die Flindersinsel, nach Tasmanien oder Südostaustralien verschlug. Je nach ihrer neuen Umwelt starben sie aus, verharrten als Jäger und Sammler auf dem niedrigsten technischen Niveau der jüngeren Geschichte oder wurden zu erfolgreichen Fischern, die komplizierte Kanalsysteme anlegten und instand hielten.

Natürlich unterscheiden sich die Kontinente in unzähligen Merkmalen ihrer Umwelt, die auf die eine oder andere Weise die Entwicklung menschlicher Zivilisationen beeinflußten. Eine lange Liste aller nur denkbaren Unterschiede wäre aber keine Antwort auf Yalis Frage. Für unsere Fragestellung bedeutsam erscheinen mir lediglich vier Gruppen von Unterschieden.

Die erste umfaßt Unterschiede in der Ausstattung mit Wildpflanzen und -tieren, die das Ausgangsmaterial der Domestikation bildeten. Die Landwirtschaft, die domestizierter Pflanzen und Tiere bedurfte, war von entscheidender Bedeutung für die Anhäufung von Lebensmittelüberschüssen, mit denen Spezialisten, die selbst nicht zur Nahrungserzeugung beitrugen, miternährt werden konnten, sowie für die Entstehung großer Bevölkerungen, die auch ohne technische und politische Neuerungen allein wegen ihres zahlenmäßigen Gewichts einen Machtfaktor darstellten. Aus beiden Gründen fußten alle ökonomisch differenzierten, sozial geschichteten Gesellschaften mit zentralistischer politischer Ordnung oberhalb der Stufe kleinerer Häuptlingsreiche auf der Landwirtschaft.

Die meisten Pflanzen- und Tierarten erwiesen sich jedoch als ungeeignet für die Domestikation, so daß nur eine relativ kleine Zahl von Anbaupflanzen und Haustieren die Grundlage der Landwirtschaft bildete. Wie wir gesehen haben, unterschied sich die Zahl der Domestikationskandidaten von Kontinent zu Kontinent erheblich, was mit der unterschiedlichen Größe der Landmassen zusammenhing, aber (im Fall der großen Säugetiere) auch damit, daß die Welle des Aussterbens gegen Ende des Eiszeitalters die verschiedenen Kontinente mit unterschiedlicher Wucht überrollte. So waren Australien und Nord- und Südamerika viel schwerer betroffen als Eurasien oder Afrika. Am Ende war Afrika biologisch etwas schlechter ausgestattet als Eurasien mit seiner viel größeren Ausdehnung, aber deutlich besser als der amerikanische Doppelkontinent, der wiederum besser dastand als Australien und auch als Yalis Heimat Neuguinea (dessen Fläche etwa einem 70stel der Fläche Eurasiens entspricht und dessen große Säugetiere am Ende des Eiszeitalters ausnahmslos verschwanden).

Auf jedem Kontinent beschränkte sich die Domestikation von Pflanzen und Tieren auf einige wenige, besonders begünstigte Regionen, die nur einen Bruchteil der Gesamtfläche ausmachten. Auch im Bereich technischer und politischer Innovationen kam es häufiger zur Übernahme von Errungenschaften anderer Gesellschaften als zu Neuerfindungen. Diffusion und Migration innerhalb eines Kontinents leisteten somit wichtige Beiträge zur Entwicklung der dortigen Gesellschaften, die, bedingt durch Vorgänge, wie sie die sogenannten Musketenkriege der neuseeländischen Maori in so einfacher Form veranschaulichen, auf lange Sicht meist einen ähnlichen Werdegang erlebten (sofern die jeweiligen Umweltbedingungen dies zuließen). Gesellschaften, die ins Hintertreffen gerieten, machten entweder den Rückstand wett oder wurden (wenn sie das nicht schafften) von konkurrierenden Gesellschaften verdrängt.

Als zweite Gruppe von Faktoren möchte ich deshalb jene anführen, die einen Einfluß auf das von Kontinent zu Kontinent sehr unterschiedliche Tempo von Diffusion und Migration haben. Am schnellsten verliefen diese Prozesse in Eurasien, bedingt durch die vorherrschende Ost-West-Achse und die relativ geringen ökologischen und geographischen Barrieren. Für die Ausbreitung von Kulturpflanzen und Haustieren, die in hohem Maße klima- und somit breitenabhängig sind, ist das unmittelbar einsichtig. Das gleiche gilt aber auch für die Ausbreitung technischer Neuerungen, und zwar insofern, als sie auf eine bestimmte Umwelt zugeschnitten sind. In Afrika und besonders in Amerika verlief die Diffusion wegen der dominierenden Nord-Süd-Achse und der hohen geographischen und ökologischen Hürden langsamer. Erschwert war die Ausbreitung auch in Neuguinea, dessen zerklüftete Landschaft nebst der langen, geschlossenen Gebirgskette größere Fortschritte in Richtung auf eine politische und sprachliche Vereinigung verhinderte.

Mit der zweiten Gruppe von Faktoren, in deren »Zuständigkeit« die Diffusion *innerhalb* der Kontinente fällt, ist eine dritte verwandt, deren Faktoren die Diffusion *zwischen* Kontinenten beeinflussen, die ja ebenfalls zur Entstehung eines Vorrats an domestizierten Pflanzen und Tieren sowie technischen Errungenschaften beitragen kann. Von der interkontinentalen Diffusion profitierten die einzelnen Kontinente je nach geographischer Lage in sehr unterschiedlichem Maße. Am mühelosesten fanden Neuerungen innerhalb der letzten 6000 Jahre den Weg von Eurasien nach Afrika südlich der Sahara, wo die meisten Vieharten eurasischen Ursprungs sind. Keinen Beitrag leistete die interhemisphärische Diffusion indessen zur Entstehung der indianischen Hochkulturen in Amerika, das von Eurasien auf Äquatorhöhe durch breite Ozeane und im hohen Norden durch geographische Hindernisse und ein unwirtliches, nur für Jäger und Sammler geeignetes Klima getrennt war. Das Australien der Aborigines, jenseits der Gewässer des indonesischen Archipels gelegen, erhielt aus Eurasien erwiesenermaßen nur den Dingo.

Die vierte und letzte Faktorengruppe beinhaltet Unterschiede in der Fläche und Bevölkerungsgröße der Kontinente. Mehr Land und mehr Bewohner bedeuten auch mehr potentielle Erfinder, mehr konkurrierende Gesellschaften, mehr Innovationen, die übernommen werden können – und mehr Druck auf einzelne Gesellschaften, sich Neuerungen zu eigen zu machen, um nicht von Rivalen hinweggefegt zu werden. Das letztere Schicksal ereilte die afrikanischen Pygmäen und zahlreiche andere Jäger- und Sammlerpopulationen, die Landwirtschaft treibenden Völkern weichen mußten. Umgekehrt widerfuhr es auch den störrisch konservativen grönländischen Wikingern, an deren Stelle eskimoische Jäger und Sammler traten, deren Methoden zur Nahrungsgewinnung unter den Verhältnissen Grönlands der Wikinger-Landwirtschaft haushoch überlegen waren. Unter den Landmassen unseres Planeten hatte Eurasien die größte Fläche und die größte Zahl konkurrierender Gesellschaften, während Australien, Neuguinea und insbesondere Tasmanien am kargsten ausgestattet waren. Nord- und Südamerika waren trotz ihrer großen Gesamtfläche durch geographische und ökologische Hindernisse so zersplittert, daß der Doppelkontinent im Grunde mehreren kleinen Kontinenten mit spärlichen Verbindungen untereinander glich.

Diese vier Gruppen von Faktoren stehen für große Umweltdifferenzen zwischen den Kontinenten, die objektiv quantifizierbar und nicht umstritten sind. Man mag an meinem subjektiven Eindruck zweifeln, daß Neuguineer intelligenter sind als Europäer, doch niemand kann bestreiten, daß Neuguinea viel kleiner ist und sehr viel weniger große Säugetierarten besitzt als Eurasien. Bringt man diese Unterschiede zur Sprache, ruft man jedoch bei Historikern Unmut hervor und sieht sich rasch dem Vorwurf des »geographischen Determinismus« ausgesetzt. Dieses Etikett weckt offenbar unangenehme Assoziationen wie etwa die, daß menschliche Kreativität nichts zähle oder daß Menschen nur willenlose Roboter seien, fest programmiert durch die Einflüsse von Klima, Flora und Fauna. Solche Befürchtungen sind natürlich unbegründet. Ohne die menschliche Erfindungsgabe würden wir unser Fleisch noch heute mit Steinwerkzeugen zerkleinern und roh essen, wie es unsere Vorfahren vor einer Million Jahren taten. In jeder menschlichen Gesellschaft gibt es erfinderische Geister. Wahr ist aber auch, daß die Umwelt in manchen Regionen mehr Ausgangsmaterial bereithält und günstigere Bedingungen für die Nutzung von Erfindungen bietet als in anderen.

Diese Antworten auf Yalis Frage sind sicher länger und komplizierter, als er sie sich gewünscht hätte. Historiker werden sie dagegen eher für zu kurz und simplifizierend halten. Wenn die Geschichte aller Kontinente der letzten 13000 Jahre in ein Buch von 550 Seiten gezwängt wird, bleibt im Durchschnitt etwa eine Seite je Kontinent und 120 Jahre, so daß Kürze und Vereinfachung unvermeidlich sind. Die komprimierte Darstellung hat aber auch einen Vorteil: Langzeitvergleiche zwischen Regionen liefern Erkenntnisse, die Untersuchungen kürzerer Zeitspannen in einzelnen Gesellschaften nicht hergeben.

Natürlich bleiben zahlreiche Probleme, die Yalis Frage aufwirft, ungelöst. Zur Zeit können wir nur Teilantworten geben und Vorschläge für die weitere Forschung machen, nicht jedoch eine vollständige Theorie präsentieren. Es kommt jetzt darauf an, die naturwissenschaftliche Komponente der Humangeschichte auszubauen, vergleichbar mit anerkannten historischen Naturwissenschaften wie Astronomie, Geologie und Evolutionsbiologie. Ich möchte dieses Buch deshalb mit einigen Gedanken zur Zukunft der Geschichtswissenschaft und einem Ausblick auf einige ungelöste Probleme abschließen.

Die nächstliegende Fortführung dieses Buchs besteht in der weiteren Quantifizierung – und somit überzeugenderen Darlegung – der interkontinentalen Unterschiede hinsichtlich der vier am wichtigsten erscheinenden Faktorengruppen. Um die Unterschiede im Ausgangsmaterial der Domestikation zu veranschaulichen, hatte ich für jeden Kontinent die Gesamtzahl wilder landbewohnender Pflanzen- und Fleischfresser (Tabelle 8.2) sowie großsamiger Getreidearten (Tabelle 7.1) angegeben. Es würde sich anbieten, auch die entsprechende Zahl großsamiger Hülsenfrüchte, wie Bohnen, Erbsen und Wicken, zu ermitteln. Außerdem habe ich Faktoren angeführt, die große Säugetiere als Domestikationskandidaten disqualifizieren, aber keine genaueren Angaben darüber gemacht, wie viele Kandidaten auf jedem Kontinent durch jeden dieser Faktoren aus dem Rennen geworfen werden. Dies wäre interessant zu wissen, insbesondere für Afrika, wo ein höherer Anteil der in Frage kommenden Tierarten ausschied als in Eurasien: Welche disqualifizierenden Faktoren spielten in Afrika die größte Rolle, und worauf ist ihr häufiges Auftreten bei afrikanischen Säugetieren zurückzuführen? Es sollte auch quantitatives Datenmaterial zusammengetragen werden, um meine vorläufigen Berechnungen zu überprüfen, nach denen die Diffusion entlang der Hauptachsen Eurasiens, Nord- und Südamerikas und Afrikas in unterschiedlichem Tempo verlief.

Eine zweite Fortführung wäre die Betrachtung kleinerer räumlicher und zeitlicher Einheiten als der für dieses Buch gewählten. Vielen Lesern ist sicher schon die Frage in den Sinn gekommen (sie drängt sich ja geradezu auf), warum es innerhalb Eurasiens die Gesellschaften Europas und nicht Vorderasiens, Chinas oder Indiens waren, die Amerika und Australien kolonisierten, in der technischen Entwicklung die Oberhand gewannen und die politische und wirtschaftliche Führungsrolle in der modernen Welt übernahmen. Ein Historiker, der irgendwann zwischen 8500 v. Chr. und 1450 n. Chr. gelebt und über den weiteren Gang der Geschichte nachgegrübelt hätte, wäre sicher zuallerletzt darauf gekommen, daß ausgerechnet Europa, das von den drei Regionen der Alten Welt während des größten Teils jener 10 000 Jahre die rückständigste Region war, einmal die Vorherrschaft erlangen würde. Von 8500 v. Chr. bis zum Aufstieg Griechenlands und später Roms ab ca. 500 v. Chr. stammten fast alle wichtigen Neuerungen im westlichen Eurasien – Pflanzen- und Tierdomestikation, Schrift, Metallverarbeitung, Rad, Staatenbildung und so weiter – aus dem Bereich des Fruchtbaren Halbmonds in Vorderasien oder dessen Umgebung. Bis zum Aufkommen von Wassermühlen ab etwa 900 n. Chr. leistete Europa westlich und nördlich der Alpen keine größeren Beiträge zu Technik und Zivilisation der Alten Welt, sondern war lediglich Nutznießer von Entwicklungen, die sich im östlichen Mittelmeerraum, in Vorderasien und China abspielten. Selbst zwischen 1000 und 1450 n. Chr. war der Strom wissenschaftlicher und technischer Erkenntnisse überwiegend von den islamischen Gesellschaften, die sich von Indien bis Nordafrika erstreckten, nach Europa gerichtet und nicht umgekehrt. In diesen Jahrhunderten war China, wo die Landwirtschaft nur wenig später als in Vorderasien erfunden wurde, in der Technik weltweit führend.

Wie kam es dann, daß Vorderasien und China ihren enormen Vorsprung von mehreren tausend Jahren vor dem Nachzügler Europa einbüßten? Als Antwort kann natürlich auf unmittelbare Faktoren verwiesen werden, die hinter dem Aufstieg Europas standen: Entstehung von Kaufmannsschicht und Kapitalismus, Schutz von Erfindungen durch Patente, kein Aufstieg absoluter Despoten, keine vernichtende Besteuerung, kritisch-empirische Geisteshaltung in griechisch-jüdisch-christlicher Tradition. Es bleibt aber die Frage nach den tieferen Ursachen dieser unmittelbaren Faktoren: Warum bildeten sie sich in Europa heraus und nicht in China oder Vorderasien?

Für Vorderasien ist die Antwort klar. Nach dem Verlust seines Vorsprungs, der auf dem gehäuften Vorkommen domestizierbarer Wildpflanzen und -tiere beruhte, besaß der Fruchtbare Halbmond keine zwingenden geographischen Vorteile mehr. Wie der Vorsprung allmählich dahinschwand, läßt sich anhand der immer weiteren Verlagerung der mächtigsten Reiche in Richtung Westen verfolgen. Nach dem Aufstieg vorderasiatischer Staaten im 4. Jahrtausend v. Chr. blieb das Machtzentrum zunächst innerhalb der Region und wechselte zwischen Reichen wie Babylonien, dem Hethiterreich, Assyrien und Persien. Mit der Unterwerfung aller fortgeschrittenen Zivilisationen, von Griechenland im Westen bis Indien im Osten, durch Alexander den Großen im späten 4. Jahrhundert v. Chr. verschob sich die Macht erstmals unwiderruflich nach Westen. Im 2. Jahrhundert v. Chr. verlagerte sie sich mit der Unterwerfung Griechenlands durch Rom noch weiter westwärts und schließlich, nach dem Fall des Römischen Reiches, nach West- und Nordeuropa.

Der Hauptgrund für diese Machtverschiebung wird offenkundig, sobald man das Vorderasien der Gegenwart mit Schilderungen aus der Antike vergleicht. Heute ist schon die Bezeichnung »Fruchtbarer Halbmond« ein Widerspruch in sich. Weite Teile dieser Region sind Wüste, Halbwüste, Steppe oder schwer erosionsgeschädigte Gebiete, die sich für eine landwirtschaftliche Nutzung nicht eignen. Hinter dem befristeten Reichtum einiger Staaten der Region, der auf einem nicht nachwachsenden Rohstoff beruht, dem Öl, verbergen sich eine elementare Armut und das Unvermögen, genügend Nahrung für den Eigenbedarf zu produzieren.

In der Antike waren dagegen große Teile Vorderasiens und des östlichen Mittelmeerraums inklusive Griechenlands mit Wald bedeckt. Wie es zur Wandlung der Region von fruchtbarem Waldland zu Wüste oder erosionsgeschädigtem Buschland kam, wissen Paläobotaniker und Archäologen zu berichten. Die Wälder mußten der Landwirtschaft weichen oder wurden gerodet, um Bauholz oder Brennmaterial für den häuslichen Bedarf oder für die Gipsherstellung zu gewinnen. Wegen der geringen Niederschlagsmengen und der entsprechend niedrigen Primärproduktivität konnte die Vegetation nicht so schnell nachwachsen, wie sie vernichtet wurde; ein übriges taten die vielen Ziegen, die überall grasten. Nach dem Verschwinden von Wald und Grasdecke nahm die Erosion ihren Lauf, und die Täler versandeten, während die Bewässerungslandwirtschaft zur allmählichen Versalzung der Böden führte. Diese Entwicklungen, die in der Jungsteinzeit einsetzten, hielten bis in die jüngere Vergangenheit an. So wurden die letzten Wälder in der Nähe der alten nabatäischen Hauptstadt Petra im heutigen Jordanien durch osmanische Türken beim Bau der Hejaz-Eisenbahn kurz vor dem Ersten Weltkrieg gerodet.

Die Gesellschaften Vorderasiens und des östlichen Mittelmeerraums hatten somit das Mißgeschick, in einer ökologisch besonders empfindlichen Region beheimatet zu sein. Indem sie die eigene Ressourcenbasis zerstörten, begingen sie ökologischen Selbstmord. So verlagerte sich die Macht immer weiter nach Westen, während die Gesellschaften des östlichen Mittelmeerraums, angefangen mit den ältesten Kulturen im Osten (im Bereich des Fruchtbaren Halbmonds), eine nach der anderen die eigene Existenz untergruben. Nord- und Westeuropa blieb dieses Schicksal erspart, aber nicht etwa weil seine Bewohner ein klügeres Verhalten an den Tag legten, sondern weil sie das Glück hatten, in einer weniger empfindlichen, niederschlagsreicheren Umwelt mit rasch nachwachsender Vegetation zu leben. Weite Teile Nord- und Westeuropas ermöglichen noch heute, 7000 Jahre nach der Ankunft von Ackerbau und Viehzucht, eine intensive Bodenbewirtschaftung. Europa empfing Anbaupflanzen, Haustiere, Technik und Schrift aus dem fruchtbaren Schoß Vorderasiens, das sich in der Folge als wichtiges Zentrum von Macht und Innovation nach und nach selbst zerstörte.

Auf diese Weise verlor Vorderasien seinen enormen Vorsprung, den es Europa gegenüber anfangs besaß. Warum aber erging es China genauso? Daß China ins Hintertreffen geriet, verwundert zunächst, besitzt es doch eine Reihe unbestreitbarer Vorteile: die Entstehung der Landwirtschaft fast so früh wie in Vorderasien; eine immense ökologische Vielfalt zwischen Nord- und Südchina, zwischen Pazifiküste und Himalaja, die zur Entstehung eines breiten Fächers von Anbaupflanzen, Tieren und Technologien führte; ein großes, von der Natur reich ausgestattetes Territorium, das dem größten Volk der Erde als Ernährungsgrundlage dient; und schließlich eine im Vergleich zu Vorderasien niederschlagsreichere, ökologisch weniger empfindliche Umwelt, die noch heute, nach fast 10000 Jahren, eine ertragreiche Intensivlandwirtschaft ermöglicht (wenngleich Chinas Umweltprobleme in letzter Zeit zunehmen und schwerwiegender sind als die Westeuropas).

Diese Vorteile und der zeitliche Vorsprung führten dazu, daß China im Mittelalter Vorreiter der technischen Entwicklung war. Zu den vielen Erfindungen chinesischen Ursprungs zählen beispielsweise Gußeisen, Kompaß, Schießpulver, Papier, Drucktechniken und viele andere, die schon erwähnt wurden. Auch als politisches Machtzentrum, dessen Flotten die Meere beherrschten, war China unangefochten. Anfang des 15. Jahrhunderts entsandte es Schatzflotten, bestehend aus Hunderten von Schiffen, die bis zu 120 Meter lang waren und deren Besatzungen insgesamt bis zu 28000 Mann zählten, über den Indischen Ozean bis an die Ostküste Afrikas, Jahrzehnte bevor Kolumbus mit seinen drei vergleichsweise bescheidenen Schiffen den eher schmalen Atlantik überquerte und auf Amerika stieß. Warum umfuhren die chinesischen Schiffe nicht Afrikas Südspitze nach Westen und kolonisierten Europa, bevor Vasco da Gama mit seiner winzigen Flotte in entgegengesetzter Richtung um das Kap der Guten Hoffnung segelte und damit das Startsignal für die Kolonisierung Ostasiens durch Europa gab? Und warum überquerten chinesische Schiffe nicht den Pazifik und kolonisierten Amerikas Westküste? Kurzum, warum verlor China seinen technischen Vorsprung vor dem lange Zeit so rückständigen Europa?

Einen Anhaltspunkt bei der Suche nach einer Antwort gibt uns das Ende der chinesischen Schatzflotten. Sieben dieser Flotten stachen zwischen 1405 und 1433 n. Chr. in See. Dann wurden sie durch lokale politische Ränke, wie sie überall auf der Welt denkbar sind, gestoppt. Am chinesischen Hof entbrannte ein Machtkampf zwischen zwei Fraktionen, den Eunuchen und ihren Widersachern. Die Kastraten hatten die Entsendung der Flotten betrieben und auch die Kapitäne gestellt. Als die andere Fraktion die Oberhand gewann, wurden in einer Gegenreaktion keine weiteren Flotten mehr ausgeschickt, später sogar die Werften abgerissen und die Hochseeschiffahrt per Dekret verboten. Diese Episode erinnert an die Gesetze, die in den 80er Jahren des 19. Jahrhunderts die Einführung der elektrischen Straßenbeleuchtung in London unterbanden, an den Isolationismus der USA zwischen den Weltkriegen und an viele andere, durch die lokale Politik bedingte Rückschritte in zahlreichen Ländern. In China gab es jedoch einen entscheidenden Unterschied, und der bestand in der politischen Einheit der gesamten Region unter einem Herrscher. So führte eine einzige Entscheidung dazu, daß in dem ganzen riesigen Raum keine Flotten mehr entsandt wurden. Unumkehrbar wurde sie obendrein dadurch, daß es keine Werften mehr gab, auf denen Schiffe hätten gebaut werden können, um die Torheit jener Entscheidung zu beweisen und für den Wiederaufbau anderer Werften als Vorbild zu dienen.

Man vergleiche diese Entwicklung in China mit dem Beginn der Erkundung der Meere von Europa aus, das in viele kleinere und größere Staaten zersplittert war. Christoph Kolumbus, Italiener von Geburt, wandte sich zuerst an den König von Portugal. Als der sein Ersuchen ablehnte, ihm Schiffe für eine Entdeckungsreise gen Westen zur Verfügung zu stellen, trat er an den Herzog von Medina-Sedonia heran, der ebenfalls ablehnte, dann an den Grafen von Medina-Celi, der das gleiche tat, und schließlich an den König und die Königin von Spanien. Auch das spanische Königspaar wies Kolumbus' Ersuchen zurück, besann sich dann aber eines anderen und gab seinem erneuten Ersuchen statt. Wäre Europa unter einem der ersten drei Herrscher, die Kolumbus die Unterstützung verweigert hatten, vereint gewesen, so hätte die Kolonisierung Nord- und Südamerikas durch Europa möglicherweise gar nicht erst begonnen.

Gerade weil Europa so zersplittert war, gelang es Kolumbus beim fünften Versuch, einen von Europas Hunderten von Fürsten für sein Vorhaben zu gewinnen. Nachdem Spanien auf diese Weise die Kolonisierung Amerikas durch Europäer eingeleitet hatte, erkannten bald auch andere europäische Staaten, welche Reichtümer dort harrten, was sechs von ihnen veranlaßte, ebenfalls Kolonien in Amerika zu gründen. Ähnlich war es mit der Erfindung der Kanone, der elektrischen Beleuchtung, der Drucktechnik, kleiner Feuerwaffen und zahllosen anderen Erfindungen: Jede wurde in einigen Teilen Europas aus Gründen, die in den lokalen Verhältnissen wurzelten, anfangs ignoriert oder stieß auf Widerstand, fand aber, nachdem sie sich in einer Region durchsetzen konnte, auch den Weg ins übrige Europa.

Diese Konsequenzen der politischen Uneinigkeit Europas stehen in scharfem Gegensatz zu den Folgen der politischen Geschlossenheit Chinas. Immer wieder kam es vor, daß der chinesische Hof Entwicklungen stoppte, nicht nur im Bereich der Hochseeschiffahrt. So brach China die Entwicklung einer raffinierten, wassergetriebenen Spinnmaschine ab, machte im 14. Jahrhundert an der Schwelle zu einer industriellen Revolution kehrt, schaffte praktisch alle mechanischen Uhren ab, nachdem seine Uhrmacher Weltrang erlangt hatten, und verabschiedete sich gegen Ende des 15. Jahrhunderts ganz von der Herstellung mechanischer Geräte und der Weiterentwicklung der Technik. Diese potentiell schädlichen Folgen der staatlichen Einheit flackerten im modernen China erneut auf, insbesondere während der »Kulturrevolution« der 60er und 70er Jahre, als eine Entscheidung, getroffen von einem einzigen Mann an der Spitze des Riesenreichs oder einer kleinen Führungsclique, das gesamte Schulwesen des Landes für fünf Jahre lahmlegte.

Chinas Einheit und Europas Uneinigkeit haben beide eine lange Tradition. Die fruchtbarsten Regionen des heutigen China wurden erstmals im Jahr 221 v. Chr. unter einem Herrscher vereint und sind es seitdem die meiste Zeit geblieben. Seit den Anfängen der Schrift gab es in China ein einziges Schriftsystem; seit langer Zeit dominiert eine einzige Sprache, und die weitgehende kulturelle Einheit besteht seit zweitausend Jahren. Demgegenüber ist Europa einer politischen Einigung zu keiner Zeit auch nur nahe gekommen: Im 14. Jahrhundert war es in tausend unabhängige Kleinstaaten zersplittert, um 1500 n. Chr. in 500 und in den 80er Jahren unseres Jahrhunderts in 25 Staaten. Während ich dies schreibe, ist die Zahl schon wieder auf fast 40 gestiegen. Immer noch werden in Europa 45 Sprachen gesprochen, jede mit eigenem modifiziertem Alphabet, und die kulturelle Vielfalt ist gewaltig. Die Meinungsverschiedenheiten, die heute den politischen Einigungsprozeß im Rahmen der Europäischen Union (EU) behindern, sind symptomatisch für Europas tief verwurzelte Uneinigkeit.

Wenn wir verstehen wollen, warum China seine politische und

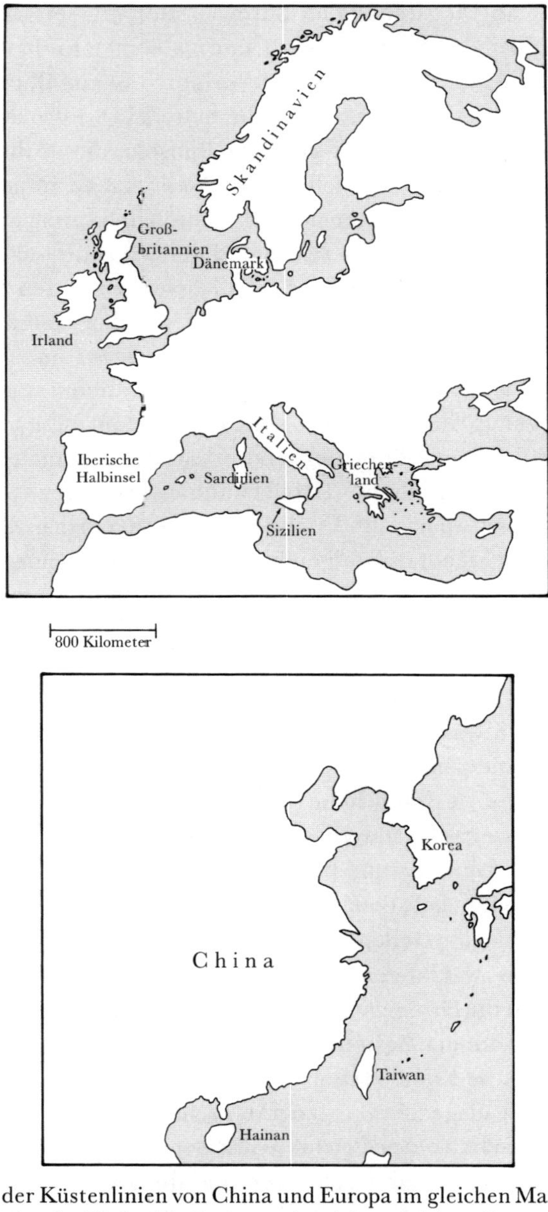

Vergleich der Küstenlinien von China und Europa im gleichen Maßstab. Wie man sieht, ist der Verlauf in Europa sehr viel ungleichmäßiger, und es gibt mehr große Halbinseln sowie zwei größere Inseln.

technische Vorrangstellung an Europa verlor, müssen wir deshalb nach den Gründen für Chinas jahrtausendelange Einheit und Europas Uneinigkeit fragen. Wieder bringt uns ein Blick auf die Landkarte der Antwort näher (siehe Seite 513). Europa ist stark zergliedert und besitzt fünf große Halbinseln, die in ihrer Abgeschiedenheit fast Inseln gleichen und jeweils eigene Sprachen, ethnische Gruppen und Staaten hervorbrachten. Ich spreche von Griechenland, Italien, der Iberischen Halbinsel, Jütland und der Skandinavischen Halbinsel. Chinas Küsten verlaufen sehr viel gleichmäßiger als die europäischen, und von den Halbinseln, die aus ihnen hervorragen, erlangte nur Korea eigenständige Bedeutung. Europa hat auch zwei Inseln (Großbritannien und Irland), die groß genug sind, um ihre politische Unabhängigkeit zu behaupten und eigene Sprachen und ethnische Besonderheiten zu bewahren. Eine von ihnen (Großbritannien) ist sogar von solcher Größe und liegt so nah am Festland, daß sie zu einer bedeutenden europäischen Macht aufsteigen konnte. Selbst die beiden größten Inseln Chinas, Taiwan und Hainan, sind nur jeweils etwa halb so groß wie Irland, und keine von ihnen erlangte vor dem Aufstieg Taiwans in den letzten Jahrzehnten größere politische Bedeutung; Japan wiederum war aufgrund seiner geographischen Isolation bis in die jüngere Vergangenheit politisch sehr viel stärker vom asiatischen Festland abgeschnitten als Großbritannien vom europäischen. Europa ist durch hohe Gebirge (Alpen, Pyrenäen, Karpaten und norwegisch/schwedisches Grenzgebirge) in verschiedene sprachliche, ethnische und politische Räume gegliedert, während die Gebirge Chinas östlich des Himalaja sehr viel weniger gewaltige Barrieren darstellen. Das Landesinnere wird in West-Ost-Richtung von zwei langen, schiffbaren Flußsystemen (Jangtse und Gelber Fluß) durchzogen, zwischen denen relativ leicht zu bewältigende Verbindungen bestehen (seit längerer Zeit auch in Form von Kanälen). Diese Konstellation führte dazu, daß China schon sehr früh von zwei ausgedehnten geographischen Kernregionen mit hoher landwirtschaftlicher Produktivität dominiert wurde, zwischen denen nur geringe Barrieren lagen und die schließlich zu einem einzigen politischen Kern verschmolzen. Die beiden wichtigsten Ströme Europas, Rhein und Donau, können sich von der Größe her nicht mit den chinesischen messen und sind Verbindungselement für ein viel kleineres Gebiet. Anders als China ist Europa von etlichen verstreuten Kernregionen geprägt, von denen keine groß genug ist, um die anderen längere Zeit zu beherrschen, und die alle zum Zentrum auf Unabhängigkeit pochender Staaten wurden.

Nachdem China im Jahr 221 v. Chr. seine Einheit endgültig erreicht hatte, konnte nie wieder ein anderer unabhängiger Staat auf chinesischem Boden entstehen und sich längere Zeit behaupten. Zwar kam es seither wiederholt zu Spaltungen, doch am Ende stand jedesmal die Wiederherstellung der Einheit. Dagegen brachten selbst so fest entschlossene Eroberer wie Karl der Große, Napoleon und Hitler die gewaltsame Einigung Europas nicht zuwege; nicht einmal Rom beherrschte auf dem Höhepunkt seiner Macht mehr als die Hälfte der Fläche Europas.

Chinas geographische Geschlossenheit und die verhältnismäßig niedrigen inneren Barrieren stellten somit zunächst einen Vorteil dar. Nord- und Südchina, die Küste und das Landesinnere steuerten verschiedene Anbaupflanzen, Haustierarten, Techniken und Kulturmerkmale bei. So stammten Hirseanbau, Bronzeverarbeitung und die Schrift aus Nordchina, während der Reisanbau und die Herstellung von Gußeisen im Süden erfunden wurden. Ich habe in diesem Buch oft die Diffusion der Technik als Geschehen beschrieben, das in Abwesenheit schwer zu überwindender Barrieren stattfindet. Chinas geographische Geschlossenheit erwies sich im Laufe der Zeit jedoch als Nachteil, da die Entscheidung eines einzigen Tyrannen Innovationen stoppen konnte – was auch wiederholt geschah. Europas geographische Balkanisierung führte demgegenüber zur Entstehung Dutzender oder sogar Hunderter unabhängiger, miteinander konkurrierender Kleinstaaten und potentieller Zentren von Innovation. Ging ein Staat einer bestimmten Neuerung nicht weiter nach, tat es mit Sicherheit ein anderer und zwang seine Nachbarn, es ihm gleichzutun, wollten sie nicht militärisch erobert oder wirtschaftlich abgehängt werden. Europas innere Barrieren waren hoch genug, um eine politische Vereinigung zu verhindern, aber zu niedrig, um die Ausbreitung neuer Techniken und Ideen zu stoppen. Es hat nie einen Tyrannen gegeben, der ganz Europa »den Hahn abdrehen« konnte, wie in China.

Diese Gegenüberstellung zeigt, daß die Evolution der Technik durch den Faktor der geographischen Geschlossenheit positiv, aber auch negativ beeinflußt werden konnte. Über sehr lange Zeiträume verlief sie möglicherweise am schnellsten in Regionen mit mittlerer geographischer Geschlossenheit. Die technologische Entwicklung der letzten tausend Jahre in China, Europa und auf dem indischen Subkontinent veranschaulicht die Auswirkungen hoher, mittlerer und geringer geographischer Geschlossenheit.

Natürlich gab es weitere Faktoren, die zum unterschiedlichen Verlauf der Geschichte in verschiedenen Teilen Eurasiens beitrugen. So waren Vorderasien, China und Europa in unterschiedlichem Maße der Bedrohung durch den Ansturm von Reiternomaden aus Zentralasien ausgesetzt. Die berittenen Horden eines dieser Hirtenvölker, der Mongolen, zerstörten zwar am Ende sogar die uralten Bewässerungsanlagen im Iran und Irak, doch gelang es keinem der asiatischen Nomadenvölker, sich in den Wäldern Westeuropas jenseits der ungarischen Tiefebene festzusetzen. Ein weiterer Umweltfaktor war die zentrale Lage Vorderasiens im Schnittpunkt von Handelsverbindungen zwischen China, Indien und Europa, während China von den anderen fortgeschrittenen Zivilisationen Eurasiens stärker isoliert war und im Grunde einer riesigen Insel innerhalb eines Kontinents glich. Von Bedeutung war die relative Abgeschiedenheit Chinas insbesondere auch im Hinblick darauf, daß Techniken, die sich bereits durchgesetzt hatten, später wieder aufgegeben wurden, was stark an Vorgänge auf Tasmanien und anderen Inseln erinnert (Kapitel 12 und 14). Diese kurze Darstellung mag zumindest einen kleinen Eindruck davon vermitteln, welche bedeutende Rolle Umweltfaktoren nicht nur für das, was ich als Grundmuster des Geschichtsverlaufs bezeichnet habe, sondern auch für historische Entwicklungen in kleinerem zeitlichem und räumlichem Maßstab spielen.

Die Geschichte Chinas und des Fruchtbaren Halbmonds hält für die moderne Welt aber auch eine heilsame Lehre bereit: Die Zeiten ändern sich, und Vorherrschaft in der Vergangenheit garantiert keine Vorherrschaft in der Zukunft. Man könnte sogar fragen, ob die geographische Argumentation, auf die ich mich in diesem Buch durchweg gestützt habe, für die moderne Welt nicht jede Bedeutung verloren hat, wo doch Ideen heute blitzschnell über das Internet in jeden Winkel des Globus dringen und Güter über Nacht per Luftfracht von einem Kontinent zum anderen befördert werden. Man könnte meinen, daß im globalen Wettbewerb der Völker ganz neue Regeln gelten, mit der Folge des Aufstiegs neuer Mächte – etwa Taiwan, Korea, Malaysia und insbesondere Japan.

Bei genauerer Überlegung wird jedoch klar, daß die scheinbar neuen Regeln nur Varianten der alten sind. Ja, es stimmt, daß der Transistor, 1947 von Bell Labs im Osten der USA erfunden, einen Sprung über eine Entfernung von 13 000 Kilometern machte und in Japan den Grundstein für eine Elektronikindustrie legte – er versäumte indes den kürzeren Sprung nach Zaire oder Paraguay. Die Länder, die in der Gegenwart zu neuer Macht aufsteigen, sind in der Regel jene, die schon vor Jahrtausenden mit den alten, auf Landwirtschaft basierenden Machtzentren verbunden waren oder von dort neu besiedelt wurden. Im Gegensatz zu Zaire und Paraguay konnten Japan und die anderen Aufsteiger der letzten Jahrzehnte Transistoren in wirtschaftlichen Erfolg ummünzen, weil ihre Bevölkerungen schon seit vielen Jahrhunderten mit der Schrift, mit Maschinen und zentralisierter politischer Macht vertraut waren. Die beiden ältesten Zentren der Landwirtschaft, der Fruchtbare Halbmond und China, dominieren noch heute die Welt, entweder durch ihre unmittelbaren Nachfolgestaaten (Volksrepublik China), durch Staaten in benachbarten Regionen, die schon früh unter ihrem Einfluß standen (Japan, Korea, Malaysia, Europa), oder durch überseeische Staaten, die von Einwanderern aus solchen Regionen besiedelt und regiert wurden (USA, Australien, Brasilien). Die Bewohner Afrikas südlich der Sahara, die australischen Aborigines und die amerikanischen Indianer brauchen sich keine großen Hoffnungen zu machen, dereinst die Herrschaft über die Welt zu erringen. Dafür haben die Entwicklungen, die sich vor 10 000 Jahren abspielten, zu tiefe Spuren in der Gegenwart hinterlassen.

Von den anderen Aspekten, die bei der Beantwortung von Yalis Frage eine Rolle spielen, sind besonders kulturelle Faktoren und die Einflüsse einzelner Menschen hervorzuheben. Beginnen wir mit ersteren. Die Vielfalt der kulturellen Besonderheiten der Völker ist überwältigend. Zum Teil ist sie zweifellos das Produkt von Umwelteinflüssen, wofür ich in diesem Buch zahlreiche Beispiele angeführt habe. Wichtig ist aber auch die Frage nach der Bedeutung lokaler kultureller Faktoren, die nicht mit der Umwelt zusammenhängen. So kommt es vor, daß eher nebensächliche kulturelle Merkmale aus trivialen, zeit- und ortsgebundenen Gründen entstehen, sich dann verfestigen und eine Gesellschaft für kulturelle Entscheidungen von größerer Tragweite prädisponieren, wie es die Chaostheorie in anderen Wissenschaftsfeldern suggeriert. Derartige kulturelle Prozesse sind die Joker-Karten der Geschichte und tragen mit zu ihrer Unvorhersehbarkeit bei.

In Kapitel 12 erwähnte ich als Beispiel die amerikanische QWERTY-Tastatur für Schreibmaschinen und Computer. Aus etlichen konkurrierenden Vorschlägen wurde sie ursprünglich aus relativ banalen Gründen ausgewählt, die mit der Fertigung von Schreibmaschinen im Amerika der 1870er Jahre, einer 1882 getroffenen Entscheidung einer gewissen Miss Longley, die in Cincinnati ein Institut für Stenographie und Maschineschreiben gegründet hatte, und mit dem Erfolg von Miss Longleys Star-Typisten Frank McGurrin zusammenhingen, der 1888 in einem Wettkampf, der in der Öffentlichkeit große Beachtung fand, seinen Konkurrenten Louis Taub, Protagonist einer Nicht-QWERTY-Tastatur, vernichtend schlug. Zwischen den 60er und 80er Jahren des 18. Jahrhunderts hätte noch jederzeit eine andere Tastatur das Rennen machen können – kein Merkmal der amerikanischen Umwelt begünstigte die QWERTY-Tastatur gegenüber ihren Rivalen. Nachdem die Entscheidung aber einmal gefallen war, etablierte sich die QWERTY-Tastatur so fest, daß sie ein Jahrhundert später auch für Computertastaturen übernommen wurde. Ähnlich triviale, heute nicht mehr nachvollziehbare Gründe standen möglicherweise hinter der Einführung eines auf 12 anstatt 10 basierenden Rechensystems durch die Sumerer (dem wir die 60minütige Stunde, den 24stündigen Tag, das zwölfmonatige Jahr und den 360-Grad-Kreis verdanken); ihm steht beispielsweise das verbreitete mesoamerikanische Rechensystem gegenüber, das auf der Zahl 20 basiert.

Diese Details von Schreibmaschinen, Uhren und Kalendern hatten keine weitergehenden Auswirkungen auf die Wettbewerbsfähigkeit der Gesellschaften, die sie einführten. Man kann sich aber leicht ausmalen, daß es anders hätte kommen können. Wäre etwa die amerikanische QWERTY-Tastatur nicht auch anderswo in der Welt eingeführt worden – hätten sich also beispielsweise Japan oder Europa der sehr viel effizienteren Dvorak-Tastatur verschrieben –, so wäre jene banale Entscheidung aus dem 19. Jahrhundert möglicherweise zu einer schweren Bürde für die Wettbewerbsposition der USA auf dem Gebiet der Technik im 20. Jahrhundert geworden.

Ähnlich ergab eine Untersuchung an chinesischen Kindern, daß sie schneller schreiben lernen, wenn man ihnen eine alphabetische Umschrift chinesischer Laute (Pinyin genannt) beibringt, als wenn sie in der traditionellen chinesischen Schrift mit ihren Tausenden von Zeichen unterrichtet werden. Man hat behauptet, die chinesische Schrift sei wegen ihrer Zweckmäßigkeit beim Unterscheiden der großen Zahl von Wörtern mit unterschiedlicher Bedeutung, aber gleichen Lauten (Homophonen) im Chinesischen entstanden. Trifft dies zu, so hatte die Vielzahl der Homophone in der chinesischen Sprache möglicherweise einen großen Einfluß auf die Rolle der Lese- und Schreibfertigkeit in der chinesischen Gesellschaft, doch es dürften wohl kaum Merkmale der chinesischen Umwelt gewesen sein, die zur Entstehung einer an Homophonen reichen Sprache beitrugen. War ein linguistischer oder kultureller Faktor der Grund für die ansonsten rätselhafte Tatsache, daß hochentwickelte Anden-Zivilisationen schriftlos blieben? War es etwas an Indiens Umwelt, das zur Entstehung einer starren Kastenhierarchie mit schwerwiegenden Folgen für die technische Entwicklung auf dem Subkontinent führte? Lag es an der chinesischen Umwelt, daß die Lehren des Konfuzius auf fruchtbaren Boden fielen und kultureller Konservatismus zu einem prägenden Element der chinesischen Gesellschaft wurde, mit womöglich tiefgreifenden Folgen für den Lauf der Geschichte? Warum war missionarischer religiöser Eifer unter Europäern und Bewohnern des Nahen Ostens (Christen und Moslems) eine treibende Kraft bei dem Bemühen, fremde Länder zu kolonisieren oder zu erobern, nicht aber unter Chinesen?

Diese Beispiele verdeutlichen die Vielzahl von Fragen im Zusammenhang mit kulturellen Besonderheiten, die keinen Bezug zur Umwelt haben und anfangs von geringer Bedeutung sind, im Laufe der Zeit jedoch zu wesentlichen, dauerhaften Merkmalen einer Kultur werden können. Welcher Stellenwert ihnen zukommt, ist eine wichtige ungeklärte Frage. Einer Antwort nähert man sich wohl am ehesten, wenn man sich auf Muster des Geschichtsverlaufs konzentriert, die auch nach Berücksichtigung wichtiger Umweltfaktoren rätselhaft bleiben.

Und was ist mit dem Einfluß einzelner Gestalten der Geschichte? Ein bekanntes Beispiel aus dem 20. Jahrhundert ist das knappe Scheitern des Attentats auf Hitler vom 20. Juli 1944, an das sich eine Erhebung in Berlin anschließen sollte. Die Pläne dafür hatten Deutsche geschmiedet, die den Krieg als verloren erkannten und Frieden schließen wollten, solange die Ostfront noch weitgehend auf russischem Territorium verlief. Hitler wurde durch die Explosion eines unter einem Konferenztisch plazierten Sprengsatzes mit Zeitzünder verwundet; er wäre wohl getötet worden, hätte die Aktentasche mit dem Sprengsatz nur ein bißchen näher an dem Tisch gelegen, an dem er saß. Man darf annehmen, daß die Landkarte Osteuropas heute anders aussähe und der kalte Krieg anders verlaufen wäre, wenn Hitler an jenem Tag den Tod und der Zweite Weltkrieg ein Ende gefunden hätte.

Weniger bekannt, aber noch schicksalhafter war ein Verkehrsunfall im Sommer 1930, über zwei Jahre vor Hitlers Machtergreifung, bei dem eine Limousine, in der Hitler auf dem Beifahrersitz (dem »Todessitz«) saß, mit einem schweren Lastwagen zusammenstieß. Der Lkw bremste gerade noch rechtzeitig, so daß Hitlers Limousine nicht völlig zerquetscht wurde. Wegen des starken Einflusses, den die Psychopathologie Hitlers auf die Politik und den Erfolg der Nazis hatte, wäre der Zweite Weltkrieg (der früher oder später womöglich auch ohne ihn ausgebrochen wäre) sicher anders verlaufen, hätte der Lkw-Fahrer eine Sekunde später auf die Bremse getreten.

Man kann unschwer eine Reihe weiterer berühmter Gestalten aufzählen, die wie Hitler den Verlauf der Geschichte nachhaltig beeinflußten, etwa Alexander der Große, Augustus, Buddha, Jesus,

Lenin, Martin Luther, der Inka-Herrscher Pachacuti, Mohammed, Wilhelm der Eroberer und der Zulu-Häuptling Shaka, um nur einige zu nennen. Inwiefern griff aber jeder von ihnen tatsächlich in die Geschichte ein und war nicht »bloß« zur rechten Zeit am rechten Ort? Eine klare Antwort gibt der Historiker Thomas Carlyle: »Die Weltgeschichte, sprich die Geschichte des vom Menschen auf Erden Erreichten, ist im Kern nichts anderes als die Geschichte großer Männer, die hier wirkten.« Die entgegengesetzte Position nimmt der preußische Staatsmann Otto von Bismarck ein, der das politische Geschehen im Gegensatz zu Carlyle lange Zeit von innen erlebte: »Politik ist, daß man Gottes Schritt durch die Weltgeschichte hört, dann zuspringt und versucht, einen Zipfel seines Mantels zu fassen.«

Ebenso wie kulturelle Besonderheiten tragen auch einzelne Menschen mit ihrem Handeln zur Unberechenbarkeit des Geschichtsverlaufs bei. Deshalb mag es wohl sein, daß sich Geschichte nicht durch Kräfte der Umwelt beziehungsweise irgendwelche anderen generalisierbaren Faktoren erklären läßt. Für das Anliegen dieses Buchs spielten sie jedoch keine Rolle, denn selbst der leidenschaftlichste Verfechter der These, die Geschichte sei das Werk »großer Männer«, dürfte kaum in der Lage sein, das allgemeinste Verlaufsmuster der Geschichte auf das Wirken einer Handvoll solcher herausragenden Gestalten zurückzuführen. Vielleicht gab Alexander der Große den schriftbesitzenden, Landwirtschaft treibenden, eisenverarbeitenden Staaten im westlichen Eurasien tatsächlich einen Anstoß und beeinflußte ihre weitere Entwicklung, doch er hatte nicht das Geringste damit zu tun, daß solche Staaten im westlichen Eurasien schon existierten, als in Australien noch Jäger und Sammler umherzogen, die weder Schrift noch Metallwerkzeuge kannten. Es bleibt dennoch eine wichtige offene Frage, wie bedeutsam und nachhaltig die Folgen des Handelns einzelner Persönlichkeiten für den Gang der Geschichte waren.

Das Fach Geschichtswissenschaft wird im allgemeinen nicht den Natur-, sondern den Geisteswissenschaften zugerechnet. So empfinden sich die meisten Historiker denn auch nicht als Naturwissenschaftler und machen während ihrer Ausbildung wenig Bekanntschaft mit den klassischen Naturwissenschaften und ihren Methoden. Weit verbreitet ist die Vorstellung von Geschichte als einer bloßen endlosen Ansammlung einzelner Fakten (»eine blöde Jahreszahl nach der anderen«).

Daß es schwieriger ist, allgemeine Prinzipien aus dem Studium der Geschichte als aus der Beobachtung der Umlaufbahnen von Planeten abzuleiten, leuchtet ein. Mir erscheinen die Schwierigkeiten jedoch nicht unüberwindlich. Vor ähnlichen Problemen stehen nämlich auch andere historische Fächer, die dennoch einen sicheren Platz im Kreis der Naturwissenschaften haben, wie Astronomie, Klimatologie, Ökologie, Evolutionsbiologie, Geologie und Paläontologie. Die Vorstellung, die sich die meisten Menschen von den Naturwissenschaften machen, beruht leider oft auf der Physik und einer Handvoll anderer Disziplinen mit ähnlichen Methoden. Ihre Vertreter blicken oft mit von Unwissenheit zeugender Geringschätzung auf Disziplinen herab, für die ihre Methoden ungeeignet sind und die sich deshalb anders behelfen müssen; dies gilt beispielsweise auch für meine eigenen beiden wissenschaftlichen Schwerpunkte, die Ökologie und die Evolutionsbiologie. Insofern habe ich viel Verständnis für Studenten der Geschichtswissenschaft und die Probleme, denen sie gegenüberstehen.

Historische Naturwissenschaften im weiteren Sinne (einschließlich Astronomie usw.) haben viele Merkmale gemein, die sie von nichthistorischen Naturwissenschaften, wie Physik, Chemie und Molekularbiologie, unterscheiden. Ich will vier Aspekte herausgreifen: Methodologie, Kausalität, Prädiktion und Komplexität.

In der Physik ist das Laborexperiment die Hauptquelle neuer Erkenntnisse. Grob skizziert, wird dabei der Parameter, der Gegenstand des Interesses ist, verändert und in parallelen Kontrollexperimenten konstant gehalten; andere Größen bleiben unterdessen strikt konstant; schließlich werden Experiment und Kontrollexperiment repliziert. Auf solchem Wege erhält man quantitative Daten. Diese Vorgehensweise, die auch in der Chemie und Molekularbiologie gut funktioniert, wird in den Köpfen vieler Menschen mit Wissenschaft schlechthin gleichgesetzt, so daß Experimente oft als Inbegriff der »wissenschaftlichen Methode« gelten. In den meisten historischen Naturwissenschaften sind Laborexperimente hingegen aus offenkundigen Gründen selten oder gar nicht möglich. Man kann die Entstehung einer Galaxie nun einmal nicht unterbrechen, Wirbelstürme oder Eiszeiten anhalten, Grizzlybären in einigen Nationalparks zu Forschungszwecken ausrotten oder die Evolution der Dinosaurier noch einmal neu starten. Die historischen Naturwissenschaften sind deshalb darauf angewiesen, Erkenntnisse auf andere Weise zu gewinnen, beispielsweise durch Beobachtung, Vergleich und sogenannte natürliche Experimente (auf die ich gleich noch eingehen werde).

Im Vordergrund des Interesses stehen in den historischen Naturwissenschaften Kausalketten unmittelbarer und eigentlicher Ursachen. Während Begriffe wie »eigentliche Ursache«, »Zweck« und »Funktion« weder in der Physik noch in der Chemie eine Rolle spielen, sind sie für das Verständnis lebender Systeme allgemein und menschlicher Aktivitäten im besonderen unverzichtbar. Ein Evolutionsbiologe, dessen Forschungsgegenstand Schneehasen sind, deren Fell im Sommer braun und im Winter weiß ist, würde sich beispielsweise nicht mit der Feststellung der unmittelbaren Ursache des Farbwandels begnügen, etwa der molekularen Beschaffenheit der Fellpigmente und der biosynthetischen Abläufe. Wichtiger erschienen ihm Fragen nach der Funktion (Tarnung gegen natürliche Feinde?) und der eigentlichen Ursache (natürliche Selektion, ausgehend von einer einstigen Hasenpopulation mit ganzjährig gleicher Fellfärbung?). Ähnlich würde sich ein europäischer Historiker nicht damit begnügen wollen, den Zustand Europas in den Jahren 1815 und 1918 als den eines Kontinents zu beschreiben, in dem nach verlustreichem Krieg wieder Frieden eingekehrt war. Das Verständnis der sehr unterschiedlichen Ketten von Ereignissen, die zu den beiden Friedensverträgen führten, ist unverzichtbar, wenn man begreifen will, warum nach dem Friedensschluß von 1918 nur zwei Jahrzehnte vergingen, bis ein noch verheerenderer Krieg ausbrach, nicht aber nach dem Frieden von 1815. Chemiker versuchen indes nicht, Sinn und Zweck im Zusammenstoß von Gasmolekülen zu erkennen, und sie suchen auch nicht nach einer letzten Erklärung für solche Kollisionen.

Ein weiterer Unterschied zwischen historischen und nichthistorischen Naturwissenschaften betrifft den Stellenwert von Vorhersagen. In Chemie und Physik ist die Nagelprobe dafür, ob man ein System verstanden hat, die richtige Vorhersage seines künftigen Verhaltens. Auch in dieser Hinsicht blicken viele Physiker auf Evolutionsbiologen und Historiker herab, die damit offenbar nicht dienen können. In den historischen Naturwissenschaften können zwar Aposteriori-Erklärungen geliefert werden (beispielsweise, warum der Einschlag eines Asteroiden vor 66 Millionen Jahren zum Aussterben der Dinosaurier führte, von den meisten anderen Tierarten aber überlebt wurde), doch mit Apriori-Aussagen tut man sich schwer (ohne Erkenntnisse über das tatsächliche Geschehen wären wir unsicher, welche Arten genau aussterben würden). Allerdings werden in der Geschichtswissenschaft und in den historischen Naturwissenschaften durchaus Vorhersagen darüber getroffen (und getestet), was uns künftige wissenschaftliche Entdeckungen über Ereignisse der Vergangenheit enthüllen werden.

Die Eigentümlichkeiten historischer Systeme, die Vorhersageversuche so kompliziert machen, lassen sich auf verschiedene Weise beschreiben. Man kann zum Beispiel darauf hinweisen, daß menschliche Gesellschaften und Dinosaurier äußerst komplex und durch eine enorme Vielzahl unabhängiger Variablen gekennzeichnet sind, die wiederum in Rückkoppelungsbeziehungen zueinander stehen. Aus dieser Beschaffenheit ergibt sich, daß unbedeutende Veränderungen auf niedriger Organisationsebene weitreichende Veränderungen auf höherer Ebene nach sich ziehen können. Ein typisches Beispiel ist die Folge der Bremsreaktion jenes Lkw-Fahrers in Hitlers beinahe tödlichem Verkehrsunfall von 1930 für das Leben von hundert Millionen Menschen, die im Zweiten Weltkrieg getötet oder verwundet wurden. Obwohl unter Biologen weitgehend Einigkeit darüber herrscht, daß biologische Systeme letzten Endes durch ihre materiellen Eigenschaften vollständig determiniert sind und den Gesetzen der Quantenmechanik gehorchen, folgt aus diesem deterministischen Kausalzusammenhang aufgrund der Komplexität solcher Systeme nicht, daß sich ihr Verhalten in der Praxis tatsächlich vorhersagen läßt. So hilft die Quantenmechanik wenig, wenn man beispielsweise verstehen will, warum in Australien so viele Beuteltierarten durch eingeführte Raubtiere ausgerottet wurden oder warum die Alliierten und nicht die Mittelmächte im Ersten Weltkrieg den Sieg davontrugen.

Jeder Gletscher, Spiralnebel oder Wirbelsturm, jede menschliche Gesellschaft und jede biologische Spezies, ja selbst jedes Individuum und jede einzelne Zelle von Geschöpfen mit geschlechtlicher Fortpflanzung ist einzigartig, da sie von so vielen Größen beeinflußt wird und sich aus so zahlreichen variablen Teilen zusammensetzt. Dagegen sind in der Physik alle Elementarteilchen oder Isotope und in der Chemie alle Moleküle des gleichen Typs identisch. Physiker und Chemiker sind deshalb in der Lage, allgemeine deterministische Gesetze auf makroskopischer Ebene zu formulieren, während sich Biologen und Historiker mit statistischen Trends begnügen müssen. Ich kann beispielsweise mit sehr hoher Wahrscheinlichkeit vorhersagen, daß von den nächsten 1000 Babys, die in der medizinischen Abteilung der *University of California*, wo ich arbeite, zur Welt kommen, nicht weniger als 480 und nicht mehr als 520 männlichen Geschlechts sein werden. Ich konnte jedoch beim besten Willen nicht im voraus wissen, daß meine beiden eigenen Kinder Söhne sein würden. Ähnlich können Historiker feststellen, daß die Wahrscheinlichkeit, daß aus Stammesgesellschaften Häuptlingsreiche wurden, mit der Größe und Dichte der örtlichen Population sowie der Möglichkeit zur Erzeugung von Nahrungsmittelüberschüssen wuchs. Jede solche örtliche Population ist jedoch auf ihre Weise einzigartig, mit der Folge, daß in den Hochländern Mexikos, Guatemalas, Perus und Madagaskars, nicht aber im Hochland Neuguineas oder Guadalcanals Häuptlingsreiche entstanden.

Eine weitere Möglichkeit, die Komplexität und mangelnde Vorhersagbarkeit historischer Systeme ungeachtet ihrer eigentlichen Determiniertheit zu beschreiben, ist der Verweis auf die langen Kausalketten, die die letztendlichen Auswirkungen von den eigentlichen Ursachen, die womöglich außerhalb der Reichweite der jeweiligen wissenschaftlichen Disziplin liegen, trennen können. So geht das Aussterben der Dinosaurier möglicherweise auf den Einschlag eines Asteroiden zurück, dessen Bahn durch die Gesetze der klassischen Mechanik vollständig determiniert war. Hätte es vor

67 Millionen Jahren schon Paläontologen gegeben, hätten diese das nahende Ende der Dinosaurier indes nicht vorhersagen können, da Asteroiden und ihre Bahnen in einen Wissenschaftsbereich fallen, der mit Dinosauriern sonst nichts zu tun hat. Ein weiteres Beispiel ist die »Kleine Eiszeit« zwischen 1300 und 1500 n. Chr., die zum Verschwinden der grönländischen Wikinger beitrug, aber von keinem Historiker und wahrscheinlich nicht einmal von modernen Klimatologen hätte vorausgesagt werden können.

Die Probleme von Historikern bei der Suche nach Kausalbeziehungen in der Geschichte menschlicher Zivilisationen ähneln somit im großen und ganzen den Schwierigkeiten, vor denen auch Astronomen, Klimatologen, Ökologen, Evolutionsbiologen, Geologen und Paläontologen stehen. Jede dieser Disziplinen leidet, die eine mehr, die andere weniger, unter der Unmöglichkeit, kontrollierte experimentelle Interventionen vorzunehmen und zu wiederholen, unter der Komplexität, die mit der enormen Vielzahl von Variablen einhergeht, unter der daraus resultierenden Einzigartigkeit jedes Systems und unter der Unmöglichkeit, allgemeine Gesetze zu formulieren, sowie unter der Schwierigkeit der Vorhersage künftiger Eigenschaften und Verhaltensweisen des jeweiligen Untersuchungsgegenstands. Prognosen sind in der Geschichte wie in den historischen Naturwissenschaften am ehesten möglich, wenn große zeitliche und räumliche Maßstäbe gewählt werden, da sich dann die Einzigartigkeit von Millionen von Einzelereignissen tendenziell ausgleicht. So wie ich die Geschlechterverteilung der nächsten 1000 Neugeborenen, nicht aber das Geschlecht meiner beiden eigenen Kinder vorherzusagen vermochte, können Historiker Faktoren erkennen, durch deren Wirken der Ausgang der Kollision zwischen amerikanischen und eurasischen Gesellschaften nach 13 000jähriger getrennter Entwicklung zwangsläufig war, nicht aber das Ergebnis der amerikanischen Präsidentschaftswahlen von 1960. Der Verlauf einer einzigen im Fernsehen übertragenen Live-Debatte der beiden Kandidaten im Oktober 1960 hätte Nixon statt Kennedy den Wahlsieg bescheren können; die Eroberung Amerikas durch Europäer war dagegen nicht durch Äußerungen einzelner Personen zu verhindern.

Wie kann nun die Humangeschichte von den Erfahrungen der historischen Naturwissenschaften profitieren? Als nützlich erwiesen haben sich die vergleichende (komparative) Methode und sogenannte natürliche Experimente. Weder Astronomen, die über die Entstehung von Galaxien forschen, noch Historiker können zwar ihre Systeme in kontrollierten Laborexperimenten manipulieren, doch beide können sich natürlicher Experimente bedienen, indem sie Systeme miteinander vergleichen, in denen ein vermuteter Kausalfaktor an- oder abwesend (beziehungsweise stark oder schwach ausgeprägt) ist. So waren Epidemiologen, denen die Möglichkeit versperrt ist, Menschen zu Versuchszwecken größere Mengen Salz zu verabreichen, dennoch in der Lage, die Folgen einer salzreichen Ernährung zu ermitteln, indem sie Personengruppen verglichen, die sich in der Höhe ihres Salzverbrauchs bereits unterschieden. Ähnlich können Kulturanthropologen, die nicht die Macht haben, in einem Experiment verschiedene menschliche Gemeinschaften für viele Jahrhunderte besser oder schlechter mit Ressourcen auszustatten, dennoch die langfristigen Auswirkungen einer unterschiedlichen Segnung mit den Gaben der Natur studieren, indem sie Vergleiche zwischen polynesischen Gesellschaften anstellen, die sich in der jüngeren Vergangenheit auf verschiedenen Inseln mit unterschiedlicher Ressourcenausstattung entwickelten. Dem Geschichtsforscher bieten sich neben dem Vergleich der fünf bewohnten Kontinente zahlreiche weitere natürliche Experimente zur Auswertung an. So können auch große Inseln, auf denen in relativer Isolation komplexe Gesellschaften entstanden (z.B. Japan, Madagaskar, Hispaniola, Neuguinea, Hawaii und viele andere), und Kulturen auf Hunderten kleinerer Inseln sowie regionale Gesellschaften innerhalb jedes Kontinents zum Gegenstand von Vergleichen gemacht werden.

Natürliche Experimente sind in jedem Bereich der Wissenschaft, ob Ökologie oder Geschichte, potentieller Kritik aus methodischer Sicht ausgesetzt. Diese bezieht sich beispielsweise auf die Auswirkungen der natürlichen Variation anderer als der untersuchten Variablen, durch welche die Aussagefähigkeit des Experiments beeinträchtigt werden kann, sowie auf Probleme bei der Ableitung von Kausalketten aus beobachteten Korrelationen zwischen Variablen. Derartige methodische Probleme sind in einigen historischen Naturwissenschaften ausführlich thematisiert und diskutiert worden. Insbesondere in der Epidemiologie, in der es um die Gewinnung von Erkenntnissen über menschliche Krankheiten durch den Vergleich von Personengruppen (oft mit Hilfe retrospektiver historischer Studien) geht, bedient man sich schon lange und mit Erfolg formalisierter Verfahren für den Umgang mit ähnlichen Problemen wie jenen, die sich dem Historiker bei der Erforschung der Geschichte menschlicher Gesellschaften stellen. Intensiv beschäftigt hat sich auch die Ökologie mit den Problemen bei natürlichen Experimenten, da sie häufig auf diese Methode zurückgreifen muß, wenn direkte experimentelle Interventionen zur Manipulation bestimmter ökologischer Variablen unmoralisch, ungesetzlich oder unmöglich sind. In der Evolutionsbiologie wurden in letzter Zeit immer raffiniertere Methoden entwickelt, um aus Vergleichen verschiedener Pflanzen und Tiere mit bekannter Evolutionsgeschichte Schlüsse ziehen zu können.

Kurzum, ich gestehe ein, daß die Geschichte unserer Spezies viel schwerer zu verstehen ist als Probleme in Wissenschaftsbereichen, in denen historische Verläufe keine Rolle spielen und weniger Variablen zu berücksichtigen sind. In mehreren Disziplinen wurden aber Methoden entwickelt, mit denen historische Probleme erfolgreich analysiert werden können, was dazu geführt hat, daß die Erforschung der Geschichte von Dinosauriern, Spiralnebeln und Gletschern als Domäne naturwissenschaftlicher und nicht geisteswissenschaftlicher Fächer gilt. Durch Selbstbeobachtung können wir jedoch weitaus mehr Einsichten in die Verhaltensweisen und Eigenschaften von Menschen als in die von Dinosauriern gewinnen. Ich hege deshalb den Optimismus, daß die Geschichte menschlicher Gesellschaften auf ebenso naturwissenschaftliche Weise erforscht werden kann wie die der Dinosaurier – mit Gewinn für unsere heutige Gesellschaft, indem wir daraus lernen, wie die moderne Welt geformt wurde und was unsere Zukunft bestimmen könnte.

Danksagungen

Es ist mir ein Vergnügen, die Beiträge zahlreicher Personen zu diesem Buch zu würdigen. Meine Lehrer an der *Roxbury Latin School* weckten in mir das Interesse für Geschichte. Wie sehr ich all meinen Freunden und Bekannten in Neuguinea zu Dank verpflichtet bin, ist schon daraus ersichtlich, wie oft ich ihre Erfahrungen zitiere. Ebenso großen Dank (und Absolution von jeder Verantwortung für meine Fehler) schulde ich meinen vielen akademischen Freunden und Berufskollegen, die mir geduldig die Feinheiten ihrer Fächer erläuterten und die Rohfassungen meiner Texte mit mir besprachen. Hervorheben möchte ich besonders Peter Bellwood, Kent Flannery, Patrick Kirch und meine Frau Marie Cohen, die alle das Manuskript von vorne bis hinten durchlasen. Charles Heiser jr., David Keightley, Bruce Smith, Richard Yarnell und Daniel Zohary lasen jeder mehrere Kapitel. Frühere Versionen einiger Kapitel erschienen bereits als Artikel in den Zeitschriften *Discover* und *Natural History*. Die *National Geographic Society*, der *World Wildlife Fund* und die *University of California* in Los Angeles unterstützten meine Feldarbeit auf verschiedenen Pazifikinseln. Ich hatte das Glück, daß mir John Brockman und Katinka Matson als Agenten, Lori Iversen und Lori Rosen als Forschungsassistentinnen und Sekretärinnen, Ellen Modecki als Illustratorin und Donald Lamm beim Verlag W. W. Norton, Neil Belton und Will Sulkin beim Verlag Jonathan Cape, Willi Köhler (†) beim S. Fischer Verlag, Marc Zabludoff, Mark Wheeler und Polly Shulman bei *Discover* und Ellen Goldensohn und Alan Ternes bei *Natural History* als Lektoren mit Rat und Tat zur Seite standen. Volker Englich danke ich für seine kenntnisreiche Übersetzung.

Literaturempfehlungen

Die nachfolgenden Literaturempfehlungen sind für Leser bestimmt, die sich weiter in die Materie vertiefen möchten. Neben wichtigen Büchern und Aufsätzen habe ich insbesondere neuere Quellen aufgeführt, in denen die ältere Literatur eingehend dokumentiert ist. Eine ausführlichere Liste von Literaturempfehlungen ist in den amerikanischen und britischen Ausgaben dieses Buchs enthalten, die in den Verlagen W. W. Norton und Jonathan Cape unter dem Titel *Guns, Germs and Steel* erschienen sind.

Prolog

Göran Burenhult (Hrsg.), *Die ersten Menschen. Die illustrierte Enzyklopädie der Menschheit* (Jahr John, Hamburg, 1994).

L. Luca Cavalli-Sforza, Paolo Menozzi und Alberto Piazza, *The History and Geography of Human Genes* (Princeton University Press, Princeton, 1994).

V. Gordon Childe, *Stufen der Kultur: Von der Urzeit zur Antike* (Kohlhammer, Stuttgart, 1952).

Alfred Crosby, *Die Früchte des Weißen Mannes. Ökologischer Imperialismus 900–1900* (Campus Verlag, Frankfurt, 1990).

Jared Diamond, *Der dritte Schimpanse* (S. Fischer, Frankfurt, 1994).

Barbara F. Grimes, *Ethnologue: Languages of the World* (Summer Institute of Linguistics, Dallas, 1996).

William McNeill, *The Rise of the West* (University of Chicago Press, Chicago, 1991).

Merritt Ruhlen, *A Guide to the World's Languages*, Band 1, Stanford University Press, Stanford, 1987).

Arnold Toynbee, *Der Gang der Weltgeschichte* (Kohlhammer, Stuttgart, 1958).

C. F. Voegelin und F. N. Voegelin, *Classification and Index of the World's Languages* (Elsevier North Holland, New York, 1977).

Kapitel 1

Tim Flannery, *The Future Eaters* (Braziller, New York, 1995).
Richard Klein, *The Human Career* (University of Chicago Press, Chicago, 1989).
Richard Leakey und Roger Lewin, *Der Ursprung des Menschen* (S. Fischer, Frankfurt, 1994).
Paul Martin und Richard Klein (Hrsg.), *Quaternary Extinctions* (University of Arizona Press, Tucson, 1984).
Christopher Stringer und Clive Gamble, *In Search of the Neanderthals* (Thames and Hudson, New York, 1993).
Christopher Stringer und Robin McKie, *Afrika – Wiege der Menschheit* (Limes, München, 1996).

Kapitel 2

Bei der Schilderung der Gefangennahme Atahualpas stütze ich mich auf Augenzeugenberichte von Francisco Pizarros Brüdern Hernando und Pedro sowie von seinen Gefährten Miguel De Estete, Cristóbal de Mena, Ruiz de Arce und Francisco de Xerez. Ihre Aussagen sind aus folgenden Büchern zusammengestellt.

Clements Markham, *Reports on the Discovery of Peru* (Hakluyt Society, First Series, Band 47, New York, 1872).
Philip Menas, *Relation of the Discovery and Conquest of the Kingdoms of Peru* (Cortés Society, New York, 1912).
Joseph Sinclair, *The Conquest of Peru, as Recorded by a Member of the Pizarro Expedition* (New York, 1929).

Weitere Literaturempfehlungen zu diesem Kapitel:

Hernando Cortez, *Drei Briefe an Kaiser Karl V.* (Insel Verlag/Suhrkamp, Frankfurt, 1986).
John Hemming, *The Conquest of the Incas* (Harcourt Brace Jovanovich, San Diego, 1970).
William H. Prescott, *Die Eroberung Perus* (Beck, München, 1986).
William Prescott, *History of the Conquest of Mexico* (New York, 1843).
Hugh Thomas, *Conquest: Montezuma, Cortés, and the Fall of Old Mexico* (Simon and Schuster, New York, 1993).

Kapitel 3–9

Die Literaturempfehlungen zu diesen sieben Kapiteln über das Thema Landwirtschaft habe ich zusammengefaßt, da viele als vertiefende Lektüre für mehr als ein Kapitel geeignet sind.

Albert Ammerman und L. L. Cavalli-Sforza, *The Neolithic Transition and the Genetics of Populations in Europe* (Princeton University Press, Princeton, 1984).

Graeme Barker, *Prehistoric Farming in Europe* (Cambridge University Press, Cambridge, 1985).

S. Bökönyi, *History of Domestic Mammals in Central and Eastern Europe* (Akadémiai Kiadó, Budapest, 1974).

Juliet Clutton-Brock, *Domesticated Animals from Early Times* (British Museum – Natural History, London, 1981).

Juliet Clutton-Brock, *Horse Power* (Harvard University Press, Cambridge, MA, 1992).

C. Wesley Cowan und Patty Jo Watson (Hrsg.), *The Origins of Agriculture* (Smithsonian Institution Press, Washington, 1992).

Jack Harlan, *Crops and Man*, 2. Auflage (American Society of Agronomy, Madison, 1992).

David Harris und Gordon Hillman (Hrsg.), *Foraging and Farming: the Evolution of Plant Exploitation* (Unwin Hyman, London, 1989).

Charles Heiser jr., *Seed to Civilization: the Story of Food*, 2. Auflage (Harvard University Press, Cambridge, MA, 1990).

Wolf Herre und Manfred Röhrs, *Haustiere zoologisch gesehen* (G. Fischer, Stuttgart, 1990).

Richard MacNeish, *The Origins of Agriculture and Settled Life* (University of Oklahoma, Norman, 1992).

I. L. Mason (Hrsg.), *Evolution of Domesticated Animals* (Longman, London, 1984).

Richard Meadow und Hans-Peter Uerpmann (Hrsg.), *Equids in the Ancient World* (Reichert, Wiesbaden, 1986).

Ronald Nowak (Hrsg.), *Walker's Mammals of the World*, 5. Auflage (Johns Hopkins University Press, Baltimore, 1991).

Stanley Olsen, *Origins of the Domestic Dog* (University of Arizona Press, Tucson, 1985).

David Rindos, *The Origins of Agriculture: an Evolutionary Perspective* (Academic Press, San Diego, 1984).

Carl Sauer, *Agricultural Origins and Dispersals* (American Geographical Society, New York, 1952).

N. W. Simmonds (Hrsg.), *Evolution of Crop Plants* (Longman, London, 1976).

Bruce Smith, *The Emergence of Agriculture* (Scientific American Library, New York, 1995).

Thomas Sodestrom et al. (Hrsg.), *Grass Systematics and Evolution* (Smithsonian Institution Press, Washington, 1987).

Peter Ucko und G.W. Dimbleby (Hrsg.), *The Domestication and Exploitation of Plants and Animals* (Aldine, Chicago, 1969).

Alasdair Whittle, *Neolithic Europe: a Survey* (Cambridge University Press, Cambridge, 1985).

Willem van Zeist, Krystyna Wasylikowa und Karl-Ernst Behre (Hrsg.), *Progress in Old World Palaeoethnobotany* (Balkema, Rotterdam, 1991).
Daniel Zohary und Maria Hopf, *Domestication of Plants in the Old World*, 2. Auflage (Oxford University Press, Oxford, 1993).

Kapitel 10

Roy Anderson und Robert May, *Infectious Diseases of Humans* (Oxford University Press, Oxford, 1992).
O. A. Bushnell, *The Gifts of Civilization: Germs and Genocide in Hawaii* (University of Hawaii Press, Honolulu, 1993).
Aidan Cockburn, *Infectious Diseases: Their Evolution and Eradication* (Thomas, Springfield, 1967).
Henry Dobyns, *Their Number Became Thinned* (University of Tennessee Press, Knoxville, 1983).
Paul Ewald, *Evolution of Infectious Disease* (Oxford University Press, New York, 1994).
Donald Hopkins, *Princes and Peasants: Smallpox in History* (University of Chicago Press, Chicago, 1983).
William McNeill, *Plagues and Peoples* (Doubleday, Garden City, 1976).
Claude Quétel, *History of Syphilis* (Johns Hopkins University Press, Baltimore, 1990).
Ann Ramenofsky, *Vectors of Death* (University of New Mexico Press, Albuquerque, 1987).
Friedrich Vogel und Arno Motulsky, *Human Genetics*, 2. Auflage (Springer, Berlin, 1986).
Hans Zinsser, *Rats, Lice, and History* (Little Brown, Boston, 1935).

Kapitel 11

John Chadwick, *Die Entzifferung der mykenischen Schrift* (Vandenhoeck & Ruprecht, Göttingen, 1959).
Michael Coe, *Das Geheimnis der Maya-Schrift: ein Code wird entschlüsselt* (Rowohlt, Reinbek bei Hamburg, 1977).
John DeFrancis, *Visible Speech* (University of Hawaii Press, Honolulu, 1989).
David Diringer, *The Alphabet* (Hutchinson, London, 3. Auflage, 1968).
David Diringer, *Writing* (Thames and Hudson, London, 1982).
I. J. Gelb, *Von der Keilschrift zum Alphabet* (Kohlhammer, Stuttgart, 1958, University of Chicago Press, Chicago, 2. Auflage, 1963).
Janet Klausner, *Sequoyah's Gift* (Harper Collins, New York, 1993).
Joseph Naveh, *Early History of the Alphabet* (Brill, Leiden, 1982).

Maurice Pope, *Die Rätsel alter Schriften: Hieroglyphen, Keilschrift, Linear B* (Lübbe, Bergisch-Gladbach, 1978).
Geoffrey Sampson, *Writing Systems* (Stanford University Press, 1985).
Wayne Senner (Hrsg.), *The Origins of Writing* (University of Nebraska Press, Lincoln, 1991).

Kapitel 12

Ahmad al-Hassan und Donald Hill, *Islamic Technology* (Cambridge University Press, Cambridge, 1992).
George Basalla, *The Evolution of Technology* (Cambridge University Press, Cambridge, 1988).
R. A. Buchanan, *The Power of the Machine* (Penguin Books, London, 1994).
Donald Cardwell, *Viewegs Geschichte der Technik* (Vieweg, Wiesbaden, 1997).
Louise Levathes, *When China Ruled the Seas* (Simon and Schuster, New York, 1994).
Joel Mokyr, *The Lever of Riches* (Oxford University Press, New York, 1990).
Joseph Needham, *Wissenschaft und Zivilisation in China* (Suhrkamp, Frankfurt, 1988).
Arnold Pacey, *Technology in World Civilization* (Massachusetts Institute of Technology Press, Cambridge, MA, 1990).
Noel Perrin, *Keine Feuerwaffen mehr: Japans Rückkehr zum Schwert* (Syndikat, Frankfurt, 1982).
Everett Rogers, *Diffusion of Innovations*, 3. Auflage (Free Press, New York, 1983).
Charles Singer, E. J. Holmyard, A. R. Hall und Trevor Williams, *A History of Technology* (Clarendon Press, Oxford, 1954–84).
K. D. White, *Greek and Roman Technology* (Thames and Hudson, London, 1984).
Trevor Williams, *The History of Invention* (Facts on File Publications, New York, 1987).

Kapitel 13

Robert Adams, *The Evolution of Urban Society* (Aldine, Chicago, 1966).
Robert Adams, *Heartland of Cities* (University of Chicago Press, Chicago, 1981).
Peter Bellwood, *The Polynesians*, (Thames & Hudson, London, 1987).
Richard Burger, *Chavin and the Origins of Andean Civilization* (Thames and Hudson, London, 1992).
Morton Fried, *The Evolution of Political Society* (Random House, New York, 1967).
Patrick Kirch, *The Evolution of the Polynesian Chiefdoms* (Cambridge University Press, Cambridge, 1984).

Donald Morris, *The Washing of the Spears* (Jonathan Cape, London, 1966).
Elman Service, *Ursprünge des Staates und der Zivilisation: der Prozeß der kulturellen Evolution* (Suhrkamp, Frankfurt, 1977).
Elman Service, *Primitive Social Organization* (Random House, New York, 1962).
Karl Wittfogel, *Die orientalische Despotie* (Ullstein, Frankfurt, 1977).

Kapitel 14

Bob Conolly und Robin Anderson, *First Contact* (Viking, New York, 1987).
Tim Flannery, *The Future Eaters* (Braziller, New York, 1995).
Josephine Flood, *Archaeology of the Dreamtime*, überarbeitete Auflage (Collins, Sydney, 1989).
Robert Hughes, *Australien. Die Besiedelung des Fünften Kontinents* (Droemersche Verlagsanstalt, München, 1992).
Alan Thorne und Robert Raymond, *Man on the Rim: the Peopling of the Pacific* (Angus und Robertson, North Ryde, 1989).
J. Peter White und James O'Connell, *A Prehistory of Australia, New Guinea, and Sahul* (Academic Press, Sydney, 1982).
Arthur Wichmann, *Entdeckungsgeschichte von Neu-Guinea* (Brill, Leiden, 1909–1912).
Stephen Wurm, *Languages of Australia and Tasmania* (Mouton, The Hague, 1972).
Stephen Wurm, *Papuan Languages of Oceania* (Gunter Narr, Tübingen, 1982).

Kapitel 15 und 16

Einige für Kapitel 15 und 16 relevante Veröffentlichungen wurden schon bei anderen Kapiteln angegeben, unter anderem zur Landwirtschaft in Ostasien (Kapitel 3–9), zur chinesischen Schrift (Kapitel 11), zur chinesischen Technik (Kapitel 12) und zu Neuguinea und den Bismarck- und Salomoninseln allgemein (Kapitel 14). Weitere Quellen:

Takeru Asazawa und Emoke Szathmáry (Hrsg.), *Prehistoric Mongoloid Dispersals* (Oxford University Press, Oxford, 1996).
Peter Bellwood, *Prehistory of the Indo-Malaysian Archipelago* (Academic Press, Sydney, 1985).
Kwang-chih Chang, *The Archaeology of Ancient China*, 4. Auflage (Yale University Press, New Haven, 1987).
Charles Higham, *The Archaeology of Mainland Southeast Asia* (Cambridge University Press, Cambridge, 1989).
Adrian Hill und Susan Serjeantson (Hrsg.), *The Colonization of the Pacific: a Genetic Trail* (Clarendon Press, Oxford, 1989).

Geoffrey Irwin, *The Prehistoric Exploration and Colonization of the Pacific* (Cambridge University Press, Cambridge, 1992).

David Keightley (Hrsg.), *The Origins of Chinese Civilization* (University of California Press, Berkeley, 1983).

Patrick Kirch, *The Lapita Peoples: Ancestors of the Oceanic World* (Basil Blackwell, London, 1996).

Sarah Nelson, *The Archaeology of Korea* (Cambridge University Press, Cambridge, 1993).

Kapitel 17

Unter den Literaturempfehlungen zu anderen Kapiteln finden sich viele, die auch für Kapitel 17 relevant sind: zur Eroberung der Reiche der Inkas und Azteken (Kapitel 2), zur Pflanzen- und Tierdomestikation (Kapitel 3–9), zu Infektionskrankheiten (Kapitel 10), zur Schrift (Kapitel 11), zur Technik (Kapitel 12), zu politischen Institutionen (Kapitel 13) und zu China (Kapitel 15). Weitere Empfehlungen:

Albert Ammerman und L. L. Cavalli-Sforza, *The Neolithic Transition and the Genetics of Populations in Europe* (Princeton University Press, Princeton, 1984).

Richard Burger, *Chavin and the Origins of Andean Civilization* (Thames and Hudson, New York, 1992).

Michael Coe, *The Maya*, 3. Auflage (Thames and Hudson, New York, 1984).

Michael Coe, *Mexico*, 3. Auflage (Thames and Hudson, New York, 1984).

Michael Coe, Dean Snow, Elizabeth Benson, *Weltatlas der alten Kulturen. Amerika vor Kolumbus* (Christian Verlag, München, 1986).

Timothy Darvill, *Prehistoric Britain* (Batsford, London, 1987).

Gwyn Jones, *The Norse Atlantic Saga*, 2. Auflage (Oxford University Press, New York, 1986).

W. Bruce Lincon, *The Conquest of a Continent* (Random House, New York, 1994).

M. A. Littauer und J. H. Crouwel, *Wheeled Vehicles and Ridden Animals in the Ancient Near East* (Brill, Leiden, 1979).

J. P. Mallory, *In Search of the Indo-Europeans* (Thames and Hudson, London, 1989).

G. J. Marcus, *The Conquest of the North Atlantic* (Oxford University Press, New York, 1981).

Samuel Eliot Morison, *The European Discovery of America: the Northern Voyages A. D. 500–1600* (Oxford University Press, New York, 1971).

Samuel Eliot Morison, *The European Discovery of America: the Southern Voyages A. D. 1492–1616* (Oxford University Press, New York, 1974).

Michael Moseley, *The Incas and Their Ancestors* (Thames and Hudson, New York, 1992).

Stuart Piggott, *The Earliest Wheeled Transport* (Thames and Hudson, London, 1983).

Colin Renfrew, *Archaeology and Language: the Puzzle of Indo-European Origins* (Cambridge University, Cambridge, 1987).

Bruce Smith, *The Emergence of Agriculture* (Scientific American Library, New York, 1995).

Kapitel 18

J. Desmond Clark und Steven Brandt (Hrsg.), *From Hunters to Farmers: the Causes and Consequences of Food Production in Africa* (University of California Press, Berkeley, 1984).

Otto Dahl, *Migration from Kalimantan to Madagascar* (Norwegian University Press, Oslo, 1991).

Christopher Ehret und Merrick Posnansky (Hrsg.), *The Archaeological and Linguistic Reconstruction of African History* (University of California Press, Berkeley, 1982).

J. D. Fage, *A History of Africa* (Hutchinson, London, 1978).

A. M. Jones, *Africa and Indonesia: the Evidence of the Xylophone and other Musical and Cultural Factors* (Leiden, Brill, 1971).

Roland Oliver, *The African Experience* (Weidenfeld and Nicolson, London, 1991).

David Phillipson, *African Archaeology*, 2. Auflage (Cambridge University Press, 1993).

Thurstan Shaw et al. (Hrsg.), *The Archaeology of Africa: Food, Metals, and Towns* (Routledge, New York, 1993).

Pierre Verin, *The History of Civilization in North Madagascar* (Balkema, Rotterdam, 1986).

Epilog

Tjeerd van Andel und Curtis Runnels, *Beyond the Acropolis: a Rural Greek Past* (Stanford University Press, Stanford, 1987).

E. L. Jones, *The European Miracle*, 2. Auflage (Cambridge University Press, Cambridge, 1987).

Namen- und Sachregister